新學制高級中學教科書 本國史

復興高級中學教科書 本國史

本國史（元至民國）

本國史複習大略

呂思勉全集

20

本 册 總 目

新學制高級中學教科書　本國史

前　言

　　《新學制高級中學教科書　本國史》於一九二四年二月由商務印書館初版，后又有一九二七年一月第四版（附《新學制高中教科書本國史改正表》）、一九三二年五月國難後第一版、一九三三年六月國難後第十三版等。① 此書約十二萬字，上起傳說中的三皇五帝，下至二十世紀二十年代初，全書採用淺近的文言，只叙事實，不參議論，少量公允而已成爲史學常識的議論，引用時注明出處。黄永年先生稱它是吕先生早期的精心之作。二〇一一年，《新學制高級中學本國史》曾收入上海古籍出版社“吕思勉文集”《吕著中小學教科書五種》②（二〇一一年六月出版）。

　　此次我們整理出版《吕思勉全集》，將《新學制高級中學教科書　本國史》編入本册重印出版，依據商務初版本做了整理校對，改正了勘誤或錯字，除了將原書的章節注改爲文中注外，其他均按原書刊印不改。一九二七年一月第四版所附的《新學制高中教科書本國史改正表》，③並非訂正初版的刊誤或錯字，而是因時局變化而修改了初版時的措詞用語、概念術語，故具有一定的史料價值，我們將它編爲附録，以供讀者參考。

李永圻　張耕華

二〇一四年八月

---

　　① 有關《新學制高級中學教科書　本國史》的再版、翻印的情況，詳見《吕思勉全集》之《吕思勉先生編年事輯》附録二《吕思勉先生著述繫年》的記録。

　　② 收入吕先生的《新式高等小學　國文教科書》、《新學制高級中學教科書　本國史》、《復興高級中學教科書　本國史》、《高中復習叢書　本國史》、《初中標準教本　本國史》及附録中國通史教學提綱六種。

　　③ 依編者的推斷，此《改正表》系出版社所編，但此書以後的各種再版，並没有在正文裏依《改正表》所列各條改正，也没有在書末附上這份《改正表》。

目　　録

第二編　中　古　史　上

第三編　中　古　史　中

第四編　中　古　史　下

第五編　近古史上

第六編　近 古 史 下

第七編　近 世 史 上

例　言

　　一　本書力矯舊時歷史偏重政治方面之弊,然仍力求(一)正確及(二)有系統。須知道偏重政治方面固然有弊,然而矯枉過正,拉著什麼書就鈔——譬如近來編歷史的把《格致鏡原》、《事物原始》……做根據——不管他正確不正確,而且都是些斷片的事實,並沒有系統——單獨的事不論屬於那一方面都是沒有意味的——其流弊亦很大。

　　一　本書的分期如下。

　　我這部書是祇敘事實,不參議論的——原因見下。但是意見自然不能沒有,請在這裏極簡單的說幾句:

　　(一)上古史——周以前。這一期是我中華民族從極淺演之羣,進而至於建立一個大國的時代。其中(A)國家社會組織的變遷,(B)文化的發展,(C)異族的雜居和同化,最關重要。

　　(二)中古史上——自秦統一全國起至東漢分裂以前止。這一期是中國初成爲大國的時代,也是初入於平民政治的時代。漢初"布衣卿相之局",確是一次平民革命,打破前此貴族階級專握政權的局面。然而其反動,則封建同姓,任用外戚,仍是貴族政治的惰力。對外則江河兩流域,已無問題。乃進而想同化南嶺以南諸民族,抵抗從蒙古高原下來的侵略的游牧民族——這種對外運動的方向,自西力東漸以前,迄無變更。在文化上,則儒家獨盛,諸子就衰,也是望統一方向走的。

　　(三)中古史中——自東漢分裂至南北朝。這一期可稱爲異族擾亂,軍閥握權時代。後漢末的涼州系(董卓、呂布……)出來擾亂之後,而州郡割據,而天下三分,而曹氏篡漢,而司馬氏篡魏,而八王弄兵,而東渡後荊揚相持,而南朝內外猜忌,而北朝六鎮雲擾。政治上的重心,差不多全在強有力的軍人之手。其近因,起於後漢的羌亂,這是前一期對外政策的結果。而在文化上,佛學輸入,爲吾國哲學界宗教界放萬丈光燄,也是前一期對外政策的結果。

（四）中古史下——從隋朝統一起，到唐朝開元全盛時爲止。這一期的歷史，可說是收束整理前一期的。凡一切政治制度，都是把前一期中從事實上變遷而來的，加以一度的整理。文化上亦然，前代的學問，到此期而益形光大。

（五）近古史上——從安史之亂到宋高宗南渡。這一期，中國從統一而又入於分裂，遼金元的侵入，都是收這分裂的惡果。政治制度和文化上，却都大有變遷。其在政治制度上，則漸變唐中葉以前的式樣（中古式），而開出元明以來的式樣（近代式）。在文化上，則有攝取佛學菁華而變其面目的宋學。

（六）近古史下——從蒙古崛興起，到他滅宋建立一大帝國止。此期中因蒙古崛起——遭遇種種際會，遂至世界歷史上生出一軒然大波。

（七）近世史上——從元世祖滅宋起，到明朝滅亡止。此期從分裂而復歸於統一。元朝雖係異族，然其據中國不久，而且一切設施，大多數還是按照中國舊習慣的。明朝雖說“斥逐胡元”，其家一切政治，沿襲元朝的不少，特如行政區域與兵制。近世式的制度，是元開其先，明集其成，清又躡而用之的。

（八）近世史下——從清朝崛起，到他的全盛時期爲止。這是中國舊式歷史最後的一期。現在制度風尚……舊的方面，都直接沿自此期。

（九）最近世史上——從西力東漸起，到日俄戰後各國競畫勢力範圍止。這一期中，中國的歷史，開一亘古未有的新局面，是中國受外力的壓迫時代。

（十）最近世史下——從戊戌變法起，到民國十一年六月爲止。是中國人受外力壓迫而起反應的時代。

一　每一期中，各有其重要的現象，則叙述加詳。如漢朝的外戚宦官，唐朝的藩鎮，宋朝的軍政及財政。……又如講學術，則兩漢時重經學，南北朝隋唐時重佛學……

一　這部書，雖係從上古編起，依次而下，然而我很希望用他的人，從最近世史授起——最近世史授完後，接受那一編，可以斟酌情形而定，不必有畫一的辦法。因爲最近世的事和眼前生活較切近，學生容易了解，且容易有興味。在理論上言，讀後代史，必須探其原於古，方能真實了解。在事實上言，讀古代史，正須有後代的史事，爲之對照，乃覺容易了解。

一　教育部舊章，把東洋史同中國史分開。有人説，這是盲從日本人。因爲東洋史中去掉中國史，就失掉了中心。中國史中除去東洋史，也闕而不完，無從説明。這話固亦有理，但在教授方便上説，中國歷史頭緒是很繁雜的，借此畫出一部分，寓一點圓周教授之意，亦未爲不可。本編同東洋史分畫和聯絡之處，頗費苦心，請教者和學者都注意。

一　本編的宗旨：在提高學科的内容，而減少文字方面的困難。所以全書都用淺近文言，但是其中必須抄録古書原文的，亦有下列三種：

（一）不能翻譯的，如名詞成語……，其例甚多，不能枚舉。

（二）須就原文加以考釋的，如第一編第三章第二節是。

（三）舊書中特有精神的文字，舉示一兩段，以引起學者讀史的興味的，如第一編第八章第一節、第二編第二章第二節是。

一　書中關涉考據的地方很多，似乎太專門了些。然而不論什麽學問，研究的對象，都貴於正確。歷史是供給各種學問以正確的材料的，其本身的材料，不能不正確，無待於言。這是不得已的事。提高學科的程度，其關鍵全在於此。況且學問都是依著天然的條理，天然的條理，原是人人心中所有。肯用心，也無甚難解的——倒是不考據清晰，模糊影響的事實，乃真難解。

一　吾國舊籍，向分經、史、子、集，這原不過是大略的分類。況且在今日，歷史要嚴整組成一種科學的時代。吾人應當有一切書籍都平等認作史材的眼光。研究歷史的人，所看的書，不能限於史部，更無待言。本書所引據便是如此——特於上古期爲尤甚。

一　所引據的書，都是極可信的，引據也頗有法度的，都一一注明於下。學者若能依注翻閲原書，我相信在研究方法上，很可得益。但所注祇以在特別情狀之下爲限，至於某項史事，當然出於某書某處的——如引據必先正史，某帝某人之事，即在其本紀列傳中。經濟現象在《食貨志》，官制在《百官志》之類——那就注不勝注，只好不注了——好在這原是不消注得的。

一　研究科學，貴於注重客觀的事實，減少主觀攪雜的成分。這在自然科學尚然，何況歷史……是社會科學。至於編纂歷史教科書，則更甚一層。因爲儻將編者的意見參入，不但減少學者研究的精神，而且教者與編者，意見不同，便生窒礙。所以本書是只叙事實，不參議論。但是前此學者的議論，實係公允，而且成爲史學界的常識的，也宜爲相當的輸入，仍一一注明其出處。

一　考據無論如何精確，總只能算考據，不能算事實，這是原則。但是亦有一種例外，如第一編第三章第三節是。這不是把考據逕當作事實，其實古人此等形式的記載，不能真當作事實，也久成爲史學上的公例。這等處不是好翻案，若一模糊，便史學上種種原則，都推翻了。這是斷不能隨聲附和的。但我到此等處，格外謹慎，所引的全是前此學者的成説，斷不參入一毫自己的見解。

　　一　讀史地圖、年表、系譜，都是讀史者必須備的書。故本書中概不附入。偶然附入地圖、系譜數處，都是爲普通地圖、系譜所不詳的。

　　一　專倚賴教科書，亦是一病。本書中偶附圖表，都與課文不相重複。一者補普通圖譜所不備，二者練習學生讀圖譜的能力。

第一編　上古史

第一章　漢族之由來

中華民國，合漢、滿、蒙、回、藏五族而成，而其始建國者，則爲漢族。

漢族之始，似自今中央亞細亞高原，遷徙入中國本部。因其入中國後祭"地祇"，《周官·春官》大宗伯以黃琮禮地。注此……禮地以夏至，謂神在昆侖者也。典瑞，兩圭有邸，以祀地旅四望，注祀地，謂所祀於北郊神州之神。《疏》案《河圖括地象》，昆侖東南萬五千里，神州是也。仍有"昆侖之神"與"神州之神"之別也。

古代所謂昆侖《爾雅》河出昆侖墟。《史記·大宛列傳》、《禹本紀》言河出昆侖。有二：一在黃河發源之處，一在今青海境。在青海境之昆侖，《禹貢》織皮昆侖、析支、渠搜，西戎即叙。《正義》鄭玄云：衣皮之民，居此……三山之野者，皆西戎也。……鄭以昆侖爲山，謂別有昆侖之山，非河所出者也。……《釋文》馬云：昆侖在臨羌西。案臨羌，在今甘肅西寧縣境。爲西戎所居；則漢族所居之昆侖，當在黃河上源。而古代所指爲河源《大宛列傳》漢使窮河源，河源出于闐。其山多玉石，采來。而天子案古圖書，名河所出山曰昆侖云。案漢代去古未遠，武帝所案，必非無據，不得以後世河源異說疑古書也。今所謂黃河上源，在古代乃西戎所居。者，實爲今于闐河。然則漢族殆自中央亞細亞高原，由今新疆至甘肅之路，入中國本部者也。

第二章　古史之年代及帝系

《史記》紀年，起於共和，君主世系，則起自黃帝。自此以前，"年代"、"帝系"，皆無可徵。

《春秋緯》謂開闢至獲麟，凡三二七六○○○年，分爲十紀。其説荒渺，不甚可信。見司馬貞《補三皇本紀》。

又有天地開闢，首生盤古之説，亦非雅言。參看《繹史》所引《三五歷記》、《五運歷年記》。

古帝事迹之可考者，當推三皇五帝。《周官》外史，掌三皇五帝之書。《注》三皇五帝以前，爲九皇六十四民，乃上古無名號之君，則古帝事迹之可考者，實始於三皇五帝也。三皇五帝，亦異説紛如。然當以《尚書大傳》遂人、伏羲、神農爲三皇，及《史記·五帝本紀》所説五帝爲較信。三皇異説有四：（一）司馬貞《補三皇本紀》天地初立，有天皇氏……兄弟十二人，立各一萬八千歲。地皇……十一人……亦各萬八千歲。人皇……兄弟九人。分長九州……凡一百五十世，合四萬五千六百年。（原注……出《河圖》及《三五歷》……）（二）《白虎通》正説同《尚書大傳》，又列或説曰：伏羲，神農，祝融也。（三）《禮記·曲禮正義》……鄭玄……注《中候敕省圖》，引《運斗樞》，伏羲、女媧，神農爲三皇。……（四）《史記·秦始皇本紀》令丞相御史曰：……其議帝號。丞相綰……等皆曰：臣等謹與博士議曰：古有天皇，有地皇，有泰皇；泰皇最貴。……（《索隱》天皇、地皇之下，即云泰皇，當人皇也……）案第一説亦近荒渺，姑置勿論。伏生者，秦博士之一，《大傳》曰：遂人以火紀，火太陽。……故託遂皇於天。伏羲以人事紀，故託羲皇於人。……神農悉地力，種穀蔬，故託農皇於地。則第四説與《大傳》同。《補三皇本紀》述女媧氏事曰：當其末年，諸侯有共工氏……與祝融戰，不勝；而怒，乃頭觸不周山，"天柱"折，"地維"缺。女媧乃鍊五色石以補天。……上言祝融，下言女媧，則祝融、女媧係一人。第二第三亦即一説。蓋前者爲今文家言，後者爲古文家言也。五帝異説，惟鄭玄以德合"五帝座星"者即爲帝，增少昊爲六人。見《曲禮正義》。據此：三皇非必身相接，而五帝則有世系可稽。

```
                玄囂（少昊）—蟜極——（三）高辛（帝嚳）—（四）堯
（一）黃帝                              窮蟬——敬康—句望—
                昌意——（二）高陽（帝顓頊）     橋牛——瞽叟—（五）舜
                                      鯀——禹
```

更以《漢書·律曆志》所推年代計之，唐堯元年，在秦并天下前二一三二年，即在民國紀元前四八八○年（西元前二九六九）也。

第三章　三皇五帝時代

第一節　社會進化之狀況

三皇時代社會進化之狀況,《白虎通》及《易繫辭》述之。

【燧人】　鑽木取火,教民熟食。

【伏羲】　始作"八卦"。……作結繩而爲網罟,以佃以漁。

【神農】　制末耜,教民農作。日中爲市致天下之民,聚天下之貨,交易而退,各得其所。

五帝之事,亦見《易繫辭》。

黃帝、堯、舜,垂衣裳而天下治。《正義》自此以下,凡有九事……黃帝制其初,堯、舜成其末。……垂衣裳者,以前衣皮,其制短小;今衣絲麻布帛,其制長大……也。

刳木爲舟,剡木爲楫。

服牛乘馬,引重致遠。

重門擊柝,以待暴客。

斷木爲杵,掘地爲臼。

弦木爲弧,剡木爲矢。

上古穴居而野處,後世聖人易之以宮室。上棟下宇,以待風雨。

古之葬者:厚衣之以薪;葬之中野,不封不樹;喪期無數。後世聖人易之以棺槨。

上古結繩而治,後世聖人易之以書契;百官以治,萬民以察。

案社會進化,必自漁獵而遊牧,自遊牧而耕稼。吾國燧人時,蓋在漁獵時代;至伏羲則進爲遊牧,神農乃入於耕稼。耕稼時代,民始土著;建國之雛形已具,而生活程度亦日高。故衣服、宮室、器用,葬埋之制,日臻美備。交通、貿易之事興,戰攻、守禦之事,亦隨之而起。迨文字興,而文化乃日益進步矣。

第二節　炎黃之戰爭

黃帝與炎帝，同出少典；《史記·五帝本紀索隱》：諸侯國號，非人名也。而黃帝姓姬，炎帝姓姜。《國語·晉語》。《史記·五帝本紀》謂：

軒轅之時，神農氏世衰；諸侯相侵伐，暴虐百姓，而神農氏弗能征。……炎帝欲侵陵諸侯，諸侯咸歸軒轅。軒轅……與炎帝戰於阪泉之野，三戰然後得其志。蚩尤作亂……黃帝……徵師諸侯，與蚩尤戰於涿鹿之野《史記》注：涿鹿城東有阪泉；又云，涿鹿在上谷。按皆在今察哈爾涿鹿縣。……禽殺蚩尤。而諸侯咸尊帝爲天子，代神農氏。

近人或云：蚩尤爲苗族酋長；苗族實先漢族入中國，至蚩尤時，乃爲黃帝所逐。此因古人以蚩尤爲九黎之君，《書·呂刑》僞孔傳，《釋文》引馬融說，《戰國策·秦策》高誘注。又以苗民爲九黎之君致誤。《禮記·緇衣正義》，引《呂刑》鄭注。案此民字爲九黎之君之貶稱，非人民之謂。古所謂苗者，爲三苗之國，非後世之苗族。三苗之國，在洞庭、彭蠡之間，不能與黃帝戰於涿鹿。《韓詩外傳》：衡山在南，岐山在北；左洞庭之陂，右彭蠡之澤。《戰國策·魏策》、《史記·吳起列傳》略同。古人祖孫父子，同蒙一號者甚多，爲九黎之君之苗民，或係蚩尤之子孫；而與黃帝戰之蚩尤，則實非九黎之君也。又《五帝本紀》述炎帝之事，詞頗錯亂。既曰神農氏世衰，諸侯相侵伐，暴虐百姓，弗能征，又曰炎帝欲侵陵諸侯。案《史記》多同《大戴禮》，而今《大戴禮·五帝德》篇，祇有與炎帝戰於阪泉之文，並無與蚩尤戰於涿鹿之事。且炎帝、三苗，同爲姜姓；《書·舜典》：竄三苗於三危。《釋文》馬王云：國名也。縉雲氏之後爲諸侯，蓋饕餮也。《呂刑正義》：……韋昭云：三苗，炎帝之後。諸侯共工也。《淮南子·修務訓》高注：三苗，蓋謂帝鴻氏之裔子渾敦，少昊氏之裔子窮奇，縉雲氏之裔子饕餮。三族之苗裔，故謂之三苗。案三族苗裔之說，似緣字義附會；且即如所言，亦仍有縉雲氏之裔在內。《史記·五帝本紀集解》引賈逵云：縉雲氏，姜姓也。炎帝之苗裔，與韋昭、馬融說皆合。惟昭又謂爲共工，似顯與書之流共工竄三苗爲分隔者背。然《國語·周語》：太子晉謂"共之從孫四岳佐禹。""祚四岳國，命爲侯伯。賜姓曰姜，氏曰有呂"。韋注引賈逵說，亦以共工爲炎帝之後姜姓。又《後漢書·羌傳》：西羌之本，出自三苗，姜姓之別也。阪泉、涿鹿，又皆在上谷。《史記索隱》引皇甫謐，《集解》引張晏。則此炎帝與蚩尤，或實係一人，而《史記》謬爲兩事。抑或《史記》原文，亦如《大戴禮》，而爲後人竄亂，《史記》爲後人竄亂處極多，可看崔氏適《史記探原》。皆未可知也。

第三節　堯舜之禪讓

顓頊、帝嚳兩代，無甚大事可見。至堯舜時代，則有兩大事：一爲堯舜之禪讓,一爲禹之治水。

堯舜之禪讓:《史記》謂堯在位七十年,讓位與四岳,四岳辭讓。堯令悉舉貴戚及疏遠隱匿者。衆共告帝以虞舜。堯乃妻舜以二女,以觀其德。又試之以政。以爲聖,乃使攝行天子之政。堯知子丹朱不肖,乃"權"授舜以天下。堯崩,三年之喪畢,舜讓丹朱於南河之南。諸侯之朝覲、訟獄、謳歌者,皆不歸丹朱而歸舜。舜乃即天子位。舜之授禹略同。禹立,舉皐陶授之政。而皐陶卒,乃舉益授之政。益佐禹日淺,而禹子啓賢,天下屬意焉。禹崩,諸侯皆去益而朝啓,啓遂即天子位。

《史記》之説,與《尚書》、《孟子》略同,蓋儒家之説也。司馬談崇信道家,司馬遷則係儒家之學,讀《太史公自序》可見。然禪讓之事,劉知幾已疑之。《史通·疑古篇》。而據近人所考證:則堯之長子曰朱,實不得其死。《癸巳類稿·朱證》。而書所謂流共工於幽州,放驩兜於崇山,竄三苗於三危,殛鯀於羽山《史記》幽州作幽陵,注引《括地志》,謂故龔城在檀州燕樂縣界,舜流共工居此。按燕樂縣在今河北密雲縣。《通典》湖南澧陽縣有崇山,即放驩兜之所。按澧陽即今澧縣。三危,《史記正義》俗名卑羽山,在沙州燉煌縣。按燉煌縣,今屬甘肅。羽山,《史記正義》引《括地志》云,在沂州臨沂縣界。按臨沂縣今屬山東。者,共工、驩兜與鯀,在堯時實皆爲四岳。宋翔鳳《尚書略説·四岳》。其事亦不無可疑。近人孔子"託古改制"之説,似可信也。自來致疑於禪讓之説者,如《竹書》則有"囚堯""偃朱"之説。(《史記·五帝本紀正義》引。今本《竹書紀年》,係明以後之偽書。)又《韓非子·外儲説、忠孝》、《淮南子·齊俗訓》諸篇皆是,但《竹書》不甚可信;而《韓非》、《淮南》之説,亦不足以服儒家之心;故但就儒家所傳之事之可疑者,略引以證之。

第四節　禹之治水

堯時有"洪水"之患,堯使鯀治之。九年而功不成。及舜攝政,乃殛鯀,而以治水之事命其子禹。

《孟子》述水患之情形曰:"草木暢茂,禽獸繁殖。五穀不登,禽獸偪人。獸蹄鳥跡之道,交于中國。"又曰:"民無所定,下者爲巢,上者爲營窟。"則當時之水患,蓋平地盡没於水,人乃避居高處,以致不得安其生也。

其述治水之功則曰:"舜使益掌火,益烈山澤而焚之,禽獸逃匿。禹疏九河,瀹濟、漯,而注之海;決汝、漢,排淮、泗,而注之江。……后稷教民稼穡,樹藝五穀。"與《史記》"禹……與益、后稷奉帝命"之説合。當時治水,蓋禹爲主而益、稷佐之。而其所專力,則四瀆也。《尚書大傳》江、淮、河、濟爲四瀆。《孟子》之説,多與《大傳》合,疏九河,瀹濟、漯,決汝、漢,排淮、泗,正係以江、淮、河、濟並舉。其言而注之江者,乃因上

20

文言而注之海,故易其辭以避複重而諧音節。古書此等處甚多,不可拘泥。下篇"水由地中行,江、淮、河、漢是也"。"漢"字或"濟"字之譌,(古者以南北兩大水對舉,則曰"河漢",如《莊子・逍遥遊》"吾驚怖其言,猶河漢而無極也"是也。專舉南方之大水,則曰江漢,如《孟子》"江漢以濯之"是也。河漢二字,本爲連用之一詞類,故有此誤。)或以古者江、淮、河、濟,其流互通,故不妨互言以見意。要之江、淮、河、濟,爲當時獨流入海之四大水,故舉以包括其餘之支流也。參看《建設雜誌》二卷六號《通信》。

第四章　夏殷及西周

第一節　夏太康失國及少康中興

有夏一代,除太康失國,少康中興外,無事可見。

《僞古文尚書》謂太康畋于有洛之表,"僞孔傳"謂夏都安邑,然其説實不可信,參看下節。十旬弗反。有窮后羿,因民弗忍,距於河。然據《墨子》、《離騒》及《左氏》,《墨子·非樂篇》、《左氏》襄四年及哀元年。則夏之失國,由啓好音樂。太康兄弟五人,遂失國而居於閭巷。后羿自鉏遷於窮石,《杜注》但云鉏羿本國名,與窮石皆不言其地。《水經注》,大河故瀆,西流經平原鬲縣故城西,故有窮后羿國也。案鬲縣,今山東德縣。因夏民以代夏政。羿好田獵,爲其臣寒浞所殺。《杜注》寒國,北海平壽縣有寒亭。案平壽,今山東濰縣。浞使子澆滅斟灌、斟尋氏,遂滅夏后相。《杜注》樂安壽光縣東南有灌亭,北海平壽縣東南有斟亭。案壽光,今山東壽光縣。《史記集解》賈逵云:斟灌、斟尋,夏同姓也。夏后相依斟灌而國,故曰滅夏后相也。處澆於過,處豷於戈。《杜注》:過、戈,皆國名。東萊掖縣北有過鄉。戈在宋鄭之間。案掖縣,今山東掖縣。帝相之亡也,后緡方娠,逃歸有仍,梁履繩《左通補釋》:……《春秋》桓五年,天王使仍叔之子來聘,《穀梁經傳》並作任叔。……案《地理志》東平有任縣,蓋古仍國。案任縣,今屬河北。生少康。澆使人求之,少康奔虞。虞思妻以二姚而邑諸綸。《杜注》:梁國有虞縣。綸,虞邑。案虞縣,今河南虞城縣。《郡國志》梁國虞縣有綸城,少康邑。有田一成,有衆一旅。遺臣靡,自有鬲氏,《杜注》:有鬲,國名。今平原鬲縣。收斟灌、斟尋之燼,以滅浞而立少康。遂滅過、戈。

第二節　商之興亡

商之先曰契,封於商。自契至湯,八遷。湯始都亳,從先王居。

湯征諸侯,自葛始。遂伐韋、顧。桀初都陽城,後與昆吾同處。湯伐之,桀奔鳴條,遂放而死。湯即天子位。

湯崩，太子大丁未立而卒，乃立大丁之弟外丙。二年而崩。立外丙之弟仲壬，四年而崩。乃立大丁之子太甲。太甲既立，三年，不明，暴虐。伊尹放之桐宮，攝行政當國，以朝諸侯。三年，太甲悔過，乃迎歸亳，授之政。外丙、仲壬之立，《史記》文本明白；《孟子》趙注，亦無異説。（《萬章上》）《僞古文尚書・伊訓、太甲》兩篇，及《伊訓、肆命、徂后》序《僞傳》，乃謂湯崩，太甲立，即以其年爲元年；伊尹放之於桐宮。至三年服闋，乃迎之歸。遂無以處外丙、仲壬二君，并《史記》之太甲既立三年而伊尹放之，放之三年而又迎歸，前後共六年者，亦變爲三年矣。鄭珍《巢經巢經説》云：《春秋外傳》姜氏告公子重耳曰：商之享國三十一王。又《大戴・保傅篇》云：殷爲天子三十餘世，而周受之。《少閒篇》孔子告哀公曰，成湯卒崩，二十二世乃有武丁。……據此，則商之有二帝，確然無疑。案《春秋繁露》謂主天者法商而王，故立嗣予子，篤母弟；主地者法夏而王，故立嗣予孫，篤世子。《三代改制質文篇》。《公羊》隱七年傳注，"母弟"，同母弟。"母兄"，同母兄。則商之繼承法，蓋"兄弟相及，而以同母之弟爲限"。同母弟盡立後，蓋還立長兄之子。故仲壬崩而立太甲也。其"父死子繼"之法，則實至周而始備也。《韓詩外傳》：五帝官天下，三王家天下。……故自唐、虞以上，經傳無太子稱號。夏、殷之王，雖則傳嗣，其文略矣。至周，始見"文王世子"之制（《太平御覽》卷一百五十九）。商代治亂，《史記》所述如下。

【太甲】　修德，諸侯咸歸殷，百姓以寧。

【雍己】　殷道衰，諸侯或不至。

【大戊】　殷復興，諸侯歸之。

【河亶甲】　殷復衰。

【祖乙】　殷復興。

【陽甲】　自仲丁以來，廢"適"而更立"諸弟子"；此"適"字兼弟及子言。弟子或爭相代立；比九世亂。諸侯莫朝。

【盤庚】　殷道復興，諸侯來朝。

【小辛】　殷復衰。

【武丁】　修德行政，天下咸驩。殷道復興。

【帝甲】　淫亂，殷復衰。

【帝乙】　殷益衰。

至紂而亡。

又殷一代，都邑屢遷，而恒在大河南北，似因河患而然也。

　　案亳有三：一在今陝西商縣，爲契本封，《史記》所謂"湯始居亳，從先王居"者也。一在今河南商丘、夏邑、永城三縣境。湯伐葛時，《孟子》謂其"與葛爲鄰"，蓋在此。一在今河南偃師縣，蓋滅夏後所都。參看王鳴盛《尚書後案》卷六，魏源《書古微·湯誓序發微》。

　　"僞孔傳"謂桀都安邑，不足信。《漢書·地理志》注引《世本》，《續漢書·郡國志》注引《汲冢紀年》，皆謂禹都陽城。金鶚《求古錄·禮說桀都安邑辨》謂桀都洛陽非是，而其論桀都必在今河洛間境，則甚精核。桀蓋仍都陽城也。

　　昆吾有二：一在今河北濮陽縣，見《左》哀十七年。一在今河南許昌縣，見《左》昭十二年。《國語》韋注謂夏衰，昆吾爲夏伯，遷於舊許，則桀時昆吾在今許昌。

　　《孟子》：舜生於諸馮，遷於負夏，卒於鳴條，東夷之人也。《書·湯誓序疏》鄭玄云：鳴條，南夷地名。案《呂氏春秋·簡選篇》：殷湯登自鳴條，乃入巢門。《淮南·主術訓》：湯困桀鳴條，禽之焦門。《修務訓》：湯整兵鳴條，困夏南巢；譙以其過，放之歷山。則鳴條與南巢相近。（南巢，今安徽巢縣。歷山，《荀子·解蔽篇》作亭山，楊注南巢之山。）

　　桐宮，《史記正義》引《晉太康地記》云：尸鄉南有亳阪，東有城，太甲所放處也。案尸鄉，在偃師西南五里。

　　殷後王之遷都者：仲丁遷於隞，（《書序》作囂）在今滎澤；河亶甲遷於相，在今內黄，俱見《史記正義》引《括地志》；祖乙遷於邢；（《書序》作耿）《正義》引皇甫謐，謂爲河東皮氏縣之耿鄉，（今山西河津縣）似不如《通典》謂在邢州（今河北邢臺縣）者爲確；盤庚遷亳，即偃師，見《書疏》引鄭玄說；武乙遷於河北，據《史記·項羽本紀集解》引應劭說，似即洹水南殷虚，在今河南安陽縣。

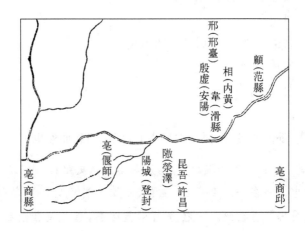

第三節　周之興

周之先曰棄，封於邰，今陝西武功縣。號爲后稷。其後世居稷官。至不窋，乃失官，而奔戎狄之間。《史記·周本紀》封棄於邰，號曰后稷。……后稷之興，在陶唐、虞夏之世，皆有令德。后稷卒，子不窋立。"號曰后稷"之后稷，指棄"后稷之興"之后稷，則統指棄以後不窋以前居稷官者。"后稷卒"之后稷，則不窋之父也。不窋，孫公劉，復修后稷之業，居邠。今陝西邠縣。至太王，爲狄所逼，徙岐山下。今陝西岐山縣。太王貶戎狄之俗，營築城郭宮室，旁近諸國皆歸之。傳子季歷以及文王。

文王嘗爲紂囚於羑里，已而釋之。使爲西伯，得專征伐。時荊、梁、雍、豫、徐、揚六州，皆歸文王。見《鄭詩譜》。文王仍服事殷。後乃"受命"稱王。伐犬戎，伐密須，敗耆，伐邘，伐崇侯虎。作豐邑，《漢書·地理志》：安定陰密縣，《詩》密人國，案今甘肅靈臺縣。耆，今《尚書》作黎，《説文》作鵹，云上黨東北，案今山西晉城縣。《史記集解》徐廣曰：邘城，在野王縣西北。案野王，今河南沁陽縣。崇即豐，《説文》作鄷，云在京兆杜陵西南。案《漢書·地理志》注：杜陵，在長安南五十里。自岐下徙都之。文王受命後七年而崩。受命後九年，武王東觀兵，至孟津。今河南孟縣南。復歸。後二年，乃滅紂。以殷餘民封紂子武庚，而使弟管叔、蔡叔監之。十三年，武王崩。成王幼，周公攝政。管、蔡、武庚叛，淮夷、徐戎並應之。參看第六章第二節。周公東征，二年而畢定。乃營洛邑爲東都，今河南洛陽縣。致政於成王焉。

第四節　西周之始末

成康之時，號爲周之治世。至昭王，南巡守不返。卒於江上。案《左氏》齊桓公伐楚，管仲責楚以"昭王南征而不復"，屈完對"君其問諸水濱"。杜注謂"昭王時漢非楚境，故楚不受責"。然據宋翔鳳《楚粥熊居丹陽武王徙郢考》，則楚初封實在丹、淅二水入漢處，後乃拓地而南。然則昭王時漢正楚境也。故《呂氏春秋·季夏紀》謂昭王親將征荊蠻。《索隱》引宋忠，亦云昭王南伐楚，則是役，蓋伐楚而敗也。

穆王作《呂刑》，征犬戎，王室復寧。穆王遊行之事，僅見《史記·趙世家》及《左》昭十二年，其詞皆甚略。今詳見《列子·周穆王篇》及《穆天子傳》。然二書皆不甚可信。懿王時，王室遂衰。厲王立，用榮夷公。好利，國人謗王。王得衛巫，使監謗，以告則殺之。國人叛，襲王，王奔彘。今山西霍縣。周、召二相行政，號曰"共和"。又有謂共國之伯名和，行天子之事者，説不可信，見《史記索隱》。共和十四年，王死於彘。宣王立，二相輔之修政，諸侯復宗周。宣王崩，子幽王立。寵褒姒，廢申后而立之。褒國，今陝西褒城縣。申國，今河南南陽縣。並廢太子宜臼，而立褒姒子伯服。申侯與犬戎伐周，弒幽王驪山下。驪山，在今陝西臨潼縣。諸侯共立宜臼，是爲平王。東遷於洛。

第五章　春秋戰國

第一節　春　秋

周王平四十九年，即魯隱公元年（前二六三三，西元前七二二）。至孔子卒之歲（周敬王四十一年，前二三九〇，西元前四七九），凡二四二年，謂之"春秋時代"。當此時代，列國之史實，多可考見；非如前此所知者，僅一王朝之大略而已。

春秋時代，大國爲齊、晉、秦、楚，其後起者則吳、越；較小之國，則魯、衛、鄭、許、曹、宋、陳、蔡等。

創霸者爲齊桓，嘗伐山戎以救燕，却狄以存邢、衛，南伐楚，盟於召陵。今河南郾城縣。（前二五六七，西元前六五六）齊桓公卒，宋襄公繼之，圖霸。爲楚人敗於泓，水名，在今河南柘城縣。傷股而卒。楚人之勢力大振。前二五四三年（西元前六三二），晉文公乃敗之於城濮。今山東城濮縣。晉文公卒，秦穆公潛師襲鄭。晉襄公敗諸崤。山名，今河南永寧縣。穆公仍用孟明，增修德政。卒伐晉，敗之。遂霸西戎。晉襄公後，靈公無道，而楚莊王强。前二五〇八年（西元前五九七），敗晉於邲，今河南鄭縣。稱霸。莊王卒後，子共王立。與晉厲公戰於鄢陵，今河南鄢陵縣。敗績。厲公旋被弒。悼公立，楚仍與晉爭鄭。至前二四七三年（西元前五六二），鄭乃服晉。前二四五七年（西元前五四六），宋向戍爲弭兵之盟，請"晉楚之從交相見"。襄二十七年。案《左》成十一年，又有華元合晉楚之成，係誤析一事爲兩。見崔適《春秋復始》卷三十八。自是晉楚之兵爭息，而吳、越盛矣。

吳本僻處蠻夷，前二四九五年（西元前五八四），申公巫臣適吳，教之射御戰陣，乃驟强。自是世與楚爭，楚常不勝。前二四一七年（西元前五〇六），吳闔閭攻楚，入郢。楚昭王奔隨。郢，楚都，今湖北江陵縣。隨，今湖北隨縣。旋以秦援，復國。前二四〇八年（西元前四九七），闔閭伐越，傷而卒。子夫差立，敗越。越王句踐，棲於會稽之山以請成。今浙江紹興縣。許之。夫差遂北伐齊、魯，與晉爭長於黃池（前二三九三，西元前四八二）。今河南封邱縣。越乘之入吳。前二三八四年（西元前四七三），吳遂爲越所滅。句踐北會齊、晉於徐州，今山東滕縣。稱霸王焉。

第二節　戰　　國

春秋以後，又二百五十八年，而天下始歸於統一。當是時：晉爲韓、趙、魏所分（前二三一四，西元前四○三），齊亦爲其大夫田氏所篡（前二二九七，西元前三八六）。越滅於楚（前二二四五，西元前三三四），而燕日强。天下分爲戰國七，史稱之曰“戰國時代”。

戰國之初，秦極弱。河西、上郡，河西，謂黃河以西，今陝西之大荔、澄城等縣。上郡，今陝西榆林縣至河套一部分。皆爲魏所據。前二二七一年（西元前三六○），秦孝公立。用商鞅，定變法之令。秦乃驟强。攻魏，取河西（前二二五一，西元前三四○）。魏去安邑，徙都大梁。安邑，今山西安邑縣。大梁，今河南開封縣。秦旋又取上郡。於是蘇秦説六國“合縱”以擯秦（前二二四四，西元前三三三）。未幾，縱約皆解。張儀又説六國“連衡”以事秦，然亦不能久也。

秦既破魏，又滅蜀。敗楚，取漢中。蜀，今四川。漢中，今陝西南部。攻韓，取宜陽。今河南宜陽縣。於是長江、黃河兩流域，皆爲秦人所臨制。前二一八六年（西元前二七五），秦白起伐楚，取郢。楚東北徙都陳（後又徙壽春）。郢，今湖北江陵縣。陳，今河南淮寧縣。壽春，今安徽壽縣。前二一七三年（西元前二六二），秦伐韓，拔野王。上黨降趙。秦敗趙軍於長平，阬降卒四十萬。遂拔上黨，北定太原。前二一六八年（西元前二五七），圍邯鄲。魏公子無忌敗之。野王，今河南沁陽縣。上黨，今山西晉城縣。長平，谷名，在今山西高平縣。太原，今山西太原縣。邯鄲，趙都，今河北邯鄲縣。

前二一六七年（西元前二五六），周赧王謀與諸侯攻秦。秦伐周。赧王入秦，盡獻其地，歸而卒。洛陽有二城：西曰王城，東曰成周。周敬王自王城徙居成周。至考王，封弟揭於王城，謂之西周君。揭孫惠公，復自封其少子班於鞏（今河南鞏縣），是爲東周君。赧王之入秦，西周君隨亡。東周君又七年，乃爲秦所滅。前二一四一年（西元前二三○），秦滅韓。前二一三九年（西元前二二八），滅趙。趙公子嘉自立爲代王，與燕合兵，軍上谷。今河北懷來縣。燕太子丹使荆軻刺秦王，不中。秦大發兵圍燕，燕王奔遼東。前二一三六年（西元前二二五），秦滅魏。前二一三四年（西元前二二三），滅楚。明年，大發兵，攻遼東，虜燕王喜。還滅代，虜王嘉。又明年，自燕南滅齊。天下遂統一。

第六章　古代之疆域及種族

第一節　古代之疆域

言古代之疆域者，似可以"五服"、"九服"里數及封建國數爲據，五服見《禹貢》，九服見《周官》。

《禹貢》"五百里甸服：百里賦納總，二百里納銍，三百里納秸服，四百里粟，五百里米。五百里侯服：百里采，二百里男邦，三百里諸侯。五百里綏服：三百里揆文教，二百里奮武衛。五百里要服：三百里夷，二百里蔡。五百里荒服：三百里蠻，二百里流"。

《今尚書》歐陽夏侯説：中國五千里。(《王制正義》引《五經異義》)史遷同。(《詩·商頌正義》)

賈逵、馬融以爲甸服之外，百里至五百里采，特有此數。……其侯、綏、要、荒服，各五百里。(《禹貢正義》)

《古尚書》説，五服旁五千里，相距萬里。許慎從之。(《王制正義》引《五經異義》)鄭玄以爲堯制五服，服各五百里。要服之内四千里曰九州，其外荒服曰四海。禹平水土之後，更以五百里輔之。五百里甸服……是堯舊服。百里賦納總……是禹所弼。(《詩·商頌正義》)案鄭後説與《周官》合。《周官·夏官·職方氏》方千里曰王畿。其外方五百里曰侯服。又其外方五百里曰甸服。又其外方五百里曰男服。又其外方五百里曰采服。又其外方五百里曰衛服。又其外方五百里曰蠻服。又其外方五百里曰夷服。又其外方五百里曰鎮服。又其外方五百里曰藩服。

荒　服									
			要	服	荒服				
			綏	服	要服				
			侯	服	綏服				
百里	賦納	銍	五百	里米	侯服				
			甸	服	甸服				

三百里蠻二百里流——周官藩服

荒服——周官鎮服

三百里夷二百里蔡——周官夷服

要服——周官蠻服

三百里揆文教二百里奮武衞——周官衞服

綏服——周官采服

百里采三百里諸侯——周官男服

侯服——周官甸服

百里總…五百里米——周官侯服

甸服——周官王畿

然皆係“設法”之辭。謂假設爲法，見《周官·職方》鄭注。

其言九州疆域及四至者，以有山川及地名，較爲可據。九州之名，《禹貢》、《爾雅》、《周官》，說各不同。《禹貢》、《爾雅》、《周官》九州異同如下。

《禹貢》	《爾雅》（郭璞注此蓋殷制）	《周官》
冀州（鄭注 兩河間曰冀州 《公羊》莊十年《疏》引）	兩河間曰冀州　燕曰幽州	東北曰幽州　河內曰冀州　正北曰并州
濟河惟兗州	濟河間曰兗州	河東曰兗州
海岱惟青州	齊曰營州	正東曰青州
海岱及淮惟徐州	濟東曰徐州	
淮海惟揚州	江南曰揚州	東南曰揚州
荆及衡陽惟荆州	漢南曰荆州	正南曰荆州
荆河惟豫州	河南曰豫州	河南曰豫州
華陽黑水惟梁州		
黑水西河惟雍州	河西曰雍州	正西曰雍州

《王制》：四海之內九州。州方千里。州建百里之國三十，七十里之國六十，五十里之國百有二十，凡二百一十國。……八州。州二百一十國。天子之縣內，方百里之國九，七十里之國二十有一，五十里之國六十有三，凡九十三國。……九州，千七百七十三國。

《周官·職方氏》：凡邦國千里，封公以方五百里則四公，方四百里則六侯，方三百里則七伯，（當作十一伯。）方二百里則二十五子，方百里則百男。

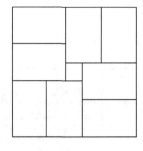

《王制》鄭注此大界方三千里，三三而九，方千里者九也。其一爲縣內，餘八各立一州。此殷制也。周公制禮，九州大界方七千里，七七四十九，方千里者四十有九也。其一爲畿內，餘四十八州，各有方千里者六。大概以今地較之，少兩廣、雲貴，而四川則聲教或及或不及。然九州之內，仍有異族雜居。《爾雅》：東至於泰遠，西至於邠國，南至於濮鉛，北至於祝栗，謂之四極。孤竹、北戶、西王母、日下，謂之四荒。九夷、

八狄、七戎、六蠻，謂之四海。郭注謂四海最近，四荒次之，四極最遠。後儒或
謂四極爲中國使命所極，四荒更在其外。邠即公劉所居，濮在楚西南，祝栗即
涿鹿音轉；蓋即四海之極邊。朱緒曾《開有益齋經説》。案孤竹，《漢志》謂在遼西郡令支縣，今
河北盧龍縣。北户之俗，後世後印度半島諸國猶有之。見諸史四裔列傳。西王母，《淮南子》云，在流
沙之瀕。《漢志》金城郡臨羌西北至塞外有西王母石室。臨羌，見第一節。四海之內，則爲中
國。《王制》所謂"西不盡流沙，南不盡衡山，東不盡東海，北不盡恒山；凡四海
之內，斷長補短，方三千里"者也。

第二節　與漢族雜居諸種族

　　古代雜居諸異族，最強大者，莫如獯粥。異譯亦作獫狁；又作昆夷、畎夷、
串夷；蓋即後世之匈奴也。《史記·匈奴列傳索隱》：晉灼曰：堯時曰獯粥，周曰獫狁。《詩·
皇矣》：串夷載路，鄭箋，串夷，即混夷。《正義》書傳作畎夷。蓋"畎"、"串"聲相近，後世作字異耳。或
作犬夷，"犬"即"畎"字之省。案後世之胡字，蓋即"畎"（犬）、"混"（昆）聲轉。此族初居今黄河流
域。故《史記》稱黄帝北逐獯粥，邑於涿鹿之阿。堯奠都太原，而《墨子》稱其
北教八狄。《漢書·地理志》：太原郡晉陽，故《詩》唐國。《水經·晉水注》同。張守節謂唐在平陽，
蓋泥《史記》唐叔封於河汾之東致誤；不知太原固亦可稱河汾之東也。顧亭林引《括地志》故唐城在絳
州翼城縣西二十里，堯裔子所封；成王滅之，而封太叔。以爲唐叔始封於翼，不知《括地志》此條實誤，
故又載有唐城在并州晉陽縣北二里也。周自不窋至大王，尤屢爲所窘。至武王，乃放
逐之涇、洛以北。宣王時，又强盛。整居焦穫；侵鎬及方，至於涇陽。王命尹
吉甫伐之，至太原。焦穫，當即《爾雅》十藪之一。據郭注，在今陝西涇陽縣。鎬，方無考。惟
《漢書·陳湯傳》載劉向語，有千里之鎬……則鎬當去周都千里。太原，顧亭林謂今固原一帶。見
《日知録》。至幽王，卒爲犬戎所滅。春秋以後，此族或謂之戎，或謂之狄；參看
《飲冰室集·中國歷史上民族之觀察》。而狄又有赤、白之分。赤狄多滅於晉（惟中山
至戰國時滅於趙），而西戎則多滅於秦。至戰國時，中國拓地乃益遠。《史
記》稱魏有河西、上郡，趙有雲中、雁門、代郡，秦有隴西、北地，以與戎界邊
是也。河西，上郡，見前。雲中，今山西大同縣。代郡，今山西代縣。隴西，今甘肅狄道縣。北地，
今甘肅寧縣。
　　其在東北境者，則有山戎；戰國時謂之東胡。燕將秦開襲破之。東胡却
千餘里。燕乃開上谷、漁陽、右北平、遼西、遼東五郡。上谷，見前。漁陽，今河北密雲
縣。右北平，今河北盧龍縣。遼東，今遼寧遼陽縣。遼西，在盧龍之東。
　　其在西北境者，則有氐、羌。羌人爲秦所逐，皆遁於河西。《後漢書·羌傳》。
　　氐以巴氐爲大宗，亦爲秦所征服。《後漢書》之巴郡南郡蠻及板盾蠻。

其在今長江流域者，則有九黎。三苗君臨之。見第三章第二節。案黎，後世作俚，亦作里，《後漢書·南蠻傳》：建武十二年，九真徼外蠻里張游，率其種人，慕化內屬。封爲歸漢里君。《注》：里，蠻之別號。今呼爲俚人。其在淮水流域者，則有淮夷。以其在徐州，亦稱徐戎。《禹貢》：淮夷蠙珠暨魚。《正義》引鄭云：淮水之上夷民。《費誓》：徂兹淮夷，徐戎並興。"僞孔傳"以爲淮浦之夷，徐州之戎。北抵今山東半島，又有萊夷。據《漢志》地在今山東黃縣。萊夷爲齊所滅。淮泗夷至秦有天下，乃悉散爲人戶。《後漢書·東夷傳》。其在長江以南者，通稱曰越。俗皆"斷髮文身"。《史記·越句踐世家》、《漢書·地理志》。又案文身之俗，散見《後漢書》、《三國志》、《南北史》者甚多。

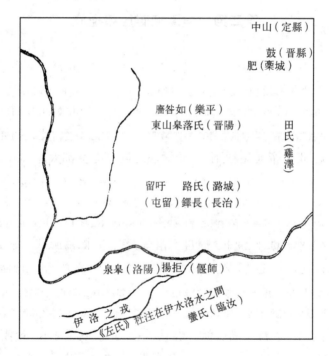

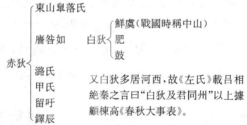

夏少康封庶子無余，爲春秋時於越之祖。自此以南，爲南越、閩越，則至秦漢時始入中國版圖者也。

第七章　古代社會之政治組織

第一節　宗　　法

社會之初，莫不自"女系"而進於"男系"。故於文，女生爲姓。迨男權日張，男系家族之制，日以確立；而姓氏之別，乃漸混同焉。氏爲男系，姓爲女系，見《通志·氏族略》。古之所謂"族"，猶兼用女系，而"宗"則純乎男系也。九族，見《詩·王風葛藟正義》引歐陽夏侯説，《白虎通·宗族篇》同。古文家以高曾至曾玄爲九族，非。見俞樾《九族考》。

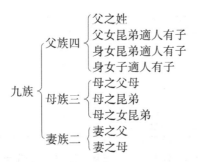

宗有"大宗"、"小宗"；大宗爲始祖之後，百世不遷。小宗則五世而遷。小宗既遷，則向以小宗爲宗之人，皆由大宗收郵之。故有一大宗之子，則其始祖之後，皆能團結不散。小宗之子分封者，對其本國雖爲小宗，而在其所封之國，則爲大宗。如周公在周爲小宗，在魯爲大宗是也。諸侯更以其地分封其大夫亦如此。《禮記大傳》、《白虎通·宗族篇》。故曰："天下之本在國，國之本在家，家之本在身。"《孟子·離婁上》。

至於後世，諸侯既互相吞噬，大夫亦各肆并兼。吞并人者，看似地愈大而勢愈强；實則此族之高居民上者，日以益少。至於最後，則高居民上者惟一人；欲去此一族者，去此一人可矣；秦之亡是也。參看《建設雜誌》二卷六號《通信》。

第二節　封建及官制上

欲知古代之封建及官制,當知所謂"爵"與"禄"。公、侯、伯、子、男及卿大夫,皆謂之爵。而其所受之田,則謂之禄。此内官與外諸侯無異。所異者,一"世襲",一不世襲而已。《王制》:天子之縣内諸侯,禄也。外諸侯,嗣也。

《王制》言爵云:

公、侯、伯、子、男,凡五等。諸侯之上大夫卿、下大夫、上士、中士、下士,凡五等。《孟子·萬章下》:天子一位,公一位,侯一位,伯一位,子、男同一位。凡五等。與《王制》小異,其曰:君一位,卿一位,大夫一位,上士一位,中士一位,下士一位。凡六等。則似異實同。

其爵與禄之相配則如下。《王制》:上農夫食九人,其次食八人,其次食七人,其次食六人,下農夫食五人,庶人在官者,其禄以是爲差也。《孟子》:下士與庶人在官者同禄。蓋言之詳略不同。

爵			禄(田)
天子			方千里
公	侯	天子之三公	方百里
	伯	天子之卿	方七十里
子	男	天子之大夫	方五十里
	附庸	天子之元士	不能五十里

《王制》之爵及封地;《白虎通》以爲周制,謂"殷爵之等……合子男從伯,或曰合從子"。鄭玄則以此爲殷制,謂周公定天下後,擴大諸侯封土。公方五百里,侯方四百里,伯方三百里,子方二百里,男方百里。

爵	禄
君	十卿禄
上大夫(卿)	四大夫　次國三大夫　下國倍大夫
下大夫	倍上士
上士	倍中士
中士	倍下士

續　表

爵		禄
下士		食九人
		食八人
庶人在官者		食七人
		食六人
		食伍人

其諸侯統屬之制,則《王制》述之云:

　　千里之外設方伯。五國以爲"屬",屬有長。十國以爲"連",連有率。三十國以爲"卒",卒有正。二百一十國以爲"州",州有伯。……八伯各以其屬,屬於天子之老二人。分天下以爲左右,曰二伯。鄭注《春秋傳》曰:自陝以東,周公主之;自陝以西,召公主之。(案見《公羊·隱五年傳》、《説苑·貴德篇》引《詩傳》略同。)

然此要皆"設法"之辭,其實際未必盡如此也。

第三節　封建及官制下

內官則《王制》云:三公,九卿,二十七大夫,八十一元士。《白虎通》謂三公者,司馬、司徒、司空也。《春秋繁露》謂二百四十三下士。諸侯三卿,九大夫,二十七上士。

古《周禮》説:

其地方區畫:則《周禮》以五家爲"比",比有長。五比爲"閭",閭有胥。四閭爲"族",族有師。五族爲"黨",黨有正,五黨爲"州",州有長。五州爲"鄉",鄉有大夫。(遂則爲鄉長,里宰,鄭長,鄙師,縣正,遂大夫。)與古文家軍制相應。《尚書大傳》謂"古八家而爲'鄰',三鄰而爲'朋',三朋而爲'里',五里而爲'邑',十邑而爲'都',十都而爲'師','州'十有二師焉,與井田之制相合"。

第四節　教　育　選　舉

古代教育,有平民、貴族之不同。貴族教育,分大學、小學兩級。天子大學曰辟雍,諸侯曰泮宫。諸侯之國,小學在公宫南之左,太學在郊;天子則反是。其教科:則春秋教以禮樂,冬夏教以詩書。參看《癸巳存稿·君子小人學道是絃歌義》。案古代教育,多與宗教相連。樂者,祀神所用。詩即其歌詞。禮者,祀神之儀節。書則教中之古典也。其平民教育:則《公羊》何注宣十五年。所謂一里八十户,八家共一巷,中里爲校室。選其耆老有高德者,名曰父老。……十月事訖,父老教於校室。八歲學小學,十五歲學大學。《孟子》所謂謹庠序之教,申之以孝弟之義。又云夏曰校,殷曰序,周曰庠者也。《梁惠王》及《滕文公上篇》。案此與《公羊》何注,皆與井田連類言之;故知爲平民教育。

選舉之法:《王制》云:

> 命鄉論秀士,升之司徒,曰選士。司徒論選士之秀者而升之學,曰俊士。升於司徒者不征於鄉;升於學者不征於司徒,曰造士。……大學正論造士之秀者,以告於王,而升諸司馬,曰進士。司馬辨論官材;論進士之賢者,以告於王,而定其論。論定,然後官之;任官,然後爵之;位定,然後禄之。

恐係託古改制之談。《周官》:六鄉六遂之官,皆有教民以"德行道藝"之責。三年大比,考其德行道藝,而興"賢者"、"能者"於王。與《管子·小匡篇》所述相類。然其用之,至士而止;自大夫以上,則皆世官也。參看《癸巳類稿·鄉賢興能論》。

第五節　兵　　制

古代之兵制,今古文家所説不同。

軍隊之編制:五人爲伍,五伍爲兩,四兩爲卒,五卒爲旅,五旅爲師,今古文同。惟今文家謂師爲一軍;天子六師,方伯二師,諸侯一師,古文家則以萬二千五百人爲一軍;王六軍,大國三軍,次國二軍,小國一軍。《白虎通·三軍篇》。《公羊》隱五年注。《周官·司馬序官》。

其出賦之法：則今文家謂十井共出兵車一乘。公侯封方百里，凡千乘；伯四百九十乘；子男二百五十乘。《公羊》宣十五年昭元年注。古文家據《司馬法》，而《司馬法》又有兩説：一説以井十爲通，通爲匹馬；三十家士一人，徒二人。通十爲成，成十爲終，終十爲同，遞加十倍。又一説以四井爲邑，四邑爲邱，有戎馬一匹，牛三頭。四邱爲甸，戎馬四匹，兵車一乘，牛十二頭，甲士三人，步卒七十二人。一同百里，提封萬井；除山川、沈斥、城池、邑居、園囿、術路三千六百井，定出賦六千四百井；戎馬四百匹；兵車百乘；此卿大夫采地之大者也。諸侯之大者，一封三百六十里；天子畿方千里亦遞加十倍。《左氏》及《周官正義》，皆以前者爲"畿内法"，後者爲"邦國法"。前説爲鄭注《周官》小司徒所引；後説則鄭注《論語》道千乘之國引之，見《小司徒疏》，即《漢志》所本也。

古代人民，有征服者與被征服者之別。征服者居國内，服兵役；被征服者居郭外，不服兵役，而止出賦。江永《羣經補義》（春秋）有一條論古代兵農非合一，可參照。故周官出兵，尚止六鄉。朱大韶《實事求是齋·經義司馬法非周制説》。至戰國時，乃合全國之人而使之當兵。故其兵數動至數十萬，《司馬法》爲戰國時書，蓋已舉服兵役之責，均攤之於全國人也。如《司馬法》後一説。則天子畿内，有甲士三萬，卒七十二萬，故孫子有"興師十萬，日費千金，怠於道路，不得操事者，七十萬家"之説。

第六節　刑　　法

古之言刑辟者：今文家刑止於五，即墨、劓、剕、宮、大辟是。《周官》則更有要斬、磔、焚等刑。《書·呂刑》、《周官·掌戮》。今文家刑人於市，不別貴賤；《禮記·王制》：刑人於市，與衆棄之。案鄭注《王制》，皆曲解爲殷法，非是。古文家則有爵者與王之同族，行刑於甸師氏。《周官·甸師氏》、《禮記·文王世子》。今文家刑不上大夫。"……蓋……恐誤刑賢者。……故有罪，放之而已。而被放者亦自嫌有罪，以古者疑獄三年而後斷。……故三年不敢去。《公羊》宣元年注。古文家則無此義。《曲禮正義》引《五經異義》。蓋今文家言，爲孔子託古改制之作，故倍文明也。

監獄：夏曰夏台，殷曰牖里，周曰圜圖。《北堂書鈔》引《白虎通》、《意林》引《風俗通》同。《周官》：監獄之制，見掌囚司圜。

審判機關：《王制》云：成獄辭，史以獄之成告於正，正聽之。正以獄之成告於大司寇，大司寇聽之棘木之下。大司寇以獄之成告於王，王三又，然後制刑。《周官·大司徒》：凡萬民之不服教者，與其地治者，聽而斷之；其附於刑者歸於士。又《周官》有獄訟之別，"獄"爲刑事，"訟"則民事也。

第八章　古代社會之經濟組織

第一節　農工業　上

古代人民之職業，可分士、農、工、商四種，《漢書·食貨志》：學以居位曰士，闢土殖穀曰農，作巧成器曰工，通財鬻貨曰商。而農尤爲立國之本。

欲知古代農業狀況，必先知井田之法。古代稅法有二：一爲貢法，授之地而取其所穫十分之一；一爲助法，則以一里之地，畫爲九區；中爲公田，八家各受私田百畝；同力以耕公田，而不復稅其私田。孟子告滕文公：請野九一而助，國中十一使自賦蓋古者建國，多在山險之地；而野則平正易畫分也。參看《建設雜誌》二卷六號《通信》。

今録《公羊》何注一段於下，以見古代農民之生活狀況。宣十五年。

……一夫一婦，受田百畝，以養父母妻子；五口爲一家，公田十畝，所謂十一而稅也；廬舍二畝半；凡爲田一頃十二畝半。八家而九頃，共爲一井，故曰井田。

種穀不得種一穀，以備災害；田中不得有樹，以妨五穀。還廬樹桑荻雜菜；《阮氏校勘記》云，荻當作楸。畜五母雞，兩母豕，瓜果種疆畔。女上蠶織。老者得衣帛焉，得食肉焉；死者得葬焉。

多於五口，名曰餘夫。餘夫以率受田二十五畝。

司空謹別田之高下善惡，分爲三品。上田一歲一墾，中田二歲一墾，下田三歲一墾。肥磽不得獨樂，磽确不得獨苦，故三年一換主易居。

在田曰廬，在邑曰里。一里八十户，八家共一巷。……選其耆老有高德者，名曰父老；其辯護伉健者，爲里正；皆受倍田，得乘馬。

民春夏出田，秋冬入保城郭。田作之時，春，父老及里正旦開門坐塾上；晏出後時者不得出，暮不持薪樵者不得入。五穀畢入，民皆居宅，里正趨緝績。男女同巷相從夜績,至於夜中;故女功一月得四十五日。

作從十月,盡正月止。男女有所怨恨,相從而歌;飢者歌其食,勞者歌其事。男年六十,女年五十,無子者,官衣食之,使之民間詠詩。鄉移於邑,邑移於國,國以聞於天子;故王者不出牖戶,盡知天下所苦,不下堂而知四方。

又《王制》:

> 冢宰制國用,必於歲之杪;五穀皆入,然後制國用。用地小大,視年之豐耗;以三十年之通,制國用,量入以爲出。……國無九年之蓄曰不足,無六年之蓄曰急,無三年之蓄,曰國非其國也。三年耕,必有一年之食;九年耕,必有三年之食。以三十年之通,雖有凶旱水溢,民無菜色,然後天子食,日舉以樂。

一國之財政,全以農業爲基礎,可見其關係之重要矣。

第二節 農 工 業 下

耕地有"口分"之法。耕地以外之土地,則大抵皆爲公有,但其取之,亦有一定之法度。故《王制》謂"名山大澤不以封",鄭注與民同利,不得障管。又謂"林麓川澤,以時入而不禁"也。又《王制》述田獵之法云:

> 天子不合圍,諸侯不掩羣。天子殺則下大綏;諸侯殺則下小綏;大夫殺則止佐車;佐車止,則百姓田獵。獺祭魚,然後魚人入澤梁;豺祭獸,然後田獵;鳩化爲鷹,然後設罻羅;草木零落,然後入山林;昆蟲未蟄,不以火田,不麛,不卵,不殺胎,不殀夭,不覆巢。

此古代廣義之農業也。

至於工業。則大抵簡易之器具,由人民自爲之;《考工記》:粵無鎛,燕無函,秦無廬,胡無弓車。粵之無鎛也,非無鎛也,夫人而能爲鎛也;燕之無函也,非無函也,夫人而能爲函也;秦之無廬也,非無廬也,夫人而能爲廬也;胡之無弓車也,非無弓車也,夫人而能爲弓車也。注:此四國者,不置是工也。言其丈夫人人皆能作是器,不須"國工"。其較難者,則國家特設專官,其官皆爲世職。《考工記》:知者創物,巧者述之,守之世,謂之工。《考工記》所載,凡攻木之工七,攻金之工六,攻皮之工五,設色之工五,刮摩之工五,搏埴之工二。鄭注:事官之屬六十,此識其五材三十官,略記其事耳。其曰某人者,以其事名官也;其曰某氏者,官有世功,若族有世業,以氏名官者也。今其遺制,略見於《考工記》一書。

第三節　商　　業

古代商業，蓋有二種：一在國中，《考工記》匠人營國，所謂"面朝後市"是也。一在野鄙，《公羊》何注所謂因井田而爲市是也。宣十五年。其在國中者，公家有邸舍以便其藏庤什物，是之謂廛。《王制》謂"市廛而不稅，關譏而不征"；《周官》則必凶荒札喪，然後無征。

古代産業，大致皆自給自足，爲消費而生産，非爲交易而生産，故其生産，無得失可言。惟商人則以本團體内之物，與他團體交易，不得不用心於計度。《白虎通》：商之爲言章也。故商人之智識恒獨高。鄭之建國，至與商人偕；而弦高等，至能救國家之危急。《左氏》昭十六、僖三十三年。

貨幣則龜貝、珠玉、金屬及布帛之類雜用；而貝及布帛，爲用最廣。參看《飲冰室叢著·中國古代幣材考》。鑄錢蓋始於周。《說文》：古者貨貝而寶龜，周而有泉。史稱太公爲周立……圜法，黄金方寸而重一斤；錢圜函方，輕重以銖；布帛廣二尺二寸爲幅，長四丈爲匹；蓋貨幣之中，以此三者爲最重要也。至秦并天下，黄金重量，改以鎰計。錢質如周，文曰半兩，重如其文。而珠、玉、龜、貝、銀、錫之屬，國家不以爲貨幣。然各隨時而輕重無常，蓋民間仍用爲易中也。

第九章　古代社會之文化

第一節　古代之宗教及哲學思想

一民族之思想，其初莫不偏於宗教，其後則漸進而爲哲學。宗教及哲學，莫不各有其宇宙觀及人生觀。

吾國古者，蓋認天地萬物，爲陰陽二力所造成。天地之生萬物，猶人之有父母。故曰："物本乎天，人本乎祖。"《禮記·郊特牲》。又曰："有天地，然後有萬物；有萬物，然後有男女；有男女，然後有夫婦；有夫婦，然後有父子；有父子，然後有君臣。"《易·繫辭》。而追溯其始，則陰陽二者，仍爲同源，故曰："易有太極，是生兩儀。"《易·繫辭》。

其論物質則以氣爲最小之分子。《乾鑿度》云：《周易義疏八論》引。

> ……"太易"者，未見氣也；"太初"者，氣之始也；"太始"者，形之始也；"太素"者，質之始也。氣、形、質具而未相離，謂之"混沌"。

其論氣之凝成萬物也，則曰：

> 水最微爲一，火漸著爲二，木形實爲三，金體固爲四，土質大爲五。《書·洪範疏》。

宇宙間同是物質，凝集緊密，則成爲物，分散則復成爲氣；是即生死之現象。故曰："精氣爲物，遊魂爲變，是故知鬼神之情狀。"《易·繫辭》。此等現象，古人認爲循環的。故曰："夫物芸芸，各歸其根。歸根曰靜，是謂復命。"《老子》。

宗教幼稚之時，蓋真以爲萬物皆天之所生。其後乃認天地與萬物，同受一種自然力之支配。故極崇拜自然。崇拜自然，故主無爲。無爲非道家獨有之義，亦非不事事之謂。諸子百家，無不講利用自然力者。利用自然，不強逆自然以行事，即無爲之謂也。宇宙萬物，同受一種原動力之支配，故主守一，主執中。此種原動力之作用，認爲循環的，故有禍福倚伏之義；故貴知雄守雌。以萬物皆動而不已，由微而漸至於著，故貴正本，貴慎始，貴謹小，慎微。

天地之生萬物，猶人之有父母。故有天神必有地祇。物本乎天，人本乎祖，故次於神祇者爲人鬼，而萬物與人並生於天地之間。故有人鬼則必有物魅。

宗教上之所崇拜，遂皆攝於是四者。

統治之權，初蓋以爲出於天，而天子爲之代表。最初之視天子，蓋誠以爲天之子。故有“感生”之説。《詩·生民》疏引《五經異義》。其後民智漸進，乃有“天視自我民視，天聽自我民聽”之義；《孟子·萬章上》引《泰誓》。而人民遂隱操無上之權。爲數千年後之民主政體，植極深厚之基礎焉。

第二節　文字之起源及變遷

文字緣起，已見第三章第一節。《世本》謂倉頡造書，説者多以倉頡爲黃帝史官，與釋《易》者以後世聖人爲黃帝合。惟《管子》謂封泰山禪梁父者七十二家，而夷吾所識十有二焉，則三皇五帝之前，文字發生已久。以上參看《尚書序疏》。蓋文字緣社會之需要而生，原非一人所創作。特至黃帝時而其用始宏，故世遂指黃帝時爲始有文字之時，指黃帝之史官爲始造文字之人也。三皇五帝之世，文字改易頗多。及周宣王時，太史籀作大篆，與古文或異。七國時，文字亦頗殊異。秦有天下，丞相李斯乃奏同之，罷其不與秦文合者。斯等又取史籀大篆，或頗省改，是爲“小篆”。而洛陽人程邈，又作“隸書”。隸書興而文字益趨簡易矣。以上參看《説文解字序》。序稱及亡新居攝……時有六書：……三曰篆書，即小篆，秦始皇帝使下杜人程邈所作也。四曰左書，即秦隸書。段氏謂“秦始皇帝”十三字，當在“即秦隸書”之下。

第三節　學術之發達

吾國當西周以前，爲政教合一之世。此時社會之階級，頗爲森嚴，學術爲貴族所專有。東周以後，世變日亟，貴族之失其地位者漸多，而學術乃漸傳播於民間；所謂王官之學，散在四方是也，參看《建設雜誌》二卷六號《通信》。而以世變日亟故，賢人君子，皆思出其學以救世；諸侯卿相，又盛招游士、養食客，亦足以獎厲學術。故百家之學，並起爭鳴。近今論者，至以此時爲我國學術思想全盛時代焉。《飲冰室叢著·論中國學術思想變遷之大勢》。

太史談論當時學術，分爲陰陽、儒、墨、名、法、道德六家。《漢書・藝文志》則分爲九流；且溯其源，皆出於王官之守，今略舉其說如下：近人有謂九流之學不出王官者似非。參看《學衡雜志》第四期評論。

> 儒家者流，蓋出於司徒之官。
>
> 道家者流，蓋出於史官。
>
> 陰陽家者流，蓋出於羲和之官。
>
> 法家者流，蓋出於理官。
>
> 名家者流，蓋出於禮官。
>
> 墨家者流，蓋出於清廟之守。
>
> 縱橫家者流，蓋出於行人之官。
>
> 雜家者流，蓋出於議官。
>
> 農家者流，蓋出於農稷之官。

此外尚有權謀、形勢、陰陽、技巧四家，出於司馬。天文、曆譜、五行、蓍龜、雜占、形法，出於明堂羲和史卜之職。而醫有醫經、經方二家。又有神仙家，則近乎誕幻，并不足語於方技矣。此外古書論各家學術派別者尚多，而《荀子・非十二子篇》、《莊子・天下篇》、《淮南子・要略》最要。

第十章　春秋戰國時代社會組織之變遷

　　吾國社會，最初之組織，蓋爲自給自足之一種社會。孔子曰："大道之行也，天下爲公。……故人不獨親其親，不獨子其子。使老有所終，壯有所用，幼有所長，鰥寡孤獨廢疾者，皆有所養；男有分，女有歸。貨惡其棄於地也，不必藏於己；力惡其不出於身也，不必爲己。"《禮記·禮運》。老子謂"郅治之極，鄰國相望，雞犬之聲相聞。民各甘其食，美其服，安其俗，樂其業，至老死不相往來"。所追想者，即此等社會也。

　　形成此等社會，事務之分配，必有極嚴密之組織。然歷時既久，生產方法變更，而社會之組織，亦遂隨之而變。蓋古者通商貿易之事少，凡物多出於自生產自消費之一途。後世商業漸興，有等物件，可與他團體相交易，不必自行生產。於是向者所有社會事務之分配，不復合用。人民競思以其所生產者，易得他人所生產之物。其勢進而愈甚，乃皆爲交易而生產，非爲消費而生產。而生產之機鍵，遂漸移於商人之手中矣。

　　此等趨勢，其由來蓋亦甚早，然至春秋戰國之際而大著。其最有關係之事，厥爲井田之破壞，而土地遂變爲私有。<small>井田之破壞，乃積漸所致，並非商鞅一人所爲。參看《文獻通考》卷一朱子《開阡陌辯》。</small>供廣義農業用之土地，亦逐漸爲私人所占，則《史記·貨殖列傳》所載營畜牧、種樹、煮鹽、開礦之業者是也。而商業之發達，尤爲社會經濟組織變遷之特徵。《貨殖列傳》謂"用貧求富，農不如工，工不如商"。《漢書·貨殖列傳》亦謂"稼穡之民少，商旅之民多，穀不足而貨有餘"。<small>《漢書·食貨志》："食，謂農殖嘉穀可食之物，貨，謂布帛可衣及金刀龜貝，所以分財布利，通有無者也。"食字指直接供消費之物而言，貨字則指貨幣。（當時之布帛亦用爲貨幣見前）此處穀字之義，與彼食字同。貨字則爲商品二字之義。</small>

　　而社會貧富之差別，即大顯著。《漢書》又謂："昔先王之制，自天子公侯卿大夫士，至於皂隸抱關擊柝，其爵祿奉養宮室車服棺槨祭祀死生之制各有差品,小不得僭大,賤不得踰貴。"而述當時之情形云:"富者木土被文錦,犬馬厭肉粟,而貧者短褐不完,啥菽飲水。其爲編户齊民,同列,而以財力相君;雖爲僕虜,猶無慍色。"

　　古代社會之制破,自由競爭之風開;貴賤之階級漸平,貧富之懸隔愈甚。遂一變而爲後世之社會矣。

第一章　秦之興亡

第一節　秦始皇

秦王政既并天下，定有天下者之號曰皇帝，自稱曰朕。又除謚法，自號爲始皇帝，而後世則以二世、三世計焉。

分天下爲三十六郡，郡置守、尉、監。

收天下之兵，鑄以爲鍾鐻、金人。

從丞相李斯言，燔詩、書、百家語，有欲學者，以吏爲師。今本作"若有欲學法令，以吏爲師"。徐廣曰："一無法令二字。"案無之者是也。秦乃禁人私學，非禁人不得學，所燒者民間之書，非官府之書。參看劉大櫆《焚書辨》、崔適《史記探原》卷三。後又以誹謗故，阬諸生四百六十人。

戰國時，秦、趙、燕三國，各築長城於北邊。始皇命蒙恬逐匈奴，收河南地。因舊長城，聯綴之。自臨洮至遼東，延袤萬餘里。河南，今河套。臨洮，今甘肅岷縣。秦長城起樂浪郡遂城縣，見《晉書・地理志》。案樂浪郡當今朝鮮黃海、平安二道之地。又案秦長城全非今日之長城。其東北部，當在上谷、漁陽、右北平、遼西、遼東五郡塞外（當自今宣化經熱河省入遼寧境，東南迤，度鴨綠江入朝鮮，漢初與朝鮮以浿水爲界，秦界又在浿水以東。浿水今大同江也），與今之長城，相去尤遠。又略取南越地，置桂林、南海、象郡。今兩廣及越南東北部。

始皇又營宮室、事巡遊、治馳道於天下。用方士言，使童男女入海求神仙。

前二一二一年（西元前二一〇），東遊，還至平原津而病，崩於沙丘。平原津，在今山東德縣境。沙丘，在今河北邢臺縣境。長子扶蘇以諫始皇阬儒生故，謫監蒙恬軍於上郡。少子胡亥及所幸宦者趙高從。高說李斯，矯始皇命，殺扶蘇。祕喪，還至咸陽，秦都，今陝西咸陽縣。立胡亥，是爲二世皇帝。

二世即位，趙高用事，讒殺李斯。益峻刑法。復起阿房宮。葬始皇於驪山，窮極侈靡。三邊戍轉，復數十萬人。而豪傑羣起矣。

第二節　豪傑亡秦

前二一二〇年（西元前二〇九）七月，戍卒陳勝、吳廣起兵於蘄。今安徽宿縣。北取陳。勝自立爲楚王，遣將四出徇地，於是：

魏人張耳、陳餘。立趙後歇爲趙王。

周市立魏公子咎爲魏王。

燕人韓廣，自立爲燕王。

齊王族田儋，自立爲齊王。

二世赦驪山徒，使章邯將以擊之。明年，陳勝、吳廣皆死，邯北擊魏。

先是沛人劉邦，起兵於沛，今江蘇沛縣。自立爲沛公。楚將項燕之子梁，與其兄子籍，亦起兵於吳，渡江，以居鄛人范增説，今安徽巢縣。立楚懷王孫心於盱眙（仍以祖號，號爲楚懷王）。今安徽盱眙縣。

齊楚救魏，章邯擊破之。齊王儋死，魏王咎自殺。項梁亦敗死定陶。今山東定陶縣。邯北擊趙，圍趙王於鉅鹿。今河北平鄉縣。

楚懷王以宋義爲上將、項籍爲次將、范增爲末將救趙，遣劉邦西入關。宋義留安陽，今山東曹縣。不進。籍矯懷王命殺之。渡河，大破秦軍。章邯以趙高見疑，遂降楚。

先是韓人張良説項梁立韓公子成爲韓王。劉邦因良略韓地，入武關。今陝西商縣境。趙高弒二世，立公子嬰。嬰又刺殺高。前二一一七年（西元前二〇六），邦兵至霸上，今陝西長安縣東。子嬰降。秦亡。

第三節　楚漢之爭

項籍既定河北，引兵西入關，則劉邦已遣將守關矣。籍怒，攻破之。時籍兵四十萬，在鴻門。今陝西臨潼縣。邦兵十萬，在霸上。籍將擊邦，邦因籍臣項伯以謝，乃免。初懷王之遣諸將入關也，約先入關中者王之。及是籍尊懷王爲義帝，徙之郴（旋使人沉之江中）。今湖南郴縣。王劉邦於巴、蜀、漢中，而自爲西楚霸王。

未幾，籍以田榮叛，東擊之。漢王乘機以韓信爲大將，北定三秦，因下韓、河南、西魏、殷四國。并塞、翟、韓、殷、魏之兵五十六萬人東伐楚，入彭城。項羽聞之，以精兵三萬人，自胡陵還擊，今山東魚臺縣。大破漢軍。漢王奔滎陽。自是常堅守滎陽、成皋以拒楚。滎陽,今河南滎澤縣。成皋,今河南汜水縣。使韓信北定趙代,南攻齊;而楚梁地爲彭越所擾,兵少食盡。乃與漢約,以鴻溝鴻溝,今名賈魯河,在河南。中分天下,解而東歸。漢王背約追之,圍籍垓下。今安徽靈璧縣。籍突圍走,至烏江,江津名,今安徽和縣南。自刎死。時前二一一三年(西元前二〇二)也。

項　籍	西楚霸王	王梁、楚地九郡,都彭城(今江蘇銅山縣)。	
劉　邦	漢　王	王巴、蜀、漢中,都南鄭(今陝西南鄭縣)。	
章　邯	雍　王	王咸陽以西,都廢丘(今陝西興平縣)。	秦降將。
司馬欣	塞　王	王咸陽以東,至河,都櫟陽(今陝西臨潼縣)。	秦降將。
董　翳	翟　王	王上郡,都高奴(今陝西膚施縣)。	秦降將。
魏王豹	西魏王	王河東,都平陽(今山西臨汾縣)。	咎弟,咎死奔楚。楚立爲魏王。及是徙西魏。後漢復立爲魏王,叛漢,爲韓信所虜。
韓王成	韓　王	都陽翟(今河南禹縣)。	楚旋殺之,立故吳令鄭昌爲韓王。
申　陽	河南王	都洛陽。	張耳嬖人。
司馬卬	殷　王	王殷故墟,都朝歌(今河南淇縣)。	趙將。
趙王歇	代　王	都代(今察哈爾蔚縣)。	陳餘以不從項羽入關,不得爲王。餘請兵田榮,擊破張耳。耳奔漢。餘迎歇王趙,歇封餘爲代王;留相趙。後韓信破趙,禽歇斬餘。
張　耳	常山王	王趙都襄國(今河北邢臺縣)。	
英　布	九江王	都六(今安徽六安縣)。	楚將。
吳　芮	衡山王	都邾(今湖北黃岡縣)。	秦鄱陽令。起兵,從諸侯入關。後爲漢長沙王。
共　敖	臨江王	都江陵(今湖北江陵縣)。	義帝柱國。子尉爲漢所虜。
燕王廣	遼東王	都無終(今河北薊縣)。	爲臧荼所殺。
臧　荼	燕　王	都薊(今北平)。	燕將,漢時反誅。

齊王市	膠東王	都即墨（今山東即墨縣）。	田儋子。儋死，儋弟榮立之。及是徙膠東。榮發兵距殺田都，留市於齊。市畏項籍，竊亡之國。榮怒，追殺之。使彭越擊殺田安。并王三齊。後爲項籍所殺。榮弟橫，立榮子廣而相之。爲韓信所虜。
田　都	齊　王	都臨淄（今山東臨淄縣）。	齊將。
田　安	濟北王	都博陽（今山東泰安）。	齊王建孫。

第二章　西漢之初盛

第一節　漢初之宗室外戚及功臣

劉邦既滅項籍，即帝位，是爲漢高祖。都洛陽。旋以齊人婁敬説，徙都關中。

高祖大行封建，然異姓王者七國，不久多滅亡；楚王韓信，梁王彭越，趙王張敖（耳子），韓王信，淮南王英布，燕王臧荼、盧綰。惟長沙王吳芮僅存。而同姓子弟王者九國，齊王肥、淮南王長、燕王建、趙王如意、梁王恢、代王恒、淮陽王友，皆高帝子。楚王交，高帝弟。吳王濞，高帝兄子。皆地跨數郡，遂爲異日之亂源。

高帝后吕氏，性沈毅，佐高祖定天下。高帝後愛戚夫人，欲廢惠帝，而立其子趙王如意爲太子。不果。高帝崩，后遂殺戚夫人及趙王。惠帝后張氏，后女魯元公主女也。無子，后使殺後宮之有子者，而以其子爲子。惠帝崩，立之，是爲少帝。太后臨朝稱制。使吕禄、吕産將南北軍，封諸吕爲王。後少帝知太后殺其母，有怨言。太后廢之，而立所名孝惠子恒山王弘。前二〇九一年（西元前一八〇），太后崩。時齊哀王襄悼惠王肥之子。弟朱虚侯章、東牟侯興居宿衞，陰使告襄起兵。吕氏使灌嬰擊之。嬰至滎陽，與齊連和。丞相陳平、太尉周勃，因使説吕氏罷兵歸國。産、禄等猶豫未決。勃馳入北軍，與朱虚侯等攻吕氏殺之。琅琊王澤，吕后所封。齊哀王起兵，誘執之。澤詆哀王得入京師。與諸大臣陰謀，謂少帝等皆非孝惠子，殺之，而迎立文帝。文帝既立，封朱虚侯爲城陽王，旋卒。東牟侯爲濟北王，謀反，伏誅。

漢初封建諸國，以齊爲最大。文帝時，文王則卒，哀王襄子。無子。文帝分其國爲六（齊、濟北、濟南、菑川、城陽、膠東、膠西）。而吳王濞嘗從高帝定天下。文帝時，其太子朝京師，爲皇太子（景帝）所殺，因有反謀。文帝賜之几杖以安之。及景帝立，用晁錯謀，削諸侯地。吳遂與楚、趙、膠東西、菑川、濟南同舉兵反。景帝使周亞夫等討平之。於是摧抑諸侯，不得自治民、補吏。武帝時，又令諸侯得以其國土分封子弟以弱小之。漢初之封建，遂名存而實亡矣。參看第五章第一節。

第二節　西漢之内治

漢興，接秦之弊，民失作業而大饑饉。天下既定，民無蓋藏，天子不能具醇駟，宰相或乘牛車。孝惠高后時，即以休養生息爲治。《史記·高后本紀贊》。文、景二主，皆稱恭儉，文帝尤愛惜物力。史稱其治效云：《史記·平準書》。

> 非遇水旱，則民人家給人足，都鄙廩庾盡滿，而府庫餘財。京師之錢，累百巨萬，貫朽而不可校；太倉之粟，陳陳相因，充溢露積於外，腐敗而不可食。衆庶街巷有馬，而阡陌之間成羣。乘牝特者，擯而不得會聚。守閭閻者食粱肉，爲吏者長子孫，居官者以爲姓號。人人自愛而重犯法，先行誼而黜媿辱焉。

武帝爲右文之主。始用公孫弘之言，爲博士置弟子員；參看第五章第二節。又用董仲舒之言，表章六藝，罷黜百家。參看第五章第六節。擢用司馬相如等文學之士。然帝性頗誇大，屢用兵四夷。又時出巡幸。用方士言，大營宮室，以候神仙。國用不足，乃用桑弘羊等言利之臣，佐以張湯等酷吏。參看第五章第三節及第五節。遂至民愁盜起。末年，乃悔之，罷遣方士，不復事四夷焉。

第三節　西漢之武功

秦始皇時，匈奴北徙。及秦亡，復南渡河。漢初，其單于曰冒頓，東破東胡，西走月氏，圍高帝於平城。漢縣，今山西大同縣。高帝用婁敬策，以宗室女爲長公主，妻單于，與“和親”。文、景二世，匈奴時絕時和親，中國但發兵防之而已。武帝乃遣衛青取河南，立朔方郡。在今鄂爾多斯，即河套。又因匈奴渾邪王之降，開酒泉、武威、張掖、敦煌四郡。酒泉，今甘肅高臺縣。武威，今甘肅武威縣。張掖，今甘肅張掖縣。敦煌，今甘肅敦煌縣。匈奴遁居漠北，武帝又屢遣將“絕漠”擊之。至宣帝時，匈奴內亂。其呼韓邪單于遂降漢（前一九六二，西元前五一）。郅支單于走康居，今俄領中央亞細亞境。爲西域副校尉陳湯所攻殺（前一九四七，西元前三六）。

西域者，今天山南路之地。案西域二字，義有廣狹。其初但指今新疆言之，故曰：南北有大山（天山及祁連），中央有河（塔里木）；東則接漢，阨以玉門、陽關（皆在敦煌西），西則限以蔥嶺也。其後交通之範圍日廣，自此以外諸國，亦皆以西域稱之；遂至西盡亞洲，并包歐洲之一部分矣。小國凡三十六。後漸分至五十餘。其種有塞，有氐、羌。大抵塞種多居國，氐、羌多行國。漢文帝時，匈奴征服之。

武帝欲與月氏夾擊匈奴，遣張騫往使，不得要領。逮河西四郡開，騫建言招烏孫使居之。月氏初居祁連山北。迨爲匈奴所破，乃走今伊犁河流域。烏孫又乞師於匈奴，逐之。月氏走媯水濱，臣服大夏。媯水，今阿母河。大夏，即西史之Bactria也。烏孫不肯來，而旁近諸國，頗與騫副使俱至。武帝由是鋭意欲通西域，一歲中使者十餘輩。樓蘭、車師樓蘭之地，今已淪爲沙漠。車師，今新疆吐魯番縣。當道，苦之，遂叛，爲漢所擊破。後漢又破大宛。亦在今俄領中央亞細亞境。在康居之南，大月氏之東北。於是西域皆震恐願臣。前一九七一年（西元前六〇），漢遂置西域都護，治烏壘城，在今新疆庫車縣東南。并護南北兩道。元帝時，後置戊己校尉，屯田車師焉。

武帝又用兵東北，滅衛氏朝鮮，以其地爲四郡。樂浪郡，今黃海、平安二道地。臨屯郡，今漢江以北之地。玄菟郡，今咸鏡南道。真番郡，地跨鴨綠江。（據朝鮮金于霖《韓國小史》）

秦之亡也，龍川秦縣，今廣東龍川縣。令趙佗，擊并桂林、南海、象郡，自立。是爲南越。句踐後無諸及搖，率兵從諸侯入關。高帝封無諸爲閩越王，都冶，今福建閩侯縣。惠帝復王搖於東甌。今浙江永嘉縣。亦皆爲武帝所滅。今雲、貴二省及四川西部，當時謂之西南夷。《史記》：西南夷君長以什數，夜郎最大。其西，靡莫之屬以什數，滇最大。自滇以北，君長以什數，邛都最大。此皆"椎結"，耕田，有邑聚。其外，西自同師以東，北至葉榆（今洱海），名爲雟、昆明。皆"編髮"，隨畜移徙，無常處，無君長，地方可數千里。自雟以東北，君長以什數，徙、筰都最大。自筰以東北，君長以什數，冉駹最大。其俗或"土著"，或"移徙"。……自冉駹以東北，君長以什數，白馬最大，皆氐類也。案此中種族，當分兩派：椎結、耕田、有邑聚者，爲古濮族，即後世之猓玀，在金沙江及黔江流域。其餘概爲氐羌族。其沿岷山、峨眉之脈，分布於岷江、嘉陵江之上源，及岷江、大渡河之間者，爲徙、筰都、冉駹、白馬；沿横斷山脈，分布於瀾滄、金沙二江之間者，爲雟、昆明。蓋今青海、西康及川滇之一部，本爲氐、羌分布之

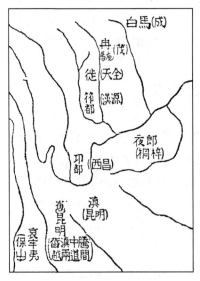

區，而此兩部分，則其通於漢，而漢人目爲西南夷者也。知雟、昆明亦係氐、羌者，以西南高地諸族，惟氐、羌有"編髮"（即辮髮）之俗故也。武帝以夜郎爲牂柯郡，滇爲益州郡，邛都爲越巂郡，筰都爲沈黎郡，冉駹爲汶山郡，白馬爲武都郡。其瀾滄江以西之哀牢夷，則爲越族（以其有文身之俗故）。至後漢明帝時，乃開其地爲永昌郡。此漢對今川、滇、貴州開拓之大略也。武帝亦通其地，建置郡縣焉。

第三章　前後漢之興亡

第一節　武帝以後之政局及王莽篡漢

武帝以信神仙故，諸方士神巫，多聚京師，遂有"巫蠱之禍"。太子據發兵反，兵敗自殺。晚年，婕妤趙氏生子弗陵。帝恐其年少，母后專權，殺婕妤，乃立弗陵爲太子。帝崩，弗陵立，是爲昭帝。霍光、金日磾、上官桀同受遺詔輔政。帝兄燕王旦與帝姊蓋長公主、上官桀、桑弘羊等謀反，伏誅。昭帝崩，光立武帝孫昌邑王賀。百日，廢之。迎立戾太子孫病己（更名詢），是爲宣帝。光卒後，霍氏亦以謀反伏誅。

宣帝少居民間，知民疾苦，留心吏治及刑獄。宣帝崩，子元帝立。性柔仁好儒。然頗闇，任蕭望之爲相，卒爲中人弘恭、石顯所讒殺。元帝崩，成帝立。委政外家王氏，鳳、音、商、根，相繼爲相。遂肇篡竊之勢。哀帝奪王氏權，代以外家丁氏、祖母族傅氏。又以嬖人董賢爲相。哀帝崩，無子。成帝母召用王莽，迎立平帝，大權遂盡歸其手。平帝爲莽所弒，迎立宣帝孫嬰，號爲孺子。莽居攝踐阼，稱"假皇帝"。前一九○四年（西元八），遂廢之而自立。改國號曰新。

第二節　王莽之變法

漢時貧富，頗不平等。董仲舒謂："富者田連阡陌，貧者無立錐之地。"取民佃租，至於十分之五。又"專山澤之利，筦山林之饒"。晁錯亦謂當時商賈，"男不耕耘，女不蠶織；衣必文采，食必粱肉"。"因其富厚，交通王侯，力過吏勢。"因以"兼并農人"。

漢時法律，待商人恒特酷，然初不能抑止其兼并。董仲舒嘗説武帝限民名田，武帝不能用。哀帝時，師丹輔政，復建此議。已定有辦法，而爲貴戚阻撓,仍不能實行。

及王莽,乃更名天下田曰"王田",奴婢曰"私屬",皆不得賣買。男口不盈八,而田過一井者,分餘田與九族鄉黨。又立五均、司市、泉府之官。令民之以采礦、漁獵、畜牧、紡織、補縫爲業,及工、匠、巫、醫、卜、祝、商、賈等,皆各"自占"所爲,除其"本",計其"利",以十一分之一爲"貢"。司市以四時仲月,定物"平價"。物之周於民用而不售者,均官用"本價"取之。物高過"平價"一錢,則以"平價"賣與民。民之欲祭祀喪紀而無費者,泉府以工商之貢借與之,不取息。其貸以治産業者,則計其贏利,取息一分。又立六筦,以收鹽、酒、鐵、山澤、賒貸、銅冶之利。禁用漢五銖錢,更爲寶貨、五物、六名、二十八品行之。於是吏緣爲姦,陷刑者衆。農商失業,食貨俱廢。莽以爲制定則天下自平,故但銳思於制作,不暇省獄訟,縣宰缺者,數年不補。又以制度未定,吏皆不得祿,藉賄賂以自給,而大亂作矣。

第三節　光武之中興

王莽末年,所在盜起。前一八九〇年(西元二二),綠林山盜,以疫分爲二:一入南郡,爲下江兵;一入南陽,號新市兵。隨縣之平林兵應之。

景帝五世孫縯、秀,起兵舂陵,與之合。綠林山,在今湖北當陽縣。南郡,今湖北江陵縣。南陽,今河南南陽縣。隨,今湖北隨縣。舂陵,今湖北棗陽縣。時漢宗室劉玄,亦在軍中,號更始將軍。新市、平林諸將立之,拔宛,南陽郡治。入都之。莽發大軍擊之。秀等大敗之於昆陽。今河南葉縣。於是所在郡縣,皆殺其牧守以應漢。漢兵入洛陽、長安,杜吳殺莽。更始自宛移都洛陽,又自洛陽移都長安焉。

時海內大亂,而漢室新興,天下頗屬望焉。然更始實爲諸將所制,不能建立綱紀,又入諸將譖,殺劉縯,而使劉秀出定河北。秀遂以河內爲根據地,即帝位於鄗。河內今河南沁陽縣。鄗,光武即位後,改名高邑,今河北高邑縣。赤眉入長安,殺更始。光武使馮異擊破之,而自勒大兵,降之宜陽。於時海內割據者:漢中則延岑,黎丘則秦豐,今湖北宜城縣。夷陵則田戎,今湖北東湖縣。睢陽則劉永,今河南商丘縣。亦次第平定。惟隗囂據隴西,公孫述據成都,最後下。而竇融以河西諸郡自歸。

第四章　後漢之治亂

第一節　光武明章之內治及武功

光武既定天下,退功臣,進文吏。明、章二代,亦爲守成右文之主,稱東漢之治世。

王莽時,匈奴復叛,侵掠北邊頗甚。光武時,匈奴自相攜貳,分爲南北。南單于降漢,入居西河美稷。漢縣,故城在今鄂爾多斯左翼中旗。和帝初,竇憲遣兵大破北匈奴於金微山,蓋今阿爾泰山。北匈奴遂西徙。其後遂入歐洲,其留居亞洲者,爲南北朝時之悦般。

莽時,西域亦叛,復臣匈奴。光武時,莎車王賢,今新疆莎車縣。攻伐諸國,諸國皆遣子入侍,願復置都護。光武不許。明帝時,大將軍竇固,始遣班超往使西域。超與三十六人俱至鄯善,即樓蘭改名。襲殺匈奴使者,降之。固上其功,使遂立功西域。超仍與三十六人俱往。時于闐王廣德,今新疆于闐縣。攻殺莎車王賢,稱雄南道;而龜茲今新疆庫車縣。恃匈奴之勢,攻殺疏勒王,今新疆疏勒縣。而立其臣兜題。超先降于闐,次定疏勒之亂。於是諸國皆遣子入侍,西域與漢絶六十五年復通焉。時前一八三九年(西元七三)也。是歲,漢復置西域都護及戊校尉。未幾,都護爲焉耆、今新疆焉耆縣。龜茲所攻殺,戊校尉亦被圍,會明帝崩,漢復罷事西域,并召超還,而疏勒人固留之。前一八三二年(西元八○),超上疏,請遂定西域,平陵漢縣,今陝西咸陽縣西北。人徐幹,亦奮身願佐超。章帝使將千餘人往,以超爲都護。超遂因諸國兵,盡定西域。超至前一八一○年(西元一○二),乃還。任尚代爲都護,以峻急,失諸國歡心。安帝初,西域復叛,超子勇戡定之。

第二節　降羌之亂

羌人本居湟中。湟水流域。湟水,今大通河。前漢武帝時,爲寇,遣將討破之,置護羌校尉統領焉。其後羌棄湟水，西依鮮水鹽池。鮮水，今青海。鹽池當即今青海西南之鹽池也。王莽執政，以其地置西海郡。莽末，羌人乘亂內侵。光武、明、章、和四代，累發兵討破之。和帝時，遂復置西海郡，竝夾河開列屯田，以絕其患。然降羌之散處內地者甚眾，在安定（今甘肅鎮原縣）、北地（今寧夏靈武縣）、上郡者，謂之東羌。隴西（今甘肅臨洮縣）、漢陽（今甘肅甘谷縣）、金城（今寧夏皋蘭縣）者，謂之西羌。爲郡縣及豪右所侵役，積以愁怨。前一八〇五年（西元一〇七），遂遮斷隴道，東寇三輔，南略益州。漢惟發兵屯衛京邑。沿邊長官，爭內徙郡縣，以避其難。羌勢遂益熾。用兵十餘年，兵費至二百四十億。僅乃平之。順帝初，復叛，軍費又至八十餘億。及桓帝，乃任段熲討平之。然漢之元氣，亦已大傷矣。

第三節　後漢外戚宦官之禍

後漢外戚之禍，起自章帝時。章帝有二貴人，大貴人生子慶，立爲太子；小貴人生子肇，皇后竇氏，養爲己子。后誣殺二貴人，廢慶爲清河王，而立肇爲太子。章帝崩，肇立，是爲和帝。方十歲，太后臨朝。兄憲，爲大將軍，專權橫恣。帝與宦者鄭眾謀誅之。和帝崩，子殤帝立。生纔百餘日。明年崩，太后鄧氏迎立清河王子祐，是爲安帝。太后臨朝，凡十五年。安帝用后兄閻顯，諸中常侍及乳母王聖等，亦皆有寵。閻后無子，後宮李氏生子保，立爲太子。后與宦官比，譖殺李氏，廢保爲濟陰王。安帝如宛，道崩於葉。今河南葉縣。閻后祕喪馳還，迎立章帝曾孫北鄉侯懿。未踰年薨。宦者孫程十九人迎立濟陰王，是爲順帝，誅閻顯，遷太后於離宮。順帝用后父梁商爲大將軍，商卒，子冀繼之，驕侈尤甚。順帝崩，子沖帝立，一年而崩。太后與冀定策禁中，迎立章帝曾孫清河王纘，是爲質帝。一年，爲冀所弒。迎立章帝曾孫蠡吾侯志，是爲桓帝。與宦者單超等誅梁冀。籍其家財，至三十餘萬萬。超等五人，皆封列侯。自是外戚專權之局終，大權盡入宦官之手矣。

時朝政既非，而黨議復起。太學諸生三萬餘人，與一時名士，更相褒重。中外承風，競以臧否相尚。諸名士之居官者，於宦官兄弟姻戚，裁治尤嚴。宦官乃目爲“黨人”，並加逮治。後以后父竇武言，乃放歸田里，猶禁錮終身。桓帝崩，無子，章帝玄孫解瀆亭侯弘立，是爲靈帝，年十二。太后竇氏臨朝，后父武爲大將軍，陳蕃爲太傅。謀誅宦官曹節、王甫等，反爲所殺。復治鉤黨之獄，株連尤眾。靈帝既長，尤崇信宦官，又好畜私財，賣官厚斂，無所不爲。而流寇之禍起矣。

第四節　黃巾之亂及董卓入京師

　　鉅鹿張角，以妖術教授，號"太平道"。十餘年間，徒黨至數十萬，徧於青、徐、幽、冀、荊、揚、兗、豫八州。謀以前一七二八年（西元一八四）起事。未發，爲其弟子所告，角遂約其徒黨，一時俱起（其衆皆著黃巾爲識，故時人謂之"黃巾賊"）。雖旋爲官軍所破，然自是所在盜起，乃改刺史爲州牧，以重其權，而外重之勢成矣。

　　靈帝后何氏，生子辯。美人王氏，生子協。帝欲立協而未果。疾篤，以屬宦者蹇碩。帝崩，何后兄進，擁兵而立辯，殺碩。遂謀盡誅宦官。而何太后不可，進乃謀召外兵，以脅太后。宦官知事急，共殺進。進官屬袁紹等舉兵盡攻殺宦官。而涼州將董卓適至，擁兵入京師，廢辯而立協，是爲獻帝。

第五章 兩漢之政治制度及社會情形

第一節 官 制

漢代官制，多沿自秦，最爲近古。初以丞相、高帝嘗改稱相國。又秦及漢初，皆嘗置左右丞相。太尉，爲中央最高之官。御史大夫，則掌貳丞相。其後改爲三公，以分部九卿，蓋取今文經説也。

司馬（太尉改）
- 太常（掌宗廟禮儀）
- 光禄勲（掌宮殿掖門户）
- 衛尉（掌宮門衛屯兵）

司徒（丞相改）
- 太僕（掌輿馬）
- 廷尉（掌刑辟）
- 大鴻臚（掌歸義蠻夷）又有典屬國，掌蠻夷降者，後并入大鴻臚。

司空（御史大夫改）
- 宗正（掌親屬）
- 大司農（掌穀貨）
- 少府（掌山海池澤之税以給共養）大司農所掌，爲國家經費；少府所掌，則皇室經費。

此外又有執金吾，掌徼循京師。將作大匠，掌治宮室。

内史，掌治京師。後分爲左右。武帝改右内史爲京兆尹，左爲左馮翊，又改主爵都尉爲右扶風，治内史右地，是爲三輔。後漢改河南郡爲尹；以三輔陵廟所在，不改其號。

凡治兵者，通稱校尉。司隷校尉，督大姦猾，兼有警察作用。

秦於各郡皆置守。又有尉，佐守典武職甲卒。景帝改守曰太守，尉曰都尉。蠻夷降者，分遠縣置屬國。列侯所食縣曰國；皇太后公主所食曰邑；蠻夷曰道。每屬國置都尉一人。縣：萬户以上爲令，以下爲長。其郡有鹽官、鐵官、工官、都水官者，隨事廣狹，置令、長及丞。

監御史,秦官,掌監郡。漢省。丞相遣史分察州。武帝置部刺史十三人。後漢十二人,一州屬司隸校尉。後漢末,乃改爲州牧。

一里百家,里有魁。民有什伍,以相檢察。十里一亭,亭有長。十亭一鄉,鄉有三老,掌教化;嗇夫,職聽訟,收賦稅;游徼,主徼循,禁賊盜。

諸侯王國:有太傅,輔王;内史,治國民;中尉,掌武職;丞相,統衆官。其餘諸官,皆同漢朝。國家惟爲置丞相,餘皆自置。七國亂後,乃令諸侯王不得復治國,天子爲置吏。改丞相曰相,餘官多所減省。後更省内史,令相治民,如郡太守;中尉如郡都尉。

第二節 學 校 選 舉

漢興學校,始於武帝。自秦以來,本有博士官。武帝乃用公孫弘議,爲置弟子五十人。昭帝增滿百人,宣帝又倍之。由太常選補。其在郡國縣道邑者,令相長丞上二千石,二千石察可者,令與計偕,詣太常,受業如弟子。

元帝復於郡國置五經百石卒史。後漢仍立五經博士,修起太學。明帝又爲功臣子孫、四姓末屬,別立校舍。自期門、羽林之士,悉令通《孝經》章句。匈奴亦遣子入學。安帝後,學校漸衰。順帝又增修黌宇。於是游學增盛,至三萬餘人。然"章句"漸衰,專以浮華相尚,學風蓋日壞矣。

漢世選舉,其途頗多。"博士"及"博士弟子"而外,有"任子",有"吏道",有"辟舉"。其天子特詔標其科目,令公卿郡國薦舉者,爲後世"制科"之先河。而州郡以口率察舉"秀"、"孝",則後世科目之先河也。參看《續漢書·百官志》、《後漢書·丁鴻傳》。漢初選舉,皆無考試之法。其策問,乃以其人爲賢而諮詢之,非以其人爲不肖思冒濫,而試驗之也(參看《文獻通考》第十三)。至後漢時,選舉之冒濫漸多,乃有"諸生課家法,文吏試牋奏"之舉(參看《後漢書》章帝建初元年、和帝永元五年詔及《樊鯈种暠左雄傳》)。其後一變而令士人"投牒自舉",遂爲隋唐時之科目矣。又有所謂"貲選"者:漢初限貲十算以上乃得官,《漢書·景帝紀》後二年。此尚出於求吏廉之意。晁錯説文帝,令民入粟拜爵,亦僅止於"賣爵"。武帝時,民得入羊爲郎,吏得入穀補官,則與後世"捐納"無異;《漢書·食貨志》。至靈帝開西邸賣官,則更不堪問矣。《後漢書·靈帝紀》光和元年、中平四年。

第三節 賦 稅

漢代取民之制有三:一曰"田租":十五而税一。文帝十三年,除民之田租。至孝景二年，乃令民半出租，三十而稅一。後漢初，嘗行十一之稅。建武六年，仍令民三十稅一。桓帝延熹六年、靈帝中平二年，兩次稅天下田畝十錢。自此以前，迄未加稅。一曰算賦：民年十五至五十六，人出錢百二十，是爲一算，以治庫兵車馬。《漢書‧高帝紀》四年注如淳引《漢儀注》。又賈人與奴婢倍算，見《惠帝紀》六年注應劭引《漢律》。七歲至十四歲，人出錢二十，以食天子。武帝又加三錢，以補車騎馬焉。《昭帝紀》元鳳四年注如淳引《漢儀注》。又武帝時嘗令民生子三歲即出口錢，見《貢禹傳》。又按漢代幣價高，故口賦之負擔，人民甚以爲重。可參看《史地學報》第二期《漢人生計之研究》。一曰力役：律年二十三，傅之疇官。《高帝紀》二年注如淳引《漢律》。景帝令民年二十始傅，《景帝紀》二年。其山川、園池、市肆租稅之入，自天子以至封君湯沐邑，皆各自爲“私奉養”。

　　武帝因用度不足，乃禁私鑄鐵器及煑鹽、榷酒酤；《武帝紀》天漢三年。算緡錢。令郡國以本地物產商賈販往他處者爲賦，由大農販賣以與民爭利。其後酒酤至昭帝時始罷。元帝嘗罷鹽鐵之禁，旋復之。後漢章帝，亦嘗稅鹽鐵；和帝即位，罷之。《後漢書‧鄭眾傳》。

第四節　兵　　制

　　漢初兵民不分：郡國各有“輕車”、“騎士”、“材官”、“樓船”，常以秋後講肄課試。《後漢書‧光武紀》建武七年注引《漢官儀》。民年二十三，則服兵役。一歲爲衛士，一歲爲材官騎士；年六十五乃免。《漢書‧高帝紀》注引《漢儀注》。京師屯兵曰南北軍。“南軍”以守宮門，“北軍”以守京城門。亦由郡國調來。《文獻通考》卷百五十。其戍邊之責，亦由全國之民公任之。人人皆當戍邊三日，是爲“卒更”。然不可人人自行，又不可往三日便還，於是有出錢三百入官，由官給既往之人，使遂留一歲者，是爲“過更”。其貧者欲得雇錢，次當往者出錢給之，每月二千，則名“踐更”。《漢書‧昭帝紀》注引如淳說。自武帝置八校尉，乃有“募兵”及“長從”。然實際用兵，亦多用“謫發”，蓋沿秦制也。《漢書‧武帝紀》天漢四年，元鼎五年，元封六年；《昭帝紀》元鳳元年、五年；《宣帝紀》神爵元年；《晁錯傳》。後漢光武罷諸郡都尉，并職太守，無“都試”之役。惟邊郡往往置都尉焉。《續漢書‧百官志》。

第五節　刑　　法

　　秦時刑法，最爲刻深。有“鑿顛”、“抽脅”、“鑊烹”、“夷三族”、“具五刑”等酷刑。漢高后元年，始除"三族罪"、"妖言令"。文帝二年，又除"收孥相坐"之法。其後太倉令淳于意犯罪，其女緹縈，隨至長安上書。文帝憐悲其意，乃爲除肉刑（以"髡鉗"代"城旦舂"，笞三百代"劓"，五百代"斬左趾"。其"斬右趾"者棄市）。孝武用張湯、趙禹等，刑法復酷。宣帝即位，乃置廷尉平，以省獄訟焉。

漢時刑法之殘酷，實由律令之繁多，及獄吏之苛刻。自李悝爲魏文侯定《律》六篇，商君受之以相秦。漢興，蕭何增爲九篇；其後叔孫通、張湯、趙禹遞有增益，合共六十篇。而漢時決事，集爲"令甲"者，三百餘篇。後人又各爲章句。至孝武後，斷罪所當由用者，凡二六二七二條，七七三二二〇〇言。姦吏因緣爲市，所欲活則傅"生議"，所欲陷則與"死比"。當時法吏，又"上下相驅，以刻爲明"。刑獄遂至大紊。宣帝時，涿郡太守鄭昌，上疏請刪定律令，帝未能用。及元、成二帝，乃下詔行之。然有司徒毛舉細故以塞責。至魏時，陳羣等定新律十八篇；晉文帝爲晉王，又令賈充等更定，爲二十篇，前一六四四年（西元二六八），晉武帝乃下詔頒行之。

第六節　學　術

秦時，尚刑名法術之學。漢初，懲秦以暴戾而亡，以休養生息爲治，黄老之學頗盛。自武帝表章六藝，而儒家之學乃大行。

儒家之學，初由經師傳授。其書，即以當時通行之隸書書之。其後乃有自稱得古代之遺書者，見《漢書·藝文志》《景十三王傳》《劉歆傳》。其書皆係古文，於是稱前者爲"今文學"，後者爲"古文學"。

今文之學，據《史記·儒林傳》所列，初有八家，其後乃分爲十四博士。古文之學，至東漢而漸盛。當時傳今古文之學者，各守師承，彼此不相假借。至鄭玄出，乃兼採二者，而以意爲去取焉。其後又有王肅，僞造古文尚書等，以欺世，是爲"僞古文"一派。可參看丁晏《尚書餘論》。要之漢代去古近，欲考古代事實者，必有取於漢儒之説。今文之學，多傳孔門"微言""大義"。古文之學，詳於"名物""訓詁"。即僞古文一派，亦仍有古書爲據。去其僞而求其真，其説亦仍可采取。考古者所宜究心也。

儒家而外，他種學術，研究者漸少，書之傳於今日者亦甚稀。惟《淮南子》一書，出於漢初。兼綜各家之學，多存戰國以前舊説，爲雜家中極有價值之書。

史學則有司馬遷之作《史記》，班固之著《漢書》，爲後世"正史"之祖。荀悦因《漢書》而作《漢紀》，實爲繼《春秋》而作之“編年史”。其發達，遠非秦以前所及也。吾國古代，史有二體：一爲"記事"，《春秋》是也；一爲"記言"，《尚書》是也。然二者傳諸孔門，實皆祇可稱爲經。《左氏》爲僞作否有疑問。故真正之史書，實始《史記》。

第七節　風　俗

漢代風氣，最稱淳樸。參看《廿二史劄記》卷二《漢儒言災異》條。然亦因地而有不同。關中土沃宜農，民勤稼穡。自漢初徙齊、楚大族於是，後又數徙富人豪傑於諸陵，風俗遂漸趨侈靡，而好游俠犯禁。

自隴以西，民皆尚武。河東深思，而失之險陋。周人好爲商賈。宋人勤稼穡，能貯蓄。魯人好學而尚利。齊人長於女工。趙人好游戲而輕爲姦。燕人愚悍，而能急人之急。自上谷至遼東，數被胡寇，俗與趙、代類。此北方之風俗也。

巴、蜀亦稱沃土，而民柔弱。楚受天惠特厚，故其民皆窳偸生而無積聚。吳越俗皆類楚，特加之强悍耳。此中部之風俗也。

至於南方，則開化甚淺。而任延、錫光能以華風，漸被嶺南，稱爲當時循吏焉。

第一章　後漢之分裂及三國

第一節　後漢之分裂

董卓既行廢立，袁紹奔冀州，合山東州郡，起兵討之。卓遷獻帝於長安。司徒王允，與呂布合謀誅之。卓將李傕、郭汜陷長安，殺允。布奔山東。獻帝還洛，召曹操於兗州。操至，遷帝於許。自是政歸曹氏，天子守府而已。

於是海內州郡，紛紛割據。

袁紹據幽、并、青、冀四州。

劉備據徐州。

劉表據荊州。

劉焉據益州。

張魯據漢中。

袁術據壽春。

馬騰、韓遂割據涼州。

公孫度據遼東。

呂布取徐州，劉備奔曹操。操與共攻布，殺之。袁術將北走，操又使備邀擊，敗之，術還走，死。備旋與外戚董承謀誅操。操擊破之。備奔袁紹。前一七一二年（西元二〇〇），操破紹於官渡。城名，今河南中牟縣北。紹慚憤死。子譚、尚自相攻，操破滅之。前一七〇四年（西元二〇八），操南攻荊州，劉表適卒，幼子琮，以州降。時劉備亦在荊州，將奔江陵，操追敗之於當陽。今湖北當陽縣。備奔表長子琦於江夏。今湖北黃岡縣。初，長沙太守孫堅，起兵討卓。後攻劉表，爲表軍射殺。子策，依袁術，術與以堅故部曲，南定揚州。策卒，弟權襲。及是，劉備使諸葛亮求救於權。權使周瑜將兵，與備并力破操於赤壁。山名，在今湖北嘉魚縣。備遂下令湖南地方。前一六九八年（西元二一四），并劉璋，取益州。時曹操已下漢中，備復取之。備之入益州也，與孫權分荆州。及是，備使關羽取襄陽，權使呂蒙襲取江陵。羽還走，爲權兵所邀斬。荆州遂入於吳。

前一六九二年（西元二二〇），曹操卒，子丕廢漢獻帝自立，是爲魏文帝。劉備聞之，亦稱帝於蜀，是爲蜀漢先主。後九年，孫權亦稱帝於建業，今南京。是爲吳大帝。

第二節　三國之興亡

蜀漢先主，恥關羽喪敗，自將攻吳。吳將陸遜，敗之於猇亭。今湖北宜都縣西。先主慙憤殂。子禪立，諸葛亮輔政。先平雍闓之亂。益州郡帥，以牂牁、越巂、永昌、益州四郡叛。屢出兵伐魏。前一六七八年（西元二三四），亮卒，蔣琬、費褘繼之，守亮成規，國頗乂安。褘卒，姜維代總軍政。屢伐魏，無功。蜀國小民疲，頗怨。

魏文帝傳子明帝，奢侈，好營宮室。時諸葛亮屢北伐，魏使司馬懿鎮關中以拒之。懿又平遼東，斬公孫度子淵。還而明帝崩。養子芳立。懿與曹爽，同受遺詔輔政。爽專朝政，懿稱疾不朝。前一六六三年（西元二四九），懿勒兵廢爽，自此大權盡歸於懿。懿卒，子師繼之。廢芳而立髦。師卒，弟昭繼之。揚州帥王淩、毌丘儉、諸葛誕先後起兵討司馬氏，皆不克。髦自率宿衛討昭，爲昭所弒。前一六四九年（西元二六三），昭遣鍾會、鄧艾兩道伐蜀，滅之。越二年，昭卒，子炎，遂篡魏自立，是爲晉武帝。

晉武帝使羊祜鎮襄陽，王濬鎮益州以圖吳。吳使陸抗守荆州以拒之，晉不獲逞。抗卒，祜亦死，代以杜預。前一六三二年（西元二八〇），兩道伐吳，入建業，吳亡。

第二章　兩晉及五胡十六國

第一節　晉初異族之形勢

兩漢時，爲中國所征服之異族甚多，多入居塞内，或近塞之地。同化之力，既非旦夕所能施。而其種落或越時復盛，乘中國擾攘之際，遂至羣起爲亂。所謂"五胡"也。

（一）匈奴（二）羯　匈奴自南單于降漢後，入居塞内。晉初，其部落徧於并州。其居上黨郡武鄉之羯室者，_{在今山西遼縣。}亦稱爲羯。

（三）鮮卑　東胡亡後，其餘衆分保烏桓、鮮卑二山，_{在今内蒙古東部。}因名焉。漢武帝招烏桓，使居上谷、漁陽、右北平、遼西、遼東五郡塞外，以捍匈奴。漢末，與袁氏相結。魏武帝破之於柳城。_{漢縣，今熱河凌源縣。}自是式微，不復見於史。_{惟《唐書》所載，有一極小部落。}鮮卑自北匈奴亡後，據其地而有其人，當檀石槐、軻比能時，聲勢極盛。後遂分裂。然其部落之散處北邊者甚衆。

（四）氐　氐族本處武都。魏武徙其衆於關中。於是扶風、始平、京兆之境，莫不有氐。_{扶風，今陝西涇陽縣。始平，今陝西興平縣。京兆，今陝西長安縣。}

（五）羌　羌爲段熲所誅夷，亦閲時復盛。晉初，徧於馮翊、北地、新平、安定諸郡。_{馮翊，今陝西大荔縣。北地，今陝西耀縣。新平，今陝西邠縣。安定，今甘肅鎮原縣。}

當時郭欽、江統等，咸欲徙其衆於塞外，武帝不能用。而又有"八王之亂"，授之以隙。於是"亂華"之禍作矣。

第二節　八王之亂及西晉之亡

晉武帝懲魏孤立，大封同姓。武帝崩，子惠帝立。不慧。太后父楊駿輔政，后賈氏，召楚王瑋，_{武帝第五子。}使殺駿，而使汝南王亮_{宣帝第四子。}與太保衛瓘同聽政，旋又與瑋謀，殺亮。又弑楊太后，廢殺太子遹。趙王倫，_{宣帝第九子。}

65

時總宿衛,勒兵弑后;遂廢惠帝自立。齊王冏、成都王穎、河間王顒齊王冏,景帝子攸之子,時鎮許昌。成都王穎,武帝第十六子,時鎮鄴。河間王顒,宣帝弟安平王孚之孫,時鎮關中。舉兵討倫。右衛將軍王輿誅倫,迎帝復位。冏入洛專政。顒使長沙王乂武帝第六子。攻殺之。顒、穎復攻殺乂。東海王越宣帝弟高密王泰之子。合幽、并兵攻殺顒、穎,旋弑惠帝,立其弟懷帝。

時匈奴劉淵,已自立於平陽。南匈奴呼韓邪單于(前漢時降漢之呼韓邪單于之孫),二十一傳而至呼廚泉單于。以先世故漢甥,遂改姓劉氏。淵為呼廚泉之兄之孫。平陽,今山西臨汾縣。山東羣盜多附之,羯人石勒尤盛。越自出兵討勒,卒於項,今河南項城縣。軍為勒所敗。前一六〇一年(西元三一一),淵族子曜陷洛陽,懷帝被虜。越二年,弑之。愍帝立於長安。前一五九六年(西元三一六),又為曜所虜。明年弑之。而西晉亡。

第三節　東晉之建國及王敦蘇峻之亂

東晉元帝,本治下邳,以王導言,徙治建康。下邳,今江蘇邳縣。建康,即建業,以避愍帝諱改。使導從兄敦,都督上流諸州。帝旋忌之,引劉隗、刁協、戴淵、周顗等為腹心。使淵督司、豫,鎮合肥(今安徽合肥縣),隗督青、徐,鎮淮陰(今江蘇淮陰縣)。前一五九〇年(西元三二二),敦自武昌今湖北鄂城縣。舉兵東下,入建康。元帝憂憤崩,敦移鎮姑孰,今安徽當塗縣。圖篡。會卒,明帝與丹陽尹溫嶠謀,討平之。吳置郡,治建業。

明帝崩,子成帝立。年幼,太后庾氏臨朝。后兄亮執政。時陶侃鎮荊、湘,祖約屯壽春,及歷陽內史蘇峻,歷陽,今安徽和縣。皆與亮不平。峻與約同舉兵反,峻入建康。亮奔溫嶠於尋陽。尋陽,今江西九江縣。嶠以大義責陶侃,與共討峻,平之。

陶侃卒後,庾亮及弟翼,相繼鎮荊州。庾冰為相。成帝崩,冰舍其二子而立其弟康帝。康帝時,庾翼移鎮襄陽,庾冰代之鎮夏口。今湖北武昌縣。康帝崩,翼及冰又欲舍其子而立簡文帝,宰相何充不可。康帝子聃立,是為穆帝。庾冰卒,庾翼移鎮夏口,使子方之鎮襄陽。翼旋卒,表乞以子爰之繼任,何充不聽,而用桓溫,并罷方之。自此庾氏之權衰,而桓氏盛矣。

第四節　前後趙之興亡

劉淵自立後,傳子聰,荒淫無度,勢遂衰。東方諸盜,盡為石勒所并。勒以襄國、今河北邢臺縣。鄴爲根據地,北陷幽、并。元帝即位之歲,劉聰子粲,爲其下所弑。於是劉曜自立於長安,石勒自立於襄國,是爲前後趙。淵本稱漢,至曜乃改稱趙。蘇峻陷建康之歲,曜與勒戰,爲勒所禽。子熙,遂爲勒所滅。

時北方惟鮮卑慕容氏,據有遼東西;前涼張氏保據涼州,南方則巴氏李氏,割據梁、益。其餘雍、秦、司、豫、幽、并、青、冀、徐、兗諸州,悉爲勒所并。勒卒,從孫虎,弑其子而自立。自襄國遷都於鄴。虎淫暴無人理,及卒,諸子皆爲養子閔所殺。閔本漢人,遂復姓冉氏,大誅胡羯。自鄴至屯戍四方者,無少長皆殺之。胡羯之勢遂不能復盛矣。

前燕乘後趙之亂,略取幽州。南徇冀州。閔與戰,被執。燕徙都鄴。

時氐酋苻洪據枋頭,城名,在今河南溫縣。羌酋姚弋仲據灄頭,鎮名,在今河北棗強縣。皆有自立之志。洪旋爲趙故將麻秋所酖,子健,斬秋,西入關。弋仲亦卒,子襄,南降晉。時燕人勢力,僅及河北,秦亦新造,未遑遠略。晉人因之,遂起經略北方之師。

第五節　桓溫之盛及淝水之戰

晉穆帝立之三年,桓溫滅蜀。又二年而石虎死,河南諸州多來降。時朝廷忌溫,引用名士殷浩,使督下流諸州以抗之。前一五五九年(西元三五三),浩以姚襄爲前鋒,北伐。襄反,邀浩,浩兵大敗。溫因衆怨,奏廢浩。自此溫勢愈盛。明年,溫伐秦至霸上,苻健堅壁清野以拒之。溫糧盡引還。又明年,討平姚襄,前一五四三年(西元三六九),溫伐燕,與慕容垂戰於枋頭,不利。遂欲行廢立之事以立威。前一五四一年(西元三七一),入朝,廢廢帝而立簡文帝。明年崩,子孝武帝立。溫諷朝臣圖篡,謝安、王坦之故緩其事。會溫卒,朝廷乃安。

慕容儁以徙鄴之歲卒,子暐立。慕容評輔政,忌慕容垂,垂奔秦,前燕遂衰。而前秦苻堅,任王猛爲相,國政修明。前一五四一年(西元三七一),遂滅前燕。又滅前涼,平拓跋氏。前一五二九年(西元三八三),發大軍八十萬入寇。晉謝玄、謝石等大敗之於淝水,堅走還,北方復分裂矣。

第六節　桓玄之亂及劉裕之崛起

晉孝武帝,委政於弟琅邪王道子,旋復忌之,使王恭鎮京口,今江蘇鎮江縣。殷仲堪鎮江陵以抗之。仲堪無戎略,凡事皆委南郡相楊佺期。治江陵。而桓溫庶子玄居荆州,亦有勢力。恭倚北府將劉牢之,又與牢之不協。道子亦嗜酒昏愚,事皆決於其世子元顯。孝武帝崩,子安帝立。王恭、殷仲堪連兵反。元顯使說劉牢之,襲殺恭。而仲堪等兵逼京師。朝廷不得已,各與一州。後皆并於桓玄。前一五一〇年(西元四〇二),荆州大饑,元顯乘機攻玄,以劉牢之爲前鋒。牢之叛降玄,元顯兵潰。玄入京師,殺道子、元顯。明年,遂廢安帝自立。

　　桓玄之入京師也,奪劉牢之兵權,牢之自縊死。前一五〇八年(西元四〇四),劉裕及何無忌、劉毅、孟昶、諸葛長民等起兵討玄,平之。安帝復位。自是荆、揚對抗之局終,大權總於劉裕矣。

第七節　劉裕篡晉及拓跋魏并北方

　　苻堅之敗,北方諸族,紛紛自立,而後燕、後秦最大。鮮卑拓跋氏,本處北荒。《魏書》謂其初居"幽都之北,廣漠之野"。後南遷"大澤,方千餘里,厥土昏冥沮洳"。又南遷,乃至匈奴故地。案今西伯利亞,自北緯六十五度以北,地理學稱爲"凍土帶";自此南至五十五度,爲"森林帶";"森林帶"之南爲"曠野帶",最卑濕;"曠野帶"之南爲"山岳帶",則西伯利亞與蒙古之界山也。"大澤方千餘里",必曠野帶之地,或以爲拜喀勒湖。拜喀勒湖乃古北海,丁令所居。後南遷,居匈奴故地。晉初,居上谷之北,濡源之西。濡水,今灤河。并州刺史劉琨,借其兵以討匈奴鐵弗氏,始與以陘北之地。陘嶺,今雁門山。後爲苻堅所滅。道武帝珪,收合諸部,滅鐵弗氏,仍居平城,攻後燕,大敗之。後燕遂分爲南北。而鐵弗氏立國於雍州北垂,是爲夏。屢攻後秦。後秦與戰,常不勝。國勢亦衰。

　　劉裕既平桓玄,養兵息民者數年。前一五〇三年(西元四〇九),遂滅南燕。妖人孫恩餘黨盧循、徐道覆,乘間作亂。裕遣歸,討平之。是役也,何無忌戰死。劉毅、諸葛長民,及晉宗室司馬休之等,皆次第爲裕所翦除。前一四九八年(西元四一四),遣兵滅後蜀。桓玄之亂,安西府參軍譙縱據蜀,是爲後蜀,不在十六國之數。前一四九五年(西元四一七),大舉兵滅後秦。時涼州諸國,皆惴惴待裕兵之至。而裕以心腹劉穆之卒,遽南還。長安遂爲夏所陷。前一四九三年(西元四一九),裕受晉禪,是爲宋武帝。

　　先是苻堅之敗,其將呂光,據涼州自立,是爲後涼。後,更分爲北涼、西涼、南涼諸國。鮮卑乞伏氏,亦據隴右自立,是爲西秦。後後涼降於後秦,南涼亡於西秦,西涼亡於北涼。魏道武破後燕後,以服寒食散,疾作不能治事,故僅謹守河北,不能出兵。宋代晉之明年,太武帝立,復強盛。次第滅西秦、北涼、夏、北燕諸國,北方遂統於一。

第三章　南　北　朝

第一節　宋之興亡

宋武帝代晉後，二年而殂。子少帝立，爲徐羨之、傅亮、謝晦所廢。迎立文帝於荆州。文帝與檀道濟謀，討羨之、亮、晦等，誅之。後遂并殺道濟。於是功臣宿將盡矣。

宋武之殂，魏人乘喪來伐，取青、兗、司、豫四州。前一四八二年（西元四三〇），文帝遣到彥之等伐魏，取滑臺、洛陽、虎牢；滑臺，今河南滑縣。虎牢，關名，在今河南汜水縣。已復失之。前一四六二年（西元四五〇），又大舉北伐。甫進即敗。魏太武自將南下，至於瓜步。鎮名，在今江蘇六合縣。所過郡邑，赤地無餘。於是邑里蕭條，元嘉之政衰矣。

初武帝遺命，以荆州爲上流重地，命諸子以次居之。徐羨之等之迎文帝，即以謝晦刺荆州。晦誅，文帝弟義康、義恭、義季、義宣先後居焉。文帝初委政義康，權傾中外。後乃廢殺之。前一四五九年（西元四五三），文帝爲太子劭所弒。江州刺史沈慶之奉孝武帝討誅之。孝武立，義宣及文帝子竟陵王誕叛，皆敗死。孝武遂大殺武帝及文帝子孫。卒，子前廢帝立，爲明帝所弒。明帝殺文帝及孝武子孫殆盡。及疾篤，以太子幼弱，召鎮淮陰之蕭道成入衛，大權遂爲所竊。中書令袁粲、荆州都督沈攸之討道成，皆不克而死。前一四三三年（西元四七九），道成遂受宋禪。

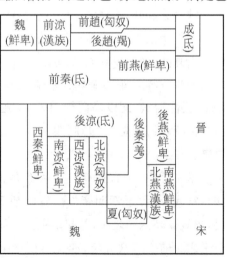

第二節　齊之興亡

齊高帝篡宋後，二年而殂。子武帝立。帝與高帝同起艱難，稍能留心政治。

武帝卒，孫鬱林王立。爲高帝兄子鸞所弒。立其弟海陵王，又弒之。遂自立，是爲明帝。

明帝盡殺高武子孫，而任兄子遙光，后弟劉暄，内弟江祐、江祀，族人蕭坦之等。明帝殂，子東昏侯立。無道，祐、祀等欲廢之。遙光欲自立，劉暄不可。遙光怒，使人刺暄，不中。暄發其謀，帝殺祐、祀。遙光叛，坦之討平之。帝又殺坦之及暄。徐州刺史裴叔業，以壽春叛降魏。帝使崔慧景討之。慧景還兵攻帝。帝召蕭懿於歷陽，討平之。旋又殺懿。懿弟衍，時刺雍州。帝使荆州刺史寶融殺之。荆州長史蕭穎胄，奉寶融起兵，與衍合。立寶融，是爲和帝。以衍爲前鋒，東下。東昏侯爲其下所弒。和帝禪位於衍，改國號曰梁。

第三節　北魏之强盛及其分裂

魏當太武時，南侵宋，又北伐柔然、高車，<small>參看第三編第一章第一節。</small>國勢最盛。

孝文遷都洛陽，大革舊俗，始寖寖焉進於文明。然魏都平城，實以武力立國。當其時，於北邊立六鎮，<small>六鎮曰武川，今綏遠武川縣。曰撫冥，在武川之東。曰懷朔，在今綏遠五原縣。曰懷荒，在今大同東北，察哈爾境内。曰柔玄，在今綏遠興和縣。曰禦夷，在今察哈爾沽源縣。</small>盛簡親賢，配以高門子弟，將士選拔，優異羣倫。南遷以後，不復如舊。由是憤怨，或多逃亡。乃制鎮人，不得浮游在外。鬱極思變，遂爲後來創亂之階。

孝文帝殂，子宣武帝立。委政於高后兄肇。前一四三八年（西元四七四），宣武殂，子孝明帝立。貴嬪胡氏所生也。遂殺肇，弒高后，自立爲太后，專政。時六鎮之民，並起爲亂。有爾朱榮者，<small>爾朱氏封於秀容川，在今山西朔縣北。</small>討平之。前一三八五年（西元五二七），孝明密召榮，誅太后左右鄭儼、徐紇等，已而止之。儼、紇等懼，弒帝。榮遂舉兵入洛。殺太后，及朝士二千餘人。洛陽人皆走匿。乃立孝莊帝，留其黨元天穆居洛，自還晉陽。<small>今山西太原縣。</small>魏自南遷以後，宗室貴人，習於奢侈。胡后秉政，尤用度無節。府庫累世之積，掃地無餘，大爲横斂。中原之民，亦並起爲亂。爾朱榮先後討平之。復欲移

都謀篡。前一三八二年(西元五三〇)，孝莊帝誑榮入朝，手刃殺之。榮從子
兆，舉兵弒帝。自是爾朱氏專制內外。兆據并州。天光據長安。仲遠據大梁。前一三
八〇年(西元五三二)，高歡起兵信都。高歡，本渤海蓨人，蓨亦作脩，即漢周亞夫所封條侯
故國(在今河北景縣南)，先世坐法徙懷朔，遂與鮮卑同化。信都，今河北冀縣。與爾朱氏戰，大
敗之。入洛陽，立孝武。旋攻殺兆於并州。自是大權歸於高氏矣。

　　高歡既滅爾朱氏，仍居晉陽。孝武陰有圖歡之志，以賀拔岳爲關中大行
臺。岳兄勝都督荊州，賀拔氏，亦鮮卑部落。與魏同出陰山。其後鎮武川。爾朱天光之平隴，
岳與侯莫陳(代北三字姓)悦爲副。陰選驍勇爲宿衞。

　　高歡使侯莫陳悦殺賀拔岳，宇文泰討誅之。宇文氏，亦鮮卑部落。爲慕容氏所破。
其遺衆遁居潢水之南(今熱河之西喇木倫河)，是爲後來之契丹。其歸魏居武川者，爲宇文氏。孝武
遂以泰繼岳之任。前一三七八年(西元五三四)，孝武帝舉兵討歡，歡亦自晉
陽南下，夾河而軍。孝武不敢戰，奔關中。歡亦別立一君於洛陽。魏由是分
爲東西。

　　高歡、宇文泰，劇戰十餘年，皆不遑志。而其禍乃中於梁。

第四節　侯景亂梁

　　宋自文帝時，北伐無功。明帝時，又失徐、兗、青、冀及豫州、淮北之地。
齊明帝時，魏取沔北五郡。南陽，今河南南陽縣。新野今河南新野縣。南鄉，今南陽西南。北
襄城，今河南方城縣東。西汝南，北義陽，同治舞陰，在今河南泌陽縣北。裴叔業之叛，魏又乘
之取淮南。梁武帝立，復合肥、壽春，而失義陽三關平靖、黃峴、武陽，皆在今河南信陽
縣南。及梁州。後乘魏亂，乃復之。

　　前一三六五年(西元五四七)，高歡卒，子澄嗣執魏政。歡將侯景，以河南
來降。梁武受之，使子貞陽侯淵明伐魏。梁武晚年，好佛法，刑政廢弛，兵力
亦不足用。淵明爲魏所虜。景奔梁，襲據壽陽。即壽春。後遂反，陷臺城。建康
宮城。武帝憂憤殂，子簡文帝立。

　　初梁武太子統早卒，舍其孫而立簡文帝爲太子。內不自安，乃使統諸子
出刺大郡，而又以己諸子分刺諸郡，以偶之。臺城之圍，諸子皆擁兵相爭，不
救也。侯景既陷建康，又遣兵西上，爲湘東王將王僧辯所敗。猛將多死，恐不
能久存，遂篡梁自立。湘東王即位江陵，是爲元帝。

　　時始興太守陳霸先，今廣東曲江縣。北上勤王。元帝使與王僧辯討景，平之。
而武陵王紀武帝子。亦稱帝於成都，攻江陵。元帝求救於魏。魏兵降梁州，遂

71

陷成都，紀死。元帝又與魏有違言。前一三五八年（西元五五四），魏陷江陵，害元帝，取襄陽，遷岳陽王詧武帝孫於江陵，使稱帝（對魏則稱臣，奉正朔），是爲西梁。王僧辯、陳霸先立元帝少子方智於建康，是爲敬帝。齊人以兵納淵明。僧辯拒戰，不勝，遂迎之入，廢方智而立之。陳霸先襲殺僧辯，復立方智。前一三五五年（西元五五七），廢之而自立，是爲陳武帝。

第五節　隋之統一

高澄弟洋，始篡東魏自立，是爲北齊文宣帝。文宣及武成二帝皆荒淫。武成傳子緯，奢縱彌甚。而北周武帝，頗能勵精圖治。前一三三五年（西元五七七），齊遂爲周所滅。

滅之明年，武帝殂。子宣帝立，荒淫。在位二年，傳位於子靜帝。未幾，宣帝殂，內史鄭譯等矯遺詔，引后父楊堅輔政。下殺諸王。相州總管尉遲迴、鄖州總管司馬消難、益州總管王謙起兵討堅，皆不克。前一三三一年（西元五八一），堅遂廢靜帝自立，是爲隋文帝。

梁元帝之立也，西魏取梁、益二州；北齊亦略地至江，後又西取江、郢。陳宣帝乘北齊之亡，復淮南；後周復取之。宣帝殂，子叔寶立，荒淫。前一三二四年（西元五八八），隋伐陳，明年，滅之。西梁已先二年爲隋所滅，天下復統一。

第四編　中古史下

第一章　回族之興起及隋之興亡

第一節　回族之興及隋與突厥之交涉

回族，漢稱丁令，亦作丁零、丁靈。異譯作勑勒，又作鐵勒。案今中國人統稱此族爲回，歐洲人則通稱爲突厥。見《元史譯文證補》卷二十七中。其衆處匈奴之北；西自康居之北，東迄北海。見《史記索隱》及《三國志》注引《魏略》。南北朝時，稱勑勒，亦作鐵勒。漸侵入漠北。柔然之敗於魏，北走而服其衆。魏太武又擊破之，徙其衆於漠南，是稱高車。《北史》：高車，鐵勒別傳，其實高車乃鐵勒之一部也。南北朝末，突厥興於金山。今阿爾泰山。滅柔然，破嚈噠，參看第五編第二章第一節。盡臣蔥嶺以西。周、齊相爭，恐其爲敵援，爭結婚姻，厚賂遺以奉之。突厥益驕。

隋初，沙缽略可汗，用周千金公主之言，寇邊。文帝用長孫晟策，搆其主西方之達頭可汗，與沙缽略搆兵。沙缽略乃請臣於隋。千金公主爲文帝女，改姓楊氏。封大義公主。後沙缽略子都藍可汗，復以大義公主言犯邊。文帝使其弟突利可汗搆殺大義公主，而以宗女妻突利。都藍怒，擊突利，破之。突利奔隋。隋處之夏、勝二州之間，夏州，在今陝西橫山縣境。勝州，在今鄂爾多斯左翼後旗。賜號曰啓民可汗。都藍死，啓民以隋援，盡有其衆。

第二節　隋之治亂

隋文帝性猜忌。既任智以獲大位，遂以明察自矜；挾術數以御下，任嚴法以治民。然性甚節儉，勤於政治。在位時，府庫充實，爲歷朝所未有。參看《文獻通考・國用考》。

文帝用后獨孤氏言，廢太子勇，而立次子晉王廣。文帝崩，廣立，是爲煬

73

帝。性奢侈。即位之初，即以洛陽爲東都。開通濟渠。自西苑引穀、洛二水，達於河。又自河入汴，自汴入淮，以接淮南之邗溝，開江南河，自京口達餘杭，<small>今浙江餘杭縣。</small>凡八百里。帝乘龍舟，往來洛陽、江都間。<small>今江蘇江都縣。</small>又開永濟渠，引沁水，南達河，北通涿郡。<small>今河北涿縣。</small>治馳道，由大行抵并州，自榆林以達於薊。<small>今河北薊縣。</small>北巡幸突厥始畢可汗帳。又使裴矩招致西域諸國入朝。誘西突厥，獻地數千里。置西海、河源、鄯善、且末四郡。<small>西海郡，當在青海附近。河源，當在青海西南。鄯善、且末，皆漢西域國名。此二郡當在今燉煌之西。</small>謫罪人以戍之，轉輸巨萬。

　　自漢滅朝鮮，置四郡後，北方之濊貊，漸次南遷。由鴨綠江流域，入朝鮮半島北部，乘漢威之衰，自建國，曰高句麗、百濟。其半島南部三韓中之辰韓，亦建國曰新羅。慕容氏之入中國，遼東爲高句麗所并。文帝時，寇遼西。使漢王諒擊之，不克。句麗益驕。煬帝徵其王元入朝，不至。前一三〇一年（西元六一一），自將大兵征之。明年，圍遼東，不克。將軍宇文述，又以九軍大敗於薩水。<small>今大寧江。</small>前一二九九、一二九八年（西元六一三、六一四），煬帝又自將征之。句麗僅貌爲請降，而中國全國騷動。前一二九七年（西元六一五），北巡，始畢可汗圍之於雁門。<small>雁門，今山西代縣。</small>援至乃解。明年，再乘龍舟如江都。自是不復北還，而天下之亂，亦已不可復止矣。

第三節　隋末之亂及唐之興

　　煬帝之再征高句麗也，楊玄感督運黎陽，<small>今河南濬縣。</small>舉兵反。帝還軍，遣將討平之。然自是亂者四起：竇建德雄據河北，李密起兵河南，徐圓朗據魯郡，<small>今山東滋陽縣。</small>高開道據漁陽，<small>今察哈爾懷來縣。</small>劉武周據馬邑，<small>今山西朔縣。</small>梁師都據朔方，<small>今陝西懷遠縣。</small>李軌據河西，薛舉據隴右，蕭銑據江陵，朱粲據荊沔，杜伏威據歷陽，李子通據海陵，<small>今江蘇泰縣。</small>子通後南徙餘杭。陳稜據江都，沈法興據毗陵。<small>今江蘇武進縣。</small>煬帝見中原已亂，無心北歸，欲徙都丹陽，<small>郡名，治今首都南京。</small>爲從駕驍果所弑。

　　唐高祖李淵，本隋太原留守。以前一二九五年（西元六一七），起兵。西取長安。奉留守代王侑爲帝。明年，遂受隋禪。平河西、隴右，敗劉武周，定并州，時隋將王世充，奉東都留守越王侗爲帝。李密攻之，爲所敗，密降唐。旋出關謀叛，爲唐所邀殺。於是河南之地，皆入於王世充；河北之地，皆入於竇建德。前一二九一年（西元六二一），秦王世民攻世充，建德來救，并擒之。

建德將劉黑闥起兵;徐圓朗已降,復應之。皆爲唐所平。南方諸雄,以蕭銑爲最大,遣李靖擊滅之。朱粲降而復叛,敗死。陳稜、沈法興,皆爲李子通所破。子通爲杜伏威所擒。伏威降唐。其割據北邊者:高開道爲其下所殺。劉武周死後,其將苑君璋據馬邑,後來降。前一二八四年(西元六二八),梁師都被殺,天下復定矣。

第二章　唐之初盛

第一節　貞觀之治

唐高祖之定天下，多得秦王世民之力。太子建成、齊王元吉忌之，密相圖。遂有玄武門之變。高祖傳位於世民，是爲太宗。

太宗爲漢以後令主，任房元齡、杜如晦爲相，魏徵爲諫官。在位時，百姓豐樂，而國威亦甚盛。

隋末，中國避亂者，多歸突厥，突厥復强。羣雄起北邊者，皆臣事之。高祖初起，亦卑辭以乞援焉。天下既定，待突厥禮恒有加。而突厥益驕，仍歲寇邊，甚至一歲三四入。迨頡利可汗立，政衰。太宗又搆其主東方之突利可汗，與相攜貳。前一二八三年（西元六二九），遂禽之。鐵勒、薛延陀，徙居其地。前一二六六年（西元六四六），亦爲太宗所滅。

太宗又西破高昌、即漢車師之地，今新疆吐魯番縣。焉耆、龜兹，西南破吐谷渾。吐蕃入寇，擊破之。參看第五編第二章第一節。於是交通及印度。適其臣阿羅那順篡立，使者王玄策，以吐蕃、泥婆羅今廓爾喀之地。兵擊破之。惟討高句麗，未能得志。迨高宗立，復平西突厥。遣蘇定方自成山泛海，滅百濟，敗日本援兵。又遣李勣滅高句麗。於是東自日本，南至南洋羣島，西至波斯，咸通朝貢焉。

第二節　唐以前之海上交通

中國海上交通事業，始於秦漢之闢南越。《漢書·地理志》即載自日南航海所通諸國。雖其地不可悉考，而其中之黃支國，或云即西印度之建志補羅。Kanchipura 名見《大唐西域記》。參看《改造雜誌》第三卷第十二號《佛教之初輸入》。後漢時，大秦亦由此通中國。大秦，即羅馬。班超既定西域，遣部將甘英往通之。臨條支海（今波斯灣，詳見《元史譯文證補》卷二十七中）。不渡而還。及桓帝延熹九年（前一七四六，西元一六六），大秦王安敦，遣使自日南

76

徼外獻象牙、犀角、玳瑁，是爲中國與歐洲交通，史有正式記載之始。安敦，即羅馬之 Antony 也。當時日南、交阯之地，爲東西洋交通中樞。西方賈人，多集其地。中國商船，亦常航行錫蘭附近。日南，今交阯支那附近。交阯，今東京。據日本桑原騭藏《東洋史要·中古期》第四篇第四章。南北朝以後，南洋諸國之通中國者益多，迄於唐不衰。詳見自《宋書》至《唐書》之《四裔傳》。航海里程，亦見《唐書·地理志》。而隋嘗一用兵於流求，則今之臺灣也。

　　當時倭東北七千餘里，有文身國。文身國東五千餘里，有大漢國。大漢國東二萬餘里，有扶桑國，其他或皆在今美洲。扶桑沙門慧深，蕭齊時曾來中國，述其國之風俗甚悉。其風俗政教，極類中國，章太炎以爲漢族。愚案其國名國王爲"乙祁"，貴人爲"對盧"，皆與高句麗同。又高句麗之俗，婚嫁時女嫁作小屋於大屋後，謂之壻屋；而扶桑婚姻，則壻往女家門外作屋，亦極相類。則扶桑蓋貉族之浮海而東者也。又僧人法顯，如印度求佛法，自錫蘭東。還行三日，而遇大風。十三日，到一島。又九十餘日，而至耶婆提。自耶婆提東北行一月餘，遇黑風暴雨；凡七十餘日。折西北行，十二日乃抵長廣郡。耶婆提，或云即南美耶科陁爾。自此東北行百餘日，實繞大西洋而歸。不特發見西半球，又環繞世界一周矣。據《太炎文集·法顯發見西半球說》。法顯東還，在東晉義熙十二年，即前一四九六年（西元四一六）也。長廣郡，今山東即墨縣。

第三節　武韋之亂及開元之治

　　唐太宗崩，高宗立。初年，頗能勵精圖治。故永徽之政，史稱其媲美貞觀。後寵武皇后，政事一以委之，而政遂衰。

　　高宗崩，中宗立。武后廢之，而立其弟豫王旦。後又廢之。自稱則天皇帝。任周興、來俊臣、索元禮等酷吏，以刑誅劫制天下；又濫以祿位收拾人心；朝政大棼。前一二〇七年（西元七〇五），宰相張柬之等舉兵迎中宗復位。然后韋氏專權，武氏之勢力仍盛。張柬之等皆貶死。前一二〇二年（西元七一〇），后弑中宗。豫王子臨淄王隆基討平之。奉豫王即位。是爲睿宗，旋傳位於隆基，是爲玄宗。

　　玄宗任姚崇、宋璟爲相，政治始復清明，自高宗末年，吐蕃滅吐谷渾、党項，又破西域四鎮。龜茲、于闐、焉耆、疏勒。武后時，四鎮雖復，而中宗又賜吐蕃以河西九曲之地。今青海，黃河右岸之地。於是河、洮之間，被寇無虛日。武后時，突厥骨咄祿可汗復強。卒，弟默啜可汗繼之。大舉寇河北，蹂躪郡縣至數十。契丹亦叛，南侵至冀州。中國皆不能討也。玄宗乘突厥之亂，遣王忠嗣滅之。又復河西九曲之地。國威復張。然邊兵重而內地守備空虛，遂爲安史之亂之張本。

第三章 自魏晉至唐之政治制度及社會情形

第一節 官　　制

秦、漢官制，至東京而漸變。其最要者，漢時相職，權任甚重，絕非天子私人。參看《文獻通考》卷四十九。東漢之季，則權移於尚書。魏文帝時，又移於中書；宋文帝時，又移於門下。參看《文獻通考》卷五十。唐中葉後，率以他官居相職，而畀以同中書門下平章事，同中書門下三品⋯⋯名目，見《唐書·百官志序》。其丞相，則爲人臣篡弒時所歷之階而已。參看《文獻通考》卷四十九。至唐，遂以中書、門下、尚書三省爲相職。中書“取旨”，門下“封駁”，尚書承而行之。然其後三省長官，仍合議於政事堂，非真截然分立也。參看《文獻通考》卷五十。唐中葉後，率以他官居相職，而畀以同中書門下平章事，同中書門下三品⋯⋯名目，見《唐書·百官志序》。歷代尚書，皆分曹治事，至唐定爲六部。於是九卿等官，皆等於“駢枝”。而御史之權，亦降而彌重。蓋君主專制政體，恃是以監察臣下也。

外官之權，則改而趨重。秦、漢時之郡縣，本爲兩級制。西漢刺史，僅主督察，而非實官，且秩卑於太守。自東漢末年，改刺史爲州牧，而兩級乃變爲三級。南北朝時，疆域蹙狹，而好僑置州郡，虛立名目。建置愈多，轄境愈小。馴至一州之地，與一郡無別。至隋，乃并州郡爲一級。唐遂於其上更置監司之官焉。

第二節 學 校 選 舉

吾國當西漢時，學術之中心，在於學校。東漢時，國立之太學雖盛，教育之權，已漸移於私家。參看皮錫瑞《經學史講義》，經學極盛時代。魏、晉以後，則學校有名無實，教育之權，遂全移於私家之手。前一六三六年（西元二七六），晉武帝始置國子學。是爲太學而外,復有國子學之始。其後歷朝,或國子、太學並立,或惟立國子學。隋時,國子學始不隷太常,而別爲一監。唐有國子、太學、四門、律、書、算六學,皆隷國子監。又有弘文館,隷門下省;崇文館,隷東宮。其學生名額,按資格分配,非盡錄取平民也。郡縣學亦皆有定額。

選舉之權,東漢以後,自公府移於尚書。魏陳羣爲尚書,始於州郡置中正。令評量其人物,分爲九等。而尚書據以選用。其弊也,“惟能論其閥閱,非復辨其賢愚”。遂至“上品無寒門,下品無貴族”。

至隋、唐而科舉制度興。其法,始於隋而備於唐。令士子投牒自列於州縣。州縣試其可者,以鄉飲酒禮,貢之京師。而試之於禮部。其科目甚多,而嘗行者爲“進士”、“明經”二科。進士惟重詩賦,明經但試“帖經”、“墨義”。“墨義”之式,見《通考》卷三十。遂至羣務於“詞章”、“記誦”,而不切於實用。其天子自詔者曰“制舉”,以待非常之才焉。“制科”之目,見《通考》卷三十三。

其選官,則“文選”屬於吏部,“武選”屬於兵部。蓋至是而“舉官”與“舉士”之途始分矣。

第三節　兵　　制

吾國秦、漢之世,本兵民不分。光武定天下,罷郡國“都試”,而民始不能爲兵。晉武平吳,亦罷州郡兵備。而於諸王國,顧皆假以兵權。大國三軍,五千人。次國二軍,三千人。小國一軍,千五百人。遂致醸成八王之亂。五胡交鬨,盜賊大起,仍藉州郡募兵鎮壓,而方鎮之權始重。渡江以後,荊、揚二州,積世相猜。其初下流之勢常弱,迨北府兵起,而形勢乃一變。劉裕卒階以圖篡。然自宋迄於梁、陳,州郡之擁重兵,內外之相猜忌,實始終一轍也。

北方則五胡迭起,所用者皆其種人。魏太武遺臧質書曰:“吾今所遣鬬兵,盡非我國人。城東北是丁零與胡,南是氐、羌。……”可見當時異族,除本族人外,兼用其他異族爲兵。高歡語鮮卑則曰:“漢民是汝奴;夫爲汝耕,婦爲汝織,輸汝粟帛,令汝温飽,汝何爲陵之?”語華人則曰:“鮮卑是汝作客;得汝一斛粟,一疋絹,爲汝擊賊,令汝安寧,汝何爲疾之?”可見當時異族使漢人任耕,以其本族人任戰。其兼用漢人者:如石虎之伐燕、司、冀、青、徐、幽、并、雍之民,五丁取三,四丁取二;苻堅之伐晉,民每十丁遣一,皆因用兵太多,爲例外之事。迨周、齊之末,諸種人皆已凋敝,乃不得不參用漢人。又大亂之後,物力凋殘,軍資無出,不得不令兵人屯種自食。而“府兵”之制以興。迄唐而益臻完備。

唐制,於全國設折衝府六百三十四,而其在關內者二百六十一。府置折

衝都尉,而以左右果毅都尉爲之副。上府千二百人,中府千人,下府八百。其
軍隊編制之法:以三百人爲"團",團有校尉。五十人爲"隊",隊有正。十人爲
"火",火有長。諸府分隷於十二衛。平時力耕以自食;有事調集,臨時令將統
之。事訖,則將上所佩印,兵歸其府。頗得寓兵於農之意。迨高宗、武后時,
天下久不用兵,府兵之法寖壞,至不能給宿衛。宰相張説,乃請以募兵代之,
號曰彍騎。於是邊兵重而内地之守備虛矣。

第四節　法　　律

吾國刑律,魏、晉時經一大改革,已見前。魏、晉以後,法典幾於歷代相
沿,而刑制則隋、唐時又一進化。

蓋自漢文以髡、笞代肉刑;髡法過輕,而略無懲創;笞法過重,而至於死
亡;乃去笞而獨用髡。減死罪一等,即止於髡、鉗;進髡、鉗一等,即入於死罪。
魏、晉以來,不知減笞數而使之不死,徒欲復肉刑以全其生;肉刑卒不可復,遂
獨以髡、鉗爲生刑。輕重失宜,莫此爲甚。據《文獻通考·刑考序》。及隋時,定以
"笞"、"杖"、"徒"、"流"、"死"爲五刑,而輕重始得其平焉。

唐　五　刑				
笞	十	二十	三十	四十	五十
杖	六十	七十	八十	九十	一〇〇
徒	一年	一年半	二年	二年半	三年
流	二〇〇〇里	二五〇〇里	三〇〇〇里		
死	絞	斬			

又吾國法律,前此獨有刑法。至唐則《律》之外又有《六典》,儼然爲一完
備之"行政法典"焉。參看日本織田萬《清國行政法》第一編第一章第二節。

第五節　租　　稅

漢時儒者,多醉心於井田之制。退一步,亦欲行限民名田之法。其説卒
未能行。而自晉至唐乃有與之相近之制度,則晉之"户調"、魏之"均田",及唐
之"租、庸、調"是也。晉武平吴,始制户調之式。

男女年十六至六十爲“正丁”；十五至十三，六十一至六十五爲“次丁”；六十六以上，十二以下，爲“老”、“小”（不事）。

男子一人，占地七十畝；女子三十畝。其外：丁男課田五十畝，丁女三十畝；次丁男半之，女則不課。

丁男之户，歲輸絹三疋，綿三斤；女及次丁男爲户者半輸。

魏孝文均田令，更益以“露田”、“桑田”之别。“桑田”爲“世業”，“露田”則有“還受”。至唐而其法愈備。

凡民：始生爲“黄”，四歲爲“小”，十六爲“中”，二十一爲“丁”，六十爲“老”。

授田之制：丁男十八以上者人一頃；老及“篤廢疾”者人四十畝；寡妻妾三十畝（“當户”者加二十畝）。皆以二十畝爲“永業”，餘爲“口分”。

田多可以足其人者爲“寬鄉”，少者爲“狹鄉”。狹鄉授田，減寬鄉之半。

工商，寬鄉減半，狹鄉不給。庶人“徙鄉”及貧無以葬者，得賣世業田。自狹鄉徙寬鄉者，得并賣口分田。已賣者不復授，死者收之，以給無田者。其取於民：則

【租】　歲輸粟二石。

【庸】　用人之力，歲二十日；閏加二日。不役者爲絹三尺。

【調】　隨鄉所出，輸絹、綾、絁（布）、綿（麻）。

此等制度，可謂近乎平等。惜乎不能持久，至開元天寶間，而并兼遂甚也。

此外雜税：北朝有酒坊、鹽井、關市、邸店等。南朝亦有賣買田宅、牛馬，及津、市等税。隋盡免之，唐初所取亦薄。蓋吾國自唐中葉以前，國家財源，率恃田租口税（租庸調）爲正宗也。

第六節　學術及宗教

吾國當兩漢時，學術中心，在於儒學。至魏晉之際，而其風氣乃一變。蓋東漢儒家，偏重名物訓詁，失之破碎支離，人心遂流於厭倦。於是一矯其弊，而注重於哲理。遂有儒道並重之勢。參看《飲冰室叢著·論中國學術思想變遷之大勢》第五章。斯時之人，其學術思想，頗爲高尚，然皆專務於“清談”，遺棄“世事”，亦其弊也。參看《廿二史劄記》卷八《六朝清談之習》。

適會是時，佛教輸入，而其説遂以大行。案佛教之入，向以爲始於前一八四七年（西元六五），漢明帝因夢見金人，乃遣使如西域求佛法。然光武之子

楚王英，業已信佛，則輸入似當在明帝以前。參看《改造雜誌》三卷十二號《佛教之初輸入》。《學衡雜誌》第二期《梁氏佛教史評》。東漢、曹魏之際，已頗有信者，然率皆"小乘"；至前一五一一年（西元四〇一），鳩摩羅什入長安，始傳"大乘"經論。參看《飲冰室叢書·論中國學術思想變遷之大勢》第六章。嗣後印度高僧，來我國者不少，而我國僧徒之如印度求法亦甚衆。參看《改造雜誌》四卷一號《千五百年前之留學生》。於是佛教燦然大明；至唐而遂臻極盛。其間宗派繁多，而"華嚴"、"法相"、"三論"、"天台"諸宗，尤以哲理稱。"净土宗"則推行最廣。至晚唐以後，諸宗乃漸衰，而"禪宗"特盛。遂開宋學之先河焉。參看《飲冰室叢書·論中國學術思想變遷之大勢》第六章。

　　漢時之神仙家，其學本與道家無涉。魏、晉以後，亦頗藉道家言以自緣飾。參看《飲冰室叢書·論中國學術思想變遷之大勢》第五章。而張道陵之術，爲北朝所尊信，遂至與儒、釋並稱爲三教焉。參看《魏書·釋老志》。

　　又吾國人崇尚文詞之風，亦至魏、晉而始盛，而其源則實自魏之三祖開之。自東漢至於齊、梁，文字日趨於綺靡，至唐而其道已窮。乃有韓、柳等，矯其弊而爲古文。而詩學亦至唐而稱極盛焉。

第七節　風　　俗

　　吾國自周以前，貴族、平民，階級本極嚴重。至戰國之際，乃漸破壞。乃至魏、晉以後，而其風氣又大盛。當時"士庶"之見，深入人心。不但婚姻不通，即一起居動作之微，士庶亦不相偕偶。其原因：一由九品中正之制，爲之厲階。一由五胡亂華，衣冠之族，恥血統之混淆，不得不借此以自標異。其人率"風流"相尚，不以"世務"關懷。故南朝諸帝，皆出"素族"；即諸臣之立功、立事者，亦多出自"寒素"之家。然當時士大夫，大率謹守禮法；而"寒門"之驟起者，則多暴戾荒淫，此南朝所以多無道之主也。至隋、唐時，科舉之制興，而"門閥"之習，乃漸革焉。參看《廿二史劄記》卷八《南朝多以寒人掌機要》、卷十一《宋齊多荒主宋世閨門無禮》、《宋子孫屠戮之慘》，卷十二《江左世族無功臣》。夏曾佑《中國歷史》第三篇第三十八節。

　　至北方諸異族，則尤多橫暴，而胡、羯爲最盛。夏曾佑《中國歷史》第三篇第十一節。漢人之漸染胡風者，其橫暴，亦與異族無以異焉。如渤海高氏是。

　　又吾國文化，北方本高於南方，富力亦然。自孫吳迄陳，金陵爲帝王都者三百六十年。五胡亂後，北方"衣冠之族"紛紛南渡。南方文化，遂日以增高，浸至駕北人而上之。而富力亦日以發達。自唐以後，江淮遂爲全國財富之區焉。

第五編　近古史上

第一章　安　史　之　亂

　　唐玄宗時，設十節度經略使以治邊，安西(治安西都護府，今新疆龜茲縣)、北庭(治北庭都護府，今新疆迪化縣)、河西(治涼州，今甘肅武威縣)、隴右(治鄯州，今青海西寧縣)、朔方(治靈州，今寧夏靈武縣)、河東(治并州，今山西太原縣)、范陽(治幽州，今北平)、平盧(治營州，今熱河省朝陽縣)、劍南(治益州，今四川成都縣)九節度使，嶺南(治廣州，今廣東南海縣)經略使。而西、北二邊，以制馭吐蕃、突厥、奚、契丹故，兵力尤厚。帝任宰相李林甫；又寵貴妃楊氏。劍南楊釗(賜名國忠)，夤緣貴妃，繼林甫爲相。前一一五七年(西元七五五)，安祿山反於范陽。不一月，河北盡陷，進陷河南。明年，敗官軍於靈寶，今河南靈寶縣。遂入潼關。帝出奔蜀。至馬嵬，驛名，在今陝西興平縣。軍變，要上殺貴妃及國忠而後行。帝發馬嵬，留太子東討賊。太子即位於靈武，今寧夏靈武縣。是爲肅宗。朔方節度使郭子儀以兵至行在。會安祿山爲其子慶緒所殺。子儀乘之，進平河東。以回紇、西域兵收兩京，遂圍安慶緒於鄴。官軍凡九節度，無統帥，久不下。而賊將史思明，降而復叛，自范陽南救鄴，官軍大潰。思明入鄴，殺慶緒。旋發兵陷東京。又陷河陽、懷州。河陽，今河南孟縣。懷州，今河南沁陽縣。後思明亦爲其子朝義所殺。代宗立，乃討平之。

第二章　唐中葉後之外患

第一節　藏族之興

藏族，本居今後藏高原。按今青海、西藏之地。地勢上總爲一高原，而細別之，又可分爲四區：A後藏高平原水皆瀦蓄爲湖泊。B巴顏哈喇山脈以南，及西康全境。地勢傾斜於東南。C黃河上游及青海流域。D雅魯藏布江流域。BC爲羌地，A爲今藏族所居之地，D則印度亞利安人侵入所居之地也。其種人皆有"一妻多夫"之習。一妻多夫，爲藏族風俗之特徵。其見於歷史上者，有嚈噠、女國及《唐書·南蠻傳》中之名蔑。《北史》謂嚈噠爲大月氏種類，亦曰高車別種，誤也。大月氏之留居南山者爲小月氏，其俗皆一夫多妻，正與嚈噠相反。《北史》又謂嚈噠之語，與高車不同，可徵其非同種矣。其首見於歷史上者爲嚈噠。先分布於阿爾泰山。後乃西南下，征服蔥嶺東西諸國，都大夏舊都縛喝城。即吐火羅，亦稱小王舍城，今阿富汗之波爾克城也。《北史》別列吐火羅爲一國，又云嚈噠都王舍城，皆誤。詳見丁謙《大唐西域記地理考證》。當前千四百年時（西元五世紀初）爲全盛之世。突厥興，乃爲所滅。

其留居後藏高原者，爲隋、唐時之女國。《大唐西域記》述其地云：在大雪山中；北距于闐，東接吐蕃。正今後藏地也。其國以女爲王。嘗通貢於中國，受封册。唐中葉後，乃爲吐蕃所并。女國自開元後，史不復見。後南詔與韋皋書，數吐蕃罪狀，有云西山之王，見奪其位，則爲吐蕃所滅也。

吐蕃者，印度阿利安族之分支。《唐書》於吐蕃起原有二説：一謂其本羌屬，在析支水西（黃河九曲之地）。一謂爲鮮卑禿髮氏之後，踰積石撫有羣羌積石山（在今甘肅導河縣西北），皆與吐蕃之地渺不相涉。唐時吐蕃贊普居邏娑川，即今拉薩，實雅魯藏布江流域也。《蒙古源流考》謂名哩勒丹蘇隆贊（棄宗弄讚）之先，爲印度巴特沙拉國王之子。此爲藏人自述之歷史，較可信。踰喜馬拉雅山，入雅魯藏布江流域。唐初，其英主棄宗弄讚尚中國文成公主；又娶泥婆羅王女。二主皆好佛，吐蕃之佛教始盛。高宗以後，屢與中國搆兵。迨安史亂，吐蕃遂乘之，盡陷河西、隴右之地焉。

第二節　滿族之興起

滿族，古稱肅慎。當虞舜時，即爲中國聲教所及。《史記·五帝本紀》。周武王滅商，又以"楛矢石砮"來貢。《國語·魯語》、《史記·孔子世家》。

勿吉使者乙力支溯難河西上；至太瀰河，南出陸行。度洛孤水。從契丹西界達和龍。
〔《魏書》述和龍至勿吉之路〕　和龍北二百餘里，有善玉山。北行十五日至祁黎山。北行七日，至如洛瓌水。又北行十五日至太魯水。又東北二十八日，到其國。國有大水，名速末水。

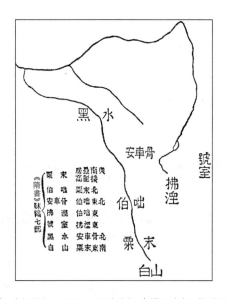

黑水，今松花江。此江上源稱粟末，會嫩江東折，後稱黑水。

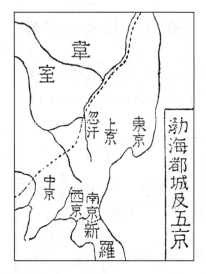

渤海都忽汗城，城臨忽汗海，即今吉林鏡泊。

　　其第九世宣王仁秀時，嘗立五京，十五府，六十二州。上京龍泉府，在今吉林敦化縣附近。中京顯德府，在吉林東南。東京龍原府，在今海參崴附近。南京南海府，在今朝鮮咸興。西京鴨綠府，在今遼寧輯安縣。

　　兩漢時稱挹婁。南北朝時，稱勿吉。隋、唐時又作靺鞨。靺鞨之衆分七部，而黑水、粟末二部最著。

　　唐之滅高句麗也，粟末靺鞨，有入居營州者。武后時，契丹叛。靺鞨酋大祚榮走東牟山，築忽汗城居之。傳子武藝，斥大土宇；幾盡有今吉、黑二省，遠東共和國，及朝鮮北部之地，是爲渤海。當開國時，即已頗知書契。後復遣人至唐留學。一切制度，皆模範中華，爲海東盛國。至前九八四年（西元九二八），乃爲契丹所滅。

　　高句麗之亡，唐置安東都護府於平壤。及契丹既叛，靺鞨復自立，安東都護府內徙遼東。於是唐對東北方之威靈失墜矣。

第三節　唐中葉後之吐蕃及回紇

　　唐時，鐵勒之衆，凡分十五部，而薛延陀、回紇二部最強。突厥之再亡也，回紇徙居其地。代宗之爲太子，爲天下兵馬元帥，以其兵平兩京。代宗即位，牟羽可汗爲史朝義所誘，自將入寇。代宗使僕固懷恩見之，因以其兵討賊。時仍以雍王适（德宗）爲天下兵馬大元帥，會其兵。牟羽驕甚，責王不蹈舞，杖殺兵馬使藥子昂，行軍司馬韋少華。後僕固懷恩反，卒以其兵及吐蕃入寇，會懷恩道死,郭子儀單騎往見其帥,説和之。吐蕃乃遁去。然回紇婪索無厭。其種人之留居京師者尤驕恣,中國無如何也。至文宗時,乃爲黠戛斯所破,部落四散。於是鐵勒人雄據漠南北之運告終,而其遺衆之走河西及天山南北路者,漸蔚爲其地之一大族焉。

　　吐蕃既陷河西、隴右,患遂中於涇、邠之間。涇州,今甘肅涇川縣。邠州,今陝西邠縣。代宗時,嘗攻入長安。德宗初立,與之和。旋復背盟。畿輔一帶,受禍尤烈。

　　迨文宗時,其國大亂。中國乃乘之,恢復河西、隴右之地焉。

第四節　南　詔

　　南詔,漢哀牢夷。明帝開其地爲永昌郡。唐時,分爲六詔。後皆爲最南之蒙舍詔(南詔)所并。玄宗封爲雲南王。旋以劍南節度失政,叛附吐蕃。劍南遂時被兵患。德宗時,韋皋爲西川節度,治成都。乃結南詔攻吐蕃,破之。文宗時,南詔復攻西川。懿宗時,其酋坦綽酋龍稱皇帝,國號大禮。攻嶺南,陷安南都護府。治交州,今越南之河内。唐使高駢鎮安南,擊破之。僖宗時,又寇蜀。唐又移駢鎮西川,擊破其兵;又結吐蕃以防之。南詔乃不復爲寇。無何,南詔政衰,中國亦亂,遂不復通。

第三章　唐之衰亡

第一節　藩鎮之跋扈

安史之敗，其將多以地來降。朝廷憚更易，多就以節鎮授之。於是：

　　薛嵩據昭義。治相州，今河南安陽縣。弟崿，爲田承嗣所并。

　　李寶臣據成德。治恒州，今河北正定縣。子維岳，爲王武俊所殺。武俊傳子士真，士真傳子承宗。

　　田承嗣據天雄。治魏州，今河北大名縣。傳姪悦，爲承嗣子緒所殺。緒傳弟季安。季安卒，子幼，軍中推田季興爲主。

　　李懷仙據盧龍。治幽州，今河北大興縣。爲兵馬使朱希彩所殺。希彩又見殺於其下，推朱泚爲主，泚入朝，以弟滔知留後。滔卒，軍中推劉怦爲主。怦傳子濟，爲子總所弑。

　　李正己據平盧。治青州，今山東臨淄縣。傳子納，納傳子師道。

各擅賦税，修兵甲，相約以土地傳子孫。

德宗時，寶臣卒，子維岳請襲，不許。遂與田悦、李正己連兵拒命。山南東道節度梁崇義亦反。治襄州，今湖北襄陽縣。德宗使淮西節度李希烈治蔡州，今河南汝南縣。討平崇義。以張孝忠爲成德節度使，與朱滔共攻維岳。兵馬使王武俊殺維岳以降。神策軍馬使李晟、河東節度使馬燧，治太原府，今山西太原縣。亦討破田悦。而滔、武俊怨賞薄，叛與悦合。希烈亦叛於淮西。發涇原兵討之。治涇州。過京師，作亂；奉朱泚爲主。上奔奉天。今陝西武功縣。泚逼行在。賴河中節度李懷光治蒲州，今山西永濟縣。入援，乃解。而懷光又叛，德宗再奔梁州。今陝西南鄭縣。後乃以陸贄言，赦李希烈、田悦、王武俊、朱滔、李納，專討朱泚及懷光，平之。淮西將陳仙奇，亦殺李希烈以降。旋復爲吳少誠所殺。少誠死，牙將吳少陽殺其子自立。傳子元濟，屢逆命。憲宗任裴度討平之。時天雄將田季興，歸心朝廷。遂發兵討平李師道。盧龍劉總，以弑父自立，心常不安，遂棄官爲僧。王承宗亦受代。藩鎮之亂暫平。及穆宗立，時相謂天下已平，不復措意於三鎮。於是朱克融據盧龍，王庭湊據成德，史憲誠據天雄以叛。官軍討之，不能克，由是再失河北，迄於唐亡，不能復取。

第二節　宦官之專權

唐代寵信宦官，始於玄宗之於高力士，然尚未敢專權。肅宗寵李輔國，輔國初與張后相表裏，後更不睦。肅宗崩，后欲誅輔國，輔國遂勒兵弒后。代宗立，僅使盜殺輔國，而不能正其罪。且又寵魚朝恩、程元振。及德宗自奉天還，舉不信朝臣，而使宦官專典神策軍，其勢遂不可制矣。

順宗即位，擢用東宮舊臣王伾、王叔文，與謀誅宦官，不克。

文宗始用宋申錫爲相；繼又不次擢用李訓、鄭注，與謀誅宦官。亦不克，"甘露之變"，訓、注皆被殺，並殺宰相王涯、賈餗。於是朝政皆決於宦官，宰相行文書而已，自穆宗以後，歷代君主，無一非宦官所立者；而憲、敬二宗，皆爲宦官所弒。奄豎之橫，前古未有也。參看《廿二史劄記》卷二十《唐代宦官之禍》。僖宗之立，年僅十二，尤敬信宦官；至呼田令孜爲阿父。時南有南詔之侵寇，關東則連年水旱；用兵不息，賦斂愈急。流寇之亂作，而唐亡矣。

第三節　流寇之亂及沙陀入中原

西突厥之亡也，其別部處月，依北庭都護府以居。其地在金娑山之陽，蒲類海之陰。蒲類海，今新疆巴里坤湖。有大磧曰沙陀，因號爲沙陀突厥。河西、隴右之陷，安西、安西都護府，治新疆庫車。北庭，朝貢道絕，假道回紇，乃得達。回紇由是求索無厭。沙陀苦之，密引吐蕃陷北庭。吐蕃徙其部衆於甘州。今寧夏，張掖縣。久之，回紇取涼州。吐蕃疑沙陀貳於回紇，欲徙其衆於河外。沙陀酋長朱邪盡忠乃與其子執宜舉部來歸。吐蕃追之，盡忠戰死。執宜衰殘部二千款靈州塞；詔處其衆於鹽州，今寧夏，鹽池縣。後又徙河東。

前一〇四四年（西元八六八），徐、泗卒之戍桂州者，作亂北還。徐州，今江蘇銅山縣。泗州，今安徽泗縣。桂州，今廣西桂林縣。招討使康承訓，以沙陀兵討平之。乃賜執宜子赤心姓名曰李國昌，以爲大同節度使，治雲州，今山西大同縣。尋又徙鎮振武，治單于都護府，今綏遠和林格爾縣。國昌子克用，叛據大同。詔仍以國昌爲大同節度，謂克用必無以拒。而國昌欲父子各據一鎮，不奉詔。爲幽州兵所討破。國昌、克用，俱奔韃靼。韃靼別部居陰山者。

前一〇三七年（西元八七五），高仙芝、黃巢作亂山東，後仙芝爲官軍所討斬；而巢自浙東入福建，陷廣南；還陷潭、鄂、饒、信，自采石渡江，潭州，今湖南長沙縣。鄂州，今湖北江夏縣。饒州，今江西鄱陽縣。信州，今江西上饒縣。采石磯，在今安徽當塗縣西北。北陷東京，入潼關。僖宗奔蜀。官軍四面討巢，不能克。卒赦李克用，以沙陀、韃靼兵討平之。而沙陀不可制矣。

第四節　唐之亡

黃巢亂後，諸藩鎮益務割據。王室之命令，不復行於天下，分裂之勢遂成。而李克用據河東，朱全忠據宣武，治汴州，今河南開封縣。與唐室勢尤逼近。

昭宗立，欲藉朱全忠及河北三鎮之力，以討李克用。不克，卒貶宰相張濬以和。

時李茂貞據鳳翔，王行瑜據邠寧，韓建據鎮國，鳳翔軍，治鳳翔府，今陝西鳳翔縣。邠寧軍，治邠州，見前。鎮國軍，治華州，今陝西華縣。皆與宦官相表裏，朝廷屢致播遷。後行瑜爲克用所殺，而茂貞與建，跋扈尤甚。帝置殿後四軍，使諸王將，欲以圖自強。茂貞舉兵犯闕，帝奔華州。韓建遂盡殺諸王。以李克用入援，乃奉帝還。

帝又與宰相崔胤謀誅宦官。宦官挾李茂貞以自重，胤乃密召朱全忠之兵。

於是宦官劫帝於鳳翔，全忠舉兵圍之，茂貞不能抗，乃奉帝如全忠營。帝還京師，遂大誅宦官。前一〇〇八年（西元九〇四），全忠遷帝於洛，旋弑之，而立昭宣帝。前一〇〇五年（西元九〇七），於是遂禪位於梁。

> 楊行密據淮南，是爲吳。
>
> 錢鏐據兩浙，是爲吳越。
>
> 馬殷據湖南，是爲楚。
>
> 王審知據福建，是爲閩。
>
> 劉巖據嶺南，是爲南漢。
>
> 王建據劍南，是爲前蜀。
>
> 李克用據河東，爲晉，及其子存勗，改稱唐。

第四章　五代及十國

第一節　梁唐之興亡

梁太祖之初據汴州也，秦宗權方強，太祖屢爲所逼。後乘宗權兵勢之衰，滅之。遂兼山東及淮北，服河北三鎮，并河中，降義武，<small>治定州，今河北定縣。</small>取澤、潞及邢、洺、磁。<small>澤州，今山西晉城縣。潞州，今山西長治縣。邢州，今河北邢臺縣。洺州，今河北永年縣。磁州，今河北磁縣。</small>連歲攻逼晉陽。遂入關迎昭宗而成帝業。

然後唐自李存勖立後，兵勢復強，而梁末帝懦弱。於是河北三鎮及義武，次第入後唐。築德勝南北兩城以逼梁。<small>在今河北濮陽縣境。</small>梁人惟決河自固而已。前九八九年（西元九二三），梁使王彥章攻鄆州。<small>今山東東平縣。</small>後唐莊宗自將救之。彥章敗死。唐人乘梁重兵皆在河外，長驅襲大梁。末帝自殺，梁亡。

後唐莊宗滅梁後，定都洛陽。遂驕侈，寵任伶人宦官。前九八七年（西元九二五），郭崇韜傅魏王繼岌伐前蜀，滅之。宦官譖崇韜於劉后。劉后使繼岌殺之。中外惶駭，謠言四起。魏博戍兵乘之，作亂於鄴。莊宗遣李嗣源討之。

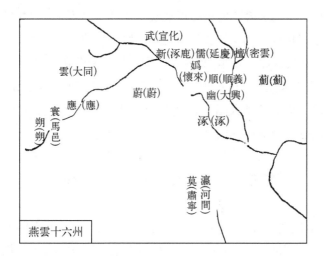

燕雲十六州

嗣源軍亦叛,劫嗣源入鄴。嗣源出,遂反。莊宗爲伶人所弑。嗣源入洛,是爲明宗。

明宗頗能安靜息民。孟知祥復據蜀自立,明宗重用兵。弗討也。明宗卒,養子從厚立,是爲閔帝。明宗養子從珂叛於鳳翔。閔帝敗死。明宗壻石敬瑭鎮河東,從珂欲移之天平,即鄆州。敬瑭反,遂召契丹之師。

第二節　唐晉漢周之興亡及契丹入中原

契丹酋長,本姓大賀氏。唐武后時,叛,敗亡,遂中衰。玄宗時,遙輦氏代之,亦不振,及前九九六年(西元九一六),遼太祖乃代遙輦氏而立。盡服塞外諸部落。西征回鶻,至於河西。又東北滅渤海,服室韋;西北服黠戛斯。其疆域:東至海,西接流沙,北至臚朐河,而南與梁、唐接壤。見《遼史·地理志》。臚朐河,今克魯倫河。

遼太祖初與李克用約爲兄弟,已而背之,通好於梁。故克用恨之。後唐時,契丹入寇,屢敗。然唐幽州將周德威恃勇,棄渝關之險,契丹遂得芻牧營、平間。渝關,今山海關。平州,今河北盧龍縣。前九八六年(西元九二六),太祖卒,太宗立。越十年,而石敬瑭來求援。太宗自將赴之。破唐兵,册敬瑭爲晉帝,挾之南下。唐主自焚死。敬瑭割燕雲十六州以賂契丹。

晉高祖既滅唐,遷都於汴。高祖殂,兄子重貴立。相侍衞景延廣,罷對遼稱臣之禮,兵釁遂啓。前九六六年(西元九四六),遼兵入大梁,執出帝去。明年,遼太宗入大梁。遣“打草穀軍”見《遼史·兵志》。四出剽掠。又分遣使者至諸道,括借財帛。多用子弟親信爲節度刺史。華人之狡獪者,因往依之,教之虐民。於是羣盜四起。太宗不能定,遂北歸。殂於欒城。今河北欒城縣。遼之入大梁,劉知遠自立於太原。及是,發兵入大梁。是爲後漢高祖。

後漢高祖入大梁後,二年而殂,子隱帝立。前九六二年(西元九五〇),爲其臣郭威所簒,是爲後周太祖。後漢高祖弟崇,自立於太原,是爲北漢,稱姪於遼以求援,遼人册爲帝(更名旻)。

第三節　周世宗之雄略及宋之統一

後周太祖代漢後,四年而殂。養子榮立,是爲世宗。北漢乘喪,起遼兵來伐。世宗敗之於高平。今山西高平縣。時宿衞之軍,累朝相承,不加簡閱,皆弱不可用。世宗自高平還，深知其弊，乃大加揀汰。又詔郡縣招募壯士，悉送闕下。簡其尤者，爲"殿前諸班"。又節冗費，修政治。於是國富兵強。時遼穆宗在位，沈湎於酒，國勢中衰。而北漢及南唐、後蜀等，皆欲倚其力以傾中原。世宗乃先遣將伐蜀，取階、成、秦三州。階州，今甘肅天水縣。成州，今甘肅成縣。秦州，今甘肅秦安縣。又伐南唐，盡取江北之地。前九五三年（西元九五九），伐遼。取瀛、莫、易，置雄、霸州，易州，今河北易縣。雄州，今河北雄縣。霸州，今河北文安縣。遂趨幽州。遼守將不能抗，表請穆宗親征，穆宗又不即應。幽州大震。會世宗有疾，乃還。

是歲世宗殂。子宗訓立，方二歲。明年，傳言北漢將約遼兵入寇，殿前都點檢趙匡胤將兵禦之。至陳橋驛，在今河南開封縣東。爲軍士所擁立，是爲宋太祖。

宋太祖既立，襲周世宗之餘烈。而是時偏方諸國，皆微弱不振。於是先定湖南馬殷據湖南後，子希聲、希範、希廣、兄弟相及。希廣爲其兄希萼所殺。希萼又爲希廣弟希崇所幽。於是希廣舊將，有欲奉希萼者，朗州（今湖南常德縣）守將王逵、周行逢，自希廣時叛，推辰州（今湖南沅陵縣）刺史劉言爲主，亦不奉希崇命令。希崇懼，乞師於南唐。前九六〇年（西元九五二），南唐入潭州，楚亡。明年，劉言遣兵攻唐守兵，走之。自是言及王逵、周行逢，相繼有湖南之地（皆居朗州，受署於周）。前九五〇年（西元九六二），行逢卒，子保權襲。其將張文表據潭州叛。保權乞援於宋。宋師至，文表已滅。宋人遂攻朗州，執保權以歸。及南平，始主高季興，梁太祖以爲荊南節度使。領荊（今湖北江陵縣）、歸（今湖北秭歸縣）、峽（今湖北宜昌縣）三州，後唐封爲南平王。宋兵之救湖南，假道於南平，襲滅之。繼滅後蜀，又滅南漢，又滅南唐。楊行密傳子渥，兵權爲牙將張顥、徐溫所竊。溫又殺顥。溫養子知誥，遂篡吳。復姓李，更名昪，是爲南唐。及太宗立之二年，吳越遂納土。又二年，太宗自將伐北漢，滅之。而天下遂統一。

第五章　北宋之積弱

第一節　宋初之内治及其與遼夏之交涉

宋太祖代周後，厲行中央集權政策。罷諸將典禁兵。罷諸節鎮，命朝臣出知軍州事。又設通判以分其權。設轉運使於諸路，以收財賦之權。諸州兵之强者，皆升爲禁軍。弱者乃留本州，給役而已。

宋初削平諸國，輒除其苛政，蠲其重賦，人民亦頗獲蘇息。然其對外頗不競。

前九三三年（西元九七九），太宗既滅北漢，遂攻遼。敗績於高梁河。前九二七年（西元九八五），曹彬、田重進、潘美等分道北伐，又敗績。自是契丹仍歲入寇，宋惟立於防禦之地位而已。前九〇八年（西元一〇〇四），遼聖宗自將入寇，至澶州，今河北濮陽縣。中外震駭。宰相寇準力主親征。卒以"歲幣"銀十萬兩，絹二十萬匹成和議；遼主以兄禮事帝。前八七〇年（西元一〇四二），遼興宗使求關南地。瓦橋關，在雄州。周世宗復瀛、莫，與契丹以關爲界。宋使富弼報之。增歲幣銀絹各十萬。

澶州盟後，遼患以紓，而西夏之侵寇大熾。西夏，本党項部落。其酋長拓跋氏，唐時入居中國。後以討黃巢功，賜姓李，爲定難節度使，世有夏、銀、綏、宥、静五州。夏州，今陝西橫山縣。銀州，今陝西米脂縣。綏州，今陝西綏德縣。宥州，今鄂爾多斯右翼後旗。静州，在今米脂縣西，唐名静邊州，五代改静州。宋太宗時，李繼捧以地來歸，而其弟繼遷叛去。討之，不克。後繼遷爲蕃族所殺，子德明立。對中國頗馴擾，而以其間西征回鶻，取河西，改靈州爲興州，定居之。德明卒，子元昊立。前八八〇年（西元一〇三二），遂反。宋人屢戰皆北。當時陝西之地，屯兵數十萬，歲費至千三百萬緡，曾不能戢其侵寇。及前八六九年（西元一〇四三），元昊雖數勝，國亦困弊，乃請和。宋仍歲餌以銀絹，謂之"歲賜"。

第二節　神宗之變法及元祐紹聖之紛更

宋真宗自澶淵盟後,慮遼人復行啓釁:以遼俗信天,乃託言有天書降,封禪泰山,冀以愚惑敵人。見《宋史·真宗本紀》贊,此當時言天書符瑞之實情也。然自是四方爭營宮觀,事齋醮,而財用始不足矣。

宋初以中央集權故,諸州兵之强者,皆升爲禁兵,四方戍守,皆由中央之兵,更迭任之,謂之"番戍"。兵將不相習,兵士又不悉邊地形勢,動輒敗衂。而養兵日多,顧爲財政上之大蠹。

宋兵數	
開寶	三七八〇〇〇
天禧	九一二〇〇〇
慶曆	一二五九〇〇〇
治平	一一六一〇〇〇

又宋承晚唐五代,藩鎮暴斂之後,豪强兼并,田賦不均。而是時之役法,計民資產,以定戶等;按簿簽差,責以保管官物,助收賦稅,逐捕盜賊等事。役之重累者,破產不能給。人民至不敢事生產,其屬民尤甚。

仁宗在位歲久,雖號寬仁,而其爲治實近姑息。神宗乃用王安石,建"新法",行"青苗"、"免役"、"方田均稅"之法。大裁冗兵。置"將"統兵,分駐各地,以革番戍之弊。又令諸路漸次推行"保甲",欲以民兵代募兵。又改革"學校"、"貢舉"之法,以培養人才。

神宗崩,哲宗立,年幼,太皇太后高氏臨朝。相司馬光、呂公著,盡廢新法。及太皇太后崩,哲宗親政,復行新法,謂之"紹述"。自是新舊黨相爭如水火,而舊黨中又有"洛"、"蜀"、"朔"三黨之分。及徽宗,乃用一依違新舊,以取富貴之蔡京,盡括天下之財,以供一人之淫侈,而事不可爲矣。

第三節　神宗以後之兵事

唐時,隴右爲吐蕃所據。後雖恢復,而蕃族之留居其地者甚多。大者數千家,小者數十百家爲一族。其初頗能與西夏抗,後漸折而入之。神宗乃用王韶,征服蕃族,開熙河一路。

今湖南沅江流域,隋、唐時始逐漸開闢。唐末,其地復爲蠻酋所據。宋初,雖招降之,顧未能收歸版籍。而梅山蠻據腹心之間,爲患尤甚。神宗使章惇經制蠻事,招降諸蠻,以其地分置郡縣。自是湖南殆全開闢焉。

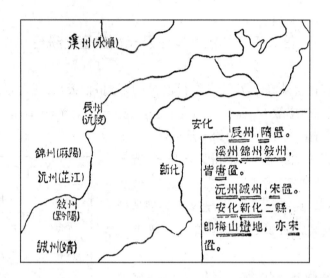

　　神宗又用兵西夏。前八三一年（西元一〇八一），遣宦者李憲合五道兵至靈州，不克。明年，給事中徐禧城永樂；在今米脂縣西。又爲夏人所攻，敗死。是二役，中國喪失頗多。徽宗任童貫以開湟、鄯，鄯州，見前。湟州，在鄯州東南。因與西夏啓釁。貫常掩其敗，以捷聞。顧頗自謂知兵，輕約金以攻遼，而"北狩"之禍作。

第六章　北宋及遼金之興亡

第一節　金之興

自渤海之亡,女真皆服屬於遼。在南者繫遼籍,號熟女真;在北者不籍,號生女真。

高麗人函普,移居生女真,解其部族之鬪。部人德之,妻以六十未嫁之女。其後生子,遂爲完顔部人。是爲金之始祖。

金室之興,地在混同江、長白山。混同江,即黑水,今松花江之上游。古時黑水,以今松花江爲上源,非如今黑龍江以鄂嫩、克魯倫二水爲上源也。蓋故黑水靺鞨也。生女真程度甚低,時尚坎地而居,不知有歲月晦朔,無論文字矣。始祖曾孫獻祖,徙居安出虎水,今阿勒楚喀河。始築室,知樹藝。獻祖子昭祖,乃漸用條教,以號令諸部。昭祖耀武,至於青嶺白山,入於蘇濱、耶懶之地。白山,即今長白山。蘇濱即金後來之邺品路,地在今興京西南,踰鴨緑江。耶懶,即金後來之曷懶路,今朝鮮咸州至吉州一帶。此及下條釋地,均據朝鮮金于霖《韓國小史》。昭祖子景祖時,統門、五國諸部,統門,今圖們江流域。五國部,在今朝鮮之會寧府,即宋二帝所遷也。亦皆聽命。遼人以景祖爲生女真部族節度使。景祖及其子三人,皆襲其職。至景祖孫太祖,遂叛遼。

第二節　遼之亡

遼之國勢,以聖宗時爲極盛。興宗時,亦尚能蒙業而安。道宗任佞臣耶律乙辛,政始衰。天祚帝立,荒於遊畋,不邺國事,遂至大壞。

時遼人歲遣使求名鷹"海東青"於海上,騷擾無不至。前七九八年(西元一一一四),金太祖遂起兵叛之。陷咸州及寧江州,咸州,在今遼寧鐵嶺縣東。寧江州,今烏拉舊城,在吉林北松花江右岸。黃龍府,今吉林農安縣。進陷黃龍府。天祚帝自將大軍征之。至馳門,未詳。聞其下有欲立其弟淳者,忽遽東還,爲金人所追敗。金旋又取遼東京。今遼寧遼陽縣。於是女真民族，全脫遼人羈絆矣。

時遼人欲與金議和，然往返數年，卒不就。前七九一年（西元一一二一），戰端復起。金人遂克遼上京。今熱河開魯縣西南。又以遼將耶律余睹之降，用爲鄉導，克中京、西京。中京，今熱河建昌縣。西京，即雲州。天祚帝輾轉漠南，至前七八六年（西元一一二六），爲金人所獲。

先是宋人聞金戰屢勝，遣使自海道如金，約夾攻遼。時遼人已立天祚弟淳於南京，幽州。童貫進兵攻之，敗績。淳旋卒，遼人立天祚次子秦王定，尊淳妻蕭氏爲太后，同聽政。遼將郭藥師來降。貫乘機，再遣兵攻遼。又敗。貫懼，使乞師於金。金太祖遂自居庸關入，克燕京。

宋使如金求燕京及西京地，金人不與。宋許輸歲幣銀絹各二十萬兩疋、綾二萬疋，以代燕京租稅。金人乃以其地來歸。而營、平、灤三州灤州，今河北灤縣。營、平二州，見前。以非石晉所割，不在還列。建平州爲南京，使遼降將張覺守之。金之歸宋燕京也，盡俘其民以行。衆苦之，過平州，共推張覺爲主，以其地來降，宋人受之。金人以爲口實，兵釁遂啓。見《金史·張覺傳》。

第三節　北　宋　之　亡

前七八七年（西元一一二五），金宗望、宗翰兩道伐宋。宗望自平州入燕京，宗翰自雲中攻太原。時童貫駐太原，聞難逃歸；知府事張孝純固守。而宗望長驅渡河，圍汴京。宋徽宗聞難，傳位於欽宗。用李綱固守京城。旋與金議和。

> 宋主尊金主爲伯父。
> 割太原、中山、河間三鎮。中山，今河北定縣。河間，今河北河間縣。
> 輸金五百萬，銀五千萬兩；牛馬萬頭；表緞百萬疋。
> 以親王宰相爲質。

旋括城內金二十萬兩、銀四十萬兩與之，以肅王樞爲質。金兵乃還。

時宗翰圍太原尚未下，聞之，亦使人來求賂。宋人弗與。宗翰怒，分兵破威勝軍、隆德府。威勝軍，今山西沁縣。隆德府，今山西長治縣。宋人以爲敗盟，詔三鎮固守，且出兵援之。又留金使蕭仲恭。仲恭母，遼道宗女也；乃詭言有故國之思。能爲宋招耶律余睹。宋人信之，與以蠟書。仲恭歸，獻其書於宗望。和議遂破裂。金太宗詔宗翰、宗望再伐宋。金又遣使來，言欲盡得兩河地。宋復使許之，而兩使皆不達。時太原已陷，金兩道長驅至汴京。明年正月，城陷。徽、欽二宗，及欽宗太子諶、宗戚后妃等皆北去。金人立張邦昌爲楚帝。金兵退，邦昌乃迎哲宗廢后孟氏垂簾，后使迎立高宗。

第七章　南宋與金之和戰

第一節　高宗南渡及秦檜時之和議

高宗即位於歸德，相李綱，命宗澤留守汴京。旋任黃潛善、汪伯彥，罷綱，南走揚州。

前七八四年（西元一一二八），宋使王師正請和於金。又密以書招誘契丹漢人，爲金人所得。時宗望已卒，宗輔代將其軍，太宗再詔令伐宋。時宗澤已卒，汴京陷。宗翰遣婁室取陝西，自與宗輔會於濮，今山東城濮縣。遣兵南伐。高宗奔杭州。今浙江杭縣。金人焚揚州而去。時前七八三年（西元一一二九）也。是歲八月，宗弼將兵渡江。陷建康，自獨松關入，在今安徽廣德縣東。陷杭州。高宗先已奔明州，自昌國入海。明州，今浙江鄞縣。昌國，今浙江象山縣。宗弼亦遣兵陷明州，以舟師入海追之，不及，乃還。於是裒所俘掠，自平江而北。今江蘇吳縣。韓世忠以舟師邀之江中，相持凡四十八日，乃敗。

時張浚宣撫京湖川陝，以金兵萃淮上，出兵以牽制之。與金人戰於富平，今陝西興平縣。敗績。復任趙開理財，劉子羽、吳玠、吳璘等任戰事，卒能保守全蜀。

前七八三年（西元一一二九），金人立劉豫爲齊帝，畀以河南、陝西之地。豫累謀入寇，不克。前七七五年（西元一一三七），金人廢之，立行台尚書省於汴。

初，二帝之北遷也，秦檜從，金太宗以賜撻懶。檜後浮海內歸，高宗以爲相。時金太宗已卒，熙宗立。撻懶等當國，頗跋扈。檜使求河南、陝西之地，撻懶許之。前七七四年（西元一一三八），以其地來歸。明年，撻懶以謀反誅。宗弼入政府，主張再取河南、陝西，遂與完顏昊分道南下。

宗弼入河南，郡縣所至迎降。前鋒至順昌，今安徽阜陽縣。爲劉錡所敗。岳飛自荊襄出兵，敗金人於郾城。今河南郾城縣。吳璘亦出兵收復陝西州縣。秦檜主和，召諸將班師。明年，十二月。和議遂成。

東以淮水，西以大散關在今陝西寶雞縣南。爲界。

宋稱臣於金。

輸歲幣銀絹各二十五萬兩匹。

第二節　金海陵之南遷及韓侂胄北伐

金熙宗初年，頗能留心政治，金代制度，多其時所制定。晚年，嗜酒昏亂，爲海陵庶人所弒。自上京今吉林阿城縣。遷都於燕，又徙汴京。前七五二年（西元一一六〇），發大兵六十萬南伐。盡陷淮西。將自采石濟，爲宋虞允文所敗。時金人已立世宗，入燕。海陵欲盡驅其衆渡江，然後北還。改趨揚州，爲其下所弒。金師乃退。是歲，宋高宗傳位於孝宗。任張浚宣撫兩淮，謀恢復。浚使李顯忠等分道出師，爲金所敗。前七四七年（西元一一六五），和議成。孝宗以伯父稱金王。歲幣銀絹各減五萬。地界如前。

前七二三年（西元一一八九），高宗崩，孝宗傳位於光宗，光宗后李氏，與孝宗不協。光宗又有疾，定省之禮多闕，羣臣固請之，不聽。都城人心頗惶懼。前七一八年（西元一一九四），孝宗崩，光宗仍不出，人心益懼。丞相趙汝愚因閤門使韓侂胄請高宗后吳氏，主持内禪之事。光宗遂傳位於寧宗。寧宗立，韓侂胄有寵，排趙汝愚去之。朱熹主經筵，爲帝論汝愚不當斥，侂胄怒，并排去熹。時流俗有“道學”之目，忌者遂教侂胄目爲“僞學”，盡加斥逐。侂胄由是彌不爲清議所與，乃思立大功以自表異。

會金世宗殂，章宗立，北邊叛亂者數歲。河南、山東，又頗有荒歉。附會者遂張大其詞，謂金勢有可乘。侂胄信之，陰修戰備。前七〇六年（西元一二〇六），遂下詔伐金。已而戰事不利。襄陽及淮東西俱陷。侂胄復陰持和議。金人復書要斬侂胄。侂胄怒，和議遂絕。而寧宗后楊氏，與侂胄有隙。使其兄次山與侍郎史彌遠謀，殺侂胄，函首以畀金。和議乃成。增歲幣爲銀絹各三十萬兩匹。

第一章　宋金元之興亡

第一節　蒙　古　之　興

蒙古之先,爲室韋之蒙兀部。唐時處望建河南,今黑龍江。參看《元史譯文證補》卷二十七中。其後西徙不兒罕山。至南北宋間,始漸强。哈不剌、俺巴孩、忽圖剌,三世相繼,皆有汗號。元室始祖,據《蒙文祕史》名字兒帖赤那(譯言"蒼狼",故《大典本》有"狼鹿生人"之譌)。《元史》始於字端察兒,乃字兒帖赤那十三世孫也。字端察兒以後世系如下(無關係之人名,以厶代之):

字端察兒—┬—厶—厶—厶—厶—海都—┬—厶—厶—哈不勒—┬—把兒壇—也速該—帖木真(成吉思汗)
　　　　　└—札只剌歹　　　　　　└—厶—厶—俺巴孩　　└—忽圖剌

字端察兒及其兩兄不忽合塔吉、不合禿撒勒只,皆其母阿闌豁阿(《元史》阿闌果火)寡居後所生,託諸神人。故此三子之後,蒙兀人稱之曰尼倫(義謂"絜清"),別派曰"多兒勒斤"(猶言"常人")。字端察兒嘗娶一有孕婦人,未幾生子,是爲札只剌歹。其後爲札答剌氏。俺巴孩之後爲泰亦赤兀氏。忽圖剌卒後,蒙古無共主,復衰。成吉思汗父也速該,嘗統轄尼倫全部,未幾亦卒,部族離散。而泰亦赤兀氏,與成吉思齮齕尤甚。

時漠南北諸部中:塔塔兒與蒙古爲世讎,蔑兒乞與蒙古亦有怨,而客列部長王罕,爲成吉思父執;札答剌部長札木哈,少與成吉思相友善。成吉思得王罕、札木哈之助,伐蔑兒乞,勝之。始與札木哈同牧。札木哈以諸部多歸心成吉思,忌之,徙牧他去。已而糾十三部之衆來伐,成吉思亦分軍爲十三翼迎之,敗績。後與王罕助金,討平塔塔兒。而乃蠻太陽罕乘機納王罕之弟。王罕還戰,不勝,奔西遼。已復東歸,成吉思助之復國。遂與聯合,破諸部擁戴札木哈之師。滅泰亦赤兀。王罕子鮮昆,與成吉思有隙,舉兵來攻,成吉思敗退。旋出不意,襲王罕,亡之。太陽罕約汪古來伐,汪古以告。成吉思先舉兵伐之。太陽敗死。遂滅其弟不亦魯黑。於是漠南北盡平。前七〇六年(西元一二〇六），諸部大會於斡難沐漣之源，今敖嫩河。

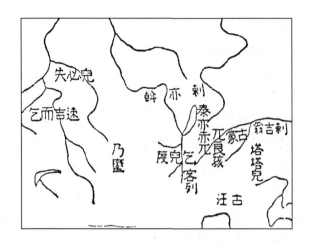

【翁吉剌】　蒙古甥舅之國。據《元史·特薛禪傳》，地在也里古納河（今額爾古納河）流域。

【塔塔兒】　即韃靼異譯。據《元祕史》，地在捕魚兒海（今貝爾湖）附近。

【蔑兒乞】　在斡兒洹（今鄂爾坤）、薛涼格（今色楞格）二河流域。

【兀良孩】　即《明史》之兀良哈，清代譯作烏梁海。據《祕史》，其牧地亦在不兒罕山（今車臣、土謝圖兩部界上之布爾罕哈勒那都嶺）。

【客列】　其部長王罕，建牙於土兀剌沐漣（今土拉河）。

【汪古】　地在今歸綏縣北。

【乃蠻】　太陽罕地，南近沙漠。其弟不亦魯黑汗，北近金山。

【斡亦剌】　在今西伯利亞南境。其部落甚多，《祕史》總稱為禿縣斡亦剌。"禿縣"，譯言"萬"也。

【乞兒吉速】　亦作吉利吉思；唐黠戛斯，今哈薩克人也。當時地在也兒的石河（今額爾齊斯河）流域。

【失必兒】　鮮卑異譯。地在乞兒吉速正北（今鄂畢河流域）。上尊號曰成吉思汗。

第二節　金之亡

金世宗之立，仍都於燕。始徙其種人於中原，既失舊時強悍之風，而又不能勤事生產，國勢遂衰。金人於北部築邊墻，自河套東北迤，迄女真舊境。使汪古部守其衝。及是，汪古附蒙古，導其兵入隘，而金邊事遂棘。參看《元史譯文證補》卷一。

前七〇二年（西元一二一〇），成吉思汗伐夏，夏降。遂伐金。破金兵四十萬於會河堡。在察哈爾萬全縣西。遂入居庸關，薄燕京。金衛卒力戰，乃退。越三年，成吉思汗再伐金。留兵圍燕城。自將徇山東，分兵略河東及遼西，所過殘破,河北遂不可守。汗還兵,屯燕城北。金人妻以衛紹王女,請和。蒙古兵既退,金宣宗遷都於汴。成吉思謂其有相疑之心,再發兵圍燕京,陷之。

時金人盡調河北兵守河南,非奪民地以界之耕,即增橫斂以足國用。國事益壞。成吉思留木華黎經略大行以南,而自率衆西征,金人乃得少紓。然又以宋罷歲幣,起兵南伐。以疆場細故,與夏搆兵。迨哀宗立,乃請和於宋、夏。前六八七年(西元一二二五),與夏以兄弟之國成和,而宋卒不許。

前六八五年(西元一二二七),成吉思汗自西征歸,伐夏。未克而殂。諸將遵遺命滅夏,然後發喪。前六八三年(西元一二二九),太宗立。令拖雷假道於宋,自漢中出襄、鄧而北,自將自白坡濟。_{在今河南孟津縣。}金完顏哈達、移剌蒲阿與拖雷戰於三峯山,_{在今河南禹縣。}敗績,良將銳卒都盡。而汴城守禦堅,蒙古不能克,乃議和,退軍河、洛。旋金衛卒殺蒙古使者,和議遂絕。汴京饑窘不能守,哀宗走河北,旋走蔡州。而宋復與蒙古約夾攻金。前六七九年(西元一二三三),使孟珙、江海帥師會蒙古兵圍蔡。明年正月,克之。金亡。

第三節　宋之亡

宋自韓侂胄死後,史彌遠復專政。理宗為彌遠所援立,委任尤專。彌遠死後,賈似道繼之。國事益壞。

前六九六年(西元一二一六),宋罷金歲幣。金人南侵,宋人禦之。互有勝負。時山東羣盜多降宋。宋人收撫之,欲藉以謀北方。顧力不能制,李全、時青等,跋扈江淮間,轉幾成尾大之患。

既約元滅金,趙葵、趙范等議復三京。_{宋以大梁為東京,洛陽為西京,宋州(今河南商丘縣)為南京,大名為北京。}宰相鄭清之主之。遣兵北侵,入汴、洛而不能守。蒙古反分兵南下,川、楚、江、淮、州郡都陷。

蒙古自太宗後,傳定宗以至憲宗。前六五四年(西元一二五八),大舉入蜀,圍合州。_{今四川合川縣。}宋將王堅固守。憲宗殂於城下,蒙兵乃還。而忽必烈亦自河南南侵,圍鄂,_{今湖北武昌縣。}賈似道援之,不敢戰。約稱臣,畫江為界,輸歲幣以請和。忽必烈乃還。似道以大捷聞於朝。於是蒙古使來修好者皆幽之。

前六四八年(西元一二六四),理宗崩,度宗立。是歲,元世祖遷都於燕。時宋將劉整降元,說元人圍襄陽。凡六年,外援不至。襄陽遂降元。前六三八年(西元一二七四),理宗崩,恭帝立,年幼,太后謝氏臨朝。元使伯顏總諸軍入寇。伯顏分兵平兩湖，自將大軍，長驅東下，陷建康。前六三六年（西元一二七六），臨安陷，恭帝遂北狩。宋故相陳宜中等立益王於福州。旋爲元兵反逼，走惠州。後崩於硐洲。宋人立其弟衛王，遷於崖山。<small>福州，今福建閩侯縣。惠州，今廣東惠陽縣。硐洲，在今廣東吳川縣海中。崖山，在今廣東新會縣海中。</small>前六三三年（西元一二七九），爲元所滅。

第二章　蒙古之極盛及其衰機

第一節　蒙古之西征

唐中葉以後，大食盛强。葱嶺以西之地，悉爲所并。其後東方諸酋，多據土自立。國姓屢易，朝名綦多。當遼之亡，其雄視西亞之塞而杜克朝 Seljuks，譯音依《元史譯文證補》。已衰，而花剌子模漸盛。Khwarism. 遼王族耶律大石西走，至北庭，唐北庭都護府。會十八部王衆，簡其精騎而西。滅塞而杜克，服花剌子模。定都於吹河流域之虎思斡耳朵，是爲西遼。乃蠻之亡也，太陽罕子古出魯克奔西遼。與花剌子模內外夾攻，亡之。於是花剌子模乘機拓土，征服旁近，爲西方大國。

西突厥之亡也，其遺族仍雄張於西，是爲葛邏禄。元時稱之曰哈剌魯。回紇之亡也，其遺衆多走天山南北路。其後漸次得勢，元時稱之曰畏吾兒。成吉思既定漠南北，畏吾兒、哈剌魯皆降。於是自東方入西域之路開。

成吉思汗之南侵，古出魯克及蔑兒乞酋忽禿乘機謀復故地。前六九六年（西元一二一六），成吉思北還。使速不台攻忽禿，哲別攻古出魯克，平之。蒙古遂與花剌子模接壤。

成吉思因商人以通好於花剌子模。花剌子模王阿拉哀丁謨罕默德許之。未幾，蒙古人隨西域商人而西者，皆爲訛打剌城主所殺。在錫爾河濱。成吉思汗大怒，前六九三年（西元一二一九），遂自將大兵西征。破訛打剌，及其都城尋思干。今撒馬兒干。花剌子模王遁走，遣哲別、速不台追之。王輾轉入裏海中小島而死。其子札剌哀丁走哥疾寧。城名，在巴達克山西南，印度河東。成吉思自將追之，破其兵於印度河邊，乃還。哲、速二將，別繞裏海踰高喀斯山，今譯作高加索，此從《元史譯文證補》。敗阿速撒耳柯思及欽察之兵。欽察酋奔阿羅思，二將追之，戰於孩兒桑，斡羅思大敗。亡六王七十侯，兵士死者十九，列城皆無守備。幸二將不復深入，平康里而還。

其後太宗遣兵定不里阿耳，入斡羅思。遂進規孛烈兒及馬札剌。入派特斯城。西抵威尼斯。歐洲全境震動。會太宗卒，乃還。憲宗時，又遣兵下木剌夷，平報達，渡海，收富浪島焉。今英屬塞普洛斯島。

第二節　蒙古之東南二方經略

唐之亡也，新羅亦衰，高麗王氏建國。其後常臣服於遼、金。金末，耶律留哥、蒲鮮萬奴割據東北。鰡哥初都隆安（今吉林農安縣），後居咸平（今遼寧開原縣），降於元。萬奴初據東京，後入女真故地。契丹遺族，因之作亂。蒙古追之，因入高麗境，約爲兄弟之國。後蒙使爲盜所殺，蒙人疑高麗所爲，兵釁遂啓。至前六五三年（西元一二五九），乃成和。於是高麗內政，時受元之干涉。或廢置其國王，或於其地立行省，幾於不國。迨元亡，朝鮮李氏自立，乃免。既服高麗，又欲因以招致日本。日本不聽。前六三八年（西元一二七四），遣忻都征之。拔對馬，陷壹岐，掠肥前沿海。以颶作而還。前六三一年（西元一二八一），又遣忻都、范文虎以兵二十餘萬東征。泊鷹島，颶徵見，文虎等氣餒，擇堅艦先走。餘衆多爲日本所殺。世祖大怒，欲再舉。會有事安南，遂不果。

元之用兵南方，始憲宗時。令世祖以皇弟入吐蕃，平大理。大理蒙氏，唐昭宗時，爲其臣鄭買賜所篡，改號大長和。後唐明宗時，又爲其臣趙善政所篡，改號大天興。尋又見篡於其臣楊義貞，改號大義寧。晉高祖時，段思平得之，更號大理。傳十一世，至宋神宗熙寧中，爲其臣楊義所篡。有高昇太者，起兵平之。立段壽輝，傳子正明，避位爲僧。國人奉昇太爲主，改號大中。臨終，令其子復立段氏。號曰後理，高氏世相之。元滅大理，以其地設都元帥府。中原多故，段氏復據其地。至明初，乃爲藍玉、沐英所滅（據《續文獻通考》）。留兀良哈台平烏白蠻。即猓玀，亦稱兩爨。兀良哈台遂欲招降安南，安南不聽。發兵入其都。以暑濕，不能久留，乃還。時安南爲陳氏太宗。前六二九年（西元一二八三），以占城內屬，立行省於其地。而其王子不服。命鎮南王脫歡討之，因假道安南。明年，入其都。還，爲安南伏兵所敗。明年，再討之，又不克。而兩用兵於緬，亦不利。

宋時，南洋諸國，與中國交通最盛者，爲三佛齊、闍婆、渤泥。三佛齊，今蘇門答臘。闍婆，今爪哇。渤泥，今婆羅洲。元時，海外諸國，以俱藍、馬八兒爲綱維馬八兒，今印度麻打拉薩屬部馬拉巴爾。俱藍，爲馬八兒後障。世祖使唆都、李庭璧先後往招之，諸國來朝者頗多。而於爪哇，亦嘗一用兵焉。

第三節　蒙古大帝國之分裂

蒙古行封建之制，宗室諸王，各有分地，而成吉思汗四子，分地尤大。蓋拖雷所得者，爲和林舊業；太宗所得者，爲乃蠻故地；察合台所得者，爲西遼故地；尤赤所得者，爲花剌子模、康里、欽察之地。説本日本那珂通世，見所著《成吉思汗實録》。和林，太宗所建，今額爾德尼招其遺址也。其後西域又經定宗、憲宗兩朝，然後戡定。其定西北諸部族，功出於尤赤之子拔都；而定西南諸部族，則功出於拖雷之子旭烈兀。故尤赤分地，拔都之後，實爲之共主；而伊蘭高原之地，旭烈兀之後，實君臨之。西史亦稱太宗之後爲阿窩台汗國，察合台之後爲察合台汗國，尤赤之後爲欽察汗國，旭烈兀之後爲伊兒汗國云。

蒙古大汗，本由諸部族公推。當立君之際，則開大會，謂之"忽立而台"。宗王、妃主、駙馬，諸萬户、千户皆與焉。太宗之立，由成吉思遺命，故無異議。定宗殂後，太宗及拖雷後人，各欲爭立。而太宗後人，多不洽衆望；憲宗以得拔都之援，被推。太宗孫失烈門謀叛，憲宗誅之，并殺定宗可敦及用事大臣。憲宗命弟阿里不哥守漠北，世祖守漠南。憲宗之殂，世祖不待"忽力而台"推戴，遽自立於開平。今察哈爾多倫縣。阿里不哥亦自立於和林，後爲世祖所敗。而太宗孫海都，乘機自擅於遠，察合台、欽察兩汗皆附之。屢攻北邊，世祖嘗命親王宿將戍守和林以防之。武宗時，海都子察八兒乃來朝。然蒙古大汗之號令，自海都之叛，不復能行於全國，而其所分封之諸汗國，亦皆日趨衰亂，遂漸成瓦解之勢焉。

第三章 晚唐宋遼金之政治制度及社會情形

第一節 官　　制

宋初官制,沿自晚唐、五季。唐末,財政艱窘,乃置轉運、鹽鐵二使,以分掌天下之財賦;又嘗置度支使,以宰相兼之。自宦官握權後,樞密使一職,亦漸形重要。五代時,乃以士人爲之。宋以同平章事爲宰相,參知政事副之。度支、鹽鐵之外,又有戶部使,總稱三司,置使副以總之,號稱計相。而樞密院與中書,對持文武大柄,號稱二府。百官皆以差遣治事,其官特以定祿秩而已。神宗革新官制,始仍以三省爲相職。而侍中、中書令、尚書令,以官高不除人。以尚書左僕射兼門下侍郎,以行侍中之職;右僕射兼中書侍郎,以行中書令之職。罷三司,還其職於戶部。樞密專主兵謀,餘職皆還之兵部。南渡後,改左右僕射爲丞相。韓侂胄專權,又有平章軍國事之號。樞密使往往由宰相兼領,自開禧以後,遂成常制焉。

外官皆由朝臣出知。其守州郡者,稱權知軍州事;守一縣者,稱知縣事。宋代使官最多。其掌兵者,則有制置、宣撫、經略、安撫等使。總一路財賦者,則有轉運使。專司刑獄者,則有提點刑獄。又有提舉、常平、茶鹽、茶馬、坑冶、市舶諸司。南渡以後,治財賦者稱總領。四川、湖廣、淮東西,皆設焉。參看第三節。

遼官制皆分南北面。南以治漢人州縣,北以治部族屬國。其北面之官最重要者:北樞密院,視兵部。南樞密院,視吏部。北、南二大王院,視戶部。夷離畢,視刑部。宣徽北南院,視工部。敵烈麻都,視禮部。而以北、南二宰相府總之。金自景祖始建官屬,然極爲單簡。其後定制,除少數沿自遼者,大抵皆規放漢制也。

第二節 學校選舉

魏、晉以後,國家教育之權,既移於私家。隋、唐以來,人才登進,遂幾專

109

於科舉。王荊公主行學校養士之法，於太學立“三舍”。始入學者居“外舍”，以次升“內舍”、“上舍”。“上舍生”得免禮部試，授官。又立“律學”、“武學”、“醫學”。罷“諸科”，惟存“進士”。去詩賦，改試經義、論、策。其經義，又改“墨義”爲“大義”。設新科“明法”，以待士之不能改業者。元祐後，分進士爲“詩賦”、“經義”二科，南渡後因之。然高才之士，多趨重詩賦。

　　遼聖宗六年，嘗開科舉，亦分“詞賦”、“經義”兩科。惟契丹人不許應試。金亦嘗立學校，設科舉。其科舉：應“經義”、“詞賦”獲選者，謂之進士；中“經童”及“律科”者，謂之舉人。世宗最重保守本俗，故又特立“女真國子學”，及“女真進士科”焉。初試策，後加試論，故亦稱策論進士。

第三節　兵　制　上

　　唐初之兵，皆出於府。宿衛亦由府兵“番上”。其後府兵法壞，內之則有“彍騎”以充宿衛，外之則有“藩鎮之兵”。又有所謂“禁軍”者，初以從定天下，不願散歸之士爲之，授以渭北閑田。其後增置漸廣。中葉後，原駐隴右之神策軍，入京師，列爲禁軍。德宗自奉天還，始統以宦官。其時各方分成之兵，餉糈皆薄，而神策軍獨厚，遂皆請遙隸焉。於是宦官之勢驟盛，終至把持朝局，與唐偕亡。自有藩鎮之後，地擅於將，將又擅於兵。節度使之廢立，每操之軍人之手。五代時天子之兵，其實仍即前此藩鎮之兵，故視置君如奕棋也。周世宗始大革其弊，又務弱外州之兵，以强京師。宋人祖述其策，舉國任戰之兵，悉隸三司，殿前司及侍衛馬步軍司，皆有都指揮使及副都指揮使。謂之“禁兵”。其留外州者爲“廂兵”，則“給役”而已。其弊也，養兵百萬，而不能以一戰。王安石出，乃大加裁汰，置“將”分駐，以代“番戍”。又欲變募兵爲“民兵”，募兵闕額，則收其餉，以供保甲教閱之費。於是民兵盛而募兵衰。元祐以後，保甲教閱之制既廢。蔡京爲相，又務封椿缺額軍餉，以充上供，而民兵亦衰焉。

　　南宋之兵，多出“招募”及“招降羣盜”。其從高宗總宿衛者，爲楊沂中之兵。此外則張浚、韓世忠、岳飛、劉光世之兵最盛。四川之兵，後皆并於吳玠。楊沂中（中）及韓（後）、岳（左）、張（前）、劉（右）之兵，初稱“御前五軍”。劉光世死後，其衆叛降齊，以吳玠之兵升補。時張浚、韓、岳之兵，爲三宣撫司，分駐於外。秦檜與金言和，乃罷之。雖仍駐紮外州，而直隸朝廷，帥臣不加節制。設總領以掌其財賦，並帶“報發御前軍馬文字”之銜焉。

第四節　兵　制　下

契丹舊俗，其富以馬，其强以兵。諸部族平時田牧，各有分地；有事則舉部皆兵。而每一君主即位，又必分州縣、析部族，以置"宮衛軍"。諸親王大臣，亦自置私甲，以從王事，是爲"大首領部族軍"。其"五京鄉丁"，則以土著之民爲之。僅以保衛地方，不恃以作戰。"屬國軍"有事徵之。助兵多少，各從其便，無定額。

金制，諸部長平時稱"勃堇"，戰時稱"猛安"、"謀克"。猛安，千夫長；謀克，百夫長也。其後用兵，於猛安之上置軍帥，軍帥之上置萬戶，萬戶之上置都統。後改都統爲元帥府，置元帥及左右副元帥，而元帥嘗居守不出。最後行兵曰元帥府，平時稱樞密院，而罷萬戶官。女真部落，極寡弱。初起時，兵不滿萬。徒以其"將勇而志一，兵精而力齊"。遂能戰勝攻取，所向無敵。及其得志中原，自顧其宗族種人尚少，乃割土地，崇位號，以假漢人，使爲効力而守之。猛安謀克，雜厠內地，聽與契丹、漢人婚姻，以相固結。迨夫國勢寖盛，則歸土地，削位號，罷遼東、渤海、漢人之襲猛安謀克者，漸以兵柄歸其內族。然樞府僉募，兼采漢制。伐宋之役，參用漢軍及諸部族。蓋其衆實不足於用也。采《金史·兵志》。參看《宋史·吳玠傳》、《金史·酈瓊傳》。

第五節　賦　税　上

吾國賦税之法，至唐中葉後而一變。漢代"租"出於田，"賦"出於口。自"戶調"法行，人皆有田，而口税、田税，遂合爲一。後魏"均田"及唐"租庸調"之制皆同。參看《文獻通考》卷三馬氏之論。天寶以後，其法大壞。官授田之法盡廢，即版籍亦多不實。富而多丁者，或以"宦學"、"釋老"得免，而賦盡并於貧人。前一一三二年(西元七八〇)，楊炎相德宗，創"兩税"之法。"戶無主客，以見居爲簿；人無丁中，以貧富爲差。"令於夏秋兩次輸納。是後歷代多沿用之。

宋時民賦有五：曰"公田之賦"，曰"民田之賦"，田税也。曰"丁口之賦"，身税也。曰"城郭之賦"，宅税、地税也。曰"雜變之賦"，亦曰"沿納"，則唐以來兩税外增取他物，復折爲賦者也。其取之亦用兩税之法。

宋時賦税，尚多收實物。有時某處須用某物，而當地適無，則令他處之民，將賦税輸至此處，是曰"支移"。或命本地之民，將賦税改輸他物，是曰"折變”。其後皆變爲厲民之政。“和糴”本所以代漕運；布帛則“折科”外復有“和預買”，皆本非賦税。然其後多方掊克，亦甚有竟變爲賦税者。

遼租税之制不詳。金制，官地輸“租”，私田輸“税”。其取之亦用兩税之法。猛安謀克户所輸，謂之“牛具税”。民口二十五，受田四頃四畝有奇，歲輸粟不過一石，又多拘刷良田與之。然諸猛安謀克人，皆惟酒是務，伐桑爲薪；有一家百口，隴無一苗者，盡令漢人佃蒔，取租而已。

第六節　賦　税　中

晚唐以後，厲民之政，不在於税而在於役。蓋此所謂役者，非古代力役之征，乃庶人在官者之事也。皆按民丁口之多寡，資産之厚薄，以定“户等”，而按籍“簽差”焉。宋時役之名目甚多，而“里正”、“衙前”，主運官物、典府庫，賠累尤甚。民至鬻田於人，以減户等；非法就死，以就單丁。王安石創“雇役”之法。令舊當役之户，出“免役錢”；無役之户，出“助役錢”。而以其錢雇人爲役。元祐以後，復行差法。南渡後，又有所謂義役者，合一地方之人，通力以應官差。一家就役，其餘諸家，合力助之。於法爲最善，惜推行未甚廣。又有名爲人民自行組織，而實爲豪右所把持者。金人亦行差法。又計民所有之財産，而征其“物力錢”。上自公卿，下逮民庶，無得免者。

役起於“物力”，物力“升降”不清，則役法平。推定物力之法有二：一曰“手實”，一曰“推排”。手實者，責民自實其財産之數，推排則責鄉都查核。前法散漫而難以集事。後法之弊，在吏視賄賂之多寡，以定户等之高下。又有所謂“推割”者，則民典賣田産時，賦税既隨産業爲轉移，物力簿上，亦同時改注，以升降其户等。所以省手續而求正確也。金人則於推排之外，又有所謂“通檢”者，屢次派員分行全國，推定人户物力，騷擾尤甚。

第七節　賦　税　下

吾國自唐中葉以前，税法皆以“田租”、“口賦”爲主。此外各種税入，多由地方主之，中央不甚視爲重要之收入。唐中葉後，税法紊亂，藩鎮擅土，收入大減。乃置轉運、鹽鐵二使，廣收雜税之利。而宋因之。其犖犖大者：曰“鹽”，曰“茶”，曰“酒”，曰“阬冶”，曰“商税”。

鹽法始唐劉晏。其法：籍民户製鹽，而免其徭役，是曰“亭户”，亦稱“竈戶”。其賣諸人，則有“官鬻”及“通商”二法。

製茶者曰“園戶”。除輸定額之茶，以代租稅外，其餘者官悉市之。官市茶之價皆先給，謂之“本錢”。立榷貨務六，江陵府、真州(今江蘇儀徵縣)、海州(今江蘇東海縣)、漢陽軍(今湖北漢陽縣)、無爲軍(今安徽無爲縣)、蘄州(今湖北蘄春縣)之蘄口，京師亦有榷貨務，但止主給鈔而不積茶。除淮南十三場外，他處所產之茶，皆輦赴榷貨務，由官賣之。

酒：州郡皆置“務”官釀。縣鎮鄉閭，或聽民自釀，而收其稅。三京又造麴鬻。趙開在四川，又有“隔釀法”。就舊場務設“槽”，令民以米入官自釀，而收其稅。

阬冶：或官置“監”、“冶”、“場”、“務”，或聽民承買，而以分數中買於官。

商稅：亦起唐藩鎮。州縣置收稅之機關，名曰“務”。過稅千取二十，住稅千取三十。所稅之物，及其稅額，隨地不同，皆書而揭示之。對遼、夏互市，皆有“榷場”。但或爲條約上之義務，或借此以圖撫馭，意不在於牟利。而東南市舶司，收海路貿易之稅，則其利極厚。開寶置於廣州，後又置於杭、明、泉(今福建晉江縣)、密州(今山東諸城縣)。其法：商船至先稅十之一。香藥寶貨，仍先與官爲市。

宋時又藉鹽、茶等之官賣，以濟邊需而省漕運。其法：令商人入芻粟於邊，或入錢及金帛於京師榷貨務。而由官給以鈔，自行前往支取貨物。初以解池之鹽，爲陝西沿邊之備。其後東南茶鹽，及榷貨務緡錢，亦許入芻粟者指射。其弊也：沿邊官吏，與商人通同作弊，高抬芻粟之價，謂之“虛估”，以致虛耗官物。而入芻粟者，皆沿邊土人，得鈔輒售之商人，或京師之“交引鋪”，其價多遭抑勒，土人初無大利。入芻粟者仍不踴躍。後乃令商人專以現錢買茶，官亦以現錢買芻粟。於是茶不爲邊備所需，而“通商”之議起。遂停給茶戶本錢，但計向者所得之息，取諸茶戶，而聽其與商人買賣焉。迨蔡京出，復行榷法。由官製“長短引”，賣之商人，而聽其自買於茶戶。其後淮、浙之鹽，亦用此法。遂爲後世所沿襲。

此外，又有“經總制錢”、“月椿錢”、“板帳錢”等，則合各種雜稅而成者也。

金於鹽、酒、茶、鐵、錫、丹礬等，亦皆有稅。又有關稅、商稅。

第八節　學　術

西漢經師，多傳孔門微言大義。東漢諸儒，則詳於名物訓詁。自經魏、晉之亂，兩漢專門之學，盡失其傳，乃有“義疏之學”出焉。其談玄一派，與佛學合并，至唐而佛學遂臻極盛。北宋時，乃有攝取佛學之精華，而復返之於儒學之面目者,其人自稱,謂之"道學",亦曰"理學"。後人對清儒所崇尚之學言之,則謂之"宋學",而稱清儒所治曰漢學。

宋學之最著者,爲"濂"、"洛"、"關"、"閩"四派。"濂"者,周敦頤,道州濂溪人。道州,今湖南道縣。"洛者",程顥、程頤,河南人。"關"者,張載,郿縣橫渠人。郿縣,今陝西郿縣。閩者,朱熹受學於李侗,李侗受學於羅從彥,羅從彥受學於楊時,時及侗、從彥皆閩人。熹,婺源人(今安徽婺源縣)。楊時,將樂人(今福建將樂縣)。李侗、羅從彥,皆延平人(今福建南平縣)。而二程及朱,最稱純正,爲宋學之正宗。

又有金谿陸九淵者,金谿,今江西金谿縣。主"先發人本心之明";與朱熹之主"格物窮理"者異,而與明代之王守仁頗相近。故人亦並稱之曰"陸王"。

至邵雍之學,出於陳摶。則若近"術數"矣。雍子伯溫,謂雍之《易》受之李之才,之才受之穆修,穆修受之陳摶。朱震謂陳摶以《先天圖》授种放,三傳而至邵雍。放以《河圖洛書》傳李溉,更三傳而至劉牧。穆修以《太極圖》傳周敦頤,再傳而至程顥、程頤(見所著《漢上易》),則其說頗有疑之者。此一派學術,蓋源出道家。欲知其詳,可看清胡渭《易圖明辨》。

第九節　契丹及女真之文化

遼之爲國,合北方遊牧部族及中原郡縣之地而成。其遊牧民中,又分三級。皇族、國舅,及其所尊崇之遙輦、渤海、奚王等,謂之"宮帳"。契丹之貴族也。此外直接所轄之民,謂之"部族"。其僅通朝貢,及戰時得隨意徵兵者,則謂之屬國。而平時田牧,有事時則任戰守,部族實爲其立國之中堅。契丹舊俗,極爲野蠻。可參看《北史》本傳。唐中葉後,乃漸進化。太祖之祖玄祖,始教民稼穡。其父德祖,始知冶鐵。德祖弟述瀾,又教民築城邑及耕織。至太祖,乘幽州之亂,大招徠漢人,別爲一部,而國遂勃然以興。其文字:則太祖時,始製契丹大字,蓋出漢字。《遼史·太祖本紀》神册五年。《突呂不傳》、《耶律魯不傳》,及《五代史》。又有小字,則出於回鶻。《遼史·皇子表》。宗室中通漢文學史學者甚多。宗教則信佛極篤。可參看《遼史·禮儀志》。

女真程度,初亦極低。已略見前。第五編第五章第一節。其文字,初創者爲完顏希尹,亦出漢字,謂之大字。其後熙宗所製,則稱小字。宗教最重拜天之禮;《金史·禮志八》。而亦極信巫覡。《金史·始祖以下諸子傳》。蓋即清代之"薩滿教"也。遼金制度,已略見本章以前諸節。本節專就其社會之組織及文化言之。

第七編　近世史上

第一章　元明之興亡

第一節　元之衰亂

　　蒙古"汗位繼承"之爭,已見前編。自世祖以後,其爭仍不息。世祖立子真金爲太子,早卒。世祖時,成宗總重兵防北邊。及世祖殁,伯顏以宿將重臣,總己以聽,故成宗之立無異辭。成宗立,武宗繼防北邊。成宗崩,后伯岳吾氏欲立世祖次子安西王阿難答。右丞相哈剌哈孫使迎仁宗於懷州,監國以待武宗之至。武宗至,殺阿難答,弒伯岳吾后而自立。以仁宗爲太子。仁宗立己子英宗爲太子,而出武宗子明宗於雲南。武宗舊臣,奉之奔阿爾泰山,依察合台後王。仁宗崩,英宗立。爲姦臣鐵木迭兒之黨鐵失所弒。子泰定帝立,崩於上都。子天順帝立。簽密院燕帖木兒脅大都百官迎立武宗之子。於是先使迎文宗於江陵,攝位以待明宗。發兵陷上都,天順帝不知所終。明宗至漠南,即位。文宗與燕帖木兒入見,明宗暴崩。文宗再即位。心不自安,遺命必立武宗之子。文宗崩,燕帖木兒欲立其子燕帖古思。文宗后翁吉剌氏不可。迎立寧宗,數月而薨。后又使迎順帝。燕帖木兒阻之,既至,數月不得立。會燕帖木兒死,乃即位。旋追舉明宗暴崩故事,毀文宗主,奪其廟號,而放逐翁吉剌后及燕帖古思焉。

　　元代諸主,惟世祖頗聰明,能制定治法,然亦好用言利之臣。其後惟仁宗相李孟,政治稍稱清明。此外諸主,多運祚短促,且繼嗣之際,常起紛爭。權臣因之,竊擅威柄,朝政益紊。順帝在位頗久,而極荒淫。朝臣脫脫與太平韓嘉納等,結黨互排。嬖臣哈麻、雪雪,初與脫脫相結,後更有隙,排脫脫去之。次后奇氏,生子愛猷識理達臘,立爲太子。后與太子,陰謀"內禪"。哈麻、雪雪,亦與其謀。事覺,杖死。搠思監爲相,與御史大夫老的沙不協,而詔事奇

115

后寵閹朴不花。至於彼此各藉武人兵力以相爭，而元祚訖矣。

第二節　元末之亂及明之興

　　前五六四年(西元一三四八)，方國珍起兵台州，<small>今浙江臨海縣。</small>刦掠漕運。旋白蓮教徒劉福通，亦起兵安豐，<small>今安徽壽縣。</small>立教主韓山童之子林兒。李二據徐州。<small>今江蘇銅山縣。</small>徐壽輝起湖北。<small>初據蘄水(今湖北蘄水縣)，後徙漢陽。爲其將陳友諒所殺。</small>郭子興據濠州。<small>今安徽鳳陽縣。</small>張士誠據高郵。<small>今江蘇高郵縣。士誠後徙平江。</small>脫脫弟也先帖木兒討賊，連年無功。脫脫不得已，自將大軍出討。平李二，圍張士誠。哈麻等排去之。前五五四年(西元一三五八)，劉福通分兵三道，北犯(一出晉冀，自雁門掠上都；一入關中，一攻山東)，而自挾韓林兒陷開封。初，潁州察罕帖木兒，與信陽李思齊，<small>潁州，今安徽阜陽縣。信陽，今河南信陽縣。</small>同起兵討賊。元朝皆授以官。及是，陝西行省使求救於察罕，察罕及思齊救却之。遂平河東，進攻開封。劉福通走還安豐。察罕進兵山東，爲賊將所刺殺。子庫庫帖木兒代總其軍，卒平之。先是孛羅帖木兒駐兵大同，欲得晉冀以裕軍食。察罕不可，遂治兵相攻。察罕又與陝西參政張良弼不協，與李思齊連兵攻之。及是，搠思監因太子言於帝，免老的沙職。老的沙奔大同。搠思監遂誣孛羅謀叛。孛羅舉兵犯闕，殺搠思監及朴不花。太子出奔。順帝使人刺殺孛羅。庫庫奉太子還京。奇后欲使以兵力脅帝內禪，庫庫不可。時命庫庫總諸軍平南方。李思齊恥受庫庫節制，反與張良弼合攻庫庫。因下詔削庫庫官爵，命太子總諸軍討之。旋以明兵逼，復其官爵，命率兵出禦，然已無及矣。

　　明太祖朱元璋，初起兵從郭子興；後別爲一軍，渡江，取集慶路。<small>今江蘇江寧縣。</small>以次滅陳友諒、張士誠，降方國珍。前五四五年(西元一三六七)，命徐達、常遇春分道北伐。同時使胡美下閩、廣，楊璟定廣西。達自河南，遇春自山東，分道並進。合兵德州，<small>今山東德縣。</small>北扼直沽。順帝遂棄大都北去。於是命徐達入太原，乘勝定秦隴。前五四一年(西元一三七一)，遣將平明昇。<small>明玉珍子。玉珍，徐壽輝將。陷四川。壽輝死，遂據重慶(今巴縣)自立。</small>前五三一年(西元一三八一)，復平元梁王於雲南。中國遂平定。

第二章　明之盛衰

第一節　明初之武功

　　明太祖既定天下,定都應天。今南京。以開封爲北京,太祖擇名城大都,分封諸子。而燕王棣、晉王棡,以守禦北邊故,得節制諸將,權任尤重。太祖太子早卒,立建文帝爲太孫。太祖崩,建文立。用齊泰、黃子澄之謀,以法繩諸王。燕王棣舉兵反。入京師,建文帝不知所終。燕王立,是爲成祖。以北平爲順天府,建爲北京。今北平。前四九一年(西元一四二一),遂遷都焉。

　　元順帝之北去也,居上都。太祖遣常遇春擊破之。順帝走應昌,應昌城,在今達里泊旁,爲元外戚翁吉剌氏之地。旋殂。太祖又遣李文忠擊之,愛猷識里達臘奔和林,卒。子脫古思帖木兒襲。時元遺臣納哈出尚據遼東。前五二五年(西元一三八七),太祖命藍玉等討平之。遂襲破脫古思帖木兒於捕魚兒海。脫古思北走,爲下所弒。自是五傳皆遇弒,蒙古大汗之統系遂絕。有鬼力赤者,自立,稱韃靼可汗。旋爲阿魯台所殺。迎立元裔本雅失里。成祖親征破之。時瓦剌強,其酋馬哈木,殺本雅失里,破阿魯台。阿魯台來降。前四九八年(西元一四一四),成祖親征馬哈木,破之。後又三次親征阿魯台。

　　時安南陳氏,爲黎氏所篡。成祖遣沐晟、張輔討平之,以其地爲交趾布政司。又命宦官鄭和招致海外諸國。和造大船,率海軍二萬七千,航南洋。順者招撫之,不順者威之以兵。前後凡七奉使,三擒番長焉。

第二節　明國威之漸衰及土木之變

　　明太祖定制,內侍不許讀書。成祖起兵,得中官爲內應。始選官入內教習。設京營提督,使監軍。又命隨諸將出鎮。建東廠,使刺外事。並使出使外國。安南離中國獨立久,向來多野心家,加以中官奉使暴橫,於是叛者四起。宣宗時,遂棄其地。

　　明初,因元大寧路之降,建泰寧、朵顏、福餘三衛。皆隸北平行都司,寧王權居大寧以節制之。泰寧衛,在元海西之臺州站(海西爲元行政區域名,即後來扈倫四部之地)。朵顏衛,在今吉林北珠家城子附近。福餘衛,在今農安附近。大寧,在今赤峯承德間。參看《清朝全史》第二章。成祖起兵,襲執寧王。及事平,遂徙大寧都司於保定。今河北清苑縣。以其地界兀良哈。於是開平衛勢孤,宣宗時遂徙治獨石。開平衛,初建於元上都之地。獨石,察哈爾獨石口。宣宗崩,英宗立。年幼,寵太監王振。時馬哈木子脱歡,統一瓦剌三部,襲殺阿魯台。前四六三年(西元一四四九),脱歡子也先,大舉入寇。王振勸帝親征。至大同,知不敵,還師。至土木堡,在察哈爾懷來縣西。爲也先所虜。于謙以太后命,奉景帝監國,旋即位。也先薄京師,謙督諸將力戰禦之。並以重兵守宣府察哈爾宣化縣、大同。也先屢入犯,不得志,乃奉上皇(英宗)還。

第三節　宦官之亂政

　　英宗之北狩也,侍講徐有貞主遷都;及事成,内慙。總兵石亨守京城有戰功,因驕恣,爲謙所裁抑,亦怨謙。前四五五年(西元一四五七),景帝有疾,遂結太監曹吉祥等,以兵闖入宮,迎上皇復位,殺于謙。有貞旋爲亨所擠,貶死。亨及吉祥,皆以謀反誅。

　　英宗復辟後,寵逯杲、門達,使掌錦衣衛獄。憲宗又寵汪直,使掌西廠。及孝宗立,乃任劉健、謝遷、李東陽。政治頗稱清明。孝宗崩,武宗繼之,寵東宮舊豎劉瑾。於東西廠外別立内廠,橫暴尤甚。武宗極荒淫。瑾既誅,又寵大同游擊江彬,導帝出遊,人心震動。寧王宸濠,反於南昌。今江西南昌縣。巡撫南贛王守仁討平之。帝又以親征爲名,出遊南京而還。武宗崩,無子。世宗入繼大統。帝馭宦官頗嚴;然好以明察自矜。中歲後,又好神仙。嚴嵩因之,每激帝怒以入人罪,大權遂爲所竊。國事愈壞。

第四節　俺答及倭寇

　　脱歡之弒本雅失里也,欲自立,其下不可,乃迎立元裔托托不花。及也先,遂弒之自立。旋爲知院阿剌所殺。韃靼部長孛來,攻阿剌,殺之。於是瓦剌衰,而韃靼復盛。自孛來以後,數主皆入居河套,爲患頗深。前四四二年

（西元一四七〇），成吉思後裔巴圖蒙克自立，是爲達延汗。先平定漠北，次及漠南。遂平套部。世宗時，自與其嫡孫徙牧近長城，是爲插漢部。今譯作察哈爾。而其諸孫俺答，爲土默特部之祖，爲患最深。前三六二、三五三、三四二年（西元一五五〇、一五五九、一五七〇），嘗三掠畿輔焉。達延汗爲現在蒙古諸部之祖。蒙古大汗之統緒，自北徙中絕後，實至達延汗乃復續者也。其世系之見於《蒙古源流考》者如下：

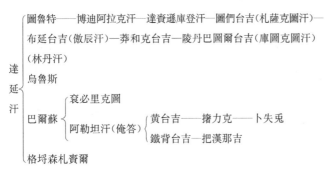

衰必里克圖爲鄂爾多斯之祖。格埒森札賚爾爲喀爾喀四部之祖。

　　日本自與元搆釁，禁其民不與中國交通，私出海營貿易者，皆無賴邊氓。久之，遂流爲海寇。元中葉，日本分爲南北朝。明初，南朝爲北朝所并。遺臣入海與之合。海寇遂益熾，屢掠朝鮮及中國沿岸，然未大盛也。日本自統一後，頗欲藉互市以阜財。與中國、朝鮮貿易皆盛。明以浙江市舶司管理之。世宗時，司廢不設，貿易之事，移主於貴宦勢家，負倭直不償。而通番之禁復起。倭人財匱不得歸，遂據海島爲寇。中國奸氓，亦冒其旗幟入掠。浙東西、江南北，無不被其患者。甚至沿江深入，直抵南京，明無如何也。後胡宗憲撫浙江，誘誅盜魁汪直，寇乃漸平。

第五節　神宗之怠荒及朝鮮之役

　　世宗中年以後，萬事廢弛。及神宗立，高拱、張居正相繼爲相。行官吏久任之法，嚴州縣諱盜之誅，崇節儉以阜財，嚴刑法以治盜，頗有起衰振弊之功。時俺答已授撫，而插漢及土默特繼爲邊患。高拱爲相，擢用戚繼光、李成梁分守薊、遼，居正當國，益左右二人。繼光善守禦，成梁屢戰克敵。北邊息肩者數十年。

　　張居正卒後，神宗親政，復怠荒。初日本自開國後，世與蝦夷爲敵。平氏、源氏，世鎮東北邊。後平氏爲源氏所仆。始置武職於諸州，遂成封建之勢。其後北條氏、足利氏，相繼攘竊，益以大封啗將士；而其將士，又各以地分封其下；全國分裂。神宗時，有豐臣秀吉者，起而平定之。念亂臣終未盡絕，欲盡驅其衆於國外。前三二〇年（西元一五九二），遂遣兵侵朝鮮。朝鮮王走平壤，又走義州，使來求援。神宗命李如松援之，敗日兵於平壤，盡復漢江以北之地。旋以輕進，敗於漢城附近之碧蹄館。於是"撫議"起。遷延數歲，迄不就。迨秀吉卒，日兵乃還。

是役也，明調兵運饟，騷動全國。其後播州又有楊應龍之叛。見第八編第二章第一節。乾清宮災，復謀營建。於是加賦至八百萬。又任中官四出開礦，及爲各省稅使。刻剥誣陷，無所不用其極。神宗中年後，怠荒尤甚，不視朝者二十餘年。羣臣結黨互排。無錫顧憲成，講學於東林書院。海内景附，往往諷議時政，裁量人物。於是東林黨議復起，而有"三案"之争。迨熹宗立，敵黨結奄豎魏忠賢，盡鋤當時之正人君子，而國事不可爲矣。

第三章　明清之興亡

第一節　清之興

　　清人自稱其部族之名曰滿洲。自稱己姓爲愛新覺羅,始祖名曰布庫里雍順。居長白山東俄莫惠之野鄂多理城。數傳後,族被戕,幼子范察得免。又數傳至肇祖,乃誘誅先世讎人之後,定居於赫圖阿拉。_{今遼寧新賓縣。}又據近人所考證,則"滿洲"二字,明人譯作"滿住",乃大酋之稱,非部族之號。清代之先,實爲明時之建州女真。明初東北轄地頗遠。女真之賓服者,皆設衛以處之。故有海西、建州、野人三衛。建州左衛指揮使,受職者名猛哥帖木兒,即清人所謂肇祖也。建州左衛,設於前五〇〇年(西元一四一二),地在朝鮮會寧府河谷。後猛哥帖木兒,爲七姓野人所殺。弟凡察嗣職,旋爲朝鮮所逼,遷居今佟家江流域。後猛哥帖木兒子董山出,與之爭印。明廷乃分設右衛,以處凡察,以調停之。董山漸桀驁。前四四六年(西元一四六六),檄致廣寧_{今遼寧北鎮縣。}誅之。又出兵破其部落。女真人戴其子脫羅,聲言復讎。久之,漸不振。而右衛王杲强,據寬甸附近,李成梁擊破之,王杲奔哈達。

　　哈達者,扈倫四部之一。扈倫本在黑龍江支流忽喇溫河流域。後南徙,據海西女真之地。而哈達、葉赫二部尤强。明邊恃爲捍蔽,稱爲南北關。哈達

爲南關，在今遼寧開原縣北。葉赫爲北關，在今吉林西南。及是，哈達酋王台執王杲以獻，成梁斬之。其子阿台怨，助葉赫與哈達搆兵。蘇克蘇滸河部滿洲五部之一。尼堪外蘭，導李成梁攻古勒塞，射死阿台。阿台者，景祖孫婿也。是役也，清景、顯二祖俱死焉。阿台，《清實錄》作阿亥。古勒塞作古埒城。

前三二九年（西元一五八三），太祖起兵攻尼堪外蘭，尼堪外蘭奔明邊，明執以付太祖，並開撫順、清河、寬甸，靉陽四關互市。太祖次第服滿洲五部。扈倫、長白山及蒙古之科爾沁等九部來攻，太祖擊破之。又與葉赫合，滅哈達。前二九六年（西元一六一六），遂起兵攻明。本節所述可參看《清朝全史》，及近人所著《心史史料》。至《清實錄》所述世系，與明人記載對照則如下：

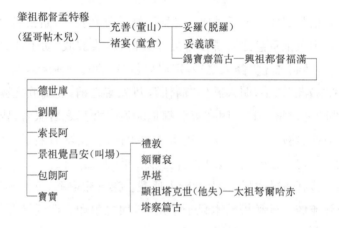

第二節　明清之戰爭

太祖既叛明，陷撫順、清河，進攻葉赫。葉赫告急於明。明以楊鎬爲經略，發大兵二十萬，分四路東征，敗績。太祖遂陷鐵嶺，進滅葉赫。明以熊廷弼爲經略。廷弼招集散亡，分布沿邊要隘，別選精銳爲遊徼。熹宗立，廷臣劾其不戰，代以袁應泰。應泰有吏才，無將略，瀋、遼遂陷。太祖移居遼陽。前二八七年（西元一六二五），又移居瀋陽。明再起熊廷弼爲經略。廷弼建三方布置之策（以陸軍駐廣寧；登萊、天津，各設水師；經略居山海關節制之），而爲廣寧巡撫王化貞所掣肘，遼西城堡多陷。明逮廷弼、化貞，俱論死。以王在晉爲經略。在晉欲專守山海關，袁崇煥主守寧遠。大學士孫承宗是崇煥議。於是罷在晉，以承宗代爲經略。旋又罷承宗，代以高第。第性恇怯，盡撤守備入關。崇煥誓以死守寧遠。前二八六年（西元一六二六），太祖大舉攻寧遠，敗績，傷而死。見《清朝全史》第十二章。太宗立，定朝鮮；前二八五年（西元一六二七），以敵國禮成和。前二七六年（西元一六三六），乃稱臣。還攻寧遠、錦州，又敗績。時魏忠賢黨劾去崇煥。毅宗立，乃復用之。然以其專殺毛文龍，文龍爲遼東都司。渡海，據皮島。今圖作海洋島。亦不能無疑。前二八三年（西元一六二九），太宗大舉自喜峯口入。崇煥兼程入援。毅宗信反間，下之獄。前二七一年（西元一六四一），太宗遂陷錦州。降明薊遼總督洪承疇。毛文龍部將耿仲明、孔有德叛降清，導清陷旅順。廣鹿島今圖作光祿島。守將尚可喜降，明海上之勢力亦摧滅矣。

第三節　流寇之起及清兵入關

明代末年，本已民窮財盡。而崇禎初，陝西又大饑。流賊遂起。自陝西入山西。剿之，又流入河北。渡河，竄湖、廣、四川、襄、鄖。前二七八年（西元一六三四），陳奇瑜蹙之於車箱峽，賊僞降，出峽即復叛。於是賊分爲二：高迎祥、李自成及張獻忠爲之魁。其後，孫傳庭禽迎祥，自成走甘肅。張獻忠亦爲盧象昇所敗，詣湖廣降左良玉。而清兵復以是時入關，諸將皆撤兵東援，賊勢遂復熾。前二七一年（西元一六四一），自成陷河南。敗孫傳庭於潼關。前二六八年（西元一六四四），自山西南陷真定，今河北正定縣。北陷大同、宣府。自居庸關陷京師，毅宗自縊。

山海關守將吳三桂入援，至豐潤，聞愛妾陳沅被掠，走還降清。時清太宗已卒，世祖立。年幼，鄭親王濟爾哈朗、睿親王多爾袞攝政。多爾袞，太祖第十四子。濟爾哈朗，太祖弟舒爾哈齊之次子。多爾袞方略地關外，疾馳受三桂降。與共擊自成，破之。自成走陝西。清兵遂入京師。十月，世祖遂移都焉。分兵下山東、河南，兩道攻陝西。自成走死湖北之通城。

第四節　明　之　亡

北京之陷也，明潞王、福王皆避難至南京。衆議欲立潞王。而鳳陽總督馬士英挾兵力，欲立福王。史可法等不得已，從之。士英旋入閣，出可法督師江北。可法分江北爲四鎮，謀戰守，而諸將不和。左良玉又與馬士英不協，舉兵東下。朝命促可法入援。比至，則良玉死，其軍已爲守蕪湖之黃得功所敗矣。可法遄返揚州，則清兵已抵盱眙。檄各鎮赴援，無一至者。可法力戰七晝夜，城陷，死之。清兵遂渡江，福王被虜。清兵定杭州而還。

於是明魯王以海，監國紹興；唐王聿鍵，稱帝福州。而江南亦以清下薙髮之令，義兵紛起。然不旋踵，復以清所敗。前二六五年（西元一六四七），清遣吳三桂等攻四川，張獻忠陣歿。貝勒博洛攻閩、浙，魯王奔廈門。唐王爲鄭芝龍所制，芝龍陰通款於清，王遂死於福州。

明人奉桂王監國肇慶，清遣降將李成棟入廣東，孔有德、尚可喜、耿仲明陷湖南。攻桂林，何騰蛟死守，得不陷。未幾，李成棟以廣東、金聲桓以江西皆反正。何騰蛟乘機復湖南。川南、川東亦來附。於是桂王有兩廣、雲貴、江西、湖南、四川七省之地，勢頗張。而張名振亦奉魯王，出入閩、浙沿海。清乃命洪承疇鎮江寧，吳三桂下四川，耿仲明、尚可喜取江西，孔有德攻湖南。金聲桓、李成棟、何騰蛟先後敗死。前二六二年（西元一六五〇），清兵陷桂林。桂王走南寧。使封張獻忠餘黨孫可望爲秦王。可望令劉文秀攻四川，李定國攻桂林。孔有德敗死，三桂走漢中。旋清兵復陷湘、粵。乃命洪承疇守長沙，李國英守保寧，尚可喜守廣東，無意進取也。而桂王以可望跋扈，密召李定國。可望攻定國，敗績，降清。洪承疇因請大舉。前二五四年（西元一六五八），清兵分三道入滇。定國奉桂王走騰越，而伏精兵於高黎貢山，清兵追之，敗績。乃還。桂王旋入緬甸。前二五一年（西元一六六一），三桂發兵十萬出邊，緬人乃執桂王以獻，三桂殺之，明亡。

第五節　臺灣鄭氏之亡及清定三藩

魯王之入海也，明將張名振奉之居舟山。義民紛起應之，而張煌言一軍爲之魁。前二六一年（西元一六五一），大舉薄吳淞。清人襲舟山，陷之。乃與煌言共奉魯王奔廈門，依鄭成功。

鄭成功者，芝龍子。芝龍之降清，成功退據廈門，治船練兵，爲興復計。清兵入滇，成功大舉，自崇明入長江。至江寧，爲清兵所敗，乃還。前二五二年（西元一六六〇），攻臺灣，逐荷蘭人，據之。旋卒，子經嗣。

三藩之亂，鄭氏略福建地數郡。旋爲清所陷，并棄金門、廈門二島，退守臺灣。三藩平後，清廷頗欲與鄭氏言和，而閩浙總督姚啓聖不可；鄭氏降將施琅，尤欲滅鄭氏以爲功。前二三一年（西元一六八一），經卒，羣小搆成功妻董氏，殺經長子克壑，而立其次子克塽，政亂。越二年，遂爲清所滅。

三藩者，平南王尚可喜（廣東）、靖南王耿繼茂（仲明子，福建）、平西王吳三桂（雲南）皆明降將也。三桂功最高，兵亦最強。前二三九年（西元一六七三),尚可喜以年老,屬兵事於子之信,爲所制,請撤藩。部議許之。三桂精忠不自安,亦請撤藩以覘朝意。羣議莫敢決,聖祖獨斷許之。三桂遂反,貴州、湖南、四川、廣西及襄陽,先後響應,耿、尚二藩亦舉兵。清兵之守荆州者不敢進,而陝西將王輔臣又叛應三桂。勢頗震動然三桂欲親出應輔臣,不及。清兵反乘之,由江西攻湖南,三桂雖旋兵救却之,然遂不能進取。而耿精忠以與鄭經搆兵,尚之信以苦三桂徵餉,又皆叛降清。三桂勢日蹙,乃稱帝於衡州,欲以維繫人心。旋卒,孫世璠襲。前二三一年(西元一六八一),爲清所滅。

第八編　近世史下

第一章　近代之蒙回藏

第一節　喇嘛教

蒙古、新疆，與青海、西藏，地勢上本各爲一高原，在前代關係甚鮮。乃自喇嘛教盛行以來，而此諸地方，遂互有關係，此近代之新變化也。初喇嘛教之行，其末流頗多流弊。有宗喀巴者，以前四九五年（西元一四一七），生於西寧。及長，入雪山，修苦行。遂自立一派，黃其衣冠以示別。人因目舊派曰"紅教"，新派曰"黃教"。黃教僧徒，皆不娶妻。宗喀巴遺命，二大弟子達賴、班禪，世世以"呼畢勒罕"，濟度眾生。其教漸行於海、藏。紅教遂失勢。前三五三年（西元一五五九），俺答襲據青海，留其子賓兔奄兔守之。於是蒙古與喇嘛教之關係生。前三三三年（西元一五七九），俺答迎三世達賴至漠南布教。其後化及漠北，遂自奉宗喀巴第三大弟子哲卜尊丹巴，後身居庫倫。達賴五世，始通使於清太宗。太宗亦遣使報之。及世祖入關。迎達賴至京。封爲西天大善自在佛。而清代借喇嘛教以懷柔蒙、藏之策，亦於是乎始。

然漠北三汗，自奉喇嘛教後，頗流於文弱。而衛拉特顧日强。其眾分爲四部：

> 和碩特，居烏魯木齊。
>
> 準噶爾，居伊犁。
>
> 杜爾伯特，居厄爾齊斯河。
>
> 土爾扈特，居塔爾巴哈台。

時紅教勢力，尚存於後藏。藏巴汗爲其護法。達賴五世之第巴桑結，招和碩特固始汗入藏，擊藏巴，殺之。而奉班禪居札什倫布。於是和碩特部徙牧青海,遙制西藏政權。桑結又惡之。乃招準噶爾噶爾丹入藏,襲殺固始汗之子達顏汗。時準噶爾已逐土爾扈特,服杜爾伯特。及是,遂并衛拉特四部爲一。並羈縻天山南路,其勢大張。

第二節　清定蒙藏及準部

漠南蒙古之降清,以科爾沁部爲最早。時察哈爾林丹汗頗强,明人歲餌以重幣,令牽制清人。前二八〇年(西元一六三二),清太宗襲破之。林丹汗走死青海。於是漠南諸部皆降。然漠北三部,關係尚淺也。

前二二四年(西元一六八八),噶爾丹攻喀爾喀,三汗部衆,同時奔潰。走漠南降清。清聖祖親出塞,大閱以綏服之。命科爾沁部假以牧地。前二一七年(西元一六九五),噶爾丹以兵據克魯倫河上流。聖祖親出塞,破之。越二年,又幸寧夏,發兵邀擊。時噶爾丹伊犁舊地,已爲兄子策妄拉布坦所據。聞兵出,遂自殺。

先是達賴五世卒,桑結祕不發喪,而嗾噶爾丹内犯。至是盡得其狀。聖祖賜詔切責。旋桑結爲固始汗曾孫拉藏汗所殺。奏立新達賴六世。詔封拉藏爲翊法恭順汗。而青海諸蒙古,皆以拉藏所立達賴爲僞。自於裏塘迎立一達賴。詔暫居西寧以調停之。無何,策妄拉布坦又派兵入藏,襲殺拉藏汗。而西藏人顧承認青海所立達賴爲真。乃詔皇子允禵自西寧、年羹堯自四川兩道並出,擊準噶爾兵,却之。而西寧之新達賴遂入藏焉。

前一九〇年(西元一七二二)聖祖崩。固始汗孫羅卜藏丹津煽青海諸部以叛。岳鍾琪襲破之。羅卜藏丹津走準噶爾。詔策妄拉布坦執獻之不聽。

先是札薩克圖汗部額駙策凌憤蒙人積弱,自練精兵數千。策妄拉布坦來攻,大敗。於是清使獨立爲三音諾顏汗部。而定以阿爾泰山爲準、蒙遊牧之界。

前一六七年(西元一七四五),策妄拉布坦卒。準噶爾内亂。輝特部土爾扈特屬部,時居塔爾巴哈台。長阿睦爾撒納來降。高宗發兵平準部。并獲羅卜藏丹津。阿睦爾撒納復叛,前一五五年(西元一七五七),兆惠等討平之。於是設伊犁將軍,分兵駐防伊犁、塔爾巴哈台、烏魯木齊等處焉。

第三節　回部之平定及廓爾喀

天山南路,在元時本察合台後王之地。其後回教教主摩訶末之裔和卓木，居喀什噶爾，人民尊信之。南路政教之權，遂漸入其手。而和卓木之後，分爲"白山"、"黑山"二宗，軋轢殊甚。噶爾丹嘗以達賴之命，廢黑山宗而立白山宗。遂羈縻其地。策妄立，又黜白山，代以黑山。而質白山酋之二子於伊犂。所謂大小和卓木也。清之定伊犂，二子歸而自立。清遣兆惠、富德討平之。於是蔥嶺以西諸國，若浩罕，亦作敖罕。所屬有四大城，最東者稱安集延。其人長於經商，最有名。或以是稱其種人，故清代載籍，亦有稱浩罕爲安集延者。若哈薩克，分三部：左部曰鄂爾圖玉斯，行國（西書稱大吉利吉思）。中部曰齊齊玉斯，西部曰烏拉玉斯，皆城郭之國（西人稱中小吉利吉思）。其地東北抵烏梁海，南界塔城，東南接伊犂。若布魯特，分東西兩部：東部五，在天山北，準部西南。西部十五，在蔥嶺西麓，與哈薩克浩罕巴達克山毗連。若乾竺特，亦作坎巨提，又作喀楚特。若博羅爾，今譯作帕米爾。若巴達克山，若布哈爾，若阿富汗，咸通貢內附焉。

　　西藏之南，有泥婆羅，亦佛教國。前一四五年（西元一七六七），爲其南之遊牧種人廓爾喀所并。前一二二年（西元一七九〇），寇西藏。侍衛巴忠不敢戰，使藏人許以歲幣議和。明年，廓人責歲幣，再入犯。又明年，高宗命福康安擊破之。廓人請降，定五載一貢。

　　於是禁止藏人與四境交通。命駐藏大臣行事儀制，一切與達賴、班禪平等，收其政教之權。並頒"金奔巴"二：一藏京師雍和宮，一藏西藏大昭寺，達賴、班禪及大胡土克圖出世，則入籤於瓶中而掣之。所以管理西藏者益嚴矣。

第二章　近代之西南開拓及後印度半島

第一節　西南之開拓

西南諸省，自秦、漢以來，中國雖置郡縣於其地，然終未能完全開拓。及元以來，而中國所以治之之法，又一進化。元於諸族之地，皆置路、府、州、縣。其酋長之來朝者，皆授以宣慰、宣撫、招撫、安撫，長官諸司之名。承襲必得朝命，有犯順或不稱職者，則因而黜之。明、清兩朝，皆襲其策。而諸土司之"改流"者遂日多。然其間累勤兵力者，亦仍有數處。

沅江流域，本苗族之根據地。唐、宋時之開拓，已見前。清康、雍後，復增闢永順一府，乾州、_{今湖南乾城縣}。鳳凰、永綏、松桃四廳。於是湖南全省，完全開闢。

貴州一省，介居湘、蜀、滇、桂之間，四面皆未開之地，_{自湘人者，由沅域。}自滇、蜀入者，_{自瀘會於畢節。自桂入者，由鬱江上流。}故其開闢爲獨晚。前四九九年（西元一四一三），始列於布政司。而水西安氏、水東宋氏，分轄貴陽附近諸土司。播州_{今貴州遵義縣}。自唐以來，久爲楊氏所據，尤地廣而兵強。明神宗末年，其酋楊應龍叛。熹宗立，調川、滇、湖南三省之兵，然後克之。以其地爲平越、遵義二府。時宋氏已衰，安氏獨盛，未幾復叛。毅宗初，乃討定之。

於是貴州省内，惟東南部仍有一"大苗疆"，以古州_{今貴州榕江縣}。爲中心，環寨千三百里餘，周幾三千里。而雲南東北境，有烏蒙、烏撒、東川、鎮雄四土府。明時隸屬四川，有鞭長莫及之勢。西南部普洱諸夷，亦與江外土司，勾結爲患。清世宗任鄂爾泰督雲、貴，以三府_{時烏撒已廢}。改隸雲南。卒成改流之功。鄂爾泰又任張廣泗，平定苗疆。世宗崩，苗人一時俱叛。高宗立，復任廣泗討平之。

其在廣西，則桂林之古田，平樂之府江，潯州之藤峽，梧州之岑溪，明代皆煩累朝之兵力然後定。

四川西境,最煩兵力者,爲大小金川。大金川,今理番縣之綏靖屯。小金川,今懋功縣。清高宗討之,用兵五年。糜饟至七千萬。

瓊州一島,元開爲路,明繼設府。而漢人所居者,皆沿海之地。黎人據中央之黎母山,屢出殺掠。前六二一、三七二、三一一,及前二二諸年(西元一二九一、一五四〇、一六〇一、一八九〇),相繼發大兵勘定之。最後一次,直抵其巢穴,自島中央至海口,開成十字路焉。

第二節　後印度半島諸國

明初所轄西南土司,境界極廣。然其後實力所及,西不過騰衝,南不越普洱,遂漸成今日之境界焉。案明初雲南西南土司,以平緬、麓川爲最大。其南爲緬甸,又其南爲洞吾,又其南爲古剌。當時之平緬、麓川,包有今保山以西之潞江安撫司,騰衝西南,南甸、干崖、盞達諸土司。又自此越漢龍、天馬諸關,直抵今緬甸北境伊洛瓦底江右岸之孟拱、孟養,左岸之八莫、孟密等,亦皆其地。其緬甸則在今蠻得勒、阿瓦一帶。古剌,則今白古也。其在普洱南者爲車里,車里之南爲老撾,老撾之南爲八百。車里,在今雲南境内瀾滄江右岸。老撾,在暹羅西北境。八百,《元史》稱八百媳婦。在今暹羅北境,地名景邁。東界安南,南接暹羅。實包有伊洛瓦底江流域,及薩爾温、湄公二江上游。平緬、麓川,在元代本爲兩宣慰司。明太祖初命平緬思氏兼轄麓川之地。後又分其地,置孟養、木邦、孟定、潞江、干崖、大候、灣甸諸土司。思氏欲恢復其地,屢叛。英宗時,明三次大舉。思氏匿居孟養,卒不能克。乃立隴川宣撫司而歸。方明之大舉也,緬甸嘗執思氏酋以邀賞,故思氏怨之。明兵退,遂滅緬甸。殺其酋莽紀歲。其子莽瑞體奔洞吾,以本洞吾外孫,故遂襲其業。後盡并附近諸土司。破孟養,亡思氏。瑞體卒,子應裏立,寇邊。前三二九年(西元一五八三),明將劉綎擊破之。然亦僅定隴川,緬甸建國之勢遂定。

前一五八年(西元一七五四),緬酋莽達剌爲錫箔江夷族所殺。木梳土司雍藉牙代之。取阿瓦,平古剌。子孟駁,又并阿剌干,滅暹羅。前一四七年(西元一七六五),寇雲南。高宗命明瑞、額勒登額兩道征之。額勒登額頓兵不進,明瑞敗死。高宗又命傅恒大舉,終不能克。僅因其請和,許之而還。後暹羅復國,受封於中國。緬人懼,乃亦請成受封焉。

安南黎氏自明宣宗時,離中國獨立。至前三八五年(西元一五二七),爲其臣莫氏所篡。明以爲討。莫氏請爲内藩。乃削國號,立都統司,以莫氏爲使。時黎氏之臣阮氏,仍以黎氏之裔據西京。前三二〇年(西元一五九二),入東京,并莫氏。明以莫氏爲内臣,又來討。且立莫氏於高平。黎氏亦如莫氏,受明都統使之職,乃聽其並立。三藩之亂,黎氏乘機滅莫氏。然以任外戚鄭氏故,與阮氏不協。阮氏遂南據順化,勢同獨立。清乾隆時,西山豪族阮文惠及其兄文岳、文慮,皆驍勇知兵(是爲新阮)。入順化,滅舊阮。前一二七年(西元一七八五),遂入東京滅鄭氏。留將貢整戍之而還。明年,貢整助黎氏以拒阮氏。文惠攻殺之。其臣阮輝宿,來告難。高宗使兩廣總督孫士毅爲之出師。敗阮氏之兵於富良江,入東京。再立黎維祁爲王。旋復爲文惠所襲敗。文惠亦請和,高宗遂因而封之。

第三章　清之盛衰

第一節　清之初盛

　　清太祖時，諸子姪多握重兵。太祖之死，代善、阿敏、莽古爾泰及太宗，號稱四貝勒，代善，太祖次子。莽古爾泰，太祖第五子。阿敏，太祖弟舒爾哈齊之子。參看《清朝全史》第十五章。同受朝拜。後乃專歸於太宗。太宗於諸弟中，最寵多爾袞。世祖之立，多爾袞與濟爾哈朗同攝政。及入關，乃黜濟爾哈朗，而自以其弟多鐸爲輔政王。威權盡歸其手。及卒，世祖乃親政。世祖頗聰明，然在位不久。世祖崩，聖祖立，方九歲，輔政大臣鼇拜專權。聖祖立八年，乃囚之。聖祖爲清代賢主，極能留心政治。清代一切建設，皆至此而大定。時漢族恢復之念，猶未盡忘。聖祖乃開博學鴻詞科，網羅遺逸之士，以收拾人心。又大興文字之獄以立威。雍、乾二朝，皆祖述其策。

　　明季加派極多。清初入關，即悉除之。定賦役全書，徵收一以萬曆中葉以前爲準。是時宮府用度，皆極節儉。故及前二〇三年（西元一七〇九），國庫餘蓄，已達五千萬。乃下詔，每三年普免天下錢糧一周。旋定滋生人丁永不加賦之例。時內外官吏，虧空頗甚，世宗立，乃派員嚴查。又整理鹽課、關稅，剔除火耗陋規。收入驟增，遂以成雍、乾兩朝之國富。聖祖又留心學術，嘗令西教士測繪全國輿圖，並留意於其天文、曆算、製造之學。康、雍、乾三朝，敕撰書籍極多。乾隆時之《四庫全書》，尤稱近代之大觀焉。

　　聖祖凡二十三子。初立嫡長子允礽爲太子，後以狂易廢。庶長子允禔、第八子允禩、第九子允禟、第十四子允禵，皆覬覦儲位頗甚。後謂太子狂易，由諸人厭魅所致，復立之。然卒以狂易復廢，遂不復立嗣。臨崩，密書"皇第四子"四字於隆科多掌中而立世宗。或曰：聖祖所書，實皇十四子，世宗迫隆科多拭去十字也。世宗既立，允禔、允禩皆削籍。隆科多後亦拘禁。允禵在西陲，與年羹堯共事最久，羹堯亦因之獲罪焉。清初諸王，權勢頗重，及是乃撤下五旂佐領，禁諸王不得與外官交通，威權一歸於上矣。

第二節　清之漸衰

清之國運，至高宗時而臻極盛；然其衰機亦肇於此時。蓋清以異族入主中原，君臣之間，本不能無猜忌，而康、雍、乾三朝，又皆好以明察馭下。遂至羣下競求苟免，無復侃侃立朝之風。高宗性侈靡，好虛飾。在位時，歷次南巡，供帳不可勝計。中歲後任和珅，好賄爲古今所無，內外官吏，不得不剝民以奉之。贓吏之多，遂亦爲古今罕覯。

清自太宗時，即以保存舊俗爲務。入關後，旗兵給餉，倍於綠營。並禁旗人經商及讀書應試。又封鎖滿、蒙，不許漢人移殖。然旗人自入關後，浸失其強悍之風，而又不能從事於生產，亦與金代之女真人同。三藩之變，旗兵已不足用。迨川、楚教匪起，則并綠營亦不可恃，而清代所恃以自立之武力亦衰矣。

第三節　嘉慶時之內亂

前一一六年（西元一七九六），高宗傳位於仁宗，自爲太上皇。先是銅仁、永綏等處苗亂，官軍剿之，調兵數省，轉輸數十萬，尚未盡平。而白蓮教匪，又起於湖北。竄擾河南、陝西、四川等省。官軍既怯懦，而諸將又不得不剝餉以奉和珅。吏緣爲姦，軍紀大壞。每戰，輒令鄉勇居前。勝則攘其功，敗則賑郵無所及。賊亦效之，以難民居前。即敗衄，真賊亦所傷無多。前一一三年（西元一七九九），太上皇崩，和珅伏誅。乃下哀痛之詔，懲肇禍官吏，優郵鄉勇，嚴核軍需；又行堅壁清野之法，任名將額勒登保、楊遇春等，往來剿殺，而事乃有轉機。及前一一〇年（西元一八〇二）十二月，報肅清。而遣散鄉勇之無家可歸者，復匿山林中爲患。又二歲，乃告大定焉。

同時東南又有艇盜之亂。艇盜者，安南、新阮得國，財用匱乏，乃資沿海亡命以船械，令入海劫掠商舶。中國土盜附之，患遂中於閩、浙、粤三省。朝廷方患教匪，不暇顧及東南，其勢益熾。前一一〇年（西元一八〇二），舊阮復國，禁絕海盜，匪勢始衰。於是羣盜皆并於閩盜蔡牽。浙撫阮元，命提督李長庚造大船入海剿之。累戰皆勝。後長庚中砲陣亡，其部將邱良功、王得祿繼平之。

仁宗初年，中原之多故如此，而前九九年（西元一八一三），直隸、山東、河南，又有天理教徒之變。及宣宗即位，回疆又有張格爾之變。雖皆剿平之，然朝廷之威力，浸以失墜；人心岌岌動搖；而西力東漸之局，又相迫而來。於是外有五口通商之役，內有洪楊、回、捻之亂。而清之國勢，遂日以陵夷矣。

第四章　元明清之政治制度
及社會情形

第一節　官　　制

　　元、明、清三朝官制，事亦相因。元以中書省爲相職，樞密院掌兵柄，御史
臺主糾察，庶政分隸於六部。而宣政院列於中央，以攝治吐蕃，亦頗似清之理
藩院。明太祖廢宰相，權歸六部。其後實權乃入殿閣學士之手。清初亦以内
閣爲政治之樞機。關於軍事，則由議政王大臣議奏。世宗時特設軍機處，而
内閣之實權遂漸移。理藩院雖不名爲部，而其官制與六部同。吏、户、兵、刑
四部，尚、侍之上，又有管理事務大臣。都察院之權，至明代而特重。除糾察
常職外，巡按、清軍、提督學校、巡鹽、巡漕諸務，一以委之。其職司軍務者，則
加總督、巡撫等銜。清代則右都御史，恒由總督任之。右副都御史，恒以巡撫
任之。巡撫，本撫民之官，然其後亦恒主兵。清代總督，皆兼兵部尚書、右都御史、提督軍務之銜。巡
撫皆兼兵部侍郎提督軍務兼理糧餉之銜。其無總督省分，巡撫皆兼提督。如山東、山西、河南三省是
也。有總督而不駐本省者亦然，如江西、安徽是也。貴州巡撫，別有節制軍馬之銜。此内官制變
遷之大略也。

　　外官則元沿宋路、府、州、縣之區域，而於其上特設行省。明改設布政按
察兩司，區域則仍元之舊。布政司之參政、參議，按察司之副使、僉事，皆分守
各道。清代總督、巡撫，亦變爲常設之官。於是合之州縣，幾成爲五級制焉。

　　元代各官署長官，必以蒙古人爲之，而以漢人、南人爲貳。清則“滿”、
“漢”、“内務府包衣”、“蒙古”、“漢軍”，各有定缺。

第二節　學　校　選　舉

　　元初襲用畏兀字，其後乃別製新字。故其設學，國子學外，又有蒙古國子

學、回回國子學。國子學中，亦以蒙古、色目人、漢人，分占其額（蒙古、色目、漢人，出身遞降一等，學校科舉皆同）。世祖於興學頗熱心。國子學外，凡路、府、州、縣皆有"學"及蒙古字學。路設"陰陽學"、"醫學"。又於各行省設提舉學校官。然頗有名無實。其科舉，則世祖擬行而未果。至仁宗時，乃行焉。亦分蒙古、色目及漢人、南人爲二榜。

明太祖極重薦舉及學校。初設國子學時，待其生徒極優。特創"歷事"之制，俾練習政治。嘗一年中，擢國子生六十四人爲布、按兩司官，此外爲大吏者無算。一再傳後，乃至科舉日重，而學校及薦舉日輕云。

學校科舉，在前世本爲兩事，而其後漸并爲一途。此風至明而極。於是學校專爲"儲才以待科舉"之地矣。明制，郡縣及京師皆有學。郡縣之學，初由巡按試之，後乃專設提舉學校官。國子生及府、州、縣學生，中式於鄉試者，謂之"舉人"。舉人中式於禮部，又加以殿試，是爲"進士"，分三甲。一甲三人，賜進士及第。第一人授職修撰，第二、三人授職編修。二甲若干人，賜進士出身。三甲若干人，賜同進士出身。皆得考選庶吉士。庶吉士爲國家儲才之地，初不限於進士。明中葉以後，非進士不入翰林，非翰林不入內閣云。

至其所試之文，則偏重經義。而其經義，體用排偶，代古人語氣爲之，謂之"八股"。爲明太祖及劉基所創云。

第三節　兵　　制

元代兵制，極爲複雜。其出於本部族者曰"蒙古軍"（其法：男子年十五以上，七十以下皆從軍。孩幼稍長，則籍之，稱"漸丁軍"）。出於諸部族者曰"探馬赤軍"。既定中原，發民爲兵，曰"漢軍"。其統兵之官，則以兵數之多少，爲爵秩之崇卑。曰萬戶，曰千戶，曰百戶，皆世官。天下既定，則兵皆有一定之籍。河洛、山東，以蒙古軍、探馬赤軍分戍之。江南之平，亦有分戍之兵。其兵籍，惟樞密院中長官一二人知之。故有國百年，漢人無知其兵數者。

明代兵制，遠規唐之府兵，實亦襲元萬戶分屯之制。其制：以五千六百人爲"衛"，千一百十二人爲"千戶所"，百十二人爲"百戶所"。每所設"總旗"二，"小旗"十人。其取兵之途有二：一曰"從征"，二曰"歸附"。此外又取之"謫發"。凡諸衛皆隸於五軍都督府。征伐則命將充總兵官，調衛所兵領之。師旋，則將上所佩印，兵士各歸衛所。衛所而外，各地方有鄉兵，邊郡有土兵，大抵用以保衛地方，徵調之時甚罕。

清制編兵,起於佐領。每佐領三百人。五佐領設一參領,五參領設都統一。其後得蒙古、漢人。皆以是編制之,是爲“八旗兵”。其兵皆世襲。世祖入關後,令八旗兵分防各地。於是八旗有“禁旅”、“駐防”之分。入關後所得漢軍,皆以綠旗爲幟,故稱“綠營”。乾、嘉以前,出征多用八旗,内亂則多用綠營。川、楚教匪之役,綠營、旗兵,舉不足恃,乃用鄉勇以勦匪,於是有“勇營”。後來之“湘、淮軍”,亦皆勇營也。

古代之礮,多係以機發石。元初得西域火礮,攻蔡州始用之,然造法不傳。明成祖平交阯,得其槍礮,始設“神機營”肄習。武宗末,白沙巡檢何儒,得“佛郎機礮”。前三八三年(西元一五二九),始自造之。後又得紅夷大礮。毅宗時,徐光啓令西洋人造之,分發各鎮。時清人甚憚明之大礮。然至前二八一年(西元一六三一),清人亦自能做造焉。《清朝全史》第十四章。

第四節　法　律

我國法律,自唐以後,其内容,幾於歷代相沿。然以其積久故,不甚適用。於是在宋代,則舍律而用“敕”。明、清兩代,則雖有律而實斷於“例”,其趨勢一也。在唐代,《律》爲刑法,而《六典》則頗具行政法典之觀,已見前。宋代法律,初稱“律”、“令”、“格”、“式”,神宗改之曰“敕”、“令”、“格”、“式”,蓋行政法規及刑法,亦皆兼具於其中。明仿唐《六典》而修《會典》,仿《唐律》而修《大明律》。前四一二年(西元一五〇〇),以後,律乃與“例”並行。清又沿明制,而修《會典》及《律例》焉。

自遼、金、元、清,相繼入據中原以來,在法律上,其本族人與漢人,頗不平等。遼太祖時,治契丹及諸夷,皆用舊法,漢人則斷以律令。太宗時,治渤海人亦依漢法。道宗時,始以國法不可異施,命更定《律令》,其不合者別存之。金至太宗時,始參用遼、宋書法。熙宗復取河南,刑法乃一依《律》文。元則除本族人與漢人不平等外,宗教徒與非宗教徒,亦用法不同,如“僧道儒人有爭,止令三家所掌會問”,“僧人惟犯姦盜詐僞,至傷人命,及諸重罪,有司歸問。其僧俗相爭,則田土與有司會問”。“蒙古人毆死漢人”者,不過“斷罰出征”及“徵燒埋銀”是也。《元志・職制上》及《殺傷》。清代則“宗室”、“覺羅”及旗人,皆有換刑。凡笞杖宗室、覺羅,罰養贍銀,旗人鞭責;徒流,宗室、覺羅板責圈禁,旗人枷號;死罪,宗室、覺羅,皆賜自盡。凡宗室、覺羅犯罪,由宗人府會同户、刑部審問。八旗包衣,由内務府審問。徒以上刑咨刑部。旗人:在京,由都統;

在外，由將軍、都統、副都統審問。在京者徒以上咨刑部，在外者流以上申請。盛京旗人獄訟，皆由戶、刑二部審訊。徒流以上由盛京將軍、各部府尹會同決之。

第五節　租　稅　上

元代取民之制，行於内地者曰"地稅"、"丁稅"，仿唐之租庸調。行於江南者曰秋稅、夏稅，仿唐之兩稅也。役稱"科差"，有"絲料"、"包銀"二種。絲料之中，又有"二戶絲"、"五戶絲"。二戶絲輸官，五戶絲輸於本位。元諸王、后妃、公主、勳臣，各有采地。其地之民，每五戶出絲一斤，由有司徵收，如數給之。包銀之法，漢人納銀四兩，二兩輸銀，二兩折收絲絹顏色。此外又有"俸鈔"之科。合應科之數作"六門攤"，分三限徵之。

明初賦役之制，頗爲詳明。其法，亦按田以徵稅，據人戶、物力以定役。有黄册以詳人戶、物力；有魚鱗册以詳土田及其屬於何人。故按黄册，則可以定賦役。按魚鱗册，則可以定土田之訟。其後二册皆失修，惟有據以徵賦之賦役册。其中獨以田從户，而又未必得實，而賦役之法遂壞。役法初以百十户爲里，里分十甲，推丁多者十人爲甲長。分户爲上、中、下三等以應役。其役則有"銀差"，有"力差"。中葉以後，名目繁多，謂之"加派"。民不堪命，乃創"一條鞭"法，總計一州縣之賦役，量地計丁，丁糧畢輸；一歲之役，官爲簽募。則兩稅與役法，復并爲一，不啻加賦而免其役矣。然對於田賦，末年又任意增加。所謂"三餉"者，總數至一六七〇〇〇〇萬。

清代仍用一條鞭法，地稅丁賦，合而徵之。前一九九年（西元一七一三），詔嗣後新增人口，號爲"盛世滋生人丁永不加賦"。丁稅徵收，以前二〇〇年（西元一七一二）之數爲準。乾隆時，遂并丁銀於地糧焉。

自宋室南渡，貴勢之家，競肆并兼，浙西田租遂獨重。明太祖下浙西，惡其民爲張士誠守。乃籍富民之田，盡以私租額爲官稅。浙西田賦之重，遂甲全國。

明初徵賦，尚以實物爲主。銀不過"折色"之一。英宗時，田賦始有折徵銀者。其後推行日廣。至清代，則除有漕糧之處尚徵本色外，無不徵銀者矣。

第六節　租　稅　下

田賦而外，仍以鹽、茶兩稅及商稅爲大宗。行鹽以"引"，引之行銷，各有一定之地。明初嘗以鹽"中"邊糧茶易西番馬。後皆變爲徵銀。引鹽之制，國家售鹽於大商，而由大商分售之於人民，本有保護商人專利之嫌。且初定引地之時，必按照其地户口之多寡，以定鹽額。並根據運輸之路，以定某處當食某處之鹽。制定之後，此二者皆不能無變更，而鹽額及引地如故；於是非病商，即病民，而私鹽乃乘之而盛矣。

商税及各種雜税，税目、税額，皆不甚統一。在元代總稱爲"額外課"。明代有都税所、宣課司、抽分場局、河泊所等機關（大抵都税所、宣課司税商貨，抽分場局税竹木柴薪，河泊所收魚課）。清代雜税，多由地方官徵收。惟牙税領之户部，契税屬於布政司，徧於全國。

明宣宗時，因鈔法不通，嘗增加税額，並新設税目，以收鈔。其中船鈔一項，後遂變爲鈔關。清代因之，遂爲重要之税源。對外則元、明兩代，皆有市舶司。元代或收其税，或用抽分之法。亦有時官選人入番貿易，得利後定以若干歸官。明代市舶司之設，寓有限制及管理之意，凡外國商舶來者，必稱朝貢，乃許其兼營貿易，仍由市舶司監督之。蓋懲於海寇，故立此法也。清康熙時，於寧波、福州、上海、廣東，設四税關，委商人經理，取税殊苛，外人苦之，屢求減免，不能得，遂爲五口通商之役之一原因。

第七節　學　術

有明大儒王守仁倡知行合一論，學者稱陽明先生，生徒極盛。然其弊也，頗流於空疏。於是矯之之"漢學"興。其學大抵宗尚漢儒，故有"漢學"之稱。

漢學亦有數變。其始也，明末諸大儒，如顧炎武輩，病宋學之空疏，而反求之於古。其學以求是爲歸，大抵漢、宋兼采。迨閻若璩、惠棟、戴震等出，力攻東晉人所僞造之古文經。而於東漢許、鄭之學，大有所得。乃專宗尚漢儒，此一變也。迨武進莊存與、劉逢禄等出，則又以東漢人所治之古文經爲不可信，而肆力於西漢經師之所傳。此又一變也。要之，愈研究而愈精，愈考求而古代學術事物之真相乃愈顯。且其爲學也，專注重於客觀之事物，而不偏重主觀，頗有科學的研究之精神焉。

漢學之中心點，在於經學。治經必通訓詁，故小學極盛。又因此而旁及諸子，下及史籍，并推之天文、曆算等學。其爲學，最重考據，故其讀書，必求善本，必求真本，長於"校勘"，勤於"輯佚"。古書之散佚譌謬，經其整理，而復可讀者甚多。

第八節　近代社會之階級

中國近代，迭爲遼、金、元、清等所征服；又屢遭兵亂，暴政亟行。故其社會上，頗有階級之存。種族上之不平等，已略見前數節。至其無關於種族者，則如遼時有二稅戶。以遼人信佛極篤，每以民戶賜僧寺，其田租一半輸官一半輸寺，故有此名。至金代，乃漸免之。元時，漢人、南人，多爲俘虜以入奴籍。明中葉後，暴政甚多。人民往往自鬻其身家財産，以託庇於豪强，謂之"投大戶"。參看《飲冰室叢著・中國專制政體進化史》第四章。此等人民，致清代，猶多不齒於齊民者。至清世宗，乃毅然除之。其時山西、陝西之樂籍，浙江紹興之惰民，安徽徽州之伴檔，寧國之世僕，江蘇常熟、昭文之丐戶，及江浙、福建之棚民，均獲除籍。明代地方士紳，權力極重。至雍、乾後亦漸平。在清代，惟鬻身爲奴，及爲倡優，執州縣皂隸之役者，謂之"身家不清白"，不得與齊民齒而已。

第九節　蒙古及滿洲之文化

蒙古文化本淺，然其人極勇悍。又能勤事畜牧，雖男子遠征，婦人當家，仍能納稅。見桑原騭藏《東洋史要》下卷第三篇第三章。故其初起，兵力橫絶一時。以其本無所有故，極易受物質之眩惑。故終元之世，最重工商。獲俘虜，工匠必别籍之。太宗時，商人售物於朝廷，至得馳驛。世祖定制，戶、工二部，設官獨詳。又以本無所有故，視他族一切學術文化，皆平等。釋、道與儒教並重，回字與漢字並行，亦非漢人思想所及也。

蒙古初無文字，成吉思汗破乃蠻，獲塔塔統阿，乃使教太子諸王，"以畏兀字書國言"。世祖命八思巴造新字，於前六四二年（西元一二七〇）頒行之。璽書頒降，皆以蒙古字書之，而以其本國字爲副。百官進上表章，則以漢字爲副。有沿用畏兀字者罰之。

宗教初亦信巫，《元史・文宗紀》：天順二年二月，嘗封蒙古巫者所奉神。後乃極崇喇嘛。喇嘛教之由來，據《蒙古源流考》謂自印度僧徒巴特瑪撒巴斡之入藏始，其事約在唐中葉後，蓋佛教中之"密宗"也。

清代初興之時，女真人已經金、元以來之開化，故其程度，較金人初起時稍高。前三一三年（西元一五九九），太祖即命額爾德尼巴克什等，以蒙古字爲根據，創造滿文。太宗時，達海又加以圈點。當時已知保存檔案、編纂實錄、翻譯漢籍矣。其風俗，仍極純樸而尚武。宗教則仍崇信薩滿云。參看《清朝全史》第八、十八章。

第九編　最近世史上

第一章　西力之東漸

第一節　通商傳教之始

蒙古盛時，地跨歐、亞，兩洲之交通頗繁。元末，土耳其興，黑海航路爲其所據，赴東洋者須別覓新航路。於是葡萄牙人越好望角而至印度，西班牙人繞西半球而至南洋。英、荷諸國繼之，各於印度及南洋羣島，獲有根據地。而葡萄牙人，以前三五五年(西元一五五七)得居留於廣東之澳門。案是時葡人歲納地租，迄前六三年(西元一八四九)以前，皆完納於香山縣。前六二年(西元一八五〇)以後，始不納租，且要求永遠居住及管理之權，迄未之許。前二五年(西元一八八七)，與訂通商條約。第二款，許葡人永遠居住管理澳門。第三款，非經吾國允許，葡國不得將澳門讓與他國。而澳門遂爲葡所割據。英、荷諸國，則僅以商船來貿易而已。葡人既租澳門，遂於其地設官、置守備，中國不問也。前二二七年(西元一六八五)，葡人在印度與英人戰而敗，許英船出入澳門。而澳門之葡人礮擊之。英船還擊，佔其礮臺。葡人乃言於廣東大吏，許英人通商。荷人至東洋，後於葡而較葡爲强。葡人所據南洋羣島，悉爲所奪。前二九〇年(西元一六二二)，進攻澳門。中國兵助葡人擊退之。荷人退據臺灣。後復爲鄭氏所奪。清之攻鄭氏，荷蘭嘗助之，前二五六年(西元一六五六)，許其以船四艘，每八年來貿易一次。

清聖祖時嘗開海禁外國商舶，多集於舟山及廣州。後閉舟山，令專在廣東貿易。時官吏征稅頗苛，又與外人隔絕。外國商人，不能直接與人民貿易，必售其物於官許之洋行，洋行取回用又苛。英人苦之。前一二〇年(西元一七九二)，遣大使馬甘尼來，求改良通商章程。時直清高宗八旬萬壽，待之頗優，賜英王敕諭於其所請者，悉加駁斥。前一〇七及九六年(西元一八〇五、一八一六)，英國再遣使來，亦不得要領。參看《清朝全史》第五十三、五十四、五十五章。

基督教當唐時已傳至中國，謂之"景教"。元時，其教稱也里可溫，傳布尤盛。參看《東方雜誌》第十七卷《也里可温考》。元末中絕。航路既通,教徒亦復東來。前三一二年(西元一六〇〇),利瑪竇始入京師。朝臣如徐光啓、李之藻等,頗從其人,學天文曆算之學。明末,因與滿洲交戰,頗用其人以製巨礮。又以曆法疏舛,用湯若望爲欽天監官。清初仍居其職。後爲楊光先所排。聖祖親政,復用之。又嘗命其人測量地圖,佐理外交事務。時西人之傳教者,認中國人之祭祀祖先,爲一種交際儀式,不之禁。教徒訴之羅馬教皇。前二一一年(西元一七〇一),教皇使至中國禁之。聖祖怒,命葡人幽之澳門。參看《清朝全史》第三十七、三十八章。雍、乾兩朝,教徒非有事於朝者,不得留居中國。然其徒往來自若。迨川、楚教匪亂後,始畏惡異教,而其禁遂嚴。

第二節　清初與俄人之交涉

俄人初爲蒙古所征服。前四五〇年(西元一四六二)頃,始脫蒙古羈絆而獨立。於是可薩克族附俄,爲之東略。次第建城於西伯利亞境,進略黑龍江沿岸。前二六一年(西元一六五一),遂築雅克薩城,屢掠沿岸諸民族。前二五四年(西元一六五八),寧古塔都統沙爾呼達擊破之。俄人奔還尼布楚。後復據雅克薩。

時俄人來求互市,中國要以交還逃酋罕帖木兒。據石勒喀河來奔,怨中國遇之薄,復奔俄。俄人不可,議遂不成。聖祖既平三藩,乃從事備戰。前二二七年(西元一六八五),遣都統彭春毀雅克薩。俄人旋又築壘其地。明年,黑龍江將軍薩布素再圍之,垂陷,會聖祖介荷蘭致書於俄,謂定邊界,俄人許之,且請先釋雅克薩之圍,乃罷兵。

前二二三年(西元一六八九),內大臣索額圖等,與俄使費耀多羅會於尼

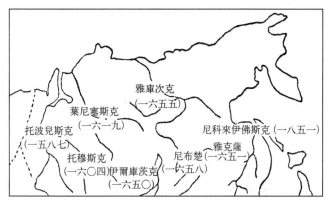

布楚，聖祖翼以兵力，又得天主教士張誠等，盡力爲中國折衝。遂定東以外興安嶺，西以額爾古訥河爲界。許俄人至北京貿易。前二一九年（西元一六九三），俄使來，定通商條約。許三年一至北京，人數以二百，居留以八十日爲限。且得免稅。

　　前一八五年（西元一七二七），復與俄定《恰克圖條約》。額爾古訥至齊克達奇蘭，以楚庫河爲界。自此以西，以博木沙奈嶺爲界。烏得河地方，彼此共有。並許立館京師，以便俄人來者居住。

　　前一七五年（西元一七三七），停北京貿易，并於恰克圖。嗣是恰克圖貿易益盛。每遇交涉棘手，則停貿易以挾制之。高宗一朝，先後停市者數次焉。前一四八年（西元一七六四），以俄人違約收稅；邊民失馬，又以少報多，移文索償，停止貿易。前一四四年（西元一七六八）乃復。前一三三年（西元一七七九），以俄疆吏庇護罪人，不即會審，停一年餘。前一二七年（西元一七八五），以俄屬人入邊劫掠，又停市。至一二〇年（西元一七九二）乃開。

第二章　五口通商及咸豐庚申之役

第一節　五口通商

鴉片輸入，確實年代不可考，大約在前明中葉。前一八三年（西元一七二九），已有吸食之禁。然時輸入者尚不多。及前一二〇年（西元一七九二）頃，英國東印度公司，得壟斷中國貿易特權，而輸入遂激增。内地吸者日多，海口漏銀亦歲甚。前七四年（西元一八三八），清宣宗乃派林則徐至廣東查辦。

先是東印度公司獨占期限，至前七八年（西元一八三四）而滿。英人派律勞卑、魯賓孫爲貿易監督官。皆與廣東大吏齟齬。乃廢貿易監督官，而派甲必丹義律爲領事。參看《清朝全史》第五十七章。前七三年（西元一八三九），則徐迫英人交出鴉片二〇二六三箱（每箱一二〇斤），焚之。令具"夾帶鴉片，

民國紀元前年數	鴉片輸入箱數
前一八三（一七二九）	三〇〇
前 九六（一八一六）	三二一〇
前 九二（一八二〇）	四七七〇
前 八七（一八二五）	九六二一
前 八二（一八三〇）	一八七五〇
前 七六（一八三六）	二七一一一

船貨入官，人即正法"之結，則仍許貿易。義律不可。已而允"船貨充公"，惟請刪"人即正法"一語。則徐持不許。明年，英議會協贊用兵，遂發兵攻澳門。則徐禦之，焚其杉板二。英人轉攻廈門，陷定海。

時疆吏畏生事，多不悅則徐，相與造蜚語聞於上。廷意中變。命伊里布赴浙，訪致寇之由。並諭沿海督撫，英人投書，許即收受。英將伯麥，乃如天津，投英相致中國首相書。朝命還廣東，聽候查辦。伯麥乃返舟山，與伊里布定休戰之約。時則徐已補粵督，朝命革其職，以琦善代之。

琦善至廣州，盡撤守備。伯麥有疾，義律代之談判。琦善允償英"煙價"七百萬。義律見其易與，復求割讓香港。琦善不敢許。英遽進兵，陷沙角、下

角兩礮臺。琦善不得已，與定草約，許割香港，英乃繳還礮臺。

　　朝廷聞英進兵，大怒。革琦善職，以奕山爲揚威將軍，赴粵進討。命江督裕謙，赴浙視師。會英亦撤回義律，代以璞鼎查。義律乘奕山未至，攻陷橫當、虎門諸礮臺。奕山至，攻英人，不克。而英璞鼎查亦至。轉攻廈門，北陷舟山。遂陷寧波。裕謙敗死。英兵入吳淞，陷上海。沿江西上，陷鎭江，薄江寧。朝廷不得已，派耆英、伊里布至江寧，與英議和。

　　　　償英“軍費”一二〇〇萬，商欠三〇〇萬，煙價六〇〇萬兩。
　　　　開廣州、廈門、福州、寧波、上海五口通商。
　　　　割讓香港。
　　　　兩國文書往來，皆用平行格式。

　　而於“煙禁”則一字不提。明年，復與英定續約七條。於通商口岸，指定房屋地畝，以備英人居住。是爲我國有“租界”之始。

　　自英約定後，法、美二國，亦相繼與我訂通商條約焉。

第二節　咸豐庚申之役

　　五口通商以後，四口皆已建築領事館。而粵民自起團練，不許英人入城。時耆英督粵，知粵人不易與，乃與英人訂舟山不割讓他國之約。而將入城之事，延緩兩年。於是耆英急謀內用，徐廣縉代爲總督，葉名琛爲巡撫。前六三年（西元一八四九），英人以入城期屆，以兵艦駛入粵河。兩岸團勇，呼聲震天，英人懼，乃與廣縉另訂《廣東通商專約》，以不入城列入約中。事聞，朝議大獎之。前六〇年（西元一八五二），廣縉去，名琛代爲總督。前五六年（西元一八五六），有華船在英登記已期滿者，拽英旗裝載海盜。華兵捕之，毀其旗。英領事巴夏禮，遽發最後通牒致名琛。名琛不應。英人遂發兵陷廣州。然未奉其政府命令也。兵退，粵民焚英、法、美商館，巴夏禮遂馳書本國請戰。

　　時廣西亦殺法敎士，法人交涉，未得要領。明年，英、法聯兵陷廣州，虜名琛去。時俄、美亦欲改訂商約，乃各派使臣，至上海。致書中國首相，要求派全權至上海會議。朝命以英、法、美事委廣東總督。俄事委黑龍江將軍。四國使臣不聽，聯翩北上。英、法兵遂陷大沽。朝廷不得已，派桂良、花沙納爲全權，與英、法各定條約。

償英軍費、商虧各二百萬(法半之)。

開牛莊、登州、臺灣、潮州、瓊州爲通商港。(法約爲瓊州、潮州、臺灣淡水、登州、江寧，江寧俟洪、楊平後開港。)洪、楊平後，漢口至上海，沿江任擇三港(後開漢口、九江、鎮江)。

派員協定稅則(此後十年一改)。

英民犯罪，由英領事審判。與華人爭訟，則由領事與地方官會審。

彼此互派公使。

允人民攜互照，遊歷內地。

俄亦得於五口及臺灣通商。又俄、法二約，皆允其人至內地傳教。以後與他國訂約，均得一體享受。是爲《天津條約》。約以明年夏間交換。

及期，英、法使至，僧格林沁方設防大沽，命改由北塘入。英、法不聽。僧格林沁擊敗之。二使皆走上海。朝議遽命廢約重議。明年，英、法兵自北塘入，陷大沽。僧格林沁退守通州。朝廷不得已，再派桂良、恒福前往議和。遷延未即決。英兵進逼北京。朝命怡親王載垣往使，與巴夏禮會於通州。或告巴夏禮衷甲將襲我。載垣以告僧格林沁，僧遽發兵捕巴夏禮。英、法再進，戰於張家灣，僧軍敗績。八月，文宗奔熱河。恭親王奕訢留守。英、法兵入京師，法人焚圓明園。旋以俄使調停，成和。更開天津爲通商口岸(英、法二約皆同)。割九龍半島於英。賠款改爲八百萬兩。法約則許教士於各省租買田地，建造房屋焉。

第三節　東北之失地

《尼布楚條約》之立，俄人在東方實力未充。我國又以兵力爲交涉之後盾，故頗獲勝利。迨尼古拉一世立，前八七至五七年(西元一八二五至一八五五)。任木喇福岳福爲東部西伯利亞總督，復開侵略東北之端。

時俄人始勘知庫頁爲島，航行黑龍江之心愈切。庫頁爲島，則航行黑龍江者，必經鄂霍次克海；而鄂霍次克海，冰期甚長。遂定以尼哥來伊佛斯克爲軍港。前五七年(西元一八五五)，亞歷山大二世立。始設沿海州，幾盡佔黑龍江左岸之地。前五四年(西元一八五八)，以木喇福岳福爲大使，與黑龍江將軍奕山，訂約於璦琿，遂盡割黑龍江北之地，而以烏蘇里江以東，歸兩國共管。黑龍江、松花江、烏蘇里江，兩國均得通航。英、法和議之成，俄使伊格那提業福，居間調停有功。前五二年(西元一八六〇)，復於北京訂立條約，割烏蘇里江以東之地。

庫倫、張家口，皆許俄人貿易；庫倫并得設領事。伊犁、塔爾巴哈台兩處前六一年（西元一八五一），奕山爲伊犁將軍時，許其試行貿易。及是，喀什噶爾，亦援例許之。

第三章　咸同時之内亂

第一節　太平天國

西力之東漸，廣東與之接觸最早，故其内亂，亦有竊取西教之説，以資煽動者。洪秀全，花縣人。嘗竊取基督教旨，自創一教，曰"上帝教"，而名其教會曰"三點"。廣西下流社會，信之者頗多。前六五、六四年（西元一八四七至一八四八），廣東、西大饑，盜起，鄉民設團練信自衛。遂與上帝教中人齟齬。教徒亦團結以相抗。前六二年（西元一八五〇）六月，秀全遂起事於桂平之金田村。

清命向榮討之，不克。前六一年（西元一八五一）八月，秀全陷永安。建號曰太平天國，自稱天王。楊秀清爲東王，蕭朝貴爲西王，馮雲山爲南王，韋昌輝爲北王，石達開爲翼王，是爲五王。明年，潰圍入湖南，陷岳州，遂陷武昌、漢陽。沿江東下。又明年，陷江寧。

向榮以兵躡之，營於江寧城外，是爲"江南大營"。琦善亦以兵駐揚州，是爲"江北大營"。秀全殊不之忌，分軍：一北出安徽、河南，自山西入直隸。後在靜海，爲清軍所滅。一溯江西上，再陷武昌。

時曾國藩辦團練於長沙，並練水師。前五八年（西元一八五四），會荊州兵克武漢，進復九江。洪軍亦陷武昌，并盡陷江西諸州縣。旋武昌爲胡林翼所復。國藩轉戰，至前五六年（西元一八五六），盡定江西。江南大營亦潰而復振。時向榮已死，張國樑代將其軍。秀全又與其始起諸王，互相屠殺。秀全使韋昌輝殺楊秀清，秀全又殺昌輝。及前五五年（西元一八五七），洪軍惟據安慶、江寧相掎角而已。

於是胡林翼命李續賓以陸軍攻皖北，別遣水師攻安慶。續賓與陳玉成戰於三河集，敗死。湘軍精鋭殲焉。水軍亦撤退。未幾，洪軍又破江南大營，陷蘇、常。

清乃以曾國藩督兩江。國藩會林翼,克安慶。命左宗棠、鮑超攻江西;多隆阿攻安慶以北;弟國荃,沿江深入,圍江寧。時李秀成主太平軍事。分兵攻浙江、江西,以圖牽制。清乃以左宗棠撫浙,沈葆楨撫贛,使李鴻章募淮軍,以復蘇松。前五○年(西元一八六二)八月,江寧大疫。秀成等猛攻國荃軍,凡四十八日,卒不克。明年一月,圍合。六月,城陷。秀全先仰藥死。其子福瑱走江西被擒。餘黨走福建、廣東者亦皆定。石達開別爲一軍入蜀,亦平。

第二節　捻匪及回亂

捻匪,本山東遊民,相集爲盜,橫行山東、河南、安徽間。清命僧格林沁剿之,匪勢少衰。太平天國亡,餘黨多合於捻,遂復熾,僧格林沁敗死。

前四七年(西元一八六五),清命曾國藩剿之。國藩以淮軍赴之。練馬隊,設黃河水師,創圈制之法。於是匪分爲二:一入陝西,一入山東。國藩去,李鴻章、左宗棠繼之。前四五年(西元一八六七),鴻章平東捻。西捻復入直隸。宗棠踵之,鴻章亦與合圍。至前四九年(西元一八六三),乃殲之運河、馬頰河之間。然自淮以北,凋敝不堪矣。

回族雜在内地,始於唐而盛於元。以宗教不同故,與漢族頗不相能。官吏多袒漢抑回。迨激變,則以招撫爲名,而實則爲所挾制。漢、回相猜,民怨其上,非一日矣。太平軍之起,雲南回人,亦羣起唱亂。其徒杜文秀據大理,馬連升據曲靖,馬德升據省城。挾巡撫徐之銘爲傀儡,之銘亦挾回以自重。前五六年(西元一八五六),岑毓英入滇,撫用回酋馬如龍。至前四○年(西元一八七二)乃定之。而陝、甘回亂轉擴大。

先是陝西募回勇設防。捻匪入,回勇皆潰,劫掠漢人。漢人禦之,回人遂聚衆與漢相鬨。適雲南叛回有入陝者,遂唱之爲亂。甘回亦羣起應之。左宗棠既平捻匪,乃移軍往剿。前四三年(西元一八六九),肅清陝西,進圖甘肅。前四一年(西元一八七一),河東平。越二年,河西亦定。回酋白彦虎等走出關。

第三節　帕夏據新疆及中俄伊犁交涉

陝回之叛也,遣其徒四出招誘。於是回酋妥得璘據烏魯木齊。漢民徐學功,起兵擊敗之。而張格爾子和卓布蘇格,借敖罕兵,入據喀什噶爾。前四五年(西元一八六七),其將阿古柏帕夏,廢而代之,盡有南路八城。妥得璘死,帕夏又據其地。徐學功戰,不勝,內附。

帕夏介徐學功通朝廷,求封冊。又通使英、俄、土耳其。英、俄亦為之請。朝議以用兵繁費,多請許之。左宗棠不可。前三七年(西元一八七五),以宗棠督辦新疆軍務。明年,宗棠盡定天山北路。又明年,進克土魯番。帕夏仰藥死。子伯克胡里與白彥虎退守喀什噶爾,宗棠又進平之。

俄人於道光時,服哈薩克。於是布魯特及吉利吉思,皆仰俄保護。前四四年(西元一八六八),滅布哈爾。前三九年(西元一八七三),滅基華。前三六年(西元一八七六),又滅敖罕。其勢力遂直逼新疆。前四一年(西元一八七一),俄人據伊犂。聲言為我代守,事平即交還。及是,我遣崇厚使俄。為俄所脅,許償俄兵費二百八十萬盧布,而僅歸我伊犂空城。朝臣交章劾之。乃召還,代以曾紀澤。時中、俄彼此備戰,形勢甚急。後乃互讓步,俄人以伊犂歸我,而我加償款為九百萬盧布。許俄於天山南北路,無稅通商。肅州(嘉峪關)、吐魯番,皆設領事焉。

第四章　同光後之朝局及外患

第一節　咸同光間之朝局

文宗初立，求直言，通民隱，頗有圖治之心。後覩天下大亂，遂縱情聲色。載垣、端華、肅順乘之，竊據威福，屢興大獄。前五一年（西元一八六一），文宗崩於熱河。穆宗立，方六歲。載垣、端華、肅順矯遺詔輔政。尊文宗后鈕祜祿氏爲母后皇太后（是爲東太后，諡孝貞）。穆宗生母懿貴妃那拉氏爲聖母皇太后（是爲西太后，諡孝欽）。恭親王奕訢詣熱河，兩后與密定回鑾之策。殺載垣、端華、肅順。二后同垂簾。以奕訢爲議政大臣。時朝廷頗能推心任用漢人，用克削平大難，號爲"中興"。

前三九年（西元一八七三），穆宗親政。孝貞性柔懦，雖同垂簾，而實權皆操於孝欽。孝欽與穆宗后不睦。禁不與同起居。穆宗鬱鬱，遂好微行，成疾。明年，崩。孝欽利立幼主，而文宗弟醇親王奕譞；其福晉，又孝欽妹也，實生德宗。遂立焉。方四歲，兩后再垂簾。

自粵捻之平，孝欽以爲大功已成，頗荒淫。前三一年（西元一八八一），孝貞崩，孝欽益無所忌。前二七年（西元一八八五），遂罷奕訢，代以奕譞。於是寵太監李蓮英，修頤和園。海軍衙門經費，亦以供園中之用。朝政寖壞矣。前二三年（西元一八八九），德宗大婚親政。然大權仍握於后。德宗爲所制，寖不協，遂爲"戊戌政變"之本。

第二節　英法之西南侵略

自五口通商之役，西人始在條約上獲得通商之權利。《天津條約》，則獲得在內地傳教之權利。並一舉而與以協定稅率、領事裁判之權。又開利益均沾之例。而俄人且乘間攘奪我東北之廣土。於是列國並起侵佔，寖自藩屬，及於內地矣。

前三六年(西元一八七六)，李鴻章與英人定約芝罘，開蕪湖、溫州、北海、重慶爲商埠。大通、湖口、武穴、陸溪口、沙市，並許停泊輪船。雲南邊境通商章程，由英派員與滇省督撫商訂。是爲英人勢力伸入西南之始。

先是安南舊阮，以法援復國。許割化南島於法，已而背之。又且礙法人之通商傳教。法人遂佔下交阯六州。馬如龍之定回亂，嘗使法商秋畢伊，爲運軍械，法人始知航紅河可通雲南，謀越益亟。太平天國之亡也，餘黨據東京，後分爲黃旗、黑旗二黨。黑旗黨據勞開，劉永福爲之魁，兵力頗強。越人遂結以謀法。前三八年(西元一八七四)，法人與越結條約於西貢，認爲獨立。約既定，乃以告中國。未之認也。前二九年(西元一八八三)，戰端復啓。法脅越訂保護之約。已而越南改變，否認其約。中國亦自滇、粤派兵入越。旋爲法所敗。李鴻章乃與法人定約，允認法、越前後條約撤兵，而法不要求兵費。旋因撤兵期誤會，彼此衝突。法人遂要求賠償一千萬鎊，中國不許。而中、法之戰端遂開。

我海軍敗績於福州。法人遂陷澎湖，攻臺灣。其陸軍亦陷諒山。廣西提督馮子材復之。岑毓英亦破法軍，進逼興化。法內閣遂倒。而我不諳外情，遽與法定約，承認安南歸法保護。勞開以上，諒山以下，開兩處通商。並允南數省建造鐵路，必雇用法人焉。

前二六年(西元一八八六)，復訂《安南邊境通商細則》。明年，訂《界務專約》五條、《商務續約》十條。開龍州、蒙自、蠻耗爲商埠。前二〇年(西元一八九二)，奕劻訂立《續約》，以河口代蠻耗，又加開思茅。前一八年(西元一八九四)，又訂《續約》，許雲南、廣東、廣西開礦，必聘用法人，並許越南鐵路，得接至中國境內。於是法人之勢力，駸駸侵入內地矣。方越南之與法齟齬也，英、緬交涉，亦多葛藤。前二七年(西元一八八五)，英人乘中、法開戰，滅之。明年，與我定約，英仍歸我十年一貢(惟必使緬甸人)，而我承認英對緬有最高主權。於是"會勘滇緬境界"之問題生。前一八年(西元一八九四)，駐英公使薛福成與英外部立約。我允孟連、江洪不割讓他國。而英許中國人得航行伊洛瓦底江。前一七年(西元一八九五)，奕劻與法使續訂《界約》。以江洪界法。英人以爲責。前一五年(西元一八九七)，再與英定約。開騰越及梧州、三水諸埠。許緬甸鐵道，聯絡至雲南焉。法亦更定約。開思茅、河口兩埠。又許將安南鐵道至龍州後，再延長至百色、南寧。明年，又許以南寧、北海間之敷設權焉。

第三節　日并朝鮮琉球

日本與我交涉,始於前四一年(西元一八七一)。是歲,有琉球人遇颶風,飄至臺灣,爲生番所殺。時琉球王子如日賀親政,日人遂以爲藩屬。前三九年(西元一八七三),使副島種臣來,以生番事件詰問中國。總署答言"生番政教所不及,其事我不能負責。琉球我藩屬,其民被害,與貴國無與"。明年,日人遂自以兵攻生番。我亦盛兵將渡海。日人頗內茬。卒以英使調停,撫邮難民銀十萬兩,償日人在臺修道、建屋之費銀四十萬兩以和。前三三年(西元一八七九),日本遂滅琉球,以爲沖繩縣。

朝鮮李氏,自開國以來,文化頗有進步。然黨爭之風亦甚烈。加以外戚趙、金二氏,互爭政權,糾紛益甚。前四九年(西元一八六三),哲宗殂,無子。憲宗母趙氏立其姪熙,而以熙父大院君昰應,協贊大政。_{朝鮮近代世次如下:}

煊(李氏太祖十六世孫) {
禭——璜——(二十五)哲宗昪
(二十二)正祖祘—(二十三)純祖玜—昊—(二十四)憲宗奂
禛—球—興憲大院君昰應—(二十六)李太王熙—
(二十七)李王坧
}

大院君爲朝鮮國王本生父之稱。朝鮮開國以來,大院君無生存者。至昰應,乃破其例。大院君持鎖國之策甚堅。美人以詰中國。中國答以向不干涉朝鮮內政。副島種臣之來,問總署,美使之言信乎? 答曰:然。前三七年(西元一八七五),日本遂與朝鮮訂約。約中申明朝鮮爲獨立自主之國。

於是朝鮮人分爲"事大"、"獨立"二黨,事大黨多在朝之臣,欲託庇中國。獨立黨多新進之士,欲師法日本。前三〇年(西元一八八二),朝鮮被裁之兵作亂。時大院君已去職,皇妃閔氏之族握權。變兵奉大院君爲主。李鴻章使吳長慶勘定之。執大院君,幽之於保定蓮池書院。遂駐師朝鮮。後以朝鮮王之請,復歸大院君。踰一年,獨立黨金玉均作亂,引日兵入王宮,長慶又代定其亂。又明年,日本使伊藤博文來,與李鴻章定約於天津。約彼此各撤駐朝鮮之兵。嗣後如欲派兵,必互相照會。而中、日之對朝鮮,遂立於同等地位矣。

第四節　中　日　之　戰

前一八年(西元一八九四),朝鮮東學黨作亂,來乞援。詔葉志超、聶士成往援。比至，亂已平。日人亦以兵艦泊漢江口，陸軍環峙京畿。要我共改革朝鮮内政。我國不許，而責日本撤兵。六月，日軍入京城，令大院君執國政。又襲擊中國運船，戰端遂啓。李鴻章初倚英、俄調停，及事急，乃倉卒備戰，遂至事事皆落日後。時聶士成軍駐牙山，爲日軍所襲敗。走公州，與葉志超合。旋同走平壤，就續至左寶貴、馬玉昆、衛汝貴之軍。八月，日陷平壤。左寶貴死之。是月，我海軍亦敗績於大東溝。自是蟄伏威海衛不敢出。日軍渡鴨綠江，連陷九連、安東、寬甸諸城，遂陷岫巖。宋慶退守摩天嶺。日第二軍又陷金州、復州，進攻大連、旅順。宋慶以摩天嶺之防委聶士成，自率大軍往援，不克。僅以重兵守錦州至山海關之間而已。日兵遂陷榮成。明年正月，攻威海，丁汝昌以海軍降敵，而自仰藥死之。二月，其第一、二軍合攻遼東，陷營口、海城、蓋平。海軍陷澎湖，逼臺灣。朝廷不得已，派李鴻章爲全權大臣，與日定約於馬關。

> 認朝鮮爲自主之國。
>
> 割遼東半島沿岸之地，及臺灣、澎湖。
>
> 償兵費二萬萬兩。
>
> 開沙市、重慶、蘇州、杭州爲商埠。
>
> 許日人航行宜昌、重慶間。又自上海入吳淞，經運河至蘇、杭。

旋以俄、德、法三國勸告，增償款三千萬兩，還我遼東。臺灣人舉唐景崧爲總統，劉永福主軍政，謀自立。未幾，舊撫標兵變，景崧出走，日人入臺北。永福據臺南苦戰，卒不敵，內渡。臺灣亡。

第五節　中俄密約及租借地

甲午之戰，中國以大而敗於小，不能無怏怏，而俄合德、法干涉還遼，尤似足爲吾援者。於是前一六年（西元一八九六），李鴻章使俄，賀尼古拉二世加冕，遂與俄人訂立密約，許俄人建造東省鐵路。旋由駐俄使臣許景澄與俄訂立《華俄銀行契約》。更與該行訂立《東省鐵道契約》焉。俄人旋布《東清鐵路條例》，中國悉承認之。據該條例，該行除建造鐵路外，並得經營採礦等業。爲保護鐵路計，又得設置警察。東北無窮之禍機，伏於此矣。

初中國之許外國傳教，始於《天津中法條約》。嗣後天主教士，皆由法保護，教案亦恒由法公使交涉。前二五年（西元一八八七），德相俾斯麥，始命德國教士，在中國傳教者，由該國政府，直接保護。前一五年（西元一八九七）十月，鉅野殺德教士二人，德以兵艦佔膠州灣。明年，與中國立租借九十九年之約，並得建造膠濟及由膠州經沂州、萊蕪至濟南之鐵道，開採鐵道左右之十里內之礦山。於是俄租旅、大（前二十五年，西元一八八七），並得建造東省鐵道支綫。英租威海衞（期限同俄），法租廣州灣（期限同德）。並紛起要求造路、開礦；又爭訂明某處土地不得割讓，謂之曰"勢力範圍"，幾成瓜分之勢矣。

第十編　最近世史下

第一章　清末之情形

第一節　戊戌政變

中國當道光以前，本全不知外情。迨道光、咸豐，兩次戰敗，始知西人兵力之强。洪楊之亂，美人華爾、白齊文，英人戈登，先後將常勝軍，助清作戰。中興諸將，身在行間，知外兵之强尤審。於是亂定以後，設同文館、廣方言館，以教外國語文。派遣生徒，留學西洋，以習其軍事製造之業。陸軍既漸改新操，海軍亦以次振興，而鐵路、輪船、電報等事，亦次第舉辦。似有圖新之象。然所知者，特軍事械器之末而已。而且主持其事者，不過極少數人。大多數人，尚皆極端反對。

迨甲午戰後，而形勢乃驟變。和議之起，康有爲等合會試士子上書，請變法維新，遷都續戰。既不達，乃創强學會於京師。旋被解散。其徒梁啓超等，又發行《時務報》於上海。舉國聳動，始知根本改革之不可緩。德宗亦知國勢之危。前一四年（西元一八九八）夏，擢用有爲、啓超等，大革舊法。而舊黨諸臣，多尼之，聳惠太后，出而干涉。八月，太后遂幽帝，再垂簾。殺有爲弟廣仁、譚嗣同、劉光第、楊深秀、楊銳、林旭。有爲、啓超走海外。一切新政，悉行推翻。

第二節　義和團之亂

有爲之走外國也，后使索之。外人以爲國事犯，不可。后憾焉。舊黨諸臣，又有欲廢帝者。前一三年（西元一八九九），立溥儁爲大阿哥。時白蓮教餘孽義和團，創爲"扶清滅洋"之說，妄言有奇術，可避槍礮。諸親貴及頑固大臣信之,召之入京畿。前一二年(西元一九〇〇)夏,跋扈京、津間,焚教堂,殺教士,毀鐵路電綫。董福祥又以甘軍入京,與之合。五月,清廷下諭,與各國同時宣戰。令董軍合義和團攻使館。令各省殺外人。使館有陰令緩攻者,乃得不破。而德國公使克林德、日本書記杉山彬皆被戕。

兩江總督劉坤一、兩湖總督張之洞、兩廣總督李鴻章、閩浙總督許應騤,否認上諭,與領事團立東南互保之約。戰區乃得縮小。六月,英、俄、法、德、奧、意、美、日八國聯軍陷天津。七月,陷楊村,遂陷京師。太后及德宗走西安。聯軍又西陷保定,東陷塘沽、山海關。佔領關內鐵道。

清廷不得已,以李鴻章爲全權大臣,與各國議和。(鴻章卒,王文韶代之。)外人要求懲辦罪魁,然後開議。前一一年(西元一九〇一)七月,和議成。

> 派親王大臣赴德、日謝罪。
> 賠款四萬五千萬兩,利息四釐。分三十九年償清。
> 許各國駐兵京城,保護使館。
> 拆毀天津城垣,大沽礮臺。

第三節　俄人占據東三省及日俄之戰

戰事之起也,黑龍江將軍壽山,首奉上諭,攻俄。俄人遂陷吉、黑二省,挾奉天將軍增祺,以號令所屬。和議既開,俄人藉口與中國特別關係,須另議。其後以各國非難,乃於前九年(西元一九〇三)三月一日,在中國立撤兵之約。以六個月爲一期,分三期撤退。第一期如約,至第二期之末,則反有增加。時俄人勢力,瀰漫朝鮮。日人初唱"滿韓交換"之議,與俄交涉,不得要領。遂開戰。中國顧宣告中立。其結果:俄兵大敗。旅順、奉天皆失,東洋及波羅的海艦隊俱殲。於是有《朴資茅斯條約》。

> 俄認日本對韓,政治、軍事、經濟上,有卓絕利益;且有指導保護監理之權。
> 旅順、大連灣,轉租於日。東省鐵路支綫,自長春以下,亦割歸日。
> 割樺太島(庫頁)南半。

其中有關中國諸條,由中國與日本結《滿洲善後協約》承認之。並結附約十一條。於三省開埠十餘。(甲)鳳凰城、遼源、新民屯、鐵嶺、通江子、法庫門,(乙)長春、吉林、哈爾濱、寧古塔、琿春、三姓,(丙)齊齊哈爾、海拉爾、璦琿、滿洲里。許日人改修安奉鐵路。

合資設立公司,採伐鴨綠江森林。日人遂以租借地立關東州。由政府投巨資,設立滿洲鐵道會社。東北交涉,益形棘手矣。

第四節　英兵入藏

中國對西藏,素取封鎖主義。前三六年(西元一八七六)《芝罘條約》,始許英人入藏探險。後因認英并緬甸,乘機復取消之。前二三年(西元一八八九),英以哲孟雄爲保護國。明年,與中國訂《藏印條約》。中國承認哲歸英保護。而藏、印通商,則訂明俟後日再議。前一九年(西元一八九三),復訂《續約》。始開亞東爲商埠。而藏人不欲,迄未實行。時俄人頗事籠絡喇嘛達賴,與之通使。日、俄戰時,英人遂乘機入拉薩,達賴奔西寧。班禪與英訂約。

> 亞東關實行開放外,更開江孜、噶大克爲商埠。
> 償英軍費五十萬鎊。
> 藏人內政,不受他國干涉(他國不得派員入境)。
> 藏人土地,不得租賣與他國人。鐵路、道路、電線、礦產等權利,亦不得許他國人;並不得以各項進項,向他國人抵押借債。

外部飭駐藏大臣有泰,不得簽字。前七年(西元一九〇五),移其交涉於京師。結《藏印續約》。以英、藏所訂條約爲《附約》,由《正約》承認之。惟訂明所謂“他國”及“他國人”者,中國不在其內。英允不佔藏地,干藏政。中國亦許不准他國佔藏地,干藏政。約既定,中國代藏付清償款,英乃撤兵。

第五節　滿蒙藏之危機

《滿洲善後協約》之許日人改造安奉鐵路也,除運兵歸國十二個月外,以二年爲改良完竣之期。既踰期,日人始要求派員會勘路線。後因購地事,與東督錫良,又有齟齬。前三年(西元一九〇九)六月,日人遽取自由行動手段。我國不得已,追與訂約,承認之。並同時訂立兩約,以解決三省諸懸案。

(一)撫順、煙臺煤礦,許日人開採。

(二)先是我欲借英款造新法鐵路,日人阻之。及是,允如欲築造,必先與日商議。

(三)俄築東省鐵路時,嘗設立營口支綫。言明路成後,即拆毀。及是允不拆毀，俟南滿鐵路期滿後，一律歸還。

（四）借半日款建築之吉長鐵道，延長至延吉，以接朝鮮鐵道。

（五）我國與朝鮮，本以圖們江爲界。前二〇〇年（西元一七一二）所勘定。後韓人越墾江北。日人遂妄立名目，指其地爲間島。設理事官。及是，允以間島歸我。惟仍許韓民墾種。且開龍井村、局子街、頭道溝、百草溝爲商埠。

我之放棄新法鐵路也，要求建築自錦州經洮南至齊齊哈爾之鐵路，日不反對。日亦要求承造昌圖、洮南間鐵路，以相抵制。其結果，各記入《會議錄》。協約發表後，英、美願借款承造，且延長之，至璦琿。日嗾俄人抗議，遂中止。是歲十二月，美人提議"滿州鐵道中立"，由各國共同借款與中國，俾中國將路贖回。由投資諸國，共同管理；而禁止軍事、政治上之運輸。日、俄共抗之。明年，日、俄復立《協約》，訂明滿洲現狀，儻被迫害，彼此互相商議。另立《密約》，俄認日幷韓，而日認俄在蒙古、新疆取某種行動。是歲，日遂幷韓。

中、俄《伊犂條約》，本定十年一修改。前二一、一一年（西元一八九一、一九〇一）兩次期滿，皆未實行。前一年（西元一九一一），俄人突向外務部提出多款。中有准俄人自由移住蒙、新，得買地建屋，並營無稅貿易等。外部未即承認，俄遽發最後通牒。不得已，並許之。

滇、緬境界，前一八年（西元一八九四）及前八年（西元一九〇四），嘗兩次與英會勘。然止定北緯二十五度三十五分以北。自此以南之地，委諸將來再定。前二年（西元一九一〇），英人派兵入片馬。邊地之形勢，益岌岌矣。

第二章　清之亡及民國成立

清孝欽后自西安還，復貌行新政，以敷衍民意。人民知清之終不足以有爲，於是立憲革命之説大盛。日、俄戰後，國人謂日以立憲而勝，俄以專制而敗，立憲之説益昌。清廷乃於前六年（西元一九〇六）七月，下詔豫備立憲。前四年（西元一九〇八）八月，又定以九年爲實行之期。是歲十月，德宗崩。孝欽后亦死。溥儀立，載灃攝政。國民舉代表，要求速開國會。至再至三，乃許縮短豫備之期限爲五年。前一年（西元一九一一）四月，頒布責任内閣制。以慶親王奕劻爲首相，閣員以皇族佔多數。各省諮議局上書争之，不聽。而盛宣懷長郵傳部，又屬行其"鐵路國有"政策。川、鄂之人，羣起反對。八月十九日（陽曆十月十日），民軍遂起義於武昌。

民軍既起，舉黎元洪爲大都督。外人亦即認爲交戰團體。自是各省相繼反正。清起袁世凱組閣。袁遣軍陷漢陽，我師亦復南京。清載灃辭攝政職，以袁世凱爲全權大臣。袁以唐紹儀爲代表，民軍亦舉伍廷芳爲代表，議和於上海。

先是各省都督府，各派代表，會集於上海。旋分組赴武昌，議決《臨時政府組織大綱》。並議定，以南京爲臨時政府所在地。十一月十日，各省代表集於南京。選舉孫文爲大總統。越三日，爲陽曆一月一日，遂定改用陽曆。以是日爲中華民國元年（西元一九一二）一月一日。大總統於是日在南京就職。

臨時政府既立。唐紹儀辭代表職。由伍廷芳與袁世凱直接電商。至二月十二日，清帝遂遜位。

第三章　民國成立後之形勢

第一節　政局之紛更

清帝之遜位也，委袁世凱以全權。令組織臨時政府。時參議院已成立於南京。於是孫文辭職，薦袁世凱於參議院。二月十五日，參議院選舉袁世凱爲臨時大總統。請南下就職。旋以北京兵變，改於北京就職。

於是參議院修改《臨時政府組織大綱》，爲《臨時約法》。限十個月內，召集國會。及二年(西元一九一三)四月八日，正式國會遂成立。而新舊意見，未能融洽。政府善後大借款條件，頗爲民黨所反對。宋教仁被刺於上海，政府又頗有嫌疑。遂有七、八月間贛寧之役。南軍失敗。十月六日，國會選舉袁世凱爲正式大總統。袁旋下令，解散國民黨，取消國民黨議員資格。國會不足法定人數。三年(西元一九一四)一月十日，遂以命令停止議員職務。

四年(西元一九一五)八月，楊度等立籌安會於京師，通電各省，主張帝制。旋以參政院代行立法院職權，議決國民代表大會組織法，投票公決。其結果，一致主張帝制。並上書推戴袁世凱爲皇帝。袁遂設立大典籌備處，改明年爲洪憲元年。十二月二十五日，蔡鍔起義於滇，稱護國軍。袁遣兵攻之，不克。而各省顧相繼獨立。袁乃於六年(西元一九一七)三月二十三日，取消帝制，廢洪憲年號。命黎元洪等通電，與護國軍議和。護國軍要求袁退位，宣言承認副總統黎元洪爲大總統。旋袁世凱卒，黎乃於六月七日，入公府就職。

於是召集國會，國會旋舉馮國璋爲副總統。及六年(西元一九一七)，對德宣戰案起，政府議員之間，復起衝突。各省督軍，在京開會，要求解散國會。黎旋以命令免國務總理段祺瑞職。倪嗣沖遂獨立於安徽。山東、河南、奉天、浙江、陝西、福建、直隸等省督軍繼之。組織總參謀處於天津，派兵北上。黎召安徽督軍張勳入京調停。勳要黎解散國會而後入。七月一日，突擁溥儀復辟。黎總統避難使館。使至天津，任段祺瑞爲國務總理。八日段誓師馬廠，討平之。黎宣言不與政治，乃由副總統馮國璋入京代理。旋召集臨時參議院，修改國會組織法，召集新國會。七年（西元一九一八）九月四日，選舉徐世昌爲大總統。於十月十日就任。

初國會之解散也。廣東、廣西同時宣言自主，不受非法內閣干涉。旋海軍第一艦隊，亦加入焉。六年（西元一九一七）八月，開非常國會於廣州。組織聯合軍政府。代行國務院職權。時北方段祺瑞主戰，旋以長沙、岳州失守，辭職。及七年（西元一九一八）三月，復任總理。仍企圖對南作戰。然亦迄無效果。及徐世昌就總統職，兩方乃先後停戰。八年（西元一九一九）二月，各派代表議和於上海。至八月，復決裂。其後南方以十年（西元一九二一）四月，舉孫文爲大總統。而北方則始有皖直之戰，繼有直奉之爭。十一年（西元一九二二）六月二日，徐世昌復辭職。十一日，黎元洪入京就職。取消六年解散國會令，以謀南北之統一焉。

第二節　蒙藏之事變

清之季年，頗欲經營蒙、藏，而所任者不得其人。活佛（哲布尊丹巴胡土克圖）遂於前一年（西元一九一一）八月稱立。中國方多故，不暇問。元年（西元一九一二）十月，俄人與蒙古訂約，許助蒙人練兵。拒絕中國駐兵殖民。且訂《俄蒙商務專條》，攫得多種權利。中國與俄交涉，久不得要領。及二年（西元一九一三）十一月，乃訂立草約，俄承認中國對蒙有“宗主權”，而中國承認蒙古有“自治權”（不置官，不派兵，不殖民）。自治區域，以前清庫倫辦事大臣、烏里雅蘇臺將軍、科布多參贊大臣轄境爲限。而我承認《俄蒙所訂商務專條》。

方庫倫之獨立也，呼倫貝爾附和之。俄人又要求我認爲特別區域。迨俄內亂起，蒙人頗受其兵匪蹂躪。八年（西元一九一九）十一月，乃復取消自治。呼倫貝爾亦繼之。十年（西元一九二一）二月，俄舊黨恩琴復陷庫倫。並陷叩林、烏得。而恰克圖則爲蒙、俄新黨所據。政府派兵往剿，久不進。卒乃爲赤塔軍所逐焉。

清末，以趙爾豐爲駐藏大臣，遇藏人頗嚴。達賴遂叛。清遣鍾穎將兵征之。達賴奔印度。清遂革其封號。民國成立，達賴復還，日嗾藏番內犯。袁世凱以尹昌衡爲總司令，擊破之。英人旋代藏要求自治。乃復達賴封號，改剿爲撫。二年（西元一九一三）三月，我與英議約於大吉嶺（後移於西摩拉）。

英認我宗主權，我亦承認外藏有自治權。而所謂內外藏者，僅以紅藍綫畫於附圖。外部電令勿簽約，迄今尚爲懸案。

第三節　最近外交之形勢

中國外交形勢，至甲午以後，乃日益緊迫。各國競以租借地及鐵道、礦山等權利，畫定勢力範圍。幾有無形瓜分之勢。前一三年（西元一八九九），美國務卿海約翰向英、德、俄、法、意、日宣言門户開放、領土保全之旨。六國皆贊同之。於是"均勢"之局漸成。其後英、日既結同盟於前，日、俄復結協約於後。其在滿、蒙、回、藏之行動，又有破壞均勢之象。於是有前清末年東三省之四國借款，冀於吸收外資之中，寓保存均勢之意。民國成立，四國銀行團變而爲六國，旋又以美國退出，變爲五國。卒如日、俄之意，借款以"不妨害二國在滿、蒙之利益"爲前提。迨歐戰起，各國皆不暇顧及遠東，日人遂大唱"東亞門羅"、"大亞細亞"之議。

時我國宣告中立，而日人藉口與英同盟，攻青島，陷之。其攻青島也，自龍口上陸。又軼出我所畫戰區以外，而佔據膠濟鐵路全綫。初本宣言無條件交還我國，繼乃駐兵不撤。我國要求踐約，日人竟向我提出五號二十一條之要求。其後，略加修正，竟於四年（西元一九一五）五月七日，以最後通牒與我。我國不得已，於九日悉承認之。

迨德人宣布潛艇無限制戰爭。我國於六年（西元一九一七）三月十四日，與德絕交。八月十四日，復進而與德、奧宣戰。日人先與英、俄、法、意交涉，承認日本繼承德人在山東之權利，日人乃承認中國加入。時日人於青島設立民政署，又設分署於膠濟沿綫。我國要求撤廢，日人遂要求我合辦膠濟路，且迫我公使，於照會末，附以"欣然同意"字樣，彼乃許撤廢所施民政。且墊付濟順高徐路借款二千萬元。迨俄國革命，與德言和。德人在俄之勢力大張。於是中國有與日本共同防敵之議。又以其間訂結《海陸軍事協定》。日人遂大出兵於北滿。

歐戰既終，復有統一中國鐵路借款，立新銀行團，以承受之之説。以我國政局不定，且輿論亦不一致，迄今未有成議。巴黎和會既開，我國要求將青島由德人直接交還，卒未得當。我國遂但簽字於奧國和約，而以命令宣告"對德戰爭終止"焉。其後日人要求與我直接交涉，交還青島。我國拒之，復提出於華盛頓之太平洋會議。乃以英、美調停，於會外談判。日允定期撤兵。中國允將膠澳開爲商埠。膠濟路由我於五年後收回。高徐濟順路借款，則讓諸國際資本團焉。

外力之侵入，則外資實爲之階。考清代之借外債，始於左宗棠之征新疆。其數甚少。甲午已後，賠款既巨，新政又繁，而外債乃日多。清末之四國借款，民國成立後變爲善後大借款。以鹽稅、關稅爲抵。於北京設立鹽務署，其下分設稽核所及分所，會辦協理，必用外人。又於審計處設立稽核外債室，已有監督一部分財政之嫌。六、七兩年（西元一九一七、一九一八），又借日債至五萬萬之多。可參看劉彥《歐戰期間中日交涉史》。而皆用諸內爭及不生產之途。埃及之前車，誠不可不鑒也。

然外交上之現象，亦有可喜者。則如華府會議，我國提出各條，大體已得各國承認。中、德戰後，所訂條約，已將領事裁判權及協定稅率之則取消。而東省鐵路及長春、哈爾濱間支綫之守備權，亦於七年（西元一九一八）一月，由我收回。凡此皆在外交上開一新紀元，要在我之能自振而已。

第四章　最近世政治制度之變遷

　　吾國制度,大抵歷代相沿,以漸而變。其受外國之影響者,則最近世以來之事也。今述其重要者。

　　清於前五一年(西元一八六一),設立總理各國事務衙門,是爲與外國交涉,設立專官之始。末年變法,中央亦多因事設官。至豫備立憲時,先行改革官制,乃定爲外務、吏、民政、度支、禮、學、陸軍、農工商、交通、理藩、法十一部。責任內閣成立,又裁吏、禮、理藩三部,而增設海軍部。民國今日之十部,亦沿此而小變者也。外官則改按察司爲提法,學政爲提學,增設交涉司。裁分巡,增設勸業、巡警二道。民國成立,乃裁府、直隸州、廳,而存省、道、縣三級焉。

　　戊戌變法,科舉改試論、策、經義。政變後復舊。辛丑回鑾後復改。前七年(西元一九〇五),乃廢科舉,專行學校教育。

　　自洪楊亂後,乃有所謂"練軍"者,裁綠旗兵額,而以其餉加厚選練。甲午戰後,知練軍亦不足恃,乃紛紛改練新操,是爲"新軍"。嘗設練兵處於京師。_{後併入陸軍部。}以總其事。後又改定軍制,擬練新軍爲三十六鎮。未及成而亡。民國之軍制,略沿自清,但改其名稱耳。

　　海軍經始於前五〇年(西元一八六二)。法、越戰時,始立海軍衙門。聘英人琅威理教練,以旅順、威海衛爲軍港。分爲南洋、北洋二艦隊。甲午戰後,海軍衙門既撤,軍港亦租借,幾於不能成軍。其僅存者,即今日第一、第二艦隊也。

　　初時不諳外情,與外人訂約,貿然以領事裁判權許之。其後頗思取消,乃有改良法律之議。命沈家本修改舊律,改笞、杖爲罰金,徒流爲工作,死刑存絞、斬,而廢凌遲、梟首等。嘗定商律、公司律頒行之。其後民刑、商法及民、刑事訴訟法,皆有草案。審判改大理寺爲大理院,爲最高審。而其下有高等、地方、初等之審。民國亦略沿其制。國民革命軍北伐以來,政制乃大改前觀矣。

　　稅法，以新關及釐金爲最大。新關設於通商以後，總稅務司及各關稅務司，皆用外國人。初隸總署，前六年（西元一九〇六），乃設稅務處以統轄之。新關增設後，稱舊有之關爲常關。距新關五十里以內者，亦歸新關兼管。輸入稅率，爲值百抽五，定於約章。然因物價變動故，實際所抽，尚不及此數。辛丑和約，以賠款甚巨，許我裁釐後改爲值百抽一二.五，而迄未實行。最近華府會議，始允設立修改稅則委員會，先改爲切實值百抽五。其值百抽一二.五之議，則仍俟裁釐後實行焉。

　　釐金起洪楊亂後，屬布政司。委員設局卡徵收。病商頗甚。末年乃有改爲統捐，及出產稅或消場稅者。今尚三法並存，總稱爲貨物稅。

附錄：新學制高中教科書本國史改正表①

面	行	字	原　文	改　正
二五一（一三三）	一〇（十四）	二八（二十八）	匪	黨
又（一三三）	一二（十七）	二九（四）	賊	敵
二五二（一三三）	一（十七）	一一（十七）	賊	敵
又（一三三）	八（二十四）	一（五）	匪	黨
二五三（一三四）	二（三）	一一（十六）	亂	變
二六九（一四三）	三（九）	三（八）	匪	黨
二七九（一四九）	六（三）		…亦有竊取西教之説以資煽動者洪秀全花縣人嘗竊取基督教旨自創一教曰"上帝教"而名其教會曰"三點"廣西下流社會信之者頗多…	…亦有藉西教之説以資號召者洪秀全花縣人嘗藉基督教旨自創一教曰"上帝教"而名其教曰"三點"廣西平民階級信之者頗多…
二九五（一五七）	六（二十一）	二一（二）	孳	黨
又（一五八）	八（一）	九一一〇（二十一二十一）	跋扈	橫行
三〇九（一六四）	五一八（二十一一二十四）		…日人遂要求我合辦膠濟路且迫我公使……於是中國有與日本共同防敵之議…	…日人遂要求中國合辦膠濟路且迫北政府公使……於是中國一班帝國主義之走狗乃有與日本共同防敵之議…
三〇九（一六四）	九一一〇（二十六一二十七）		歐戰既終…以我國政局不定且輿論亦不一致迄今未有成議…	歐戰告終……以我國國民羣起反對遂未成議…
三一一（一六六）	八（七）		…民國今日之十部…	…民國成立時所設之十部…
三一二（一六六）	一（十三）	四（四）	亂	變
又（一六六）	一二（二十五）		…民國亦略沿其制	…民國初成立時亦略沿其制

---

① 表格所錄,均系本書初版的頁碼,行數和字數;括號内所錄,系本册的頁碼、行數和字數,由編者所加。

復興高級中學教科書　本國史

前　　言

　　《復興高級中學教科書　本國史》原分上、下兩册,上册上海商務印書館一九三四年二月初版,下册一九三四年八月初版。爲了糾正《新學制高級中學教科書　本國史》因用文言叙事太爲概括的問題,本書編撰時改用白話,叙述上力求具體而少作概括。全書約四十萬字,自上古社會一直叙述到二十世紀三十年代。吕先生在"例言"中指出:"本書編纂,雖系自古而今,依著時間的順序排列。然使用之時,即先授第四、五編——近世史、現代史——亦無不可。因爲近世和現代的事,和眼前的生活較爲切近,學生容易瞭解,亦容易有興味。"先生又指出:"編教科書,自不宜羼入議論。但此亦祇指空論或偏激穿鑿之談。至於正確的理論,成爲讀史的常識的,則不徒不在禁例,並宜爲相當的輸入。又利用歷史以激發人民的愛國心等等,亦爲有失忠實之道。但此亦以與史實不合者爲限。至於陳古可以鑒今;讀了某種史實,自然會感動憤發,自亦不在此例。"

　　《復興高級中學教科書　本國史》曾有多次再版和重印,[①]如上册有一九四六年九月第七十九版,一九四八年五月修訂本第二十版;下册有一九四一年六月第五十八版,一九四八年十月第八十二版等。又改名爲《中國史》(上海古籍出版社二〇〇六年七月新版重印)、《中國簡史》(中國工人出版社"大衆歷史經典館"叢書二〇〇七年六月出版)、《吕思勉講中國史》(香港商務印書館二〇一〇年七月出版)等新版重印。也收入上海古籍出版社"吕思勉文集"《吕著中小學教科書五種》[②](二〇一一年六月出版)。此次我們將《復興高

---

　　① 有關《復興高級中學教科書　本國史》的再版、重印情況,詳見《吕思勉全集》之《吕思勉先生編年事輯》附録二《吕思勉先生著述繫年》的記録。

　　② 收入吕先生的《新式高等小學　國文教科書》、《新學制高級中學教科書　本國史》、《復興高級中學教科書　本國史》、《高中複習叢書　本國史》、《初中標準教本　本國史》及附録中國通史教學提綱六種。

級中學教科書　本國史》收入《吕思勉全集》重印出版，依商務初版本做了整理校對，訂正了勘誤和錯字，原章節注一律改爲文中夾注，編者按語均作頁下注，其他如文字概念、體例格式等均按原書刊印不改。

李永圻　張耕華

二〇一四年八月

例　言

一　民國十三年商務印書館出版的《新學制高中本國史教科書》，係鄙人所編。出版之後，徵諸各方面的評論，似乎以爲尚屬可用。惟間有嫌其太深的。鄙人自行覆視，似乎過深之處，尚不甚多。惟(1)該書係用文言；(2)敍述力求揭舉綱要，其詳則留待教師的指示和學生的參考，因此措語較爲渾括，而讀之遂覺其過深。所以前書的嫌深，在内容一方面，關係尚少；在文字一方面，關係轉覺其較多。所以此次編纂，改用白話；敍述亦力求其具體，少作概括之辭。無論教師或學生，使用起來，該都較前書爲便利。

一　白話的易於了解，全在其(1)語調和(2)述説的順序，都較文言爲接近。至於名詞，倒是無甚關係的。況且名詞是萬不能譯作白話的。所以此篇都一仍其舊。至於語句，似乎可以隨便些。然亦有含義繁複，勉强改譯，必至失真的，如第三編第六章注中所引漢刺史所奉六條詔書是。又有須就其原文加以考釋的，第二編中所引經子，此例特多。此等處若教師能明白講解，學生能細心體會，原亦無甚難解。況且此等用語，自己讀史時，亦總是要遇到的。在高中時期，亦應有相當的訓練。所以此編亦一仍其舊。此等皆有删節，無改易。必不得已，寧可再下解釋。此外還有一種，是歷史中特別精彩，或足以振起精神的文字，間引一二，以助讀者的興味，如第三編第十一章所引《史記・平準書》，第三十六章所引司馬光疏語，第四十七章所引《明實錄》是。

一　鄙人對於中國史分期的意見，具見前書例言中。此次教育部所定《教材大綱》，分期之法，和鄙意無大出入。故即遵照編纂，以期劃一。至於每一時期之中，又可分爲數小期，則其意見，具見第一編第四章中，兹不贅述。

一　本書編纂，雖係自古至今，依着時間的順序排列。然使用之時，即先授第四、五編——近世史、現代史——亦無不可。因爲近世和現代的事，和眼前的生活較爲切近，學生容易了解，亦容易有興味。固然，史事係逐步發展，讀後世史，必須溯其原於古，乃能真實了解。然必先覺有興味，乃能引起其探求之心。而讀古代史時，得後世史事，以資比較，亦更容易了解——因爲古史多是殘缺不全的，而帶神話、傳説等性質亦較多。

　　一　一部十七史，從何説起，昔人早有此感慨。何況今日，史實愈繁；一因史實的累積，一因觀點的不同，而史料增加。中等學生，又非專門研究之家。要在僅少時間中，探原於既往以説明現在；所舉示的，既不能失之繁蕪，又不能過於漏略；既不能失之艱深，又不能過於膚淺，這是談何容易的事？無論何人，編纂起來，恐亦不敢自信，何況如鄙人的淺學。兹編所注重：（1）爲一時代中重要之事，如漢之外戚、宦官，唐之藩鎮。（2）則其事對於現在社會，仍有直接影響的，如明、清兩代的制度。敍述均較詳。其餘則較略。無甚關係之事，或徑從删削，以免頭緒紛繁之病。其有不能不敍及以備始末的，則存之於注。

　　一　史事敍述，最宜忠實。有等事，逐細敍來，似嫌瑣屑，然一經改作概括之語，便不免於失真。本書於此等處，寧任其稍繁，不敢以意改易。但亦有宜避其過繁，以節省學者的腦力的。以最經濟的方法，俾學者得最精要的知識，原係教授目的之一。如第三編第二十二章，引《唐書·地理志》所載賈耽所記入四夷之路，其中重要的地名，都用原名而釋以今地；其較不重要的，則但以今地名示其路綫的概略，即其一例。

　　一　講歷史是離不開考據的。考據無論如何精確，總衹是考據，不能徑作爲事實，這是原則。但亦有例外。如佛教的輸入，斷不能將宗教家的傳説，即認爲事實，後人考據的結果，其勢不能不採。第三編第十章，這看似例外，其實此等傳説，不能認爲事實，亦正是史學上的公例。但鄙人於此等處，必格外謹慎。所採取的，必係前人的成説，大略爲衆所共認的，決不羼以自己的意見。且必著明其如何考據而得，俾學者並可略知考據的方法。

　　一　考據宜避瑣碎，這不是對專門家説的話。專門家的考據，正以愈瑣碎而愈見其精詳。因爲有許多大事，係聯結小事而成；又有許多大關係，是因小節目而見的，但這亦不是對中學生説的話。教授中學生的材料，若過於瑣碎，他不知其在全局中的關係，就不免遊騎無歸，變爲徒費腦力了；而且易人於歧途。此篇於此等考據，概不闌入。所採取的，都是能發明歷史上重要事實的真相；或則貫串許多事實，示人以重要概念的。如顧亭林先生的《日知録》、趙甌北先生的《陔餘叢考》等，所採較多。

　　一　對於考據問題，一個人的意見，往往前後不同，這是無可如何的事。此書的編纂，距離編新學制高中教科書時，將近十年了。鄙人的意見，自亦不能全無改變。如漢族由來，鄙人昔日主張西來之説，今則對於此説亦不敢相信。又如伏羲氏，鄙人昔亦認爲遊牧時代的君主，今則以爲黃帝居河北，係遊牧之族；羲、農之族居河南，自漁獵徑進於耕稼，並未經過遊牧的階級。又如堯、舜、禹的禪讓，昔日認爲絕無其事，今則對此的意見，較爲緩和。此等處，一一都將舊説改正。自信今是而昨非。但亦不知今之果是乎？非乎？惟有仰望大雅弘達的教正而已。

一　編教科書，自不宜羼入議論。但此亦祇指空論或偏激穿鑿之談。至於正確的理論，成爲讀史的常識的，則不徒不在禁例，並宜爲相當的輸入。又利用歷史以激發人民的愛國心等等，亦爲有失忠實之道。但此亦以與史實不合者爲限。至於陳古可以鑒今；讀了某種史實，自然會感動憤發的，自亦不在此例。又貫串前後，指示史事的原因結果，及其變遷之所以然的，則看似議論，實係疏通證明的性質，其不能強指爲主觀，自更無待於言了。本書從表面上看，似乎有發議論之處，實皆謹守此三例，所以自信爲尚無臆逞之弊。

一　歷史的有年代，猶地理的有經緯綫。必一見紀年，即能知其事在時間上的位置，方爲有用。准此以談，舊日用君主年號紀年之法，其不能適用，自然無待於言，前編新學制教科書時，係用民國紀元；辛亥以前，均用逆計。此法，年代的先後，固亦可一見而知；惟逆計太多，亦總覺其不便。此編徑用公元，以便用世界史互相對照。中國歷史紀年，是否應徑用公元，自亦成爲一問題。但就目前的情形而論，則似乎此法較爲便利，所以本編用之。好在教科書本應時時改良，並不是有永久性質的。

一　歷史、地理兩科，關係極密。治歷史的人，必先明白地文地理；次則歷代的政治區劃，亦宜知其大概；然後任舉一地名，大略知其在何處，即能知其有何等關係。關於前者，宜在地理科中致力。後者宜時時翻閱歷史地圖。本書第一編第三章，所舉歷代政治區劃的大概，自信尚屬簡要。一時固不必強記，如能用作綱領，參考他種書籍，多和讀史地圖，對讀幾過，似於讀史不無裨益。

一　吾國書籍，向分經史子集四部，這原不過大概的分類。何況今日，史學上的觀點，和從前不同，一切書籍，都應用平等的眼光，認作史材。編歷史的人，所引據的不能限於史部，自更無待於言。茲編引據之例，即係如此。所引的書，自信都較爲可信；引據的方法，自信亦尚謹嚴。教者如能善爲啟示，並可使學生略知判別書籍及引用書籍的方法。

一　讀史地圖、年表、系譜，都是讀史者當備的書，所以本書中不再附入。偶或附入，則是普通圖譜所不具；或則讀課文時必須對照的。有時徑以此代敍述。改求簡明，亦以養成讀圖譜的能力。

目　　録

復興高級中學教科書　本國史下册

第一編　緒論

第一章　歷史的定義和價值

歷史是怎樣一種學問？究竟有什麼用處？

從前的人，常說歷史是"前車之鑒"，以爲"不知來，視諸往"。前人所做的事情而得，我可奉以爲法；所做的事情而失，我可引以爲戒。這話粗聽似乎有理，細想却就不然。世界是進化的，後來的事情，決不能和已前的事情一樣。病情已變而仍服陳方，豈惟無效，更恐不免加重。我們初和西洋人接觸，一切交涉就都是坐此而失敗的。

又有人說：歷史是"據事直書"，使人知所"歉懼"的。因爲所做的事情而好，就可以"流芳百世"；所做的事情而壞，就不免"遺臭萬年"。然而昏愚的人，未必知道顧惜名譽。强悍的人，就索性連名譽也不顧。況且事情的真相，是很難知道的。稍微重要的事情，衆所共知的就不過是其表面；其内幕是永不能與人以共見的。又且事情愈大，則觀察愈難。斷没有一個人，能周知其全局。若說作史的人，能知其事之真相，而據以直書，那就非愚則誣了，又有一種議論：以爲歷史是講褒貶、寓勸懲，以維持社會的正義的。其失亦與此同。

凡講學問，必須知道學和術的區別。學是求明白事情的真相的，術則是措置事情的法子。把舊話說起來，就是"明體"和"達用"。歷史是求明白社會的真相的。什麼是社會的真相呢？原來不論什麼事情，都各有其所以然。我，爲什麼成爲這樣的一個我？這決非偶然的事。我生在怎樣的家庭中？受過什麼教育？共些什麼朋友？做些什麼事情？這都與我有關係。合這各方面的總和,纔陶鑄成這樣的一個我。個人如此,國家社會亦然。各地方有各地方的風俗;各種人有各種人的氣質;中國人的性質,既不同於歐洲;歐洲人的性質,又不同於日本;凡此都決非偶然的事。所以要明白一件事情,必須追溯到既往;現在是決不能解釋現在的。而所謂既往,就是歷史。

所以從前的人說:"史也者,記事者也。"這話自然不錯。然而細想起來,卻又有毛病。因爲事情多着呢! 一天的新聞紙,已經看不勝看了。然而所記的,不過是社會上所有的事的千萬分之一。現在的歷史,又不過是新聞紙的千萬分之一。然則歷史能記着什麼事情呢? 須知道:社會上的事情,固然記不勝記,卻也不必盡記。我所以成其爲我,自然和從前的事情,是有關係的;從前和我有關係的事情,都是使我成其爲我的。我何嘗都記得? 然而我亦並未自忘其爲我。然則社會已往的事情,亦用不着盡記;祇須記得"使社會成爲現在的社會的事情",就彀了。然則從前的歷史,所記的事,能否盡合這個標準呢?

怕不能罷? 因爲往往有一件事,欲求知其所以然而不可得了。一事如此,而況社會的全體? 然則從前歷史的毛病,又是出在哪裏呢?

我可一言以蔽之,說:其病,是由於不知社會的重要。惟不知社會的重要,所以專注重於特殊的人物和特殊的事情。如專描寫英雄、記述政治和戰役之類。殊不知特殊的事情,總是發生在普通社會上的。有怎樣的社會,纔發生怎樣的事情;而這事情既發生之後,又要影響到社會,而使之政變。特殊的人物和社會的關係,亦是如此。所以不論什麼人、什麼事,都得求其原因於社會,察其對於社會的結果。否則一切都成空中樓閣了。

從前的人不知道注意於社會,這也無怪其然。因爲社會的變遷,是無跡象可見的。正和太陽影子的移動,無一息之停,人卻永遠不會覺得一樣。於是尋常的人就發生一種誤解。以爲古今許多大人物,所做的事業不同,而其所根據的社會則一。像演劇一般,劇情屢變,演員屢換,而舞臺則總是相同。於是以爲現在艱難的時局,祇要有古代的某某出來,一定能措置裕如,甚而以爲祇要用某某的方法,就可以措置裕如。遂至執陳方以藥新病。殊不知道舞臺是死的,社會是活物。

所以現在的研究歷史,方法和前人不同。現在的研究,是要重常人、重常事的。因爲社會正是在這裏頭變遷的。常人所做的常事是風化,特殊的人所做特殊的事是山崩。不知道風化,當然不會知道山崩。若明白了風化,則山崩祇是當然的結果。

一切可以說明社會變遷的事都取他;一切事,都要把他來說明社會的變遷。社會的變遷,就是進化。所以:"歷史者,所以說明社會進化的過程者也。"

歷史的定義既明,歷史的價值,亦即在此。

第二章　我國民族的形成

民族和種族不同。種族論膚色，論骨骼，其同異一望可知，然歷時稍久，就可以漸趨混合；民族則論語言，論信仰，論風俗，雖然無形可見，然而其爲力甚大。同者雖分而必求合，異者雖合而必求分。所以一個偉大的民族，其形成甚難；而民族的大小和民族性的堅强與否，可以決定國家的盛衰。

一國的民族，不宜過於單純，亦不宜過於複雜。過於複雜，則統治爲難。過於單純，則停滯不進。我們中國，過去之中，曾吸合許多異族。因爲時時和異族接觸，所以能互相淬礪，採人之長，以補我之短；開化雖早，而光景常新。又因固有的文化極其優越，所以其同化力甚大。雖屢經改變，而仍不失其本來。經過極長久的時間，養成極堅强的民族性，而形成極偉大的民族。

各民族的起原發達，以及互相接觸、漸次同化，自然要待後文纔能詳論。現在且先作一個鳥瞰。

中華最初建國的主人翁，自然是漢族。漢族是從什麼地方遷徙到中國來的呢？現在還不甚明白。見第二編第一章。既入中國以後，則是從黃河流域向長江流域、粵江流域漸次發展的。古代的三苗國，所君臨的是九黎之族，而其國君則是姜姓。《書經·堯典》："竄三苗於三危。"《釋文》引馬（融）王（肅）云："國名也。縉雲氏之後爲諸侯，蓋饕餮也。"《吕刑正義》："韋昭曰：三苗，炎帝之後，諸侯共工也。"《淮南子·修務訓注》："三苗，蓋謂帝鴻氏之裔子渾敦，少昊氏之裔子窮奇，縉雲氏之裔子饕餮。三族之苗裔，故謂之三苗。"案三族苗裔之説，似因字面附會。但即如所言，亦仍有縉雲氏的苗裔在内，《史記·五帝本紀·集解》引賈逵説："縉雲氏，姜姓也。炎帝之苗裔。"與韋昭、馬融説都合。惟韋昭又謂爲共工，似與《書經》的流共工竄三苗分舉相背。然《國語·周語》：太子晉説："共之從孫四岳佐禹。""稱四岳國，命爲侯伯，賜姓曰姜，氏曰有吕。"韋昭《注》引賈逵説，亦以共工爲炎帝之後，姜姓。則三苗爲姜姓之國，是無疑義的。《禮記·緇衣正義》引《吕刑》鄭（玄）《注》："苗民，謂九黎之君也。"黎，後世作俚，亦作里。《後漢書·南蠻傳》："建武十二年，九真徼外蠻里張游，率其種人，慕化内屬，封爲歸漢里君。"《注》："里，蠻之别號，今呼爲俚人。"這大約是漢族開拓長江流域最早的。到春秋時代的楚，而益形進化。同時，沿海一帶，有一種斷髪文身的人，古人稱之爲越。就是現在的馬來人，參

183

看第十一章。吳、越的先世，都和此族人雜居。後來秦開廣東、廣西、福建爲郡縣，所取的亦是此族人之地。西南一帶有濮族。現在的猓玀。參看第三編第七章。西北一帶有氐、羌。西南的開拓，從戰國時的楚起，至漢開西南夷而告成。西北一帶的開拓，是秦國的功勞。戰國時，秦西併羌戎，南取巴、蜀，而現今的甘肅和四川，都大略開闢。

在黃河流域，仍有山戎和玁狁，和漢族雜居。玁狁，亦稱爲胡，就是後世的匈奴。山戎，大約是東胡之祖。戰國時代，黃河流域，和熱、察、綏之地，都已開闢。此兩族在塞外的，西爲匈奴，東爲東胡。東胡爲匈奴所破，又分爲烏桓和鮮卑。胡、羯、匈奴的別種。居於上黨武鄉羯室，因以爲號（在今山西遼縣）。鮮卑、氐、羌，漢時有一部分入居中國。短時間不能同化，遂釀成五胡之亂。經過兩晉南北朝，纔泯然無跡。

隋唐以後，北方新興的民族爲突厥。回紇，現在通稱爲回族。此族人，現在中國通稱爲回，歐洲人則通稱爲突厥，即今譯的土耳其。見《元史譯文證補》卷二十七中。其本名實當稱丁令，見第三編第二十一章。西南方新興的民族爲吐蕃，現在通稱爲藏族。東北則滿族肇興，金、元、清三代，都是滿族的分支。於是現在的蒙古高原，本爲回族所據者，變爲蒙古人的根據地，回族則轉入新疆。西南一帶，苗、越、濮諸族的地方，亦日益開闢。

總而言之：中華的立國，是以漢族爲中心。或以政治的力量，統治他族；或以文化的力量，感化他族。即或有時，漢族的政治勢力不競，暫爲他族所征服，而以其文化程度之高，異族亦必遵從其治法。經過若干時間，即仍與漢族相同化。現在滿、蒙、回、藏和西南諸族，雖未能和漢族完全同化，而亦不相衝突。雖然各族都有其語文，而在政治上、社交上通用最廣的，自然是漢語和漢文。宗教則佛教盛行於蒙、藏，回教盛行於回族。滿族和西南諸族，亦各有其固有的信仰。漢族則最尊崇孔子。孔子之教，注重於人倫日用之間，以至於治國平天下的方略，不具迷信的色彩。所以數千年來，各種宗教在中國雜然並行，而從沒有爭教之禍。我國民族的能團結，確不是偶然的。

第三章　中國疆域的沿革

普通人往往有一種誤解：以爲歷史上所謂東洋，係指亞洲而言；西洋係指歐洲而言。其實河川、湖泊，本不足爲地理上的界綫。烏拉山雖長而甚低，高加索山雖峻而甚短，亦不能限制人類的交通。所以歷史上東西洋的界限，是亞洲中央的葱嶺，而不是歐、亞兩洲的界綫。葱嶺以東的國家和葱嶺以西的國家，在歷史上儼然成爲兩個集團；而中國則是歷史上東洋的主人翁。

葱嶺以東之地，在地勢上可分爲四區：

（一）中國本部　包有黃河、長江、粵江三大流域。

（二）蒙古新疆高原　以阿爾泰山系和崑崙山系的北幹和海藏高原、中國本部及西伯利亞分界。中間包一大沙漠。

（三）青海西藏高原　是亞洲中央山嶺蟠結之地。包括前後藏、青海、西康。

（四）關東三省　以崑崙北幹延長的内興安嶺和蒙古高原分界。在地理上，實當包括清朝咸豐年間割給俄國之地，而以阿爾泰延長的雅布諾威、斯塔諾威和西伯利亞分界。

四區之中，最先發達的，自然是中國本部。古代疆域的記載，最早的是《禹貢》。《禹貢》所載，是否禹時的情形？頗可研究。即使承認他是的，亦祇是當時聲教所至，而不是實力所及。論實力所及，則西周以前，漢族的重要根據地大抵在黃河流域。至春秋時，楚與吳、越漸强；戰國時，巴、蜀爲秦所併，而長江流域始大發達。秦取今兩廣和安南之地，置桂林、南海、象郡，福建之地置閩中郡，而南嶺以南，始入中國版圖。

其對北方，則戰國時，魏有上郡；趙有雲中、雁門、代郡；燕開上谷、漁陽、右北平、遼西、遼東五郡，上郡，今陝西綏德縣。後入於秦。雲中，今山西大同縣。雁門，今山西右玉縣。代郡，今山西代縣。上谷，今河北懷來縣。漁陽，今河北密雲縣。右北平，今河北盧龍縣。遼西，今河北撫寧縣（漢時的陽樂縣）。《水經·濡水注》："陽樂，故燕地，遼西郡治。秦始皇二十二年置。"）。遼東，今遼寧遼陽縣。而熱、察、綏和遼寧省之地，亦入中國版圖。其漠北和新疆省，是漢時纔征服的。但此等地方，未能拓爲郡縣，因國威的張弛，而時有贏縮。

青海，漢時爲羌人所據，西藏和中國無甚交涉。唐時，吐蕃强盛，而其交涉始繁。元初征服其地，行政上隸屬於宣政院。

總而言之：漢唐盛時，均能包括今之蒙古、新疆。至西藏之屬於中國，則係元、清時代之事。但當秦開南越時，我國即已包有後印度半島的一部。至漢時，並以朝鮮半島的北部爲郡縣。唐以後，此兩半島均獨立爲國，我國迄未能恢復。明成祖曾一恢復安南，宣宗仍棄之。見第三編第四十三章。中國疆域的贏縮，大略如此。

至於政治區劃：則據《禹貢》所載，大約今河北、山西，是古代的冀州。山東省分爲青、兗二州。江蘇、安徽的淮水流域是徐州，江以南爲揚州。河南和湖北的一部是豫州。自此南包湖南是荆州。四川是梁州。陝、甘，是雍州。秦時，此等地方和戰國時新開之地，分爲三十六郡。而桂林、南海、象、閩中四郡在其外。漢時十三部，大略古代的冀州析而爲幽、冀、薊三州。關中屬司隸校尉。甘肅稱涼州。荆、揚、青、徐、兗、豫，疆域略與古同。四川稱益州，兩廣稱交州。唐時，今河北省爲河北道。山西省爲河東道。陝西省爲關內道。甘肅、寧夏爲隴右道。山東、河南爲河南道。江蘇、安徽的江以北爲淮南道。其江以南及湖南、江西、浙江、福建爲江南道。湖北和湖南、四川、陝西的一部分爲山南道。四川之大部分爲劍南道。兩廣爲嶺南道。後來區劃又較詳，而宋代的分路，大略沿之。元代疆域最廣，始創行省之制。現在的河北、山西、直隸於中書省。河南、山東及江蘇、安徽的北部、湖北省的大部分爲河南省。江蘇、安徽的南部和浙江、福建爲江浙省。江西和廣東爲江西省。湖北的一小部分和湖南、廣西爲湖廣省。雲南、四川，疆域略和現在相像。陝西包括現在甘肅的大部分，而寧夏和甘肅西北境，別爲甘肅省。遼寧爲遼陽省。明清兩代的區劃略和現代相近。不過明代陝、甘、蘇、皖、湘、鄂都不分，所以清代所謂十八省者，在明代祇有十五。清代將中國本部分成十八省。新疆和關東三省，則係末年始改省制的。其時共得行省二十二。其西康、熱河、察哈爾、綏遠、寧夏、青海，則到民國纔改爲省制的。

第四章　本國史時期的劃分

　　歷史事實，前後相銜。強欲分之，本如"抽刀斷流，不可得斷"。但是爲明瞭變遷大勢起見，把歷史劃分做幾個時期，也是史家常用的法子。

　　中國的歷史，當分幾期，這是顯而易見的。三代以前，我國還是個列國並立的世界，當劃爲一期。自秦以後，便入於統一的時代了。自此，直至近世和歐人接觸以前，内部的治化，雖時有變遷；對外的形勢，亦時有漲縮；然而大體上，總是保守其閉關獨立之舊約。這個當劃爲一期。從中歐交通以後，至民國成立之前，其間年代，雖遠較前兩期爲短；然這是世運的進行，加我以一個新刺戟，使之脱離閉關自守之策，進而列於世界列國之林的，亦當劃爲一時期。民國成立，至今不過二十二年。却是我國改良舊治化，適應新環境的開始。一切都有更始的精神。以後無窮的希望，都將於此植其基。其當另劃爲一期，更不待言。

　　所以自大體言之，我國的歷史，可劃分爲上古、中古、近世、現代四個時期。這是大概的劃分。若更求其詳，則每一時期中，亦可更分幾個小階段。

　　在上古期中，巢、燧、羲、農，略見開化的跡象。自黃帝御宇，東征西討，疆域大拓。自此稱爲天子的，其世系都有可考。雖然實際還是列國並立，然已有一個衆所認爲共主的，這是政治情勢的一個轉變。東周以後，我民族從各方面分歧發展。地醜德齊之國漸多，王朝不復能號令天下。號令之權，移於"狃主齊盟"的霸主。戰國時代，霸主的會盟征伐，又不能維繫人心了。諸侯各務力征，互相兼併，到底從七國併而爲一國。雜居的異族，亦於此競争劇烈之秋，爲我所攘斥、所同化。隆古社會的組織，至此時代，亦起劇烈的變遷。學術思想，在這時代，亦大爲發達而放萬丈的光焰，遂成上古史的末期。

　　中古史中：秦漢兩代，因内國的統一而轉而對外。於是有秦皇漢武的開邊。因封建制度的鏟除，而前此層累的等級漸次平夷；而君權亦因此擴張。實際上，則因疆域的廣大，而政治日趨於疏闊；人民在政治上的自由，日以增加；而社會亦因此而更無統制。競爭既息，人心漸入於寧靜。而學術思想，亦由分裂而入於統一。這是第一期。因兩漢的開拓，而有異族入居塞內的結果。因疆域廣大，亂民蜂起之時，中央政府不能鎮壓，而地方政府之權不得不加重，於是有後漢末年的州郡握兵，而成三國的分裂。晉代統一未久，又有五胡亂華之禍。卒致分裂爲南北朝。直至隋代統一，而其局面乃打破。這是第二期。隋唐之世，從積久戰亂之餘，驟見統一，民生稍獲蘇息，國力遂復見充實。對外的武功，回復到秦漢時代的樣子。這是第三期。唐中葉以後，軍人握權，又入於分裂時代。其結果，則政治上的反動，爲宋代的中央集權。而以國力疲敝之政，異族侵入，莫之能禦，遂有遼、金、元的相繼侵入。明代雖暫告恢復，亦未能十分振作，而清室又相繼而來。這是第四期。

　　近世這一期，是我們現在直接承其餘緒而受其影響的。清朝雖亦是異族，然其對於中國的了解，較胡元爲深。其治法遵依中國習慣之處，亦較胡元爲多。因其能遵依中國的習慣而利用中國的國力，所以當其盛世，武功文治，亦有可觀。假使世界而還是中古時期的樣子，則我們現在，把這客帝驅除之後，就更無問題了。然而閉關的好夢，已成過去了。歐風美風，相逼而來，再不容我們的鼾睡。自五口通商以後，而門戶洞開，而藩屬喪失，外人的勢力，深入內地。甚至劃爲勢力範圍，創作瓜分之論；又繼之以均勢之說。中國乃處於列強侵略之下，而轉冀幸其互相猜忌，維持均勢，以偷旦夕之安。經濟的侵略，其深刻，既爲前此所無；思想的變動，其劇烈，亦非前此所有。於是狂風橫雨，日逼於國外，而軒然大波，遂起於國中了。所以近世史可分爲兩個小期。西力業已東漸，我國還冥然罔覺，政治上、社會上，一切保守其舊樣子，爲前一期。外力深入，不容我不感覺，不容我不起變化，爲後一期。五口通商，就是這前後兩期的界綫。

　　現代史是我們受了刺戟而起反應的時代。時間雖短，亦可以分做兩期。革命之初，徒浮慕共和的美名，一切事都不徹底，所以釀成二十年來的擾亂。自孫中山先生，確定三民主義、五權憲法，爲我民族奮鬥、國家求治的方針。對內則鏟除軍閥，以求政治的清明；對外則聯合被壓迫民族，廢除不平等條約，以期國際關係的轉變。雖然革命尚未成功，然而曙光已經發現了。所以國民政府的成立，亦當在現代史上，劃一個新紀元。

　　以上祇是指示一個大勢，以下再舉史實以證明之。

第二編　上古史

第一章　我國民族的起源

　　我國現在所吸合的民族甚多,而追溯皇古之世,則其爲立國之主的,實在是漢族。漢族是從什麼地方遷徙到中國來的呢? 這個在現在,還是待解決的問題。從前有一派人,相信西來之説。他們説:據《周官·大宗伯》和《典瑞》的鄭注:古代的祭地祇,有崑崙之神和神州之神的區別。神州是中國人現居之地,《史記·孟荀列傳》載騶衍之説:"以爲儒者所謂中國者,於天下乃八十一分居其一分耳。中國名曰赤縣神州。赤縣神州内自有九州,禹之序九州是也,不得爲州數。中國外如赤縣神州者九,乃所謂九州也。於是有裨海環之,人民禽獸莫能相通者,如一區中者,乃爲一州。如此者九,乃有大瀛海環其外,天地之際焉。"衍説雖荒唐,然中國名爲赤縣神州,則其名自非杜撰。《淮南子·地形訓》,敍九州之名,其一亦爲神州。則崑崙必是中國人的故鄉了。崑崙在什麼地方呢?《史記·大宛列傳》説:"漢使窮河源,河源出于闐"、"天子案古圖書,名河所出山曰崑崙"。這所指,是現在于闐河上源之山。所以有人説:漢族本居中央亞細亞高原,從現在新疆到甘肅的路,入中國本部的。然而鄭注原出緯書。緯書起於西漢之末,不盡可信。河源實出青海,不出新疆。指于闐河源爲黄河之源,本係漢使之誤;漢武帝乃即仍其誤,而以古代黄河上源的山名,爲于闐河上源的山名,其説之不足信,實在是顯而易見的。漢族由來,諸説之中,西來説較强;各種西來説之中,引崑崙爲證的,較爲有力;而其不足信如此,其他更不必論了。民族最古的事蹟,往往史籍無徵。我國開化最早,又無他國的史籍可供參考。掘地考古之業,則現在方始萌芽。所以漢族由來的問題,實在還未到解決的機會。與其武斷,無寧闕疑了。論漢族由來的,以蔣智由的《中國人種考》搜採爲最博。近人蒙文通所撰《古史甄微》,則立説其精。如喜研究,可以參看。

　　現在所能考究的,祇是漢族既入中國後的情形。古書所載,類乎神話的史跡很多,現在也還沒有深切的研究。其開化跡象,確有可徵的,當推三皇五帝。三皇五帝，異説亦頗多。似乎《尚書大傳》燧人、伏羲、神農爲三皇，《史記·五帝本紀》黄帝、顓頊、帝嚳、堯、舜爲五帝之説，較爲可信。三皇異説有四：(一)司馬貞《補三皇本紀》：天地初立，有天皇氏，兄弟十二人，立各一萬八千歲。地皇十一人，亦各萬八千歲。人皇兄弟九人，分長九州。凡一百五十世，合四萬五千六百年。原注："出《河圖》及《三五歷》。"《河圖》緯書。《三五歷》乃徐整所著，亦據緯説立説。(二)《白虎通》正説用《尚書大傳》。又列或説，以伏羲、神農、祝融爲三皇。(三)《禮記·曲禮正義》引鄭玄注《中候敕省圖》：引《運斗樞》，以伏羲、女媧、神農，爲三皇。(四)《史記·秦始皇本紀》：丞相綰等議帝號，説："臣等謹與博士議曰：古有天皇，有地皇，有泰皇。泰皇最貴。"《索隱》説："天皇，地皇之下，即云泰皇，當人皇也。"伏生係秦博士之一。《大傳》説："燧人以火紀，火太陽，故託燧皇於天。伏羲以人事紀，故託羲皇於人。神農悉地力，種穀蔬，故託農皇於地。"則第四説與《大傳》同。《補三皇本紀》述女媧事，説"當其末年，諸侯有共工氏，與祝融戰，不勝而怒，乃頭觸不周山，天柱折，地維缺，女媧氏乃煉五色石以補天"云云。上言祝融，下言女媧，則祝融、女媧係一人。第二、第三，亦即一説。五帝異説，惟鄭玄謂德合五帝座星的，即可稱帝，於黄帝、顓頊之間，增入一少昊。見《曲禮正義》。燧人、伏羲皆風姓。神農姜姓。黄帝姬姓。燧人氏，鄭注《易緯通卦驗》，説他亦稱人皇。參看《古史甄微》六。而《春秋命歷序》説：人皇出暘谷，分九河。伏羲氏都陳。神農氏都陳徙魯。黄帝邑於涿鹿之阿。暘谷見《書·堯典》。古文説以爲即今之成山，今文説謂在遼西。可看孫星衍《尚書今古文注疏》。九河，即後來禹所疏的九河，爲黄河下流。陳即春秋時的陳，魯即春秋時的魯，見第九章。此等都係以後世的地名述古事的，涿鹿，山名。服虔説在涿郡，就是現在河北的涿縣。別一説在上谷，則是漢朝的涿鹿縣，今爲縣，屬察哈爾。此説恐因漢朝的縣名而附會，不如服虔説的可信。據地理看來，似乎風姓、姜姓的部落在河南，姬姓則在河北。燧人氏，《韓非子》説他，因"民食果蓏蚌蛤，腥臊多害腸胃"，乃發明鑽木取火之法，教民熟食。《五蠹篇》。這明是搜集和漁獵時代的酋長。伏羲氏，亦作庖犧氏。昔人釋爲"能馴伏犧牲"，又釋爲"能取犧牲，以充庖厨"，以爲是遊牧時代的酋長。然而伏羲二字，實在是"下伏而化之"之意，見於《尚書大傳》。羲化兩字古同韻。其事跡，則《易·繫辭》明言其作網罟而事佃漁。其爲漁獵時代的酋長，亦似無疑義。從前的人，都説人類的經濟，是從漁獵進而爲遊牧，遊牧進而爲耕農。其實亦不盡然。人類經濟的進化，實因其所居之地而異。大抵草原之地，多從漁獵進入遊牧；山林川澤之地，則從漁獵進爲耕農。

　　神農氏，亦稱烈山氏。"烈山"二字，似即《孟子》"益烈山澤而焚之"的烈山，亦作厲山，厲烈同音，《括地志》以爲即春秋時的厲國，地在今湖北隨縣，恐亦因同音而附會，不甚可信。爲今人所謂"伐栽農業"。則我國民族居河南的，似乎並沒經過遊牧的階級，乃從漁獵徑進於耕農。黄帝，《史記》言其"遷徙往來無常處，以師兵爲營衛"，這確是遊牧部落的樣子。涿鹿附近，地勢亦很平坦，而適宜於遊牧的。我國民族居河北的，大約是以遊牧爲業。遊牧之民，强悍善戰；農耕之民，則愛尚平和；所以阪泉涿鹿之役，炎族遂非黃族之敵了。《史記·五帝本紀》："軒轅之時，神農氏世衰。諸侯相侵伐，暴虐百姓，而神農弗能征。於是軒轅乃習用干戈，以征不享。諸侯咸來賓從。而蚩尤氏最爲暴，莫能伐。炎帝欲侵陵諸侯，諸侯咸歸軒轅。軒轅乃修德振兵……以與炎帝，戰於阪泉之野。三戰然後得其志。蚩尤作亂，不用帝命。於是黃帝乃徵師諸侯，與蚩尤戰於涿鹿之野，遂禽殺蚩尤。"既説神農氏世衰，又説炎帝欲侵陵諸侯，未免矛盾。所以有人疑以蚩尤、炎帝，即是一人。

　　阪泉涿鹿，昔人多以爲兩役。然《史記·五帝本紀》，多同《大戴禮記》的《五帝德》、《帝繫姓》兩篇，而《大戴禮記》祇有黃帝和炎帝戰於阪泉之文，更無與蚩尤戰於涿鹿之事。而且蚩尤和三苗，昔人都以爲是九黎之君。《書經·呂刑·釋文》引馬融説："蚩尤，少昊之末九黎君名。"《戰國策·秦策》高誘注同。參看第一編第二章。而三苗和炎帝，同是姜姓。又阪泉、涿鹿，説者多以爲一地。《史記集解》引皇甫謐，謂阪泉在上谷。又引張晏，謂涿鹿在上谷。《正義》引《晉太康地理志》，又謂涿鹿城東一里有阪泉。案以涿鹿爲在上谷，固不足信，然諸説都謂涿鹿阪泉，都在一地，則必古説如此，後人乃將漢代涿鹿縣附近的水，附會爲阪泉。所以有人懷疑這兩役就是一役；蚩尤、炎帝，亦即一人。這個亦未可斷定。然而無論如何，總是姜姓和姬姓的爭戰。經過此次戰役而後，姬姓的部落就大爲得勢。顓頊、帝嚳、堯、舜，稱爲共主的，莫非黃帝的子孫了。據《史記·五帝本紀》和《大戴禮記·帝繫姓》，五帝的系圖如下。其間代數，或不足信，説顓頊以後，都出於黃帝，大約是不誣的。因爲古代天子、諸侯、卿、大夫的世系，都有專記他的史官，即《周官》小史之職。

黃帝 { 玄囂(少昊)——蟜極——帝嚳——堯
　　　昌意——帝顓頊 { 窮蟬——敬康——句望——蟜牛——瞽叟——舜
　　　　　　　　　　　鯀——禹

　　我國歷史，確實的紀年起於共和。共和元年，在民國紀元前二千七百五十二年，公元前八百四十一年。自此以上，據《漢書·律曆志》所推，周代尚有一百九十二年，殷代六百二十九年，夏代四百三十二年。堯、舜兩代，據《史記·五帝本紀》，堯九十八年，舜三十九年。如此，唐堯元年，在民國紀元前四千一百四十二年，公元前二千二百三十一年；三皇之世，距今當在五千年左右了。

第二章　太古的文化和社會

　　太古的社會，情形畢竟如何？古書所載，有說得極文明的，亦有說得極野蠻的。說得極野蠻的，如《管子》的《君臣篇》等是。《君臣篇下》："古者未有君臣上下之別，未有夫婦妃匹之合。獸處羣居，以力相征。於是智者詐愚；强者凌弱；老幼孤獨，不得其所。"說得極文明的，則如《禮記·禮運篇》孔子論大同之語是。二説果孰是？我説都是也，都有所據。

　　人類的天性，本來是愛好和平的。惟生活不足，則不能無争。而生活所資，食爲尤亟。所以社會生計的舒蹙，可以其取得食物的方法定之。搜集和漁獵時代，食物均苦不足。遊牧時代，生活雖稍寬裕，而其人性好殺伐，往往以侵掠爲事。祇有農業時代，生計寬裕；而其所做的事業，又極和平，所以能産生較高的文化。

　　古代的農業社會，大約是各各獨立，彼此之間，不甚相往來的。老子所説至治之極："鄰國相望，鷄犬之聲相聞，民各甘其食，美其服，安其俗，樂其業，至老死不相往來。"所想像的，就是此等社會。此數語，見《史記·貨殖列傳》。其見於今《老子書》的，辭小異而意大同。因取簡明，故引《史記》。果真鄰國相望，鷄犬之聲相聞，豈有不相往來之理？老子所説，原係想像之談，但亦有古代的事實，以爲之背景。古代此等社會，大抵因交通不便；又其時人口稀少，各部落相去較遠，所以不相往來的。《管子·侈靡篇》説："偌（同鄀）堯之時，牛馬之牧不相及，人民之俗不相知，不出百里而來（疑當作求）足。"可以和老子之言相證。惟其如此，故其内部的組織，極爲安和。孔子所謂："不獨親其親，不獨子其子，使老有所終；壯有所用；幼有所長；鰥寡孤獨廢疾者，皆有所養。男有分，女有歸。貨惡其棄於地也，不必藏於己；力惡其不出於身也，不必爲己。"所慨慕的，也就是此等社會。内部的組織既然安和如此，其相互之間自然没有鬥争。這就是孔子所謂"謀閉而不興，盜竊亂賊而不作"，這就是所謂"大同"。假使人類的社會都能如此，人口增加了，交通便利了，徐徐的擴大聯合起來，再謀合理的組織，豈不是個黄金世界？而無如其不能。有愛平和的，就有愛侵掠的。相遇

192

之時，就免不了戰鬥。戰鬥既起，則有征服人的，有被征服於人的。征服者掌握政權，不事生産，成爲治人而食於人的階級；被征服的，則反之而成爲食人而治於人的階級。而前此合理的組織，就漸次破壞了。合理的組織既變，則無復爲公衆服務，而同時亦即受公衆保障的精神。人人各營其私，而貧富亦分等級。自由平等之風，漸成往事了。人與人之間時起衝突，乃不得不靠禮樂刑政等來調和、來維持。社會風氣，遂日趨澆薄了。先秦諸子，所以慨嘆末俗，懷想古初，都是以此等變遷，爲其背景。然而去古未遠，古代的良法美意，究竟還破壞未盡。社會的風氣也還未十分澆漓。在上者亦未至十分驕侈。雖不能無待於刑政，而刑政也還能修明。這便是孔子所謂小康。大約孔子所慨想的大同之世，總在神農以前；而階級之治，則起於黄帝以後。《商君書·畫策篇》説："神農之世，男耕而食，婦織而衣。刑政不用而治，甲兵不起而王。神農既没，以强勝弱，以衆暴寡。故黄帝作爲君臣上下之義，父子兄弟之禮，夫婦妃匹之合。内行刀鋸，外用甲兵。"可見炎黄之爲治，是迥然不同的。而二者之不同，却給我們以農耕之民好平和，遊牧之民好戰鬥的暗示。

以上所説，是社會組織的變遷。至於物質文明，則總是逐漸進步的。《禮運篇》説：

> 昔者先王未有宫室，冬則居營窟，夏則居橧巢。未有火化，食草木之實，鳥獸之肉；飲其血，茹其毛。未有麻絲，衣其羽皮。後聖有作，然後修火之利。範金合土，以爲臺榭，宫室，牖户。以炮以燔，以烹以炙。

這是説衣食住進化的情形。大約從生食進化到熟食，在燧人之世。我國的房屋，是以土木二者合成的。土工原於穴居，木工則原於巢居。構木爲巢，據《韓非子》説，是在有巢氏之世。亦見《五蠹篇》。其人似尚在黄帝以前。至於能建造棟宇，則大約已在五帝之世。所以《易·繫辭傳》把"上古穴居而野處，後世聖人易之以宫室"，敍在黄帝、堯、舜之後了。《易·繫辭傳》又説："黄帝、堯、舜，垂衣裳而天下治。"《正義》説："以前衣皮，其制短小。今衣絲麻布帛；所作衣裳，其制長大，故言垂衣裳。"這就是《禮運》所説以麻絲易羽皮之事。此外，《易·繫辭傳》所説後世聖人所做的事，還有："刳木爲舟，剡木爲楫"、"服牛乘馬，引重致遠"、"重門擊柝，以待暴客"、"斷木爲杵，掘地爲臼"、"弦木爲弧，剡木爲矢"以及"古之葬者，厚衣之以薪，葬之中野，不封不樹，後世聖人易之以棺椁"、"上古結繩而治，後世聖人易之以書契"各項。這後世聖人，或説即蒙上黄帝、堯、舜而言，或説不然，現亦無從斷定。但這許多事物的進化，大略都在五帝之世，則似乎可信的。

第三章　唐虞的政治

　　孔子删《書》，斷自唐虞，所以這時代史料的流傳，又較黄帝、顓頊、帝嚳三代爲詳備。

　　堯、舜都是黄帝之後，其都城則在太原。今山西太原縣。堯都太原，係漢太原郡晉陽縣，見《漢書·地理志》。後人以爲在平陽（今山西臨汾縣），誤。太原與涿鹿均在冀州之域，可見其亦係河北民族。但唐虞時代的文化似較黄帝時爲高。《堯典》載堯分命羲和四子，居於四方，觀察日月星辰，以定曆法，"敬授民時"，可見其時業以農業爲重，和黄帝的遷徙往來無常處大不相同了。這時代，有兩件大事足資研究。一爲堯、舜、禹的禪讓，一爲禹的治水。

　　據《尚書》及《史記》，則堯在位七十載，年老倦勤，欲讓位於四岳。四岳辭讓。堯命博舉貴戚知疏遠隱匿的人。於是衆人共以虞舜告堯。堯乃妻之以二女，以觀其内；使九男事之，以觀其外。又試以司徒之職。知其賢，乃命其攝政，而卒授之以天下。堯崩，三年之喪畢，舜避堯之子丹朱於南河之南。黄河在今山陝兩省之間，古人謂之西河。自此折而東行，謂之南河。更折向東北，則謂之東河。諸侯朝覲訟獄的，都不之丹朱而之舜；謳歌的，亦不謳歌丹朱而謳歌舜。舜纔回到堯的舊都，即天子位。當堯之時，有洪水之患。堯問於衆。衆共舉鯀，堯使鯀治之。九年而功弗成。及舜攝政，乃殛鯀而用其子禹。禹乃先巡行四方，審定高山大川的形勢。然後導江、淮、河、濟而注之海。百姓乃得安居。九州亦均來貢。當時輔佐舜諸人，以禹之功爲最大。舜乃薦禹於天。舜崩之後，禹亦讓避舜之子商均。諸侯亦皆去商均而朝禹，禹乃即天子位。儒家所傳，堯、舜、禹禪讓和禹治水的事，大略如此。

　　禪讓一事，昔人即有懷疑的，如《史通》的《疑古篇》是。此篇所據，尚係《竹書紀年》等不甚可靠之書。然可信的古書，説堯、舜、禹的傳授，不免有爭奪之嫌的，亦非無有。如《韓非子·外儲説》、《忠孝》、《淮南子·齊俗訓》等。他家之説，尚不足以服儒家之心。更就儒家所傳之説考之。如《孟子》、《尚書大傳》和《史記》，都説堯使九男事舜。而《呂氏春秋·去私》、《求人》兩篇，則説堯有十子。《莊子·盜跖篇》，又説堯殺長子。據俞正燮所考證，則堯被殺的長子名朱，就是《論語·憲問篇》所謂蕩舟而不得其死，《書經·皋陶謨篇》所謂"朋淫於家，用殄厥世"的。又《書經·堯典》，説舜"流共工於幽州，放驩兜於崇山，竄三苗於三危，殛鯀於羽山，四罪而天下咸服"。而據宋翔鳳所考證，則共工、驩兜和鯀，在堯時實皆居四岳之職。《癸巳類稿》"朱證"。《尚書略説》"四岳"。此等豈不可駭。然此尚不過略舉；若要一一列舉，其可疑的還不止此。儒家所傳的話，幾千年來，雖然即認爲事實，而近人却要懷疑，亦無怪其然了。然古代的天子，究不如後世的尊嚴。君位繼承之法，亦尚未確定。讓國之事，即至東周之世，亦非無之。較早的，如伯夷、叔齊、吳泰伯。在春秋以後的，如魯隱公、宋宣公（《春秋》隱公三年），曹公子喜時（同上成公十六年），吳季札（同上襄公二十九年），邾婁叔術（同上昭公三十一年），楚公子啓（同上哀公八年）。必執舜禹之所爲和後世的篡奪無異，亦未必遂是。要之讀書當各隨其時的事實解之，不必執定成見，亦不必强以異時代的事情相比附。堯、舜、禹的禪讓，具體的事實如何？因爲書缺有間，已難質言。昔人説："五帝官天下，三王家天下。"我們讀史，但知道這時代有一種既非父子、亦非兄弟，而限於同族的相襲法就是了。

治水之事，詳見於《尚書》的《禹貢篇》。此篇所述，是否當時之事，亦頗可疑。但當時確有水患，而禹有治水之功，則是無可疑的。《尸子》説當時水患的情形，是"龍門未開，呂梁未鑿，河出孟門之上，龍門山，在今陝西韓城縣、山西河津縣之間。其脉至山西離石縣東北爲呂梁山。孟門山，在山西吉縣西，陝西宜川縣東北。江淮流通，四海溟涬"。則其患，實徧及於今日的江、河流域。禹的治水，大約以四瀆爲主。凡小水皆使入大水，而大水則導之入海。未治之前，"草木暢茂，禽獸繁殖"；"民無所定，下者爲巢，上者爲營窟"。治水成功，則"人得平土而居之"。佐禹的益、稷，又"烈山澤而焚之"、"教民稼穡，樹藝五穀"，人民就漸得安居樂業了。皆見《孟子·滕文公篇》。

舜所命之官，見於《尚書》的，《舜典》。此篇實係《堯典》，今本分其後半，而僞撰篇首二十八字，以爲《舜典》。有司空、后稷、司徒、士、共工、朕虞、秩宗、典樂、納言等。又有四岳、十二牧。四岳，據《鄭注》，是掌四方諸侯的。十二牧，則因當時分天下爲十二州，命其各主一州之事，《書經》又述當時巡守之制：則天子五年一巡守。二月東巡守，至於東岳之下，朝見東方的諸侯。五月南巡守，至於南岳；八月西巡守，至於西岳；十一月北巡守，至於北岳；其禮皆同。其間四年，則四方諸侯，分朝京師。此所述，是否當時之事？若當時確有此制，則其所謂四岳者,是否是後世所説的泰山、衡山、華山、恒山,亦都足資研究。但當時,確有天子諸侯的等級;而堯、舜、禹等爲若干諸侯所認爲共主,則似無可疑。當時的政治,似頗注重於教化。除契爲司徒,是掌教之官外,據《禮記·王制》所述,則有虞氏有上庠、下庠,夏后氏有東膠、西膠;一以養國老,一以養庶老。古人之教,最重孝弟。養老,正是所以教弟,而化其獷悍之氣的。我國的刑法,最古的是五刑,即墨、劓、剕、宫、大辟。據《書經·吕刑》,則其法始於苗民,三苗國君,見第一編第二章。而堯採用之。而據《堯典》所載,則又以流宥五刑;鞭作宫刑,扑作教刑;金作贖刑。後世所用的刑法,此時都已啓其端倪了。

第四章　夏代的政教

夏爲三代之一，其治法大約在春秋戰國之世還未全行湮滅。在當時，孔子是用周道，墨子是用夏政的。墨子學於孔子而不悦，棄周道而用夏政，見《淮南子·要略訓》。案此節所論，可參看拙撰《先秦學術概論》下編第五章。我們讀《墨子》的《天志》、《明鬼》，可以想見夏代的迷信較後世爲深；讀《墨子》的《尚同》，可以想見夏代的專制較後世爲甚；讀《墨子》的《兼愛》，可知夏代的風氣較後世爲質樸；讀《墨子》的《節用》、《節葬》和《非樂》，可知夏代的生活程度較後世爲低，而亦較後世爲節儉。墨子之學，《漢書·藝文志》謂其出於清廟之守。清廟即明堂，爲一切政令所自出，讀《禮記·月令》一篇，可以知其大概。《吕氏春秋·十二紀》、《淮南子·時則訓》，與《月令》略同。蓋古代生活程度尚低，全國之內祇有一所講究的房屋，名爲明堂。阮元説，見《揅經室集》。天子即居其中，所以就是後世的宮殿。祭祀祖宗亦於其中，所以就是後世的宗廟。古代的學校，本來帶有宗教色彩的；當時天子典學，亦在這一所房屋之內，所以又是學校。一切機關，並未分設，凡百事件，都在此中商量，所以於一切政教，無所不包。明堂行政的要義，在於順時行令。一年之中，某月當行某令，某月不可行某令，都一一規定，按照辦理，像學校中的校曆一般。如其當行而不行，不當行而行，則天降災異以示罰。《月令》諸書的所述，大概如此。此等政治制度和當時的宗教思想，很有連帶的關係。我們讀《書經》的《洪範》，知道五行之説，是原於夏代的。什麼叫做五行呢？便是"一曰水，二曰火，三曰木，四曰金，五曰土"。五行的次序，《書經·洪範正義》説："水最微爲一，火漸著爲二，木形實爲三，金體固爲四，土質大爲五。"蓋古人分物質爲五類，以爲一切物，莫非這五種原質所組成。而又將四時的功能比附木火金水四種原質的作用；土則爲四時生物之功所憑藉。知識幼稚的時代，以爲凡事必有一個神以主之。於是造爲青、赤、黄、白、黑五帝，以主地上化育之功；而昊天上帝，則居於北辰之中，無所事事。東方青帝靈威仰，主春生。南方赤帝赤熛怒，主夏長。西方白帝白招拒，主秋成。北方黑帝叶光紀，主冬藏。中央黄帝含樞紐，寄王四季。昊天上帝稱耀魄寶。見《禮記・郊特牲正義》。此等思想，現在看起來，固然可笑。然而明堂月令，實在是一個行政的好規模，尤其得重視農業的意思。所以孔子還主張"行夏之時"。《論語・先進》。案行夏之時，即是說：一國的政令，應得照《月令》等書所定的辦理，並非但爭以建寅之月爲歲首，然歲首必須建寅，仍因注重農業之故。

我們看明堂月令，傳自夏代；孔子又說："禹卑宮室而盡力乎溝洫"，可見夏代的農業，已甚發達。然其收稅之法，却不甚高明。孟子說："夏后氏五十而貢。"又引龍子的話說："貢者，校數歲之中以爲常。"《滕文公上篇》。這就是以數年收穫的平均數，定一年收稅的標準。如此，豐年可以多取，而仍少取，百姓未必知道儲蓄；凶年不能足額，而亦非足額不可，百姓就大吃其苦了。這想是法制初定之時，沒有經驗，所以未能盡善。

學校制度：孟子說："夏曰校，殷曰序，周曰庠；學則三代共之，皆所以明人倫也。"《滕文公上篇》。案古代的學校，分大學、小學兩級。孟子所說的校、序、庠是小學，學是大學。古代的教育，以陶冶德性爲主。"序者，射也"，是行鄉射禮之地："庠者，養也"，是行鄉飲酒禮之地，都是所以明禮讓，示秩序的。然則校之所教，其大致亦可推知了。至於學，則"春秋教以禮樂，冬夏教以詩書"。《禮記・文王世子》。頗疑亦和宗教有深切的關係。禮樂都是祀神所用，詩是樂的歌辭，書是教中古典。古代所以尊師重道，極其誠敬，亦因其爲教中尊宿之故。

夏代凡傳十七主；據後人所推算，共歷四百餘年，見第一章。而其事跡可考的很少。《史記》說禹有天下後，薦皋陶於天，擬授之以位，而皋陶卒，乃舉益，授之政。禹之子啓賢，諸侯不歸益而歸啓，啓遂即天子位。《韓非子》又說：禹陽授益以天下，而實以啓人爲吏。禹崩，啓與其人攻益而奪之位。《外儲説》。古無信史，諸子百家的話，都不免雜以主觀。我們祇觀於此，而知傳子之法，至此時漸次確定罷了。啓之子太康，爲有窮后羿所纂。《史記》但言其失國，而不言其失之之由。《僞古文尚書》謂由太康好略，殊不足據。《五子之歌》。據《楚辭》及《墨子》，則由啓沉溺於音樂，以致於此。《離騷》《非樂》。其事實的經過，略見《左氏》襄公四年和哀公元年。據其說：則太康失國之後，后羿自鉏遷於窮石，因夏民以代夏政。羿好田獵，又爲其臣寒浞所殺。時太康傳弟仲康，至仲康之子相，爲寒浞所滅。並滅其同姓之國斟灌、斟尋氏。帝相的皇后，名字喚做緡，方娠，逃歸其母家有仍。生子，名少康，後來逃到虞國。虞國的國君，封之於綸。有田一成，有衆一旅。夏的遺臣靡，從有鬲氏，收斟灌、斟尋的餘衆，以滅浞而立少康。並滅寒浞的二子於過、戈。鉏與窮石，《杜注》都不言其地。《水經注》：大河故瀆，西流，經平原鬲縣故城西，故有窮后羿國也。鬲縣，今山東德縣，案如《杜注》及

《水經注》等所釋,則羿自山東西代夏,夏一方面的有鬲氏等,即代羿而據山東一帶,簡直是易地而處了。所以不盡可信。其釋寒國,則謂在今山東濰縣。斟灌在山東壽光,斟尋亦在濰縣。虞在河南虞城。綸但云虞邑。《續漢書·郡國志》。梁國虞縣有綸城,少康邑。有鬲氏在山東德縣。過在山東掖縣。戈在宋、鄭之間。其釋地,似乎不盡可據。案《左氏》哀公六年引《夏書》,說:"惟彼陶唐,帥彼天常,有此冀方。今失其行,亂其紀綱,乃滅而亡。"似指太康失國之事。又定公四年,祝佗說唐叔"封於夏虛"。唐叔所封,是堯的舊都,所以晉國初號爲唐而又稱之爲夏虛,可以見禹之所居,仍係堯之舊都。窮石雖不可考,該距夏都不遠,所以能因夏民以代夏政。夏人此時,當退居河南。少康雖滅寒浞,似亦並未遷回河北,所以湯滅桀時,夏之都在陽城了。見下章。

第五章　商代的政教

　　商代是興於西方的。其始祖名契，封於商，即今陝西的商縣。傳十四世而至成湯。《史記》說：自契至於成湯，八遷。湯始居亳，從先王居。八遷的事實和地點現在不大明瞭。其比較可靠的：《世本》說契居於蕃；其子昭明，居於砥石，遷於商。《左氏》襄公九年，說昭明子相土，居於商丘。蕃在今陝西華縣附近。《水經注》："渭水東經巒都城北，故蕃邑，殷契之所居。《世本》曰：契居蕃。闞駰曰：蕃在鄭西。"案鄭初封之時，在今陝西華縣。砥石不可考。商丘，即春秋時的衛國，係今河南濮陽縣。殷人禘嚳而郊冥，祖契而宗湯。《禮記·祭法》。帝嚳冢在濮陽，《史記·五帝本紀集解》引《皇覽》。都邑亦當相去不遠。惟冥居地無考。湯所從的先王，如其是嚳或契，則其所居之亳，該在商或商丘附近了。

　　這是湯初居之亳，至於後來，其都邑容有遷徙。湯征伐的次序，據《史記》、《詩經》、《孟子》，《殷本紀》、《商頌·玄鳥》、《滕文公下》。是首伐葛，次伐韋、顧，次伐昆吾，遂伐桀。《孟子》謂湯居亳，與葛爲鄰。後儒釋葛，謂即漢寧陵縣的葛鄉，地屬今河南寧陵縣。《漢書·地理志注》引孟康之說。因謂湯居亳之亳，必即漢代的薄縣，爲今河南商丘、夏邑、永城三縣之地。葛究在寧陵與否，殊無確據。韋是今河南的滑縣，顧是今山東的范縣，亦不過因其地有韋城、顧城而言之，未敢決其信否。惟昆吾初居濮陽，後遷舊許，見於《左氏》昭公十二年和哀公十七年，較爲可信。桀都陽城，見於《世本》，《漢書·地理志注》引。其說亦當不誣。舊許，即今河南的許昌。陽城，在今河南登封縣。《史記》說：桀敗於有娀之虛，奔於鳴條。有娀之虛不可考。鳴條則當在南巢附近。南巢，即今安徽的巢縣，桀放於此而死。然則湯當是興於陝西或豫北，向豫南及山東、安徽發展的。

　　商代傳三十一世，王天下六百餘年。其制度特異的，爲其王位繼承之法。商代的繼承法，似乎是長兄死後，以次傳其同母弟；同母弟既盡，則還立其長兄之子。所以《春秋繁露》說：主天者法商而王，立嗣與子，篤母弟。主地者法夏而王,立嗣與孫,篤世子。《三代改制質文篇》。《史記·殷本紀》載湯的太子太丁早卒,立其弟外丙、仲壬。仲壬死,還立太丁之子太甲。又祖辛死,立其弟沃甲。沃甲死,還立祖辛之子祖丁。我們觀此,知商代的習慣,與夏不同,而周朝則與夏相近。又商代之法,"君薨,百官總己,以聽於冢宰,三年"。所以古書說"高宗諒闇,三年不言"。《論語·憲問》。觀此,則商代的君權,似不十分完全,而受有相當的限制。

此外,商代事跡可考見的,衹有其都邑的屢遷。至其治亂興衰,《史記》雖語焉不詳,亦說得一個大概。今節錄如下:

【太甲】修德,諸侯咸歸殷,百姓以寧。

【雍己】殷道衰,諸侯或不至。

【太戊】殷復興,諸侯歸之。

【仲丁】遷於隞。《書序》作囂。在今河南滎澤縣,見《史記正義》引《括地志》。

【河亶甲】居相。今河南內黃縣,亦見《括地志》。殷復衰。

【祖乙】遷於邢。《書序》作耿。《史記正義》引皇甫謐,謂爲河東皮氏縣的耿鄉,在今山西河津縣,《通典》謂在邢州,今河北邢臺縣。殷復興。

【陽甲】自仲丁以來,廢適而更立諸弟子,弟子或争,相代立,比九世亂,諸侯莫朝。

【盤庚】涉河南,治亳。此亳爲今河南偃師縣,見《書經·盤庚疏》引鄭玄說。案《史記》謂盤庚復成湯的故居,則湯亦曾居於偃師。殷道復興,諸侯來朝。

【小辛】殷復衰。

【武丁】修政行德,天下咸歡,殷道復興。

【帝甲】淫亂,殷復衰。

【武乙】去亳,居河北。似即安陽縣北的殷墟,見《史記·項羽本紀集解》引應劭說。

【帝乙】殷益衰。

帝乙的兒子,就是紂了。

公元一八九八、九九年間,河南安陽縣北的小屯,曾發見龜甲獸骨。有的刻有文字。考古的人,謂其地即《史記·項羽本紀》所謂殷墟,或者是武乙所都。據以研究商代史事和制度的頗多,著書立說的亦不少。但骨甲中雜有偽品,見中央研究院歷史語言研究所報告。案前此說骨甲中有偽品的,亦頗有其人,但未得確實證據。至中央研究院派員調查,則作偽者確有其人,且有姓名。然則現在研究的人,所根據的材料,都未必確實。將來非將此項骨甲,重做一番分別真偽的工作不可。故本書於近人據骨甲研究所得之說,都未敢採用。研究亦未充分,所以其所得之說,尚未能據爲定論。殷代政教,見於書傳,確然可信的,則古書中屢說殷質而周文。可見其時的風氣尚較周代爲質樸；一切物質文明的發達，亦尚不及周朝。又商人治地之法，名爲助法。是把田分別公私。公田所入歸公；私田所入，則全歸私人所有。但借人民之力，以助耕公田，而不復稅其私田，故名爲助，這確較夏代的貢法，進步多了。

第六章　周　初　的　政　治

　　周代，因其國都的遷徙，而分爲西周和東周。東周時代的歷史和西周時代判然不同。在西周，還同夏、殷一樣，所可考的，祇有當時所謂天子之國的史事。到東周時代，則各方面的大國事跡都有可考，而天子之國反若在無足重輕之列。這是世運變遷，各地方均逐漸發達之故。現在且先説西周。

　　周代是興於現在的陝西的。其始祖后稷，封於邰。<small>今陝西武功縣。</small>傳若干世至不窋，失官，竄於戎狄之間。再傳至公劉，復修后稷之業，居於豳。<small>今陝西邠縣。</small>九傳至古公亶父，復爲戎狄所逼，徙岐山下。<small>今陝西岐山縣。</small>《史記》説：“古公貶戎狄之俗，營築城郭宫室，而邑別居之。”又“作五官有司”。可見周朝崎嶇戎狄之間，不爲所同化，而反能開化戎狄了。周代的王業，實起於亶父，所以後來追尊爲太王。太王有三子：長泰伯，次仲雍，因太王欲立季子季歷，逃之荆蠻。太王遂立季歷，傳國至其子昌，是爲周文王。文王之時，周益强盛。西伐犬戎、密須。東敗耆，又伐邘、伐崇侯虎。作豐邑，自岐下徙都之。<small>《漢書·地理志》：安定陰密縣，“《詩》密人國”，今甘肅靈臺縣；耆，今《尚書》作黎。《説文》作𪏁，云“上黨東北”。漢上黨，今山西晉城縣；《史記集解》：徐廣曰：“邘城，在野王縣西北。”野王，今河南沁陽縣；崇就是豐。《説文》作酆，云“在京兆杜陵西”。案武王又作鎬。豐、鎬，都在今陝西鄠縣界內。</small>時荆、梁、雍、豫、徐、揚六州，都歸文王。<small>見《詩譜》。</small>文王崩，子武王立。觀兵至孟津。<small>今河南孟縣南。</small>復歸。後二年，乃滅紂。武王滅紂時，周朝對東方的權力，似乎還不甚完全。所以仍以紂地封其子武庚而三分其畿内之地，使自己的兄弟管叔、蔡叔、霍叔監之。武王崩，成王幼，武王弟周公攝政。三監和武庚俱叛。淮夷、徐戎，並起應之。周公東征，定武庚和三叔。又使子魯公伯禽平淮夷徐戎。<small>都曲阜，今山東曲阜縣。</small>營洛邑爲東都。<small>今河南洛陽縣。</small>周朝在東方的勢力，就逐漸鞏固了。

　　成王之後，傳子康王，史稱“成、康之際，天下安寧，刑措四十餘年不用”。這所謂天下，大約實僅指周畿内的地方。孟子説：“文王之治岐也，耕者九一，仕者世禄，關市譏而不征，澤梁無禁，罪人不孥。老而無妻曰鰥，老而無夫曰寡，老而無子曰獨，幼而無父曰孤，文王發政施仁，必先斯四者。”《梁惠王下》。第二章説大同時代的制度，到小康時代多少還能保存。依孟子所説，則文王的治岐：實能（一）維持井田制度；（二）山澤之地，還作爲公有；（三）商人並不收税；（四）而其分配，也還有論需要而不專論報酬的意思。成、康時代，果能保守這個規模，自然能刑罰清簡，稱爲治世了。然而時移世易，社會的組織暗中改變，此等制度遂暗中逐漸破壞；而在上的政治，亦不能長保其清明；社會的情形，遂覺其每況愈下了。所以孔子論小康之治，至成王、周公而告終；而《史記》亦説昭王以後，王道微缺。

《史記》説：“昭王南巡守，不返，卒於江上。此事又見《吕氏春秋·季夏紀》。又《史記·齊太公世家集解》引服虔，《索隱》引宋忠，以及《左氏正義》所引舊説，都説昭王溺於漢水。《史記·周本紀》獨作“卒於江上”，乃因漢亦南方之水，南方之水，古人有時用江字爲其通稱，所以未曾仔細分別，不可拘泥。其卒不赴告，諱之也。”案春秋時，齊桓公伐楚，管仲曾以“昭王南征而不復”責問楚人。《左氏》僖公四年。《左氏》杜注説：此時漢非楚境，所以楚不受罪。然據宋翔鳳所考，則楚之初封，實在丹、淅二水之間。《過庭録》“楚鬻熊居丹陽武王徙郢考”。是役蓋伐楚而敗。周初化行江、漢的威風，《詩·國風·汝墳序》。至此就倒了。昭王崩，子穆王立。史稱王室復寧。然又稱穆王征犬戎，得四白狼、四白鹿以歸，自是荒服者不至，則其對於西戎的威風亦漸倒。穆王之後，再傳而至懿王。懿王之時，史稱“王室遂衰，詩人作刺”。懿王三傳而至厲王，以暴虐侈傲爲國人所謗。王得衛巫，使之監謗，“以告則殺之”。國人不能堪。三年，遂相與畔，襲王。王奔於彘，今山西霍縣。卿士周、召二公當國行政，謂之共和。凡十四年。厲王死，乃立其子宣王。宣王立，側身修行，號爲中興。然傳子幽王，又以寵愛褒姒故，廢申后及太子宜臼。申侯和犬戎伐周，弑王於驪山下。申國，今河南南陽縣。驪山，在今陝西臨潼縣。諸侯共立宜臼，是爲平王，東遷於洛。案周室之興，本因和戎狄競争而致。自穆王以後，似乎日以陵夷。再加以西南的中國與之合力，兩路夾攻，就不免於滅亡了。平王藉前此所營的東都而僅存，然而號令不復能行於列國；而列國中强盛的亦漸多，遂成爲“政由方伯”的局面。

第七章　古代的封建制度

東周時代，政治的重心，既然不在天子而在列國，則欲知其時的政治，非兼知其時列國的情形不可。而欲知列國的情形，又非先知古代的封建制度不可。

封建制度，當分兩層説：古代交通不便，一水一山之隔，其人即不相往來。當此之時，即有强大的部落，亦不過能征服他部落，使之服從於我，來朝或進貢而已。這可稱爲封建制度的前期。後來强大之國更强大了，交通亦漸方便，征服他國後，可以廢其酋長，而改封我的子弟、親戚、功臣、故舊。則所謂共主的權力更强；而各國之間，關係亦日密。這可稱爲封建制度的後期。從前期到後期，亦是政治的一個進化。"衆建親戚，以爲屏藩"的制度，莫盛於周代。要明白周代的封建制度，又不可不先明白其宗法。

社會的組織，本是起於女系的。所以在文字上，女生兩字，合成一個姓字。後來女權漸次墜落，男權日益伸張。權力財産，都以男子爲主體，有表明其系統的必要。今録拙撰《中國宗族制度小史》數語如下，以資參考："生計漸裕，則私産漸多。人之情，莫不私其子。父有財産，恒思傳之於其子。於是欲知財産之誰屬，必先知其父爲何人。又古代職業，恒父子相繼，而其貴賤即因之。酋長之子，所以繼爲酋長者，以其爲酋長之子也。奴隸之子，所以仍爲奴隸者，以其爲奴隸之子也。然則欲知其人之貴賤，亦必知其父爲何人矣。於是表明父爲何人之名興，而氏立矣。故姓之興，所以表血統；氏之興，則所以表權力財産等系統者也。"於是乎姓之外又有所謂氏。所以姓是起於女系，氏是起於男系的。見《通志‧氏族略》。再後來，婚姻的關係，亦論男系而不論女系，於是姓亦改而從男。一族的始祖的姓，即爲其子孫的姓，百世而不改。如后稷姓姬，凡后稷的子孫都姓姬之類。是之謂正姓。氏則可隨時改變如魯桓公係魯國之君，即以魯爲氏，而其三個兒子，則爲孟孫氏、叔孫氏、季孫氏之類。是之謂庶姓。《禮記‧大傳注疏》。正姓所以表示系統，庶姓則表示這系統內的分支。宗法與封建，是相輔而行的。

凡受封的人,除其嫡長子世襲其位外,其次子以下,都別爲大宗,大宗的嫡長子爲大宗宗子。其次子以下,則別爲小宗。小宗宗子直接受大宗宗子的統轄。小宗宗人,則直接受小宗宗子的統轄,間接受大宗宗子的統轄。凡受統轄的人,同時亦得蒙其收邮。小宗宗人,受小宗宗子的統轄和收邮,都以五世爲限。大宗宗子則不然。凡同出一祖之後,無不當受其統轄,可蒙其收邮。所以有一大宗宗子,即同出一祖的人,都能團結而不渙散。故其組織極爲堅强而悠久。《禮記·大傳注疏》。此制爲什麼必與封建並行呢? 因爲必如此,然後大宗宗子都是有土之君,纔有力量以收邮其族人;而一族中人都與宗子共生息於此封土之上,自必同心翼衞其宗子。而各受封之人之間,亦借此以保存其聯絡。因爲受封的人,在其所封之地固爲大宗,若回到其本國,則仍爲小宗。如季氏在其封地爲大宗,對於魯國的君,則爲小宗;周公在魯爲大宗,對周朝則爲小宗是。所以《詩經》説:"君之宗之。"而公山不狃稱魯國爲宗國。《左氏》哀公八年。這可見君臣之間,仍有宗族的關係。

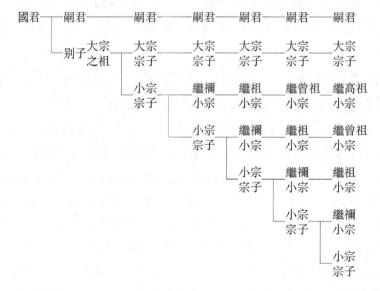

　　不論宗或族的組織,族有兩種:一是兼論女系的,是漢代今文家所説的九族。父族四:(一) 父之姓。(二) 父女昆弟適人者及其子。(三) 身女昆弟適人者及其子。(四) 身女子適人者及其子。母族三:(一) 母之父母。(二) 母之昆弟。(三) 母之女昆弟。妻族二:(一) 妻之父。(二) 妻之母。古文家以上自高祖,下至玄孫爲九族,則專論男系了。見《詩經·王風·葛藟正義》引《五經異義》。大約今文家之説,乃較早時代之事;古文家所説,則爲時較晚。都由古代親親之情,限於血統相同或血統上有關係的人之故。而封建制度,則是一族征服他族之後,分據其地,而食其賦入,而治理其人的辦法。一族的人分據各處,則可以互相藩衛,而別族的人不易將他推翻。這種精神,要算周代發揮得最爲充足。武王克商,封兄弟之國十五,同姓之國四十。《左氏》昭公二十八年。《史記·漢興以來諸侯年表》:"武王、成、康,所封數百,而同姓五十五",説與此合。還有齊、楚等國,或是親戚,或是功臣故舊。當初原是一族的人,分據各方,以對抗異族,以壓制被征服之人。然而數傳之後,各國之君,相互之間的關係,已漸疏遠;更數傳,即同於路人了。而各國的權利,又不能無衝突。於是爭門遂起於國與國之間。這還是説始封之君,彼此本有關係的,若其並無關係,則其爭門的劇烈,自更無待於言了。所以封建制度不廢,兵爭終無由而息。但是封建制度之廢,亦必要待到一定的機運的。

　　區別諸侯尊卑的是爵,而封地之大小,即因爵而異。《白虎通義》説:周爵五等,殷爵三等,合子男從伯。而地則同爲三等。地的大小,今文説:公侯皆方百里,伯七十里,子男五十里;不能五十里者,不達於天子,附於諸侯,曰附庸。《禮記·王制》《孟子·萬章下》。古文説:公方五百里。侯四百里。伯三百里。子二百里。男一百里。《周官·職方氏》。大約今文家所説,是西周以前的舊制。古文家所説,則東周以後,列國都擴大了,立説者乃斟酌其時勢以立言。但無論立説定制如何,實行之時,總未必能如此整齊畫一;即使能毅,後來的開拓和削弱也是不能一定的。所以列國的大小強弱就不一致了。就大概言之,則沿邊之國強,而內地之國弱;沿邊之國大,而內地之國小。大約由沿邊諸國,與戎狄爲鄰,有競爭磨厲;而又地多荒僻,易於占領開拓之故。

　　列國的互相併兼,非一朝一夕之故。向來説夏之時萬國,殷之時三千,周初千八百,春秋時百四十。這固然是"設法"或"約計"之辭,未必是實數。"設法",見《周官·禮記》鄭注,謂假設平正之例。禹會諸侯於塗山,執玉帛者萬國,見《左氏》。又《禮記·王制》:"凡四海之内,九州。州方千里。州建百里三十,七十里之國六十,五十里之國百有二十,凡二百一十國。天子之縣内,方百里之國九,七十里之國二十有一,五十里之國六十有三,凡九十三國。九州,千七百七十三國。"鄭康成説:禹之時,中國方萬里。末年祇剩了三千里。殷湯即因之,分爲九州,建千七百七十三國。案方萬里有萬國,則方三千里,當然是三千國了。千七百七十三,舉成數便是千八百,這是這幾句話的根原,其實是附會無據的。因其見於柳宗元的《封建論》,而這篇文章,爲大家所熟誦,所以引用他的人很多。百四十國,是根據《春秋》及《左氏》,統計所得之數。然而國之由多而少,則是不誣的。以一強遇衆弱,可以恣意併吞。若兩強相遇,或以一強遇次强，則併吞非旦夕間事，於是互爭雄長，而有所謂霸主。小國都被併吞，或僅保存其名號，而實際則等於屬地。次國聽命於大國，大國則爭爲霸主。春秋時代的情形，便是如此。到戰國時，則次國亦無以自立，大國各以存亡相搏，遂漸趨於統一了。

第八章　我國民族的滋大

　　封建時代的戰争看似非常殘酷,然而和我國民族的發展很有關係。

　　古代交通不便,一水一山之隔,其人即不相往來。一個中央政府,鞭長莫及。所以非將同族的人,一起一起的,分布到各處,令其人自爲戰,無從收拓殖之功。這許多分封出去的人,可以説是我國民族的拓殖使,亦可以説是我國文化的宣傳隊。衹要看東周之世,各方面封建的國,都逐漸强盛起來,就可以見得我國民族滋大的情形了。

　　【齊】是太公望之後。周初封於營丘,在今山東昌樂縣。後來遷徙到臨淄,就是現在的臨淄縣。《史記·貨殖列傳》説:齊初封之時,"地潟鹵,人民寡。太公乃勸女工,通魚鹽,極技巧"。於是"齊冠帶衣履天下"、"海岱之間,斂袂而往朝焉"。這是東方的大國。

　　【晉】晉是成王母弟叔虞之後,初封於太原,即唐堯的舊都。後來遷徙到新舊絳。舊絳是今山西省的冀城,新絳則今山西省的聞喜縣,現在山西省的大部分是晉國所開拓的。兼有河南北的一部分。

　　【秦】秦嬴姓,初封於秦,地在今甘肅天水縣。不過是個附庸之國,因和西戎競争,漸次强大。平王東遷後,西都畿内之地,不能顧及。秦襄公力戰破戎。周人始命爲諸侯。至秦文公,遂盡復周朝的舊地。把岐以東獻之周。周朝仍不能有。穆公之世,秦遂東境至河。《史記·六國年表》。

　　【楚】楚國是芊姓,受封的喚做鬻熊。居丹陽。已見前。鬻融之後,數傳至熊繹,遷居荆山。在今湖北的南漳縣。五傳至熊渠,甚得江、漢間民和。熊渠立其三子:一爲句亶王,居今江陵。一爲鄂王,在今武昌。一爲越章王,就是後來的豫章,在今安徽的當涂縣。長江中流,全爲其所征服了。又十一傳至文王,遷都江陵,謂之郢。據江域的沃土,轉和北方争衡。今河南省的南部,亦爲其所懾服。

　　齊、晉、秦、楚,是春秋時最大之國。其强盛較晚,而其命運亦較短的,則有吳、越二國。吳是泰伯之後，周得天下，因而封之。越則夏少康之後。因爲禹南巡守，奔於會稽，少康封庶子無餘於此，以奉禹祀。吳居今江蘇的吳縣；越居今浙江的紹興縣。其初，都是和斷髮文身的越族雜居的。久之，乃漸次強盛。吳的地方，到今安徽的中部。越則併有現在江西的大部。《史記・越世家索隱》。戰國時，永（今湖南零陵縣）、郴（今湖南郴縣）、潭（今湖南長沙縣）、鄂（今湖北武昌縣）、岳（今湖南岳陽縣）、江（今江西九江縣）、洪（今江西南昌縣）、饒（今江西鄱陽縣）併屬楚。袁（今江西宜春縣）、吉（今江西吉安縣）、虔（今江西贛縣）、撫（今江西臨川縣）、歙（今安徽歙縣）、宣（今安徽宣城縣）併屬越。

　　以上諸國，都可稱爲一等國。此外還有。

　　【魯】周公之後，封於曲阜，已見前。

　　【衛】武王弟康叔，封於朝歌。地在今河南的淇縣。春秋時，爲狄所破，遷於楚丘。在今河南的滑縣。

　　【曹】武王弟叔振鐸，封於陶丘。現今山東的定陶縣。

　　【宋】微子啓，紂庶兄，武庚亡後，封於商丘。現在河南的商丘縣。

　　【鄭】周宣王之弟友，封於鄭。本在今陝西的華縣。後來東遷今河南鄭縣之地，謂之新鄭。

　　【陳】陳胡公，舜之後。封於宛丘。現在河南的淮陽縣。

　　【蔡】蔡叔度之子胡，封於蔡。如今河南的上蔡縣。後來曾遷徙到新蔡。最後又遷於州來，則在今安徽的壽縣了。

　　【許】姜姓，舜臣伯夷之後。封於許，今河南許昌縣。後來遷於葉，今河南葉縣。又遷於夷，今安徽亳縣。又遷於析，今河南內鄉縣。

　　此諸國雖不能和齊、晉、秦、楚等國比較，然而地方亦數百里。大的有後世一兩府，小的亦有數縣之地。和初封時的百里、七十里、五十里，極大不過後世一縣的，大不相同了。這便是逐漸開拓的成跡。《春秋》之法，"諸侯用夷禮則夷之，進於中國則中國之"。可見當時列國，亦間有雜用夷禮的。然而從大體上論起來，如魯衛等國，本居當時所謂中國之地者勿論。即如秦、楚、吳、越等本與異族雜居，在春秋初期還不免視爲夷狄的，到後來，也都彬彬然進於冠裳之列了。這又可見我國文化的擴張。所謂民族，本以文化的相同爲最要的條件。我國文化的擴張，便是我國民族的滋大。

第九章 春秋的霸業

從公元前七二二年起至四八一年止，凡二百四十二年。這其間，孔子因魯史修《春秋》，後人遂稱爲春秋時代。

春秋時代，王室已不能號令天下。列國內部有什麼問題以及相互之間有什麼爭端，都由霸主出來聲罪致討或調停其事。霸主爲會盟征伐之主。往往能申明約束，使諸侯遵守。列國對於霸主，也有朝貢等禮節；霸主雖有此威力，仍未能"更姓改物"。所以對於周天子，表面上仍甚尊重。王室有難，霸主往往能出來"勤王"。文化程度較低的民族，爲文明諸國之患，霸主也要出來設法。所以"尊王攘夷"爲霸主的重要事業。所謂霸主，在表面上，亦受天子的錫命。論實際，則由其兵力强盛爲諸侯所畏；又有相當的信義爲諸侯所服而然。

首出的霸主爲齊桓公。其創霸，在前六七九年。這時候，河北省裏的山戎，爲北燕之患。召公奭之後，封於薊。今河北，北平市周時別有姞姓之國，封於今河南之汲縣，所以《春秋》稱召公奭之後爲北燕。後來姞姓之燕先亡，遂通稱北燕爲燕，而稱姞姓之燕則加一南字以別之。河南北間的狄人，又連滅邢、衛兩國。邢國，在今河北邢臺縣。爲狄滅之後，遷於夷儀，今山東聊城縣。齊桓公都興兵救之。其時楚漸强盛，陳、蔡等國都受其威脅，即鄭亦生動搖。齊桓公乃合諸侯以伐楚，與楚盟於召陵。今河南郾城縣。孔子説："桓公九合諸侯，不以兵車。"《論語·憲問》。可見其確有相當的信義，爲諸侯所歸向了。

齊桓公死後，宋襄公出來主持會盟。然國小，力不足。前六三八年，和楚人戰於泓，水名，在今河南柘城縣。爲楚所敗，傷股而卒。雖亦列爲五霸之一，實在是有名無實的。

宋襄公死後，楚人的勢力大張。適會晉文公出亡返國。用急激的手段訓練其民，驟臻强盛。前六三二年，敗楚於城濮，今山東城濮縣。稱霸。

同時秦穆公，初本與晉和好。晉文公的返國多得其力。後來與晉圍鄭，聽鄭人的遊説，不但撤兵而退，反還留兵代鄭戍守。晉文公死後，穆公又聽戍將的話，遣孟明等潛師襲鄭，爲鄭人所覺，無功而還。晉襄公又邀擊之於崤，_{山名，在今河南永寧縣。}"匹馬隻輪無返者"。秦穆公仍用孟明，興師報怨，又爲晉人所敗。穆公猶用孟明，增修德政。到底把晉國打敗。遂霸西戎，闢地千里。亦列爲五霸之一。

　　然而秦國的威權祇限於今陝、甘境内。其在東方，還是晉、楚兩國争爲雄長。晉襄公死後，子靈公無道，勢漸陷於不振。而楚國的莊王日强。前五九七年，敗晉師於邲，_{今河南鄭縣。}稱霸。莊王死後，子共王與晉厲公戰於鄢陵，_{今河南鄢陵縣。}爲晉所敗。然厲公旋亦被弒。當時的形勢，魯、衛、曹、宋等國，多服於晉；陳、蔡及許，則服於楚；而鄭爲二國争點。厲王死後，共王仍與晉争鄭。直至前五六二年，而鄭乃服於晉。晉悼公稱爲後霸。前五四六年，宋大夫向戌爲弭兵之盟，請"晉、楚之從交相見"。於是晉、楚的兵争作一結束，而吳、越繼起。

　　吳本僻處蠻夷，服從於楚的。後來楚國的大夫巫臣，因事奔晉，爲晉謀通吳以擾楚。於是巫臣於前五八四年適吳，教以射御戰陳之法。吳遂驟强，時時與楚争鬥。自今江蘇的鎮江，上至安徽的巢縣，水陸時有戰事，楚人不利時多。弭兵盟後，楚靈王因此大會北方的諸侯。向來服從於晉之國都去奔走朝會於楚，表面上看似極盛。然而靈王實是暴虐奢侈的，遂致釀成内亂，被弒。平王定亂自立，又因信讒之故，國勢不振。前五〇六年，楚相囊瓦因求賄之故，辱唐、蔡二國之君。_{唐國，在今湖北隨縣西北。}蔡侯求援於晉，無效，遂轉而求援於吳。吳王闔廬乘之，攻楚，入其都城。楚昭王逃到隨國。_{今湖北隨縣。}幸賴其臣申包胥，求救於秦，殺敗吳兵，昭王乃得復國。闔廬雖破楚，伐越却不利。敗於攜李，_{今浙江嘉興縣。}受傷而死。子夫差立，興兵伐越，敗之於夫椒。_{今江蘇吳縣西洞庭山。}越王句踐，栖於會稽之山以請成，夫差許之。句踐歸，卧薪嘗膽，以謀報復。而夫差遽驕侈，北伐齊、魯，與晉争長於黃池。_{今河南封邱縣。}前四七三年，遂爲越所滅。句踐北會齊、晉於徐州，_{今山東滕縣。}稱爲霸王。然越雖滅吳，不能正江淮之土，其地皆入於楚，所以仍和北方的大局無關。其被滅於楚，在前三三四年，雖已是入戰國後一百四十七年，然而其國，則久在無足重輕之列了。宇内的强國，仍是晉、楚、齊、秦。而晉分爲韓、趙、魏三國，河北的燕亦日强。天下遂分爲戰國七，史稱爲戰國時代。

第十章　戰國的七雄

　　戰國七雄，誰都知道以秦爲最强。然而當其初年，實以秦爲最弱。秦處關中，本雜戎狄之俗，其文化和生活程度，都較東方諸國爲低。而戰國初年，秦又時有内亂，魏人因之，攻奪其河西之地；而且北有上郡。見第一編第三章。現在陝西南部的漢中，則本屬於楚。對於江、河兩流域，秦人都並無出路。前三六〇年，已是入戰國後一百十八年了。秦孝公即位，用商鞅，定變法之令，一其民於農戰，秦遂驟强。前三四〇年，秦人出兵攻魏，取河西。魏棄安邑，徙都大梁。安邑，今山西安邑縣。大梁，今河南開封縣。秦人又取上郡。於是關中之地，始全爲秦人所有。

　　秦國的民風，本較六國爲强悍，而其風氣亦較質樸。秦國的政令，又較六國爲嚴肅。所以秦兵一出，而六國都不能敵。於是蘇秦説六國之君，合縱以擯秦。然六國心力不齊，縱約不久即解散。張儀又説六國連衡以事秦。然秦人併吞之心，未必以六國服從爲滿足，而六國亦不能一致到底，六國相互之間，更不能無争戰，所以橫約的不能持久，亦與縱約同。

　　秦人滅六國，其出兵的路共有三條：一出函谷關，劫韓包周，函谷關，在河南靈寶縣西南。秦時之關，在谷之東口。今之潼關，則在谷之西口。韓都新鄭，就是春秋時鄭國的都城。此即今日自陝西出潼關到洛陽，而亦即周武王觀兵孟津的路；一渡蒲津，北定太原，南攻上黨，蒲津，黃河津名，在今陝西朝邑縣，山西永濟縣之間。上黨，今山西晉城縣。此即文王戡黎之路；一出武關，取南陽，又出漢中，取巴蜀，沿江漢而下，三道併會於湖北以攻楚。文王當日化行江、漢，亦就是這一條路。

　　秦既破魏，取河西，後又滅蜀。今四川成都縣。蜀是天府之國，其人民雖稍弱，而地方則極富饒，於秦人的經濟大有裨益。於是秦人的東方經略開始。前三一三年，秦人敗楚，取漢中。前三一一年，攻韓，拔宜陽。今河南宜陽縣。前二八〇年，秦又伐楚取黔中。今湖南沅陵縣。於是江、漢兩流域，秦人皆據上游之勢。前二七五年，白起遂伐楚。取鄢、鄧、西陵。明年，又伐楚。拔郢，燒夷

213

陵。楚東北徙都陳。後又徙都壽春。鄢即鄢陵。鄧，今河南鄧縣。西陵，今湖北東湖縣。夷陵，在東湖，爲楚先王墳墓所在。壽春，今安徽壽縣。前二六〇年，秦伐韓，拔野王。上黨路絕，降趙，秦敗趙軍於長平，坑降卒四十萬。野王，今河南沁陽縣。長平，今山西高平縣。遂拔上黨，北定太原。於是韓、趙、魏三國，都在秦人控制之下。前二五七年，秦遂圍趙都邯鄲。邯鄲，今河北邯鄲縣。當這六國岌岌待亡之時，列國雖發兵以救趙，然多畏秦兵之強，不敢進。幸得魏公子無忌，竊其君之兵符，奪魏將晉鄙之軍以救趙，擊敗秦兵於邯鄲下。趙國乃得苟延殘喘。

然而六國的命運，終於不能久持。前二五六年，久已無聲無臭的周朝，其末主赧王，忽而謀合諸侯攻秦。秦人出兵攻周，周人不能抵抗。赧王祇得跑到秦國，盡獻其地，周室於是滅亡。洛陽，有兩城：西爲王城，東爲成周。周敬王自王城徙居成周。考王封弟揭於王城，謂之西周君。揭孫惠公，復自封其少子班於鞏（今河南鞏縣），謂之東周君。赧王入秦之時，西周君隨亡。東周君又七年，纔爲秦所滅。前二三一年，秦人滅韓。前二二八年，滅趙。這時候，趙人已拓境至代。見第一編第三章。於是趙公子嘉自立爲代王，與燕合兵軍上谷。見第一編第三章。燕太子丹使荆軻入秦，謀刺秦王，不克。秦大發兵圍燕。燕王奔遼東。見第一編第三章。前二二五年，秦滅魏。前二二三年，滅楚。明年，大發兵攻遼東，滅燕，還滅代。又明年，自燕南襲齊，滅之。於是六國盡亡。其春秋時代較小的國：則許先滅於鄭。鄭亡於韓。曹滅於宋。宋在戰國時，其王偃曾一強盛，然不久即滅於齊。陳、蔡及魯，則均亡於楚。惟衞國最後亡。直到秦二世元年，即前二〇九年，纔遷其君而絕其祀。然而偌大一個中國，區區一衞算得什麼？所以當民國紀元前二一三二年，即公元前二二一年，秦始皇滅齊之歲，史家就算他是中國一統。

第十一章　中原文化的廣播和
　　　　　疆域的拓展

　　中國爲什麼會成爲東方的大國？這個與其說是兵力的盛强，還不如説是文化的優越。

　　神州大陸之上，古代雜居的異族多着呢！爲什麼我國民族終成爲神州大陸的主人翁？原來初民的開化，受地理的影響最大。古代文明的中心是黄河流域。黄河流域之北便是蒙古高原，地味較瘠薄，氣候亦較寒冷。其民久滯於遊牧的境界，不能發生高度的文明。黄河流域之南便是長江流域，其地味過於腴沃，氣候亦太温暖，其人受天惠太覺優厚，於人事未免有所不盡。《漢書·地理志》説：楚國的風俗，"呰窳而無積聚，不憂凍餓，亦無千金之家"，還有這種意思。而且平原較小，在古代，沿澤沮洳之地又特多，交通亦不十分便利。祇有黄河流域，氣候寒暖適中，地味不過腴，亦不過瘠。懶惰便不能生存，而祇要你肯勤勞，亦不怕自然界對你没有酬報，而且平原廣大，易於指揮統馭。所以較高的文明、較大的國家都發生於此，而成爲古代文化的中心。

　　從以前各章所述，伏羲、神農是在今山東的西部、河南的東部的。黄帝、堯、舜，則在今河北山西的中部。夏朝是從山西遷徙到河南的西部的。商、周兩朝都起於陝西的中部。商朝沿着黄河東進。周朝亦自長安跨據洛陽。所以從泰岱以西，太原、涿鹿以南，豐、鎬以東，陽城以北，這黄河流域的中游，便是古代所謂中原之地。我國文化，即以此爲中心而廣播於四方，而疆域亦即隨之而拓展。今以漢族以外各種民族做綱領，述其開化的次第，便可見得中原文化的廣播和疆域拓展的情形。

　　古代漢族以外的民族，最强悍的要算獫鬻，亦稱獫狁，就是後世的匈奴，與漢族雜居於黄河流域。自黄帝以至周朝，歷代都和他有交涉。因其地居北方，所以古書上多稱爲狄。到春秋時，狄人還很强盛。後又分爲赤狄、白狄，大抵爲秦、晉二國所征服。赤狄種類凡六：曰東山皋落氏，在今山西昔陽縣。曰廧咎如，在今山西樂平縣。曰潞氏，在今山西潞城縣。曰甲氏，在今河北雞澤縣。曰留吁，在今山西屯留縣。曰鐸辰，在今山西長治縣。白狄種類凡三：曰鮮虞，即戰國時的中山，在今河北定縣。曰肥，在今河北藁城縣。曰鼓，在今河北晉縣，又白狄多居河西，所以晉國使呂相絕秦，說：“白狄及君同州。”（據顧棟高《春秋大事表》）戰國時，秦、趙、燕三國，各築長城以防之。魏有河西、上郡，趙有雲中、雁門、代郡，秦有隴西、北地，以與戎界邊。見第一編第三章。隴西，今甘肅狄道縣。北地，今甘肅寧縣。此諸郡以內，就都成爲中國之地了。

　　次之則是山戎和濊貊。此族或單稱濊，或單稱貊，或連稱濊貊。濊，亦作穢，作薉。貊亦作貃。其居地，大約在今河北、遼寧、熱河三省之交。從燕開五郡，見第一編第三章。而我國的文化廣播於東北。遼寧和熱河大體都入中國的版圖。

　　再次之則是氐、羌。這兩族很爲接近。大約羌中最進化的一支爲氐，居今嘉陵江流域，就是古所謂巴。漢時的板楯蠻，可參看《後漢書》本傳。其餘，則蔓延於四川和甘肅一帶。秦人開拓今甘肅之地，直到渭水上源。在甘肅境內的羌人，就大都逃到湟水流域。《後漢書·羌傳》說：秦國兵臨渭首，羌人乃逃到河、湟流域。

　　南方的種族，大別爲三：一是後世的苗族，古人稱之爲黎。見第一章。古代的三苗，便是君臨此族的。此族的根據地是洞庭流系。戰國時，楚國開闢到湖南，見第八章。這一族也漸次開化。一是現在的馬來人，古人稱之爲越，亦作粵。此族的居地在亞洲沿海及地理上稱爲亞洲大陸真沿邊的南洋羣島。此族在古代，有斷髮文身和食人的風俗。在歷史上，我國古代沿海一帶，大抵都有此俗的，所以知其爲同族。其在江蘇、浙江的，因吳、越的興起而開化。在福建、兩廣的，則直到秦併天下後纔開闢。見第一編第三章。山東半島的萊夷和淮水流域的淮夷、徐戎，大約亦屬此族。《左氏》僖公十九年說：宋襄公使邾文公用鄫子於次睢之社，欲以屬東夷，可見當時的東夷，亦有食人之俗。萊夷滅於齊。淮夷至秦有天下後，纔悉散爲人戶。見《後漢書·東夷傳》。一爲濮，就是現在的猓玀。此族古代分布之地，亦到今楚、豫之交。所以韋昭《國語注》說：濮是南陽之國。《鄭語》。杜預《左氏釋例》則謂其在建寧郡之南。《左氏》文公十八年《正義》引。建寧，今湖北石首縣。自楚國強後，大抵都爲所征服。戰國時，楚國的莊蹻，又循牂牁江而上，直到滇國，滇，今雲南昆明縣。都以兵威略屬楚。因巴、黔中爲秦所奪，歸路斷絕。見第十章。即以其衆王滇。

　　我國古代文化的廣播和疆域的拓展，大略如此。古代交通多乘車，即戰陣，亦以車戰爲主力。戰國以後，則騎馬的漸多，戰陣上，亦漸用騎兵和步兵。這因古代交通祇及於平地，而戰國時開拓漸及於山地之故。當時漢族多居平地，所謂夷、蠻、戎、狄，則多居山地。開拓漸及於山地，即是雜居的異族和我國民族同化的證據。參看《日知錄》“騎”、“驛”兩條。

第十二章　春秋戰國的學術思想

我國的學術思想，起源是很早的。然其大爲發達，則在春秋戰國之世。因爲西周以前，貴族平民的階級較爲森嚴。平民都胼手胝足，從事於生產，沒有餘閑去講求學問。即有少數天才高的人，偶有發明，而沒有徒黨爲之授受傳播，一再傳後，也就湮沒不彰了。所以學術爲貴族所專有。貴族之中，尤其是居官任職的，各有其特別的經驗，所以能各成爲一家之學。東周以後，封建政體漸次破壞。居官任職的貴族，多有失其官守，降爲平民的。於是在官之學，一變而爲私家之學。亦因時勢艱難，仁人君子都想有所建明，以救時之弊，而其時社會階級，漸次動搖，人民能從事於學問的亦漸多，於是一個大師往往聚徒至於千百，而學術之興遂如風起雲涌了。先秦諸子之學，《漢書‧藝文志》以爲其原出於王官，《淮南子‧要略》則以爲起於救時之弊。鄙意以爲必兼二說，而後其義乃全。可參看拙撰《先秦學術概論》編第四章。

先秦學術，司馬遷《史記‧太史公自序》載其父談之論，分爲陰陽、儒、墨、名、法、道德六家。道德，《漢志》但稱道家。《漢書‧藝文志》，益以縱橫家、雜家、農家、小說家，是爲諸子十家。其中除去小說家，謂之九流。見《後漢書‧張衡傳》注及《劉子‧九流篇》。《漢志》推原其始，以爲都出於王官。此外兵書分權謀、形勢、陰陽、技巧四家；數術分天文、曆譜、五行、蓍龜、雜占、形法六家；以及方技略之醫經、經方二家，推原其始，亦都是王官之一守，儒家出於司徒之官。道家出於史官。陰陽家出於羲和之官。法家出於理官。名家出於禮官。墨家出於清廟之官。縱橫家出於行人之官。雜家出於議官。農家出於農稷之官。兵家出於司馬。數術出於明堂羲和史卜之職。方技略又有房中、神仙兩家。《漢志》云：皆生生之具，王官之一守。爲古代專門之學。其與諸子各別爲略，大約因校書者異其人之故。

諸家的學術，當分兩方面觀之：其（一）古代本有一種和宗教混合的哲學，其宇宙觀和人生觀，爲各家所同本。如陰陽五行以及萬物之原質爲氣等思想。其（二）則在社會及政治方面，自大同時代，降至小康，再降而入於亂世,參看第二章、第十四章。都有很大的變遷。所以仁人君子,各思出其所學以救世。參看拙撰《先秦學術概論》上編第二、三章。其中最有關係的,要推儒、墨、道、法四家。大抵儒家是想先恢復小康之治的,所以以堯、舜、三代爲法。道家則主張徑復大同之治,所以要歸真反樸。法家可分法術兩方面:見《韓非子・定法編》。法所以整齊其民,術則所以監督當時的政治家,使其不能以私廢公的。墨家舍周而法夏。夏代生活程度較低,迷信亦較甚。其時代去古未遠,人與人間的競争,不如後世之烈。所以墨子主張貴儉、兼愛;而以天志、明鬼爲聳動社會的手段。參看第四章。此外,名家是專談名理的。雖然去實用較遠,然必先正名,乃能綜核名實,所以名法二字往往連稱。農家,《漢志》謂其"欲使君臣並耕,悖上下之序",所指乃《孟子》書所載的許行。《滕文公上》。大約是欲以古代農業共産的小社會爲法的,其宗旨與道家頗爲相近。縱横家衹談外交,則與兵家同爲一節之用了。

　　陰陽家者流,似乎脱不了迷信的色彩。然而此派是出於古代司天之官的。所以《漢志》説"敬授民時"是其所長。古代《明堂月令》之書,規定一年行政的順序和禁忌,和國計民生很有關係,見第四章。不能因其理論牽涉迷信,就一筆抹殺的。諸子中的陰陽家和數術略諸家關係極密。數術略諸家,似亦不離迷信。然《漢志》説形法家的内容,是"形人及六畜骨法之度數,器物之形容,以求其聲氣貴賤吉凶。猶律有長短,而各徵於聲,非有鬼神,數自然也"。其思想,可謂近乎唯物論。設使此派而興盛,中國的物質之學,必且漸次昌明。惜乎其應聲很少,這一派思想就漸漸的消沉了。

　　古代的學問,都是所謂專門之學。凡專門之學,對於某一方面必然研究得很深。對於别一方面,即不免有輕視或忽略之弊。此層論者都不甚注意,實緣中國人崇古的積習太深之故。今節録拙撰《先秦學術概論》一節於此,以資參考:"先秦之學純,後世之學駁。凡先秦之學,皆後世所謂專門;而後世所謂通學,則先秦無之也。此何以故? 曰:凡學皆各有所明,故亦各有其用。因人之性質而有所偏主,固勢不能無;即入主出奴,亦事所恒有。然此必深奥難明之理,介於兩可之間者爲然。若他家之學,明明適用於某時某地,證據確鑿者,則即門户之見極深之士,亦不能作一筆抹殺之談。此輩言淆亂,所以雖事不能免,而是非卒亦未嘗無準也。惟此亦必各種學問,並行於世者已久;治學之士,於各種學問,皆能有所見聞而後可。若學問尚未廣布;欲從事於學者,非事一師,即無由得之;而所謂師者,大抵專主一家之説;則爲之弟子者,自亦趨於姝暖矣。先秦之世,學術蓋尚未廣布,故治學者大抵專主一家。墨守之風既成,則即有兼治數家者,亦必取其一而棄其餘。墨子學於孔子而不説,遂明目張膽而非儒;陳相見許行而大説,則盡棄其所受諸陳良之學,皆是物也。此雜家所以僅兼採衆家,而遂足自成爲一家也。若在後世,則雜家徧天下矣。"(上編第五章)此由當時各種學問初興,傳播未廣之故。衹有雜家,《漢志》稱其"兼名、法,合儒、墨",

却頗近於後世的通學。

　　諸家的學問,都出於官守。祇有小説家,《漢志》稱爲"街談巷語,道聽塗説者所造",似乎是民間流傳之説。今其書已盡亡。惟據《太平御覽》引《風俗通》,卷六六八。則"城門失火,殃及池魚"之説,實出於小説家中的《百家》。則其性質,亦可想見了。

第十三章　春秋戰國的政制改革

春秋戰國時代，政治制度亦有很大的變遷。

古代説天子是感天而生的，迷信的色彩很重。《詩·生民正義》引《五經異義》："《詩》，齊、魯、韓，《春秋公羊》説聖人皆無父，感父而生。"案《生民鄭箋》説：姜嫄履大人跡而生后稷，《玄鳥鄭箋》説：簡狄吞玄鳥卵而生契，即是其説。《鄭箋》是兼採《韓詩》説的。到春秋戰國時，儒家就有立君所以爲民、民貴君輕諸説。怕舊説的勢力一時不能打倒，則又創"天視自我民視，天聽自我民聽"等説，以與之調和。《孟子·萬章上》、《盡心下》。實在替平民革命大張其目。使漢以後起平民而爲天子的，得一個理論上的根據。而亦替現代的共和政體，種了一種遠因。

因世運的漸趨統一，而郡縣的制度，漸次萌芽。古代的郡縣，是不相統屬的。大約在腹裏繁華之地的，則稱爲縣；在邊遠之地的，則稱爲郡。參看《日知錄》卷二十二《郡縣》條《集釋》。所以郡，大概是轄境廣，而且有兵備的。後來因圖控制的方便，就以郡統縣了。從春秋以來，小國被滅的，大都成爲大國的一縣。鄉大夫采地發達的，亦成爲縣。如楚之陳、蔡、不羹，晉之十家九縣等，見《左氏》昭公五年。古代官制，内諸侯與外諸侯，在爵禄兩點，全然相同；所異的，祇是一世襲，一不世襲。《王制》："天子之縣内諸侯，禄也。外諸侯，嗣也。"改封建爲郡縣，其初不過是將外諸侯改爲内諸侯而已。所以能將外諸侯改爲内諸侯，則因交通便利；各地方的風氣，漸次相同；一個中央政府，可以指揮統率之故。所以封建郡縣的遞嬗，純是世運的變遷，並非可以强爲的。

内官則今文家説：三公、九卿、二十七大夫、八十一元士。三公之職，爲司馬、司徒、司空。九卿以下都無説。古文家則以太師、太傅、太保爲三公，少師、少傅、少保爲三孤，皆坐而論道，無職事。冢宰、司徒、宗伯、司馬、司寇、司空爲六卿，分管全國的政事。今文説見《王制》，古《周禮》説見《五經異義》，《僞古文尚書·周官篇》本之。其地方區畫，則《周禮》以五家爲比，比有長。五比爲閭，閭有胥。四閭爲族，族有師。五族爲黨，黨有正。五黨爲州，州有長。五州爲鄉，鄉有大夫。遂則爲鄰長、里宰、鄼長、鄙師、縣正、遂大夫。其編制以五起數,和軍制相應。《尚書大傳》說:"古八家而爲鄰,三鄰而爲朋,三朋而爲里,五里而爲邑,十邑而爲都,十都而爲師,州十有二師。"其編制以八起數,和井田之制相合。大約前者是行於鄉,而後者是行於野的。參看兵制自明。

古代的兵制:今古文説都以五人爲伍,五伍爲兩,四兩爲卒,五卒爲旅,五旅爲師。惟今文説以師爲一軍,天子六師,方伯二師,諸侯一師。《白虎通·三軍篇》。《公羊》隱公五年《解詁》。古文家則以五師爲軍,王六軍,大國三軍,次國二軍,小國一軍。《周官》司馬序官。其出賦:則今文家謂十井出兵車一乘。公侯封方百里,凡千乘。伯四百九十乘。子男二百五十乘。《公羊》宣公十五年,昭公元年《解詁》。古文家據《司馬法》,而《司馬法》又有兩説:一説以井十爲通,通爲匹馬,三十家。士一人,徒二人。通十爲成,成十爲終,終十爲同,遞加十倍。又一説,以四井爲邑,四邑爲邱,有戎馬一匹,牛三頭,四邱爲甸,甸讀爲乘。有戎馬四匹,兵車一乘,牛十二頭,甲士三人,步卒七十二人。一同百里,提封萬井,除山川、沈斥、城郭、邑居、園囿、術路,定出賦的六千四百井,有戎馬四百匹,兵車百乘。這是鄉大夫采地大的。諸侯大的一封,三百六十里;天子畿方千里,亦遞加十倍。前説鄭注《周官》小司徒引之。後一説鄭注《論語》"道千乘之國"引文,見《小司徒疏》。《漢書·刑法志》,亦取後説。古文之説,兵數遠較今文之説爲多,大約其出較晚。然六軍之數,還不過七萬五千人。到戰國時,則坑降、斬級,動至數萬,甚且至數十萬,固然也有虛數,然戰爭規模之大,遠過春秋以前,則必是事實,不能否認的。這驟增的兵數,果何自而來?原來古代的人民,並不是通國皆兵的。所以齊有士鄉和工商之鄉;而楚國的兵制,也説"荊尸而舉,商農工賈,不敗其業"。正式的軍隊,衹是國都附近的人。見江永《羣經補義》。其餘的人,雖非不能當兵,不過保衛本地方,如後世的鄉兵而止。戰國時代,大約此等人都加入正式軍隊之中,所以其數驟增了。《左傳》,鞍之戰,"齊侯見保者曰:勉之,齊師敗矣。"可見正式的軍隊雖敗,守境之兵自在。《戰國策》:蘇秦説齊宣王,説:"韓、魏戰而勝秦,則兵半折,四境不守。"可見守境之兵,都調赴前敵了。戰爭固然殘酷,然而這却是我國真正實行舉國皆兵的時代。

古代階級森嚴,大夫以上,都是世官。《王制》説:命鄉論秀士,升諸司徒,曰選士。司徒論選士之秀者,而升諸學,曰俊士。既升於學,則稱造士。大樂正論造士之秀者,而升諸司馬,曰進士。司馬辨別其才能之所長,以告於王,而授之官。周官則六鄉六遂之官,都有教民以德行道藝之責。三年大比則興其賢者,能者於王。此即所謂"鄉舉里選"。鄉人的進用,大概不是沒有的事;

然其用之，不過至士而止。立賢無方之事，實際是很少的。見俞正燮《癸巳類稿·鄉興賢能論》。到戰國時代，貴族階級，日益腐敗。競爭劇烈，需才孔亟。而其時學術發達，民間有才能的人亦日多。封建制度既破，士之無以爲生，從事於遊談的亦日衆。於是名公卿爭以養士爲務，而士亦多有於立談之間取卿相的，遂開漢初布衣將相之局。《廿二史劄記》，有"漢初布衣將相之局"一條，可參看。

我國的有成文法，亦由來頗早。其見於古書的，如夏之《禹刑》、商之《湯刑》、周之《九刑》都是。《左氏》昭公六年。西周以前，刑法率取秘密主義。至春秋時，則鄭鑄《刑書》、晉作《刑鼎》，漸開公布刑法之端了。《左氏》昭公六年、二十九年。戰國時，李悝爲魏文侯相，撰次諸國法，爲《法經》六篇。商君取之以相秦。漢朝亦沿用它。從此以後，我國的法律，就連綿不斷了。見《晉書·刑法志》。

第十四章　上古的社會

　　從上古以至春秋戰國，社會組織的變遷尤其巨大。

　　孔子所説的大同時代，大約是極其平等、豪無階級的。至各部落相遇，而有戰爭，於是生出征服者和被征服者的階級。其最顯著的，就是國人和野人的區別。古代有許多權利，如詢國危、詢國遷、詢立君等，都是國人享的。《周官·小司寇》。而屬王監謗，道路以目，出來反抗的，也是國人。至於野人，則"逝將去汝，適彼樂土"，《詩經·碩鼠》。不過有仁政則歌功頌德，遇虐政則散之四方而已。觀此，便知其一爲征服之族，一爲被征服之族。古代的田制，是國以内行畦田之制，國以外行井田之制的。《孟子·滕文公上》：孟子對滕文公欲行井田之問，"請野，九一而助。國中，什一使自賦。卿以下，必有圭田，圭田五十畝"。案圭田就是畦田。畦田是地形既不方正，而又高低不等的。古代算法中，算此等不平正的面積的法子，就謂之畦田法。可見國在山險之地。而兵亦都在國都附近。參看上章。此可想見隆古之時，國人征服野人，就山險之處擇要屯駐，而使被征服之族居於四面平夷之地，從事耕農。這是最早發生的一個階級。

　　歲月漸深，武力把持的局面漸成過去，政治的勢力漸漸抬頭，而階級的關係一變。原來征服者和被征服者之間，雖有階級，而同一征服者之中，亦仍有階級。這是接近政權與否的關係。古代國人和野人的區別，大約如契丹時代的部族和漢人。同一征服者之中，執掌政權和不執掌政權者的關係，則如部族之民之於耶律、蕭氏等。歲月漸深，政治上的貴族平民，區別日漸顯著，從前征服者和被征服者的畛域，轉覺漸次化除。這一因政權的擴大，而執掌政權的人，威力亦漸次增加。一則年深月久，征服者和被征服者的仇恨，日漸淡忘，而經濟上平和的聯繫，日益密接。又人口增殖，國人必有移居於野的，而畛域漸化，野人亦必有移居於國的，居處既相接近，婚姻可以互通，久而久之，兩者的區別就馴致不能認識了。這是階級制度的一個轉變。然而其關係，總還不及經濟上的關係、力量來得更大。

　　古代各各獨立的小社會，其經濟都是自給自足的。此時的生產，都是爲着消費而生產，不是爲着交易而生産。此等社會，其事務的分配，必有極嚴密的組織。然而歷時既久，交通日便，商業日興，則社會的組織，亦就因之而改變。因爲人總是想得利的，總是想以最小的勞費獲得最大的報酬的。各個小社會，各各獨立生產以供給自己的消費，這在獲利的分量上言，原是不經濟的事。所以從交易漸興，人就自然覺得：有許多向來自造的東西，可以不造而求之於外；造得很少的東西，可以多造而用作交易的手段。至此，則此等小社會從前事務的分配，不復合理。若要堅持他，便足爲這時代得到更大的利益的障礙。人總是想得利的，總是想以最少的勞費，得到最大的報酬的。於是舊時的組織，遂逐漸破壞於無形之中。於是人的勞動，非復爲社會而勞動；其生活，亦不受社會的保障。而人是不能各各獨立而生活的，“一人之身，而百工之所爲備”，《孟子·滕文公上》。離居不相待則窮。《荀子·富國》。於是以交易爲合作，而商業遂日益興盛。然此等合作，係在各個人自謀私利之下，以利己之條件行之的。實際雖兼利他人，目的是祇爲自己。有可損人以自利之處，當然非所顧慮。而在此等不自覺的條件之下合作，人人所得的利益，當然不會一致的。而人是沒有資本，不會勞動的，在分配的過程中，有資本的人，自然獲得較有利的條件。於是商業資本日漸抬頭。人既不能回到武力劫奪的世界，而總要維持一種和平的關係，則在此關係之下，能佔有多量財富的，在社會上自然佔有較大的勢力。於是貴賤階級之外，又生出一種貧富的階級。而其實際的勢力，且陵駕乎貴賤階級之上。這是階級制度的又一轉變。

　　我們試看：古代的工業，都是國家設立專官，擇人民所不能自造的器具，造之以供民用。《考工記》：“粵無鎛，燕無函，秦無廬，胡無弓車。粵之無鎛也，非無鎛也，夫人而能爲鎛也。燕之無函也，非無函也，夫人而能爲函也。秦之無廬也，非無廬也，夫人而能爲廬也。胡之無弓車也，非無弓車也，夫人而能爲弓車也。”《注》：“此四國者，不置是工也。言其丈夫人人皆能作是器，不須國工。”商業則大者皆行於國外。所以古代的商人，才智獨高，如鄭弦高等，至能矯君命以抒國難，即因其周歷四方，閱見廣博之故。《左氏》昭公十六年：鄭子產對晉國的韓宣子説：“昔我先君桓公，與商人皆出自周，庸次比耦，以艾殺此地，斬之蓬蒿藜藋而共處之。”遷國之初，要帶着一個商人走，就因爲新造之邦，必需之品，或有缺乏，要藉商人以求之於外之故。其在國內，則不過“求壟斷而登之”的賤丈夫，並不能謀大利。《孟子·滕文公下》。而到晚周時代，則有“用貧求富，農不如工，工不如商”之諺。《史記·貨殖列傳》。前此“市廛而不稅，關譏而不征”。《孟子·梁惠王上》、《禮記·王制》。可見其對於商人，盡力招徠。至此，則必“凶荒札喪，市乃無征而作布”。《周官·司關》。便可見此時的工商事業，和前此大不相同了。

　　同時因在上者的日益淫侈，剝削人民益甚，於是有孟子所說"慢其經界"的"暴君污吏"。《孟子·滕文公上》。亦因人口增殖，耕地漸感不足，不得不將田間的水道陸道，填沒開墾，這就是所謂開阡陌。朱子《開阡陌辨》。於是井田制度破壞，而分地不均。古代作爲公有的山澤，至此亦被私人所佔。經營種樹、畜牧、開礦、煮鹽等業，《貨殖列傳》所載諸人便是。而地權之不平均更甚。

　　地權不平均了，資本跋扈了。一方面，有舊貴族的暴虐；一方面，有新興富者階級的豪奢。貧民則"常衣牛馬之衣，食犬彘之食"。董仲舒的話，見《漢書·食貨志》。遂成爲一懸而不決的社會問題。

　　貨幣的發達，是大有助於商業資本，而亦是大有影響於社會經濟的。於此亦得說其大略。我國最早用作交易中之物，大約是貝，次之則是皮。這是漁獵和畜牧時代所用。至農耕時代，則最貴重的是金屬的耕具或刀，而布帛米穀等亦用爲交易之具。後來用社會上所最貴的銅，依貝的形式鑄造起來，而以一種農器之名名之，則爲錢。至於珠、玉、金、銀等，則因其爲上流社會的人所貴重，間亦用以交易。大概是行於遠處，用以與豪富的人交換的。《史記·平準書》說："太公爲周立圜法。黃金方寸而重一斤。錢圜函方，輕重以銖。布帛廣二尺二寸爲幅，長四丈爲匹。"可見黃金、銅錢、布帛三者是社會上最通行的貨幣。然而別種東西，亦未嘗不用。秦併天下，黃金的重量，改以鎰計。銅錢的形式，仍同周朝，而改其重爲半兩。珠、玉、龜、貝、銀、錫等，國家都不認爲貨幣，然亦"隨時而輕重無常"。三代以前，貨幣制度的轉變，大略如此。

第三編　中古史

第一章　秦之統一及其政策

誰都知道，統一是始於秦的。其實統一是逐漸進行的，看前編第七章所述，就可知道了。然而統一的完成，確在前二二一年，即秦王政的二十六年。積世渴望的統一，到此告成，措置上自然該有一番新氣象。

秦王政統一之後，他所行的第一事，便是改定有天下者之號，稱爲皇帝。命爲制，令爲詔。而且説古代的謚，是："子議父，臣議君也，甚無謂，朕弗取焉。"於是除去謚法，自稱爲始皇帝。後世則以數計，如二世、三世等。

郡縣之制，早推行於春秋戰國之世，已見前編。始皇併天下後，索性加以整齊，定爲以郡統縣之制。分天下爲三十六郡。每郡都置守、尉、監三種官。守，便是漢時的太守；尉，便是漢時的都尉，都是漢景帝改名的。見《漢書·百官公卿表》。守是一郡的長官，尉是佐守與武職甲卒的，亦見《百官公卿表》。雖然如此，調兵統率之權，仍在於守。漢世也是如此。監是皇帝派出去監察郡守的御史。其制度，大約原於古代的三監。《禮記·王制》："天子使其大夫爲三監，監於方伯之國，國三人。"武王克殷，封紂子武庚，而使其弟管叔、蔡叔、霍叔爲三監，所行的便是此制。此時乃以之施於郡守。可見郡縣封建兩制，逐漸蜕變之跡。大夫之爵，本低於列國之君。所以漢時刺史之秩，還低於太守。參看第六章。

始皇又收天下之兵器，都聚之於咸陽。秦都，今陝西咸陽縣。把他銷掉，鑄作鐘鐻和十二個金人。古以銅爲兵器，這金人就是銅人。漢以前單言金的，大概都指銅。今之所謂金，則稱黃金。

當時有個僕射周青臣，恭維始皇的功德。又有個博士淳于越，説他是面諛。説郡縣制度，不及封建制度。始皇下其議。丞相李斯，因此説："諸生不師今而學古，以非當世，惑亂黔首。"又説："人聞令下，則各以其學議之。""如此弗禁，則主勢降乎上，黨與成乎下。"於是擬定一個燒書的辦法，是：

（一）史官非秦記皆燒之。

（二）非博士官所職，天下有敢藏詩、書、百家語者，悉詣守尉雜燒之。

（三）有敢偶語詩書棄市。以古非今者族。吏見知不舉者與同罪。令下三十日不燒，黥爲城旦。

（四）所不去者，醫藥、卜筮、種樹之書。若有欲學——法令——以吏爲師。徐廣說："一無法令二字。"後人因謂秦人並不禁民間之學；"以吏爲師"的吏，即是博士。案此說恐非。因爲上文李斯之奏，明說"士則學習法律辟禁"。法令兩字，疑是注語，徐廣所謂一本者脫去。

焚書的理由，早見《管子・法禁》和《韓非子・問辯》兩篇。這是法家向來的主張。始皇、李斯，不過實行他罷了。法家此等主張，在後世看來，自然是極愚笨。然而在古代，本來是"政教合一，官師不分"的。此說甚長。讀章學誠《文史通義》，自可知之。"尊私學而相與非法教"，不過是東周以後的事。始皇、李斯此舉，也不過想回復古代的狀況罷了。

至於坑儒，則純然另是一回事。此事的起因，由於始皇相信神仙，招致了一班方士，替他煉奇藥，帶着童男女入海求神仙。後來有個方士盧生和什麼侯生，私議始皇，因而逃去。始皇大怒，說："吾收天下書不中用者盡去之。悉召文學、方術士，欲以致太平，求奇藥。如今毫無效驗，反而誹謗我。"於是派御史去按問。諸生互相告引。因而被坑的，遂有四百六十餘人。這件事雖然暴虐，卻和學術思想是了無干係的。

還有一件事，則和學術界關係略大。我國文字的起源，已見前編第二章。漢代許慎作《說文解字序》，把漢以前的文字，分做五種：（一）古文，（二）大篆，（三）小篆，（四）隸書，（五）草書。許序於隸書草書，都不言誰造，其說最通。文字逐漸變遷，原說不出什麼人創造什麼體的。隸書之始，《漢志》云："施之於徒隸。"衛恒《四體書勢》云："令隸人佐書，因稱隸字。"不過書寫不工的篆書而已。草書：《書勢》亦云："不知作者姓名。"張懷瓘《書斷》，引《史》、《漢》楚懷王使屈原造作憲令，"草藁未上"；董仲舒欲言災異，"草藁未上"，謂其原由於起草，其說最通，詳見拙撰《中國文字變遷考》第四、第五章。他把周宣王以前的文字，總稱爲古文。說周宣王時，太史籀作大篆十五篇，與古文或異。又說："七國之世，言語異聲，文字異形。秦併天下，丞相李斯，乃奏同之，罷其不與秦文合者。李斯作《倉頡篇》，中車府令趙高作《爰歷篇》，太史令胡毋敬作《博學篇》。皆取史籀大篆，或頗省改。"這是小篆。又說：此時"官獄職務繁，初有隸書，以趨約易，而古文由此絕矣"。案七國之世，所謂言語異聲，大約是各處方言音讀之不同。至於文字異形，則（一）者是字形的變遷；（二）者，此時事務日繁，學術發達，舊有之字，不足於用，自然要另造新字。所造的字，自然彼此不相關會了。詳見《中國文字變遷考》第三章。秦朝的同文字，是大體以史籀的大篆爲標準，而廢六國新造的字。這件事，恐亦未必能辦到十分。然而六國的文字，多少總受些

227

影響。所謂"古文由此絶"，這古文兩字，實在是連六國文字不與秦文合的部分，都包括在内的。漢興以後，通用隸書。秦朝所存留的字，因爲史籀、李斯、趙高、胡毋敬等所作字書還在，所以還可考查。此等已廢的文字，却無人再去留意。所以至漢時，所謂古文，便非盡人所能通曉了。_{可參看王國維《漢代古文考》。}

　　當始皇之世，是統一之初，六國的遺民，本來不服。而此時也無治統一之世的經驗。不知天下安定，在於多數人有以自樂其生，以爲祇要一味高壓，就可以爲所欲爲了。於是專用嚴刑峻法。而又南併南越，北攘匈奴，築長城。_{參看第七章。}還要大營宮室，歲歲巡遊。人民既困於賦役，又迫於威刑，亂源早已潛伏。不過畏懼始皇的威嚴，莫敢先發罷了。前二一〇年，始皇東遊，還至平原津而病。崩於沙丘。_{平原津，在今山東德縣境。沙丘，在今河北邢臺縣境。}始皇長子扶蘇，因諫坑儒生，被謫，監蒙恬軍於上郡。少子胡亥和始皇叫他教胡亥決獄的趙高從行。於是趙高爲胡亥遊説李斯矯詔，殺扶蘇和蒙恬。秘喪，還至咸陽，即位。是爲二世皇帝。而揭竿斬木之禍，便隨之而起了。

第二章 秦漢之際

秦二世的元年，便是公元前二〇九年，戍卒陳勝、吳廣，因爲遣戍漁陽，自度失期當死，起兵於蘄。今安徽宿縣。北取陳。勝自立爲楚王。於是六國之後，聞風俱起。

魏人張耳、陳餘，立趙後歇爲趙王。

周市立魏公子咎爲魏王。

燕人韓廣，自立爲楚王。

齊王族田儋，自立爲齊王。

時二世葬始皇於驪山，見第二編第六章。工程極其浩大。工作的有七十萬人。二世聽了趙高的話，把李斯殺掉。以爲山東盜是無能爲的。後來陳勝的先鋒兵打到戲。在今陝西臨潼縣東北。纔大驚，赦驪山徒，命少府章邯，帶着出去征討。這時候，秦朝政事雖亂，兵力還强。山東烏合之衆，自然不能抵敵。於是陳勝、吳廣先後敗死。章邯北擊魏。魏王咎自殺。齊王儋救魏，亦敗死。

先是楚將項燕之子梁和其兄子籍，起兵於吳。沛人劉邦，亦起兵於沛。今江蘇沛縣。項梁渡江後，因居鄛人范增的遊説，立楚懷王之後心於盱眙，仍稱爲楚懷王。居鄛，今安徽巢縣。盱眙，今安徽盱眙縣。戰國時，楚國的懷王和齊國交好。秦國人妒忌他，叫張儀去騙他，如肯絕齊，便送他商於之地六百里（在今河南淅川縣西）。楚懷王信了他，與齊絕交。秦國人却不給地。懷王大怒，發兵伐秦大敗。後來秦國人又誘他去會盟，把他拘執起來，要求割地，懷王不肯，便死在秦國。楚國人很哀傷他。所以此時以死者之謚，爲生者之號，以鼓動民心。古人本有生時立號的。如《史記・殷本記》説"湯曰：吾甚武，號曰武王"是。又如周朝的成王，漢朝人亦有以爲成字是生號的。項梁引兵而北，其初連勝兩仗。後來亦爲章邯所襲殺。於是章邯以爲楚地兵不足憂，北圍趙王於鉅鹿。今河北平鄉縣。

楚懷王派宋義、項籍、范增北救趙，劉邦西入關。宋義至安陽，今山東曹縣。逗留四十六日不進。項籍矯懷王命殺之。引兵北渡河，大破秦兵於鉅鹿下。章邯因趙高的猜疑，就投降了項籍。先是韓人張良，因其先五世相韓，嘗散家財，募死士，狙擊秦始皇於博浪沙中，<small>在今河南陽武縣東南。</small>想爲韓報仇。及項梁起兵，張良遊説他，勸他立韓國的公子成爲韓王。劉邦因張良以略韓地，遂入武關。<small>在今陝西商縣。</small>趙高弒二世，立公子嬰，想和諸侯講和，保守關中，仍回復其列國時代之舊。子嬰又刺殺趙高。而劉邦的兵，已到霸上了。<small>今陝西長安縣東。</small>子嬰祇得投降。秦朝就此滅亡。時爲公元前二〇六年。

項籍既降章邯，引兵入關。劉邦業已先入，遣兵將關把守了。項籍大怒，把他打破。這時候，項籍兵四十萬，在鴻門。<small>在今陝西臨潼縣。</small>劉邦兵十萬，在霸上。項籍要打劉邦。其族人項伯和張良要好，到劉邦軍中，勸良同走。劉邦因此請項伯向項籍解釋，自己又親去謝罪。一場風波，纔算消弭。

這時候，封建思想還未破除。亡秦之後，自然沒有推一個人做皇帝之理。於是便要分封。當封的，自然是(一) 前此六國之後；(二) 亡秦有功之人。而分封之權，自然是出於衆諸侯的會議，能操縱這會議的，自然是當時實力最强的人。於是項籍便和諸侯王議定分封的人，如下：

項　籍	西楚霸王	王梁、楚地九郡。都彭城（今江蘇銅山縣）。	
劉　邦	漢　王	王巴、蜀、漢中，都南鄭（今陝西南鄭縣）。	
章　邯	雍　王	王咸陽以西。都廢丘（今陝西興平縣）。	以下三人，爲秦降將。項籍未入關即封之，當時稱爲三秦。
司馬欣	塞　王	王咸陽以東，至河。都櫟陽（今陝西臨潼縣）。	
董　翳	翟　王	王上郡，都高奴（今陝西膚施縣）。	
魏王豹	西魏王	王河東，都平陽（今山西臨汾縣）。	魏王咎的兄弟。咎死後，奔楚，楚立爲魏王。此時徙西魏。漢王出關，豹降漢，漢復立爲魏王。豹叛漢與楚，爲韓信所虜。
韓王成	韓　王	都陽翟（今河南禹縣）。	旋爲楚所殺，立故吳令鄭昌爲韓王。
申　陽	河南王	都洛陽。	張耳嬖人。
司馬卬	殷　王	殷王故墟，都朝歌（今河南淇縣）。	趙將。

續　表

趙王歇	代　王	都代（今河北蔚縣）。	秦兵圍鉅鹿時，張耳在城內，陳餘在城外。圍解後，張耳怨陳餘不救，責讓他。陳餘發怒，將印交張耳，自去漁獵。因此未從諸侯入關，不得爲王，因所居南皮（今河北南皮縣），封之三縣。餘怒。會田榮叛楚。餘請兵於榮，擊破張耳。耳奔漢。餘迎趙王歇還趙。歇封餘爲代王，留爲趙相。後張耳與韓信破趙。趙王歇被擒，餘被殺。
張　耳	常山王	趙王。都襄國（今河北邢臺縣）。	
英　布	九江王	都六（今安徽六安縣）。	楚將。後叛楚降漢。
吳　芮	衡山王	都邾（今湖北黃岡縣）。	秦鄱陽令起兵，從諸侯入關。
共　敖	臨江王	都江陵（今湖北江陵縣）。	義帝柱國。子尉，爲漢所虜。
燕王廣	遼東王	都無終（今河北薊縣）。	爲臧荼所殺。
臧　荼	燕　王	都薊（今河北北平縣）。	燕將。漢高祖得天下後，謀反，被殺。
齊王市	膠東王	都即墨（今山東即墨縣）。	田儋的兒子。儋死後，其兄弟榮，立他做齊王。至是，徙膠東。榮發兵距殺田都，留市於齊。市逃往膠東。田榮怒，發兵追殺市。時彭城有衆萬餘人，在鉅野（今山東鉅野縣），無所屬。榮與以將軍印，使擊殺濟北王安。榮遂併王三齊（齊、膠東、濟北）。後爲項羽所殺。田榮的兄弟橫，又立田榮的兒子廣。爲漢韓信所虜。橫逃入海島。漢高祖定天下後，召之，未至洛陽，自殺。
田　都	齊　王	都臨淄（今山東臨淄縣）。	齊將。
田　安	濟北王	都博陽（今山東泰安縣）。	齊王建（戰國時最後的齊王）孫。

　　當楚懷王遣將時，曾說：先入關中者王之。照這句話，此時當王關中者爲劉邦。然而項籍受章邯之降時，已將秦地分王邯等三人了。這大約是所以撫慰降將之心，減少其抵抗力的。其時劉邦的能先入關，原是意想不到的事。

這時候不便反悔。於是説：（一）懷王不能主約；（二）巴、蜀、漢中，亦是關中之地，就把劉邦封爲漢王。這也不能説不是一種解釋。然而龍争虎鬥之際，祇要有辭可藉，便要藉口的，哪管得合理不合理？

　　項籍尊楚懷王爲義帝，而自稱霸王。照春秋戰國的習慣，天子原是不管事的，管理諸侯之權，在於霸主。這時候，天下有變，自然責在項籍。於是因田榮的反叛，出兵征討。漢王乘機便説：項籍分封不平，以韓信爲大將，北定三秦又破韓、河南、西魏、殷四國。併塞、翟、韓、殷、魏之兵五十六萬人東伐楚。居然攻入楚國的都城，項籍聞之，以精兵三萬人，從胡陵還擊。_{今山東魚臺縣。}大破漢兵。漢王脱身逃走。然而漢王有蕭何，守關中以給軍食。堅守滎陽、成皋以距楚。_{滎陽，今河南滎澤縣。成皋，今河南汜水縣。}而使韓信北定趙、代，轉而東南破齊。而項籍的後方，爲彭越所擾亂，兵少食盡。相持數年，楚兵勢漸絀。乃與漢約，以鴻溝爲界，中分天下。漢王背約追楚。圍項籍於垓下。項籍突圍而走。至烏江，_{自滎陽下引河東南，以通宋、鄭、陳、蔡、曹、衛與濟、汝、淮、泗會。見《史記·河渠書》。垓下，今安徽靈璧縣。烏江，江津名。在今安徽和縣南。}自刎死，於是天下又統一了。時爲公元前二〇二年。

第三章　前漢的政治

前漢凡二百十年,在政治上,可以分做四期:

第一期:高祖初定天下。這時候,還沿着封建思想,有功之臣,與高祖同定天下的,其勢不得不封。而心上又猜忌他。於是高祖聽婁敬的話,徙都關中,想藉形勝以自固。又大封同姓之國,以爲屏藩。這時候,異姓王者八國,除長沙外,多旋就滅亡。同姓王者九國,都跨郡三四,連城數十,遂成爲異日的亂源。異姓王者,爲楚王韓信,梁王彭越,趙王張敖(張耳的兒子),韓王信,淮南王英布,燕王臧荼、盧綰,長沙王吳芮。同姓王者:齊王肥,淮南王長,燕王建,趙王如意,梁王恢,代王恒,淮陽王友,都是高祖的兒子。楚王交,是高祖的兄弟。吳王濞,是高祖的兄子。其事跡大略如下:韓信平齊後,自立爲齊王,高祖不得已,因而封之,項籍滅後,徙封之於楚。又用陳平計,僞遊雲夢。韓信來謁見,便把他捉起來,帶到長安,封爲淮陰侯。後爲呂后所殺。韓信徙王楚後,以齊封悼惠王肥。呂后時,分其地,封呂召爲呂王,劉澤爲琅邪王(雖是漢朝的宗室,却是呂后一黨)。又分其城陽郡,爲魯元公主(呂后女,下嫁張敖)的湯沐邑。悼惠王傳子哀王襄。呂后死後,其弟朱虛侯章、東牟侯興居都在長安。希望他哥哥做皇帝,差人去叫他起兵。當時漢朝大臣,本許封朱虛侯爲趙王,東牟侯爲梁王。文帝即位後,封朱虛侯爲城陽王,東牟侯爲濟北王。城陽王不久就死了。濟北王以謀反伏誅。哀王襄傳子文王則。文王無子。文帝分其地,封悼惠王子六人。將閭爲齊王,志爲濟北王,辟光爲濟南王,賢爲菑川王,邛爲膠西王,雄渠爲膠東王。後來濟南、菑川、膠西、膠東四國,都與於吳、楚七國之亂。韓信徙封楚王被執後,分其地,以封高祖的從父兄荆王賈和高祖的兄弟楚元王交。英布反時,賈爲所殺,交傳其孫戊,和吳王濞造反。彭越,當漢高祖追項籍時,封爲梁王。天下定後,說有人告他造反,把他廢掉,徙之於蜀。路上遇見呂后,把他帶到洛陽,去見高祖。說:「彭王北土,今徙之蜀,是養虎自詒患。」於是再叫人告他造反,把他殺掉。而封子恢爲梁王,友爲淮陽王。韓王信,是六國時韓國之後。高祖使他擊滅鄭昌,封爲韓王。天下定後,徙治晉陽(今山西太原縣)。信自請徙治馬邑(今山西馬邑縣),以禦匈奴。許之。後叛降匈奴,爲漢兵所擊斬。淮南王英布,以反敗死。以其地封淮南厲王長。文帝時,以驕恣誅死。英布敗後,又封濞爲吳王,爲七國之亂的主謀。趙王張敖,是張耳的兒子,尚呂后女魯元公主。高祖過趙,箕踞嫚罵。趙相貫高怒,謀弑高祖。事覺,敖被廢。以封戚夫人子如意,戚夫人爲高祖所幸,呂后深惡之。高祖死後,母子皆被殺。先後徙淮陽王友、梁王恢爲趙王,又皆殺之。以封其侄兒子呂祿。文帝即位後,封如意之子遂爲趙王。與於吳、楚七國之亂。燕王臧荼,以反被滅。改立盧綰。盧綰是漢高祖最要好的朋友。後以代相陳豨反,盧綰派入匈奴的使者有和陳豨的兒子通謀的嫌疑,事覺後，盧綰逃入匈奴而死。以燕封靈王建。建死後，呂后殺其子，以燕地封自己的侄孫呂通。文帝即位後，徙琅邪王澤王燕。高祖開國之後，是外任宗室，内任外戚的。所以呂后在其時，很有威權。高祖死後，惠帝柔弱，政權遂入於呂后之手。先是高祖刑白馬與諸侯盟説：“非劉氏而王者，天下共擊之。”惠帝死後，呂后臨朝，就分封諸呂。又使呂禄、呂産統帶守衛京城和宮城的南北軍。呂后死後，齊哀王起兵於外。諸呂使灌嬰擊之。灌嬰陰與齊王連和，頓兵不進。漢朝的大臣因此勸諸呂罷兵就國，諸呂猶豫不決。而太尉周勃乘隙突入北軍，和齊王的兄弟朱虛侯章等，攻殺諸呂。殺掉太后所立的少帝和常山王弘，而迎立文帝。少帝是惠帝後宮美人子。呂后使惠帝后張氏（魯元公主的女兒），殺其母，養以爲子。惠帝死後，立之。少帝年長，知其事，口出怨言，爲呂后所廢。立常山王弘。常山王，漢大臣説他非孝惠子，是呂后詐名他人子。然此説，《史記》上明説其爲諸大臣的陰謀，恐未必可信。於是漢初握權的外戚打倒，而晨星寥落的功臣，自此以後也逐漸凋零。特殊勢力祇有因私天下之心所封建的宗室了。

當漢初，承春秋戰國以來五百餘年的長期戰爭，加以秦代的暴虐，秦、漢之際的擾亂，天下所渴望的是休養生息。而休養生息之治，祇有清靜不擾的政策最爲相宜。漢初已有這個趨勢。文、景二代的政治，尤能應這要求，所以社會上頓呈富庶之象。這時候，内而諸侯之尾大不掉，外而匈奴之時來侵犯，都是個亟待解決的問題。文帝也一味姑息，明知吳王濞有反謀，却賜之几杖以安之。匈奴屢次入寇，也祇是發兵防之而已。到後來，封建的問題，到底因吳楚七國之亂而解決。漢初諸侯，封地太大，又其體制甚崇。國中有内史以治民，中尉以掌武職，丞相以統衆官。一切設官，都同漢朝一樣。漢朝祇替他置一個丞相，其餘悉由他自己用人。七國亂後，乃令諸侯不得治民補吏。改其丞相爲相。餘官亦多所減省。後來又省内史，令相治民，和郡太守一樣，中尉和郡尉一樣。於是郡與國名異而實同。當文帝時，賈誼即建“衆建諸侯而少其力”之策，文帝未能行。武帝時，主父偃請令諸侯得以國土，分封其子弟。於是賈誼之説實現。漢代的封建，就名存實亡了。而對外的問題，則直留待武帝時。至於制民之産和振興文化，則文、景二代，更其謙讓未遑了。參看第四章。要而言之：這一期，是以休養生息爲主。可稱西漢政治的第二期。

第三期是武帝。武帝是個雄才大略之主，很想内興文治，外耀武功。於是立五經博士，表章六藝，罷黜百家。參看第九章。又北伐匈奴，西通西域，南平閩越、南越，東北併朝鮮，西南開西南夷。參看第七章。一時武功文治，赫然可觀。然而武帝也和秦始皇一樣，信方士，營宮室，又時出巡幸。財用不足，乃用孔僅、桑弘羊等言利之臣，又用張湯等酷吏，遂致民愁盜起，幾乎釀成大亂。末年雖然追悔，天下元氣業已大受其傷了。武帝的太子據，因“巫蠱之禍”而死。晚年，婕妤趙氏生昭帝，武帝恐身後嗣君年少，母后專權，殺婕妤，然後立昭帝爲太子。武帝崩，昭帝立。霍光、上官桀等同受遺詔輔政。武帝長子燕王旦和上官桀、桑弘羊等謀反，爲霍光所殺。昭帝崩，無子。霍光迎立武帝孫昌邑王賀。百日，廢之。迎立戾太子孫病已，是爲宣帝。就是太子據，謚爲戾。當霍光秉政時，頗務輕徭薄賦，與民休息。宣帝少居民間，知民疾苦。即位後，留心於刑獄及吏治，亦稱治安。自武帝末年至此，憔悴的人民，又算稍獲休息。這是西漢政治的第三期。自元帝以後，則君主逐漸愚懦，更兼之短祚，外戚的威權日張，遂入於第四期了。

　　漢代去古未遠，宗法社會的思想，深入人心。人所視爲可靠的，非宗室則外戚。漢初宗室，勢力太大，致釀成吳、楚七國之亂。亂後，宗室的勢力遂被打倒，而外戚則勢焰大張。元帝本是個柔仁好儒的人，然而暗於聽受，宦官弘恭、石顯專權，威權漸陷於不振。成帝很荒淫，委政於外家王氏。王鳳、王音、王商、王根，相繼爲相，遂肇篡竊之勢。哀帝奪王氏之權，然所任的，亦不過外家丁氏和其祖母之族傅氏。哀帝死後，成帝的母親召用王莽。王莽本是抱負大志，想得位以行其所抱負的。於是弒平帝，立孺子嬰，莽居攝踐阼。旋又稱假皇帝。而西漢之天下，遂移於新室了。時爲公元八年。

第四章　新莽的改制

当秦汉之世，實有一從東周以降，懸而未決的社會問題。制民之產，在古代的政治家，本視爲第一要事。"先富後教"，"有恒産而後有恒心"，民生問題不解決，政治和教化，都是無從説起的。漢代的政治家，還深知此義。"治天下不如安天下，安天下不如與天下安"，乃後世經驗多了，知道"天下大器"，不可輕動，纔有此等姑息的話。漢代的人，是無此思想的。多數的人，對於社會現狀，都覺得痛心疾首。那麼，改革之成否，雖不可知，而改革之事，則終不可免，那是勢所必然了。然則漢代的社會，究竟是何情狀呢？

當時的富者階級，大略有二：（一）是大地主。董仲舒説他"田連阡陌；又顓川澤之利，管山林之饒"，而貧者則"無立錐之地"。（二）是大工商家。漢時通稱爲商人，然實有工業家在内。因爲其時製造和販賣不分，所以通稱爲商人。如煮鹽、製鐵的人便是。晁錯説他"男不耕耘，女不蠶織，衣必文采，食必粱肉"，"因其富厚，交通王侯，力過吏勢"。因以兼併農人。封建勢力，未曾劃除，商業資本，又已興起。胼手胝足的小民，自然衹好"衣牛馬之衣，食犬彘之食"了。

漢世救正之法，是減輕農民的租税，至於三十而取一。參看第六章。然而私家的田租，却十取其五。所以荀悦説："公家之惠，優於三代，豪强之暴，酷於亡秦。"武帝時，董仲舒嘗提出"限民名田"之法，即是替占田的人，立一個最大的限制，不許超過。武帝未能行。哀帝時，師丹輔政。一切規制，業已擬定，又爲貴戚所阻。至於法律上，賤視商人，"如賈人不得衣絲乘車"、"市井之子孫不得爲宦吏"等，於其經濟勢力，不能絲毫有所減削。武帝時，桑弘羊建鹽鐵官賣和均輸之法，名以困富商大賈，然實不過羅掘之策，反以害民。其於社會政策，自更去之踰遠了。桑弘羊不是不學無術的人，其行鹽鐵、均輸等法，在理論上亦很有根據。所根據的，便是管子等一派學説。看《鹽鐵論》便知。

到新莽時，纔起一個晴天霹靂。新莽的政策，是：

更名天下田曰王田，奴婢曰私屬。皆不得賣買。男口不盈八，而田過一

236

井的，分餘田與九族鄉黨。

立五均司市泉府。百姓以採礦、漁獵、畜牧、紡織、補縫爲業和工匠、巫醫、卜祝、商賈等，都自佔所爲，除其本，計其利，以十一分之一爲貢。司市以四時仲月，定物平價。周於民用而不售的東西，均宜照本價買進。物價騰貴，超過平價一錢時，即照平價賣出。百姓喪祭之費無所出的，泉府把工商之貢借給他，不取利息。如借以治產業的，則計其贏利，取息一分。

立六管之制。把鹽、酒、鐵、山澤、賒貸、錢布銅冶六種事業，收歸官辦。

新莽的制度：（一）平均地權。（二）把事業之大者都收歸國營。（三）雖然未能變交易爲分配，然而於生產者、販賣者、消費者三方面，亦思有以劑其平，使其都不吃虧，亦都無所牟大利。果能辦到，豈非極好的事？然而國家有多大的資本，可以操縱市場？有多細密嚴肅的行政，可以辦這些事，而不至於有弊？這却是很大的疑問。而新莽是迷信立法的。他以爲“制定則天下自平”。於是但“銳思於制作”，而不省目前之務。如此大改革，即使十分嚴密監督，還不能保其無弊，何況不甚措意呢？於是吏緣爲奸，所辦的事，目的都沒有達到，而弊竇反因之而百出。新莽後來，也知道行不通了。有幾種辦法，祇得自己取消。然而事已無及了。

新莽尤其失計的，是破壞貨幣制度。原來漢代錢法屢變，其最後民信用的，便是五銖錢。錢法金、銀、龜、貝雜用，原是經濟幼稚時代的事，秦時，業已進他到專用金屬。見第二編第十四章。漢世雖云黃金和銅錢並用，然而金價太貴，和平民不發生關係，爲全社會流通之主的，自然還是銅錢。所以銅錢，便是當時經濟社會的命脈。而新莽却把五銖錢廢掉。更作金、銀、龜、貝、錢、布，共有五物，六名，二十八品行之。錢貨六品，銀貨二品，龜貨四品，貝貨五品，布貨十品，其黃金另爲一品，在此之外。於是“農桑失業，食貨俱廢”。大亂之勢，就無可遏止了。

新莽的大毛病，在於迂闊。其用兵也是如此。新室的末年，所在盜起。其初原不過迫於苛政，苟圖救死。然而新政府的改革，既已不諒於人民，則轉而思念舊政府，亦是羣衆應有的心理。於是劉氏的子孫，特別可以做號召之具。當時新市，平林之兵，新市之兵，本出於當陽的綠林山。後來分爲兩支：一支向南郡（今湖北江陵縣）的，號爲下江兵。一支向南陽的，號爲新市兵。平林係隨縣鄉名。有漢宗室劉玄在內，號爲更始將軍。而後漢光武帝，亦起兵舂陵，今湖北棗陽縣。與之合。諸將共立更始爲帝，北據宛。南陽郡治。新莽發四十萬大兵去打他。軍無紀律，又無良將，大敗於昆陽。今河南葉縣。威聲一挫，響應漢兵者蜂起，新室遂不能鎮壓。更始派兵兩支：（一）北攻洛陽，（一）西攻武關。長安中兵亦起。新莽遂爲所殺。時爲公元二三年。更始先已移都洛陽，至是又移都長安。此時人心思治，對於新興的政府，屬望很深。而新市、平林諸將，始終不脫強盜行徑，更始則爲所挾制，不能有爲。光武帝別爲一軍，出定河北。以河內爲根據地，即帝位於鄗。今河北高邑縣。這時候，擁兵劫掠的人，到處都是。而山東赤眉之衆最盛。公元二五年，赤眉以食盡入關。更始爲其所殺，洛陽降光武，光武移都之。光武遣將擊破赤眉，赤眉東走。光武自勒大兵，降之宜陽，於是最大的流寇戡定。然而紛紛割據的尚多，其中較大的：如漢中的延岑、黎邱的秦豐、夷陵的田戎、睢陽的劉永，黎邱，今湖北宜城縣。夷陵，今湖北東湖縣。睢陽，今河南商丘縣。亦都遣兵或親身打定。祇有隴西的隗囂，頗得士心。成都的公孫述，習於吏事，二人稍有規模。光武久在兵間，厭苦戰事，頗想暫時置之度外，而二人復互相連結，意圖搖動中原。於是三四、三六兩年，先後遣兵把他滅掉。河西的竇融，則不煩兵力而自歸，天下又算平定了。

第五章　後漢的政治

莽末之亂，其經過約二十年。雖然不算很久，然而蔓延的範圍很廣，擾亂的情形，也十分厲害。所以民生的凋敝，更甚於秦漢之間。光武帝平定天下後，亦是以安靜爲治。內之則減官省事，外之則拒絕西域的朝貢，免得敝中國，以事四夷。而又退功臣，進文吏，留心於政治。所以海內日漸康寧。明、章兩代，也能繼承他的治法。這三朝，稱爲後漢的治世。

後漢的政治，壞於外戚宦官的專權，而外戚的專權，起於和帝之世。先是章帝皇后竇氏無子，貴人宋氏生子慶，立爲太子。梁氏生子肇，竇后養爲己子，后誣殺二貴人，廢慶爲清和王，而肇立爲太子。章帝崩，肇立，是爲和帝，太后臨朝。后兄憲爲大將軍，專權驕恣。和帝既長，和宦官鄭衆謀殺之。是爲後漢皇帝，與宦官謀誅外戚之始。和帝崩，殤帝立，生纔百餘日，明年，又崩。太后鄧氏，迎立安帝，臨朝凡十五年。鄧太后崩後，安帝自用其皇后之兄閻顯。又寵信諸中常侍和乳母王聖等。閻皇后無子，後宮李氏生順帝，立爲太子，閻皇后譖廢之。安帝崩，閻后迎立北鄉侯，未踰年薨。宦者孫程等迎立順帝，殺閻顯，遷閻后於離宮。順帝用后父梁商爲大將軍。商死後，子冀繼之，專恣較前此之外戚爲更甚。順帝崩後，子沖帝立，一年而崩。冀與太后定策禁中，迎立質帝。質帝雖年少，而知目冀爲"跋扈將軍"，遂爲冀所弑，迎立桓帝。桓帝和宦官單超等合謀，把梁冀殺掉，於是後漢外戚專權之局終，而宦官轉橫。

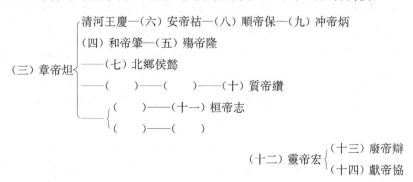

清河王慶—（六）安帝祐—（八）順帝保—（九）沖帝炳

（四）和帝肇—（五）殤帝隆

（三）章帝炟　—（七）北鄉侯懿

—（　）——（　）——（十）質帝纘

（　）——（十一）桓帝志

（　）——（　）

（十二）靈帝宏　（十三）廢帝辯

（十四）獻帝協

外戚宦官，更迭把持，朝政自然很腐敗。因此而引起羌亂，因此而激成黨禍。

羌人本住在湟水流域，後來棄湟水，西依鮮水、鹽池。湟水，今大通河。鮮水，今青海。鹽池，今青海西南鹽池。莽末，乘亂內侵。光武、明、章、和四代，屢次發兵，把他打破。然而降羌散處內地的很多，郡縣豪右，都要侵陵役使他。安帝時，羌遂反叛。降羌本是個小寇，造反時，連兵器都沒有。然而當時帶兵的人，都觀望不戰。涼州一方面的長官，則爭着遷徙到內地，置百姓於不顧，或則強迫遷徙，於是羌寇轉盛。至於東寇三輔，漢初，本以內史治京師。後分爲左右。武帝改右內史爲京兆尹，左爲左馮翊，又改主爵都尉爲右扶風。使治內史右地，謂之三輔。後漢雖都洛陽，以其爲陵廟所在，不改其號。南略益州，漢兵僅能保守洛陽附近而已。而兵費的侵漁，又極利害。安帝時，用兵十餘年，兵費至二百四十億，纔算勉強平定。順帝時，羌亂又起，兵費又至八十餘億。直到桓帝，任用段熲，盡情誅剿，又經過好幾年，纔算平定。然而漢朝的元氣，則自此而大傷了。

黨禍起於後漢的士好立名，初則造作名目，互相標榜，進而誹議公卿，裁量執政。這時候，遊學極盛，太學諸生，至三萬餘人，恰好做了橫議的大本營。當時宦官兄弟姻親，布滿州郡，盡情懲治，自然是人情之所欲，而亦是立名的一個機會。於是宦官與名士，勢成水火。桓帝也是相信宦官的，宦官遂誣他們結連黨與，誹議朝政，一概加以逮治。後因后父竇武替他們解釋，纔放歸田里，然而還禁錮終身。桓帝崩，無子，竇后和竇武定策禁中，迎立靈帝。年方十二，太后臨朝。竇武爲大將軍，陳蕃爲太傅，謀誅宦官曹節、王甫等，不克，反爲所殺。於是黨獄復興，諸名士身受其害，和因其逃亡追捕，而人民因之受禍的更多。善類遭殃，天下喪氣。靈帝年長，尤其相信宦官。又喜歡"私稿"賣官、厚斂，無所不爲。於是民窮財盡，而黃巾之禍又起。

黃巾的首領，是鉅鹿張角，借符水治病以惑衆。參看第十章。其徒黨，徧於青、徐、幽、冀、荊、揚、兗、豫八州。角遂謀爲亂。暗中署置其衆，爲三十六方。約以公元一八四年舉事，未及期而事洩，角遂馳救諸方，一時俱起。雖然烏合之衆，旋即打平。然自此盜賊羣起，都以黃巾爲號，郡縣莫能捕治。於是聽劉焉的話，改刺史爲州牧，外官的威權漸重，又伏下一個亂源。參看第六章。

而中央又適有變故，以授之隙。靈帝皇后何氏，生廢帝。美人王氏，生獻帝。靈帝意欲廢嫡立庶，未及行而病篤，把這事，屬託宦官蹇碩。時何皇后之兄進爲大將軍。靈帝崩後，蹇碩意欲誘殺何進而立獻帝。何進知之，擁兵不朝。蹇碩無如之何。於是廢帝立，而蹇碩亦被殺。何進因欲盡誅宦官，太后不肯。進乃謀召外兵，以迫脅太后，宦官知事急，誘進入宮，把他殺掉。進官屬袁紹等，遂舉兵攻殺宦官，正當大亂之際，而涼州將董卓適至，京城中大權，遂落其手。董卓既握大權，廢廢帝而立獻帝。袁紹奔山東，號召州郡，起兵討卓，推紹為盟主。董卓劫獻帝奔長安。山東州郡，並無討賊的決心，各據地盤，互相吞併。而董卓暴虐過甚，為司徒王允和其部將呂布所殺。卓將李催、郭汜，起兵為卓報仇，攻破長安，王允被殺。呂布奔東方。後來催、汜二人，又自相攻擊。獻帝崎嶇逃到洛陽，空虛不能自立。其時曹操據兗州，頗有兵力。乃召操入洛陽以自衛。操既至，遷帝都許。今河南許昌縣。於是大權盡歸曹氏，獻帝僅擁虛名而已。而紛紛割據的人多，曹操亦一時不能平定，遂終成為三國鼎立之局。

第六章　兩漢的制度

　　"漢治"是後世所號爲近古的。這因其時代早,在政治制度和社會風俗上,都有沿襲古人之處。

　　在官制上,漢代的宰相權力頗大,體制亦尊,這是和後世不同的。宰相初稱丞相,或稱相國。後來今文經說盛行,乃將丞相改爲司徒,又把掌武事的太尉,改爲司馬,爲丞相副貳的御史大夫,改爲司空,並稱相職。其中央政府分掌衆務的九卿,則分屬於三公。太常(掌宗廟禮儀),光禄勳(掌宮殿掖門户),衛尉(掌宮門衛屯兵),司馬所部。太僕(掌輿馬),廷尉(掌刑辟),大鴻臚(掌歸義蠻夷),司徒所部。宗正(掌親屬),大司農(掌穀貨),少府(掌山海池澤之税,以給供養),司空所部。外官,仍沿秦郡縣之制。但不置監御史。見第一章注一。① 由丞相遣史分察州,謂之刺史。刺史不是地方官,但奉詔六條察州。(一) 強宗豪右,田宅踰制,以強陵弱,以衆暴寡。(二) 二千石不奉詔書,倍公向私,旁詔牟利,侵漁百姓,聚斂爲奸。(三) 二千石不卹疑獄,風厲殺人,怒則任刑,喜則任賞。煩擾刻暴,剥削黎元,爲百姓所疾。山崩石裂,妖祥訛言。(四) 二千石選署不平,苟阿所愛,蔽賢寵頑。(五) 二千石子弟,怙倚榮勢,請託所監。(六) 二千石違公下比,阿附豪强。通行貨賂,割損政令。所察以此六條爲限,在六條之外者不察。可參看《日知録》"部刺史"、"六條之外不察"兩條。其人位卑而權重,故多能自奮,而亦無專擅之患,這實是一種善制。漢代去古未遠,人民自治的規制,尚未盡廢。其民以百家爲一里,里有魁。十里爲一亭,亭有長。十亭爲一鄉,鄉有三老,掌教化;嗇夫,職聽訟,收賦税;遊徼,主徼循,禁賊盗。此等名目,後世固亦多有。然多成爲具文。漢世則視之甚尊。高帝時,嘗擇鄉三老一人,置以爲縣三老。與縣令、丞、尉,可以以事相教。而嗇夫等亦很有德化流行,爲人民所畏服的。這亦與後世顯然不同。參看《日知録》"鄉亭之職"條。

　　漢代的學校,起源於武帝時。其時未立校舍,亦未設教官。但爲太常的屬官博士,置弟子員五十人。後來遞有增加。到平帝時,王莽輔政,纔大建校

舍。然未久即亂，故其成績無聞。

後漢則天下甫定，即營建太學，明、章二代，尤極崇儒重道。雖以順帝的陵夷，還能增修黌舍。所以其時遊學者極盛。然"章句漸疏，專以浮華相尚"，遂至釀成黨錮之禍。大約其時學校中，研究學問的人少，藉此通聲氣的人多。所以董昭也説"國士不以孝弟清修爲首，乃以趨勢遊利爲先"。於是學術的授受，轉在私家。學校以外的大師，著錄動至千萬，遠非前漢所及了。如張興、牟長、蔡元、樓望、宋登、魏應、丁先、姜肱、曹曾、楊倫、杜撫、張元等，均見《後漢書》。

選舉則其途頗多。博士和博士弟子而外，又有任子，有吏道，有辟舉。其天子特詔，標明科目，令公卿郡國薦舉的，是後世制科的先聲。如賢良方正、勇猛知兵法等。又州察秀才，郡舉孝廉，則是後世科目的先聲。參看第二十三章。又有所謂貲選的。漢初限貲十算以上乃得官，此尚出於求吏廉之意，和現在的保證金相像。晁錯説文帝令民入粟拜爵，其益亦止於買復。漢爵二十級，其第九級爲五大夫，可以"復不事"。不及買復者，並不過一虛名。到武帝時，民得入財爲郎，吏得入穀補官，這就同後世的捐納無以異了。

漢朝的賦税，可分爲三種：一是田租，就是古時的税，是取得很輕的。漢初十五而税一。文帝時，因行晁錯入粟拜爵之令，到處都有積蓄，於是全免百姓的田租。到景帝二年，纔令百姓出定額的一半。於是變爲三十而税一了。後漢初，因天下未定，曾行什一之税，後來仍回復到老樣子。一是算賦，亦稱口賦，又稱口錢。這是古時的賦。人民從十五歲到五十六歲，每人每年，出錢一百二十個，以治庫兵車馬。從七歲到十四歲，每人出錢二十個，以食天子。武帝又加三個錢，以補車騎馬。這一筆税，在現在看起來似乎很輕，然而漢代錢價貴，人民的負擔實在很重。所以武帝令人民提早，生子三歲，即出口錢，人民就有生子不舉的。一是力役。照漢朝法律，年紀到二十三歲，就要傅之"疇官"。景帝又提早三年，令人民二十始傅。此外山川、園池、市肆、租税的收入，自天子以至封君湯沐邑，都把他算做私奉養。這是古者與民共之之山澤，和廛而不税的商業，到此都變做人君的私收入了。這大約自戰國時代相沿下來的。又武帝因用度不足，嘗官賣鹽鐵，又榷酒酤，算緡錢，行均輸之法。後來酒酤到昭帝時豁免。鹽鐵官賣，則元帝時一罷即復。後漢無鹽鐵之税。章帝曾一行之，因不洽輿論，和帝即位，即以先帝遺意罷免。

兵制：西漢所行的，仍是戰國時代通國皆兵的遺制。人民到二十三歲，就要服兵役，到五十六歲纔免。郡國看其地形，有輕車、騎士、材官、樓船等兵。由尉佐郡守於秋後講肄都試。其戍邊之責，亦由全國人民公任之。在法律上，人人有戍邊三日之責，是爲“卒更”。武帝以後，用兵多了，因爲免得騷動平民，於是多用“謫發”。而國土既大，人人戍邊三日，亦事不可行。於是有出錢三百入官，由官給已去的人，叫他留戍一年的謂之“過更”。其窮人願意得雇錢，依次當去的人，出錢給他，使他留戍，每月二千個錢，則謂之“踐更”。後漢光武，罷郡國都尉，并職太守。都試之事，自此而廢。雖然一時有清静之效，然而歷代相傳的民兵制度，就自此而廢了。

　　刑法，漢代沿自秦朝，很爲嚴酷。文帝時，因太倉令淳于意，犯罪當刑。其女緹縈，隨至長安，上書願没入爲官婢，以贖父刑罪。文帝憐悲其意，乃下詔爲除肉刑。然而漢代司法界的黑暗，實不但刑罰的嚴酷，而是法律的混亂。秦代的法律，本即李悝所定的《法經》六篇。漢高帝入關，把他廢掉，衹留三章。法經集類爲篇，結事爲章，見《晉書·刑法志》載陳羣《魏律》序。漢高祖入關，和父老約：“法三章耳。殺人者死，傷人及盗者抵罪。”謂六篇之法，衹留此三章，其餘一概作廢。説見《困學紀聞》。天下平定之後，又把他回復過來。然而這本是陳舊之物，不足於用。於是漢代遞有增益，其數目，共至六十篇。而又有所謂“令”及“比”，以至於後人所爲的“章句”，斷罪都可“由用”。文繁而無條理系統，奸吏遂因緣爲市，“所欲活則傅生議，所欲陷則與死比”。宣帝留心刑獄，涿郡太守鄭昌曾勸他删定律令。後來也屢有此議，亦曾下詔實行，然而迄未能收效。

第七章　秦漢的武功

　　秦漢之世，是我國對內統一的時代，亦是我國向外拓展的時代。中國本部的統一，完成於此時，歷代開拓的規模，亦自此時定下。所以秦漢的武功，是一個亟須研究的問題。

　　中國的北方，緊接蒙古高原。蒙古高原是一個大草原，最適於遊牧民族居住。而遊牧民族性好侵略，所以歷代都以防禦北族爲要務。三代以前，匈奴和漢族雜居黃河流域。蒙古高原大約無甚大民族。至秦朝初年，而匈奴以河南爲根據地。今河套。秦始皇命蒙恬把他趕掉，把河南收進來。築長城，自臨洮至遼東，臨洮，今甘肅岷縣。秦長城起樂浪郡遂城縣，見《晉書·地理志》。延袤萬餘里。這長城，大約是因山川自然之勢，將從前秦、趙、燕諸國所築的長城連接起來的。其路綫全與現今的長城不同。今之長城，大抵是明代所築，見《明史·兵志》。就形勢推測，大約現在的熱、察、綏、遼寧等省都當包括在內。秦末大亂，戍邊的都自行離開。於是匈奴復入居河南。這時候，匈奴出了個人傑，便是冒頓單于。北方遊牧種族，東有東胡，西有月氏，都給匈奴所擊破。匈奴又北服丁令等國。此丁令在北海附近。《漢書·蘇武傳》："武居北海上，丁令盜其牛羊。"北海，今貝加爾湖。其疆域，直達今西伯利亞南部。而因月氏的遁走，漢文帝時，匈奴又征服西域。於是長城以北，引弓之民，都歸匈奴所制馭，儼然和中國南北對立了。漢高帝征伐匈奴，被圍於平城，今山西大同縣。七日乃解。後來用婁敬的計策，以宗室女爲單于閼氏，和他和親。這是中國歷代，以結婚姻爲和親政策之始。呂后及文、景二代，都守着和親政策。匈奴入寇，不過發兵防之而已。到武帝，纔任用衛青、霍去病等，出兵征討。先收河南之地，置朔方郡。在今鄂爾多斯。後來又屢次出兵，渡過沙漠去攻擊。匈奴自此遂弱，然而還未肯稱臣。到宣帝時，匈奴內亂，五單于爭立，其呼韓邪單于纔入朝於漢。和呼韓邪争鬥的郅支單于，逃到康居，在今伊犂以西，西至裏海，北抵鹹海附近。爲漢西域副校尉陳湯矯制發諸國兵所攻殺。時爲公元前三六年。前漢和匈奴的競爭，到此算告一段落。呼韓邪降漢後，其初對漢很恭順。王莽時，因外交政策失宜，匈奴復叛。其時中國正值內亂，無人能去抵禦，北邊遂大受其害。後漢光武時，匈奴又內亂，分爲南北。其南單于降漢，入居西河美稷。漢縣，故城在今鄂爾多斯左翼中旗。和帝時，大將軍竇憲，出兵大破北匈奴於金微山。今阿爾泰山。自此匈奴西走，輾轉入於歐洲，爲歐洲人種大遷移的引綫。而南匈奴則成爲晉時五胡之一。

歷史上所用"西域"二字，其範圍廣狹，時有不同。其最初，則係指今天山南路。所謂"南北有大山；中央有河；東則接漢，阨以玉門、陽關，在今甘肅敦煌縣西。西則限以葱嶺"也。漢時，分爲小國三十六，其種有塞，有氐羌。大抵塞種多居國，氐羌多行國。從河西四郡開後，本匈奴地。其渾邪王殺休屠王降漢。漢乃闢爲酒泉（今甘肅高臺縣）、武威（今甘肅武威縣）、張掖（今甘肅張掖縣）、敦煌（今甘肅敦煌縣）四郡。而漢與西域交通之孔道始開。其當南北兩道的樓蘭、車師，樓蘭之地，今已淪爲沙漠。車師，今新疆吐魯番縣。先給中國所征服。後來漢武帝又出兵，遠征大宛，今俄領中央亞細亞之地，在康居之南。於是西域諸國，皆震恐願臣。前六〇年，漢遂置西域都護，並護南北兩道。後來又置戊己校尉，戊己校尉和己校尉係兩官，後漢但置戊校尉。屯田車師。莽末，西域反叛。匈奴乘機威服北道。而莎車王賢，今新疆莎車縣。亦稱霸南道。諸小國都叩玉門關，請遣子入侍，仰求中國保護。光武帝恐勞費中國，不許。明帝時，班超以三十六人，往使西域。因諸國之兵，定諸國之亂，到底克服西域，復屬於漢。直至後漢末年纔絶。

羌人的居地，偏於今隴、蜀、西康、青海之境，而其居河、湟之間的，最爲强悍。漢武帝時，把他打破，置護羌校尉統領他。王莽時，以其地置西海郡。莽末，乘隙內侵。後漢時，屢次發兵討破他。至和帝時，遂復置西海郡，並夾河開列屯田，以絶其患。此後降羌散居內地的，雖然復起爲患，然而河、湟之域，則已入中國的版圖了。

東胡，大約是古代的山戎。漢初居地，在滿、蒙之間。自爲匈奴所破，乃遁保烏桓、鮮卑二山。在今蒙古東部興安嶺山脉中。漢武帝招致烏桓，令處上谷，右北平、漁陽、遼西、遼東五郡塞外，助漢捍禦匈奴。雖亦時有小寇，大體上總是臣服中國的。鮮卑居烏桓之北，後漢時，北匈奴西徙後，其地及餘衆均爲鮮卑所有，因此其勢大張。其大人檀石槐，轄境之廣，竟與匈奴盛時相仿佛。然檀石槐死後，闕乏統一的共主，聲勢復衰。烏桓的部落，亦頗有强盛的。後漢末年，都和袁紹相連結。袁氏敗後，曹操大破之於柳城。漢縣，今熱河凌源縣。自此烏桓之名，不復見於史，惟《唐書·四夷傳》有一極小部落名烏桓。而鮮卑至晉時，亦爲五胡之一。

　　朝鮮是殷時箕子之後。其初封地難考，大約自燕開遼東西後，遂居今朝鮮境內。和中國以浿水爲界。今大同江。秦時，侵奪其地，國界在浿水以東。漢初復還舊境。其時燕人衛滿走出塞，請居秦所侵浿水以東之地。朝鮮王許之。滿遂發兵襲滅朝鮮。傳子至孫右渠，以公元前一〇八年，爲漢武帝所滅。以其地爲四郡。樂浪郡，今黃海平安兩道地。臨屯郡，今漢江以北之地。玄菟郡，今咸鏡南道。真番郡，地跨鴨綠江（據朝鮮金于霖《韓國小史》）。其南之馬韓、弁韓、辰韓，總稱爲三韓，亦都臣服於漢。朝鮮雖係箕子之後，然其人民則多係貊族。貊族尚有居遼東之北的。漢武帝時，其君南閭等來降，曾以其地置蒼海郡，數年而罷。後漢時，今農安地方，有扶餘國來通貢。大約就是南閭之族。扶餘至西晉時，纔爲鮮卑慕容氏所滅。而其眾在半島內的，却建立高句麗、百濟兩國。扶餘之東，又有肅慎，地在今松花江流域。這就是滿族之祖。大約亦是燕開五郡時，逼逐到此的。《左氏》說武王克商，肅慎燕亳吾北土也。其時之肅慎，當在北燕附近。後漢時稱爲挹婁。因爲臣服扶餘，和中國無大交涉。

　　南方一帶，秦時所開的桂林、南海、象郡，秦亡時，龍川令趙佗據之自立，是爲南越。而句踐之後無諸及猺，亦以率兵助諸侯滅秦故，漢初封無諸爲閩猺王，猺爲東甌王。武帝時，閩越和東甌相攻擊，閩越，今福建閩侯縣。東甌，今浙江永嘉縣。武帝發兵滅閩越，徙東甌於江、淮間，乘勢遂滅南越。所謂西南夷，則當分爲兩派：夜郎、滇及邛都等，爲今之猓玀。椎結，耕田，有邑聚。其巂、昆明及徙、筰都、冉駹、白馬等，則均係氐羌。武帝亦皆闢其地爲郡縣。《史記》："西南夷君長以什數，夜郎最大。其西，靡莫之屬以什數，滇最大。自滇以北，君長以什數，邛都最大，此皆椎結，耕田，有邑聚。其外，西自同師以東，北至楪榆（今洱海），名爲巂、昆明。皆編髮，隨畜遷徙，毋常處，毋君長，地方可數千里。自巂以東北，君長以什數，徙、筰都最大。自筰以東北，君長以什數，冉駹最大。其俗或土箸，或移徙。……自冉駹以東北，君長以什數，白馬最大。皆氐類也。"案夜郎滇及邛都，在今金沙江黔江流域，徙、筰都、冉駹、白馬，沿岷山峨眉之脉，分布於岷江、嘉陵江之上源，及岷江大渡河之間。巂、昆明則沿橫斷山脉，分布於瀾滄、金沙二江之間。夜郎，今貴州桐梓縣，武帝以爲牂牁郡。滇，今雲南昆明縣，武帝以爲益州郡。邛都，今四川西昌縣，武帝以爲越巂郡。筰都，今四川漢源縣，武帝以爲沈黎郡。冉駹，今四川茂縣，武帝以爲汶山郡。白馬，今甘肅成縣，武帝以爲武都郡。其瀾滄江以西，今之保山縣，則爲哀牢夷，屬於越族。後漢明帝時，纔開闢爲永昌郡。

第八章　兩漢對外的交通

　　中國人是以閉關自守著聞的。世界打成一片，是近代西洋人的事業。然則中國人的能力，不及西人了。然而閉關自守，是從政治言之。至於國民，初未嘗有此傾向。其未能將世界打成一片，則因前此未嘗有近代的利器，又其社會組織，與今不同，所以彼此交通不能像現代的密接。至於中國人活動的能力，則是非常之強的。如其不信，請看中國對外的交通。

　　中國對外的交通，由來很早。但古代，書缺有間，所以祇得從兩漢時代説起。兩漢時代的對外交通，又當分爲海陸兩道。

　　亞洲中央的帕米爾高原是東西洋歷史的界綫。自此以東，爲東方人種活動的範圍。自此以西，爲西方人種活動的範圍。而天山和印度固斯山以北，地平形坦，實爲兩種人接觸之地。當漢時，西方人種踪跡最東的，爲烏孫，與月氏俱居祁連山北。自此以西，今伊犁河流域爲塞種。又其西爲大宛。其西北爲康居。大宛之西，嬀水流域爲大夏。又其西爲安息。更西爲條支。在亞洲之西北部的爲奄蔡。自此以西，便是歐洲的羅馬，當時所謂大秦了。馬其頓亞歷山大王死後，其部將塞留哥（Seleucu）據敍利亞（Syria）之地自立，是爲條支。後來其東方又分裂爲泊提亞（Parthia）、巴克特亞（Bactlia）兩國，是爲安息和大夏。大夏之東，亦是希臘人所分布，西域人呼爲 Ionian，就是 Yavanas 的轉音，是爲大宛。康居，即 Sogdiance；奄蔡，即 Aorsi，亦稱阿蘭（Alani）；塞種，即今譯之塞米的族，或作山米（Semites）；烏孫，《漢書》注言其"青眼赤鬚，狀類獮猴"，或謂其形狀甚似德意志人。見《元史譯文證補》卷二十七。《漢書・西域傳》："自宛以西，至安息，雖頗異言，然大同，自相曉知也。其人皆深目高鼻，多鬚髯。"可見當時西域諸國，大抵係高加索種。漢通西域，是因月氏人引起的。漢初，月氏爲匈奴所破，西走奪居塞種之地。後來烏孫又借兵匈奴，攻破月氏。於是月氏西南走擊服大夏。漢武帝想和月氏共攻匈奴，於公元前一二二年，遣張騫往使。是時河西未闢，騫取道匈奴，爲其所留。久之，纔逃到大宛。大宛爲發譯傳導，經康居以至大月氏。大月氏已得沃土，殊無報仇之心。張騫因此不得要領而歸。然而中國和西域的交通，却自此開始了。當張騫在大夏時，曾見邛竹杖和蜀布，問他從哪裏來的，大夏人説：是本

248

國賈人,往市之身毒。<small>即印度。</small>於是張騫説:"大夏在中國的西南一萬二千里,而身毒在大夏的東南數千里,該去蜀不遠了。"乃遣使從蜀去尋覓身毒。北出的爲氐、筰,南出的爲巂、昆明所阻,目的没有達到。然而傳聞巂、昆明之西千餘里,有乘象之國,名曰滇越。"蜀賈奸出物者或至焉。"這滇越,該是今緬甸之地。然則中印間陸路的交通,在漢代雖然阻塞,而商人和後印度半島,則早有往還了。自漢通西域以後,亞洲諸國,都有直接的交往。惟歐洲的大秦,則尚係得諸傳聞。後漢時,班超既定西域,遣部將甘英往使。甘英到條支,臨大海欲度。安息西界船人對他説:"海水大,往來逢善風,三月乃得渡。若遇遲風,亦有二歲者。入海人皆賫三歲糧。海中善使人思土戀慕,數有死亡者。"英乃不渡而還。<small>所擬取的,爲渡紅海入歐洲的路,亦見《元史譯文證補》。</small>公元一六六年,大秦王安敦 Marcus Auielius,<small>生於公元一二一年,没於一八〇年。</small>遣使自日南徼外獻象牙、犀角、玳瑁。《後漢書》説:這是大秦通中國之始。二二六年,又有大秦賈人,來到交趾。交趾太守吳邈,遣使送詣孫權。<small>事見《梁書·諸夷傳》。</small>中、歐陸路相接,而其初通,却走海道。"水性使人通,山性使人塞",也可見一斑了。

海道的貿易,則盛於交廣一帶。西洋史上,説在漢代日南、交趾之地,是東西洋貿易中樞。<small>日本桑原騭藏《東洋史要》中古期第四篇第四章。</small>案《史記·貨殖列傳》説:"番禺爲珠璣、玳瑁、果、布之湊。"番禺,便是現在廣東的首府。這些,都是後來通商的商品。然在廣州的貿易,也很發達了。《漢書·地理志》説:"自日南障塞、徐聞、合浦船行,可五月,有都元國。又船行,可四月,有邑盧没國。又船行,可二十餘日,有諶離國。步行,可十餘日,有夫甘都盧國。自夫甘都盧國船行,可二月餘,有黃支國。……自武帝以來,皆獻見,有譯長,屬黃門。與應募者俱入海,市明珠、璧流離、奇石、異物。……黃支之南,有已程不國。漢之譯使,自此還矣。"徐聞、合浦,都是現在廣東的縣。其餘國名,不可悉考。而黃支,或云即西印度的建志補羅。<small>Kanchipura,名見《大唐西域記》。</small>若然,則中、印的交通,在陸路雖然阻塞,而在海道,又久有使譯往還了。又《山海經》一書,昔人視爲荒唐之言。據近來的研究,則其中實含有古代的外國地理。此書所載山川之名,皆及其所祀之神,大約是方士之書。<small>詳見拙撰《先秦學術概論》下編第九章。</small>其兼載海外諸國,則因當時方士,都喜入海求神仙,所以有此記録。雖所記不甚真確,然實非子虛烏有之談。據近來的研究,《山海經》所載的扶桑,便是現在的庫頁島。三神山指日本。君子國指朝鮮。白民係在朝鮮境内的蝦夷。黑齒則黑龍江以南的魚皮韃子。又有背明國,則在今堪察加半島至白令海峽之間。果然則古代對東北,航綫所至,也不可謂之近了。<small>詳見馮承鈞譯《中國</small>

史乘中未詳諸國考證》。

　　交通既啓，彼此的文明，自然有互相灌輸的。《漢書·西域傳》說：當時的西域人，本來不大會製鐵，鐵器的製造，都是中國人教他們的。這件事，於西域的開發，當大有關係。在中國一方面，則葡萄、苜蓿、安石榴等，_{葡萄（Vitis Vinitera），苜蓿（Meciago Sativa），安石榴（Panica Granatum）。}都自外國輸入。又木棉來自南洋，後世稱爲吉貝或古貝，在古時則稱爲橦。《蜀都賦》“布有橦華”，_{注：“橦花柔毳，可績爲布。”}就是此物。《史記·貨殖列傳》所謂“珠璣、玳瑁、果、布”之布，也想必就是棉織品了。又《說文》：“玗，石之有光者，璧玗也，出西胡中。”此即《漢書》的“璧流離”。初係礦物，後來纔變爲製造品。_{段《注》：“師古曰：此蓋自然之物……今俗所用，皆銷冶石汁，加以衆藥，灌而爲之。”}此等物，於中國的工業，也頗有關係。至於佛教的輸入，則其關係之大，更無待於言了。

第九章　兩漢的學術

不論什麼事情，都有創業和守成的時代。創業時代，諸家並起，競向前途，開闢新路徑；到守成時代，就祇是咀嚼，消化前人所已發明的東西了。兩漢時代的學術，正是如此。

當戰國時代，百家並起，而秦是用商鞅而強國，用李斯而得天下的。秦始皇又力主任法爲治，這時候，法家之學，自然盛行。楚、漢紛爭之時，縱橫家頗爲活躍。然而天下已定，其技即無所用之。不久，也就漸即消沉了。在漢初，最急切的要求，便是休養生息，黃老清净無爲之學，當然要見重於時。所以雖有一個叔孫通，製朝儀，定法律，然而祇是個廟堂上的事，至於政治主義，則自蕭何、曹參，以至於文帝、景帝，都是一貫的。

但是在漢初，還有一個振興教化、改良風俗的要求。這種要求，也是君臣上下同感其必要的。漢人教化的手段，一種是設立庠序，改善民間的風俗。一種便是改正朔、易服色等。可看《漢書·禮志》。前者始終未能實行。後者則未免迂而不切於務，而且行起來多所勞費。所以漢文帝等都謙讓未遑。武帝是個好大喜功之主，什麼興辟雍、行巡守、封禪等，在他都是不憚勞費的。於是儒家之學，就於此時興起了。近人謂歷代君主的崇重儒學，是取其尊君抑臣，爲便於專制起見，此說實係誤繆的。漢代的崇儒，自因當時要振興教化，而教化之事，惟有儒家最爲擅長之故。可參看拙撰《白話本國史》第二編第八章第六節，和近人錢穆的《國學概論》。

自秦人焚書以來，博士一官，在朝廷上，始終是學問家的根據地。武帝既聽董仲舒的話，表章六藝，罷黜百家。又聽公孫弘的話專爲通五經的博士置弟子。於是在教育、選舉兩途，儒家都佔了優勝的位置。天下總是爲學問而學問的人少，爲利禄而學問的人多。於是"一經説至百萬言，大師衆至千餘人"，儒家之學遂臻於極盛了。

漢代儒家之學，後來又分爲兩派：便是所謂今古文，爲學術界上聚訟的一個問題。所謂今古文者？今文便是秦以後通行的隸書，古文則指前此的篆書。古人學問，多由口耳相傳，不必皆有書本。漢初經師，亦係如此。及其著之竹帛，自然即用當時通行的文字。這本是自然之理，無待於言，也不必別立名目的。然而後來，又有一派人，說前此經師所傳的書有闕誤。問其何以知之？他說：別有古書爲據。古書自然是用古字寫的。人家稱這一派爲古文家，就稱前此的經師爲今文家。所以今文之名，是古文既興之後纔有的。話雖如此說，然而古文家自稱多得到的書，現在都沒有了。其所傳的經，文字和今文家所傳，相異者極少，且多與意義無關。今古文文字之異，備見《儀禮鄭注》中。大體不過古文位作立，儀作義，義作誼等，於意義無甚關係。其有關係的，如《古文尚書》"今予其敷心腹腎腸"，"心腹腎腸"今文作"優賢揚歷"等，是極少的。所以今古文的異同，實不在文字上而在經說上。所謂經說，則今文家大略相一致；而古文則諸家之中，自有違異的。大約今文家所守的是先師相傳之說；古文家則由逐漸研究所得，所以如此。

　　西漢最早的經師，便是《史記·儒林傳》所列八家，這都是今文。東漢分爲十四博士。其中《春秋》的《穀梁》是古文。舊皆以爲今文，最近崔適始辨明其爲古文。見其所著《春秋復始》。《易經》的京氏，也有古文的嫌疑。其餘亦都是今文。古文家說《書》有逸十六篇，但絶無師說，所以馬融、鄭玄等注《書經》，亦衹以伏生所傳二十八篇爲限。而逸十六篇，今亦已亡。禮有《逸禮》三十九篇，今亦無存。《春秋》有《左氏》，未得立。今古文之學，本來各守師傳，不相攙雜。到後漢末年，鄭玄出來，徧注羣經。雖大體偏於古學，而於今古文無所專主，都是本於己意，擇善而從。適會漢末之亂，學校廢絶，經學衰歇。前此專門之家多亡。鄭說幾於獨行。三國時，出了一個與鄭玄爭名的王肅。其學糅雜今古，亦與鄭同。而又喜造僞書。造作《僞古文尚書》和《僞孔安國傳》、

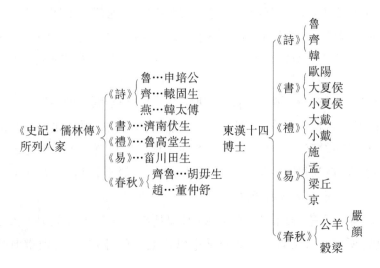

《孔子家語》、《孔叢子》等，見丁晏《尚書餘論》。託於孔子之言以自重。於是今古文之別混淆。後人欲藉其分別，以考見古代學術真相的，不得不重勞考證，而分別真偽，也成爲一個問題。

學術之興替，總是因於時勢的。在漢代，儒學雖然獨盛，然而在後漢時，貴戚專權，政治腐敗，實有講"督責之術"的必要。所以像王符、仲長統、崔寔等一班人，其思想頗近於法家。後來魏武帝、諸葛亮，也都是用法家之學致治的。在思想上，則有王充，著《論衡》一書，極能破除迷信和駁斥世俗的議論，却不專談政治。這是其所研究的對象有異。至其論事的精神，則仍是法家綜核名實的方法，不過推而廣之，及於政治以外罷了。

在漢代，史學亦頗稱發達。古代史官所記，可分爲記事、記言兩體。現今所傳的《尚書》是記言體，《春秋》是記事體。又有一種《帝繫》及《世本》，專記天子、諸侯、卿大夫的世系的，這大約是《周官·小史》所職。《左氏》、《國語》，大約是《尚書》的支流餘裔。此外便是私家的記錄和民間的傳說了。在當時，是祇有國別史，而沒有世界史；祇有片段的記載，而沒有貫串古今的通史的。孔子因《魯史》修《春秋》，兼及各國的事，似乎有世界史的規模，然而仍祇限於一時代。到漢時，司馬談、遷父子，纜合古今的史料，而著成《太史公書》。此爲此書之專名。"史記"二字，乃當時史籍的通稱，猶今人言歷史。《太史公書》，爲《史記》中之最早出者，故後遂冒其總名。這纜是包括古今的、全國的歷史。在當日，即可稱爲世界史了。《太史公書》，分本紀、世家、列傳、書、表五體。後人去其世家，而改書之名爲志，所以稱此體的歷史，爲"表志紀傳體"。班固便是用此體以修《漢書》的。但其所載，以前漢一朝爲限，於是"通史體"變爲"斷代體"了。兼詳制度和一人的始末，自以表志紀傳體爲佳；而通覽一時代的大勢，則實以編年體爲便。所以後漢末年，又有荀悅因班固之書而作《漢紀》。從此以後，編年和表志紀傳兩體，頗有並稱正史的趨勢。可看《史通·古今正史篇》。

文學：在古代本是韻文先發達的。春秋戰國時，可稱爲散文發達的時代。秦及漢初，還繼續着這個趨勢。其時如賈、晁、董、司馬、匡、劉等，都以散文見長。司馬相如、東方朔、枚皋等，則別擅長於詞賦。西漢末年，做文章的，漸求句調的整齊，詞類的美麗，遂開東漢以後駢文的先聲。詩則古代三百篇，本可入樂。漢代雅樂漸亡，而吟誦的聲調亦變。於是四言改爲五言。而武帝立新聲樂府，採趙、代、秦、楚之謳，命李延年協其律，司馬相如等爲之辭。其後文學家亦有按其音調，製成作品的，於是又開出樂府一體。

第十章　佛教和道教

　　在中國社會上，向來儒、釋、道併稱爲三教。儒本是一種學術，因在上者竭力提倡，信從者衆，纔略帶宗教的權威。道則是方士的變相。後來雖摹放佛教，實非其本來面目。二者都可說是中國所固有，祇有佛教是外來的。

　　佛教的輸入，據《魏書·釋老志》，可分爲三期：（一）匈奴渾邪王之降，中國得其金人，爲佛教流通之漸。（二）哀帝元壽元年，即公元之二年，博士弟子秦景憲，受大月氏使伊存口授浮屠經。（三）後漢明帝，夢見金人，以問羣臣。傅毅以佛對。於是遣郎中蔡愔和秦景憲使西域，帶着兩個和尚和佛教的經典東來。乃建寺於洛陽，名之爲白馬。案金人乃西域人所奉祀的天神，不必定是佛像。博士弟子，從一外國使者口受經典，也是無甚關係的。帝王遣使迎奉，歸而建寺，其關係却重大了。所以向來都說漢明帝時，佛法始入中國。然而楚王英乃明帝之兄。《後漢書》已說其爲浮屠齋戒祭祀。明帝永平八年，即公元六五年，詔天下死罪，皆入縑贖，英亦遣使奉縑詣國相。詔報曰：“楚王誦黃老之微言，尚浮屠之仁慈，潔齋三日，與神爲誓，何嫌何疑，當有悔吝。其還贖，以助伊蒲塞，桑門之盛饌。”伊蒲塞，即優婆塞。桑門，即沙門的異譯。當明帝時，楚王業已如此信奉，其輸入，必遠在明帝以前。梁启超《佛教之初輸入》，見《梁任公近著》第一輯。考得明帝夢見金人之說，出於王浮的《老子化胡經》，浮乃一妖妄道士，其說殊不足信。然則佛教之輸入，恐尚較耶穌紀元時爲早。大約中國和西域有交通之後，佛教隨時有輸入的可能。但在現在，還沒有正確的史實可考罷了。梁氏疑佛教當自南方輸入，然亦並無確據。可參看《學衡雜志》柳詒徵《梁氏佛教史評》。這時候，輸入的佛教，大約連小乘都够不上。所以和當時所謂黃老者，關係很密。黃老，本亦是一種學術之稱。指黃帝、老子而言，《論衡·自然篇》：“黃者，黃帝也，老者，老子也。”即九流中道家之學。但此時的黃老，則並非如此。《後漢書·陳愍王寵傳》說國相師遷，追奏前相魏愔，與寵共祭天神，希冀非幸，罪至不道。而魏愔則奏與“王共祭黃老君，求長生福而已，無他冀幸”。此所謂黃老君，正是楚王英所奉的黃老。又《桓帝紀》：延熹九年，公元一六六年。祠黃老於濯龍宮。而《襄楷傳》載楷上書桓帝，說"聞宮中立黃老、浮屠之祠"，則桓帝亦是二者併奉的。再看《皇甫嵩傳》，說張角奉祠黃老道。《三國志‧張魯傳注》引《典略》，說張修之法，略與張角同。又說張修使人爲奸令祭酒，主以《老子》五千文使都習，則此時所謂黃老，其內容如何，就可想而知了。

黃老爲什麼會變成一種迷信，而且和浮屠發生關係呢？原來張角、張修之徒，本是方士的流亞。所謂方士，起原甚早。當戰國時，齊威、宣，燕昭王，已經迷信他。後來秦始皇、漢武帝，迷信更甚。方士的宗旨，在求長生，而其說則托之黃帝。這個讀《史記‧封禪書》，《漢書‧郊祀志》可見。不死本是人之所欲，所以"世主皆甘心焉"。然而天下事真祇是真，假祇是假。求三神山、煉奇藥，安有效驗可覩？到後來，漢武帝也明白了，喟然而嘆曰："世安有神仙。"至此，《史記》所謂"怪迂之士"、"阿諛苟合"之技，就無所用之了。乃一轉而蠱惑愚民。這是後來張角、張修等一派。其餘波，則蔓衍於諸侯王之間，楚王和陳王所信奉的，大約就是他了。秦皇、漢武的求神仙，勞費很大，斷不是諸侯之國，所能供給得起的；人民更不必論了。於是將尋三神山、築宮館、煉奇藥等事，一概置諸不提。煉藥亦所費甚多，讀《抱朴子》可見。而專致力於祠祭。在民間，則並此而不必，而所求者，不過五斗米。神仙家，《漢志》本和醫經、經方，同列於方技。不死之藥，雖是騙人，醫學大概是有些懂得的。於是更加上一個符水治病。當社會騷擾，人心不安定之時，其誘惑之力，自然"匪夷所思"了。

佛教初輸入時，或祇輸入其儀式，而未曾輸入其教義；或更與西域別種宗教夾雜，迷信的色彩很深。所以兩者的混合，甚爲容易。

然則爲什麼要拉着一個老子呢？這大約是因黃帝而波及的。黃帝這個人，在歷史上，是個很大的偶像。不論什麼事，都依托他。然而黃帝是沒有書的。依托之既久，或者因宗教的儀式上，須有辭以資諷誦；或者在教義上，須有古人之言，以資附會。因黃老兩字，向來連稱；而黃老之學，向來算作一家言的，勸迷信黃帝的人，誦習《老子》，他一定易於領受。這是張修所以使人誦習《五千文》的理由。楚王英誦黃老之微言，所誦者，恐亦不外乎此。"久假而不歸，惡知其非有？"當初因黃帝而及老子，意雖但在於利用其辭，以資諷誦，但習之久，難保自己亦要受其感化。況且至魏晉之際，玄學盛行，《老子》變爲社會上的流行品。所謂方士，雖然有一派像葛洪等，依然專心於修煉、符咒、服食，不講哲理；又有一派如孫恩等，專事煽惑愚民，不談學問。然而總有一派，和士大夫接近，要想略借哲理，以自文飾的。其所依附，自然仍以《老子》爲最便。於是所謂老子，遂漸漸的取得兩種資格：一是九流中道家之學的巨子。一是所謂儒、釋、道三教中道教的教主。然而其在南方，總還不過是一個古代的哲學家；教主的資格，總還不十分完滿。直到公元四世紀中，魏太武帝因崔浩之言，把寇謙之迎接到洛陽，請他升壇作法，替他布告天下，然後所謂道教，真個成爲一種宗教，而與儒、釋鼎足而三了。這怕是秦漢時的方士，始願不及此的。

第十一章　兩漢的社會

漢承秦之後，秦代則是緊接着戰國的。戰國時代，封建的勢力，破壞未盡，而商業資本，又已抬頭，在前編第十四章中，業已説過了。在漢時，還是繼續着這個趨勢。

《史記・平準書》上，説漢文帝時的富庶，是：

> 非遇水旱之災，民則家給人足，都鄙廩庾皆滿，而府庫餘貨財。京師之錢累巨萬，貫朽而不可校。太倉之粟，陳陳相因，充溢露積於外，至腐敗不可食。衆庶街巷有馬，阡陌之間成羣。而乘字牝者，儐而不得聚會。守閭閻者食粱肉；爲吏者長子孫；居官者以爲姓號。故人人自愛而重犯法，先行義而後絀恥辱焉。

富庶如此，宜乎人人自樂其生了。然而又説：“網疏而民富，役財驕溢，或至兼併。”果真家給人足，誰能兼併人？又誰願受人的兼併？可見當時的富庶，衹是財富總量有所增加，而其分配的不平均如故。所以漢代的人，提起當時的民生來，都是疾首蹙頞。

這樣嚴重的社會問題，懸而待決，卒至釀成新莽時的變亂，已見前第四章。莽末亂後，地權或可暫時平均。因爲有許多大地主，業已喪失其土地了。荀悦説井田之制，不宜於人衆之時。土地布列在豪强，卒而革之，並有怨心，則生紛亂。若高祖初定天下，光武中興之後，人衆稀少，立之易矣。可見當時土地無主的很多。然而經濟的組織不改，總是不轉瞬便要回復故態的。所以仲長統的《昌言》上又説：

> 井田之變，豪人貨殖，館舍布於州郡，田畝連於方國。
>
> 豪人之室，連棟數百。膏田滿野。奴婢千羣，徒附萬計。船車賈販，周於四方。廢居積貯，滿於都城。

可見土地和資本，都爲少數人所佔有了。我們觀此，纔知道後漢末年的大亂，政治而外，別有其深刻的原因。

　　漢去封建之世近，加以經濟上的不平等，所以奴婢之數極多。奴婢有官有私，官奴婢是犯罪没入的，私奴婢則因貧而賣買。當時兩者之數皆甚多。卓王孫、程鄭，都是以此起家的。所以《史記・貨殖列傳》説："童手指千"，則比千乘之家。甚而政府亦因以爲利。如晁錯勸文帝募民入丁奴婢贖罪，及輸奴婢以拜爵。武帝募民入奴，得以終身復，爲郎者增秩。又遣官治郡國算緡之獄，得民奴婢以千萬數。前後漢之間，天下大亂，人民窮困，奴婢之數，更因之而增多。光武帝一朝，用極嚴的命令去免除他。均見《後漢書》本紀。然而奴婢的原因不除去，究能收效幾何，也是很可疑惑的。

　　因去封建之世近，所以宗法和階級的思想，很爲濃厚。大概漢代家庭中，父權很重。在倫理上，則很有以一孝字，包括一切的觀念。漢儒説孔子"志在《春秋》，行在《孝經》"，在諸經之傳中，對於《孝經》和《論語》，漢時除五經之外，其餘後世所稱爲經的，都稱爲傳。非專門治經的人，都把《孝經》、《論語》教他。便專門治經的人，亦多從此兩書而入。特別看重，就是這個道理。在政治上，則對於地方官吏，還沿襲封建時代對於諸侯的觀念。服官州郡的，稱其官署爲本朝。長官死，僚屬都爲之持服。曹操、張超的爭執，在我們看來，不過是軍閥的相爭；而臧洪因袁紹不肯救張超，至於舉兵相抗，終以身殉，當時的人，都同聲稱爲義士。然而漢朝人也有漢朝人的好處。因其去古近，所以有封建時代之士，一種慷慨之風。和後世的人，惟利是視，全都化成漢人所謂商賈者不同。漢代之士，讓爵讓產的極多，這便是封建時代，輕財仗義的美德。其人大抵重名而輕利，好爲奇節高行。後漢時代的黨錮，便是因此醸成的。至於武士，尤有慷慨殉國之風。司馬相如説：當時北邊的武士，"聞烽舉燧燔"，都"攝弓而馳，荷戈而走，流汗相屬，惟恐居後"。這或許是激勵巴蜀人，過當的話，然而當時的武士，奮不顧身的氣概，確是有的。我們祇要看前漢的李廣，恂恂得士，終身無他嗜好，祇以較射赴敵爲樂，到垂老，還慷慨願身當單于。其孫李陵，更能"事親孝，與士信，臨財廉，取與義。分別有讓，恭儉下人。常思奮不顧身，以徇國家之急"。司馬遷説他有"國士之風"，真個不愧。他手下的士卒五千，能以步行絶漠，亦是從古所無之事。這都由於這些"荆楚勇士，奇材劍客"，素質佳良而然。可見當時不論南北人民，都有尚武的風氣，所以後漢時，班超能以三十六人，立功絶域。一個英雄的顯名，總藉無數無名英雄的襯托。我們觀於漢代的往事，真不能不神往了。

　　因武士的風氣還在，所以遊俠也特盛。遊俠，大約是封建時代的"士"。封建制度破壞後，士之性質近乎文的則爲儒，近乎武的則爲俠。孔子設教，大約是就儒之社會，加以感化，墨子設教，則就俠的徒黨，加以改良。所以古人以儒墨並稱，亦以儒俠對舉。參看第二編第十二章。墨者的教義，是捨身救世，以自苦爲極的。這種教義，固然很好，然而決非大多數人所能行。所以距墨子稍遠，而其風即衰息。《遊俠列傳》所謂俠者，則"已諾必誠；不愛其軀，以赴士之阸困；既已存亡死生矣，而不矜其能，羞伐其德"，仍回復其武士的氣概。然而生活總是最緊要的問題。此等武士，在生產上，總是落伍的，既已連羣結黨，成爲一種勢力，自不免要借此以謀生活。於是就有司馬遷所謂"盜跖之居民間者"。仁俠之風漸衰，政治上就不免要加以懲艾；人民對他，亦不免有惡感。而後起的俠者，就不免漸漸的軟化了。讀《漢書‧鄭當時傳》可見。

第十二章　三國的鼎立

柳宗元説漢代"有叛國而無叛郡"，這是因爲郡的區域太小了，其勢不足以反抗中央。到後漢末年，把刺史改成州牧，所據的地方，大過現在的一省，其情形就大不相同了。

當曹操主持中央政府，把漢獻帝遷到許都時，天下正是紛紛割據。舉其最大的，便有：

袁紹　　據幽、并、青、冀四州。

袁術　　據壽春。

劉表　　據荆州。

劉焉　　據益州。

劉備　　據徐州。

張魯　　據漢中。

馬騰、韓遂　　據涼州。

公孫度　　據遼東。

當時還有個本無根據地的呂布，從長安逃向東方去，投奔劉備。劉備收容了他。呂布却乘劉備與袁術兵争之時，襲其後方，而取徐州。劉備投奔曹操，操表備爲豫州牧。和他合兵，攻殺呂布。袁術在壽春，站不住了，謀走河北，曹操使劉備邀擊之於山陽，_{今江蘇淮安縣。}袁術兵敗還走，未幾而死。劉備和外戚董承密謀，推翻曹操，曹操又把他打敗。

這時候，曹操的大敵，實在是袁紹。雄據河北，其聲勢和實力，都在曹操之上。公元二○○年，袁、曹之兵，遇於官渡。_{城名，在今河南中牟縣北。}相持許久，曹操畢竟把袁紹打敗。袁紹因此慚憤而死。其子譚、尚，互相攻擊，都爲曹操所滅。二○八年，操遂南征荆州。

這時候，在北方屢次失敗的劉備，亦在荆州，依托劉表。而長江下流，則爲孫權所據。孫權的父親名堅，是漢朝的長沙太守。當山東州郡起兵討董卓時，孫堅也發兵北上。後來受袁術的指使，去攻劉表，爲表軍所射殺。其子孫策，依托袁術，長大之後，袁術把孫堅的部曲還他，他就渡江而南，把漢朝的揚州打定。孫策死後，傳位於孫權。曹操的兵，還未到荆州，劉表已先死了。劉表的長子劉琦，因避後母之忌，出守江夏。今湖北黃岡縣。其少子劉琮，以襄陽降操。今湖北襄陽縣。劉備南走江陵。曹操發輕騎追之，一日一夜行三百里，及之於當陽長坂。在今湖北當陽縣。劉備敗走江夏。於是諸葛亮建策，求救於孫權。孫權手下，周瑜、魯肅等也主張結合劉備，以拒曹操。於是孫、劉合兵，大破操兵於赤壁。山名，在今湖北嘉魚縣。曹操引兵北還，而南方之形勢始强。

然而當時的劉備，還是並無根據之地。荆州地方，依當時的諸侯法，則當屬於劉琦。俗有借荆州之説，謂荆州是孫權借給劉備的，這句話毫無根據。《廿二史劄記》有論此事的一條，可看。諸侯法，謂當時割據的人，大家所以承認的習慣。而琦不能有，事實上，劉備和孫權，都屯兵其間。孫權一方面，身當前敵的周瑜，要"徙備置吳"，挾着關羽、張飛等去攻戰。劉備一方面，未始不想全吞荆州，而又不敢和孫權翻臉。於是先攻下荆州的南部，就是現在的湖南地方。不久，周瑜死了，繼其任者爲魯肅。魯肅是主張以歡好結劉備的。孫、劉兩家的猜忌，暫時和緩。

當諸葛亮未出草廬時，劉備去訪問他，他便主張兼取荆、益二州，以爲圖天下之本。這時候，荆州還未能完全到手，而且"荆土荒殘，人物凋敝"，雖是用兵形勝之地，而實苦於餉源之無所出。於是益州天府之國，劉備就不能不生心了。公元二一四年，劉備乘劉璋的暗弱，劉焉的兒子。取了益州。其明年，曹操亦平定漢中。二一八年，劉備攻漢中，又取之。一時形勢，頗爲順利。當劉備西入益州時，孫權便想同他爭荆州。結果，兩家和解，把荆州平分。劉備既定漢中，命關羽出兵攻拔襄陽，又圍樊城，在襄陽對岸。敗于禁等兵，威聲大振。而孫權使呂蒙襲取江陵。關羽還走，爲權所殺。吳、蜀因此失和。這事在二一九年。

其明年，曹操死了。子丕，廢漢獻帝自立，是爲魏文帝。又明年，劉備稱帝於蜀，是爲蜀漢昭烈帝。二二九年，孫權亦稱帝，自武昌遷都建業，現在的首都。是爲吳大帝。

昭烈帝稱帝之後，即自將伐吳。吳將陸遜大敗之於猇亭。昭烈帝走至永安，慚憤而死。猇亭，在今湖北宜都縣西。永安，宮名，在今四川奉節縣。子後主禪立，諸葛亮輔政。諸葛亮是個絕世的奇才，內修政治，用法治的精神，把個益州治得事事妥帖。所以能以一州之地，先平南方之亂，次出師北伐，和中國相抗衡。諸葛亮死後，蔣琬、費禕繼之，還能夠蒙業而安。費禕死後，姜維繼之，屢出兵伐魏，無甚成績，而民心頗怨。後主昏愚，寵信宦官黃皓，政治亦漸壞，其勢就難於支持了。

魏文帝貌似明白，而其實不免於猜忌輕率。當曹操爲魏王時，文帝與其弟陳思王植，爭爲世子，嫌隙甚深。所以即位之後，薄待諸王。把他們限制國中，有同拘禁。文帝死後，子明帝立。性極奢侈，魏事益壞。時諸葛亮連年北伐，明帝嘗使司馬懿去拒敵他。又使懿討平遼東。於是司馬氏的權勢，漸次養成。明帝死後，養子齊王芳立。司馬懿和曹爽同受遺詔輔政。曹爽獨攬大權。司馬懿稱疾不出。後來乘曹爽奉齊王去謁陵，司馬懿突然而起，關閉城門。到底把曹爽廢殺了，獨攬大權。司馬懿死後，子司馬師繼之。把齊王芳廢掉，而立高貴鄉公髦。司馬師死後，其弟司馬昭又繼之。這時候，司馬氏篡魏之勢已成。魏因抵禦吳、蜀，東南、西北兩方面，都駐有兵馬。西北的兵，本來是司馬懿所統。東南方面，則別是一系。於是王凌、毌丘儉、諸葛誕，三次起兵討司馬氏，都不克。公元二六三年，司馬昭遣鍾會、鄧艾，兩道伐蜀，滅之。二六五年，司馬昭死，子炎立，就篡魏而自立了。

吳大帝在位頗久，然而其末年，政治已頗紊亂。大帝死後，廢帝亮立。諸葛恪輔政，頗有意北圖中原。一出無功，旋爲孫峻所殺。孫峻死後，其弟孫琳繼之。廢廢帝，立其弟景帝。景帝把孫琳殺掉。然亦無甚作爲。景帝死後，太子皓立。荒淫無道。是時衹靠一個陸抗，守着荆州，以抵禦北方。陸抗死後，吳國的形勢就大非。晉武帝命羊祜鎮襄陽，王濬鎮益州以圖吳。羊祜死後，代以杜預。公元二八〇年，荆益之兵，兩道並進，勢如破竹，而吳遂滅亡。

第十三章　晉的統一和內亂

從董卓進長安起，到晉武帝平吳止，共經過九十二年的戰亂，真是渴望太平的時候了。當時致亂之源，由於州郡握兵。所以晉武帝既定天下，便命去州郡的兵，刺史專於督察，回復漢朝的樣子。

然而這時候，致亂之源，乃別有所在。其（一）兩漢之世，歸化中國的異族很多，都住在塞內。當時所謂五胡者，便是：

【匈奴】徧於并州境內，即今之山西省。

【羯】匈奴的別種，居於上黨武鄉羯室，因以爲名。在今山西遼縣。

【鮮卑】徧布遼東西和今熱、察、綏之境。

【氐】本居武都。魏武帝徙之關中。這時候，徧於扶風、始平、京兆之境。扶風，今陝西涇陽縣。始平，今陝西興平縣。京兆，今陝西長安縣。

【羌】這是段熲誅夷之餘。在馮翊、北地、新平、安定一帶。馮翊，今陝西大荔縣。北地，今陝西耀縣。新平，今陝西邠縣。安定，今甘肅鎮原縣。

當時郭欽、江統等，都請徙之塞外。塞外的異族，固亦未嘗不足爲患，然而究竟有個隔限，和"掩不備之人，收散野之積"者不同，而武帝不能用。

其（二）晉代鑒於魏朝的薄待宗室，以致爲自己所篡，於是大封同姓。漢代的諸王，是不再干預政治的。晉朝則可以"入秉機衡，出作岳牧"，在政治上的勢力尤大。

晉武帝平吳之後，耽於宴安，凡事都不作久長之計。其子惠帝，近於低能。即位之初，武帝后父楊駿輔政。惠帝后賈氏和楚王瑋合謀，把楊駿殺掉，而使汝南王亮和太保衛瓘同聽政。後來又和楚王合謀，把汝南王殺掉。後又殺掉楚王。旋弑楊太后。太子遹，非賈后所生，后亦廢而殺之。總宿衛的趙王倫，因人心不服，勒兵弑后，廢惠帝而自立。於是齊王冏、成都王穎、河間王顒，舉兵討亂。楚王瑋，武帝第五子。汝南王亮，宣帝（司馬懿）第四子。趙王倫，宣帝第九子，齊王冏，景帝（師）子攸之子，時鎮許昌。成都王穎，武帝第十六子，時鎮鄴。河間王顒，宣帝弟安平王孚之孫，

263

時鎮關中。右衛將軍王興，把趙王殺掉，迎接惠帝復位。齊王入洛專政。河間王和長沙王乂合謀，_{武帝第六子。}使乂攻殺齊王。又和成都王合兵，把長沙王攻殺。

如此，京師大亂，而勝利卒歸於外兵。州郡握兵，從漢以來，已成習慣。晉武雖有去州郡兵權之命，而人心尚未丕變。一旦天下有亂，舊路自然是易於重走的。於是東海王越_{宣帝弟高密王泰之子。}合幽、并二州之兵，把成都河間兩王都打敗。遂弒惠帝，而立其弟懷帝。

同族相爭，勝利又卒歸於異族。五胡之中，本以匈奴為最強，其所處，又是腹心之地，亦最有民族自負之心。於是前趙劉淵，先自立於平陽。_{今山西臨汾縣。}時東方大亂，許多盜賊，都去歸附他。其勢遂大盛。東方羣盜之中，羯人石勒，尤為強悍。東海王自率大兵去打他。兵到現在的項城，死了。其兵為石勒追擊所敗，洛陽遂成坐困之勢。公元三一〇年，劉淵的族子劉曜，打破洛陽，懷帝被虜。三一二年，弒之。惠帝弟愍帝，立於長安。三一六年，又為劉曜所攻破，明年，被弒。而西晉亡。

於是琅邪王睿，從下邳徙治建康，_{即建業。因愍帝名業，避諱改。}即皇帝位，是為東晉元帝。這時候，北方只有幽州都督王浚，并州刺史劉琨，崎嶇和胡羯相持，也終於不能自立。北方遂全入混亂的狀態。

然而南方亦非遂太平無事。當時中央解紐，各地方都靠州郡的兵來保境安民，自然外權復重。新興的建康政府，自然不易令行禁止。元帝的首務，便在收上流的實權。元帝的立國江東，是很靠江東的世家名士，所謂"人望"者，幫他的忙的。而王導和其從兄王敦，尤為出力。於是王導內典機要，王敦出督荊州。敦有才略，居然把荊州的權力，收歸一人。然而中央就和王敦起了猜忌。其結果，王敦舉兵東下。元帝所預先布置防他的兵，無一路不敗，被王敦打入京城。元帝憂憤而崩。幸而王敦不久也死了，明帝纔把他的黨與討平。明帝頗為英武，可惜在位只有三年。明帝死後，子成帝年幼，太后庾氏臨朝。后兄庾亮執政。歷陽內史蘇峻_{今安徽和縣。}和庾亮不平，舉兵造反，打進京城。庾亮出奔。幸得鎮尋陽的溫嶠，_{今江西九江縣。}深明大義，協同荊州的陶侃，把他打平。陶侃死後，庾亮和庾冰，相繼出鎮荊州。庾翼在內為宰相。這時候，內外之權，都在庾氏手里，暫無問題。康帝時，庾翼移鎮襄陽，庾冰代之鎮夏口。庾冰死後，庾翼又還鎮夏口，而使其子方之鎮襄陽。庾翼不久就死了。臨終之際，表請以自己的兒子爰之繼任。宰相何充不聽，而以桓溫代之。於是上流之權，又入於桓溫之手。

第十四章　邊徼民族和漢族的同化

凡事總有相當的代價。兩漢時代，異民族入居中國的多了，把許多種族和文化不同的人民，融合爲一，自非旦夕間事，且總不免有若干的衝突。五胡之亂，就是我民族融合異族的代價。

晉時，北方割據之國，共有十六之多。然而其中有關大勢的，也不過地處中原的幾國。我們現在，簡單些，把他分做五個時代。

第（一）前、後趙對立時代。

第（二）後趙獨盛時代。

第（三）前燕、前秦對立時代。

第（四）前秦獨盛時代。

第（五）後燕、後秦對立時代。

第五個時代之後，漢族曾經恢復黃河之南，且曾一度占領關中，而惜乎其不能久。未幾，北方遂全入於拓跋魏，變成南北兩朝了。這是後話，現在且從前後趙對立時說起。

劉淵自立後，石勒表面上是他的臣子。可是東方的事，劉淵並顧不到。所以五胡擾亂之初，便徑稱爲前後趙對立時代。劉淵的兒子劉和懦弱，劉聰荒淫。族子劉曜，較有本領。劉聰被弑後，曜遂立國長安。公元三二九年之戰，曜爲石勒所擒，前趙就此滅亡。

石勒從子虎，淫暴無人理。在位時，雖西攻前涼，東攻前燕，兵力頗稱强盛。然而死後，内亂即作。虎養子冉閔，本是漢人。盡殺虎諸子，而且大誅胡羯，自稱皇帝。然而不久，便爲前燕所攻殺。

前燕以遼東西和熱河爲根據，其勢頗盛。然當其侵入中原之際，即其開始衰頹之時。其兵力，只到鄴都附近。於是河南和關中，都成爲空虛之地。氐酋苻健，西據關中，羌酋姚襄，則借降晉爲名，陰圖自立。晉朝這時候，中央和上流，仍相猜忌。時桓温滅前蜀，威名日盛。中央乃引用名士殷浩以敵之。公元三五三年，浩出兵北伐，以姚襄爲先鋒。反爲其所邀擊，大敗。桓溫因此奏請廢浩。中央不得已，從之。溫出兵擊斬姚襄，而伐秦、伐燕都不利。於是先行廢立之事以立威。廢簡文帝，立廢帝。意圖篡位，爲謝安、王坦之所持，不果。桓溫死後，其兄弟桓冲把荆州讓出，南方又算暫安。然已無暇北伐，而前秦遂獨盛了。

前秦主苻堅，用王猛爲相，修明政治，國富兵强。公元三七一年，滅前燕，又滅前涼，破拓跋氏。《魏書》説：初居北方，後南遷大澤，厥土昏冥沮洳；再遷乃至匈奴故地，似乎自西伯利亞的凍土帶南遷到曠野帶，再南遷到今外蒙古的。晉初，其部落居今歸綏北邊的盛樂。其酋長猗盧，助晉并州刺史劉琨，抵禦鐵弗氏。劉琨請於朝，把陘北之地賞他，封他爲代王（陘嶺，今山西代縣雁門山）。後來什翼犍又徙居雲中。這時候，什翼犍年老，秦兵來，不能禦，逃到陰山之北。秦兵退後，纔回來，爲其子寔君所弑。秦人聞信，再回兵攻代，殺寔君，以其地分屬劉衛辰和衛辰的宗人庫仁。庫仁是拓跋氏的外孫，所以什翼犍的孫珪，幼時反受其保護。長大後，奔賀蘭部，漸次吞併諸部。以三八六年，自立。是爲後魏道武帝。三八三年，大發兵伐晉。謝玄、謝石等大敗之於淝水。苻堅知道當時北方，民族錯雜，不能專任自己人的。所以對於歸降各民族，表面上都一視同仁。把他的酋長，留在都城之中；而使氐人分鎮四方，以實行其監視和駐防的政策。然而民族間的界限，終非旦夕所可破除。苻堅敗後，諸族復紛紛自立。而後燕後秦二國最大，仍回復到前燕，前秦對立的樣子。

南方自桓溫死後，上下流相持的形勢，暫時緩和。而孝武帝委政於其弟琅邪王道子，旋又相猜忌，使王恭鎮京口，今江蘇丹徒縣。殷仲堪鎮江陵以防之。這時候，京口的北府兵强了，然而其實權都在劉牢之手裏。仲堪亦不會帶兵的，一切事都委任南郡相楊佺期。道子則嗜酒昏愚，事都決於其世子元顯。孝武帝死後，子安帝立。王恭、殷仲堪連兵而反。元顯使人遊説劉牢之，倒戈襲殺王恭。而上流之兵已逼，劉牢之不肯再替他出力抵禦。於是無可如何，以楊佺期爲雍州刺史，桓玄爲江州刺史。桓玄是桓溫的小兒子。因爲桓溫在荆州久了，其僚屬將士，都歸向他。他雖閑住在荆州，其勢力反出於現任官吏之上。所以殷仲堪不得不用他。這時候，既有地盤，殷仲堪、楊佺期自然非其敵手。先後爲其所併。於是上流的權勢，又集於桓玄一身。公元四○二年，荆州大饑。元顯乘機出兵，想把桓玄解決。然而所靠的不過一個劉牢之，而劉牢之又倒戈，元顯就失敗，和其父道子，都被殺。桓玄入建康。明年，竟廢安帝而自立。

這時候，荆州之兵力，實已非北府之敵。所以桓玄得志之後，便奪去劉牢之的兵權。牢之謀反抗，不成，自殺。而北府兵的勢力，實在並未消滅。

公元四〇四年，北府兵中舊人，劉裕、劉毅、孟昶、何無忌、諸葛長民等起兵討桓玄。桓玄的兵，到處皆敗。逃至江陵，被殺。安帝復位。劉裕入中央政府，主持大權。於是積年以來，朝廷爲荊州所挾持的形勢一變。然而軍人到底是要互相吞併的。於是相互間之問題，不在北府兵和荊州系，而在北府兵裏同時並起的幾個人。

這時候，後燕因爲後魏所破，分爲南北，形勢已弱。後秦也因受夏國的攻擊，日以不振。四〇九年，劉裕出兵，把南燕滅掉。先是妖人孫恩，爲亂於江、浙沿海，爲劉裕所討破，赴水死。其餘黨盧循、徐道覆，於桓玄時據有廣州和始興。始興，今廣東曲江縣。至是，乘機出湘、贛北伐。直下長江，兵勢甚盛。何無忌爲其所殺。劉毅亦爲所敗。劉裕撤兵還救，又把他打平。於是剪除異己者劉毅、諸葛長民和晉宗室司馬休之等。劉毅時爲荊州刺史。諸葛長民爲豫州刺史。司馬休之，晉宗室，繼劉毅爲荊州刺史。公元四一七年，大發兵滅後秦。此時正直後魏道武帝中衰之際，坐視而不能救。涼州諸國都惴惴待晉兵之至。而裕以急於圖簒，南還，長安遂爲夏所陷。裕登城北望，流涕而已。公元四一九年，裕受晉禪，是爲宋武帝。後三年而卒。自劉裕南還後，不復能經略北方。而北魏自太武帝即位後，復強盛。北方諸國，盡爲所併。天下遂分爲南北朝。

五胡十六國的事情，是很繁雜的。以上只提挈得一個大綱，現在補列一張簡表於下，請諸位參看。

國　名	民族	都　邑	始末大略（與正文參看，正文已有的不復述）
前趙（初稱漢，劉曜改稱趙），公元三〇四至三二九年。	匈奴	劉淵自立於左國城（今山西離石縣東北），後遷平陽。劉曜居長安。	南匈奴呼厨泉單于，因先世係漢甥，改姓劉氏。曹操以呼厨泉部衆强盛，留之於鄴（今河南臨漳縣），而分其部衆爲五。其中左部最强。晉時，劉淵爲其部帥。乘八王之亂，還并州自立。劉淵子和，爲其弟聰所弑。聰荒淫。傳子粲，爲其臣靳準所弑。石勒自襄國（今河北邢臺縣），劉曜自長安，俱勒兵討準。曜族滅靳氏，自立於長安。曜爲石勒所擒。子熙奔上邽（今陝西南鄭縣），爲石虎所追殺。前趙亡。
後趙，公元三一九至三五一年。	羯	石勒初居襄國，後徙鄴。	石勒初爲羣盜，歸降劉淵，然實非淵所能制。後盡併東方，仍稱臣於前趙。劉曜時，勒始自立。勒子弘，爲勒從孫虎所弑。虎諸子均爲虎養子冉閔所殺。復姓，自稱魏帝，爲慕容儁所滅。事在三五一年。

國　　名	民族	都　　邑	始末大略（與正文參看，正文已有的不復述）
前燕，公元三三七至三七〇年。	鮮卑	鮮卑慕容氏，本居棘城（今熱河朝陽縣），後遷於遼東。至慕容廆又遷居徒河的青山（在今遼寧錦縣境）。又遷居大棘城（在今遼寧義縣），慕容皝遷居龍城（今朝陽縣），滅冉閔後，居鄴。	慕容廆，本晉國的平州刺史。傳子皝，始稱燕王。皝傳子儁，滅冉閔。是年，儁亦卒。子暐年幼，慕容恪輔政。恪死後，慕容評繼之。時燕宗室慕容垂最有威名，評忌之。垂奔前秦。前燕遂衰。爲前秦所滅。
前秦，公元三五一至三九四年。	氐	長安	苻洪，本略陽氐酋。初降劉曜，後降後趙。後趙徙之於東方。後趙亡後，洪居枋頭城（在今河南濬縣）。擊擒趙將麻秋。旋爲秋所鴆殺。子健，殺秋，西入關。健子生，爲苻堅所弑（堅父名雄，也是苻洪的兒子）。淝水敗後，堅奔五將山（在今陝西岐山縣），爲後秦姚萇所擒殺。堅子丕，自立晉陽，爲慕容永所敗而死（慕容永，亦前燕同族。時自立於長子，即今山西長子縣。後爲後燕所滅。不在十六國之列）。堅族子登，又自立於南安（今甘肅平涼縣）。三九四年，爲姚興所殺。子崇，奔湟中，爲西秦乞伏乾歸所殺，前秦亡。
後秦，公元三九四至四一七年。	羌	長安	後秦本南安赤亭羌（在今甘肅隴西縣）。其酋姚弋仲，亦降後趙。遷於東方。後趙亡時，弋仲亦死。子襄南降晉。實懷二心，爲桓溫所敗，奔關中，爲前秦所殺。弟萇以衆降秦，淝水敗後，萇自立。傳子興，滅前秦。興傳子泓，爲劉裕所滅。時在公元四一七年。
後燕，公元三八四至四〇九年。	鮮卑	慕容垂居中山（今河北定縣）。子寶奔龍城。	慕容垂，淝水戰後自立。傳子寶。三九六年，魏人南伐，大敗，奔龍城。被弑。少子盛，定亂自立。因刑罰嚴峻，又被弑。弟熙立。淫暴。四〇九年，爲其將馮跋所篡。

國　　名	民族	都　　邑	始末大略（與正文參看，正文已有的不復述）
南燕，公元三九八至四一〇年。	鮮卑	廣固（今山東益都縣西）	慕容德，是慕容皝的小兒子，魏人南伐時，脫離後燕自立。傳子超，爲劉裕所滅。
北燕，公元四〇九至四三六年。	漢族	龍城	馮跋篡後燕自立。傳子宏，爲後魏所滅。時在四三六年。
夏，公元四〇七至四三一年。	匈奴	統萬（今陝西懷遠縣）	匈奴鐵弗氏，本居新興。其酋長劉虎，和拓跋氏相攻。虎孫衛辰，引前秦兵滅拓跋氏，後魏道武帝強，衛辰爲其所滅。子勃勃，奔後秦。姚興使守北方。勃勃以四〇七年自立，改姓赫連，後取長安，勃勃死後，子昌立，爲魏太武帝所破，奔上邽死。弟定，自立於平涼。四三一年，吐谷渾人執之送魏，夏亡。
西秦，公元三八四至四三一年。	鮮卑	乞伏國仁，居勇土川（在今甘肅金縣）。乾歸徙苑川（在今甘肅靖遠縣）。	本隴西鮮卑，屬前秦。淝水戰後，其酋乞伏國仁自立，傳弟乾歸。降後秦，後復逃歸。乾歸傳子熾磐，熾磐傳子暮末，爲赫連定所殺，時在四三〇年。
成（李壽時改稱漢。史家亦稱爲蜀），公元三〇四至三四七年。	氐	成都	本清江流域的廩君蠻，漢末，徙漢中，曹操平張魯，還於略陽。晉初，關中氐齊萬年反。其酋長李特將流民入蜀，三〇六年，特子雄據成都，又併漢中，三傳至特孫壽，荒淫。壽子勢，三四七年，爲桓溫所滅。
前涼，公元三一七至三七六年。	漢族		張軌，晉涼州刺史。晉亂，遂保據涼州。軌及子寔，皆事晉，守臣節。寔傳弟茂，劉曜來攻，始力屈稱藩。六傳至天錫，三七六年，爲前秦所滅。
後涼，公元三八六至四〇三年。	氐		呂光，亦略陽氐人。符堅時，爲龍驤將軍。爲堅平西域，兵還，直前秦分裂，遂自立。四〇三年，其子隆，降於後秦。
北涼，公元四〇七至四三九年。	匈奴	張掖	沮渠蒙遜，以三九七年叛後涼。初推太守段業爲主，後殺之，自立。傳子牧犍，四三九年，爲後魏所滅。

國　　名	民族	都　　邑	始末大略（與正文參看，正文已有的不復述）
西涼，公元四○○至四二七年。	漢族	初據敦煌，後遷酒泉。	李暠本段業所署沙州刺史。業死後，據敦煌自立，傳子歆，四二七年，爲北涼所滅。
南涼，公元三九七至四一四年。	鮮卑	本居樂郡（今甘肅碾伯縣），後徙姑臧。	姓禿髮氏，與後魏同出。其酋禿髮烏孤，以三九七年自立。傳弟利鹿孤及傉檀，四一四年爲西秦所滅。

第十五章　南北朝的對峙

從公元三〇四年前趙自立起,到四三九年北涼滅亡止,共經過一百三十六年。擾亂中國的五胡,快多和漢族同化了。只有拓跋氏,其起最晚,其入中原也最後,所以又和漢族相持了一百四十年。

此時的南方,雖經宋武帝一度削平異己,然而分爭之際,外兵不能遽去,人心的積習未除。而宋武帝以後,爲君主的,又没像武帝一般强有力的人物。所以仍是内外相持,坐視北方有機會而不能乘,甚至反給北方以機會。恢復中原,遂爾終成虚語。

當劉宋開國之時,南朝的疆域還包括今山東、河南之境。宋武帝死後,魏人乘喪南伐。取青、兖、司、豫四州。其時正直徐羨之、傅亮、謝晦等廢少帝而立文帝。文帝立後,和檀道濟合謀,討除羨之等。後又並殺道濟。忙於内亂,無暇對外。而自檀道濟死後,功臣宿將亦垂盡。於是四三〇、四五〇年兩次北伐都失敗。魏太武帝反自將南伐,至於瓜步。鎮名,在今江蘇六合縣。所過郡邑,赤地無餘。南北朝時,北强南弱的情勢,實始於此。

宋文帝後,孝武帝和明帝都猜忌宗室,大加屠戮。明帝嗣子幼弱,召鎮淮陰的蕭道成入衛,今江蘇淮陰縣。朝權遂爲所竊。内而中書令袁粲,外而荆州都督沈攸之,起兵討他,都不克。公元四七九年,道成篡宋自立,是爲齊高帝。齊高帝和子武帝,在位都不久。武帝子鬱林王荒淫,爲高帝兄子明帝所篡。明帝亦猜忌,盡殺高、武二帝子孫。傳子東昏侯,荒淫更甚於鬱林王,而好殺亦同於明帝。公元五〇二年,而齊爲梁武帝所篡。時梁武帝的哥哥蕭懿鎮歷陽。梁武帝刺雍州。東昏侯的兄弟寶融刺荆州。東昏侯先殺掉蕭懿,又下命給荆州,叫他殺掉梁武帝。寶融本是個小孩,其長史蕭穎胄和武帝合謀起兵。立寶融爲皇帝(和帝)。武帝爲先鋒東下。東昏侯爲其下所弒。和帝遂禪位於梁。梁武帝總算是個文武全才。雖其晚年迷信佛法,刑政廢弛,致釀成侯景之亂,然而其早年,政治總算是清明的。於是南方暫見康寧,而北方又起擾亂。

271

北魏當太武帝時，南侵宋，北伐柔然、高車，參看第二十一章。國勢最盛。孝文帝以四九三年遷都洛陽，大革舊俗。這在鮮卑人，要算一個進化而和漢族同化的好機會。然而國勢反自此衰頹。（一）因鮮卑一時不能學得漢族的好處，而反流於奢侈。（二）則魏都平城，本靠武力立國，於其附近設置六鎮。武川，今綏遠武川縣。撫冥，在武川東。懷朔，在今綏遠五原縣。懷荒，在今大同東北、察哈爾境內。柔玄，在察哈爾興和縣。御夷，在察哈爾沽源縣。簡拔親賢，爲其統帥。而將士選拔，亦極優異。南遷以後，不能如舊。六鎮舊人，因此憤怒逃亡。魏人又恐兵力衰頹，加以制止。於是盡皆怨叛。倚以立國的武力，反做了擾亂秩序的東西。不戢自焚，後魏就不能支持了。

公元四七四年，後魏孝明帝立，太后胡氏執政。侈無度。府庫累世之積，不數年而掃地無餘。於是苛政大興。中原之民，亦羣起爲亂。明帝年漸長，不直其母所爲。而爲其所制，無可如何。這時候，北方有個部落酋長，喚做爾朱榮，起兵討平六鎮之亂。明帝遂召他入清君側。後又傳詔止住他。太后大懼。把明帝殺掉。爾朱榮借此爲名，舉兵入洛，殺掉胡太后，而立孝莊帝，自居晉陽，遙制朝權。爾朱榮極善用兵。中原反亂的人，都給他打平。篡謀日急。孝莊帝誘他入朝，手刃把他殺掉。爾朱榮的侄兒子兆，舉兵弒帝。自此朝權仍爲爾朱氏所握，而各方鎮，也都是爾朱氏的人，其勢如日中天。然而爾朱氏暴虐不得人心。公元五三二年，高歡起兵信都。韓陵一戰，信都，今河北冀縣。韓陵，山名，在今河南安陽縣東北。爾朱氏心力不齊，大敗。遂爲高歡所撲滅。高歡所立的孝武帝，又和高歡不睦。高歡仍襲爾朱氏的故智，身居晉陽，孝武帝陰結賀拔岳圖他。以岳爲關中大行臺。高歡使秦州刺史侯莫陳悅，把賀拔岳殺掉。夏州刺史宇文泰起兵誅悅，秦州，今甘肅天水縣。夏州，今陝西橫山縣。孝武帝即以泰繼岳之任。公元五三四年，孝武帝發兵討高歡。高歡亦自晉陽發兵南下。兩軍夾河而陳。孝武帝不敢戰，逃到關中。旋爲宇文泰所弒。自此高歡、宇文泰，各立一君，而魏遂分爲東西。

東西魏分裂後，高歡、宇文泰爭戰十餘年，各不得逞，而其禍乃中於梁。這時候，梁武帝在位歲久，政治廢弛。諸子諸孫，各刺大郡，都有據地自雄之心。而兵力亦不足用。南朝當宋明帝時，盡失徐、兗、青、冀四州及淮北之地。齊明帝時，又失沔北五郡。東昏侯時，又失淮南。梁武帝時，雖恢復合肥、壽春，而又失義陽三關。沔北五郡，爲義陽（今河南南陽縣），新野（今河南新野縣），南鄉（今南陽西南），北襄城（今河南方城縣東），西汝南，北義陽，同治舞陰（今河南泌陽縣北），義陽三關，爲平靖、黃土、武陽，皆在今河南信陽縣南。用兵迄不得利。北方亂時，梁遣陳慶之送魏宗室北海王顥歸國。慶之兵鋒甚銳，直抵洛陽。然而孤軍無援，元顥仍爲爾朱榮所破。公元五四七年，高歡死。其專制河南之將侯景，舉地來降。梁武帝遣子淵明前往救援，不克。淵明爲魏所虜。侯景亦兵潰來奔。襲壽陽而據之。即壽春。梁人不能制。五四九年，侯景反。渡江，圍臺城。建康宮城。救兵雖多，都心力不齊，不能進。臺城遂爲所陷。梁武帝憂憤而崩。子簡文帝立，爲侯景所制。這時候，梁武帝的子孫，如湘東王繹、河東王譽、岳陽王詧等，河東王在湘州（今長沙），岳陽王在襄陽。都擁兵相爭，坐視臺城之危而不救。而其形勢，以湘東王爲最強。侯景西上，至巴陵，今湖南岳陽縣。爲湘東王將王僧辯所敗。勇將多死。遂弒簡文帝而自立。湘東王乃即位於江陵，是爲元帝。遣王僧辯和陳霸先討平侯景。而成都的武陵王紀稱帝，攻元帝。元帝求救於西魏。西魏襲陷成都。紀遂兵敗而死。元帝和西魏，又有違言。公元五五四年，西魏兵攻江陵。王僧辯、陳霸先的兵，都在東方，不及救援。江陵遂陷。元帝爲魏兵所殺。西魏立岳陽王詧於江陵，使之稱帝，而對魏則稱臣，是爲西梁。王僧辯、陳霸先立元帝的少子於建康，是爲敬帝。是時，東魏已爲北齊所篡。又發兵送淵明南歸。王僧辯迎戰，不勝。就迎接他來，廢敬帝而立之。南朝險些兒全做北朝的附庸。幸而陳霸先襲殺王僧辯，復立敬帝。北齊舉兵來攻，給他苦戰打敗。南朝才算勉強自立。公元五五七年，陳霸先廢敬帝自立，是爲陳武帝。三年而崩。兄子文帝立。這時候，南方承喪亂之後，國力凋敝。國內尚有許多反側的人，要一一討定。再也無暇顧及北方。而北方的東西魏，亦先後於五五〇、五五七年，爲齊、周所篡。

北齊文宣、武成二帝，均極荒淫。末主緯，奢縱更甚。而北周武帝，頗能勵精圖治。公元五七七年，齊遂爲周所滅。滅齊的明年，周武帝死，子宣帝立。亦極荒淫。在位二年，傳位於子靜帝。宣帝死後，后父楊堅輔政。大權盡入其手。起兵攻他的都不勝，五八一年，堅廢靜帝自立。是爲隋文帝。時南方爲陳後主叔寶，亦極荒淫，五八八年，爲隋所滅。西梁已於前兩年被廢。自晉元帝立國江東至此，凡二百七十三年，而天下復歸於統一。

第十六章　魏晉南北朝的制度

　　制度是隨事實而變遷的。思想是事實的産物，而亦是事實之母。在某種環境之下，一定要生出某種思想。既有這種思想，一時雖未必實現，而積之久，總是要現於實的。此等情形，看魏晉南北朝的制度，很可明白。

　　秦、漢時代的宰相，並非天子私人。所以其位甚尊，其權亦重。君權日見發達，則相權必漸見侵削。所以自東漢以後，實權漸移於尚書。曹魏以後，中書又較尚書爲親近。宋文帝以後，門下亦成爲親近之職。兩漢時代的宰相，則不過人臣篡弒時所歷的階級而已。平時不復設立。這是内官的變遷。其外官，則自後漢末年以後，州郡握兵之習，迄未能除。東晉以後，疆域日蹙，而喜歡僑置州郡。於是州的疆域，日漸縮小，浸至與郡無異。而掌握兵權的人，所指揮的區域，不容不大，於是有以一人而都督數州或十數州軍事的。其實際，仍與以前的州牧無異，或且過之。自東晉至南朝之末，中央的權力總不能十分完整，就由於此。

　　選舉制度，亦起了一個極大的變遷。我國古來，本行鄉舉里選之制。士之德行、才能，都以鄉評爲準。風氣誠樸之世，自然議論能一秉至公。兩漢時，實已不能如此了。然而人之觀念上，總還以爲士之賢否，須取決於鄉評。後漢末，"士流播遷，詳復無所"。於是曹魏的吏部尚書陳羣，就於各州置大中正，各郡置中正。令其品評本地的人物，分爲九等，而尚書據以選用。品評人物，本是件難事。德已不免於僞爲，才則更非臨事不能見。而況中正亦未必定有衡鑒之才。甚至有（一）趨勢，（二）畏禍，（三）私報恩仇等事。其結果，遂至"惟能論其閥閲，非復辨其賢愚"。於是"上品無寒門，下品無貴族"。以上所論的，是舉士之事。至於銓選，則漢世本來權在相府。後來因其弊頗多，而實權漸移於尚書。魏、晉以後，大抵吏曹尚書操選用之權。這時候，仍以全權委之。有衡鑒之才的人，很可以量才委任。然而天下總是徇私和幸進的人多，秉公和廉退的人少。所以到後來，不得不漸趨重於資格。資格用人，起於

274

後魏的崔亮。亮創停年格,選用的先後,專以停解月日爲斷。這本因爲當時軍人競選所以如此的。北齊文襄帝操選權時,已經把他廢掉。然而自唐以後,又漸趨重於這一途,就是爲此。參看第二十三章。

兵制則自東晉以後,恃以禦敵的,都是州郡之兵。固亦有時收折衝禦侮之效。然而總不免有外重內輕之弊。甚而至於禦侮則不足,作亂則有餘。北方五胡割據,大抵用其本族之民爲兵,而使漢人從事生產。參看第十八章高歡告漢人和鮮卑人的話。到周、齊之時,五胡的本族,漸趨凋落,又其戰爭劇烈,而財政竭蹶,還有所謂府兵之制。籍民爲兵,蠲其租調,令刺史以農隙教練。每府一郎將主之。分屬二十四軍,領軍的謂之開府。一大將軍統兩開府,一柱國統兩大將,共爲六軍。隋、唐兵制,都是沿襲他的。

魏晉時代的制度,最可紀念的,便是刑法。漢時法律之紊亂,已見第六章。從前漢宣帝時起,至後漢末年止,屢說修改,迄未有成。至魏時,纔命陳羣、劉邵等刪定,共爲十八篇。晉武帝還嫌其科網太密,再命賈充等刪定,共爲二十篇。於公元二六八年,泰始三年。大赦天下行之。這便是有名的《晉律》。宋、齊、梁、陳四朝,雖略有損益,大體都沿用他。就北朝的法律,亦是以此爲依據,不過略雜以鮮卑之法而已。如《晉律》,部民殺長官,父母殺子,都同凡論。魏以後,律便不然。見章炳麟《太炎文錄》"五朝法律索隱"。自唐至清,大體上亦無甚改變。總而言之,自採用西洋法律以前,我國的法律,迄無大改變。我國的法律,淵源固然很古,而其成爲條理系統的編纂,則實自《晉律》始。所以說這是我國法制史上最可紀念的事。

至於租稅,則當時頗有雜稅。如北朝的酒坊、鹽井、關市邸店,南朝之賣買田宅牛馬及津市等。都見《隋書·食貨志》。然而這些都不甚重要。其最有關係的,還是田稅和戶稅。而這時候的田稅和戶稅,與民生是很有關係的。所以留待第十八章中講述。

第十七章　魏晉南北朝的文化

從兩漢到魏、晉，是中國文化的一個轉關。其要點，在破除古代的迷信，而從事於哲理的研究。

兩漢時代的迷信，並非下等社會纔然，即上流社會，也是如此。試看當時政治上，遇天災而修省，或省策免之公等，都略有幾分誠意，和後世視爲虛文的不同。參看《廿二史劄記·漢儒言災異》條。在學術上，則陰陽五行之説，盛極一時。以致有所謂讖緯者出。東漢之世，竟以緯爲內學，經爲外學。便可知其時古代遺傳的思想，還徧滿於社會上了。乃到魏朝的正始年間，而哲理研究之風漸盛。正始是魏廢帝的年號。從公元二四〇至二四八年。清談的風氣，實起於此時。玄學之興，亦以此時爲嚆矢。可看《日知録》"正始"條。至於晉初，風流彌盛。此時知名之士，始王弼、何晏、王衍、樂廣等，或以談論見長，或以著述見稱。所研究的，大抵是哲理上的問題。其所宗之書，則爲《易經》和《老子》、《莊子》等。這固然，由於當時的時勢，有以激成人的頽廢思想，而使之趨於玄虛。然而在大體上，亦可説是兩漢人拘守前人成説的反動。漢代的今文家言，雖多存微言大義，亦不過搬演孔門的成説，並不能獨出心裁。古文家好談名物、訓詁，更不免流於瑣碎。而自讖緯之説既興，兩派之士，又都不免受其影響，有入於妖妄之勢。又其時之人，拘守禮法太甚。禮是古代規範人之行爲的。時異勢殊，行爲之軌範，就當有異，而還强執着古代具體的條件，自不免激起人心的反感。所以激烈的人，就有"禮豈爲我輩設"等議論了。雖然這一班人，蔑棄禮法，不免有過甚的地方。而終日清談，遺棄世務，亦是社會衰頽的一個朕兆。然而以學術思想論，畢竟不能不謂爲高尚的。魏晉時代的玄學，在我國學術思想界中，終當占一重要的位置。

這時候的人最重要的思想，是貴"道"而賤"蹟"。蹟便是事實，而道則是原理，拘守事實，不能算得古人之意。必能明於其原理而應用之，纔可謂之善學古人。這正是泥古太過的反響。

其時的儒學，雖還保守相當的領域，而亦爲此派思想所侵入。當魏晉之世，今文之學，漸已失傳，盛行的是古文之學。古文之學，雖亦有其師法，然而其原始，本是不重師説，而注重自由研究的。自由研究之風既開，其後必至變本而加厲。所以自鄭玄、王肅，糅雜今古文後，又有杜預、范寧等，不守成説，自出心裁的學派。以前講《左氏》的，都借用《公》、《穀》兩家的條例，到杜預，纔就《左氏》自立條例，和《公》、《穀》脱離。范寧注《穀梁》，則於三傳都不相信，都有駁難之辭，注其書而駁其書，是前此所少有的。至於王弼的《易注》、何晏的《論語集解》等，兼採玄言，則爲魏晉時之哲學思想，侵入經學領域的。南北朝時，南方的經學，這兩派都盛行。北方還守着漢人之説，然至隋併天下後，而北方的經學，反爲南方所征服。鄭玄的《易注》廢，而王弼的《易注》行。馬、鄭的《尚書》廢，而僞古文《尚書》行，服虔的《左氏》廢，而杜預注的《左氏》大行了。

頹廢的人生觀，是這時代人的一個大病。如王羲之作《蘭亭集序》，説："修短隨化，終期於盡。古人云：死生亦大矣，豈不痛哉？"這一類灰心絶望，貪生怖死的話，到處都是。此時國勢的所以不振，社會的所以無活氣，這實在是一個大原因。而這時代的人，所以崇尚文辭，則亦由於此。隋朝的李諤説："自魏之三祖，武帝、文帝、明帝。崇尚文辭。競騁浮華，遂成風俗。江左齊、梁，其弊彌甚。"可見崇尚文辭的風氣，是起於魏、晉之世的。魏、晉之世，爲什麼要崇尚文辭呢？我們看魏文帝説："年壽有時而盡，榮樂止乎其身。二者必至之期，未若文章之無窮。"就可以知其所由來了。人之年壽有盡，神仙等求長生之術，又不可恃，則不免僥倖於"没世不可知之名"。而文辭原是美術之一，愛好文辭，也不免有些"及時行樂"的意思。所以這時候的文學，多帶頹廢的色彩。從東漢以後，駢文漸興，不過是（一）句調漸趨整齊；（二）用字務求美麗，尚未大離其本。至齊梁以後，則"隸事"日益繁富，字句愈趨雕琢。始而辭勝其意，寖至不能達意了。於是有文筆之分。然筆不過參用俗語。其語調仍是整齊弴緩，和自然的語言相去很遠的，仍不能十分適用。又古人文字，不甚講調平仄。齊、梁以後，則漸重四聲。於是詩和文都生出律體。凡調平仄的，都可謂之律體，不限於詩賦等有韻之文。如以唐、宋之四六，較六朝之駢文，則六朝之駢文，爲駢文中之古體；唐、宋之四六，即爲駢文中之律體。雖然音調諧和，而雄壯樸實之氣，則遠遜古人了。此亦是其時的人，注意於修飾的一證。

文字本所以代語言。我國的文字，則因其構造的特殊，而亦成爲美術之一。古代文字，意近圖畫，本有美的意味。秦時，官、獄務繁，改用隸書，這是專爲應用起見。然而後來又漸求其美觀。於是又有"挑法"的隸書，謂之八分。漢之末世，章程書興，即今所謂正書，挑法亦謂之"波磔"。秦隸本無波磔，西漢的隸書，還係如此，章程書即是承此種無波磔的隸書而變的。在當日，章程書爲應用之作，八分爲美術作品。但到後來，章程書又變爲美術品了。詳見拙撰《中國文字變遷考》第四章。而草書亦分章草和狂草兩種。前者字字分離。後者則一筆不斷。草書離正書太遠了，乃又有行書，以供藥草之用。凡此種種，無一不求其美化。其風氣起於後漢，而極盛於晉代。東晉的右軍將軍王羲之，即是擅名當世，而後人稱其"善隸書，爲古今之冠"的。然南朝的帖，雖爲後人所寶貴，而北朝的碑，樸茂遒逸，至近世，亦很爲書家所推重。

第十八章　魏晉南北朝的社會

魏晉南北朝，是一個長期戰亂的世界。其時的民生，自然是很爲困苦的。然而其中，也有幾件可以特別注意的事情。

其(一)是兩漢人均田的思想，至此而實行。漢代的人，本都有個恢復井田或限名田的思想，然終未能實行。及王莽行之，而反以致弊。於是當時的人，又有一種議論：以爲井田之制，當於大亂之後，人民希少，土田無主之時行之。見第十一章注一。[①] 天下事，大家無此思想則已。如其有之，而又爲多數人所公認，成爲一種有力的輿論，則終必有一次試行的機會。晉武帝的户調式，便是實行此種理想的，其制：男女年十六至六十爲正丁。十三至十五，六十一至六十五爲次丁。男子一人，占地七十畝，女子三十畝。其外：丁男課田五十畝，丁女三十畝。次丁男半之，女則不課。丁男之户，歲輸絹三匹，綿三斤。女及次丁男爲户者半輸。令天下的人，依年齡屬性之別，而各有同等之田，因之而輸同等之稅。其於平均地權之意，可謂能極意規畫了。然而井田制之難行，不難在授人以田，而難在奪人之田。無論如何大亂，土田總不會完全無主的。奪有主之田，而畀之他人，必爲人情所不願，而其法遂難推行。所以北魏孝文帝的均田令，又有桑田、露田之別。桑田爲世業，露田則受之於官，而亦還之於官。案《孟子》説“五畝之宅，樹之以桑”，則此所謂桑田，疑即是宅田；或者是久經墾熟，世代相傳的田，人情必不肯輕棄，所以聽其私有。而其餘則歸之於公。這亦可謂善於調和了。晉武定户調式後，天下不久即亂，究竟曾否實行，很成疑問。便是魏孝文的均田令，曾實行至如何程度，亦很難説。然而以制度論，則確爲平均地權的一種良法了。

其(二)是自古相沿的階級，這時代，因環境的適宜，又有發達之勢。社會有所謂士庶，其根原，大約是古代的貴族和平民。古代的貴族，其世系都有史

①　即本册第二五七頁第十七至十八行注文。

官替他記録。《周官》小史之職。所以家世不至於無考，而士庶亦不至於混淆。自封建制度破壞，國破家亡之際，此等記録，未必更能保存。加以秦人滅學，諸侯史記，被他一把火燒盡。《史記·六國年表序》："秦既得意，燒天下詩書。諸侯史記尤甚。詩書所以復見者，多藏人家，而史記獨藏周室，以故滅。"人家的人字，疑當作民，乃唐人避太宗諱所改。周室二字，乃舉偏概全，兼包當時各侯國言，並非專指周室，當時史籍係官書，民間没有副本，所以一燒即盡。於是秦、漢以來，公侯子孫，就都"失其本系"了。漢朝是興於平民的。其用人，亦不論門第。自古相沿的階級，到此本可鏟除。然而政治上一時的設施，拗不過社會上自古相傳的觀念。向來稱爲貴族的，還是受人尊敬，稱爲平民的，還不免受人輕蔑，這又是勢所必然。兩漢時代的社會，大約便係如此，此乃當時習爲固然，而又極普徧的現象，所以没人提起。以上一段，請參看《唐書》柳芳論氏族之語，自可明白。見《唐書》本傳。漢末喪亂，士流播遷。離其本土者漸多。其在本土，人人知其爲貴族，用不着特別提起。到播遷之後，就不然了。這時代的人，所以於氏族之外，尤重郡望，職此之由。而五胡之族，頗多冒用漢姓的。中國士大夫，恥血統與異族相混淆，而要自行標舉，自然也是一個理由。再加以九品中正的制度，爲之輔助。士庶的階級，自然要畫若鴻溝了。

　　區別士庶，當以魏、晉、南北朝爲最嚴。不但"婚姻不相通，廕仕不相假"，甚至"一起居動作之微，而亦不相偕偶"。看《陔餘叢考》"六朝重氏族"一條可知。但是當時的士族，已有利庶族之富，和他們結婚、通譜的。參看《日知録》"通譜"，《廿二史劄記》"財昏"。隋、唐以後，此風彌甚。如此，則血統淆混、士庶之別，根本動搖。所以在隋、唐之世，門閥制度，雖尚保存，其惰力性，一到五代之世，就崩潰無餘了。《通志·氏族略》説：五代"取士不問家世，婚姻不問閥閲"。魏晉南北朝，正是門閥制度如日中天的時代。此時的貴族，大抵安坐無所事事。立功立事，都出於庶族中人，而貴族中亦很少砥礪名節，與國同休戚的。富貴我所固有，朝代更易，而其高官厚禄，依然不改。社會不以爲非，其人亦不自以爲恥。這真是階級制度的極弊。參看《廿二史劄記》"江左世族無功臣"、"江左諸帝皆出庶族"、"南朝多以寒人掌機要"。

　　這時候，是個異族得勢的時代。漢族爲所壓服，自然不免有種種不平等的事。而社會上的媚外，亦遂成爲風氣。這真是聞之而痛心的。《顏氏家訓》説："齊朝一士夫，嘗謂吾曰：我有一兒，年已十七，頗曉書疏。教其鮮卑語及彈琵琶，稍欲通解。以此伏事公卿，無不寵愛。"我們看《隋書·經籍志》，所載學鮮卑語的書籍很多，便知這樣的，決不是一兩個人。這是士大夫。至於小民，則史稱高歡善調和漢人和鮮卑。他對鮮卑説："漢人是汝奴。夫爲汝耕，婦爲汝織，輸汝粟帛，令汝温飽。汝何爲陵之？"又對漢人説："鮮卑是汝作客。得汝一斛粟、一疋絹，爲汝擊賊，令汝安寧。汝何爲疾之？"一爲武士，一爲農奴，此時北方漢人所處的地位，就可想而知了。但是兩漢以前，北方的文化，本高於南方，富力亦然。自孫吴至陳，金陵爲帝王都者三百六十年。五胡亂後，北方衣冠之族，紛紛南渡。南方的文化，遂日以增高。浸至駕北方而上之，而富力亦然。試看隋唐以後，江淮成爲全國財富之區。自隋至清，帝都所在，恒藉江淮的轉漕以自給，就可明白了。這也是中國社會的一大轉變。

第十九章　隋之統一與政治

從南北朝至隋，可以算我國歷史上一個由亂入治之世。但是其爲治不久。

論起隋文帝的爲人來，也可以算一個英明的君主。他的勤於政治，和其持身的節儉，尤其是數一數二。所以承南北朝喪亂之後，取民未嘗有所增加，對於雜稅等，反還有所減免。而其時府庫極爲充實。重要的去處，倉儲亦極豐盈。其國富，古今少可比擬的。見《文獻通考》。

但是隋文帝有個毛病，便是他的性質，失之於嚴酷和猜忌。所以他的對付臣下，是要運用手腕的。而其馭民，則偏於任法。因此其所任用的人，如楊素、蘇威等，非才知之士，則苟免之徒，並無立朝侃侃，與國同休戚的。而人民也沒有感恩的觀念。他又偏信皇后獨孤氏，廢太子勇而立煬帝。荒淫暴虐，兼而有之。而隋遂不免於二世而亡，與嬴秦同其運命了。

南北朝以後，荒淫暴虐的君主頗多。其性質，有近乎文的，如南朝的陳後主是。亦有近乎武的，則如北朝的齊文宣是。這大約和當時異族的得勢，不無關係，而南朝的君主，多出身微賤，也是其中的一個原因。當隋及初唐之世，此等風氣還未盡除。如隋煬帝，便是屬於前一種的。如唐太宗的太子承乾，則是屬於後一種的。

煬帝即位之後，即以洛陽爲東都。他先開通濟渠，引穀、洛二水，通於黃河，又自河入汴，自汴入淮，以接淮南的邗溝。今淮南運河。又開江南河，從京口到餘杭，今浙江餘杭縣。長八百里。他坐了龍舟，往來於洛陽、江都之間。又開永濟渠，引沁水，南達黃河，北通涿郡。今河北涿縣。又開馳道，從大行到并州，由榆林以達於薊。今河北薊縣。開運河，治馳道，看似便利交通之事。然而其動機非以利民，而由於縱欲，而其工程，又非由雇募，而出於役使。如此，人民就未蒙其利，而先受其害了。

當南北朝末年，突厥强盛。周、齊二國，恐其爲敵人之援，都和他結婚姻，而且還厚加贈遺，以買其歡心。然而突厥益驕，邊患仍不能絕。隋文帝勞師動衆,又運用外交手腕,纔把他克服下來。突厥的啓民可汗,算是稱臣於隋。又從慕容氏侵入中原之後,遼東空虛,爲高句麗所據。至隋時不能恢復。這確是中國的一個大損失。參看第二十一章。爲煬帝計,對於突厥,仍應當恩威並用,防其叛亂之萌。對於高句麗,則應先充實國力,軍事上也要有縝密的計劃,方可謀恢復國土。至於西域諸胡,則本和中國無大關係。他們大抵爲通商而來。在兩利的條件下,不失懷柔遠人之意就好了。而煬帝動於侈心。任用裴矩,招致西域諸胡。沿途盛行供帳。甚至有意使人在路旁設了飲食之肆,邀請胡人飲食,不取其錢,說中國物力豐富,向來如此的。胡人中愚笨的,都驚嘆,以爲中國真是天上。其狡黠的,見中國也有窮人,便指問店主人道:你這白吃的飲食,爲什麼不請請他們? 店中人無以爲答。如此,花了許多錢,反給人家笑話。他又引誘西突厥,叫他獻地數千里。設立西海、河源、鄯善、且末四郡。西海郡在青海附近。河源當在青海西南。鄯善、且末,皆漢西域國名,這兩郡,該在今敦煌之西。謫罪人以戍之。這些都是荒涼之地,要內地轉輸物品去供給他。於是西方先困。他又發大兵去征伐高句麗。第一次在六一一年,大敗於薩水。今大寧江。六一三、六一四年,又兩次興兵,高句麗僅貌爲請降。而這三次,徵兵運餉,却騷動天下。當他全盛時,曾巡行北方。幸突厥始畢可汗衙帳,始畢可汗極其恭順。到六一五年再往,始畢可汗便瞧他不起。把他圍在雁門。今山西代縣。靠內地的救兵來了,纔算解圍。明年,煬帝又坐着龍船到江都。這時候,天下已亂,他遂無心北歸。後來又想移都江南,而從行的都是關中人,心上很不願意。宇文化及等乘機煽惑。煬帝遂於六一八年爲化及等所弑。

隋末,首起創亂的,是楊素的兒子玄感。煬帝再征高句麗時,他在黎陽督運,今河南濬縣。就舉兵造反。當時李密勸他直遏煬帝的歸路,次之則先取關中,以立自己的根基。玄感都不能聽,而頓兵於東都之下,遂至失敗。後來羣盜蜂起,李密和河南的強盜翟讓合伙。旋把他殺掉,自成一軍。據興洛、回洛諸倉,興洛倉,即洛口倉,在今河南鞏縣東南。回洛倉,在今河南孟津縣東。招致饑民,至者數十萬,聲勢很盛。在河北,則羣盜之中,竇建德最有雄略。而隋煬帝所遣的將王世充,則據東都,和李密相持。唐高祖李淵,本是隋朝的太原留守。以其次子世民——即後來的唐太宗——的計策,於六一七年,起兵先取長安,次平河西、隴右,據河西的爲李仁軌。據隴右的爲薛舉,傳子仁杲,被滅。劉武周據馬邑,以宋金剛爲將,南陷并州,亦給唐兵打敗。李密爲王世充所敗,降唐,旋又藉招撫爲名,出關想圖再舉,爲唐人伏兵所殺。秦王世民攻王世充,竇建德來救,世民留兵圍城,引兵迎擊於虎牢,在今河南汜水縣。大破之。擒建德，世充亦降。建德將劉黑闥，兩次反叛，亦給唐兵打平。長江中流，梁朝之後蕭銑，稱帝於江陵，地盤頗大。唐朝亦派兵把他滅掉。其下流：陳稜、李子通、沈法興等，紛紛割據。後皆併於杜伏威。陳稜據江都，李子通據海陵（今江蘇泰縣），後南徙餘杭。沈法興據毗陵（今江蘇武進縣）。稜與法興，皆爲子通所破。子通爲伏威所擒。而伏威降唐。割據北邊的：有高開道、苑君璋、梁師都等。高開道據漁陽（今河北懷來縣）。苑君璋，劉武周將。武周死後，據馬邑。梁師都據朔方（今陝西懷遠縣）。大都靠突厥爲聲援。然天下定後，突厥亦不能擁護他。遂次第爲唐所平定。這時候，已在太宗的初年了。梁師都被殺，在公元六二八年，爲太宗貞觀二年。

第二十章　唐的開國及其盛世

漢與唐，同稱中國的盛世，漢之治稱文、景；唐之治，則稱貞觀與開元。

唐高祖的得國，本是靠秦王世民之力。太子建成和齊王元吉忌他，彼此結黨互爭。而高祖晚年，頗惑於嬖妾近習。這競爭儻使擴大了，也許可以演成干戈，人民重受其禍。幸而唐高祖封世民於東方之説，未曾實行。玄武門之變，解決迅速，建成、元吉都爲世民所殺。高祖亦傳位於太宗。於是歷史上遂見到所謂貞觀之治。

太宗是三代下令主。他長於用兵，又勤於聽政，明於知人，勇於從諫。在位時，任房玄齡、杜如晦爲相，魏徵爲諫官，都是著名的賢臣。所以其武功、文治，都有可觀。參看二十一、二十三兩章自明。

太宗死後，高宗即位，初年任用舊臣，遵守太宗治法，所以永徽之治，史稱其媲美貞觀。中年後，寵信武才人，廢王皇后，立爲皇后。國戚舊臣，如長孫無忌、褚遂良等，都遭貶斥。高宗因苦風眩，委政武后，後遂爲其所制，唐朝的衰頹，就自此開始了。高宗死後，武后廢中宗而立豫王旦——就是後來的睿宗——公元六九〇年，又把他廢掉，自稱則天皇帝。改國號爲周。中宗初廢時，幽禁於房陵。<small>今湖北竹山縣。</small>後來因狄仁杰的諫勸，纔還之於洛陽，代睿宗爲皇嗣。七〇五年，宰相張柬之等，乘武后病臥，陰結宿衛將士，迎接中宗復位。

武后以一女主，而易姓革命，這是曠古未有之事，自然要疑心人家暗算她。於是：

（一）大殺唐宗室，又大開告密之門，任用酷吏周興、來俊臣、索元禮等，用嚴刑峻法，以劫制天下。

（二）一方面又濫施爵祿，以收拾人心。雖然其用人頗有不測的恩威，進用速而黜退亦速，然而幸進之門既開，仕途遂不免於淆雜。

（三）武后雖有過人之才，然而並無意於爲治，所用多屬佞媚之臣。其嬖寵，如薛懷義、張昌宗、張易之等，無不驕奢淫逸。武后亦造明堂，作天樞，所費無藝，民不堪命。

（四）一面驕奢淫逸，又要盡心防制國內，自然無暇對外。於是突厥、契丹蹂躪河北。發數十萬大兵而不能禦。吐蕃强盛，西邊也時告緊急。參看第二十一章。

這都是武后革命及於政治上的惡影響。中宗是身受武后幽廢的，論理當一反其所爲，而將武后時之惡勢力，鏟除净盡。而以武后之才，把持天下二十餘年，亦終於失敗，則即有野心的人，亦當引以爲鑒。然而天下事，每有出於情理之外的。中宗復位之後，即惟皇后韋氏之言是聽，任其妄作妄爲，不加禁止。而韋后，亦忘却自己是和中宗同受武后幽禁，幾遭不測的，反與上官婕妤俱通於武后之侄武三思。於是武氏的勢力復盛。張柬之等反都遭貶謫而死，韋后、上官婕妤、韋后的女兒安樂公主等，都驕奢淫逸，賣官鬻爵。政治的濁亂，更甚武之時。公元七一〇年，中宗竟爲韋后所弑。玄宗起兵定亂。奉其父睿宗爲皇帝。睿宗立玄宗爲太子。時韋后及安樂公主已死，惟武后女太平公主仍在。公主當武后時，即多與祕謀，後來中宗復辟，及玄宗討韋后之亂，又皆參預其事。屬尊而勢力大，在朝的人，都有些怕他，附和他的亦很多。公主憚玄宗英明，竭力謀危儲位，睿宗又不能英斷。其時情勢甚險。幸而玄宗亦有輔翼的人，到底把他除去。而睿宗亦遂傳位於玄宗。這是公元七一二年的事。當睿宗在位時，貴戚大臣的奢侈，二氏營造的興盛，還是同武、韋時一樣。而從中宗時，韋后和上官婕妤、太平、安樂公主等，都可以斜封墨敕授官。仕途的混雜，尤其不可思議。直到玄宗即位，任姚崇爲宰相，纔把他澄除掉。玄宗初相姚崇，後相宋璟。崇有救時之才，璟則品性方剛，凡事持正。宋璟之後，又相張九齡，亦是以風骨著聞的。武韋以後的弊政，到此大都鏟除。自高宗中葉以後，失墜的國威，到此也算再振。這個於下一章中敍述。從貞觀到開元，雖然中經武韋之亂，然而又有開元的中興，總算是唐之盛世。自天寶以後，則又另是一番局面了。

第二十一章　隋唐的武功

　　隋、唐兩代的武功，是互相繼續的。隋朝的武功，雖不如唐朝之盛，然而是唐朝開拓的先聲。其規模，較漢代尤爲廣遠。這也是世運進步、交通日益發達的緣故。

　　中國歷代的大敵是北狄。隋、唐時代，自然也是如此。後漢時，匈奴敗亡，鮮卑繼續據其地，已見第七章。兩晉時，鮮卑紛紛侵入中國，於是丁令入居漠北。丁令便是今日的回族。此族現在中國人統稱爲回，歐洲人則通稱爲突厥。見《元史譯文證補》卷二十七中，其實突厥、回紇，都是分部之名，不是全族的總稱。異譯稱敕勒，亦作鐵勒，中國人稱爲高車。當拓跋魏在塞外時，今熱、察、綏境諸部落，殆悉爲所併。只有熱河境內的奚、契丹，未全隨之入中國。其分支入中國的爲宇文氏。又有一個部落，稱爲柔然的，則始終與之爲敵。從魏孝文遷都以前，北魏根本之地，實在平城。所以其防禦北族，較侵略中國，更爲重要。太武帝之世，曾屢出兵擊破柔然。柔然敗後，逃至漠北，收服鐵勒之衆，其勢復盛。太武帝又出兵征討，把他打敗。這時候，鐵勒之衆，降者甚多。太武帝都把他遷徙到漠南。柔然遂不能與魏抗。這是公元四百二三十年間的事。東西魏分立後，柔然復强。然其勢不能久。至公元五五二年，遂爲突厥所破。突厥也是回族，興於金山的。今阿爾泰山。既破柔然之後，又西破嚈噠，盡服西域諸國。其最西的可薩部，直抵亞洲西界，與羅馬爲鄰，東方則盡服漠南北諸族。其疆域之廣，遠過漢時的匈奴。

　　然而突厥聲勢雖盛，其組織却不甚堅凝。各小可汗的勢力，都和大可汗相仿佛。隋文帝於是運用外交手腕，先構其西方的達頭可汗，和其大可汗沙鉢略構兵。突厥由是分爲東西。後又誘其東方的突利可汗，妻以宗女。其大可汗都藍怒，攻突利。突利逃到中國。隋處之於夏、勝二州之間，勝州，在今鄂爾多斯左翼後旗。賜號曰啓民可汗。都藍死後，啓民因隋援，盡有其衆。於是突厥一時臣服於隋。隋末大亂，華人多往依突厥。突厥復盛。控絃之士至百萬。

北邊的羣雄，無不稱臣奉貢。便唐高祖初起時，也是如此。高祖亦嘗稱臣，《唐書》他處皆諱之。惟《突厥傳》載太宗滅頡利時，有"往國家初定，太上皇以百姓故，奉突厥，詭而臣之"之語，微露其消息。天下定後，還很敷衍他。而突厥貪得無厭，仍歲侵邊，甚至一歲三四入。太宗仍運用外交手腕，離間其突利可汗。突厥統東方的，均稱突利可汗。而是時突厥的大可汗頡利政衰，北邊諸部多叛。又連遭荒歉。公元六三〇年，頡利遂爲太宗所擒。突厥或走西域，或降薛延陀，而來降的尚十餘萬。太宗初用溫彦博之言，處之河南。後來又徙之河北。這時候，薛延陀繼據漠北。公元六四四年，又爲太宗所滅。回紇繼居其地。率先鐵勒諸部，尊中國的天子爲天可汗。突厥的遺衆，也曾屢次反叛，然都不成大患。到六八二年，骨咄祿自稱可汗，中國就不能平定。骨咄祿死後，弟默啜繼之。盡復頡利以前舊地，大舉入攻河北，破州縣數十。武后興大兵數十萬禦之而不勝。直到公元七四四年，玄宗纔乘其內亂，出兵直抵其庭，把他滅掉。至於西突厥，則是公元六五七年，高宗乘內亂，把他滅掉的。西突厥在當時，本是亞洲西方惟一的大國。西突厥滅亡後，諸國皆震恐來朝，中國所設的都督府州，遂西至波斯。

葱嶺以東，漢時十六國之地，後來互相吞併，其興亡不盡可考。唐時，高昌、焉耆、龜茲、于闐、疏勒較大，太宗於高昌、焉耆、龜茲三國，都用過兵。其餘小國，則皆不煩兵力而服。

青海本羌地。晉時，爲鮮卑吐谷渾所據。至後藏，則爲今藏族興起之地。其族之北據于闐，其實嚹噠二字，即係于闐的異譯。臣服葱嶺以西，和波斯兵爭的爲嚹噠，爲突厥所滅。而印度阿利安人，又有一支入藏，居於雅魯藏布江流域，是爲吐蕃王室之祖。見《蒙古源流考》。吐蕃至唐時始強。太宗時，因求尚主不得，入寇松州。今四川松潘縣。太宗遣將擊破之。然仍妻以宗女文成公主。公主好佛，是爲吐蕃人受佛教感化之始。至今還尊爲聖母。棄宗弄贊尚主後，對中國極其恭順。死後，其大臣欽陵、贊婆等專國，纔猖起夏來。東滅吐谷渾，西破西域四鎮。龜茲、于闐、焉耆、疏勒。高宗、武后時，與之戰爭，屢次失敗。武后時，王孝傑恢復四鎮之地，吐蕃對西域一方面，稍受牽制，而中宗時，又畀以河西九曲之地。青海黃河右岸之地。由是河洮之間，受禍尤烈。直到玄宗時，纔把他恢復過來。

印度和中國，雖久有宗教和商業上的關係，至於國交上的關係，則很少的。唐時，有個和尚，法名喚做玄奘，即是後來被尊爲三藏法師的，因求法至印度。這時候，印度烏萇國的尸羅逸多二世在位。遣使入貢。太宗又遣王玄策報使。玄策至其國，適直尸羅逸多薨逝，其臣阿羅那順篡立。發兵拒擊玄策。玄策走吐蕃西鄙，發吐蕃、泥婆羅今廓爾喀。兩國的兵，把他打敗，擒阿羅那順送闕下。這要算中國對西南，兵威所至最遠的一次了。

東北一帶，雄據遼東的是高句麗。在今熱河境內的是奚、契丹。在松花江流域的，則是靺鞨，中國對東北，國威的漲縮，要看遼東西的充實與否。自漢至晉初，遼東西比較充實。所以高句麗等不能跋扈。慕容氏侵入中國後，遼東空虛，遂至爲其所據。遼西亦受侵掠。熱河境內的契丹且不能免，吉林境內的靺鞨，其折而入之，自更不必説了。隋朝東征的失敗，固由煬帝不善用兵，亦由東北空虛，軍行數千里，大敵不能猝克，而中國又不能頓兵與之久持的原故。唐太宗亦蹈其覆轍。六四四年之役，自將而往，未能大克，而損失頗巨。直到高宗時，因其內亂，纔於六六三、六六八兩年，先後把百濟和高句麗滅掉。於是分其地置都督府州，而設安東都護府於平壤以統之。中國的疆域，纔恢復兩漢時代之舊。然新羅人既陰嗛麗，濟餘衆叛唐，而因之以略唐地。而武后時，契丹反叛，因此牽動了入居營州境內的靺鞨。其酋長大祚榮，逃至吉林境內。武后遣兵追擊，不勝。大氏遂自立爲國。盡併今吉、黑兩省，及俄領阿穆爾、東海濱省，暨朝鮮半島北部之地。渤海五京：上京龍泉府，在今吉林敦化縣附近；中京顯德府，在吉林東南；東京龍原府，在海參崴附近；南京南海府，在朝鮮咸興；西京鴨綠府，在遼寧輯安縣。其都城忽汗城，臨忽汗海，即今吉林鏡泊。是爲渤海。於是安東都護，內徙遼東，唐朝對東北的威靈，就失墜了。但是新羅、渤海，對中國都尚恭順。其文化，也都是摹仿中國的。而日本，亦於是時，年年遣使通唐，其一切制度，亦皆學自中國。中國對東北的政治勢力，雖不十分充分，其聲教所及，則不可謂之不遠了。

第二十二章　隋唐的對外交通

　　交通是隨世運而進步的,而世運亦隨交通而進步,二者是互爲因果的。兩漢對外的交通,已見第八章。隋、唐時代,國威之盛,不減漢時,而世運又經三百餘年的進步,交通的發達,自更無待於言了。

　　語云:"水性使人通,山性使人塞。"觀於中、歐陸路相接,而其交通之始,反自海道而來,已可知之。魏晉而後,海道的交通,更形發達。據阿剌伯人《古旅行記》,則公元一世紀後半,西亞細亞海船,始達交趾。其時實在後漢的初葉。及中葉,大秦的使節和商人,大概都是由此而來的。至第三世紀中葉,則中國商船,漸次西向,由廣州而達檳榔嶼。第四世紀至錫蘭,第五世紀至亞丁。終至在波斯及美索不達米亞,獨占商權。至第七世紀之末,阿剌伯人纔代之而興。據梁啓超《世界史上廣東之位置》。然則自東晉中葉,至唐武后之時,我國的商權,在亞洲可稱獨步了。

　　還有一驚人之事,則中國在當時,似已與西半球有交通。古書上説東方有個扶桑國,其道里及位置,很難證實。而《南史·四夷傳》,載公元四九九年,其國有沙門慧深,來至荊州。述其風俗制度,多與中國相似。而貴人稱對盧,與高句麗同,婚姻之先,婿往女家門外作屋,晨夕灑掃,頗似新羅人風俗。然則扶桑似是朝鮮半島的民族,浮海而東的。慧深説其國在大漢東二萬里,而大漢國在文身國東五千餘里,文身國在倭東北七千餘里,核其道里,其當在美洲無疑。所以有人説:扶桑就是現在墨西哥之地。但亦有人説:古書所載道里,多不足據,從種種方面看來,扶桑實是現今的庫頁島。見馮承鈞譯《中國史乘中未詳諸國考證》。這兩説,我們姑且懸而不斷。但亦還有一個證據,足證中國人之曾至西半球。法顯《佛國記》載其到印度求法之後,自錫蘭東歸,行三日而遇大風,十三日到一島。又九十餘日而至耶婆提。自耶婆提東北行,一月餘,遇黑風暴雨。凡七十餘日,折西北行,十二日而抵長廣郡。今山東即墨縣。近人章炳麟《法顯發見西半球説》,説耶婆提就是南美洲的耶科陁爾,法顯實在是初陷入太平洋中而至此。至此之後，不知地體渾圓，仍向東方求經，又被黑風吹入大西洋中。超過了山東海岸，再折回來的。其計算方向日程，似乎很合。法顯的東歸，在東晉義熙十二年，即公元四一六年。其到美洲，較哥倫布要早一千〇七十七年，其環游地球較麥哲倫要早一千一百〇三年了。

唐中葉後，阿剌伯海運既興，中國沿海，往來仍極繁盛。據唐李肇《國史補》，則安南、廣州，每年皆有海舶前來，《國史補》所記，多係開元、長慶百餘年間之事。然則八、九世紀間，外國海舶，必已來交、廣無疑。所以當八世紀之初，我國在廣州業已設有市舶司。《唐書·柳澤傳》，載開元中澤彈劾市舶使周慶立之事。據《册府元龜》卷五百四十六，澤以開元二年爲嶺南監選史。其彈劾慶立，當在是年（馮攸譯《唐宋元時代中西通商史》本文一考證一）。而據《唐書·田神功傳》，則七六〇年，神功兵在揚州大掠，大食、波斯賈胡，死者數千。又八三四年，文宗詔書，曾命嶺南、福建、揚州，存問蕃客，不得加重稅率。《全唐文》卷七十五。則今江蘇、福建之境，也有外國商人踪跡了。

陸路的交通，歷代亦迄未嘗絕。試看南北朝時，幣制紊亂，内地多以穀帛代用，獨嶺南以金銀爲市，而河西亦用西域金銀錢，見《隋書·食貨志》。便可知當時對西域貿易之盛。所以隋世設官，陸路有互市監。煬帝招致諸國，來者頗多。當時裴矩曾撰有《西域圖記》，惜乎今已不傳。而史官紀録，亦多無存，以致《隋書》的《西域傳》，語焉不詳罷了。隋時通西域的路有三：北道出伊吾，過鐵勒、突厥之地，而至拂菻。伊吾，新疆哈密縣；拂菻，即東羅馬。中道出葱嶺，經昭武九姓諸國昭武九姓，爲康、安、曹、石、米、何、史、火尋、戊地九國，皆在葱嶺以西，今俄屬中亞之地。而至波斯，南道度葱嶺至北印度。唐時，陸路交通，益形恢廓，《唐書·地理志》載賈耽所記入四夷之路，最要者有七：其中第一、第三、第四、第五、第六都是陸路。除第三夏州塞外通大同、雲中道，全在今日邦域之内；第五自安西入西域道，與隋時入西域之路略同外。又有：第（一），營州入安東道。自今熱河境，東經遼東至平壤，南至鴨綠江，北至渤海。第（四），中受降城入回鶻道。自今綏遠境内黃河北岸的中受降城起，渡沙漠，至色楞格河流域。再北踰蒙古和西伯利亞的界山，而至貝加爾湖。貝加爾湖，在東部西伯利亞，古之北海。東北經呼倫湖，《唐書》名俱輪泊。而通興安嶺兩側的室韋。第（六），安南通天竺道。自安南經現今的雲南至永昌。今雲南保山縣。分爲南北兩道。均經緬甸境入印度。而安南又別有一路，過占城真臘占城，今安南的廣和城。真臘，今柬埔寨。而至海口，與第七廣州通海之道接。其第（二）自登州今山東蓬萊縣。海行入高麗、渤海道，至鴨綠江口，亦分歧爲兩：由陸路通渤海、新羅。第（一）道自平壤南至鴨緑江，也是與此道接的。

　　陸路的交通，道路的修治既難，資糧的供給又不易。所以大陸交通的發達，轉在海洋交通之後。唐時，國威遐暢，於這兩點，亦頗費經營。《唐書·回鶻傳》説：太宗時，鐵勒諸部來降，請於回紇、突厥部治大涂，號參天至尊道，於是詔磧南鸊鵜泉之陽，_{在中受降城北五百餘里。}置過郵六十八所，具羣馬、湩、肉，以待使客，《吐蕃傳》亦説：當時輪臺、_{今新疆輪臺縣。}伊吾屯田，禾菽相望。雖然爲物力所限，此等局面不能持久，然而一時則往來之便，確有可觀。中外文化的能互相接觸，也無怪其然了。

第二十三章　隋唐的制度

隋唐的制度，大略是將魏、晉、南北朝的制度，加以整理而成的。但自唐中葉以後，因事實的變遷，而制度亦有改變。

自魏、晉以後，平時不設宰相，而尚書、中書和門下，迭起而操宰相之權。隋改中書爲内史。唐初復舊。以三省長官爲宰相。中書令，侍中，尚書令。太宗曾做過尚書令。後來臣下莫敢當，乃廢之，而以左右僕射爲長官。中書取旨，門下封駁，尚書承而行之。其後多不除人，但就他官加一個同平章事，或同中書門下三品的名目。而中書門下之事，實亦合議於政事堂，並非真截然分立的。尚書，歷代都分曹治事。至隋纔設六部，吏、户、禮、兵、刑、工。以總諸曹。自唐以後，都沿其制。御史一官，至唐而威權漸重。以大夫爲長官。所屬有三院：臺院，侍御史屬焉。殿院，殿中御史屬焉。監院，監察御史屬焉。御史彈劾，本來只據風聞。唐貞觀中，纔於臺中置東西二獄。自此御史臺漸受辭訟，侵及司法的權限。專制之世，君主威權無限。和君主接近的人，便爲權之所在。而君主又每好於正式機關之外，另行委任接近之人。唐朝的學士，本祇是個文學侍從之官，翰林尤其是雜流待詔之所，如醫卜、繪畫、弈棋等技術之士。並不是學士。但是後來，漸有以學士而居翰林中的。初代中書舍人掌文誥。後來就竟代宰相，參與密謀。這也和魏晉以後的中書門下如出一轍。外官則因東晉以來，州的區域縮小，至隋世，遂并州郡爲一級。唐代因之，而於其上更置"監司之官"。使名屢有改易，最後稱觀察使。這頗能回復漢代的舊規。但中葉以後，節度握權，諸使名目盡爲所兼，而支郡亦受其壓制，盡失其職，不復能與朝廷直接。名爲兩級，實在仍是三級制了。

兩漢行今文經説，只有一大學。晉武帝時，古文經之説既行，纔別設國子學。自此歷代或國子大學並置，或但設國子學。至隋，國子始自爲一監，不隸太常。唐有國子學、太學、四門學、律學、書學、算學六學，都隸國子監。但其學生，多以皇親、皇太后親、皇后親和大臣子弟，分佔其額，不盡是平民進的。

國子學和太學裏，都沒有平民。從東漢以後，學校已不是學問的重心，祇是進取之階，選舉上之一途而已。

選舉制度，隋唐時有一大變遷。隋煬帝始設進士科，而其制不詳。唐時則設科甚多，其常行的爲明經、進士兩科。明經試帖經、墨義，帖經、墨義的格式，見《文獻通考》卷二十九、卷三十。其意，則帖經乃責人熟誦經文，墨義則責人熟誦疏注。進士試詩賦。一則但責記誦，失之固陋。一又專務辭藻，失之浮華。然所考試的東西，雖不足取，而以考試之法論，則確是選舉制度的一大進步。原來隋唐時的科舉，原即兩漢以來的郡國選舉。前此無正式考試之法，則舉者不免徇私。士有才德而官不之舉，亦屬無可如何。唐制，則士可投牒自列，州縣就加考試，送至京師，而試之於禮部。則舉否之權，不全操於州縣長官，而毫無應試本領的人，也就不敢濫竽充數了。此外唐朝還有一種標明科目，令臣下薦舉的，謂之制科。是所以待非常之才的。參看第六章。其選官，則文選屬於吏部，武選屬於兵部。吏部於六品以下的官，都始集而"試"，觀其書判；已試而"銓"，察其身言；已銓而"注"，乃詢其便利而"擬"。唐初銓選，仍有衡鑒人才之意。裴光庭始創循資格，以限年躐級爲事，又專以資格用人了。漢世郡縣之佐，都由其長官自辟。所辟的大都是本地人。歷代都沿其制。隋文帝才盡廢之，別置品官，悉由吏部除授。這兩事，都是防弊之意多，求才之意少。然而仕宦既成爲利祿之途，其勢亦不得不如此。

兵制：隋、唐兩朝，都是沿襲後周的。而唐朝的府兵，制度尤爲詳備。其制：全國設折衝府六百三十四，而在關內的二百六十一。每府各置折衝都尉，而以左右果毅都尉爲之副。上府千二百人，中府千人，下府八百。諸府皆分隸於衛。平時耕以自養；戰時召集。臨時命將統率。師還，則將上所佩印，兵各歸其府。頗得兵農合一之意。但是練兵是所以對外的。承平無事之時，當然不免廢弛。所以高宗、武后之世，其法業已漸壞，至於不能給宿衛。宰相張説，乃請代以募兵，謂之彍騎。如此，邊庭上的兵，自然也不能仰給於府兵，而不免別有所謂藩鎮之兵了，唐初戍邊的兵，大者稱軍，小者或稱守捉，或稱城，或稱鎮，都有使而總之以道。道有大總管。後來改稱大都督。高宗以後，都督帶使持節的，則謂之節度使。玄宗時，於沿邊設十節度經略使。其兵多強。而内地守備空虛，遂釀成安史之亂。安史亂後，則藩鎮徧於内地。到底不可收拾，而釀成五代的分裂了。

隋、唐的法律，大體也不過沿襲前朝。而刑罰種類等級，則至隋時又一進步。自漢文帝除肉刑而代以髡笞。髡法過輕，而略無懲創。笞法過重，而至於死亡。後乃去笞而獨用髡。減死罪一等，即止於髡鉗，進髡鉗一等，即入於死罪。輕重失宜，莫此爲甚。從隋唐以後，纔制笞、杖、徒、流、死五刑。其中又各分等級。笞刑五等：自十至五十。杖刑五等：自六十至一百。徒刑五等：自一年至三年，每等加半年。流刑三等：二千里，二千五百里，三千里。死刑二等：絞、斬。自此以後，刑罰輕重得宜，前此復肉刑的議論，就無人提起了。又隋以前的法律，只有刑法，到唐朝，則又有所謂《六典》。此書是仿照《周禮》，以六部爲大綱而編纂的。一切國家大政，都具其中，儼然是一部完備的行政法典。後來明清的《會典》，都是淵源於此的。行政法典，各國都没有完整的，只有中國，《周官經》一書，便有此意，至唐《六典》而規模大具。見日本織田萬《清國行政法》第一編第一章第二節。

第二十四章　隋唐的學術和文藝

　　隋、唐承南北朝之後，在思想界，佛學的發達，可謂臻於極盛。這個留待下章再講。而儒家的辟佛，亦起於此時。首創其說者爲韓愈。宋人辟佛的，頗樂道其說。經學：自魏、晉以後，兩漢專門的授受，漸次失傳，於是有義疏之學。在南北朝時，頗爲發達。然其說甚繁雜，於是又有官纂的動機，其事至唐代而告成。便是太宗敕修，至高宗時再加訂定而頒行的《五經正義》。唐人經學本不盛，治經的大多數是爲應明經舉起見。既有官頒之本，其他遂置諸不問了，於是義疏之學亦衰。惟啖助、趙匡的治《春秋》，於《三傳》都不相信，而自以其意求之於經文，則實爲宋人經學的先聲。

　　自漢以後，作史的最重表志紀傳和編年兩體，已見第九章。而表志紀傳一體，尤爲側重。又新朝對於舊朝，往往蒐集其史料，勒成一書，亦若成爲通例。唐朝自亦不能外此。惟前此作史的，大抵是私家之業，即或奉詔編撰，亦必其人是素來有志於此，或從事於此的。唐時所修晉、宋、齊、梁、陳、魏、周、齊之史，都係合衆撰成。自此以後，"集衆纂修"，遂沿爲成例。舊時論史學的，都說衆纂之書，不如獨撰。在精神方面，固然如此，然後世史料日繁，蒐集編排，都非私人之力所及，亦是不得不然的。又衆纂之書，亦自有其好處。因爲從前的正史，包蘊宏富，一人於各種學問，不能兼通，非合衆力不可。《晉書》的紀傳，雖無足觀，而其志則甚爲史學家所稱許，即其明證。唐代的史學，還有可特別記述的。其（一）專講典章經制的，馬端臨《文獻通考序》說："《詩》、《書》、《春秋》之後，惟太史公號稱良史，作爲紀、傳、書、表。紀傳，以述理亂興衰，八書以述典章經制。"這兩種現象，是中國史學家所最注重的。前此沒有，至唐而有杜佑的《通典》。其（二）前此注意於史法的很少，至唐而有劉知幾的《史通》。

　　與其說隋、唐是學術思想發達的時代，不如說隋、唐是文藝發達的時代。散文和韻文，在其時都有很大的變化。從齊、梁以後，文字日趨於綺靡，以致不能達意，已見第十七章。在此種情勢之下，欲謀改革，有三條路可走：其

（一）是廢棄文言，專用白話。唐代禪家的語録，以及民間通行的通俗小説，《敦煌石室書録》，有《唐太宗入冥記》、《伍子胥故事》等書。就是從此路進行的。此法在從前尚文之世，不免嫌其鄙陋。而且同舊日的文章，驟然相隔太遠，其勢亦覺不便。所以不能專行。其（二）則以古文之不浮靡者爲法。如後周時代，詔令奏議，都摹擬三代是。此法專模仿古人的形式，實亦不能達意，而優孟衣冠，更覺可笑。所以亦不可行。第（三）條路，則是用古人作文的義法，來運用今人的語言。如此，既不病其鄙陋，而又便於達意。文學的改革，到此就可算成功了。唐時，韓愈、柳宗元等人所走的，就是這一條路。韓愈字退之、柳宗元字子厚，兩人所作爲《昌黎集》、《河東集》。此項運動，可説起於南北朝的末年，經過隋代，至唐而告成功的。此項新文體雖興，但舊時通行的文體，仍不能廢。中國文字，自此就顯分駢散兩途了。後人以此等文體，與魏晉以來對舉，則謂之散文。做這一派文字的人，自謂取法於古，則又自稱爲古文。

韻文之體，總是隨音樂而變化的。漢代的樂府，從東晉以後，音節又漸漸失傳了。隋唐音樂，分爲三種：一爲雅樂，就是所謂古樂。僅用之於朝廟典禮。一爲清樂，就是漢代的樂府，和長江流域的歌詞，存於南朝的，隋平陳之後，立清商署以總之。其中在唐代仍可歌唱的，只有絶句。只有外國輸入的燕樂，流行極盛。唐以前後新聲爲清樂，合番部樂爲燕樂，番部樂如高昌、龜兹等樂皆是。依其調而製作，則爲詞，遂於韻文中別闢新體。但是唐代最發達的，不是詞而是詩。詩是漢朝以來，久已成爲吟誦之物。大抵韻文的起源，必由於口中自然的歌調——歌謠。而其體制的恢廓，辭藻的富麗，則必待文人爲之，而後能發揮盡致。在唐代，正是這個時候了。其時除五言古詩，沿襲前人體制外，自漢以來的樂府，則又變化而成歌行。自齊、梁以來，漸漸發生的律體，亦至此而告大成。唐有五言律詩、七言律詩及五七排律各體。這是體制的變化，其內容：則前此的詩，都是注重於比興。唐人則兼長敍事。其中最有力的人物，就是杜甫。他所做的詩，能把當時政治上的事實和社會上的情形，一一寫出，所以後人稱爲詩史。其後韓愈、元稹、白居易等，也是很長於敍事的。唐詩，舊説有初、盛、中、晚之分，雖没有截然的區別，也可代表其變化的大概。大抵初唐渾融，盛唐博大，中唐清俊，晚唐稍流於纖巧，然亦是各有特色的。宋朝人的詩，非不清新，然而比之唐人，就覺其傖父氣了。

書法，唐人擅長的也很多。大抵承兩晉、南北朝之流，而在畫學上，則唐代頗有新開創。古代繪畫，最重人物。別的東西，都不過人物的佈景。後來分歧發達，纔各自成爲一科。而山水一科，尤爲畫家才力所萃。唐時王維和李思訓，號稱南北兩派之祖。南派神韻高超，北派鈎勒深顯。宋元明清的畫家，都不能出其範圍。此説起於明代的莫是龍，見所著《寶顏堂畫説》。董其昌的《畫眼》因之。所謂南北，並非指作畫的人的籍貫，祇是説自唐以後的山水畫，有這兩派作風。大抵宗北派的，專門畫家居多；宗南派的，則文人爲多。其擅長人物的，如吳道子等，亦盛爲後世所推重。又有楊惠之，善於塑像。最近，在江蘇吳縣、昆山間的甪直鎮，曾發現其作品。現已由當地鄭重保存了。

第二十五章　佛教的分宗和
新教的輸入

　　中國的文明，在各方面都頗充實的，惟在宗教方面，則頗爲空虛。此由中國人注重於實際的問題，而不甚措意於玄想之故。信教既不甚篤，則凡無害於秩序和善良風俗的，都可以聽其流行。所以在政治上、社會上，都沒有排斥異教的傾向。而各種宗教，在中國都有推行的機會。

　　其中最發達的，自然要推佛教。佛教初輸入時，大約都是小乘。公元四〇一年，鳩摩羅什入長安，大乘經論纔次第流傳，佛教遂放萬丈的光焰。

　　佛教中典籍甚多。大概分之，則佛所說爲經；其所定僧、尼、居士等當守的戒條爲律；菩薩所說爲論。經、律、論總稱爲三藏。佛教中亦分派別，是之謂宗。各宗各有其所主的經、論。雖然殊途同歸，而亦各有其獨到之處。自晉至唐，佛教的分宗，凡得十餘，今據梁啓超《論中國學術思想變遷的大勢》中《佛學時代》一章，刊一表如下：梁書係據日本人所撰《佛教各宗綱領》等抄撮而成的。

宗名	開　　祖	印度遠祖	初起時	中盛時	後衰時
成實	鳩摩羅什	訶黎跋摩	五世紀初	五六世紀	八世紀中
三論	嘉祥大師	龍樹、提婆	同上	同上	同上
涅槃	曇無讖	世親	同上	五世紀	六世紀 中歸天台
律	南山律師	曇無德	六世紀初	七世紀中	十三世紀末
地論	光統律師	世親	同上	五世紀後半	七世紀 後歸華嚴
净土	善導大師	馬鳴、龍 樹、世親	同上	七至十 七世紀中	十七世 紀中葉後
禪	達摩大師	馬鳴、龍樹、 提婆、世親	同上	同上	同上
俱舍	真諦三藏	世親	六世紀中	八世紀中	九世紀後半

宗名	開　祖	印度遠祖	初起時	中盛時	後衰時
攝論	同上	無著、世親	同上	六世紀末	七世紀 後歸法相
天台	智者大師		六世紀末	七世紀初	九世紀後半
華嚴	杜順大師	馬鳴、堅慧、龍樹	同上	七世紀末	同上
法相	慈恩大師	無著、世親	七世紀中	八世紀中	同上
真言	不空三藏	龍樹、龍智	八世紀初	同上	同上

以上十三宗，除涅槃、地論、攝論三家，歸併他宗外，其餘十宗，俱舍、成實爲小乘，餘皆大乘。其中華嚴、天台、禪宗，印度皆無之。俱舍、三論，印度有而不盛。成實宗則印度創之而未行。其中發揮哲理最透澈的，要推華嚴、法相、天台三宗，是爲教下三家，禪宗不立文字，直指心源，謂之教外別傳，淨土一宗，弘揚念佛，普接利鈍，在社會上流行最廣。

中國的佛教，有一特色，便是大乘的發達。大乘是佛滅後六百年，纔興於印度的。其時已在漢世。至唐中葉，而婆羅門教復興。佛教在印度，日漸衰頹，所以大乘在印度的盛行，不過六七百年之譜。其餘諸國，不能接受大乘教義，更不必論了。獨在中國，則隋唐之間，小乘幾於絕跡，而且諸宗遠祖，雖在印度，其發揮精透，則實在我國，華嚴和禪宗皆然。天台宗則本爲智者大師所獨創，這又可見我國民採取融化他國文化的能力了。

佛教而外，外國宗教輸入的，還有幾種：

一爲祆教(Mezdeisme)。即火教，亦稱胡天。此教爲波斯的國教。係蘇魯支(Zoroaster)所創。名見《佛祖統紀》卷三十九及五十四。立善惡二元，以光明代表淨和善，黑暗代表穢和惡。所以崇拜火和太陽。南北朝時，其教漸傳至葱嶺以東。因而流入中國。北朝的君主，頗有崇信他的。唐時，大食盛強。波斯和中亞細亞都爲所佔。祆教徒頗遭虐待，多移徙而東，其流行中國亦漸盛。

二爲摩尼教(Manicheisme)。此教原出火教。爲巴比倫人摩尼(Mani)所創。事在公元二二四年，亦爲波斯所尊信。六九四年，波斯拂多誕，始持經典來朝。七一九年，吐火羅國又獻解天文人大慕闍。據近來的考究，都是摩尼教中人。拂多誕、戈提鄂(Gauthiot)謂即古波斯語之 Jur-sta-dan，譯言知教義者。慕闍、戈提鄂謂即古波斯語之 Moze，譯言師。見馮承鈞譯《摩尼教流行中國考》。七三二年，玄宗詔加禁斷。見《通典》卷四十。然回紇人信奉其教。安史亂後，回紇人在中國得勢。摩尼教復隨之而入，傳佈及於江淮。文宗時，回紇爲黠戛斯所破。武宗乃於八四五年，更加禁止。武宗這一次所禁，是並及於佛教的。但是佛教在中國，根柢深厚，所以宣宗即位之後,禁令旋即取消。摩尼教却不能復舊了。然南宋時,其教仍未盡絕。其人自稱爲明教。教外之人,則謂之吃菜事魔。其教徒不肉食,崇尚節儉,又必互相輔助,所以致富的頗多。見陳垣《火祆教入中國考》。

三爲景教。是基督教中乃司脱利安(Nestorius)一派。因爲創立新説,爲同教所不容,謫居於小亞細亞。波斯人頗信從他。漸次流行於中亞細亞。公元六三八年,波斯阿羅本(Olopen)賚其經典來長安。太宗許其建立波斯寺。七四五年,玄宗因波斯已爲伊斯蘭教徒所據,而景教原出大秦,乃改波斯寺爲大秦寺。見《唐會要》卷四十九。七八一年,寺僧景净,建立《大秦景教流行中國碑》,於明末出土。於基督教初入中國的情形,頗足以資考證。

四爲伊斯蘭教(Islam)。此教今日通稱爲回教,乃因回紇人信奉之而然,其實非其本名。此教當唐末,纔流行到天山南路。其時適回紇爲點戛斯所破,遁逃至此,漸次信從其教。至元時,西域和天山南路的回族,多入中國,其教遂隨之而流行。然其初來,則實從海道。何喬遠《閩書》卷七,述其歷史,謂嗎喊叭德即回教教主(Mahomet),《唐書》作摩訶末。門徒,有大賢四人。唐武德中來朝,遂傳教中國。一在廣州,一在揚州,其二在泉州云云。其説雖不盡足據。然回教的初至,當隨大食人從海道而來,則似無疑義了。

第二十六章　中外文化的接觸

　　文化兩字，尋常人對於他，往往有一種誤解，以爲是什麼崇高美妙的東西。其實文化祇是生活的方式。各國民所處的境界不同，其生活方式，自然不同，文化也因之有異了。人類是富於模仿性的，見他人的事物和自己不同，自會從而仿效。而彼此的文化，遂可以互相灌輸。

　　中國是文明古國，尤其在東洋，是獨一無二的文明之國，其文化能够裨益他人的自然很多，然而他人能裨益我的地方，亦復不少。

　　在東方，朝鮮半島的北部，本來是中國的郡縣，後來雖離我而獨立，可是其民族，久經我國的教導啓發。所以高句麗、百濟，在四夷之中，要算和我最爲相像。《後漢書·東夷傳》：“東夷率皆土著。喜飲酒歌舞。或冠弁衣錦。器用俎豆。所謂中國禮失，求之四夷者也。”案貉族居本近塞，其文化受諸中國的很多，參看第二編第十一章。簡直可説是我國文化的分支。而此文化，復經半島而輸入日本。日本初知中國文字，由百濟博士王仁所傳，其知有蠶織，則由歸化人弓月君所傳。這兩人，據說都是中國人之後，據彼國史籍，謂王仁爲漢高祖之後，弓月君爲秦始皇長子扶蘇之後。這大約是東晉時代的事。至南北朝時，日本也自通中國，求縫工、織工。隋時，其使小野妹子，始帶着留學生來。唐時，其國歷朝都遣使通唐，帶來的留學生尤多。歸國後，大革政治，一切都取法於我。從此以後，日本遂亦進爲文明之國。朝鮮是我的高第弟子，日本都是我的再傳弟子了。

　　其在南方，則後印度半島的一部分，自唐以前，亦是我國的郡縣。所以華化亦以此爲根據，而輸入南洋一帶。其中如瀾滄江下流的扶南，其知着衣服，實由我國使者的教導。見《南史·扶南傳》。又如馬來半島的盤盤、投和，其設官的制度，頗和中國相像。大約是效法交州諸郡縣的。《唐書·南蠻傳》。盤盤在外的官稱都延，猶中國刺史也。投和，官有朝請、將軍、功曹、主簿、贊理、贊府，分州、郡、縣三等。州有參軍，郡有金威將軍，縣有城，有局，長官得選僚屬自助。後印度半島，其文化以得諸印度者爲多，然而傳諸我國者，亦不是没有了。

　　西南方及西方，有自古開化的印度和西亞及歐洲諸國，和東南兩方榛榛狉狉的不同。所以在文化方面，頗能彼此互有裨益。其裨益於我最大的，自然要推印度。佛教不必說了。我國人知有字母之法，亦是梵僧傳來的。《通志·七音略序》。此外建築，則因佛教的輸入，而有寺塔。南北朝、隋、唐，崇宏壯麗的建築不少。繪畫則因佛教的輸入，而有佛畫。雕刻之藝，亦因之而進步。其中最偉大的，如北魏文成帝時的武州石窟，及宣武帝時的伊闕佛像，武州山，在山西大同縣西。伊闕，在河南洛陽縣。當時雖稍勞費，至今仍爲偉觀。在日常生活上，則木棉的種植和棉布的織造，雖不知道究竟從哪一方面輸入，然而世界各國的植棉，印度要算很早。我國即非直接從印度輸入，亦必間接從印度輸入的。而蔗糖的製法，亦係唐太宗時，取之於印度的摩揭陀國。見《唐書》本傳。西域文化，影響於我最大的，要算音樂。自南北朝時，開始流行，至隋時，分樂爲雅俗二部。俗部中又分九部，其中除清樂、文康，爲中國舊樂，及高麗之樂，來自東方外，其餘六部，都出自西域。西涼、龜茲、天竺、康國、疏勒、安國。唐太宗平高昌，又益之以高昌樂，共爲十部。自古相傳的百戲，亦雜有西域的成分。其中最著稱的，如胡旋女、潑寒胡等都是。胡旋女，白居易《新樂府》中有一首咏之。潑寒胡，見《唐書·武平一傳》。西域各國輸入的異物，大抵僅足以廣見聞，無裨實用。惟琉璃一物，於我國的工業，頗有關係。此物夙爲我國所珍貴。北魏太武帝時，公元四二四至四五一年。大月氏商人，來到中國，自言能造。於是採礦山中，令其製造。《北史》說：“自此琉璃價賤，中土不復珍之。”見《北史》本傳。可見所造不少。其後不知如何，其法又失傳，隋時，又嘗招致其人於廣東，意圖仿造，結果未能成功。然因此採取其法而施之於陶器，而唐以後的磁器，遂大放其光焰。見梁啓超《世界史上廣東之位置》。這可稱所求在此，其效在彼了。西方人得之於我的，則最大的爲蠶織。此物在西方，本來最爲貴重。羅馬時代，謂與黃金同重同價，安息所以要阻礙中國、羅馬，不便交通，就在獨佔絲市之利，而羅馬所以拼命要通中國，也是如此。直至公元五五〇年，纔由波斯人將蠶種攜歸君士坦丁。歐洲人自此，始漸知蠶織之事。

　　北俗最稱獷悍，而其生活程度亦最低，似無能裨益於我。然而我國的日常生活，亦有因之而改變的。我國古代的衣服，本是上衣而下裳。深衣則連衣裳而一之。脚上所着的，則是革或麻、絲所製的履或草屨。坐則都是席地。魏晉以後，禮服改用袍衫，便服則尚裙襦。要沒有短衣而着袴的。靴則更無其物。雖亦漸坐於牀，然仍是跪坐。而隋唐以後，袴褶之服，通行漸廣。着靴的亦日多。這實是從胡服而漸變。坐則多據胡牀，亦和前此的牀榻不同了。

歷代衣服的變遷,可看任大椿《深衣釋例》。這是説北族的文化,被我來取的。至於我國的文化,影響於北族,那更指不勝屈。凡歷史所謂去腥膻之習、襲上國之法,無一不是棄其舊俗而自同於我的,如渤海便是一個最好的例證。其事既多,自無從一一列舉了。

第二十七章 唐中葉以後的政局

軍人跋扈,是紊亂政治的根本,而亦是引起外患的原因。唐中葉後,却內外俱坐此弊。

其原因,起於武力的偏重。唐自府兵制壞,而玄宗置十節度、經略使以備邊。安西,治安西都護府,今新疆龜茲縣。北庭,治北庭都護府,今新疆迪化縣。河西,治涼州,今甘肅武威縣。隴右,治鄯州,今青海西寧縣。朔方,治靈州,今寧夏靈武縣。河東,治并州,今山西太原縣。范陽,治幽州,今河北北平縣。平盧,治營州,今熱河朝陽縣。劍南,治益州,今四川成都縣。以上九節度使。嶺南經略使治廣州,今廣東南海縣。於是邊兵重而內地的守備空虛,遂成尾大不掉之勢。其時,東北和西北兩邊,兵力尤重。而安祿山又以一胡人而兼范陽、平盧兩鎮,遂有潛謀不軌之心。玄宗在位歲久,倦於政事。初用李林甫為相,任其蔽聰塞明。繼又因寵楊貴妃之故,而用楊國忠。國忠是和祿山不合的,又以事激之使反。公元七五五年,祿山遂反於范陽。祿山既反,不一月而河北皆陷。進陷河南,遂入潼關。玄宗奔蜀。至馬嵬,驛名,在今陝西興平縣。兵變,迫玄宗殺貴妃和國忠。而父老都請留太子討賊。玄宗許之。太子即位於靈武,靈州治。是為肅宗。祿山本一軍人,並無大略。其部下尤多粗才。既入長安,日惟置酒高會,貪求子女玉帛,更無進取之意。所以玄宗得以從容入蜀,而肅宗西北行,亦無追迫之患。祿山旋又為其子慶緒所殺,賊將多不聽命令,其勢益衰。於是朔方節度使郭子儀,以兵至行在。先出兵平河東,次借用回紇和西域的兵,收復兩京。唐以洛陽為東京。遂合九節度的兵,圍安慶緒於鄴。其時官軍不置統帥,號令不一,軍心懈怠。而賊將史思明,既降復叛。自范陽發兵南下。官軍大敗。思明殺安慶緒,復陷東京。旋進陷河陽、懷州。河陽,今河南孟縣。懷州,今河南沁陽縣。唐命李光弼統兵,與之相持。思明旋亦為其子朝義所殺。七六二年,肅宗崩,代宗立。朝義誘回紇入寇。代宗命番將僕固懷恩,鐵勒僕骨部人。僕固,即僕骨異譯。往見其可汗,與之約和。即借其兵以討朝義。纔算把他打平。然而唐室自此就不能復振了。其原因：

（一）回紇自此大爲驕橫。又吐蕃乘隙，盡陷河西、隴右。自玄宗時，南詔併六詔爲一，蒙嶲詔，在今四川西昌縣。越析詔，亦稱磨些詔，在今雲南麗江縣。浪穹詔，在今雲南洱源縣。邆睒詔，在今雲南鄧川縣。施浪詔，在洱源縣之東。蒙舍詔，在今雲南蒙化縣。蠻語謂王爲詔，蒙舍詔地居最南，故亦稱南詔。後亦叛中國，與吐蕃合。邊患日棘。

（二）史朝義敗亡時，僕固懷恩實爲大將。懷恩意欲養寇自重，賊將投降的，都不肯徹底解決，而就授以官。於是昭義、成德、天雄、盧龍、平盧諸鎮，昭義軍，治相州，今河南安陽縣。成德軍，治恒州，今河北正定縣。天雄軍，治魏州，今河北大名縣。盧龍軍，即范陽軍。各據土地，擅賦税，擁兵自固。唐朝一方面，亦藩鎮徧於內地，跋扈不聽命令的很多，甚至有與安、史遺孽互相影響的。

然而根本的大患，還不在此。從來遭直艱難之會，最緊要的是中樞。中樞果能振作，不論如何難局，總可設法收拾的。而唐自中葉以後，其君又溺於宦侍。肅宗既信任李輔國、代宗又信任程元振。遂至吐蕃的兵，打入京城。代宗逃到陝州。今河南陝縣。洮西的神策軍，自安史亂後，駐扎於此。吐蕃兵退後，宦官魚朝恩，即以這一枝兵，護衛代宗回京城。初爲觀軍使。軍將卒，軍遂統於朝恩。於是神策軍漸與禁軍齒，唐初從征之兵，事定之後，無家可歸者，給以渭北閑田，仍充天子禁衛，子孫世襲其業。變成天子的親兵了。

代宗死後，德宗繼立。頗思振作。其時昭義已爲天雄所併，盧龍對朝廷亦恭順，而成德、天雄、平盧，聯兵拒命，山南東道亦叛。治襄州，今湖北襄陽縣。德宗命神策及河東兵與盧龍合攻三鎮，淮西兵討平山南。治蔡州，今河南汝南縣。而盧龍及淮西復叛，發涇原兵東討。治涇州，今甘肅涇川縣。過京師，以不得賞賜，作亂。奉朱泚爲主。德宗奔奉天。今陝西武功縣。爲泚所圍攻。賴渾瑊力戰，又得河中節度使李懷光入援，治蒲州，今山西永濟縣。圍乃解。懷光惡宰相盧杞，欲面陳其奸，爲杞所阻，又反。德宗再奔梁州。今陝西南鄭縣。於時叛者四起，而朝廷的兵力、財力，都很薄弱。不得已，乃聽陸贄的話，赦其餘諸人的罪，專討朱泚。幸賴李晟忠勇，得以收復京城。又得馬燧，打平河中。然而其餘諸鎮，就只好置諸不問了。而德宗回鑾以後，鑒於人心的反覆，遂至文武朝臣，一概不信，而專信宦官。命其主管神策軍。而神策軍的餉賜，又最優厚，諸軍多自願隸屬。其數遂驟增至十五萬。宦官得此憑藉，遂起而干涉朝政。唐朝的中央政府，就更無振作之望了。

德宗崩後，子順宗立。順宗爲太子時，即深惡宦官。及即位，用東宮舊臣王叔文等，要想除去宦官。而所謀不成，順宗以疾傳位於憲宗，叔文等多貶謫而死。憲宗任用裴度,討平淮西、河北三鎮,盧龍、天雄、成德。亦都聽命,實爲唐事一大轉機。憲宗被弑。穆宗即位。因宰相措置失宜,三鎮復叛。用兵不克。只得赦其罪而罷兵。自此河北三鎮,終唐之世,不能復取了。穆宗之後,傳敬宗以至文宗。初用宋申錫爲相,繼又不次擢用李訓、鄭注,謀誅宦官,都不克。甘露之變以後,時鴆殺宦官王守澄。鄭注先出守鳳翔,謀選精兵入京,送王守澄葬,乘勢誅滅宦官。未及期,李訓等先發。詐稱左金吾殿後有甘露降,派宦官去看,想趁此把他們殺掉。誰知事機洩漏,中尉仇士良、魚弘志就劫文宗入宮,以神策軍作亂。殺李訓及宰相王涯、賈餗。鄭注亦爲鳳翔監軍所殺。帝遂爲宦官所制,抑鬱而崩。武宗立,頗英武,能任用李德裕,討平劉稹之叛。義成軍,治邢州,今河北邢臺縣。宣宗立,政治亦頗清明,人稱爲小太宗。當德宗時,西川節度使韋臯,治成都。招徠南詔,與之共破吐蕃。文宗時,回紇爲黠戛斯所破。宣宗時,吐蕃內亂,中國遂乘機收復河湟之地。天寶以後的外患,至此亦算解除。然而自憲宗以後,無一君非宦官所立,參看《廿二史劄記》“唐代宦官之禍”。中央的政治,因此總不能清明;而外重之勢,亦無術挽回,總不過苟安罷了。宣宗之後,懿宗、僖宗兩代,又均荒淫。僖宗年幼,尤敬信宦官田令孜。一切都聽他主持。流寇之禍又起,到底借外力打平,唐室就不能支持了。

沙陀是西突厥別部。其部落本名處月。其酋長姓朱邪,即處月異譯。處月依北庭都護府以居。其地在金安山(今名金山)之陽,蒲類海(今巴里坤湖)之陰,有大磧名沙陀,中國人稱爲沙陀突厥,又簡稱沙陀。西突厥亡後,依北庭都護府以居。後引吐蕃陷北庭。又爲吐蕃所疑,乃舉部歸中國。中國人處之河東。在今山西山陰縣北黃花堆。簡其精銳的爲沙陀軍。懿宗時,徐、泗兵戍桂州的作亂,北還。徐州,今江蘇銅山縣。泗州,今安徽泗縣。桂州,今廣西桂林縣。靠着沙陀兵打平。於是其酋長朱邪赤心,賜姓名爲李國昌,用爲大同節度使。後又移鎮振武。大同軍,治雲州,今山西大同縣。振武軍,治單于都護府,今綏遠和林格爾縣。國昌的兒子克用,叛據大同。爲幽州兵所破。父子俱奔韃靼。韃靼別部居陰山的。八七五年,黃巢作亂。自河南經山南,沿江東下,入浙東,經福建,至嶺南,再北出,渡江,陷東都,入潼關。田令孜挾僖宗走蜀。諸方鎮多坐視不肯出兵。討賊的兵,亦不肯力戰。不得已,赦李克用的罪,召他回來。李克用帶着沙陀、韃靼萬餘人而南。居然把黃巢打平。然而沙陀之勢,就不可復制了。

黃巢亂後,唐室的威靈,全然失墜。沙陀雄據河東。黃巢的降將朱全忠據宣武。治汴州,今河南開封縣。韓建、王行瑜、李茂貞等,又跋扈關內。韓建鎮國軍,治華州,今陝西華縣。王行瑜邠寧軍,治邠州,今陝西邠縣。李茂貞鳳翔軍,治鳳翔府,今陝西鳳翔縣。

僖宗崩後，昭宗繼立。百計以圖挽回，終於無效。朝廷每受關內諸鎮的脅迫，多藉河東以解圍。自黃巢亡後，其黨秦宗權復熾。本蔡州節度使，降黃巢。横行河南。此時朱全忠的情勢，甚爲危險。而全忠居圍城之中，勇氣彌厲。到底乘宗權兵勢之衰，把他滅掉。又吞併山東和淮北，服河北三鎮，併河中，降義武。取澤、潞及邢、洺、磁。義武軍，治定州，今河北定縣。澤州，今山西晉城縣。潞州，今山西長子縣。洺州，今河北永年縣。磁州，今河北磁縣。連年攻逼太原，於是河東兵勢亦弱，惟全忠獨强。昭宗和宰相崔胤謀誅宦官。宦官挾李茂貞以自重。崔胤召朱全忠的兵。宦官遂劫帝如鳳翔。全忠進兵圍之。茂貞不能抗，奉昭宗如全忠營。於是大誅宦官。而昭宗亦被全忠劫遷於洛陽。旋弒之而立昭宣帝。九〇七年，唐遂爲梁所篡。

這時候，除河東以外，又有吳、吳越、楚、閩、南漢、前蜀六國，遂入於五代十國之世。

第二十八章　隋唐的社會

　　從南北朝到隋唐，是由戰亂而入於升平的。隋文帝本是個恭儉之主。在位時，國富之盛，甲於古今。雖然中經煬帝的擾亂，然而不久，天下即復見清平。唐太宗尤爲三代以下令主。貞觀、永徽之治，連續至三十年。亦和漢代的文、景，相差不遠。六二七至六五五。漢文、景二帝在位的年代，是前一七七至一四一。以理度之，天下該復見升平的氣象了。果然，《唐書·食貨志》説太宗之治，"行千里者不齎糧，斷死刑歲僅三十九人"。這話雖或言之過甚，然而當時，海内有富庶安樂的氣象，大約不是虛誣的。然而這亦不過總計一國的財富，有所增加，無衣無食的人，或者減少些，至於貧富的不均，有資本的人對於窮人的剥削，則還是依然如故。所以一方面號爲富庶，一方面，自晉以來，一貫的平均地權的政策，不但不能因承平日久而推行盡利，反因其有名無實而並其法亦不能維持了。

　　晉朝的户調式、北魏的均田令、唐朝的租庸調法，三者是相一貫的，而唐制尤爲完備。其制：丁男年十八以上，授田一頃。老及篤、廢疾四十畝。寡妻妾三十畝——當户的加二十畝——都以二十畝爲世業，餘爲口分。田多可以足其人的爲寬鄉，不足的爲狹鄉。狹鄉授田，減寬鄉之半。鄉有餘田，是要以給比鄉的。州縣亦然。庶人徙鄉和貧無以葬的，得賣世業田。其自狹鄉徙寬鄉的，得並賣口分田。這大約是獎勵其遷徙，即以賣田所得，作爲遷徙的補助費的意思。其取之之法：則歲輸粟二石爲租。用人之力，歲二十日，閏加二日，不役的每日折輸絹三尺，爲庸。隨鄉所出，輸絲、綿、麻或其織品爲調。此等制度果能盡力推行，亦足使農人都有田可種，而且無甚貧甚富之差。然而政治上有名無實的措施，敵不過社會上自古相沿的習慣。所以民間的兼併如故。而史稱開元之世，其兼併，且過於漢代成、哀之時。授田之法，既已有名無實，却因此又生一弊。漢代的田租，所税的是田；口賦，所税的是人，二者本釐然各别。自户調法行，各户既有相等之田，自然該出相等之税，兩者遂合爲

309

戶賦。授田之法既廢，田之有無多寡，仍不相等，而仍按其丁中，責以輸相同之賦，就不免有田者無稅，無田者有稅，田多者稅少，田少者稅多了。於是人民不逃之宦、學、釋、老，即自托於客戶。版籍混淆，而國家的收入，亦因之而大減。唐玄宗時，宇文融曾請括籍外羨田，以給逃戶，行之未有成效。七八〇年，德宗的宰相楊炎，纔定兩稅之法。不再分別主客戶，但就其現居之地為簿，按其產業的多少以定稅。於是負擔的重輕和貧富相合；而逃稅的人，亦多變而要輸稅。財政上的收入，自然可以增加。然而制民之產之意，則蕩焉以盡了。從晉武平吳創戶調式至此，為時恰五百年。

要解決民生問題，平均地權和節制資本，二者必須並行。節制資本，一則宜將事業之大者，收歸官營。一則要有良好的稅法。官營事業，在從前疏闊的政治之下，不易實行。至於稅法，則從前的人，泥於古制，以為只有田租口賦，是正當的收入。"縣官當衣食租稅而已"，漢汲黯語，所以反對桑弘羊所興各種雜稅的。見《漢書‧食貨志》。晉初定律，凡非常行之事，而一時未能罷免者，都別定為令，不屬入律文之中，以便將來廢止時，法律可以不受影響。當時酒酤亦定為令，亦是此等思想的表現。於是各種雜稅，非到不得已時，不肯收取。一遇承平，就仍舊把他罷免。隋文帝得位之後，即將鹽池、鹽井、酒坊、入市之稅，概行罷免，即其一例。唐中葉以後，雖亦有鹽茶等稅，然皆因財政竭蹶而然，見第三十六章。節制資本之意，絲毫無有，所以資本反而更形跋扈。即如兩稅以資產為宗，不以身丁為本，似得平均負擔之意。然而估計資產，其事甚難。所以當時陸贄就說：有"藏於襟懷囊篋物，貴而人莫窺"的；有"場圃困倉，直輕而衆以為富"的；有"流通蕃息之貨，數寡而日收其贏"的；有"廬舍器用，價高而終歲寡利"的。"計估算緡，失平長偽。"須知社會的情形複雜了，賦稅便應從多方面徵收，尤應捨直接而取間接。而當時的人，只知道以人為主，而估計其家貲，自然難於得實了。而從此以後，役法亦計算丁貲兩者而定，詒害尤烈，詳見三十一和三十六章。

要社會百業安定，必須物價常保其平衡。《管子‧輕重》諸篇，所說的就是這個道理。漢桑弘羊的行均輸，亦以平均物價為藉口，即係根據這一派學說的。看《鹽鐵論》可知。後世市場廣大，而國家的資力有限，要想控制百物的價格，自然是辦不到的。只有食糧，因其與民生關係最大，所以歷代政府，總還想控制其價格。其辦法，便是漢朝耿壽昌所倡的常平倉。穀賤時增價而糴，穀貴時減價而糶。既可以平市價，而其本身仍有微贏，則其事業可以持久。這原是個好法子。但亦因市場廣而資本微之故，不能左右物價。即使當糧食騰貴之時，能將他稍稍壓平，其惠亦僅及於城市中人，大多數的農民，實在得不到救濟。所以隋朝的長孫平又創義倉之法。以社爲範圍，收獲之日，勸課人民，量出粟麥，即在當社，設倉貯蓄。遇有歉歲，則以充賑濟。此法令人民以互助爲自助，亦是很好的法子。惜乎其法僅限於凶荒時的賑濟，則用之有所不盡。後來並有移之於州縣的，那更全失其本意了。

社會的階級制度，當隋、唐之世，亦是一個轉變的時代。六朝時門閥之盛，已見第十八章。隋、唐時，表面上雖尚保持其盛況，然而暗中已潛起遷移。原來所謂門閥，雖不以當時的官位爲條件。然而高官厚禄，究是維持其地位的重要條件。魏晉以後，門閥之家，所以能常居高位，實緣九品中正之制，爲之維持之故。隋時，把此制廢了，又盡廢鄉官。於是要做官的人，在本鄉便無甚根據，而不得不求之於外。門閥之家，在選舉上占優勢，原因其在鄉里有勢力之故。離開了鄉里，就和“白屋之子”無甚不同。而科舉之制，又使白屋之子，可以平步而至公卿。於是所謂閥閱之家，除掉因相沿的習慣，而受社會的尊敬外，其他便一無所有。此種情勢，終難持久，是不待言而可知的。所以一到五代，就要“取士不問家世，婚姻不問閥閱”了。這固然有階級平夷之美，然而舉士本於鄉里，多少要顧到一點清議。清議固然不能改變人的心術，却多少能檢束其行爲。所以無恥之事，即在好利干進之徒，亦有所憚而不敢出。至於離開了鄉里，就未免肆無忌憚。就有蹇驢破帽，奔走於王公大人之門的。《文獻通考》卷二十七，引江陵項氏説：“風俗之弊，至唐極矣。王公大人，巍然於上，以先達自居，不復求士。天下之士，什什伍伍，戴破帽，騎蹇驢，未到門百步，輒下馬，奉幣刺再拜，以謁於典客者，投其所爲之文，名之曰求知己。如是而不問，則再如前所爲者，名之曰温卷。如是而又不問，則有執贄於馬前，自贊曰某人上謁者。”所謂氣節，遂蕩焉以盡。藩鎮擅土，士亦爭樂爲之用。其結果，自然有像馮道般的長樂老出來了。宋代士大夫的提倡氣節，就是晚唐、五代的一個反動。

第二十九章　五代的混亂

五代時的國,原不過唐朝藩鎮的變形。這許多武人,雖然據土自專,其實並無經營天下的大志,不過驕奢淫佚而已。所以除中原之地,戰爭較烈外,其餘列國之間,兵事頗少。

本族紛爭不已,必然要引起外患,這是最可痛心的事。當唐之末年,梁之形勢,本已獨强,所以能篡唐而自立。然而梁太祖死後,末帝懦弱。而晉則李克用死後,子存勖繼立,年少勇於攻戰。於是形勢驟變。河北三鎮和義武都入於晉。梁人屢次攻戰,都不得利,只得決河以自守。李存勖自稱皇帝,建國號爲唐,是爲後唐莊宗。九二三年,莊宗破梁兵於鄆州。今山東東平縣。乘梁重兵都在河外,進兵直襲大梁。末帝自殺。梁亡,後唐遷都洛陽。

後唐莊宗,本是個驕淫的異族。雖然略有獷悍之氣,却並不懂得什麼叫政治的。所以滅梁之後,立刻驕侈起來。寵信伶人宦官,政治大壞。九二五年,命宰相郭崇韜,傅其幼子魏王繼岌伐蜀。把前蜀滅掉。而皇后劉氏,聽信宦官的話,自爲教與繼岌,令其把郭崇韜殺掉。於是中外震駭,訛言四起。魏博的兵,乘機據鄴都作亂。莊宗命李克用的養子李嗣源去打他。嗣源手下的兵也變了,劫嗣源以入於鄴。嗣源以計誑叛人得出。又聽其女婿石敬瑭的話,回兵造反。莊宗爲伶人所弒。嗣源即位,是爲明宗。明宗在五代諸君中,要算比較安靜的。在位八年,以九三三年死。養子從厚立,是爲閔帝。時明宗養子從珂鎮鳳翔,石敬瑭鎮河東,閔帝想把他倆調動,從珂便舉兵反。閔帝派出去的兵,都倒戈投降。閔帝出奔,被殺。從珂立,是爲廢帝。又要調動石敬瑭。敬瑭又造反。就把契丹的兵引進來了。

廢帝鑒於閔帝的兵的倒戈,所以豫儲着一個不倒戈的將,那便是張敬達。於是發兵,把晉陽困起來。石敬瑭急了,乃以割讓燕雲十六州爲條件,幽州,今河北北平縣。薊州,今河北薊縣。瀛州,今河北河間縣。莫州,今河北肅寧縣。涿州,今河北涿縣。檀州,今河北密雲縣。順州,今河北順義縣。新州,今河北涿鹿縣。媯州,今河北懷來縣。儒州,今河北延慶縣。武州,今河北宣化縣。雲州,今山西大同縣。應州,今山西應縣。寰州,今山西馬邑縣。朔州,今山西朔縣。蔚州,今河北蔚縣。求救於契丹。劉知遠勸他:"契丹只須餌以金帛,便肯入援,不必要這麼優厚的條件。"而石敬瑭急何能擇,不聽。於是契丹太宗發大兵入援。打破張敬達的兵,挾着石敬瑭南下。廢帝自焚死。敬瑭受册於契丹,國號爲晉,是爲晉高祖。稱臣於契丹。沙陀雖是異族,業已歸化中國。他自己並無根據地,遲早要同化於中國的。李克用等雖是異族的酋長,一方面亦可算作中國的軍人。梁、唐的興亡,也可算是中國軍人的自相陵捽,其性質還不十分嚴重。至於契丹,則係以另一國家的資格侵入的,其性質,就非沙陀之比了。以地理形勢論:中國的北部,本該守陰山和黃河。河套北岸。守現在的長城,已非上策。自燕、雲割後,不但宣、大全失,山西方面,只有雁門内險可守;河北方面,則舉居庸等險而棄之,遂至專恃塘濼之類,以限戎馬。宋朝所以不敢和契丹開釁,最大的原因,實緣河北方面,地利全失之故。燕、雲不能恢復,女真之禍,自然接踵而來了。所以十六州的割棄,實在是中國最大的創傷。然而外有强敵,而内争不已,其勢必至於此而後止。

晉高祖的稱臣於遼,臣下心多不服。高祖知國力不足與遼敵,唱高調的人,平時唱着高調,臨事未必肯負責任,甚且有口唱高調,實懷通敵之心的。如安重榮是。可看《五代史》本傳。所以始終不肯上當。對遼總是小心翼翼,不失臣禮。九四二年,高祖死了。兄子重貴立,是爲出帝。聽信侍衛景延廣的話,罷對遼稱臣之禮。遼人來詰問,景延廣又把話得罪他。兩國的兵端遂啓。國與國的競争,不但在兵力,而亦在綱紀。綱紀整飭,即使兵力不足,總還可以支持。綱紀蕩然,那就無從説起了。晉遼啓釁之後,遼兵連年入寇,晉兵從事防禦,勝負亦還相當。然而國力疲敝,調兵運餉,弄得騷然不寧,本已有岌岌可危之勢。加以假借外力,晉祖既開其端,安能禁人之效尤。於是有替契丹力戰的趙延壽,又有舉兵以降敵的杜重威。九四六年,遼人遂入大梁,執出帝而去。明年,遼太宗入大梁。

遼太宗是個粗才,不懂得治理中國的——假使這時,來的是太祖,汴梁的能否恢復,就成爲問題了——於是遣打草穀軍,四出鈔掠。契丹軍行不賫糧草,但遣打草穀軍出而鈔掠,見《遼史·兵志》。此時已入中國,仍用行軍時之法。又遣使諸道,蒐括財帛。多用其子弟親信爲刺史。一班漢奸,因而依附着他,擾害平民,弄得羣盜四起。太宗無可如何,反説:"我不料中國人難治如此。"乃棄大梁北歸。行至濼城而死。今河北濼城縣。劉知遠先已自立於太原,及是,發兵入大梁,是爲後漢高祖。

　　後漢高祖，也是沙陀人，入汴後兩年而死。子隱帝立。三年而爲郭威所篡。中原之地，自後唐入據以來，至此始復脫沙陀的羈軛，而戴漢人爲主。漢高祖之弟旻，稱帝於太原，稱侄於遼，受其封册，是爲北漢。《五代史》稱東漢。

　　後周高祖篡漢後，三年而殂。養子世宗立。世宗性英武，即位之初，北漢乘喪，合遼兵來伐，世宗自將，大敗之於高平。今山西高平縣。當時天子的衛兵，實即唐朝藩鎮之兵的變相，自唐中葉以後，地擅於將，將擅於兵，已成習慣。小不如意，或有野心之家餌以重利，便可殺其將而另戴一人，此時的藩鎮，看似生殺自由，實則不勝其苦。五代時的君主，所以事勢一有動搖，立刻勢成孤立，亦由於此。而且累朝不加簡閱，全是老弱充數，所以賣主則有餘，禦敵則不足，這要算是五代時最根本的大患了。世宗自高平回來，深知其弊。於是大加裁汰，又命諸州招募壯勇，送至闕下。擇其尤者，爲殿前諸軍。又裁冗費，修政事，於是國富兵强。這時候，南唐、後蜀，都想勾結契丹，以圖中原。世宗乃先出兵伐後蜀，取其階、成、秦三州。階州，今甘肅天水縣。成州，今甘肅成縣。秦州，今甘肅秦安縣。次伐南唐，盡取江北之地，南唐稱臣奉貢。九五九年，世宗遂自將伐遼。時值遼穆宗在位，沉湎於酒，國勢中衰。世宗恢復瀛、莫、易三州，直趨幽州，恢復亦在旦夕。惜乎天不假年，世宗因患病回軍，不久就死了。子恭帝立，還只七歲。當時兵力，最强的是殿前軍，而趙匡胤是殿前軍的都點檢。當主少國疑之日，自不免有人生心，於是訛言契丹入寇，匡胤帶兵去防他。至陳橋驛，在今河南開封縣東。兵變，擁匡胤回汴京，廢恭帝而自立，是爲宋太祖。當時偏方諸國，本都微弱不振，而中原經周世宗的整頓，業已富强，加以宋太祖的英明，因而用之，而統一的機運就到了。

第三十章　宋的統一及其
初年的政治

　　於此，得將十國的情形，略一敍述。當唐末，割據的有兩種人。其一是藩鎮。如：

　　【吳】楊行密，本是唐朝的廬州刺史。八八六年，乘淮南的擾亂，進據廣陵。廬州，今安徽合肥縣。廣陵，今江蘇江都縣。後來秦宗權的將孫儒來攻，行密被他打敗，逃回廬州，又逃到宣州，今安徽宣城縣。仍被孫儒圍起，後乘儒軍大疫，把他滅掉。還據廣陵。盡併淮南之地。

　　【吳越】錢鏐，是唐朝的杭州刺史。平越州董昌之亂，董昌係越州觀察使，叛唐僭號。越州今浙江紹興縣。保據兩浙。時在八九六年。

　　【南漢】劉隱，以九〇五年，做唐朝的嶺南節度使。死後，其弟巖繼之。保據嶺南。

　　【前蜀】王建，是神策軍將。田令孜的養子。隨令孜入蜀，爲利州刺史。利州，今四川廣元縣。時令孜以其弟陳敬瑄爲西川節度使。王建和他翻臉。八九三年，把成都攻破。八九七年，又攻併東川。

　　其二是流寇。

　　【楚】孫儒死後，其將劉建鋒、馬殷等，逃據湖南。八九五年，建鋒爲其下所殺，推殷爲主。

　　【閩】王潮，河南固始人。今河南固始縣。壽州人王緒造反，攻破固始，用潮爲軍正。緒因避秦宗權，渡江而南，直流入福建。後爲其下所殺，推潮爲主，八九三年。佔據福州，潮死後，弟審知繼之。

　　諸國之中，吳的地勢和中原最爲接近。行密子渥，又盡併江西，地亦最大。楊渥時，兵權爲牙將張顥、徐溫所奪。溫又殺顥，自居昇州（今首都）留子知訓在江都輔政，爲他將所殺。養子知誥，討定其亂，代知訓輔政。徐溫死後，大權盡歸於知誥。遂篡吳自立。復姓李，更名昇。九三七年，吳爲李昇所篡，改國號爲唐，是爲南唐。傳子璟，乘閩、楚的內亂,把他滅掉。<small>閩亡於九四五年,楚亡於九五一年。</small>遂有覬覦中原之意。前蜀亡後,後唐以孟知祥爲西川節度使。知祥攻併東川。於九三三年自立。傳子昶,昏愚狂妄,亦想結契丹以圖中原。所以周世宗對於這兩國,要加以膺懲。湖南自楚亡後,南唐在實際上並未能有其地。其明年,即爲辰州刺史劉言所據。<small>辰州,今湖南沅陵縣。</small>自此王逵、周行逢,相繼有其地。都居朗州。<small>朗州,今湖南常德縣。</small>受署於後周。荆、歸、峽三州之地,<small>荆州,今湖北江陵縣。歸州今湖北秭歸縣。峽州,今湖北西陵縣。</small>九〇五年,梁太祖以其將高保融爲節度使。從後唐以來,自立爲一國,是爲南平。宋初諸國皆僅自守,惟北漢倚恃遼援與周本係世讐。至宋初,關係亦未能改善。其情勢如此。

宋太祖的政策和周世宗不同。周世宗是想先恢復燕雲的,宋太祖則主張先平定中國。這不但避免與遼啓釁,亦且西北一帶,自五代以來,中國對他的實力,不甚充足。存一北漢,雖然是個敵國,却可替中國屏蔽兩面,所以姑置爲緩圖。九六二年,周行逢卒,子保權幼。潭州將張文表,<small>潭州,今湖南長沙縣。</small>意圖吞併朗州。保權來求救,宋太祖出兵,先因假道,襲滅南平。文表已爲朗州兵所擊破,宋兵却前進不已。到底將朗州打破,執保權以歸。諸國最昏亂的是後蜀,最淫虐的是南漢。宋於九六五、九七一兩年,先後把他滅掉。南唐是事中國最謹的,亦以徵其入朝不至爲名,於九七五年,把他滅掉。如此,吳越知道不能自立了。滅南唐之歲,太祖崩,太宗立。九七八年,吳越遂納土歸降。其明年,太宗自將伐北漢。先是宋亦屢次伐他,其意只在示威,使之不敢南犯,這一次,則決意要滅掉他。於是先分兵絕遼援兵。北漢遂出降。自朱全忠篡唐自立至此,凡七十三年。

五代時偏方諸國,既不大,又不强,撲滅他們,原不算得什麼事。但是從唐中葉以來,所以召亂而致分裂之源,則不可不把他除掉。所以召亂而致分裂之源是什麼呢?一是禁軍的驕橫,一是藩鎮的跋扈。禁軍雖經周世宗的整頓,究竟結習未除。宋太祖便是因此而得大位的。此弊不除,肘腋之間,就不能保其無變,還說得上什麼長治久安之計?所以宋太祖先於杯酒之間,諷示典宿衛之將石守信等,令其自請解去兵權。至於藩鎮,唐時業已跋扈不堪,五代時更不必説了。宋太祖乃用漸進的手段。凡藩鎮出闕的,逐漸代以文臣。屬於節度使的支郡,都令直達中央。各州官出闕,都令京朝官出知,以重其體,又特設通判,以分其權。

中央的大權旁落,總是由於兵權和財權的旁落。宋太祖有鑒於此,所以特設轉運使於各路,以收財賦之權。諸州的兵,强的都升爲禁軍,直隸三衙。

殿前司及侍衛馬步軍司。弱的纔留在本州，謂之廂軍。不甚敎閱，名爲兵，其實不過給役而已。如此一來，前此兵驕和外重之患，就都除掉了。然而天下事有利必有弊。宋朝的政策，是聚天下强悍不軌之人以爲兵，而聚天下之財於中央以養之。到後來，養兵未得其用，而財政却因之而竭蹶，就成爲積弱之勢了。又歷代的宰相，於事都無所不統。宋朝則中書治民，三司理財，樞密主兵，各不相知，而言路之權又特重。參看第三十六章。這原是因大權都集於中央，以此防內重之弊的。立法之初，亦可謂具有深意。然而宰相既無大權，而舉動又多掣肘，欲圖改革，其事就甚難了。這就是後來王安石等所以不能有所成就，而反致醸成黨爭的原因。

第三十一章　變法和黨爭

宋遼的競爭，開始於九七九年。太宗既滅北漢，即舉兵以攻幽州。大敗於高梁河。在北平西。九八五年，太宗聽邊將的話，命曹彬、田重進、潘美等分道伐遼，又不利。自此以後，宋就常立於防禦的地位。一〇〇四年，遼聖宗自將入寇，至澶州。今河北濮陽縣。是時太宗已崩，真宗在位。宰相寇準，力勸帝親征。真宗車駕渡河，乃以歲幣銀十萬兩，絹二十萬疋成和議。遼主以兄禮事帝。一〇四二年，遼興宗又遣使來求關南之地。瓦橋關，在雄州。周世宗復瀛、莫二州，與契丹以此關爲界。宋仁宗使富弼報之。又增歲幣銀、絹各十萬兩、疋。當仁宗時，夏元昊造反。宋人屯大兵於陝西，屢戰不勝。一〇四三年，亦以銀、絹共二十五萬五千成和議，謂之歲賜。

對外的不競如此，內之則養兵之多，至一百十六萬，英宗時兵數。財政爲之困敝，而仍不可以一戰。宋代的財政，和前代不同。前代開國之時，大抵取於民者甚輕，所以後來還有搜括的餘地。宋朝則因養兵之故，唐中葉後所興鹽、茶等稅，都沒有除掉。就是藩鎮的苛稅，雖說是削平之時，都經停罷，實亦去之未盡。所以人民的負擔，在承平之時，業已不勝其重了。

內治則從澶淵和議成後，宋真宗忽而托言有天書下降。於是封泰山，祀汾陰，齋醮宮觀之事紛起，財用始患不足。而政治亦日益因循。真宗之後，仁宗繼之。在位最久，號爲仁君，然而姑息彌甚。仁宗之後，英宗繼之，則在位不過四年而已，未能有所作爲。當仁宗時，范仲淹爲相。曾有意於改革。然未久，即不安其位而去。至一〇六八年，神宗即位，用王安石爲宰相，力行新法，而政治的情勢始一變。

王安石的新法，範圍所涉甚廣。然舉其最重要的，亦不過下列三端：

其（一）青苗、免役之法，是所以救濟農民的。宋承唐、五代之後，版籍之法既壞，又武人擅土，暴政亟行，其時的農民，很爲困苦。而自兩稅法行之後，估計丁、貲之數，以定戶等，而簽差以充役。役事重難，有破產不能給的。人民因此，至於不敢多種田，父子兄弟，不敢同居，甚至有自殺以免子孫之役的，其慘苦不可勝言。王安石乃立青苗之法，將各處常平、廣惠倉的蓄積，當農時借與人民，及秋，隨賦稅交納。取息二分，謂之青苗錢。又立免役之法，令本來應役之戶出免役錢，不役之戶出助役錢，以其錢雇人充役，免却簽差。

其(二) 裁兵、置將及保甲，是所以整頓軍政的。宋朝既集兵權於中央，沿邊須戍守之處，都由中央派兵前往，按時更調，謂之番戍。其意原欲令士卒習勞，不至於驕惰。然而不悉地形，又和當地的百姓不習熟，不能得其助力，往往至於敗北。却因此多添出一筆"衣糧"之費，財政更受其弊。安石先將兵額大行裁減。置將統兵，分駐各地，以革番戍之弊。安石之意，以爲根本之計，是要行民兵的。於是立保甲之法。令人民以五家爲一保，五十家爲一大保，五百家爲一都保。保有保長，大保有大保長，都保有都保正、副。戶有二丁的，以其一爲保丁。初令保丁每日輪派五人，警備盗賊。後來教保長以武藝，令其轉教保丁。募兵闕，則收其餉，以充民兵教閲之費。

其(三) 改革學校、貢舉之法，是所以培養人才的。自魏、晉以後，學校久已有名無實，不過是進取之一途而已。科舉則進士、明經，所學都失之無用。王安石是主張行學校養士之法的。於是於太學立三舍。初入學的居外舍，以次升入內舍、上舍。上舍生得免禮部試，授之以官。又立律學、武學及醫學。於科舉，則因自唐以來，俗重進士而輕諸科。乃罷諸科，獨存進士。改試經義、論、策。其所謂經義，則改墨義爲大義。又立新科明法，以待士之不能改業的。

王安石所行的新法，以這幾件爲最有關係。此外尚有農田水利，方田均稅等。方田爲一種丈量法。以東西南北各千步之地爲一方。方之角，立木爲標幟。丈量之後，面積既定，參以地味，以定賦稅。此法在神宗時行之未廣。後來徽宗時復推行之，然都有名無實。變法之初，特設制置三司條例司，以規畫財政。安石對於理財，最爲注意。當其時，一歲的用度，都編有定式。經其整頓之後，中央和各州的財政，都有贏餘。宋初官制，最爲特別。治事都以差遣，官不過用以定禄、秩而已。神宗纔革新官制。一切以唐代爲法。遂罷三司，還其職於戶部。樞密僅主兵謀，所管兵政，亦還之兵部。新設的機關，亦都廢罷。

王安石的新法，範圍既廣，流弊自然不能没有的。特如青苗，以多散爲功，遂不免於抑配。抑配之後，有不能償還的，又不免於追呼，甚或勒令鄰保均賠。保甲則教閲徒有其名，而教閲的人，反因此而索詐。都是顯而易見的。然而宋朝當日，既處於不能不改革之勢，則應大家平心静氣，求其是而去其弊。而宋朝人的風氣，喜持奇論，又好爲名高。又因諫官權重，朋黨之風，由來已久。至此，反對新法的人，遂紛紛而起。反對無效，則相率引去。安石爲相，前後凡七年。一〇七〇至一〇七六。終神宗之世，守其法不變。一〇八五年，神宗崩，哲宗立。年幼，太皇太后高氏臨朝。以司馬光、呂公著爲宰相。新法遂盡廢。安石之黨，多遭斥逐。當時朝臣都奉太皇太后爲主，於哲宗的意思，不甚承順。哲宗懷恨在心。太皇太后崩後，遂相章惇，復行新法，謂之“紹述”。舊黨亦多遭斥逐。一一〇〇年，哲宗崩，徽宗立。太后向氏權同聽政。頗進用舊黨，欲以消弭黨見，而卒無成效。徽宗親政後，亦傾向新黨，復行新法。然用一反覆無常的蔡京。徽宗性本奢侈，蔡京則從各方面，蒐括錢財，去供給他。於是政治大壞，北宋就迫於末運了。

第三十二章　遼夏金的興起

文化是逐漸擴大的。中國近塞諸民族，往往其初極爲野蠻，經過若干年之後，忽斬然露頭角。其政治兵力和社會的開化，都有可觀。這並非其部落中一二偉人所能爲，而實在是其部落逐漸進化的結果。遼、夏、金的興起，都是此例。

現在的熱河，自秦、漢至唐，本係中國的郡縣。不過地處邊陲，多有異族雜居罷了。雜居在這區域中的異族，主要的是鮮卑。當兩晉時，鮮卑部落紛紛侵入內地，獨有所謂奚、契丹的，仍居住於西遼河上游流域，沒有移動。奚在土護真河流域，就是現在的英金河。契丹在潢河，土河流域。潢河是現在的西剌木倫。土河是現在的老哈河。南北朝時，契丹曾爲柔然及高句麗所破。隋時，休養生息，漸復其舊。唐武后時，其酋長李盡忠造反，又遭破壞。於是其酋長大賀氏亡，遙輦氏起而代之。然亦積弱不振。到唐末，而其部落中有一偉人出，是爲契丹太祖耶律阿保機。契丹舊分八部，部各有一大人。嘗公推一大人司旗鼓。"及其歲久，或國有疾疫而畜牧衰。"則公議，更立其次。太祖始併八部爲一。遂於九一六年，代遙輦氏，爲契丹的君長。《五代史》只說契丹八部，共推一大人爲主。《遼史》則大賀氏，遙輦氏相承爲酋長，並非由八部公推。《唐書》亦同。大約契丹自有酋長，而實權則在八部大人。這時候，北方適無強部。於是太祖東征西討，東北滅渤海，服室韋。西北服黠戞斯。西征回鶻，至於河西。其疆域，東至海，西接流河，北至臚朐河，臚朐河，今克魯倫河。南與中國接壤，儼然北方一大國了。

太祖初與李克用約爲兄弟，後又背之，通好於梁，所以李克用很恨他。後唐之世，契丹和中國交兵。其時後唐兵力尚強，契丹不得逞。然而後唐的幽州守將周德威恃勇，棄渝關不守，平州遂爲契丹所陷。渝關，今山海關。平州，今河北盧龍縣。至於營州，則唐朝設立都督府，本所以管理奚、契丹的。此時契丹盛強，唐室的威靈，久已失墜，其爲所佔據，更不待言了。太祖死於九二六年，次子太宗立。越十年，而石晉來求援，安坐而得燕雲十六州。兩河之地，遂爲契丹所控制。

太宗是個粗才，所以入中國而不能有。先是太祖的長子名倍，通詩書，善繪畫，又工醫藥等雜技，是個濡染中國文化極深的人。而太祖的皇后述律氏，不喜歡他。平渤海之後，封爲東丹王，命其鎮守東垂，東丹王浮海奔後唐。廢帝敗亡時，先殺之而後死。太宗死後，述律后又要立其第三子李胡。李胡暴虐，國人不附。於是契丹人就軍中擁立東丹王的兒子，是爲世宗。李胡發兵拒敵，給世宗打敗。世宗在位僅四年。死後，太宗的兒子穆宗繼立。沉湎於酒，不邮國事。中國當此時，很有恢復燕、雲的機會，惜乎周世宗早死，以致大功不成。九六九年，穆宗被弒，世宗之子景宗立。在位十四年。子聖宗繼之。聖宗年幼，太后蕭氏同聽政。聖宗時，爲遼的全盛時代。澶淵之盟，即成於此時。一〇三一年，聖宗死，子興宗立。年少氣盛，於是有派人到中國來求割關南之舉。中國遣富弼報使，反復爭辯，才算把求地之議打銷。此次所增歲幣，中國和契丹，爭論納、貢兩個字。《宋史》上説係用納字，《遼史》上則説用貢字的，未知孰是。然而即使用納字，也體面得有限了。興宗時，算是契丹蒙業而安的時代。一〇五五年，興宗死，子道宗立。任用佞臣耶律乙辛，政治始壞。一一〇一年，道宗死，孫天祚帝立。荒於游敗，於國事簡直置諸不管。而東北方的女真，適於此時興起，遼人就大禍臨頭了。

西夏是党項部落。唐太宗時，歸化中國。其酋長姓拓跋氏。大約是鮮卑人，在党項中做酋長的。後裔思敬，以討黃巢功，賜姓李。爲定難節度使。世有夏、銀、綏、宥、静五州。夏州，今陝西懷遠縣。銀州，今陝西米脂縣。綏州，今陝西綏德縣。宥州，今鄂爾多斯右翼後旗。静州，在今米脂縣西。傳八世，至繼捧，以宋太宗時來降。盡獻其地。而其族弟繼遷叛去。九八五年，繼遷襲據銀州。明年，降於遼。一〇〇二年，又襲據靈州。明年，爲蕃族潘羅支所殺。子德明立。三十年未曾窺邊。然以其間西征回鶻，取河西，地益大，一〇三二年，德明子元昊立。立二年，遂反。至一〇四三年纔成和。元昊定官制；造文字；設立蕃、漢兩學；區畫郡縣；分配屯兵。其立國的規模，亦頗有可觀。

金室之先，是隋、唐時的黑水靺鞨。黑水，今松花江。此江上源稱粟末水，會嫩江東折後稱黑水。渤海盛時，靺鞨都役屬於他。渤海亡後，改稱女真。避遼興宗諱，亦寫作女直。在混同江以南的，繫遼籍，謂之熟女真。以北的不繫籍，謂之生女真。見《大金國志》。混同江，即黑水。金朝王室的始祖，是高麗人，名函普。入居生女真的完顏部。勸解部人和他部的爭鬥。娶其六十未嫁之女，遂爲完顏部人。生女真程度，本來很低，函普以高麗的文化教導之，纔漸次開化。函普的曾孫獻

祖，徙居安出虎水，始築室，知樹藝。今阿勒楚喀河。前此金人係穴居。其子昭祖，漸
以條教，統轄諸部。昭祖耀武，至於青嶺、白山，入於蘇濱、耶懶之地。至其子
景祖，則統門、五國諸部，亦來聽命。青嶺，未詳；白山，今長白山。蘇濱，即金後來之邮品
路，地在今興京西南，踰鴨綠江。耶懶，即金後來的曷嬾路，今朝鮮咸州至吉州一帶。統門，即圖們異
譯，謂此水流域。五國部，在今朝鮮的會寧府，後來宋徽、欽二宗，被遷於此（據朝鮮金于霖《韓國小
史》）。女真民族，漸有統一之望了。景祖始受遼命，爲生女真部族節度使。其
三子世祖、肅宗、穆宗，相繼襲職。以至於世祖之子太祖。遂有叛遼之舉。

　　女真人雖甚野蠻，然自渤海立國以來，業已一度的開化。更加以高麗人
的啓發，遂漸起其民族自負之心。當這時候，女真人的強悍，非遼人所能敵，
女真人亦自知之。特苦於部族衆多，勢分而弱，不足以與遼敵。從景祖以來，
諸部漸次統一，而金朝人的欲望，亦漸次加大。剛又遇着天祚帝的荒淫，年年
遣使到海上去求海東青，名鷹之名。騷擾無所不至，爲諸部族所同怨。金太祖遂
利用之以叛遼。金太祖的叛遼，事在一一一四年。兵一舉而咸州、寧江州、黃
龍府，次第陷落。咸州，在今遼寧鐵嶺縣東。寧江州，今烏拉舊城，在吉林北松花江右岸。黃龍
府，今吉林農安縣。天祚帝本是個不懂事的，得女真叛信，立刻自將大兵去征討。
兵未全到，聞後方有人叛亂，又忽遽西還。其兵遂爲金人所襲敗。東京亦陷
落。遼南京析津府，即幽州。西京大同府，即雲州。上京臨潢府，在今熱河開魯縣南。中京大定府，
在今熱河建昌縣。東京遼陽府，即今遼寧遼陽縣。祚帝忽又把金事置諸度外，恣意遊畋。
而遣使與金議和。遷延不就。至一一二一年，金太祖再進兵，遂陷遼上京。
旋遼將耶律余覩來降。金人用爲嚮導，中京、西京，又次第陷落。南京擁立秦
晉國王淳，興宗次子耶魯斡之子。亦不能自立。而宋人夾攻之兵又起。

第三十三章　宋和遼夏的關係

　　宋自仁宗以前和遼、夏的關係，已見第三十一章。神宗時，對遼還保守和平，對夏則又開兵釁。夏元昊死於一〇五一年，子諒祚立。十六年而死。子秉常立，年方三歲。是年，宋鄜州將种諤_{今陝西鄜縣}。襲取綏州。明年，爲神宗元年，夏人請還前此所取塞門、安遠兩寨。_{塞門，在今陝西安塞縣北。安遠，在今甘肅通渭縣境。}以換取綏州。神宗許了他。而夏人並無誠意。於是改築綏州，賜名綏德。又進築了許多寨。夏人遂舉兵來犯。神宗用韓絳、种諤，以經營西邊，迄不得利。而開熙河之議起。熙河是現在甘肅南部之地。唐中葉後，爲吐蕃所陷。後來雖經收回，而蕃族留居其地的很多。大的數千家，小的數十百家爲一族。其初頗能助中國以禦西夏，後來亦不免有折而入之的。神宗時，王韶上平戎之策。說欲取西夏，必先復河湟。王安石主其議，用爲洮河安撫使。王韶就把熙、河等州，_{熙州，今甘肅狄道縣。河州，今甘肅導河縣。}先後恢復，建爲一路。時在一〇七三年。其後八年，有人說秉常爲其母所囚。神宗乃發兵五路，直趨靈州。未能達到。明年，給事中徐禧城永樂，_{城名，在今陝西米脂縣西。}又爲夏人所敗。這兩役，中國喪失頗多。一〇八六年，爲哲宗的元年。是歲，秉常死，子乾順立。來歸永樂之俘。當時執政的人，不主張用兵，就還以神宗時所得的四個寨。而夏人侵寇仍不絕。於是諸路同時拓地進築。夏人國小，不能支持，乃介遼人以乞和。一〇九九年，和議成。自此終北宋之世，無甚兵釁。

　　天下事最壞的是想僥倖。宋朝累代，武功雖無足稱，以兵力論，並不算薄。然而對遼終未敢輕於啓釁。實以遼爲大國，自揣兵雖多而戰鬥力實不足恃之故。徽宗時，民窮財盡，海内騷然。當時東南有方臘之亂。雖幸而打平，然而民心的思亂，兵備的廢弛，則已可概見了。乃不知警惕，反想借金人的力量，以恢復燕雲，這真可謂之"多見其不知量"了。宋朝的交通金人，起於一一一八年。所求的，爲石晉時陷入契丹故地。金太祖答以兩國夾攻，所得之地即有之。一一二二年，童貫進兵攻遼，大敗。是歲，遼秦晉國王淳死。遼人立天祚帝次子秦王定。尊淳母蕭氏爲太后，同聽政。遼將郭藥師來降。童貫乘機再遣兵進攻，又敗。貫大懼，遣使求助於金。於是金太祖從居庸關而入，在今河北昌平縣西北。攻破燕京。遼太后和秦王都逃掉。明年，而金太祖死，弟太宗立。是時，遼天祚帝尚展轉西北。傳言夏人將遣兵迎致。金人分兵經略。夏人亦稱藩於金。至一一二五年，而天祚帝卒爲金人所獲。遼朝就此滅亡。宋朝去了一個和好百餘年的契丹，而換了一個銳氣方新的女眞做鄰國了。

以契丹的泱泱大風，而其滅亡如此之速，讀史的人，都覺得有點奇怪。然而這亦並無足異。原來契丹的建國，係合三種分子而成：即（一）部族，（二）屬國，（三）漢人州縣。（二）、（三）的關係，本不密切。便（一）也是易於土崩瓦解的。國民沒有什麽堅凝的團結力，僅恃一個中心人物，爲之統馭；這個中心人物而一旦喪失，就失其結合之具；一遇外力，立即分崩離析，向來的北族，本是如此的，契丹也不過其中之一罷了。

當金人初起兵時，其意至多想脫離遼人的羈絆，而自立一國。說這時候，就有滅遼的思想，是決無此理的。遼人的滅亡，全是自己的崩潰。在金人，只可謂遭直天幸。然而雖有如此幸運，而滅遼之後，全遼的土地，都要經營，也覺力小而任重，有些消化不掉了。所以燕雲的攻克，都出金人之力，而仍肯以之還宋。但是金人此時，亦已有些漢人和契丹人，代他謀畫了。所以其交涉，亦不十分易與，當時金人提出的條件是：燕京之得，全出金人之力，所以應將租稅還給金人。營、平、灤三州，都非石晉所割，營、平二州，見上章。灤州，今河北灤縣，係遼人所置。所以不能還宋。交涉久之，乃以宋歲輸金銀、絹各二十萬兩、疋，別輸燕京代稅錢一百萬緡的條件成和。於是燕雲之地，金人都次第來歸。平心而論，以這區區的代價，而收回燕雲十六州，如何不算是得計？然而營、平、灤三州的不復，却不但金甌有缺，而且是種下一個禍根。這不得不怪交涉的人的粗心，初提條件時，連這一點都不曾想到了。於是金人以平州爲南京，命遼降將張覺守之。金人這時候，所有餘的是土地，所不足的是人民。尤其是文明國民，若把他遷徙得去，既可免土滿之患，又可得師資之益，眞是一舉兩得。於是還宋燕京之時，把人民都遷徙而去，只剩得一個空城。宋人固然無可如何。而被遷徙的人民，顚沛流離，不勝其苦。路過平州，乃勸張覺據城降宋。張覺本是個反覆無常的人，就聽了他們的話。而宋朝人亦就受了他。等到金人來攻，張覺不能守，逃到燕山。宋得幽州之後，建爲燕山府。金人來質問，宋人又把張覺殺掉，函首以畀金。徒然使降將離心，而仍無補於金人的不滿。一一二五年，金人遂分兩道入寇。

第三十四章　宋和金的關係

當時的宋朝，萬無能抵敵金人之理。於是宗望自平州，宗翰自雲州，兩道俱下。宗翰之兵，爲太原張孝純所扼。而宗望陷燕山，渡黃河，直迫汴京。徽宗聞信，先已傳位於欽宗，逃到揚州。金兵既至，李綱主張堅守。宋人又不能始終信用。宋朝的民兵，本來有名無實。募兵當王安石時，業已裁減。蔡京爲相，又利用其闕額，封樁其餉，以備上供。這時候，不但有兵而不可用，亦幾於無可用的兵。到底陝西是多兵之地，种師道，姚古，又算那方面的世代將家，先後舉兵入援。然亦不能抵抗。不得已，乃以割太原、中山、河間三鎮；中山，今河北定縣。河間，今河北河間縣。宋主尊金主爲伯父；宋輸金金五百萬、銀五千萬兩、牛馬萬頭、表段百萬匹；以親王宰相爲質的條件成和。旋括京城內金二十萬兩，銀四十萬兩，交給金兵。金兵才退去。這是一一二六年的事。此時宗翰還頓兵太原，聽得這個消息，也差人來求賂。宋人說既已講和，如何又來需索？不給。宗翰大怒。分兵攻破威勝軍、隆德府。威勝軍，今山西沁縣。隆德府，今山西長治縣。宋人以爲背盟，遂詔三鎮固守。又把金朝派來的使臣蕭仲恭捉起來。這蕭仲恭，是遼之國戚。急了，要想脫身之計。乃假說自己亦故國之思，能替宋朝招降耶律余覩。宋朝人信了他，給以蠟書。仲恭到燕山，便把蠟書獻給宗望。於是宗望、宗翰，再分兵南下。此時太原已陷，兩路兵都會於汴京。京城不守，一一二七年，徽、欽二宗及后妃、太子、宗室諸王等，遂一齊北狩。金人立張邦昌爲楚帝。

此時只有哲宗的廢后孟氏，因在母家，未被擄去。兵退之後，張邦昌乃讓位，請他出來垂簾。立高宗爲皇帝，即位於歸德。今河南商丘縣。

高宗初即位時，用李綱爲相，命宗澤留守汴京。二人都是主張恢復的。然而當時北方的情勢，實在不易支持。於是罷李綱，而用汪伯彥、黃潛善。高宗南走揚州。這時候，宋使王師正請和於金，又暗中招諭漢人和契丹人，爲金人所發覺。於是宗望、宗翰，會師濮州。今山東城濮縣。遣兵南下。高宗逃到杭州。金人焚揚州而去。這是一一二九年的事。未幾，金宗弼又率兵渡江。陷建康，自獨松關入，在今安徽廣德縣東。陷杭州，高宗先已逃到明州。今浙江鄞縣。金兵進逼，又逃入海。金人以舟師入海追之三百里，不及，乃還。宗弼聚其擄掠所得，自平江北還。今江蘇吳縣。韓世忠邀擊之於江中。相持凡四十八日，宗弼乃得渡。自此以後，金人以"士馬疲敝，糧儲未豐"，不再渡江，宋人乃得偏安江南。然而東南雖可偷安，西北又告緊急。當宗翰與宗望會師時，曾遣婁室分兵入陝西。宋人則以張浚爲京湖川陝宣撫使。浚以金兵聚於淮上，出兵以圖牽制。而宗弼渡江之後，亦到陝西參戰。兩軍會戰於富平，今陝西興平縣。宋兵大敗。陝西之地多陷。幸而張浚能任趙開以理財，又有吳玠、吳璘、劉子羽等名將，主持軍事，總算把四川保全。

這時候，宋人羣盜滿山。自一一二九年之後，金人不復南侵，乃得以其時平定內亂。而金人亦疲敝已極。於是立宋朝的叛臣劉豫於汴京，國號爲齊，畀以河南、陝西之地。想借爲緩衝，略得休息。而劉豫又起了野心，想要吞併江南。屢次借兵於金以入寇。又多敗衄。至一一三七年，遂爲金人所廢。先兩年，金太宗死了，熙宗繼立。撻懶專權用事。當金人立張邦昌時，秦檜爲御史大夫，上狀於金人，請立趙氏之後。爲金人所執。金太宗以賜撻懶。後來乘機逃歸。倡言要"南人歸南，北人歸北"，天下纔得太平。高宗用爲宰相。至此，遣使於金，請將河南陝西之地相還。撻懶答應了。一一三八年，遂以其地來歸。明年，撻懶以謀反伏誅。宗弼入政府，金朝的政局一變。和議遂廢。宗弼和婁室，再分攻河南、陝西。此時宋朝的兵力，已較前此略強。而宗弼頗有輕敵之意。前鋒至順昌，今安徽阜陽縣。爲劉錡所敗。岳飛亦自荊襄出兵，敗金人於郾城。今河南郾城縣。吳璘亦出兵收復陝西州郡。而秦檜主和議，召諸師班師。一一六○年，以下列的條件成和：東以淮水，西以大散關爲界。在今陝西寶雞縣南。宋稱臣於金，宋歲輸金銀、絹各二十五萬兩、疋。

宋南渡以後之兵，以韓、岳、張、劉爲大。四人在歷史上，都號稱名將，而且都是我國民族的英雄。可惜劉光世死後，其兵忽然叛降僞齊，留下韓世忠、岳飛、張俊之兵，號爲三宣撫司。秦檜與金言和，乃召三人論功，名義上雖各授以樞府，而實際上則罷其兵柄。未幾，岳飛被害，韓世忠騎驢湖上，亦做了個閑散的軍官了。於是諸軍雖仍駐扎於外，而改號爲某州駐扎御前諸軍，直隸中央，各設總領，以司其餉項。關於當時諸將驕橫的情形，可參看《文獻通考·兵考》。

和議成後八年，金熙宗被弒，海陵庶人立。先遷都於燕，後又遷都於汴。一一六○年，發大兵六十萬入寇。纔到采石，在安徽當涂縣北。東京業已擁立世宗。海陵想盡驅其兵渡江，然後北還。倉猝間，爲虞允文所敗。改趨揚州，爲其下所弒。金兵遂自行撤退。一一六二年，高宗傳位於孝宗。孝宗是有志於恢復的。任張浚爲兩淮宣撫使。張浚使李顯忠等北伐，大潰於符離。在今安徽宿縣。一一六五年，和議復成。宋主稱金主爲伯父。歲幣銀、絹各減五萬。地界則如前。

　　金世宗時，是金朝的全盛時代。當海陵時，因其大營宮室，專事征伐，弄得境內羣盜蜂起，世宗爲圖鎮壓起見，乃將猛安、謀克户金朝的制度，部長在平時稱孛堇，戰時稱猛安、謀克。猛安，譯言千夫長。謀克，譯言百夫長。大約所統的人，近乎千人的，則稱猛安；近乎百人的，則稱謀克。移入中原，奪民地以給之。於是女真人的村落，到處散佈，中國人要圖反抗更加不容易了。然而金朝的衰弱，亦起於此時，諸猛安、謀克人，都惟酒是務，“有一家百口，壟無一苗”的。既失其強悍之風，而又不能從事於生產，女真人就日趨没落了，然而還非宋人所能侮。

　　宋孝宗亦以生時傳位於光宗，光宗后李氏，與孝宗不睦；光宗又有疾，因此定省之禮多闕。羣臣以爲好題目，羣起諫諍。人心因之頗爲恐慌。一一九四年，孝宗崩。光宗因病不能出。丞相趙汝愚，乃因閤門使韓侂胄，請命於高宗的皇后吳氏，請其出來主持內禪之事，光宗遂傳位於寧宗。寧宗立後，韓侂胄亦想專權，而爲趙汝愚所壓。乃將汝愚擠去。朱熹在經筵，論其不當。侂胄遂將朱熹一併排斥。此時道學的聲勢正盛，侂胄因此大爲清議所不與。要想立大功以恢復名譽。當光宗御宇之日，亦即金章宗即位之年。章宗初年，北邊仍歲叛亂，河南、山東，又頗有荒歉。附會韓侂胄的人，就張大其辭，説金勢有可乘。韓侂胄信了他，暗中豫備。至一二〇六年，遂下詔伐金。開戰未幾，到處皆敗。襄陽、淮東西，失陷之處甚多。侂胄復陰持和議。金人復書，要斬侂胄之首。侂胄大怒，和議復絶。而寧宗的皇后楊氏，和侂胄有隙，使其兄次山和禮部侍郎史彌遠密謀，誘殺侂胄，函首以畀金，和議乃成。歲幣增爲三十萬兩疋。時爲一二〇八年。明年，金章宗死，衛紹王立，而蒙古兵亦到塞外了。

第三十五章　宋的學術思想和文藝

宋朝是一個有創闢的時代。其學術思想和文藝，都有和前人不同之處。

天下事物極必反，有漢儒的泥古，就有魏晉人的講玄學。有佛學的偏於出世，就有宋學的反之而爲入世。

宋學的巨子，當推周、程、張、朱。周子名敦頤，道州人。著有《太極圖說》和《通書》。其大意，以爲無極而太極。無極而太極，就是説太極無從追溯其由來的意思。即太極亦是合陰陽兩種現象而立名，陰陽亦不過歸納各種現象的兩個觀念，並非實有其物。陰陽且非實體，無極太極，更不必説了。太極動而生陽，静而生陰。因其一動一静，而生五種物質，是爲五行，再以此爲原質，組成萬物。人亦是萬物之一，所以其性五端皆具。五端，謂仁、義、禮、智、信。漢儒五行之説，以仁配木，禮配火，信配土，義配金，智配水。但其所受之質，不能無所偏勝，所以人之性，亦不能無所偏。當定之以仁、義、中正而主静。張子名載，陝西郿縣橫渠鎮人。他把宇宙萬物，看成一彙。物的成毁，就是氣的聚散。由聚而散，爲氣的消極作用，是爲鬼。由散而聚，爲氣的積極作用，是爲神。所以鬼神就在萬物的本身，而幽明祇是一理。氣是一種物質。各種物質相互之間，本有其好惡迎拒的。人亦氣所組成，所以對於他物，亦有其好惡迎拒，此爲物欲的根原。此等好惡，不必都能合理。所以張子分性爲氣質之性和義理之性，而説人當變化其氣質。周、張二子所發明的，都是很精妙的一元論。二程所發明，則較近於實行方面。二程是弟兄。洛陽人，大程名顥，小程名頤，大程主"識得此理，以誠敬存之"。小程則又提出格物，説"涵養須用敬，進學在致知"。朱子名熹。他原籍婺源，而居於閩，所以周、程、張、朱之學，亦稱爲濂、洛、關、閩。濂溪，本在道州，即今湖南道縣，爲瀟水的支流。敦頤後居江西廬山蓮花峯前，峯下有溪，西北流，合於湓江。敦頤即以其故鄉濂溪之名名之。學者因稱爲濂溪先生。朱子之學，是承小程之緒的。他讀書極博，制行極謹嚴。對於宋代諸家之説，都有所批評，而能折衷去取，所以稱爲宋學的集大成。但同時有金溪陸九淵，以朱子即物窮理之説爲支離。他説心爲物欲所蔽，則物理無從格起，所以主張先發人本心之明。大抵陸子之說，是爲天分高，能直探本原的人說法的。朱子之說，則爲天分平常，須積漸而致的人說法的。然正惟天分高，然後逐事檢點不慮其忘却本原；亦惟天分平常，必先使他心有所主。所以清代的章學誠說朱、陸是千古不能無的同異，亦是千古不可無的同異。以上所說，是宋學中最重要的幾個人。此外在北宋時，還有邵雍，則其學主於術數。南宋時，張栻、吕祖謙和朱熹，同稱乾淳三先生。乾道、淳熙，宋孝宗年號。乾道自一一六五至一一七三，淳熙自一一七四至一一八九。祖謙喜講史學。永嘉的陳傅良、葉適，永康的陳亮，都受其影響。其說較近於事功。講宋學的人，不認爲正宗。然實亦互相出入。宋學家反對釋氏。他們說"釋氏本心，吾徒本天"。而他們所謂天，就是理，所以其學稱爲理學，尊信其說的人，以爲其說直接孔、孟；而孔、孟之道，則是從堯、舜、禹、湯、文、武、周公，相傳下來的，所以又稱爲道學。後來的考據家，則謂宋學的根原，是《先天》、《太極》兩圖；而此兩圖，都是出於宋初華山道士陳摶的，所以說宋學實出道家。《太極圖》爲衆所共知，不必再說。邵子的《先天次序圖》如下：其圖以白處代《易經》的陽畫（—），黑處代易經的陰畫（－－）。最下一層爲太極，是不能分白黑的，圖上的白色，不作爲白色看。第二層爲兩儀。第三層爲四象。至第四層則成八卦。合二三四三層觀之，其次序爲乾一，兑二，離三，震四，巽五，坎六，艮七，坤八。又八卦的方位：舊說是離南，坎北，震東，兑西，乾西北，坤西南，艮東北，巽東南。邵子說：這是文王所改，是後天卦位。邵子所傳的圖，則乾南，坤北，離東，坎西，兑東南，震東北，巽西南，艮西北。說這是先天方位，伏羲所定。案邵子的哲學，是一

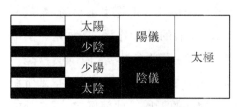

而二，二而四，四而八。……如此遞推下去的。其《先天次序圖》，表現這種思想。其《卦位圖》，則贊成他的人說：天位乎上，地位乎下；日生於東，月生於西；山鎮西北，澤注東南；風起西南，雷動東北；自然和天地造化相合。又有因宋儒好談心性，以爲實是釋氏變相的。然後一時代的學問，對於前一時代的學問，雖加反對，勢不能不攝取其精華；而學問的淵源，和其後來的發展、成就，也並無多大的關係，往往有其源是一，其流則判然爲兩的。所以此等說，都無足計較。宋學總不失爲一種獨立而有特色的學術。

　　清代的漢學家，對於宋學，排斥頗力。其實考據之學的根源，亦是從宋代來的。宋儒中如著《困學紀聞》的王應麟，著《日鈔》的黃震，都是對於考據很有工夫的。所以宋朝人對於史學，亦很有成績。自唐以後，正史必出於合衆纂修，已成通例。只有宋代，《新五代史》是歐陽修所獨撰，《新唐書》爲修及宋祁所合撰。雖出兩人之手，亦去獨撰的不遠。司馬光修《資治通鑒》，自戰國

迄於五代，爲編年史中的巨著。朱子因之而作綱目，雖其編纂不如《通鑑》的完善，而其體例，則確較《通鑑》爲優。《通鑑》事實甚繁，苦於無從檢閱。司馬光因此另編《目録》三十卷。然《目録》與本書，分而爲二；而小事《目録》中又不能盡載，檢閱仍苦不便。朱子因此而創綱目之例。綱用大書，目用分注。要檢查的，只要看其綱就得了。《綱目》一書，朱子僅發凡起例，其編纂則屬之天台趙師淵。師淵編輯得不甚精善。所以考求事實的人，都據《通鑑》而不據《綱目》。但編纂盡善與否是一事；體例的善否，又是一事。論事實的考訂去取，綱目確不如《通鑑》之精，論體例則《綱目》確較《通鑑》爲善。試取兩書，略一翻閱便知。袁樞又因《通鑑》而作《紀事本末》，爲史書開一新體。馬端臨因《通典》而作《文獻通考》。其事實的蒐輯，實較《通典》爲備，而門類的分析，亦較詳。鄭樵包括歷代的史書而作《通志》，雖其編纂未善。然論其體例，確亦能囊括古今，删除重複的。而二十略中，尤多前人未及注意之點。二十略裏，《氏族》、《七音》、《都邑》、《草木》、《昆蟲》爲略，是前此史志所無的。此外宋朝人對於當代的史料，蒐輯之富，亦爲他時代所不及。而史事的考證和金石之學，亦始自宋人。考證之學，如劉攽、劉奉世的《兩漢書刊誤》，吳縝的《新唐書糾繆》等。金石之學，如歐陽修的《集古録》等。

　　唐朝雖爲古文創作時代，其實當時通行的仍是駢文。至於宋朝，則古文大盛。如歐陽修、王安石、三蘇父子、曾鞏等，都爲極有名的作家。宋朝人的駢文，亦生動流利，和唐以前人所作，雖凝重而不免失之板滯的不同。詩亦於唐人之外別開新徑。唐人善寫景，宋人則善言情。比較起來，自然是唐詩含蓄而有餘味。然而宋人亦可謂能開拓詩的境界，有許多在唐代不入詩的事物，至此都做入詩中了。詞則宋代尤推獨絶，南北宋都有名家。宋學家是講究道理，不注重詞華的。所以禪家的語録，宋學家亦盛行使用。又其時平民文學，甚爲發達。説話之業甚盛。後來筆之於書，就是所謂平話體的小説了。

　　印刷術的發達，是推動宋代文化的巨輪。古代的文字，書之於簡牘。要特別保存得長久的，則刻之於金石。不論金石和簡牘，總是供人觀覽，而非以爲摹拓之用的。漢魏的《石經》，還是如此。但是後來漸有摹拓之事。摹拓既興，則刻之於木，自較刻之於石，爲簡易而省費。據明代陸深所著的《河汾燕閑録》，説隋文帝開皇十年——公元五九〇年——敕天下廢像遺經，悉令雕板。這是我國印刷術見於記載之始。然當隋、唐之世，印刷之事，還不盛行。所以其時的書，還多是鈔本，得書尚覺艱難。至公元九〇八，即後唐明宗長興三年，宰相馮道、李愚，纔請令國子監校正《九經》，刻板印賣。是爲官家刻書之始。此後官刻和私人爲流傳而刻，書賈爲牟利而刻的就日多。宋以後的書籍，傳於世的，遠非唐以前所能比，就是受印刷術發達之賜。活字板是宋代畢昇所創，事在仁宗慶曆中——公元一〇四一至四八——其時字以泥製。到明代，無錫華氏纔改用銅製。可參看孫毓修《中國雕板源流考》。

第三十六章　宋的制度和社會

　　宋代的兵制和北宋以前學校選舉之制,已見第三十一和三十四章。今再補述其餘的制度如下:

　　宋代的制度,都是沿襲唐代的。其取之於民的,共分五項:(一)爲公田之賦;(二)爲民田之賦,這都是田稅;(三)爲丁口之賦,是身稅;(四)爲城郭之賦,是宅稅和地稅;(五)爲雜變之賦,亦謂之沿納,是唐行兩稅之後,復於兩稅之外,折取他物,而後遂變爲常賦的。凡此種種,其取之都用兩稅之法,於夏、秋分兩次交納。宋代病民的,不在於稅而在於役。自王安石行青苗法後,元祐復行科差,紹聖再變爲雇役。自後差雇兩法並行。因欲行簽差之法,必須調查人民的資產。其中責令人民自行填報的,謂之"手實"。由官派人查軋的,則謂之"推排"。賣買田產時,將物力簿同時改正的,則謂之"推割"。諸法都難得公平,又難於得實,總是屬民之政。在中國法律上,官和人民交易,亦同人民和人民交易一樣,謂之"和"。所以和糴及和買,本應確守私法上的原則。然而其後,都有短給和遲給的,甚或竟不給錢,而所糴所買,遂變爲賦稅。這亦是屬民之政。

　　兩稅以外的賦稅,都起於唐中葉以後。因其時藩鎮擅土,中央的收入減少,不得不求之於此。宋代養兵太多,遂沿而未改。其中最重要的是鹽稅。其法起於唐之劉晏。藉民製鹽,而免其徭役,謂之竈戶,亦稱亭戶。在劉晏時,還是行就場征稅之法。一稅之後,任其所之。後來漸變爲官賣。又或招商承買,則謂之通商。茶法,亦起於唐中葉之後。製茶的人,謂之園戶。歲輸定額的茶,以代賦稅。其餘悉數由官收買。官買茶的價錢,都是先給的,謂之"本錢"。於江陵、真州、海州、漢陽軍、無爲軍、蘄州的蘄口,真州,今江蘇儀徵縣。海州,今江蘇東海縣。漢陽軍,今湖北漢陽縣。無爲軍,今安徽無爲縣。蘄州,今湖北蘄春縣。設立榷貨務六處。除淮南十三場外,其餘的茶,都運到這六榷貨務,由官發賣。京師亦有榷貨務,但只主給鈔而不積茶。酒:州郡都置務官釀。縣、鎮、鄉、閭,則聽民釀而收其稅。坑冶：官辦的置監、冶、場、務等機關，民辦的，則按一定分數，"中賣"於官。商稅，起於唐代的藩鎮，而宋因之。州縣各置收稅的機關，名之爲務。稅分過稅和住稅兩種。過稅取百分之二，住稅取百分之三。所稅的物品和其稅額，各處並不一律。照例都應得榜示出來，然而實際能否一一榜示，榜示之後，能否確實遵守，就很難言了。這實在也是屬民之政，和清代的釐金無異。宋代還有一種借官賣以省漕運的辦法，是爲"入邊"和"入中"。其法：令商人入芻粟於邊，或入現錢及金帛於京師榷貨務。官給以鈔，令其到指定的地方，支取貨物。其初只解池的鹽，解州，安邑兩池所產的鹽。解州，今山西解縣。安邑，今山西安邑縣。用此辦法，爲陝西沿邊之備。後來東南茶鹽和榷貨務的緡錢，都許商人指射，謂之三說。說即今兌換的兌字。更益以犀、象、香藥，則謂之四說。在實物經濟時代，運輸貨物，本是件最困難的事。如此，既省行政上的麻煩，又省轉運時的弊竇，本是個好法子。但官吏和商人，通同作弊，把商人所入的芻粟，高抬其價，謂之"虛估"，而官物遂不免虛耗。又且入芻粟的土人，並不會做鹽茶等賣買，得鈔都是賣給商人或京師的交引鋪，他們都要抑勒鈔價，實際入芻粟的並無利益，羣情遂不踴躍，邊備仍不充實。後來乃令商人專以現錢買茶，官亦以現錢買芻粟。於是茶不爲邊備所需，而通商之議起。通商之議既起，乃停給茶戶本錢，但計向者所得的息錢，取之茶戶，而聽其與商人賣買。到蔡京出來，又變茶法。由官製長引、短引，賣給商人。商人有此引的，即許其向茶戶買茶。如此，便衹是一種買茶的許可證了。後來淮浙之鹽，亦用此法，爲後世所沿襲。南渡之後，地方削小，而費用增廣。鹽茶等利，較北宋都有所增加。又有所謂經總制錢、板帳錢等。係將各種雜稅，或某種賦稅上增取之數，以及其他不正當的收入，湊起來的。其屬民更甚。

　　宋代的人民，是很爲困苦的。因爲唐中葉以後，武人擅土，苛稅繁興，又好用其親信做地方官或稅收官吏之故。宋興，此等苛稅，多所捐除，然而仍不能盡。至於豪強兼併，則自天寶以來，本未有抑強扶弱的政令；加以長期的擾亂，自然更爲利害了。所以宋代的平民，其受剝削特甚。當時民間借貸，自春徂秋，出息踰倍。太宗時嘗禁之，見《宋史·食貨志》。而且各種東西，都可以取去抵債。見《宋史·陳舜俞傳》。折算之間，窮人自然格外吃虧了。當時司馬光上疏，訴說農民的疾苦，曾有這幾句話：

　　　　幸而收成，公私之債，交爭互奪。穀未離場，帛未下機，已非己有。所食者糠籺而不足，所衣者綈褐而不完。直以世服田畝，不知捨此更有何可生之路耳。亦見《宋史·食貨志》。

可謂哀切極了。王安石所以要推行青苗法，其主意，就是爲防止民間的高利貸。然而以官吏辦借貸之事，總是無以善其後的。所以其法亦不能行。在宋代，得人民自助之意，可以補助行政的，有兩件事：其（一）是社倉。社倉之法，創於朱子。其以社爲範圍，俾人民易受其益，而且易於感覺興味，便於管理監督，和義倉之法同。而在平時可兼營借貸，則又得青苗法之意。其（一）是義役。義役是南宋時起於處州的松陽縣的。今浙江松陽縣。因爲役事不能分割，所以負擔不得平均。乃由衆出田穀，以助應役之家。此兩法若能推行盡利，確於人民很有益處，而惜乎其都未能。南渡之後，兩浙腴田，多落勢家之手，收租很重。末年，賈似道當國，乃把賤價强買爲官田，即以私租爲稅額。田主固然破家者衆，而私租額重而納輕，官租額重而納重，農民的受害更深。南宋亡後，雖其厲民之政，亦成過去，然而江南田租之重，則迄未嘗改。明太祖下平江。惡其民爲張士誠守，又即以私租爲官賦。江南田賦之重，就甲於天下。後來雖屢經減削，直到現在，重於他處，還是倍蓰不止。兼併之爲禍，可以謂之烈了。

宋代士大夫的風氣，亦和前代不同。宋人是講究氣節的。這固然是晚唐、五代以來，嗜利全軀的一個反動，而亦和其學術有關係。宋朝人的議論，是喜歡徹底的，亦是偏於理論的。所以論事則好爲高遠之談，論人則每作誅心之論。這固然也有好處，然而容易失之迂闊，亦容易流於過刻。而好名而激於意氣，則又容易流爲黨爭。自遼人强盛以來，而金，而元，相繼興起，宋人迭受外力的壓迫，其心理亦易流於偏狹。所以當國事緊急之時，激烈的人，往往發爲“只論是非，不論利害”、“寧爲玉碎，毋爲瓦全”的議論。這固然足以表示正義，而且也是民族性應有的表現。然而不察事勢，好爲高論，有時亦足以債事。而此等風氣既成之後，野心之家，又往往借此以立名，而實置國家之利害於不顧，則其流弊更大。此亦不可以不知。

第三十七章　元的勃興和各汗國的創建

當公元十三世紀之初，有一軒然大波，起於亞洲的東北方，歐、亞兩洲，都受其震憾。這是什麼事？這便是蒙古的興起。

蒙古，依中國的記載，是室韋的分部。唐時，其地在望建河南。見《新唐書》。望建河，即今黑龍江。但其人自稱爲韃靼。蒙人自著的《祕史》即如此。韃靼是靺鞨別部，居於陰山的。據蒙古人自著的《元朝祕史》看起來：他始祖名孛兒帖赤那，十傳而至孛兒只吉歹。孛兒只吉歹的妻，喚做忙豁勒真豁阿。忙豁勒真豁阿，譯言蒙古部的美女。我們頗疑心孛兒只吉歹是韃靼人。因其娶蒙古部女，纔和蒙古合併爲一。和金朝王室的始祖，以高麗人而爲生女真的完顏部人一樣。

蒙古部落，自孛兒只吉歹之後，又十一傳而至哈不勒，是爲成吉思汗的曾祖，始有可汗之號。可以想見其部落的漸強。合不勒死後，從弟俺巴孩，繼爲可汗。爲金人所殺。部人立哈不勒子忽都剌爲可汗。向金人報讐，敗其兵。忽都剌死後，蒙古無共主，復衰。成吉思汗早年，備受塔塔兒、蔑兒乞及同族泰亦赤兀諸部的齮齕。後來得客列部長王罕、札荅剌部長札木合爲與部，乃把諸部次第打平。此時沙漠西北的部落，以乃蠻爲最強。而金朝築長城，自河套斜向東北，直達女真舊地，使汪古部守其衝。乃蠻約汪古部同伐蒙古。汪古部長來告。成吉思汗先舉兵伐乃蠻，破之。公元一二〇六年，漠南北諸部，遂大會於斡難木漣之源，公上成吉思汗的尊號。塔塔兒，即韃靼異譯。據《元朝祕史》，地在捕魚兒海附近，即今達里泊。蔑兒乞，在鄂爾坤、色楞格兩水流域。泰亦赤兀，係俺巴孩之後。客列部，在土剌河流域。札荅剌，亦蒙古同族，成吉思汗十一世祖孛端察兒，娶一有孕婦人，生子曰札只剌歹，其後爲札荅剌氏。乃蠻首長太陽罕，地南近沙漠。其弟不亦魯黑，則北近金山。汪古之地，在今綏遠歸綏縣北。斡難木漣，即今敖嫩河。

成吉思汗既即汗位，其目光所注，實在中原。於是於一二一〇年，伐夏。夏人降。明年，成吉思汗遂伐金。此時金朝的兵力，業已腐敗。加以這一次，汪古與蒙古言和，放其入長城，出其不意。於是金兵四十萬，大敗於會河堡。_{在今察哈爾萬全縣西。}蒙古兵遂入居庸關，薄燕京。明年，成吉思汗再伐金。留兵圍燕京。自將下山東。分兵攻河東和遼西。到處殘破，黃河以北，其勢就不可守了。此時金人已弒衛紹王，立宣宗。成吉思汗還兵，屯燕城北。金人妻以衛紹王之女，請和。蒙古兵已退，金宣宗遷都於汴。成吉思汗説他既和而又遷都，有不信之心。再發兵陷燕京。此時金人的形勢，本已岌岌待亡，因成吉思汗有事於西域，乃又得苟延殘喘。

　　成吉思汗的西征，是花剌子模國的驕將所引起的。_{Khmarizm. 即《唐書》的貨利習彌。}先是唐中葉以後，大食強盛，葱嶺以西諸國，悉爲所併。然不及三百年，威權漸替。東方諸酋，多據地自擅，其間朝代的改變甚多。當遼朝滅亡時，雄視西亞的塞而柱克朝已衰，花剌子模漸盛。_{Seljuks.}遼朝的宗室耶律大石，逃到唐朝的北庭都護府，會合十八部王衆，選其精鋭而西。遂滅塞而柱克，服花剌子模。立國於吹河流域的虎思斡耳朵，是爲西遼。乃蠻既亡，其酋長太陽罕的兒子古出魯克，逃到西遼。和花剌子模王阿拉哀丁·謨罕默德 _{Alai-ud-din Mohammed.} 内外合謀，篡西遼王之位。於是乃蠻復立國於西方，而花剌子模亦乘機拓土，成爲西方的大國。這時候，雄張於西域的，實在仍是回族。成吉思汗既定漠南北，在天山北路的畏吾兒和其西的哈剌魯_{畏吾兒，即回紇異譯。哈剌魯，即《唐書》的葛邏禄。}都來降。蒙古和西域交通的孔道遂開。花剌子模王有兵四十萬，都是康里人。_{Cancalis.}王母亦康里部酋之女。將士恃王母而驕恣，王母亦因舉國的兵，都是其母族人，其權之大與王埒，所以國雖大而其本不固。成吉思汗既侵入中原，古出魯克和前此逃往西域的蔑兒乞酋長忽禿，都乘機謀復故地。成吉思汗怕漠北根本之地，或有搖動。乃於一二一六年北還。命速不台打平忽禿、哲別打平古出魯克。於是蒙古的疆域就和花剌子模直接。成吉思汗因商人以修好於花剌子模，花剌子模王也已應允了。未幾，蒙古人四百餘，隨西域商人西行。花剌子模訛打剌城的鎮將，_{城在錫爾河濱。鎮將係王母之弟。}指爲蒙古間諜，把他盡數殺掉。其中只有一個人，得逃歸報信。成吉思汗聞之，大怒，而西征的兵遂起。

　　成吉思汗的西征，事在一二一九年。先打破訛打剌和花剌子模的都城尋思干，_{今撒馬兒干。}花剌子模王遁走。成吉思汗命哲別、速不台追擊。王輾轉逃入裏海中的小島而死。其子札剌哀丁 _{Djelal-ud-din mangou-birti.} 逃到哥疾寧_{城名，在巴達克山西南，印度河東，}成吉思汗自將追之。破其兵於印度河邊。乃東歸。時在一二二二年。哲、速二將的兵，別繞裏海，越高喀斯山_{今譯作高加索。}

此依《元史譯文證補》。敗阿速、撒耳柯思和欽察的兵。欽察的酋長逃到阿羅思。二將追擊。阿羅思人舉兵拒敵，戰於孩兒桑。阿羅思大敗。亡其六王七十侯，兵士死掉十分之九。列城都沒有守備，只待蒙古兵到迎降。而二將不復深入，但平康里而還。阿速（Aces），在高喀斯山北。撒爾柯思（Circasses），在端河濱。欽察，亦作乞卜察兀（Kiptchacs），在烏拉嶺西，裏海、黑海之北。阿羅思，即俄羅斯。

　　成吉思汗東歸後，於一二二七年，再伐西夏，未克而殂，遺命祕不發喪。夏人乃降。一二二九年，太宗立，再伐金。金人從南遷後，盡把河北的猛安謀克戶，調到河南。又奪人民之地以給之。人民怨入骨髓，而這些猛安謀克戶，既不能耕，又不能戰，國勢益形衰弱。於是宋人乘機，罷其歲幣。金人想用兵力脅取，又和夏人因疆場細故失和，三方都開了兵釁。國力愈覺不支。到一二二五年，宣宗殂，哀宗立，纔和夏人以兄弟之國成和，而對於宋朝的和議，則始終不能成就。當成吉思汗西征時，拜木華黎爲太師國王，命其經略太行以南。這時候，蒙古兵力較薄，在金人，實在是個恢復的好機會。然而金人亦不能振作。僅聚精兵二十萬，從邳州到潼關，列成一道防綫。邳州，今江蘇邳縣。太宗因此綫不易突破，乃使拖雷假道於宋，宋人不允，拖雷遂強行通過。從漢中歷襄、鄧而北，與金兵戰於三峯山，在今河南禹縣。金兵大敗。良將，銳卒都盡。太宗又自白坡渡河，在今河南孟津縣。命速不台將汴京圍起，攻擊十六晝夜，因金人守禦堅，不能破，乃退兵議和。而金朝的兵，又逞血氣之勇，把蒙古使者殺掉，和議復絕。汴京饑窘不能立。金哀宗乃自將出攻河北的衛州，今河南汲縣。想從死裏求生，又不克，乃南走蔡州。而宋人此時，又襲約金攻遼的故智，和蒙古人聯合以攻金，金人遂亡。時在一二三四年。

　　約元攻金，是襲約金攻遼的故智，而其輕於啓釁，亦是後先一轍的。金宣宗死的明年，宋寧宗也死了。寧宗無子，史彌遠援立理宗，因此專橫彌甚。彌遠死後，賈似道又繼之。賈似道的爲人，看似才氣橫溢，實則虛浮不實，專好播弄小手段，朝政愈壞。滅金之後，武人趙葵、趙苑等，創議收復三京，宋以大梁爲東京，洛陽爲西京，宋州爲南京，大名爲北京。宰相鄭清之主之。遣兵北侵。入汴、洛而不能守，却因此和蒙古啓了兵釁。川、楚、江淮，州郡失陷多處。這時候是蒙古太宗時代，還未專力於攻宋。一二四一年，太宗死了。到一二四六年，定宗纔立。又因多病，不過三年而殂。所以此時，宋人還得偷安旦夕。一二五一年，蒙古憲宗立。命弟阿里不哥留守漠北，忽必烈專制漠南。一二五八年，憲宗大舉入蜀，圍合州。今四川合川縣。先是忽必烈總兵自河洮入吐蕃，平大理。留兀良合台經略南方而北還。及是，忽必烈亦自河南南下，圍鄂州。今湖北武昌縣。兀良合台又出廣西、湖南，和他會合。賈似道督兵援鄂，不敢戰，遣使於忽必烈，約稱臣，輸歲幣，畫江爲界以請和。適會蒙古憲宗死於合州城下，忽必烈急於要爭奪汗位，乃許宋議和而還。賈似道却諱其和議，以大捷聞於朝。

明年，忽必烈自立，是爲元世祖。時世祖以各方面多故，頗想與宋言和，而賈似道因諱和爲勝之故，凡元使來的，都把他拘囚起來。一二六四年，元世祖遷都於燕。明年，理宗崩，度宗立。此時元人尚未能專力攻宋，而宋將劉整，因與賈似道不合，叛降元，勸元人專力攻襄陽。一二六八年，元人就把襄陽圍起。圍經六年，宋人竟不能救。一二七三年，襄陽陷落，宋勢遂危如累卵。一二七四年，度宗崩，恭帝立。年幼，太后謝氏臨朝。元使伯顏總諸軍入寇。伯顏分兵平兩湖。自將大軍，長驅東下。陷建康。一二七六年，臨安陷。太后及恭帝皆北狩。宋故相陳宜中等立益王於福州。旋爲元兵所逼，走惠州。後崩於碙洲。宋人又立其弟衛王，遷於厓山。一二七九年，元將張宏範來攻。宋宰相陸秀夫，負帝赴海而死。大將張世傑收兵到海陵山，亦舟覆而死。福州，今福建閩侯縣。惠州，今廣東惠陽縣。碙洲，在今廣東吳川縣海中。厓山，在今廣東新會縣海中。海陵山，在今廣東海陽縣海中。中國至此，遂整個爲蒙古所征服。漢族武力之不競，至此可謂達於極點了。

蒙古不但征服中國，當太宗時，又嘗繼續遣兵西征。再破欽察，入阿羅思。遂進規孛烈兒和馬札刺。入派特斯城。西抵威尼斯。歐洲全境震動，會太宗凶問至，乃班師。憲宗時，又遣兵下木刺夷，平報達。渡海收富浪島。孛烈兒，即今波蘭。馬札兒，今匈牙利。木刺夷，(Mulahida)爲天方教中之一派，在今裏海南岸。當金末，遼東和高麗之間，叛亂蜂起。蒙古因遣兵平定，和高麗的兵相遇，約爲兄弟之國。後來蒙古使者，爲盜所殺，蒙人疑爲高麗人所爲，兩國遂起兵釁。直至一二五九年，和議纔成。高麗內政，自此常受元人的干涉。甚至廢其國王，而立征東行省於其地。對於南方，則兀良合台嘗用兵於安南。其後世祖時，又嘗用兵於安南、占城及緬，都不甚利。然諸國亦都通朝貢。對於南洋，曾一用兵於爪哇，其餘招致而來的國亦頗多。惟用兵於日本，最爲不利。世祖先命高麗人往招日本，後又自遣使往招，日本都不應。一二七四年，遣忻都往征，拔對馬，陷壹歧，掠肥前沿海。以颶風起而還。一二八一年，再遣忻都、范文虎率兵二十萬東征。兵至鷹島，以"颶徵"見，文虎等擇堅艦先走。餘衆遂多爲日人所殺。世祖大怒，更謀再舉，以正用兵安南，遂未果。以當日蒙古的兵力，實足以踏平日本而有餘，乃因隔海之故，致遭挫衄，在日本，亦可謂之遭直天幸了。

　　綜觀蒙古用兵，惟對於東南兩方，小有不利，其餘則可謂所向無前。這也是遭際時會，適逢其時各方面都無強國之故。蒙古是行封建之制的，而成吉思汗四子，分地尤大。因爲蒙人有幼子襲產的習慣，所以把和林舊業，<small>和林城，太宗所建。今額爾德尼招，是其遺址。</small>分與第四子拖雷。此外長子朮赤，則分得花剌子模、康里、欽察之地。三子窩闊台，即太宗，則分得乃蠻故地。二子察合台，則分得西遼故地。<small>說本日本那珂通世，見所撰《成吉思汗實錄》。</small>其後西域直到憲宗之世，纔全行戡定。其定西北諸部，功出於朮赤之子拔都，而定西南諸部，則功出於拖雷之子旭烈兀。所以朮赤分地，拔都之後，爲其共主。伊蘭高原，則旭烈兀之後君臨之。西史所謂窩闊台汗國，就是太宗之後。察合台汗國，是察合台之後。欽察汗國，是拔都之後。伊兒汗國，是旭烈兀之後。窩闊台之後稱 Km of Oghatai，亦稱 Naiman（乃蠻）。察合台之後稱 Km of Te Haghatai。拔都之後稱 Km of Kiptchak，亦稱 Golden Horde。旭烈兀之後稱 Km of Iran。總而言之，世祖滅宋之日，就是元朝最盛之時。然而其分裂，也就於此時開始了。

第三十八章　中西文化的交通

　　從近世西力東漸以前，有元一代，却算得一個中西交通最盛的時代。因爲前此中西交通，差不多只靠海路，至此時，則陸路也發達了。

　　在西半球尚未發見，繞行非洲南端之路，亦未通航，黑海、地中海、紅海、波斯灣，實在是東西兩洋交通的樞紐。而其關鍵，實握於大食人之手。所以在當時，東西交通，以大食人爲最活躍。當北宋中葉，十字軍興，直至南宋之末，這二百年之中，雖然天方教國和景教國蹀血相爭，極宗教史政治史上的慘苦，然而開發文明的利器，羅盤針、印刷術、火藥，中國人所發明的，都經大食人之手，而傳入歐洲。給近世的歐洲以一個大變化。至元代西征成功之後，其疆域跨據歐洲，而其形勢又一變了。

　　元太宗時，曾因奉使的人，都經民地，既費時，又擾民，商諸察合台，擬令千户各出夫馬，設立站赤。察合台也贊成了。他即於所轄境內設立。西接拔都，東接太宗轄境。如此，歐亞兩洲之間，就不啻開闢出一條官道了。

　　當時景教諸國，正因和天方教國兵爭，要想講遠交近攻之策。於是一二四六年，羅馬教皇派柏朗嘉賓(Plan Carpin)，一二五三年，法王路易第九又派路卜洛克(Rubruck)，先後來到和林。而當時的商人，更爲活躍。他們或從中央亞西亞經天山南路，或從西伯利亞經天山北路，遠開販路於和林及大都。日本桑原騭藏《東洋史要》近古期第三篇第七章。至於水路：則自唐宋以來，交通本極繁盛。在宋時，浙江的澉浦、杭州、秀州、明州、台州、温州，福建的福州、泉州，廣東的廣州以及今江蘇境內的華亭和江陰，山東境內的板橋鎮，都曾開作通商港。秀州，今浙江嘉興縣。台州，今浙江臨海縣。温州，今浙江永嘉縣。泉州，今福建晉江縣。板橋鎮，即今青島，當時屬密州。密州，今山東諸城縣。輸入的犀、象、香藥等，很爲社會所寶貴。政府至用以充糶本，稱提鈔價。而稅收或抽分所得，尤爲歲入大宗。元時，還繼續着這般盛況。

　　蒙古是新興的野蠻民族，戒奢崇儉，不寶遠物等古訓，是非其所知的。所以對於遠方的珍品，極其愛好。尤優待商人和工人。其用兵西域時，凡曾經抗拒的城池，城破後都要屠洗，獨工人不在其列。太宗時，西商售物於皇室的，都許馳驛。太宗死後，皇后乃蠻氏稱制，信任西商奧魯剌合蠻，至於把御寶宮紙交給他，聽其要用時填發。又下令：凡奧魯剌合蠻要行的事，令史不肯書寫的，即斷其腕。此等行爲，給久經進化的中國人看起來，真是笑話。然却是色目人在元朝活動的惟一好條件。元代本是分人爲三級，以蒙古爲上，色目次之，漢人、南人爲下的。所以當時，大食、波斯的學者、軍人，意大利、法蘭西的畫家、職工，都紛集於朝。亦見《東洋史要》。特如意大利的馬哥博羅（Marco Polo），以一二三七年來到中國。仕至揚州達魯花赤。居中國凡三十年。歸而刊行遊記，爲歐人知道東方情形之始。

　　和元朝關係最深的，自然還是大食的文化。蒙古本來是沒有文字的。成吉思汗滅乃蠻之後，獲塔塔統阿，纔令其教太子、諸王"以畏兀字書國言"。後來世祖命八思巴造新字，於一二七○年頒行。案成吉思汗的滅乃蠻，事在一二○四年，則蒙古人專用畏兀字，實在有六十餘年。蒙古字頒行之後，雖說"璽書頒降，皆以蒙古字書之，而以其本國字爲副。百官進上表章，則以漢字爲副。有沿用畏兀字者罰之"，然而後來又說：亦思替非文字，便於計帳，依舊傳習。而終元之世，回回國子學，亦是和普通學及蒙古國子學並立的。西方輸入中國的文化，除宗教而外，要推美術和工業兩端。《元史・阿爾尼格傳》，說他善於畫塑及鑄金爲像。當時元朝，有王機使宋所得明堂針灸銅像。年久壞掉了，没有會修的人。世祖叫把給他看。他居然製成了一具新的。關鬲脈絡，無不完備。當時兩京寺觀的像，多出其手。元代諸帝的御容，纖錦爲之的，亦是阿爾尼格所製。當時的人，嘆爲圖畫弗及。其弟子劉元，則精於西天梵相。兩都名刹的塑像，出於其手的很多。又火藥的發明，雖起自中國，而火炮的製造，則中國人似乎反從歐洲學來。《明史・兵志》說：古代的炮，多係以機發石。元初得西域火炮，攻蔡州始用之，而造法不傳。直到明成祖平交趾，得其槍炮，纔設神機營肄習。至武宗末，白沙巡檢何儒，得佛郎機炮。一五二九年，中國纔自行製造起來。有最初的發明，而後來不能推廣之以盡其用。這個，中國人就不能不抱愧了。

第三十九章　元　的　制　度

　　凡異族入居中國的,其制度,可以分做兩方面來看:(其一)他自己本無所有,即使略有其固有的習慣,入中國以後,亦已不可復用,乃不得不改而從我。在這一點上,異族到中國來做皇帝,和中國人自己做差不多,總不過將前代的制度,作爲藍本,略加修改罷了。(又其一)則彼既係異族,對於中國人,總不能無猜防之心。所以其所定的制度,和中國人自己所定的,多少總有些兩樣。元朝的制度,便該把這種眼光來看。

　　元朝中央的官制,是以中書省爲相職,樞密院主兵謀,御史臺司監察,而庶政則分寄之於六部的。這可說大體是沿襲宋朝。至於以宣政院列於中央,而管理吐蕃,則因元朝人迷信喇嘛教之故,這也不足爲怪。其最特別的,乃係於路、府、州、縣之上,更設行省。在歷代,行省總是有事時設置,事定則廢的。獨至元朝而成爲常設之官。這即是異族入居中國,不求行政的綿密,而但求便於統馭鎮壓的原故。這本不是行政區域,明朝乃廢其制而仍其區域;至清代,督撫又成爲常設之官,就不免政治日荒,而且釀成外重之弊了。元代定制,各機關的長官,都要用蒙古人的。漢人、南人,只好做副貳,而且實際見用的還很少。這也是極不平等之制。

　　學校,元朝就制度上看,是很爲注重的。雖在當時未必實行,却可稱爲明朝制度的藍本。我國歷代,學校之制,都重於中央而輕於地方。元制,除京師有普通的國子學和蒙古國子學、回回國子學外,一二九一年,世祖詔諸路、府、州、縣都立學。其儒先過化之地,名賢經行之所和好事之家,出錢粟以贍學的,都許立爲書院。諸路亦有蒙古字學、回回學。各行省所在之地,都設儒學提舉司,以管理諸路、府、州、縣的學校。江浙、湖廣、江西三省,又有蒙古提舉學校官。其制度,總可算得詳備了。

　　其科舉,則直到一三一五年才舉行。那已是滅金之後八十一年,滅宋之後三十七年了。其制:分蒙古、色目和漢人、南人爲二榜。第一場:漢人南人試經疑、經義，蒙古色目人則但試經問。第二場：蒙古、色目人試策，漢人、南人試古賦及在詔誥章表內科一道。第三場：漢人、南人試策，蒙古色目人則不試。案宋自王安石改科舉之制後，哲宗立，復行舊制。然士人已有習於經義，不能作詩賦的，後來乃分經義，詩賦爲兩科。金朝在北方開科舉，亦是如此。至此則復合爲一。此亦明制所本。而其出身，則蒙古人最高，蒙人科目出身的，授六品官。色目、漢人，遞降一級。色目人和漢人南人，要遞降一級，這也是不平等的。

其猜防最甚的爲兵制。元朝的兵，出於本族的，謂之蒙古軍。出於諸部族的，謂之探馬赤軍。入中原後，發中國人爲兵，謂之漢軍。平宋所得，謂之新附軍。蒙古和諸部族，是人盡爲兵的。男子年十五以上，七十以下，都入兵籍。調用漢人之法：其初或以戶論，或以丁論，或以貧富論。天下既定之後，則另立兵籍，向來當過兵的人都入之。其鎮戍之法：邊徼襟喉之地，命宗王帶兵駐扎。河洛、山東，戍以蒙古軍和探馬赤軍。江淮以南，則戍以漢兵和新附軍。都是世祖和其一二大臣所定。元朝的兵籍，是不許漢人閱看的。在樞密院中，亦只有長官一二人知道。所以有國百年，而漢人無知其兵數者。其民族的色彩，可謂很顯著了。

法律亦很不平等的。案遼當太祖時，治契丹及諸夷，均用舊法，漢人則斷以律令。太宗時，治渤海亦依漢法。到道宗時，纔說國法不可異施，命更定律令，把不合的別存之，則遼已去亡不遠了。金朝到太宗時，纔參用遼宋舊法。熙宗再取河南，纔一依律文。這都是各適其俗的意思。元朝則本族人和漢人，宗教徒和非宗教徒，都顯分畛域。如蒙古人殺死漢人，不過"斷罰出征"和"全征燒埋銀"。又如"僧、道、儒人有爭，止令三家所掌會問"，"僧人惟犯姦盜詐僞，至傷人命，及諸重罪，有司歸問。其僧侶相爭，則田土與有司會問"等都是。《元史·刑法志》職制上及殺傷。

賦稅，行於內地的，分丁稅及地稅，仿唐的租庸調法。行於江南的，分夏稅及秋稅，仿唐朝的兩稅法。役法稱爲科差。有絲料和包銀之分。絲料之中，又有二戶絲、五戶絲之別。二戶絲輸官，五戶絲則輸於本位。元諸王、后妃、公主、勛臣，各有采地。這五戶絲，是由地方官征收，付給本人的。包銀之法：漢人納銀四兩。二兩輸銀，二兩折收絲絹顏色。此外又有俸鈔一項。把諸項合起來，作一大門攤，分爲三次征收。賦役而外，仍以鹽、茶兩稅爲大宗。其行鹽各有郡邑，是爲"引地"之始。此外總稱爲額外課。就是征收隨其多少，不立定額的意思，其名目頗爲瑣碎。

宋、金、元、明四代，有一虐民之政，便是鈔法。鈔法是起於北宋時的。因宋於四川區域之內，行使鐵錢，人民苦於運輸的不便，乃自造一種紙幣，名爲交子。一交一緡。三年一換，謂之一界。以富人十六户主之。後來富人窮了，付不出錢來，漸起爭訟。真宗時，轉運使薛田，纔請改爲官辦。這本是便民的意思。然而後來，官方遂借以籌款，而推行於他處。蔡京時謂之錢引。南宋則始稱交子，末造又造會子。成爲國家所發行的紙幣了。交會本當兑換現錢的，然而後來，往往不能兑換，於是其價日跌。大約每一緡只值二三百文。然而這還算好的。金朝亦行其法於北方，名之爲鈔，則其末造，一文不直，至於以八十四車充軍賞。金朝的行鈔，原因現錢闕乏，不得不然。後來屢謀鑄錢。然而所鑄無多，即鑄出來，亦爲紙幣所驅逐。所以元定天下之後，仍不得不行鈔。乃定以鈔與絲及金、銀相權。絲、金、銀是三種東西，豈能一律維持其比價？這本是不通的法子。況且後來所造日多，其價日落，就連對於一物的比價，也維持不住了。至於末年，則其一文不值，亦與金代相同。明有天下，明知其弊，然因沒有現錢，仍無法不用鈔。而行用未幾，其價大落。至宣宗宣德初———一四二六———明朝開國不滿六十年，已跌得一貫只直一兩文了。於是無可如何，大增税額；又創設許多新税目，把鈔都收回，一把火燒掉。從此以後，鈔就廢而不用了。當金朝末年，民間交易，已大多數用銀。至此，國家亦承認了他。一切收入及支出，都銀錢並用。銀亦遂成爲正式的貨幣。然而量物價的尺，是不能有二的。銀銅並用，而不於其間定出一個主輔的關係來，就成爲後來幣制紊亂的根源了。

第四十章　元帝國的瓦解

　　元朝從太祖稱汗,到世祖滅宋,其間不過七十四年,而造成一個空前的大帝國,其興起可謂驟了。然而其大帝國的瓦解,實起於世祖自立之時,上距太祖稱汗之歲,不過五十五年。而其在中國政府的顛覆,事在一三六八年,上距太祖稱汗之歲,亦不過一百七十一年;其距世祖滅宋,則不過九十年而已。爲什麼瓦解得這麼快?

　　原來元朝人既不懂得治中國之法,而其自身又有弱點。蒙古人的汗,本係由部衆公推的。忽圖剌之立,便係如此。見《元朝祕史》。太祖之稱成吉思汗,則是漠南北諸部的大汗,亦係由諸部公推。太祖以後,雖然奇渥溫氏一族,聲勢煊赫,推舉大汗,斷無舍太祖之後而他求之理。然而公舉之法,總是不能遽廢的。所以每當立君之際,必須開一"忽烈而台"。譯言大會。宗王、駙馬和諸管兵的官,都得與議。太宗之立,因有成吉思汗的遺言,所以未有異議。太宗死後,太宗的後人和拖雷的後人,已有競爭。定宗幸而得立。又因多病,三年而死。這競爭便更激烈起來。太宗後人,多不愜衆望;而拖雷之妃,很有交際的手腕,能和宗王中最有聲望的拔都相結。憲宗遂獲登大位。太宗之孫失烈門等謀叛,爲憲宗所殺。並殺太宗用事大臣,奪太宗後王兵柄。蒙古本族的裂痕,實起於此。憲宗死後,世祖手下漢人和西域人多了,就竟不待忽烈而台的推戴,自立於現在的多倫。於是阿里不哥亦自立於漠北。拖雷後人之中,又起了紛爭。後來阿里不哥總算給世祖打敗。而太宗之孫海都,復自擅於遠。察合台、欽察兩汗國都附和他。蒙古大帝國,遂成瓦解之勢。

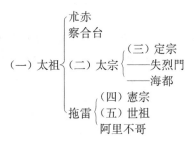

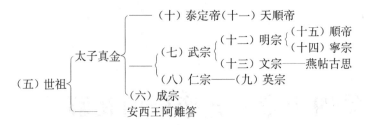

因海都的抗命,於是常須派親王宿將鎮守和林。世祖是用漢法立太子的,而又早死。其時成宗戍守北邊。世祖死後,伯顏以宿將重臣歸附成宗,所以未曾有亂。成宗既立,武宗繼防北邊。成宗死後,皇后伯岳吾氏,要立安西王阿難答。而右丞相哈剌哈孫,要立武宗。因爲武宗在遠,先使人迎其弟仁宗於懷州,監國以待。武宗既至,殺安西王,弒伯岳吾后而自立。武宗以仁宗爲太子。武宗死後,仁宗繼之。却自立其子英宗爲太子,而出武宗之子明宗於雲南。其臣奉之奔阿爾泰山,依察合台後王。仁宗死,英宗立。爲奸臣鐵木迭兒所弒。無子。泰定帝立。死於上都。子天順帝立。簽密院燕帖木兒,迫脅大都百官,迎立武宗之子。元世祖即位於今多倫,以其地爲上都。定都今北平,稱爲大都。於是鈔襲武宗的老文章,一面先使人迎文宗於江陵,先即皇位。發兵陷上都。天順帝不知所終。明宗至漠南,即位。文宗和燕帖木兒入見,明宗暴死。文宗再即位。然而心不自安。遺命必立明宗之子。文宗死後,燕帖木兒要立其子燕帖古思。文宗皇后翁吉剌氏不肯。於是先迎立寧宗。數月而死。燕帖木兒又要立燕帖古思。翁吉剌氏仍不肯。乃再迎順帝。順帝既至,燕帖木兒不讓他即位。遷延數月,恰好燕帖木兒死了,順帝乃得立。既立之後,追治明宗暴死故事。毀文宗廟主。流翁吉剌氏和燕帖古思於高麗,都死在路上。

如此,每當繼承之際,必有爭亂,奸臣因之擅政,政治自然不會清明的。況且蒙古人本也不知道治中國之法。他無非想朘削中國人以自利。試看他戶、工二部,設官最多,便可見其一斑。其用人,則宿衞勳臣之家,以及君主的嬖幸、諸王公主的私屬,都得以平流而進。真是所謂"仕進有多途,銓衡無定法"。《元史·選舉志》語。再加以散居各處的蒙古、色目人對於漢人的陵侮,喇嘛教僧侶的騷擾,見第四十七章。自然弄得不成個世界了。

元代之主,惟世祖最爲聰明,頗能登用人才,改定制度,然亦好用言利之臣。後來則惟仁宗以李孟爲相,政治稍見清明。此外大都仍是遊牧部落酋長的性質,全不了解中國文化的——元代諸主,大都不認得漢字的——而又都運祚短促。在位長久的,世祖而外,惟有順帝,而其荒淫又特甚。客帝的寶位,自然要坐不住了。

元朝當世祖時，江南還屢有叛亂，後來纔逐漸鎮定。順帝初年，反者屢起。然尚未爲大患。至一三四八年，方國珍起兵於台州，元朝就不能戡定。於是白蓮教徒劉福通，起兵安豐，今安徽壽縣。奉教主之子韓林兒爲主。李二起於徐州。徐壽輝起於湖北。郭子興起於濠州。今安徽鳳陽縣。張士誠起於高郵。今江蘇高郵縣。長江流域，幾於非元所有。

順帝既荒淫無度，其臣脫脫、太平、韓嘉納等，因而結黨相爭。嬖臣哈麻、雪雪，初和脫脫相結，後又變而互排。南方亂起，脫脫的兄弟也先鐵木兒帶兵去征討，連年無功，反大潰於沙河，軍資器械，喪失殆盡。脫脫不得已，自出督師。已把李二打平，進圍張士誠。而二人把他排掉。於是大局愈壞。革命軍之中，氣勢最盛的，要算劉福通。居然於一三五八年，分兵三道北上。自挾韓林兒陷開封。但元朝的兵雖無用，而其時，有起兵河南，護衛元朝的察罕帖木兒和李思齊，則頗有能力。劉福通攻陝西的兵，給他打敗。回兵再救山東。劉福通的將，遣人把察罕刺死。其子庫庫帖木兒，代將其軍，到底把山東也打平。劉福通還有一枝兵，北出晉冀的，雖然打破上都，直攻到遼東，也終於破散了。福通在開封站不住，只得走回安豐。革命軍的勢力又一挫。然而駐扎大同的孛羅帖木兒，先已因圖據冀寧之故，元路名，治今山西陽曲縣。和察罕相攻。至此，仍與庫庫構兵不止。順帝次后奇氏，生太子愛猷識里達臘。后及太子，都陰謀內禪。哈麻、雪雪，亦與其謀。事發，二人都杖死。然宰相搠思監，仍係因諂事奇后的閹人朴不花而得的。搠思監和御史大夫老的沙不協，因太子言於順帝，免其職。老的沙奔大同。搠思監遂誣孛羅謀反。孛羅舉兵犯闕。殺搠思監和朴不花。太子奔庫庫。庫庫奉以還京。此時孛羅已給順帝遣人刺死。而奇后又要使使庫庫以兵力脅順帝內禪。庫庫不可。順帝封庫庫爲河南王。命其總統諸軍，進平南方。李思齊自以和察罕同起兵，恥受庫庫節制，和陝西參政張良弼連兵攻庫庫。庫庫之將貊高、關保，亦叛庫庫。於是下詔削庫庫官爵，命太子總統天下兵馬討之。未幾，明兵北上，又復庫庫官爵，叫他出兵抵抗，然而已來不及了。

明太祖朱元璋，初從郭子興起兵。後自爲一軍，渡江，取集慶。元以今首都爲集慶路。時徐壽輝爲其將陳友諒所殺，據江西、湖北，形勢最強。而張士誠徙治平江，亦在肘腋之下。太祖先後把他打定。又降方國珍。一三六八年，乘北方的擾亂，命徐達、常遇春分道北伐。達自河南，遇春自山東，兩道並進。會於德州。今山東德縣。北扼直沽。順帝遂棄大都而去。於是命徐達下太原，乘勝定秦隴。庫庫逃奔和林。順帝匿居上都，太祖命常遇春追擊。順帝又逃到應昌。<small>城名，在達里泊旁，爲元外戚翁吉剌氏之地。</small>未幾而死。太祖再命李文忠出擊。愛猷識里達臘逃奔和林，未幾亦死。子脱古思帖木兒襲。時元臣納哈出，尚據遼東。一三八七年，太祖命藍玉等把他討平。乘勝襲破脱古思帖木兒於捕魯兒海。脱古思帖木兒北走，爲其下所弒。其後五傳都遇弒。蒙古大汗的統緒，就此中絶了。元朝分封諸王，大都不能自振。惟梁王把匝剌瓦爾密，據雲南不降。太祖當出兵北伐之時，即已分兵平定閩、廣。徐壽輝死後，其將明玉珍據四川自立，傳子昇，亦爲太祖打平。一三八一年，又遣兵平雲南。南方亦都平定。

第四十一章　明初的政局

　　明朝雖然驅逐胡元，把中國恢復過來，然而論其一代的政治，清明的時候，却是很少的。這個推原其始，亦可説是由於太祖詒謀之不臧。

　　太祖初定天下，即下詔禁止胡服胡語，把腥羶之俗掃除。見第四十七章。所定制度，亦頗詳備。邊防的規模，亦是很遠的。然而專制的氣焰太盛，私天下之心又太重。只要看其廢除宰相，加重御史之權，及其所定的兵制，就可知道了。見第四十五章。而其詒害尤巨的，則爲封建之制。

　　太祖定都金陵，稱爲應天府。以開封爲北京。又擇名城大都，分封諸子，共計二十五人。雖定制不許干預政治，然而體制崇隆，又各設有衛兵，在地方政治上，總覺得不便。而燕王棣在北平，晉王棡在太原，均得節制諸將，威權尤重。太祖太子早死，立建文帝爲太孫。太祖崩，建文帝立。用齊泰、黄子澄之謀，以法繩諸王。燕王就舉兵反。太祖時，功臣宿將，殺戮殆盡。這時候，更無能够抵禦的人。燕兵遂陷京城。建文帝不知所終。燕王即位，是爲成祖。改北平爲北京，於一四二一年遷都。

　　成祖是個暴虐的人，當其破南京時，於建文諸臣，殺戮甚慘。後來想遷都北京，營建宮室，又極擾累。在位時，北征韃靼、瓦剌，南平安南，又遣鄭和下南洋，見第四十二、四十三章。武功亦似乎很盛的。然而太祖時所定北邊的防綫，到成祖時，規模反縮小了。原來明初北邊的第一道防綫，是開平衛。這就是元朝的上都。據此，則可以俯臨漠南，宣、大都晏然無事了。後來元朝的大寧路來降，又設泰寧、朵顏、福餘三衛。其地直抵今吉林境。都隸北平行都司。使寧王權居大寧以節制之。泰寧衛在元海西的台州站。海西爲元代行政區域之名，就是後來扈倫四部之地。見第四十四章。朵顏衛，在今吉林北珠家城子附近。福餘衛，在今吉林省農安縣附近。大寧在今熱河省赤峯、承德之間。見《清朝全史》第二章。明朝這時候，東北方的防綫，實在超越遼河，而達到現在的松花江流域。所以對於女真人，威力所至，亦極遠。一四〇九年所設的奴兒干都司，遠至黑龍江口，庫頁島亦來臣服。《明會典》:永樂七年,設奴兒干都司於黑龍江口。清朝曹廷傑,以光緒十一年,奉命視察西伯利亞東偏。曾在廟爾以上二百五十餘里,混同江東岸特林地方,發見明代《敕建永寧寺記》及宣德六年《重建永寧寺記》,均係太監亦失哈述征服奴兒干和海中苦夷的事情。苦夷,即今庫頁的異譯。永樂,成祖年號。宣德,宣宗年號。其七年,爲公元一四三二年。成祖起兵,怕寧王議其後,誘而執之,而徙北平行都司於保定。把三衛地方,給了兀良哈。保定,今河北清苑縣。兀良哈,即今烏梁海。開平衛的形勢就孤了。一四二四年,成祖崩,仁宗立。在位僅一年。宣宗繼立。就徙開平衛於獨石。獨石口,在今察哈爾沽源縣南。其南十里,有城,爲明代所建。清獨石口廳治所。於是宣、大的形勢赤露,而兀良哈爲瓦剌所脅服,其勢愈張。遂有土木之變。

　　明太祖定制,內侍本不許讀書。成祖起兵,頗得閹人內應之力。即位後,就選官入內教習。又設京營提督,使之監軍。又命隨諸將出鎮。並有奉使外國的。當太祖時,以錦衣衛治詔獄,本已軼出正式司法機關之外。成祖又立東廠。以司偵緝,亦命宦官主其事。於是自平民以至官吏,無不在宦官伺察之中。終明之世,毒害所及,真乃不知凡幾。宣宗崩後,英宗即位。年幼,寵信司禮太監王振。此時瓦剌强盛,王振不度德、不量力,輕與挑釁。瓦剌酋長也先入寇,王振又勸帝親征。至大同,知不敵,急班師。又因振家在蔚州,想邀英宗臨幸,定計走紫荆關,後來又變計走居庸關。回旋之間,遂爲敵兵追及於土木堡。蔚州,今察哈爾蔚縣。紫荆關,在今河北易縣西。土木堡,在今察哈爾懷來縣西。英宗北狩。振死於亂軍之中。警報達京師,議論蜂起。侍講徐有貞等主張遷都。侍郎于謙則主張堅守。到底于謙一派戰勝了。於是以太后之命,奉英宗的兄弟郕王監國。旋即位,是爲景帝。尊英宗爲太上皇。也先挾太上皇,自紫荆關入攻京城。于謙督總兵石亨等力戰,總算把他擊退。謙乃整頓邊備,以重兵守大同、宣府。也先屢入寇,總不得志,乃奉太上皇還。

　　這是明人一天之喜。君主被擄,仍能安穩歸來,和西晉、北宋,可謂大不相同了。然而政變即因此而起。徐有貞因于謙有功,自覺慚愧。石亨亦因恃功驕恣,爲謙所裁抑,內懷怨望。乃和太監曹吉祥等結託,乘景帝臥病,以兵闖入宮中,迎接太上皇復位。是爲"奪門"之變。于謙被殺。有貞旋爲石亨所排擠,貶死。亨又以謀反伏誅。英宗復辟之後,亦無善政。死後,憲宗立。寵任太監汪直。於東廠之外,別立西廠,使直主其事。憲宗崩,孝宗立。任用劉健、謝遷、李東陽等,政治總算清明。憲宗之後,武宗繼之。則其荒淫,又較前此諸君爲甚。初寵東宮舊豎劉瑾,日事遊戲。別立內廠,使瑾主其事,並東西廠亦在監察之中。武宗坐朝,有人投匿名書於路旁,數瑾罪惡。瑾便矯詔,詔百官三百餘人,跪在午門外,加以詰責。至於半日之久,然後把他送入獄中。其專橫如此,朝臣自然無從舉發他的罪惡了。後來安化王寊鐇,反於寧夏。都御史楊一清,前往征討,把他打平。凱旋之日,楊一清勸監軍太監張永,舉發劉瑾罪惡。武宗纔算省悟,把他除掉。又有個大同遊擊江彬,交結內監家奴,以蹴鞠侍帝。導帝出遊宣、大、延、綏等處。於是人心惶惶。寧王宸濠,又因此反於南昌。幸得南贛巡撫王守仁,起兵躡其後,總算一戰而平。武宗却又借親征爲名,出遊江南而還。此時畿南、山東,盜賊橫行,連年不得平定。其不至於土崩瓦解,只算僥倖罷了。一五二一年,武宗崩。無子,世宗入繼大統。世宗頗知學問,性質亦近於嚴厲。駕御宦官頗嚴。明自中葉以後,宦官的斂跡,無過於世宗時的。然嚴而不明。中年以後,又溺於神仙,不問政事。嚴嵩因之,盜竊朝權,一味蒙蔽。內政既壞,外患又深,明朝遂幾成不可收拾之局了。

第四十二章　明和北族的關係

明朝是整個中國，被胡人陷没之後，把他恢復過來的。論理，對於北方的邊防，應較歷代格外注重。然而終明之世，只有太祖一朝，規模稍遠。成祖時，雖兵出屢勝，而棄地實已甚多。從此以後，就更其不能振作了。

明代的北方，是韃靼、瓦剌，迭起稱雄的時代。瓦剌，元時稱爲斡亦剌，亦係北方部族之一。明初，其部落分而爲三。成祖時來降。都封其首領以王號。而順寧王馬哈木最強。元朝的大汗統緒絕後，有個喚做鬼力赤的，自稱韃靼可汗。後爲知院阿魯台所殺。迎立元朝後裔本雅失里。成祖曾親征，把他們打破。又曾打破馬哈木。後來本雅失里，到底爲馬哈木所殺。其子脱歡，併瓦剌三部爲一。又襲殺阿魯台。要想自立爲可汗，其部下的人不肯。乃迎立元裔脱脱不花。脱歡子也先，聲勢更甚，並兀良哈亦爲所脅服。遂有土木之變。此爲瓦剌極盛時代。土木變後，也先殺脱脱不花自立。一四五二年，爲知院阿剌所殺。瓦剌復衰。

於是韃靼酋長，有名爲孛來的，殺阿剌，立脱脱不花的兒子麻兒可兒，號爲小王子。麻兒可兒死後，衆共立馬古可兒吉思，爲孛來所殺。有喚做毛里孩的，又殺孛來，迎立他可汗。又有喚做斡魯出的，和毛里孩互相仇殺。先是韃靼的入寇，或在遼東，或在宣府、大同，或在寧夏、莊浪。明衛名，今甘肅莊浪縣。往來無常，爲患不久。英宗復辟後，斡羅出才入據河套，和別部長孛魯乃合。至憲宗時，則孛來、小王子、毛里孩，先後皆至，爲患益深。孛來死後，又有喚做滿魯都的，繼之而至。這便是明朝所謂"套寇"。總而言之，自也先死後，瓦剌之患已衰；此時的韃靼，亦祇是些零碎部落，並不足爲大患。然而明朝措置無方，北邊遂迄無息肩之日。到一五〇四年，達延汗再即汗位，而其形勢又一變了。

爲藍玉所襲破而遇弒的脱古思帖木兒，《明史》謂是愛猷識里達臘之子，《蒙古源流考》則謂係愛猷識里達臘之弟。其子曰額勒伯克汗，嘗殺其臣而娶其妻,是爲洪郭斡拜濟。洪郭斡拜濟歸汗時,有了三個月的身孕。又四個月而生一子,名爲阿寨。阿寨的兒子名阿噶巴爾濟,是個助衛拉特以攻蒙古的人。阿噶巴爾濟生子曰哈爾固楚克,爲也先的女婿。生子,名巴圖蒙克。是爲達延汗。達延汗爲中興蒙古的偉人。他有四個兒子:長名圖魯特,早死。季子格埒森札賚爾,留守漠北,是爲喀爾喀諸部之祖。達延汗以次子烏魯斯爲右翼,三子巴爾蘇爲左翼。烏魯斯爲滿魯都所殺。達延汗怒,命巴爾蘇擊殺滿魯都。這時候,漠南北本無强部,滿魯都死後,蒙古遂復呈統一之觀。達延汗和圖魯特之卜赤,徙牧南近長城,稱爲插漢兒部,就是現在的察哈爾。巴爾蘇二子:長名袞必里克圖,爲鄂爾多斯部之祖。次爲阿勒坦汗,即《明史》的俺答,爲土默特部之祖。袞必里克圖早死,其衆皆歸於俺答,所以俺答獨强。世宗時,屢爲北邊之患,一五五〇、五九、六三三年,曾三次進犯京畿。嚴嵩以輦轂之下,敗不可掩,戒諸軍不得與戰,因此寇益得志。後來俺答之孫把漢那吉,娶妻而美,爲俺答所奪,發怒來降。把漢那吉是幼孤而育於俺答之妻的。俺答之妻,怕中國把他殺掉,日夜哭泣。俺答才遣使請和。於是穆宗於一五七〇年,封俺答爲順義王。此時俺答亦已受了喇嘛教的感化,見第四編第六章。自此不復犯邊。而東方的插漢兒部轉盛。其時高拱當國,用戚繼光守薊鎮,李成梁于遼東。繼光持重,善守禦,而成梁屢戰却敵。神宗時,張居正當國,對於這兩個人,任用更專。所以十六、七世紀之間,北邊頗獲安息。明朝末年,漠南諸部,仍以插漢兒爲最盛。插漢兒的林丹汗,爲達延汗的八世孫。其妻,爲葉赫部女。而葉赫爲清所滅,所以林丹汗與清爲仇。明朝就重加歲賜,命其聯合諸部,以牽制滿洲。然林丹汗驕恣,爲同族所惡。先是一五九三年,蒙古東方的科爾沁等部,曾聯合滿洲諸部以伐清,爲清太祖所敗,科爾沁等遂附於清。至是,並西方的土默特等部,亦和清通聲氣。一六三八年,清太宗會合蒙古諸部,出其不意,襲擊林丹汗。林丹汗欲拒戰,而下不聽命,乃出走。死於青海的大草灘。明年,其子額哲降清。於是漠南蒙古,就全爲清人所征服了。

　　有明一代,對於北方的邊防,不可謂不認真。現在的長城,就大都是明代造的。最初防綫撤廢之後,後來又以遼東、薊州、宣府、大同、榆林、寧夏、甘肅、固原、太原爲九邊,都成爲節制調度的重心。沿邊的兵額,配置頗爲充足。兵額亦常能維持。器械亦比較精利。讀《明史·兵志》可見。論其實力,本可以掃蕩漠南北而有餘。然而將驕卒惰之弊,亦在所不免,玩敵而不郵士卒,尤爲通常之弊。所以兵力雖厚,而士氣不盛,始終只立於防禦的地位。對於區區的套寇,尚且不能掃穴犂庭,更無論絕漠而北了。

第四十三章 明朝的殖民事業和外患

　　中國人移殖的能力，是很大的。照第八章和第二十二章所述，則在很古的時代，中國人在海外的航綫，業已很遠；而第三世紀以後，已幾乎把歐、亞的航路打通了。在這很長的時期中，中國人一定有在海外經營拓殖之業的。惜乎年深月久，文獻多已無徵。現在可考見的，大都是明以來的事蹟罷了。

　　在大陸上，最易和海洋接觸的是半島。亞洲大陸，有三個最大的半島——前後印度、朝鮮——其中兩個，本來都有一部分屬於中國的。自唐、五代以來，才逐漸的喪失了。明成祖時，因安南陳、黎二氏的篡奪，安南首脫離中國自立的爲丁部領，事在九〇七年。越十年而爲黎氏所篡。宋太宗討之，不克。因其來降而封之。自是安南的自立，遂得中國的承認。一〇一〇年，黎氏爲李氏所篡。傳國至一二二七年，其末代女主佛金，讓位於其夫陳日煚。至一三九九年，乃爲外戚黎季犛所篡。季犛實姓胡，篡位後，即復姓，改國號爲大虞，而傳位於其子漢蒼。旋爲成祖所滅。發兵戡定其地。於一四〇六設立交趾布政司，和内地的制度一樣。因守土的官吏，不盡得人，奉使的中官，尤多暴橫，土人叛亂不絕。於是一四二七年，宣宗又把他棄掉。然當元、明兩代，西南的土司，還幾於包括伊洛瓦諦江流域。看《明史・土司傳》可知。安南、暹羅，雖各列爲國，亦都朝貢於我。南洋羣島的交通，亦是歷代不絕的。所以航行很爲便利。

　　元朝人是好勤遠略的。當世祖時，曾遣唆都、李庭璧招致南洋諸國。當時南洋之國，以俱藍、馬八兒爲綱維。馬八兒便是今印度的馬拉巴爾(Malabar)。俱藍爲其後障，當在馬拉巴爾之北。當時先後來朝的，共有十國。都是今印度沿岸和南洋羣島之地。明初，使節所至亦遠。成祖又命中官鄭和往使。和乃自造大船，長四十四丈，寬十八丈的。共有六十二隻，帶着士卒三萬七千人，從蘇州婁家港出海，現在江蘇的婁河口。徧歷南洋諸國。有不服的，則威之以兵。自一四〇五至一四三三，三十年之間，凡七奉使，三擒番長。後來奉使海外的，無不盛稱和以眩耀諸國。其事業，亦可謂之偉大了。《明

史‧鄭和傳》，於和事蹟，記載不詳。近代梁啟超作《鄭和傳》，推考其航路：則
當自南海入暹羅灣。沿馬來半島南下，至新嘉坡。繞蘇門答臘和爪哇兩島。
入孟加拉灣。循行印度半島的兩岸。繞錫蘭島。又入波斯灣。沿東岸北航，
至底格利斯河口。再循西岸南航，至亞丁，越亞丁灣，入紅海。北航至麥加。
南航，出莫三鼻給海峽，掠馬達加斯加島的南端而東歸。其航綫所至，亦可謂
之極遠了。當時華人移殖海外的甚多。在小呂宋一帶，尤爲繁盛。而作蠻夷
大長的，亦大有其人。其見於《明史》的：則有呂宋的潘和五，婆羅的王，爪哇
新邦的邦主，三佛齊的梁道明、陳祖義。其事在明開國至萬曆年間，約當十四
世紀後半至十五世紀之末。梁啟超作《中國殖民八大偉人傳》，得諸口碑的：
又有戴燕國王吳元盛，昆侖國王羅大，都是清朝乾嘉年間，戰勝土蠻的。又有
葉來，則爲英屬海峽殖民地的開闢者。其事在嘉道之間，則已在十八世紀中
葉至十九世紀前半了。還有潮州鄭昭，隨父流寓暹羅，爲其宰相。乾隆時，暹
羅爲緬甸所滅，鄭昭起兵恢復，事見第四編第六章。近代西人的東航，實在明
中葉以後。哥侖波的發見美洲，事在一四九三年；葡萄牙人的發見印度新航
路，則事在一四九八年，較鄭和的下西洋，實後八九十年。西人東航之初，中
國人的足跡，早已徧布南洋了。中國西北負陸，而東南面海。閩、廣之北，限
以重山，其民不易向中原分布，所以移徙到海外的很多。南洋羣島，氣候和
煦，物產豐饒，實在是中國的一片好殖民地。不但如此，中國人作事平和，凡
事都以共存共榮爲目的。假使開發南洋的責任，而由中國負之，南洋羣島的
土人，決沒像現在飽受壓迫，瀕於滅亡之慘。徒以昔時狃於"不勤遠略"之見，
有此基礎，不能助以國力，向前發展，這真是一個大錯誤。不但如此，因海防
的廢弛，通商政策的不得宜，反還因海洋交通，而深受其害，這便是所謂倭寇。
　　倭寇是起於元、明之間的，至明中葉而大盛。原來日本自與元構釁後，禁
止其人民，不許和中國往來。於是冒禁出海的，都是無賴的邊民，久之遂流爲
海寇。當元中葉，日本分爲南北朝。後來南朝爲北朝所併。遺民亦有入海，
與海寇合的。朝鮮沿海，受患最深，而中國亦所不免。所以明初，於沿海設衛
甚多；而明代的市舶司，意亦不重於收稅，而重於管理制馭。世宗時，廢司不
設。貿易之事，移主於達官勢家。多負倭直不償。倭人貧不能歸，遂都變爲
海盜，沿海的莠民，亦都附和他；或則冒其旗幟，以海島爲根據地，飢則入掠，
飽則遠颺。沿海七省，無一不受其患。甚至沿江深入，直抵南京。明朝竟無
如之何。直至一五五六年，胡宗憲總督浙江軍務，誘誅奸民，絕其內應，倭寇
勢才漸衰。又約十年，乃爲戚繼光、俞大猷所剿平。然而沿海之地，已凋敝得

不堪了。

倭寇平定未幾，復有朝鮮之役，則其事已在神宗時了。日本自開國以來，世與蝦夷爲敵。八世紀之末，日本拓地益廣，乃於東北邊置征夷大將軍。源、平二氏，世守其地。後來中央政爭，多借源、平二氏爲助。平氏先以外戚執政，後爲源氏所滅。乃徧置武職於諸州，以守護封土，而總其權於征夷大將軍。於是大權盡入幕府，皇室徒擁虛名而已——日本皇室，所以始終未曾易姓，就是爲此。源氏之後，北條氏、足利氏，相繼以家臣覆滅幕府，格外大封將士；而其將士，又以其地分封其下，遂成全國分裂之勢。十六世紀之末，有個喚做豐臣秀吉的，起而平定全國。因念亂源終未盡絕，意欲把一班軍人，趕到外國去，遂有一五九二年渡海攻朝鮮之舉。朝鮮開國之主李成桂，本是以打倭寇出名的。當元朝時候，屢次干預高麗的内政。其國王，多數是元朝的女婿。舉國多剃髮易服，習爲胡化。明興之後，高麗王氏的末主，還想扶翼元朝。李成桂則傾向中國。於是覆王氏而自立。革新内政，輸入中國的文化，氣象一新。然而承平日久，兵備亦不免於廢弛。日本兵一至，遂勢如破竹。其王先奔平壤，後走義州，遣使求援於中國。神宗命李如松前往。一戰而勝，盡復漢江以北之地。旋因輕進，敗於坡州的碧蹄館。於是撫議復起。遷延數年，終不能就。直至一五九八年，豐臣秀吉死，日本兵乃解而東歸。這一次，明朝運兵籌餉，騷動全國，而竟没有善策，可見其政治軍備的廢弛了。

第四十四章　明末的政局

　　明朝當世宗之時，萬事廢弛，本已成不能復振之局。世宗崩後，穆宗立，在位六年而崩。神宗立。時爲一五七二年。穆宗時，張居正、高拱，相繼爲相。神宗立，年幼，拱復罷，居正輔政。居正有綜覈之才。史稱其當國之時，一紙文書，"雖萬里之外，無敢不奉行維謹"的。當時吏治敗壞，又承累朝的奢侈，國計民生，均極困難，居正乃裁減用度，刷新庶政。"行官吏久任之法，嚴州縣諱盜之誅。"在相位十年，頗有"起衰振敝"之效。然神宗本性是昏惰的。所以自居正死後，綱紀便又廢弛了。而中年後的怠荒，尤爲前此列朝所未有。

　　明朝的君主，視朝本不甚勤謹的。神宗則中年以後，不視朝者至二十餘年。專一聽信中官。派他們出去做稅使，並到各處開礦，借端誣索，毒流天下。皇帝既不管事，羣臣就結黨相攻。而言路一攻，其人即自去，於是言路之權反重。明朝人本來和宋朝人一樣，喜歡爭意氣的。當時顧憲成等講學於無錫的東林書院。往往諷議執政，裁量人物。即朝士亦有遙相附和的。於是黨禍復起。

　　清室之先，就是隋唐時的白山靺鞨。遼時，謂之長白山女真。清人自謂國號滿洲。據近人所考證，則滿洲二字，明人寫作滿住，乃大酋之稱，不徒非國名，並非部族之名。清室之先，實在是明朝的建州女真。明朝分女真爲三衛：曰海西，在今吉林的西部，遼寧的西北部。曰野人，在今吉、黑兩省的極東。曰建州，初設於朝鮮會寧府的河谷。事在一四一二年。受職爲指揮使的，名猛哥帖木兒，即清人所謂肇祖。後爲七姓野人所殺。弟凡察嗣職，遷居佟佳江流域。後來猛哥帖木兒的兒子董山出來，和凡察爭印。明朝乃將建州分爲左右二衛，以董山爲左衛，凡察爲右衛指揮使。董山漸漸桀驁。一四六六年，明朝檄調他到廣寧，把他殺掉。並出兵攻破其部落。部人擁戴其子脫羅擾邊，聲言復仇。久之，也就寂然了。於是左衛衰而右衛盛。右衛酋長王杲，其地在今寬甸附近。爲李成梁所破。逃到扈倫四部中之哈達。據《清實

357

録》所載，當時的女真，分爲滿洲、長白山、扈倫、東海四大部。滿洲、長白山，就是明朝的建州衞。東海爲明朝的野人衞。扈倫則野人部落，南遷而據海西之地的。其中哈達、葉赫，明人稱爲南北關，哈達爲南關，在今遼寧開原縣北。葉赫爲北關，在今吉林省城西南。倚以捍邊，視之尤重。王杲逃到哈達後，哈達酋長把他執送李成梁。李成梁把他殺掉。王杲的兒子阿台，是清景祖的孫壻。景祖，《清實録》名覺昌安，明人謂之叫場，即清太祖之祖。其第四子顯祖塔克世，明人謂之他失，爲太祖之父。阿台既抱殺父之怨，助葉赫以攻哈達。滿洲的蘇克蘇滸部長尼堪外蘭，爲李成梁鄉導，以攻阿台。阿台被殺。叫場、他失亦俱死。清太祖向明邊吏呼冤，明人乃將叫場、他失的尸體還給他。此時清太祖勢甚微弱。至一五八三年，乃起兵以攻尼堪外蘭。一五八六年，尼堪外蘭奔明邊。明人非但不加保護，反把他執付清太祖。並開撫順、清河、寬甸、璦陽四關，許他互市。從此滿洲，就漸漸强盛起來了。以上清朝初興時事蹟，可參看日本稻葉君山《清朝全史》（中華書局譯本），近人孟森《心史史料》。清人既漸强，滿洲五部，都爲所征服。扈倫、長白山聯合蒙古的科爾沁等部來伐，亦爲清太祖所敗。太祖又聯合葉赫，以滅哈達。至一六一六年，遂起兵叛明。

　　清兵既起，明以楊鎬爲經略，發大兵二十萬，分四路東征。三路皆敗。清人遂陷鐵嶺，進滅葉赫。明以熊廷弼爲經略。旋代以袁應泰。應泰有吏材，無將略，遼、瀋遂陷。清太祖自赫圖阿拉遷居遼陽。一六二五年，又遷居瀋陽。儼然和明朝對抗了。

　　邊事如此，而明朝方忙於三案之爭。三案，就是梃擊、紅丸、移宮。神宗皇后無子，恭妃王氏，生子常洛，貴妃鄭氏，生子常洵。常洛長，而神宗寵鄭貴妃，欲立常洵，藉口待中宮有子，久不建儲。羣臣屢以爲言。一六〇一年，纔立常洛爲皇太子。一六一五年，忽有不知姓名男子，持梃闖入東宮，擊傷守門内侍。把他拘來審訊。他自説姓張，名差，是鄭貴妃宮中太監劉成、龐保主使他的。於是衆論嘩然，都攻擊鄭貴妃。後來把張差、劉成、龐保三個人殺掉算了結。神宗崩於一六二〇年。常洛立，是爲光宗。不久即患病。鴻臚寺丞李可灼，進紅丸一粒。光宗服之，明日而崩。有人主張徹究李可灼，有人以爲可灼無罪。後來亦未曾徹究。光宗崩後，熹宗即位。時年十六，光宗選侍李氏，亦住在乾清宮。御史左光斗力爭，乃移到噦鸞宮。此三案，大致東林黨人是主張徹究張差、李可灼，以移宮爲然的。非東林黨則反是。事雖已過，仍彼此攻擊不已。魏忠賢得志之後，恨東林黨的人，和他交結。御史崔呈秀，乃將東林黨人的名字，都開給他，叫他一網打盡。於是魏忠賢提督東廠，把楊漣、左光斗等東林黨中極有名的人物都殺掉。又毀天下書院。而魏忠賢的生祠，反而徧於各處。黨禍之烈，閹宦之横，真是從古所未有。東林、非東林，互相攻擊。熹宗時，非東林黨人結中官魏忠賢，把東林黨人一網打盡。忠賢的驕横，尤其前此宦官所未有。直到一六二七年，毅宗即位，才把他除掉。然而外患未平，流寇復起，終於不能支持了。

　　流寇是毅宗初年起於陝西的。流入山西，又流入河北。渡河，犯湖廣、四川、襄鄖。明朝命陳奇瑜督剿。一六三四年，奇瑜蹙賊於車箱峽。在今陝西安康縣。賊勢業已窮蹙，而奇瑜信其偽降，受之，賊出峽即大掠。於是分爲兩股：一爲高迎祥、李自成。一爲張獻忠。四處流竄。一六三六年，迎祥爲孫傳庭所擒，自成逃向甘肅。獻忠亦給盧象昇打敗，詣湖北偽降。賊勢又已衰挫。而滿洲又於此時入犯，諸將都撤兵東援，賊勢遂復熾。

　　明自遼、瀋陷後，再起熊廷弼爲經略。因爲廣寧巡撫王化貞所掣肘，計不得行。遼西城堡多陷。明逮廷弼、化貞，俱論死。以王在晉爲經略。在晉主守山海關。時袁崇煥以僉事監軍關外，主張守寧遠。大學士孫承宗是崇煥議。乃罷在晉，代以承宗。旋又代以高第。第性恇怯，盡撤守備入關。崇煥誓以死守寧遠。一六二六年，清太祖見明大兵已撤，以爲機有可乘，自將攻寧遠。大敗，受傷而死。見《清朝全史》第十二章。太宗立。先定朝鮮。還攻寧遠、錦州，又大敗。一六二九年，太宗乃避正面，自喜峯口入長城。崇煥亦兼程入援。兩軍大戰，勝負未分。先是崇煥以皮島守將毛文龍皮島，今圖作海洋島。跋扈，借閱兵爲名，把他殺掉。毅宗雖加撫慰，實則不能無疑。至是，清人縱反間之計，毅宗遂將袁崇煥下獄殺掉。於是邊事愈壞。毛文龍死後，其部將孔有德、耿仲明等逃到登州。登州，今山東蓬萊縣。後來造反，給官軍打敗，浮海降清。引清兵攻陷廣鹿島。今圖作光禄島。守將尚可喜降。皮島亦陷。明人前此，常藉海軍勢力，牽制遼東，至此亦消滅了。然而遼西兵力還厚。太宗乃仍繞道長城各口，於一六三六、三八、四〇等年，入犯京畿，蹂躪山東。明朝剿匪的兵事，因此大受牽制。一六四〇年，清兵大舉攻錦州。今遼寧錦縣。明薊遼總督洪承疇往援，戰於松山，大敗。明年，松山破，承疇降。錦州亦陷。於是關外重鎮，只有一個寧遠了。然而明兵塞住山海關，清人還不敢深入。

　　李自成、張獻忠再叛之後，獻忠竄入四川，自成則再攻河南。是時，河南大饑，民從之者如流水，勢遂大熾。一六四三年，自成陷西安。明年，稱帝。東陷太原。分兵出真定，今河北正定縣。而自率大兵陷大同。遂陷宣府，自居庸關陷京師。毅宗自縊死。毅宗死的前一年，清太宗也死了。子世祖立。年才六歲，鄭親王濟爾哈朗、睿親王多爾袞同攝政。明山海關守將吳三桂，聞京城被圍，發兵入援。至豐潤，京城已陷。李自成招他投降，三桂已經答應了。後聞愛妾陳沅被掠，大怒，走回降清。多爾袞方略地關外，聞之，大喜，疾馳受其降。合兵打破李自成。自成逃回陝西。清兵遂入北京，世祖即遷都關內。

第四十五章 明的制度

有明一代，政治雖欠清明，制度則頗爲詳密。其大部，都爲清代所沿襲，有到現在還存在的。如魚鱗册之法。所以明代的制度，在近世的歷史上，頗有關係。

明太祖初仍元制，以中書省爲相職。後因宰相胡惟庸謀反，遂廢省不設。並諭後世子孫，毋得議置丞相。遂成以天子直領六部的局面。這斷非嗣世的中主，所能辦到的。於是殿、閣學士，遂漸起而握宰相的實權。前代的御史臺，明時改稱都察院。設都御史、副都御史、僉都御史，都分左右。又有十三道監察御史。除糾彈常職外，提督學校、清軍、巡漕、巡鹽諸務，亦一以委之。而巡按御史，代天子巡守，其權尤重。給事中一官，歷代都隸門下省。明朝雖不設門下省，而仍存此官，以司封駁稽察。謂之科參。六部之官，沒有敢抗科參而自行的，所以其權亦頗重。外官則廢元朝的行省，而設布政、按察兩司，以理政事及刑事。但其區域，多仍元行省之舊。巡撫，本係臨時遣使。後來所遣寖廣，以其與巡按御史不相統屬，乃多以都御史爲之。再後來，則以他官奉使，而加以都御史的銜。其兼軍務的，則加提督，轄多權重的稱總督。已有巡按，而又時時遣使，實亦不免於駢枝。但在明代，還未成爲常設之官罷了。

明朝的學校選舉制度，是很有關係的。原來自魏、晉以後，國家所設立的學校，久已僅存其名，不復能爲學校的重心；而且設立太少，亦不足以網羅天下之士。所以自唐以後，變爲學問由人民自習，而國家以考試取之的制度，而科舉遂日盛。科舉有但憑一日之短長之弊。所以宋時，范仲淹執政，有令士人必須入學若干日，然後得以應試之議。王安石變法，則主張以學校養士。徽宗時，曾令禮部取士，必由學校升貢。其後都未能行。然應舉之士，仍宜由學校出身，則爲自宋以來，論法制的人所共有的理想。到明朝，而此理想實現了。明制：京師有國子監。府、州、縣亦皆有學。府州縣學，初由巡按考試，後乃專設提舉學校之官。提學官在任三載，兩試諸生。一名歲試，是所以考其成績優劣的。一則開科之年，録取若干人，俾應科舉。應科舉的，以學校生徒爲原則。間或於此之外，取録一二，謂之充場儒士，是極少的。國子監生及府州縣學生，應鄉試中式的，謂之舉人。舉人應禮部試中式，又加之以殿試，則爲進士。分三甲。一甲三名，賜進士及第。第一人授職修撰，第二三人授職編修。二甲若干人，賜進士出身。三甲若干人，賜同進士出身。都得考選庶吉士。庶吉士是儲才之地，本不限於進士。而自中葉以後，非進士不入翰林，非翰林不入內閣。所以進士之重，爲歷代所未有，其所試：則首場爲四書五經義。次場則論、判及詔、誥、表內科一道。三場試經、史、時務策。鄉會試皆同。此亦是將唐時的明經進士，及宋以後經義、詞賦兩科，合而爲一。所試太難，實際上無人能應。於是後來都偏重首場的四書文，其他不過敷衍而已。其四書文的格式：（一）體用排偶，（二）須代聖賢立言，謂之八股。初時還能發揮經義，後來則另成爲一種文字，就不懂得經義的人，也會做的。應試之士，遂多不免於固陋了。

　　明朝的兵制，名爲摹仿唐朝，實在亦是沿襲元朝的。其制：以五千六百人爲衛，一千一百十二人爲千户所，一百十二人爲百户所。每所設總旗二人，小旗十人。諸衛或分屬都司，或直屬中左右前後五軍都督府。都司則都屬都督府。衛所的兵，平時都從事於屯田。有事則命將充總兵官，調衛所之兵用之。師還，則將上所佩印，兵各歸其衛所。於此點最和唐朝的府兵相像。而衛指揮使和千户、百户，大都世襲；都督、同知、僉事等，多用勛戚子孫，則是摹仿元朝的。元朝以異族入居中國，這許多人，多半是他本族，所以要倚爲腹心。明朝則事體不同，而還沿襲着他，實在很爲無謂。凡勛戚，總是所謂世禄之家。驕奢淫佚慣了，哪裏有什麼勇氣？明朝後來，軍政的腐敗，這實在是一個很大的原因。其取兵之途有三：一爲從征，二爲歸附，都是開國時的兵，後來定入軍籍的。這亦是摹仿元朝。而明朝最壞的是謫發，便是所謂充軍。有罪的人，罰他去當兵，這已經不盡適宜，却還有理可説。而一人從軍，則其子孫永隸軍籍。身死之後，便要行文到其本鄉去，發其繼承人來充軍，謂之句補。繼承人没了，並且推及其他諸親屬，這實在是無理可説。而事實上弊竇又多。要算明朝第一秕政。

　　法律：明初定《大明律》，大致以《唐律》爲本。又有《會典》，亦是摹仿《唐六典》的。_{參看第二十三章。}中葉以後，則律與例並行。_{參看第四編第二十二章。}其刑法，亦和前代相同，惟充軍則出於五刑之外。

　　明代最精詳的，要算賦役之制。其制：有黄册，以户爲主，備載其丁、糧之數。有魚鱗册，以土田爲主，詳載其地形地味，及其屬於何人。按黃册以定賦役。據魚鱗册以質土田之訟，其制本極精詳。後來兩種册子都失實，官吏別有一本，據以徵賦的册子，謂之白册。白册亦是以田從户的。其用意本和黃册一樣。但自魚鱗册壞後，田之所在不可知，就有有田而不出賦役，無田而反出賦役的，其弊無從質正，而賦役之法始壞。明代的役法：係以一百十户爲一里。分爲十甲。推丁多之家十人爲長。分户爲上中下三等以應役。役有"銀差"，有"力差"。中國財政，向來量入爲出的，惟役法則量出爲入。所以其輕重繁簡，並無一定。明朝中葉以後，用度繁多，都藉此取之於民。謂之加派。就弄得民不聊生。役法最壞的一點，還不在其所派的多少，而在一年中要派幾次，每次所派若干，都無從預知。後來乃有"一條鞭"之法。總計一年的賦役，按照丁糧之數，均攤之於人民。此外更有不足，人民不再與聞。力役亦由官召募。人民乃少獲蘇息。惟其末年，又有所謂三餉，共加至一千六百七十萬，明朝的田賦：一五一四年，武宗因建乾清宮，始加征一百萬。一五五一年，世宗因邊用。加江浙田賦百二十萬。清兵起後，神宗於一六一八、一九、二〇三年，共增賦五百二十萬。毅宗又於一六三〇年，加一百六十萬。兩共六百八十萬，謂之遼餉。後來又加練餉、剿餉，先後共加賦一千六百七十萬。人民不堪負擔，卒至於亡國而後已。賦役而外，仍以鹽、茶爲收入的大宗。明初，命商人納糧於邊，而給之以鹽，謂之開中鹽，而以茶易西番之馬。商人因運輸困難，就有自出資本，雇人到塞下屯墾的。不但糧儲豐滿，亦且邊地漸漸充實。國馬饒足，而西番的勢力，多少要減削幾分。真是個長駕遠馭之策。後來其法壞了，漸都改爲征銀，於是商屯撤廢，沿邊穀價漸貴，而馬羣也漸耗減了。茶鹽之外，雜税還很多。大抵以都税所或宣課司榷商貨，抽分場局，税竹、木、柴薪，河泊所收魚税，都不甚重要。惟鈔關之設，初所以收回紙幣，後遂相沿不廢，成爲一種通過税。在近代財政上，頗有關係。

第四十六章　元明的學術
思想和文藝

　　元明的學術思想，是承宋人之流的。在當時，占思想界的重心的，自然還是理學。理學是起於北方的。然自南宋以後，轉盛行於南方，北方知道的很少。自元得趙復後，其說乃漸行於北。元時，許衡、姚樞等，都號爲名儒，大抵是程朱一派。只有一個吳澄，是想調和朱陸的。明初，也還是如此。到公元十五、六世紀之間，王守仁出，而風氣才一變。

　　王守仁之說，是承陸九淵之緒，而又將他發揮光大的。所以後來的人，亦把他和九淵併稱，謂之陸王，和程朱相對待。守仁之說，以心之靈明爲知。爲人人所同具。無論如何昏蔽，不能沒有存在的。此知是生來就有的，無待於學，所以謂之良知。人人皆有良知，故無不知是非之理。但這所謂知，並非如尋常人所謂知，專屬於知識方面。"如惡惡臭，如好好色"，知其惡，自然就惡，知其善，自然就好。決非先知其惡，再立一個心去惡；先知其好，再立一個心去好的。好之深，自然欲不做而不能自已。惡之甚，自然萬不肯去做。所以說"知而不行，祇是未知"，所以說知行合一。既然知行就是一事，所以人只要在這知上用功夫，就一切問題，都解決了。時時提醒良知，遵照他的指示做：莫要由他昏蔽，這個便是致良知。如此，憑你在"事上磨煉"也好，"靜處體悟"也好。簡單直捷，一了百了。這真是理學中最後最透徹之說，幾經進化，然後悟出來的。

　　講理學的人，本來並沒有教人以空疏。但是人心不能無所偏重。重於內的，必輕於外。講理學的人，處處在自己身心上檢點，自然在學問和應事上，不免要拋荒些，就有迂闊和空疏之弊。程朱一派，注意於行爲，雖然迂闊空疏，總還不失爲謹愿之士。王學注重於一心——在理學之中，王學亦稱爲心學——聰明的人，就不免有猖狂妄行之弊。本來猖狂的人，也有依附進去的。其末流流弊就大著。於是社會上漸漸有厭棄心學，並有厭棄理學的傾向。但這所謂厭棄，並不是一概排斥，不過取其長，棄其短罷了。在明末，顧炎武、黃宗羲、王夫之三先生，最可以爲其代表。

這三位先生，顧王兩先生，是講程朱之學的。黃先生則是講陸王之學的。他們讀書都極博，考證都極精，而且都留意於經世致用，制行又都極謹嚴，和向來空疏、迂闊、猖狂的人，剛剛一個相反。中國自秦漢以後，二千年來，一切事都是因任自然，並没加以人爲的改造。自然有許多積弊。平時不覺得，到内憂外患交迫之日，就一一暴露出來了。自五代以後，契丹、女真、蒙古，迭起而侵掠中國。明朝雖一度恢復，及其末造，則眼看着滿洲人又要打進來。返觀國内，則朝政日非，民生日困，風俗薄惡，寇盜縱橫，在在都覺得相沿的治法，有破産的傾向。稍一深思熟考，自知政治上、社會上都須加一個根本的改造。三先生的學問，都注意到這一方面的。黃先生的《明夷待訪録》，對於君主專制政體，從根本上下攻擊。王先生的《黃書》，這種意見也很多。顧先生的《日知録》，研究風俗升降、政治利弊，亦自信爲有王者起，必來取法之書。這斷非小儒呫嗶，所能望其項背。後來清朝人的學問，只講得考據一方面，實不足以繼承三先生的學風。向來講學術的人，都把明末諸儒和清代的考證學家，列在一處，這實在不合事實，不但非諸先生之志而已。

講到文藝，元明人的詩文，亦不過承唐宋之流，無甚特色。其最發達的，要算戲曲。古代的優伶，多以打諢，取笑爲事。間或意存諷諫，飾作古人，亦不可謂之扮演。扮演之事，惟百戲中有之。如《西京賦》敍述《平樂觀》角觝，說"女娲坐而清歌，洪崖立而指揮"之類。然而不兼歌舞。南北朝時，蘭陵王入陳曲、踏謡娘等，才於歌舞之中帶演故事。然還不是代言體。宋時的詞，始有敍事的，謂之傳踏。後來又有諸宮體。至於元代的曲，則多爲代言體。演技者口中所歌，就作爲其所飾的人所説的話，其動作，亦作爲所飾的人的表情。就成爲現在的戲劇了。戲劇初起時，北方用弦索，南方用簫笛。明時，魏良輔再加改革，遂成爲今日的崑曲。以上論戲曲的話，可參看王國維《宋元戲曲史》。此外説話之業，雖盛於宋。然其筆之於書，而成爲平話體小説，則亦以元明時代爲多。總而言之，這一個時代，可以算得一個平民文學發達的時代。

第四十七章　元明的宗教和社會

　　元代是以蠻族入據中國，沒什麼傳統的思想的。所以對於各種宗教，一視同仁。各教在社會上，遂得同等傳播的機會。其中最活躍的，則要算佛教中的喇嘛教。喇嘛教是佛教中的密宗。其輸入西藏，據《蒙古源流考》，事在七四七年。始祖名巴特瑪撒巴斡。密宗是講究顯神通的。和西藏人迷信的性質，頗爲相近。所以輸入之後，流行甚盛。元世祖征服西藏後，其教遂流行於蒙古。西僧八思巴，受封爲帝師。其後代有承襲。受別種封號的還很多。天下無論什麼事情，不可受社會上過分的崇信。崇信得過分，其本身就要成爲罪惡了。喇嘛教亦是如此。元世祖的崇信喇嘛教，據《元史》上説，是他懷柔西番的政策，未知信否。然即使如此，亦是想利用人家，而反給人家利用了去的。當時教徒的專橫，可説是歷代所無。內廷佛事，所費無藝，還要交通豪猾，請釋罪囚以祈福。其詒害於政治，不必説了。其在民間，亦擾害特甚。當時僧徒，都佩有金字圓符，往來得以乘驛。驛舍不夠，則住在民間。驅迫男子，奸淫婦女，無所不至。還要豪奪民田，侵占財物。包庇百姓，不輸賦税，種種罪惡，書不勝書。其中最盛的楊璉真伽，至於發掘宋朝錢塘、紹興的陵寢和大臣冢墓一百零一所，殺害平民四人，受人獻美女寶物無算。攘奪盜取財物，計金一千七百兩、銀六千八百兩、玉帶九條、玉器一百十一件、雜寶一百五十二件、大珠五十兩、鈔十一萬六千二百錠、田二萬三千畝，包庇不輸賦的人民二萬三千戶。真是中國歷史上，從來未有的事情。次於喇嘛教，流行最盛的，大約要算回教。因爲元時，西域人來中國的很多，大多數是信回教的。至於基督教，則意大利教士若望高未諾（Monte Gorvino），曾以一二九四年，奉教皇的命令來華。元世祖許其在大都建立教堂四所。信教的亦頗不乏，但都是蒙古人。所以到元朝滅亡，又行斷絕了。廣東一方面，亦有意大利教士奧代理谷（Odoric）來華，都是羅馬舊教。

　　元代社會的階級，也很嚴峻的。蒙古人、色目人和漢人、南人，在選舉和法律上，權利都不平等，已見第三十九章。此外最利害的，要算掠人爲奴婢一事。元初的制度，大約俘掠所得，各人可以私爲己有；至於降民，則應得歸入國家户籍的。然而諸王將帥，都不能遵守。其中最甚的，如滅宋時平定兩湖的阿里海涯，至將降民三千八百户，没爲家奴，自行置吏治之，收其租賦。見《元史·張雄飛傳》。雖然一二四〇年，太宗曾籍諸大臣所俘男女爲民。然一二八二年，御史臺言阿里海涯占降民爲奴，而以爲征討所得。世祖令降民還之有司，征討所得，籍其數賜臣下，則仍認俘掠所得，可以爲私奴。均見本紀。《廉希憲傳》説他行省荆南時，令凡俘獲之人，敢殺者，以故殺平民論。則當時被俘的人，連生命也没有保障了。

　　北族是歷代都辮髮的。所以在《論語》上，已有被髮左衽的話。《憲問》。南北朝時，亦稱鮮卑爲索虜，但是自遼以前，似乎没有敢强行之於中國的。金太宗天會七年，公元一一二九年。才下削髮之令。但其施行的範圍，仍以官吏爲限，蒙古則不然，不論公人私人，都要强迫剃髮。其時幾於舉國胡化，明有天下，才把他恢復過來。明太祖洪武元年公元一三六八年。的《實錄》説：

　　　　詔復衣冠如唐制。初，元世祖起自朔漠以有天下，悉以胡俗變易中國之制，士庶咸辮髮椎髻，深襜胡俗。衣服則爲袴褶窄袖及辮綫腰褶。婦女衣窄袖短衣，下服裙裳，無復中國衣冠之舊。甚者易其姓氏，爲胡名，習胡語。俗化既久，恬不知怪。上久厭之。至是悉命復衣冠如唐制。士民皆髮束頂。……其辮髮椎髻，胡服、胡語、胡姓，一切禁止。……於是百有餘年胡俗，悉復中國之舊矣。以上關於辮髮的話，據日本稻葉君山《清朝全史》。

這個真要算中國人揚眉吐氣的一天了。

　　然而明太祖雖能掃除衣冠辮髮的污點，至於社會上的階級，則初無如之何。太祖數藍玉的罪，説他家奴數百，可見明初諸將的奴僕，爲數亦不在少。後來江南一帶，畜奴的風氣更盛。顧亭林《日知錄》説：“江南士大夫，一登仕籍，投靠多者，亦至千人，其用事之人，主人之起居食息，出處語默，無一不受其節制。有王者起，當悉免爲良，而徙之以實遠方空虛之地。則豪橫一清，四鄉之民，得以安枕；士大夫亦不受制於人，可以勉而爲善。政簡刑清，必自此始。”可以想見這一班人倚勢橫行，擾害平民的行徑。然亦明朝的士大夫，居鄉率多暴橫，所以此輩有所假借。明朝士大夫，暴橫最甚的，如梁儲的兒子次攄，和富人楊端争田，至於滅其家，殺害二百餘人，王應熊爲宰相，其弟在鄉，被鄉人詣闕擊登聞鼓陳訴,列狀至四百八十餘條,贓至一百七十餘萬。温體仁當國,唐世濟爲都御史,都是烏程人。其鄉人爲盜於太湖的,至於以其家爲奧主,都是駭人聽聞的事。這大約仍是元代遺風。因爲當時劫於異族的淫威,人民莫敢控訴。久之,就成爲這個樣子了。清朝管束紳士極嚴,雖説是異族入據,猜忌漢人,要減削其勢力,而明代紳士的暴橫,亦是一個大原因。

第四編　近代史

第一章　明　清　之　際

"人必自侮，而後人侮之"，以中國之大，豈其區區東北一個小部落所能吞併？金朝的兵力，不算不强，然而始終不能吞滅南宋，便是一個證據。然則明朝的滅亡，並非清之能滅明，還祇是明朝人的自己亡罷了。

北部淪陷之後，明朝的潞王常淓、福王由崧，都避難南來。當時衆議，因潞王較賢，多想立他。而鳳陽總督馬士英，挾着兵力，把福王送到儀徵。衆人畏懼他，只得立了福王，是爲弘光帝。士英引閹黨阮大鋮入閣，而把公忠的史可法排擠出去，督師江北。正人君子，非被斥，即引去。弘光帝又沉迷聲色。南都之事，就不可爲了。

清朝的能入關，也並非全靠自己的兵力。佔據北京，已爲非望，如何會有吞滅全中國的心理呢？所以世祖入關後，給南方的檄文，還有"明朝嫡胤無遺，勢難孤立，用移大清，宅此北土。其不忘明室，輔立賢藩，戮力同心，共保江左，理亦宜然，予不汝禁"之語。然而南都既不能自立，清朝就落得進取。當清兵入北京之後，即已分兵打定河南、山東、西。及世祖入關，又遣英親王阿濟格，帶着吳三桂、尚可喜出榆、延；豫親王多鐸，帶着孔有德出潼關；以攻陝西。李自成走死湖北的通城。多鐸的兵，就移攻江南。這時候，史可法分江北爲四鎮。而諸將不和，互相仇視。可法命劉澤清駐淮北，以經理山東；高傑駐泗水，以經理開、歸；劉良佐駐臨淮，以經理陳、杞；黃得功駐廬州，以經理光、固。諸將互相仇視。可法乃把高傑移到瓜洲，黃得功移到儀徵。高傑感可法忠義，頗願爲之用。多鐸陷歸德，傑進駐徐州。爲睢州鎮總兵許定國所殺，定國降清。武昌的左良玉，又和阮大鋮不合，以清君側爲名，舉兵東下。大鋮大懼，急檄可法入援。可法兵到燕子磯，左良玉已死在路上，其兵給守蕪湖的黃得功打敗了。可法再回江北，則清兵已至。可法檄諸鎮赴援，没有一個來的。可法守揚州七日，城陷，死之。清兵遂渡江而南。弘光帝奔蕪湖。清兵追襲。黃得功拒戰，中箭而死。帝遂北狩。後來殉國於北方。清兵直打到杭州而還。時爲一六四五年。

於是明人奉魯王以海，監國紹興。唐王聿鍵，即位福州，是爲隆武帝。當清兵初入北京之日，曾下令，强迫人民剃髮。二十日之後，又聽民自由。及下江南，復下剃髮之令。於是江南人民，紛紛起兵抗拒。然既無組織，又無訓練，大多數旬月即敗。清廷復遣肅親王豪格和吳三桂攻四川。張獻忠陣殁於西充。其黨孫可望、李定國、白文選、劉文秀，潰走川南。旋入貴州。清兵追至遵義，糧盡而還。貝勒博洛攻閩、浙，魯王走入海。隆武帝頗爲英武，而爲鄭芝龍所制，不能有爲。時何騰蛟招降李自成餘衆，分布湖南、北。楊廷麟也起兵江西，恢復吉安。隆武帝想出就廷麟，未果而清兵至。帝從延平走汀州，入於清軍。後來崩於福州。時爲一六四七年。

明人又立唐王之弟聿鐭於廣州，桂王由榔於肇慶，是爲永曆帝。清使李成棟攻廣東，聿鐭殉國。孔有德、尚可喜、耿仲明攻湖南，何騰蛟退守桂林。金聲桓攻江西，楊廷麟亦敗殁。未幾，李成棟、金聲桓都反正，何騰蛟乘機復湖南。川南、川東亦來附。於是永曆帝有兩廣、雲、貴、江西、湖南、四川七省之地，形勢頗張。而張名振亦奉魯王，以舟山爲根據地，出入江、浙沿海。清廷乃使洪承疇鎮江寧，吳三桂取四川，耿仲明、尚可喜攻江西，孔有德攻湖南。金聲桓、李成棟、何騰蛟都敗死。一六五〇年，清兵進陷桂林，瞿式耜亦殉節。明年，張名振和起兵浙東的張煌言合兵攻吳淞，不克，而舟山反爲清所襲陷，二人奉魯王奔厦門。名振死後，把兵事都交給張煌言。鄭成功是受知於隆武帝的，魯王和隆武帝，曾有違言，所以成功不願推戴魯王，然和煌言甚睦。成功大舉入江之役，煌言曾分兵攻皖南。後因成功兵敗，乃收兵出浙東而還。永曆帝避居南寧，遣使封孫可望爲秦王。可望遣兵三千，扈桂王居安隆；今廣西西隆縣。而使劉文秀攻四川，李定國攻桂林。孔有德伏誅。吳三桂也戰敗，逃回漢中。清乃命洪承疇鎮長沙，以保湖南；李國英鎮保寧，以守川北；尚可喜鎮肇慶，以保廣東；無意於進取了。而永曆帝因孫可望跋扈，密使召李定國，定國迎帝入雲南。可望攻之，大敗，遂降清。洪承疇因之請大舉。一六五八年，清兵自湖南、四川、廣西三道入滇。李定國扼北盤江力戰，不能敵。乃奉帝如騰越，而伏精兵於高黎貢山。騰越，今騰衝縣。高黎貢山，在保山之西，騰越之東。清兵追之，遇伏，大敗而還。時劉文秀已死，李定國、白文選奉帝入緬甸。一六六〇年，三桂發大兵出邊。緬人乃奉帝入三桂軍。一六六二年，爲三桂所弒，明亡。白文選從永曆帝入滇。李定國旋卒於緬甸。此時清世祖亦已死，這一年，是聖祖的康熙元年了。

　　明朝的統緒雖絕，然而天南片土，還有保存着漢族的衣冠，和清朝相抗的，是爲鄭成功。成功是芝龍的兒子，芝龍降清時，成功不肯順從，退據廈門，練着海陸兵，屢攻沿海之地。清兵入滇時，成功大舉入江以圖牽制。破鎮江，薄南京，清廷大震。旋爲清兵所襲破，乃收軍，出海而還。一六六〇年，成功攻取臺灣。當時臺灣爲荷蘭人所據，見第二章。於是務農練兵，定法律，設學校，築館以招明之遺臣渡海，歸之者如織。天南片土，儼然獨立國的規模了。

　　即以閩、廣、雲南而論，實亦非清朝實力所及。清朝的定南方，原靠一班漢奸，爲虎作倀。所以事定之後，仍不得不分封他們，以資鎮攝。於是以尚可喜爲平南王，鎮廣東；耿仲明爲靖南王，鎮福建；吳三桂爲平西王，鎮雲南；是爲三藩。三藩之中，三桂功最高，兵亦最強。他當時用錢用兵，戶、兵二部，不能節制。用人亦不由吏部，謂之西選。西選之官半天下。清朝之於南方，簡直是徒有其名，不但鞭長莫及而已。然而“債軍之將，不可以言勇；亡國之大夫，不足與圖存”，既已靦顏事仇，忽又起而反抗，就不免有些進退失據。天下的人，未免要不直他，士氣亦易沮喪。和始終以忠義激厲其下的，大不相同了。這是三藩之所以終於無成。尚可喜受封之時，年已老邁。乃將兵事交給其兒子之信。久之，遂爲所制。乃請撤藩歸老遼東。清廷許之。時耿仲明已死，傳子繼茂以及精忠，和吳三桂都不自安，亦請撤藩，以覘清朝的意向。當時明知許之必反，廷議莫敢主持。清聖祖獨斷許之。一六七三年，三桂遂舉兵反。三桂的意思，本想走到中原，突然舉事的，而爲清朝的巡撫朱國治所逼，以是不得不發。既舉兵之後，有人勸他棄滇北上。三桂也暮氣深了，不能用。三桂舉兵之後，貴州首先響應。明年，攻下湖南。廣西、四川和湖北的襄陽，亦都響應。福建、廣東，更不必説了。於是三桂親赴常、澧督戰。派一支兵出江西，以應福建；一支兵出四川，以攻陝西。清朝的提督王輔臣，亦據寧夏以應三桂。三桂想親出兵以應輔臣，不曾來得及，而清朝的兵，反從江西打入湖南。三桂雖然回兵，把他打退，然自此遂成相持之局。這是於三桂不利的。而耿、尚二藩，又因一和鄭成功的兒子鄭經相攻，一苦三桂征餉，復叛而降清，三桂勢窮。乃於一六七八年，稱帝於衡州，國號周，建元昭武。世璠改元洪化。

以圖維繫人心。未幾而死。孫世璠立。諸將又互相乖離。一六八一年，清兵自湖南、廣西、四川，分三道入滇，世璠自殺。尚可喜先已爲清人所殺，至此又殺耿精忠。中國大陸之上，就眞無漢族自立的寸土了。

　　然而海外的臺灣，還非清朝兵力所及。鄭成功以一六六二年卒，子經繼立。和耿精忠相攻。曾略取漳、泉等地。後爲清兵所敗。並失金門、厦門，退歸臺灣。三藩平後，清廷想照琉球之例，聽其不剃髮，不易衣冠，與之言和，而閩督姚啓聖不可。水軍提督施琅，本是鄭氏的降將，尤欲滅鄭氏以爲功。一六八一年，鄭經卒。羣小構成功之妻董氏，殺其長子克𡎴。而立其次子克塽。鄭氏內部乖離，一六八三年，施琅渡海入臺灣，鄭氏亡。漢族遂全被滿人所征服。

第二章 歐人的東略

　　從亞洲的東方到歐洲，陸路本有四條：（一）自西伯利亞踰烏拉嶺入歐俄。（二）自蒙古經天山北路，出兩海之間。_{謂鹹海、裏海。}（三）自天山南路踰葱嶺。（四）自前後印度西北行，兩道並會於西亞。第一路荒涼太甚。第二路則沙漠地帶，自古爲遊牧民族薦居之地，只有匈奴、蒙古自此以侵略歐洲，而兩洲的聲明文物，由此接觸的頗少。葱嶺以西，印度固斯以南，自古多城郭繁華之國。然第三路有沙漠山嶺的阻隔，第四路太覺回遠，而沿途亦多未開化之國，所以歐、亞兩洲，雖然陸地相接，而其交往的密切，轉有待於海路的開通。自歐洲至東洋的海路：一自敍利亞出阿付臘底斯河流域；二泛黑海，自阿美尼亞上陸，出底格利斯河流域。兩路均入波斯灣。三自亞歷山大黎亞溯尼羅河，絶沙漠而出紅海。這都是自古商旅所經。自土耳其興，而一二兩道，都入其手，第三道須經沙漠，不便，乃不得不別覓新航路。其結果，海道新闢的有二：一繞非洲的南端而入印度洋。二繞西半球而入太平洋。

　　歐人的航行東洋，首先成功的爲葡萄牙。一四八六年，始達好望角。一四八九年，進達印度的馬拉巴爾海岸，一五〇〇年，遂闢商埠於加爾各答。明年，略西海岸的卧亞，進略東海岸及錫蘭、摩洛哥、爪哇、麻六甲。一五一六年，遂來廣東求互市。明朝在廣州，本設有市舶司。東南洋諸國，來通商的頗多。都停泊在香山縣南虎跳門外的浪白洋，就船貿易。武宗正德時，_{一五〇六至一五二一年。}移於高州的電白。一五三五年，指揮使黃慶納賄，請於上官，移之濠鏡，就是現在的澳門。是爲西人在陸地得有根據之始。就有築城置戍的。中國人頗疑忌他。而西人旋亦移去。只有葡萄牙人，於隆慶初，歲納租銀五百兩，租地建屋。_{隆慶，明穆宗年號，自一五六七年至一五七二年。葡人的不納地租，起於一八四九年，即清宣宗道光二十九年，見第十四章。}自此就公然經營市埠，視同己有。一六〇七年，番禺舉人盧廷龍，入京會試。上書當道：請盡逐澳中諸番，出居電白。當事的人不能用。天啓初，_{明熹宗年號。自一六二一至一六二七年。}又有人説"澳中諸

番,是倭寇的鄉導",主張把他們移到外洋。粵督張鳴岡說:"香山內地,官軍
環海而守。彼日食所需,咸仰於我。一懷異志,立可制其死命。移泊外洋,大
海茫茫,轉難制馭。"部議以爲然,遂不果徙——這是後來藉斷絕接濟,以制西
洋人的根原。

葡萄牙人到好望角後七年,哥倫布始發見美洲,其到廣東後三年,則麥哲
倫環繞地球。於是西班牙人,於一五六五年,據菲律賓,建馬尼剌。一五七五
和八〇年,兩次到福建求通商,都爲葡萄牙人所阻。然中國商船,聚集於馬尼
剌的頗多。

荷蘭人以一五八一年,叛西班牙自立。時西班牙王兼王葡萄牙,禁止其
出入里斯本。荷人乃自設東印度公司,謀東航。先後據蘇門答臘、爪哇、摩
鹿加。於好望角和麥哲倫海峽,都築塞駐兵。其勢力反駕乎西、葡之上。一
六二二年,荷蘭人攻澳門,不克。一六二四年,據臺灣、澎湖。至一六六〇
年,而爲鄭成功所奪。清朝因想藉荷蘭之力,以夾攻鄭氏,所以許其每八年
到廣東通商一次,船數以四爲限。

英吉利的立東印度公司,事在一五九九年。東航之後,和葡萄牙人爭印
度。葡人戰敗,許其出入澳門。一六三七年,英船至澳門,爲其地的葡人所
拒。英人乃自謁中國官吏,求通商。至虎門,爲守兵所炮擊。英人還擊,陷其
炮臺。旋送還俘掠,中國亦許其通商。見《華英通商事略》。此時已值明末。旋廣
東兵事起,英人貿易復絕。鄭經曾許英人通商於廈門和安平。然安平初開,
實無甚貿易,止有廈門,英船偶然一到而已。

以上所述,是從明中葉到清初,歐人從海道東來的情形。其主要的目的,
可說是在於通商。至於從陸路東來的俄人,則自始即有政治的關係。俄人的
叛蒙古而自立,事在十五世紀中葉。至葡萄牙人航抵好望角時,則欽察汗國
之後裔,殆悉爲所壞滅。拔都建國之後,將東部錫爾河以北之地,分給其哥哥鄂爾達。自此以
北,西抵烏拉河,則分給其兄弟昔班。西人因其宮帳的顏色,稱拔都之後爲金帳汗;鄂爾達之後爲白帳
汗;昔班之後爲藍帳汗,亦稱月即別族。Usbeg(昔班)的兄弟脫哈帖木兒之後,住在阿速海沿岸,稱爲
哥里米汗。金帳汗後嗣中絕,三家之裔,都想入承其統,因此紛爭不絕,遂至爲俄所乘。一四七〇年,
欽察汗伐俄,敗亡。其統緒遂絕。後裔分裂,爲大斡耳朵(Orda),阿斯達拉干(Astrakan)兩國在窩瓦、
烏拉兩河之間。其時薩萊北方的喀山,爲哥里米汗同族所據。和哥里米汗及鹹海沿岸的月即別族,都
薄有勢力。俄人乃和喀山,哥里米兩汗同盟。一五〇二年,哥里米汗滅大斡耳朵。一五三二年,俄人
滅喀山。越二年,滅阿斯達拉干,惟哥里米附庸於土耳其,至一七八三年,乃爲俄所滅。此時可薩
克族就是哈薩克人(Kazak),爲唐代黠戛斯之後,俄人稱爲吉利吉思。附俄,爲之東略。蒙古
族在葉尼塞、鄂畢兩河間的,亦爲所擊破。一五八七年,俄人始建托波兒斯

克。其後托穆斯克、葉尼塞斯克、雅庫次克、鄂霍次克，相繼建立。一六三九年，直達鄂霍次克海，就想南下黑龍江。至一六四九年，而建立雅克薩城。一六五八年，又建尼布楚城。此等俄國的遠征隊，只能從事於剽掠，而不能爲和平的拓殖。黑龍江流域的居民大受其害。而此時正值清朝初興，其兵力，亦達黑龍江流域。兩國勢力的衝突，就不可避免了。

第三章　基督教和西方科學的傳入

中國和外國的交通，也有好幾千年了。雖然彼此接觸，總不能無相互的影響，然而從沒有能使我國內部的組織，都因之而起變化的。其有之，則自近世的中歐交通始。這其間固然有種種的關係，然而其最主要的，還是東西文化的差異。東西文化最大的差異，爲西洋近世所發明，而爲中國所缺乏的，便是所謂科學。所以科學的傳入，是近世史上最大的事件。科學與宗教，雖若相反，其最初傳入，却是經教士之手的。

基督教的傳入中國，亦由來已久。讀第三編第二十五、第三十八兩章，就可知道了。可是因中國人迷信不深，對於外國傳入的宗教，不能十分相契，所以都不久而即絕。至近世，新教興於歐洲，舊教漸漸失勢，舊教中有志之士，乃思推廣其勢力於他洲。其中號稱耶穌會的，Jesuit. 傳布尤力。耶穌會的教士，第一個到中國來的，是利瑪竇。Mdtteo Ricci. 以一五八一年至澳門。初居廣東的肇慶。一五九八年，始經江西到南京。旋入北京。一六〇〇年，神宗賜以住宅，並許其建立天主堂。天主教士的傳教於中國，和其在他國不同。他們深知道宗教的教理，不易得華人尊信的。所以先以科學牖啓中國人。後來才漸漸的談及教理。利瑪竇到北京之後，數年之間，信教的便有二百餘人。徐光啓、李之藻等熱心科學之士，都在其內。當時的教士，並不禁華人拜天、拜祖宗、拜孔子。他們說："中國人的拜天，是敬其爲萬物之本；其拜祖宗，係出於孝愛之誠；拜孔子，是敬仰其人格；都不能算崇拜偶象。"教士都習華言，通華文。飲食起居，一切改照華人的樣子，他們都沒有家室，制行堅卓，學問淵深。所以很有敬信他們的人。然亦有因此，而疑其別有用心的。

當利瑪竇在日，就有攻擊他的人。南京禮部侍郎沈潅、給事中徐如珂等，既攻西教，並攻其違《大明律》私習天文之禁。神宗因其爲遠方人，不之聽。一六一〇年，利瑪竇卒。攻擊的人，更爲利害。到一六一六年，就被禁止傳佈。教士都勒歸澳門。然而這一年，正是滿洲叛明自立的一年。自此東北一隅，戰爭日烈，明朝需用槍炮也日亟。至一六二二年，因命教士製造槍炮，而教禁亦解。明朝所行的大統曆,其法本出西域。所以當開國時候,就設有回回曆科。到了末年,其法疏舛了。適會基督教中深通天文的湯若望 Johann Abam Schall von Bell. 來華。一六二九年,以徐光啓之薦,命其在北京曆局中,製造儀器,翻譯曆書,從事於曆法的改革。至一六四一年,而新曆成。越二年,命以之代舊曆。未及行而明亡。清兵入關後,湯若望上書自陳。詔名其曆爲時憲。湯若望和南懷仁,Ferdinandns Verbiest. 都任職欽天監。這時候,基督教士,可以說很得信任了。到清世祖歿,而攻者又起。

　　當時攻擊基督教最烈的,是習回回曆法的楊光先。但他的主意,並不在乎曆法。他曾說:"寧可使中國無好曆法,不可使中國有西洋人。"他又說:"他們不婚不宦,則志不在小。其制器精者,其兵械亦精。"他們著書立說,說中國人都是邪教的子孫,萬一蠢動,中國人和他對敵,豈非以子弟拒父兄?"以數萬里不朝不貢之人,來不稽其所從來,去不究其所從去;行不監押,止不關防;十三省山川形勢,兵馬錢糧,靡不收歸圖籍,百餘年後,將有知余言之不得已者。"光先之說,都見其所著《不得已書》。楊光先之說如此:利用傳教,以作侵略的先鋒,這是後來之事——也可說是出於帝國主義者的利用,並非傳教者本身的罪惡——基督教初入中國時,是決無此思想的。楊光先的見解,在今日看起來,似乎是偏狹,是頑固。但是中國歷代,本有借邪教以創亂的人;而基督教士學藝之精,和其無所爲而爲之的精神,又是中國向來沒有看見過的。這種迷信的精神,迷信不深的中國人,實在難於了解。楊光先當日,有此疑忌,却也無怪其然。不但楊光先,怕也是當日大多數人所同有的心理。即如清聖祖,他對於西洋傳入的科學,可以說是頗有興味的。對於基督教士,任用亦不爲不至。然而在他的《御製文集》裏,亦說"西洋各國,千百年後,中國必受其累",見第十三章注十一。[1] 這正和楊光先是一樣的見解。不過眼前要利用他們,不肯即行排斥罷了。人類的互相了解,本來是不大容易的。在學藝上,只要肯虛心研究,是非長短,是很容易見得的。但是國際上和民族間的猜忌之心,一時間總難於泯滅,就做了學藝上互相灌輸的障礙。近世史的初期,科學輸入的困難,這實在是一個大原因。

　　楊光先以一六六四年,上書攻擊基督教士,一時得了勝利。湯若望等都因之得罪。當時即以監正授光先。光先自陳"通曆理而不知曆法",再四固辭。政府中人不聽。不得已任職。至一六六七年,因推閏失實,得罪遣戍。再用南懷仁爲監正。自此終聖祖之朝,教士很見任用。傳教事業,也頗稱順利。直至一七〇七年,而風波才再起。

---

　　① 即本册第四一五頁第五至十三行注文。

　　原來利瑪竇等的容許信徒拜天、拜祖宗、拜孔子,當時別派教士,本有持異議的。後來訐諸教皇。至一七〇四年,教皇乃立《禁約》七條,派多羅 Tourmon, 近譯亦作鐸羅。到中國來禁止。多羅知道此事不可造次。直遲到這一年,才以己意發佈其大要。聖祖和他辯論,彼此說不明白。大怒。命把多羅押還澳門,交葡萄牙人監禁。在中國的傳教事業,是印度的一部分,本歸葡萄牙人保護的。後來法國人妒忌他,才自派教士到中國。在印度和中國的舊教徒,依一四五四年教皇的命令,受葡萄牙王保護。法人所自派的教士,則於一六八四年到中國。葡萄牙人正可惡不由他保護的教士,把多羅監禁得異常嚴密。多羅就憂憤而死。然而教皇仍以一七一五年,申明前次的禁約。到一八年,並命處不從者以“破門”之罰。於是在華教士,不復能順從華人的習慣,彼此之間,就更生隔礙。一七一七年,碣石鎮總兵陳昂,說天主教在各省,開堂聚衆,廣州城內外尤多,恐滋事端。請依舊例嚴禁,許之。一七二三年,閩浙總督滿保,請除送京效力人員外,概行安置澳門。各省天主堂,一律改爲公廨。朝廷也答應了。安置澳門一節,明年,兩廣總督孔毓珣,因澳門地窄難容,奏請准其暫居廣州城內天主堂,而禁其出外行走。詔許依議辦理。至各省天主堂改爲公廨,則直至一八六〇年《北京條約》定後,方纔發還。參看第二十四章。自此至五口通商以前,教禁就迄未嘗解。

　　基督教士東來以後,歐洲的各種科學,差不多都有輸入。曆法的改革,槍炮的製造,不必論了。此外很有關係的,則爲清聖祖時,派教士到各省實測,繪成的《皇輿全覽圖》。中國地圖中,記有經緯綫的,實在從此圖爲始。當明末,陝西王徵,曾譯西書,成《遠西奇器圖說》,李之藻譯《泰西水法》,備言取水、畜水之法及其器械。徐光啓著《農政全書》,也有採用西法的。關於人體生理,則有鄧玉函 Jean Terenz. 所著的《人身說概》。關於音樂,則有徐日昇 Thomas Peryra. 所修的《律呂正義續編》。而數學中,利瑪竇和徐光啓所譯的《幾何原本》,尤爲學者所推重。代數之學,清朝康熙年間,亦經傳入,謂之借根方。清朝治天文、曆算之士,兼通西法的很多。形而上之學,雖然所輸入的,大抵不離乎神學。然而亞里士多德的論理學,亦早經李之藻之手,而譯成《名理探》了。就是繪畫、建築等美術,也有經基督教士之手而傳入的。基督教士初來時所帶來的,都是些宗教畫。今惟楊光先《不得已書》中,尚存四幀。後來郎世寧(Jeseph Castig Lione)等以西洋人而供職畫院,其畫亦有存於現在的。至於建築,則圓明園中水木明瑟一景,即係採用西洋建築之法造成。所以在當時,傳入的科學,並不爲少。但是(一)因中國人向來不大措意於形而下之學;(二)則科學雖爲中國人所歡迎,而宗教上則不免有所障礙;所以一時未能發生很大的影響。

第四章　清初的內政

　　清朝的盛衰，當以乾隆時爲關鍵。從世祖入關，到三藩平定，這四十年，算是清朝開創之期。自此至雍正之末，五十餘年，爲乾隆一朝，表面上看似極盛，實則衰機潛伏於其中。至其末年，內亂一起，就步步入於否運了。

　　清朝的初起，和遼、金、元情形又微有不同。遼、金、元初起時，都不甚了解中國的情形。清朝則未入關時，已頗能譯漢書、用漢人了。當太祖之時，憎惡漢人頗甚，當時俘獲漢人，都發給滿人爲奴。尤其是讀書人，得者輒殺。到太宗時，才知道欲成大業，單靠滿洲人，是不行的。所俘漢人，都編爲民戶，令其與旗人分居，且另選漢官治理。對於讀書人，則加以考試。錄取的或減免差徭，賞給布帛。於明朝的降臣、降將，尤其重視。清朝當日的創業，和一班投效的漢人，如范文程、洪承疇、吳三桂等，確是很有關係的。

　　但是其了解中國深者，其猾夏亦甚。所以清朝的對待漢人，又非遼、金、元之比。即如剃髮一事，歷代北族，沒有敢強行之於全中國的。據日本稻葉君山所撰《清朝全史》：金太宗天會七年，曾下削髮令，然施行之範圍，惟限於官吏。元時，華人剃髮的甚多。然元朝實未嘗頒此禁令，見《東方雜誌》三十一卷第三號《中國辮髮史》。清朝則以此爲摧挫中國民族性的一種手段，厲行得非常利害。入關之後，籍沒明朝公、侯、伯、駙馬、皇親的田。又圈占民地，以給旗人。也是很大的虐政。而用兵之際，殺戮尤甚。讀從前人所著的《嘉定屠城》、《揚州十日》等記，就可以見其一斑了。

　　北族的政治，演進不如中國之深。所以其天澤之分，也不如中國之嚴，繼嗣之際，往往引起爭亂。清朝也未能免此。當太祖死時，其次子代善，五子莽古爾泰和太祖弟舒爾哈齊之子阿敏，還是和太宗同受朝拜，並稱爲四貝勒的。後來莽古爾泰和阿敏，次第給太宗除去了。代善是個武夫，不能和太宗爭權。所以在關外之時，幸未至於分裂。太宗死後，世祖年幼。阿敏的兒子濟爾哈朗和多爾袞同攝政。後來實權都入於多爾袞之手。當時一切章奏，都徑由多爾袞批答，御寶亦收歸其第。一時聲勢，是很爲赫奕的。幸而多爾袞不久就死了，所以没釀成篡弒之局。世祖親政後，大體還算清明，頗能厘定治法，處理目前的問題。當時中國的遺黎，經死亡創痛之餘，實在更無反抗的實力，而又得一班降臣，爲虎作倀，就漸漸的給他都壓下去了。世祖在位不久。聖祖初立，亦年僅八歲。輔弼大臣鰲拜，頗爲專權。然不久，亦就給聖祖除去。聖祖的聰明和勤於政治，在歷代君主中，也頗算難得的，而在位又很長久。内政外交，經其一番整頓，就頗呈新氣象了。

中國的國民，自助的力量，本來是很大的。只要國内承平，没甚事去擾累他，那就雖承喪亂之餘，不過三四十年，總可復臻於富庶。清朝康熙年間，又算是這時候了。而清初的政治，也確較明中葉以後爲清明。當其入關之時，即罷免明末的三餉。又厘訂《賦役全書》，征收都以明萬曆以前爲標準。聖祖時，曾叠次減免天下的錢糧。後來又定"滋生人丁，不再加賦"之例，把丁賦的數目限定了。參看第二十二章。這在農民，卻頗可減輕負擔。而當時的用度也比較地節儉。所以聖祖末年，庫中餘蓄之數，已及六千萬。世宗時，屢次用兵，到高宗初年，仍有二千四百萬。自此繼長增高，至一七八二年，就達到七千八百萬的鉅數了。以國富論，除漢、隋、唐盛時，卻也少可比擬的。

聖祖晚年，諸子爭立。太子允礽，兩次被廢。後來就没有建儲。當時覬覦儲位的，以聖祖庶長子允禔和第八子允禩爲最甚。允礽初以狂易被廢。後發覺允禔命蒙古喇嘛厭魅之狀，乃囚允禔而復立允礽。然允礽復立之後，狂易如故，未幾，又被廢。此事在一七〇八年。聖祖自此以後，就不提建儲問題。羣臣奏請的多獲罪。至世宗時，乃創儲位密建之法。皇帝將擬立的兒子，親自寫了名字，密封了，藏在乾清宮最高處正大光明殿匾額之後，到皇帝死後，再行啓視。就成爲清朝的家法。世宗即位之後，世宗之所以得立，據他自己説，是他的母舅隆科多面受聖祖遺命的。但當時謠傳：聖祖彌留時，召隆科多入内，親寫皇十四子四字於其掌内。給世宗撞見了，硬把十字拭去的。這話固無據，況雍正和皇十四子允禵乃同母兄弟，聖祖斷無舍兄立弟之理。和他爭立的兄弟，都次第獲罪。因此撤去諸王的護兵。清初八旗，有上三旗、下五旗之別。上三旗即正黄、鑲黄、正白，爲禁軍，亦稱内府三旗，下五旗爲諸王護衛。所以他們都是有兵權的。世宗才藉口允禩擅殺軍士，把他撤掉。並禁止諸王和内外官吏交通。滿洲内部特殊的勢力，可以説至此而消滅。但清朝的政治，卻亦得世宗整飭之益。聖祖雖然勤政，其晚年亦頗流於寬弛。各省的倉庫，多不甚盤查；錢糧欠繳的，也不甚追究。世宗則一反其所爲。而且把關稅、鹽課，徹底加以整頓。征收錢糧時的火耗，亦都提取歸公。所謂耗，是官吏征收賦稅時，藉口轉運、存儲，都有耗損，額外多取，以爲彌補之地的。當錢糧征收本色時，即有耗米等名目。明中葉以後，改而征銀，則藉口碎銀融成大錠，然後起解，不免有所耗損，所以多取，謂之火耗。如此，財政上就更覺寬裕。而康雍對外的兵事，也總算徼天之幸，成功時多。清朝至此，就臻於全盛。

　　世宗死後，高宗繼之。高宗在表面上，是專摹效聖祖的，但他沒有聖祖的勤懇，又沒有世宗的明察，而且他的天性是奢侈的，正合着從前人一句話，"内多欲而外施仁義"。在位時六次南巡，供帳之費無藝。對外用兵，所費亦屬不貲。凡事專文飾表面，虛僞和奢侈之風養成了。而中年後，更任用和珅，其貪黷爲古今所無。内外官吏，都不得不用賄賂去承奉他。於是上官貪取於下屬，下屬誅求於小民，至其末年，内亂就一發而不可遏了。

　　"國於天地，必有與立。"清朝歷代的君主，對於種族的成見，是很深的。他們對於漢人，則提唱尚文。一面表章程、朱，提唱理學，利用君臣的名分，以箝束臣下。一面開博學鴻詞科，屢次編纂鉅籍，以牢籠海内士大夫。但一面又大興文字之獄，以摧挫士氣。乾隆時，開四庫館，徵求天下的藏書，寫成六部，除北京和奉天、熱河的行宮外，還分置於江、浙兩省。北京文淵閣、圓明園文源閣、奉天文溯閣、熱河文津閣，謂之内廷四閣。揚州文匯閣、鎮江文宗閣、杭州文瀾閣，謂之江浙三閣。太平軍興，文匯、文宗都被毀，文瀾亦有散亡，庚申之役，文源被焚。文溯現亦流落瀋陽。現在幸全的，只有文淵、文津兩部而已。看似曠古未有的盛舉，然又大搜其所謂禁書，從事焚毀。據當時禮部的奏報，被焚的計有五百三十八種，一萬三千八百六十二卷之多。清朝的對於士子，是嚴禁其結社講學，以防其聯合的。即其對於大臣，亦動輒嚴詞詰責，不留餘地。還要時用不測的恩威，使他們畏懼。使臣以禮之風，是絲毫沒有的。如此，他們所倚爲腹心的，自然是旗人了。確實，他們期望旗人之心，是很厚的。旗人應試，必須先試弓馬。旗兵是世襲的。一人領餉，則全家坐食。其駐防各省的，亦都和漢人分居，以防其日久同化，失其尚武的風氣。而又把東三省和蒙古，都封鎖起來，不准漢人移殖。東三省在清朝，只有少數民地，其餘都是官地和旗地。漢人出關耕墾，是有禁的。蒙古亦有每丁私有之地，和各旗公共之地，都不准漢人前往墾殖。其因漢人業已移殖，而設廳管理，都是嘉道以後的事。至於要想移民開拓，則更是光緒末年的事了。他們的意思，以爲這是子孫帝王萬世之業了。然而旗人的既失其尚武之風，而又不能勤事生産，亦和前代的女真、蒙古人相同。而至其末造，漢人却又沒有慷慨奮發，幫他的忙的，於是清朝就成爲萎靡不振的狀態，以迄於亡。參看第二十四章。這是他們在前半期造成的因，至後半期而收其果。

第五章　清初的外交

　　清初的外交，是幾千年以來外交的一個變局，因爲所交的國和前此不同了。但是所遇的事情變，而眼光手段，即隨之而變，在人類是無此能力的。新事情來，總不免沿用舊手段對付。而失敗之根，即伏於此。不過當此時，其失敗還潛伏着罷了。

　　清初外交上最大的事件，便是黑龍江方面中俄境界問題。因爲這時候，俄國的遠征隊，時向黑龍江流域剽掠。該處地方的居民，幾於不能安其生了。當一六七〇年，聖祖嘗詔書尼布楚守將，請其約束邊人，並交還逃囚罕帖木兒。係什勒喀河外土酋。因俄人侵掠來降。怨清人待遇薄，復奔俄。罕帖木兒後徙居墨斯科入希臘教。索額圖知其不可復得，所以尼布楚之會，未曾提出索取。尼布楚守將允許了，而不能實行。及一六七五年，俄人遣使來議畫界通商。聖祖致書俄皇，又因俄人不通中國文字，不能了解。中國此時，於俄國情形，亦全然隔膜。當時稱俄人爲羅刹。聖祖致書俄皇，則用蒙古話，稱他爲鄂羅斯察罕汗。交涉遂爾停頓。一六八一年，三藩平定，聖祖乃決意用兵。命戶部尚書伊桑阿赴寧古塔造大船，並築齊齊哈爾、墨爾根兩城，置十驛，以通餉道。一六八五年，都統彭春，以水軍五千，陸軍一萬，圍雅克薩城。俄將約降，逃往尼布楚。彭春毀其城而還。俄將途遇援兵，復相率偕還，築城據守。明年，黑龍江將軍薩布素，再以八千人圍之。城垂下，而聖祖停戰之命至。

　　是時俄皇大彼得初立，内難未平，又外與波蘭、土耳其競爭，無暇顧及東方。在東方的實力，亦很不充足，無從與中國構釁。適會是時，聖祖又因荷蘭使臣，詔書俄皇。俄皇乃復書，許約束邊人，遣使議畫疆界，而請先解雅克薩之圍。聖祖亦許之。於是俄使費耀多羅 Feodon Alexenünch Golovin. 東來，而聖祖亦使内大臣索額圖等前往會議。一六八八年，相會於尼布楚。當費耀多羅東來時，俄皇命以黑龍江爲兩國之界，而索額圖奉使時，亦請自尼布楚以東，黑龍江兩岸之地，俱歸中國，議既不諧，聖祖所遣從行的教士徐日昇、張誠徐日昇，見

第三章。張誠，Gerbillon。從中調停，亦不就。兵釁將啓。此時俄使者從兵，僅一千五百，而清使臣扈從的精兵萬餘，都統郎坦又以兵一萬人，從璦琿水陸併進。兵釁若啓，俄人決非中國之敵，俄人乃讓步，如中國之意以和。定約六條：西以額爾古訥河，東自格爾必齊河以東，以外興安嶺爲界。嶺南諸川入黑龍江的，都屬中國，其北屬俄。立碑於兩國界上，此次所立界碑，一在格爾必齊河東岸，見《清一統志》、《盛京通志》。一在額爾古訥河南岸，見《清通典》。楊賓《柳邊紀略》，謂東北威伊克阿林大山，尚有一碑。再毀雅克薩城而還。

《尼布楚條約》既定，中俄的疆界問題，至此暫告結束，而通商問題，仍未解決。一六九三年，俄使伊德斯來。Iaes. 聖祖許俄商三年一至京師，人數以二百爲限；居留於京師的俄羅斯館，以八十日爲限；而免其税。旋因俄人請派遣學生，學習中國語言文字，又爲之設立俄羅斯教習館。

當尼布楚定約前三年，蒙古喀爾喀三汗，爲準噶爾所攻，都潰走漠南，至一六九七年，乃還治漠北。見第六章。於是蒙、俄畫界通商的問題復起。土謝圖汗和俄國是本有貿易的。此時仍許其每年一至。然因互市之處無官員管理，頗滋紛擾。蒙人逃入俄境的，俄國又多不肯交還。於是因土謝圖汗之請，於一七二二年，絶其貿易。至一七二七年，才命郡王策凌等和俄使定約於恰克圖。自額爾古訥河以西，至齊克達奇蘭，以楚庫河爲界。自此以西，以博木沙奈嶺爲界。而以烏帶河地方，爲甌脱之地。在京貿易，與舊例同。俄、蒙邊界，以恰克圖和尼布楚爲互市之地。一七三七年，高宗命停北京互市，專在恰克圖。此時中、俄交涉，有棘手時，中國輒以停止互市爲要挾。乾隆一朝，曾有好幾次。一七六五、一七六八、一七七九、一七八五年，均曾停市。而八五年一次停閉最久，至九二年乃復開。

清初的中、俄交涉，看似勝利，然得地而不能守，遂伏後來割棄之根。這是幾千年以來，不勤遠略，不飭守備，對於邊地僅事羈縻的結果。至於無税通商，在後來亦成爲惡例。然關税和財政、經濟的關係，當時自無從夢見；而一經允許，後來遂無從挽回，亦是當時夢想不到的。所以中西初期交涉的失敗，可以説是幾千年以來，陳舊的外交手段不適用於新時代的結果，怪不得哪一個人。其失策，亦不定在哪一件事。要合前後而觀其會通，才能明瞭其真相。

至於海路通商，則因彼此的不了解，所生出的窒礙尤多。通商本是兩利之事，所以當臺灣平後，清朝沿海的疆吏，亦屢有請開海禁的。當臺灣鄭氏未亡時，清朝併漳、泉等處沿海之地，亦禁人居住，數百里間，變爲荒地。其後廣東海禁雖弛，福建人仍禁出海。一七二七年，閩督高其倬奏：“福建地狹人稠，宜廣開其謀生之路。如能許其入海，則富者爲船主、商人，貧者爲舵工、水手，一船所養，幾及百人。今廣東船許出外國，何獨於閩而斬之?"廷議許之，而福建出海之禁乃解。而其開始解禁，則事在一六八五年。當時在澳門、漳州、寧波、雲臺山，各設榷關。設於澳門的稱粵海關，漳州稱閩海關，寧波稱浙海關，雲臺山稱江海關。一六八八年，又於舟山島設定海縣，將寧波海關，移設其地。一七五五年，英人請收泊定海，而將貨物運至寧波，亦許之。乃隔了兩年，忽然有停閉浙海之議。原來中國歷代海路的對外通商，是最黑暗不過的。官吏的貪婪，商人的壟斷和剝削，真是筆難盡述。此事散見於史乘的頗多，一時難於徧舉。《唐宋元時代中西通商史》本文五的考證十至十七，可以參看。這是二千年以來，都是如此。到了近代，自然也逃不出此例的。當時在廣東方面，外人和人民不能直接貿易，而必經所謂官商者之手。其事在十八世紀之初。後來因官商資力不足，又一人專利，爲衆情所不服，乃許多人爲官商，於是所謂公行者興。始於一七二〇年。入行的所出的費用，至二三十萬之鉅。所以其取於外商，不得不重。當時外貨估價之權。全在公行之手。公行的估價，係合稅項、規費、禮物……併計。估價既定，乃抽取若干，以爲行用。其初銀每兩抽三分。後來軍需出其中，貢項出其中，各商攤還洋債，亦出其中，有十倍二十倍於其初的；而官吏額外的需索，還不在內。公行的壟斷，亦出意外。如當時輸出，以茶最爲大宗。茶商賣茶於外國的，必須先和公行接洽。其茶都聚於江西的河口，溯贛江過大庾嶺，非一兩個月，不能到廣東。嘉慶時，英商自用海船，從福州運茶到廣東，不過十三天。而公行言於當道，加以禁止。英商竟無如之何。而因中國官吏，把收稅和管束外人的事，都交託給他，所以外人陳訴，不易見聽，即或徇外商之請，暫廢公行，亦必旋即恢復。於是外商漸舍粵而趨浙。一七五七年，閩督喀爾吉善、粵督楊應琚，請將浙關稅收，較粵關加重一倍。奉諭："粵東地窄人稠，沿海居民，大半藉洋船爲生；而虎門、黃埔，在在設有官兵，較之寧波之可以揚帆直至者，形勢亦異；自以驅歸粵海爲宜。明年應專令在粵。"英商通事洪任輝憤怒，自赴天津，訐告粵海關積弊。中朝怒其擅至天津，命由岸道押赴廣東，把他圈禁在澳門。雖亦將廣東貪污官吏，懲治一二，當時雖將洪任輝押解回粵，朝廷亦命福州將軍赴粵查辦。得粵海關監督李永標家人苛勒之狀，革其職。一七六四年，又以閩浙總督歲收廈門洋船陋規銀一萬兩，巡撫八千兩。革總督楊廷璋職。然此等懲治，不足以戢貪污之風，是可以意想而知的。而管束外人的苛例，反因此迭興。當時粵督李侍堯，奏定防範外夷五事：(一) 禁夷商在省住冬。(二) 夷人到粵，令住洋行，以便管束。(三) 禁借外夷資本，及夷人僱倩漢人役使。(四) 禁外夷僱人傳遞消息。(五) 夷船收泊黃埔，撥營員彈壓。此後迭出的苛例甚多。如居住洋行的外人，不許泛舟江中；並不許隨意出入；不許挈眷；不許乘輿；外人有所陳請，必由公行轉遞；公行壅蔽，亦只許具稟由城門守兵代遞，不許擅行入城等；均極無謂。一七九二年，英人派馬甘尼東來，近譯亦作馬嘎爾尼，Earl of Ma Cartney。要求改良通商之事。其時正值清高宗八旬萬壽。清人賞以一席筵宴、許多禮物，而頒給英王《敕諭》兩道，將其所陳請之事，一概駁斥不准。可參看蕭一山《清代通史》卷中七六六至七七〇頁。未幾，東南沿海，艇盜橫行，見第七章。而拿破侖在歐洲，亦發佈《大陸條例》，以困英國。葡萄牙人不聽，爲法所破。英人慮其侵及東洋，要派兵代葡國保守澳門，以保護中、英、葡三國貿易，助中國剿辦海寇爲由，向中國陳請。中國人聽了大詫，諭粵督嚴飭兵備。一八〇八年，英人以兵船闖入澳門，遣三百人登岸。時粵督爲吳熊光，巡撫爲孫玉庭，遣洋行挾大班往諭，東印度公司的代理人，中國謂之大班。不聽，熊光命禁其貿易，斷其接濟。英人遂闖入虎門，聲言索還茶價和商欠。於是仁宗諭吳熊光："嚴飭英人退兵，抗延即行剿辦。"而熊光等因海寇初平，兵力疲敝，主張謹慎，許其兵退即行開艙。乃退兵貿易而去。仁宗怒其畏葸，把熊光、玉庭都革職，代以百齡和韓葑。於是管理外人愈嚴。是時整飭澳門防務，定各國護貨兵船，均不准駛入内港。禁人民爲夷人服役；洋行搭蓋夷式房屋；鋪户用夷字爲店號。清查商欠，勒令分年停利歸本；而選殷實的人爲洋商——當時稱外商爲夷商，中國營對外貿易的商人爲洋商——一八一〇年，英商以行用過重，訴於韓葑。葑與督臣及司道會議。都説夷商無利，或可阻其遠來，卒不許減。一八一〇年，英人再遣阿姆哈司來聘。Amhenrst. 又因國書及衣裝落後，未得覲見。是時仁宗命户部尚書和世泰，工部尚書蘇楞額赴天津，迎迓英使。命在通州演禮。英使既不肯跪拜，和世泰又挾之，一晝夜從通州馳至圓明園。國書衣裝都落後。明日，仁宗御殿召見，英使遂以疾辭。仁宗疑其傲慢，大怒，絕其貢，命押赴廣東。旋知咎在和世泰，乃加以譴責，命粵督慰諭英使，酌收貢品；仍賜英王敕諭，賞以禮物，然英人的要求，則一概無從説起了。於是中、英間的隔閡，愈積愈深，遂成爲鴉片戰爭的遠因了。

第六章　清代的武功

　　中國歷代，對北方的用兵，大概最注重於蒙古、新疆地方，是不煩兵力而自服的。至於青海、西藏，則除唐代吐蕃盛強之時外，無甚大問題。而蒙、新、海、藏相互之間，其關係亦甚薄弱。自喇嘛教新派——黃教盛行以後，青海、蒙古，都成了該教的區域；而天山南路，因回教盛行，團結力亦較前爲強；而此諸地方，近代的形勢，遂較前代又有不同。

　　黃教始祖宗喀巴，以一四一七年，生於西寧。因舊派末流，頗多流弊，乃入雪山修苦行，自立一派，而黃其衣冠以示別。人因稱舊派爲紅教，_{喇嘛教自印度來，其衣本尚紅色。}新派爲黃教。黃教的僧徒，是禁止娶妻的。所以宗喀巴遺命，其兩大弟子達賴喇嘛、班禪額爾德尼，世世以呼畢勒罕，_{譯言再生。}主持宗教事務。因西藏人信教之篤，而達賴和班禪的威權，遂超出乎政治勢力之上。馴致成爲西藏政教之主。一五五九年，蒙古酋長俺答，_{參看第三編第四十一章。}遣其二子賓兔、丙兔，襲據青海。兩人亦都信了喇嘛教。一五七九年，俺答遂自迎達賴三世到漠南佈教，是爲喇嘛教化及蒙古之始，其後蒙人信教日篤，乃自奉宗喀巴第三大弟子哲卜尊丹巴胡土克圖居庫倫。而達賴五世，曾通使於清太宗。清太宗亦有報使。至世祖入關，遂迎達賴入京，封爲西天大善自在佛。而清人借宗教以懷柔蒙、藏的政策，亦於是乎開始。

　　因喇嘛教的感化，使漠南北遊牧民族獷悍之氣潛消。向來侵略他人的，至此反受人侵掠，而有待於中國人的保護，這亦是一個新局面。衛拉特，就是元時的斡亦剌，明時的瓦剌。當清初，其衆分爲四部：曰和碩特，居烏魯木齊。曰準噶爾，居伊犂。曰杜爾伯特，居額爾齊斯河。曰土爾扈特，居塔爾巴哈台。時紅教還行於後藏。後藏的藏巴汗，爲其護法。達賴五世的第巴，_{西藏治政務之官。}桑結，乃招和碩特固始汗入藏，擊殺藏巴汗，而奉班禪居札什倫布。是爲達賴、班禪，分主前、後藏政教之始。於是和碩特部徙牧青海，遙制西藏政權。桑結又嫌惡他。再招準噶爾噶爾丹入藏。把固始汗的兒子達顏汗襲殺。

其時噶爾丹業已逐去土爾扈特，又把杜爾伯特慴服了。至此，遂統一衛拉特四部，其勢大張。

一六八八年，噶爾丹攻喀爾喀。三汗部衆數十萬，同時潰走漠南。清聖祖乃命科爾沁部假以牧地。而親自出塞大閱，以耀兵威。一六九五年，噶爾丹以兵據克魯倫河上流。清聖祖親自出塞，把他打破。一六九七年，又自到寧夏，發兵邀擊。這時候，噶爾丹伊犂舊地，已爲其兄子策妄阿布坦所據。噶爾丹窮蹙自殺。阿爾泰山以東悉平。三汗遂各還舊治。

然而伊犂之地，還是未能動搖。清朝乃以其間，平定西藏和青海。先是達賴五世死後，桑結秘不發喪，而嗾使噶爾丹内犯。噶爾丹敗後，盡得其狀。聖祖下詔切責。會桑結爲固始汗曾孫拉藏汗所殺，奏立新六世達賴。聖祖乃封拉藏爲翼法恭順汗，以爲藏事可從此平定了。而青海、蒙古，都説拉藏汗所立達賴是假的。別於裏塘迎立一達賴。詔使暫居西寧。正在相持之間，而策妄阿布坦又派兵入藏，把拉藏汗襲殺。於是藏事又告緊急。好在西藏人都承認了青海所立的達賴。聖祖乃派皇子允禵和年羹堯，從西寧、四川兩道入藏，把準噶爾的兵擊退，而送青海所立的達賴入藏。一七二二年。聖祖死，子世宗立，固始汗之孫羅卜藏丹津，煽動青海諸喇嘛叛變，亦給岳鍾琪襲破。於是青海、西藏都平，梗命的只有一個準噶爾了。

一七二七年，策妄阿布坦死，子噶爾丹策凌繼立。清朝想一舉而覆其根本。還沒有出兵，而噶爾丹策凌先已入犯。清兵出戰不利。策凌就進犯喀爾喀。爲額駙策凌所敗。本隸札薩克圖汗。清朝嘉其功，因使獨立爲一部，是爲三音諾顏汗。喀爾喀自此始有四部。清高宗乃定以阿爾泰山爲準、蒙遊牧之界。這是一七三七年的事。到一七四五年，噶爾丹策凌死，準噶爾又生内亂。高宗乃因輝特部長阿睦爾撒納的降，輝特爲土爾扈特屬部。用爲鄉導，發兵把準部蕩平。而既平之後，阿睦爾撒納又叛。亦於一七五七年，給兆惠等打定。

喇嘛教雖然盛行於蒙古和海、藏，而天山南路，則仍自成其爲回教的區域。天山南路，在元時本屬察合台汗國。後來回教教主之裔和卓木，入居喀什噶爾，因爲人民的尊信，南路政教之權，遂漸入其手。而和卓木之後，又分爲白山、黑山兩宗，軋轢殊甚。和卓木長子加利宴之後爲白山宗，次子伊撒克之後爲黑山宗。策妄阿布坦曾廢白山宗，代以黑山，而質白山酋長的二子於伊犂，是爲大小和卓木。大和卓木名布羅尼特，小和卓木名霍集占。清兵定伊犂後，二子歸而自立。一七五九年，亦給兆惠、富德等打平。於是從天山南北路以通西域的路全開。葱嶺以西之國，如浩罕、哈薩克、布魯特、乾竺特、博羅爾、巴達克山、布哈爾、阿富汗等,都來通朝貢。清朝對西北的國威,這時候要算極盛了。

其對於西南,則因廓爾喀侵犯西藏,於一七九二年,遣福康安把他打破。廓爾喀人請和。定五年一貢之例。廓爾喀東邊的哲孟雅,本來服屬於西藏;更東的哲丹,則當雍正年間,即已遣使來進貢;也當然成爲中國的屬國。清朝因爲防護西藏起見,乃提高駐藏大臣的職權,令其在體制上和達賴、班禪平等。又頒發金奔巴兩個:一個藏在北京雍和宫,一個藏在西藏大招寺。達賴、班禪和大胡土克圖出世有疑義時,就在這瓶中抽籤。所以管理西藏的,也漸漸嚴密了。

以上所述,是清朝對於西、北兩方面的武功。至於南方,歷代對外的關係,比之西北,似乎不重要些。然至近代,隨着世運的進化,而其關係亦漸次重大。原來在南方和中國緊相鄰接的,便是後印度半島。自唐以前,安南本是中國的領土。其餘諸地方,開化的程度很淺。自宋以後,安南既已獨立,而半島的西北部,又日益開化。南方的國際關係,也就漸形複雜了。當明初,西南土司,以平緬、麓川爲最大。其南爲緬甸。又其南爲洞吾。又其南爲古刺。其在普洱之南的,則爲車里。車南之南爲老撾。老撾之南爲八百。這時候,中國的領土,實尚包括伊洛瓦底江流域和薩爾温、湄公兩江上游。平緬、麓川,在元代本爲兩宣慰司。明太祖初命平緬酋長思氏兼轄麓川。後來又分裂其地,設立若干土司。思氏想恢復舊地,屢次造反。自一四四一後十年間,明朝嘗三次發兵征討,卒不能克,僅立隴川宣撫司而歸。思氏在當時,本有統一後印度半島西部的資格。自爲明所破壞,亦終至滅亡。於是緬甸日强。一五八三年,因寇邊,爲明將劉綎所擊破,然明亦僅定隴川。自此中國對西南,實力所至,西不過騰衝,南不過普洱附近,就漸成爲今日的境界了。

緬甸酋長,本姓莽氏。一七五四年,爲錫箔江夷族所殺,木梳土司雍籍牙,入據其地。取阿瓦、平古刺。至其子孟駁,又併阿刺干,滅暹羅,國勢頗盛。一七六五年,遂寇雲南邊境。高宗兩次發兵,都不能克,僅因其請和,許之而還。暹羅是當明太祖時,受封於中國的。既爲緬甸所滅,其故相鄭昭——本是中國潮州人——起兵恢復。以一七七八年即王位。旋爲前王餘黨所弑。養子華,Pnaya Cnakri,譯名亦作丕耶却克里。其上中國的表文,自稱鄭華,係襲前王之姓。定亂自立。以一七八六年,受封於中國。緬人怕中國和暹羅夾攻他,才遣使朝貢請封。安南黎氏,自離中國獨立後,至一五二七年,而爲其臣莫氏所篡。至一六七四年,乃得完全恢復。莫氏篡黎氏時。明朝要出兵討伐。莫氏懼,請爲內臣。乃削去國王的封號,立都統使司,以莫氏爲使。其時黎氏後裔,據西京。至一五九二年,入東京,併莫氏,明以其爲内臣，又來討，且立莫氏於高平。其結果，黎氏亦照莫氏之例，受明都統使之職，明乃聽其併立。至一六七四年，黎氏乘三藩之亂，中國無暇南顧，乃把莫氏滅掉。當復國之時，實賴其臣阮氏之力。而鄭氏以外戚執政。阮氏和他不協，南據順化，形同獨立。至清高宗時，又爲西貢的豪族阮氏所破。是爲新阮。順化的阮氏稱舊阮。並入東京，滅鄭氏，留將貢整守之，貢整想扶黎拒阮，又爲阮氏所破。時爲一七八六年。清高宗出兵以討新阮，初破其兵，復立黎氏末主。後復爲阮氏所襲敗，亦因其請和，封之而還。清朝對於安南、緬甸的用兵，實在都不得利。但是中國國力優厚，他們怕中國再舉，所以雖得勝利，仍然請和，在表面上，總算維持着上國的位置。

至清朝對於川、滇、黔、桂諸省的用兵，雖然事在疆域之內，然和西南諸省的開拓，實在大有關係，亦值得一述。原來西南諸省，都係苗、傜、倮㑩諸族所據。雖然，自秦、漢以降，久列於版圖，而散居其地的種落，終未能完全同化。元時，其酋長來降的，都授以土司之職，承襲必得朝命。有犯順、虐民，或自相攻擊的，則廢其酋長，代以中國所派遣的官吏，是之謂改流。雖然逐漸改流的很多，畢竟不能不煩兵力。湖南省中，湘江流域，開闢最早。澧、沅、資三水流域，則是自漢以降，列朝逐漸開拓的，至清朝康雍時代，闢永順和乾州、鳳凰、永綏、松桃等府廳，而大功告成。貴州一省，因其四面閉塞，開闢獨晚。直至一四一三年，明成祖永樂十一年。始列於布政司。而水西安氏、水東宋氏，分轄貴陽附近諸土司，和播州的楊氏，仍均極有勢力。播州，現在貴州的遵義縣。明神宗時，播州酋楊應龍叛。至熹宗時，調川、滇、湖南三省之兵，然後把他打平。其時水東宋氏已衰，而水西安氏獨盛。到毅宗初年，才告平定。於是貴州省內，惟東南仍有一大苗疆，以古州爲中心。古州，現在貴州的榕江縣。而雲南東北境，有烏蒙、烏撒、東川、鎮雄四土府。烏蒙，現在雲南的昭通縣。烏撒，現在貴州的威寧縣。東川、鎮雄，都是現在雲南的縣。西南部普洱諸夷，亦和江外土司，勾結爲患。清世宗以鄂爾泰總督雲貴，到底把雲南諸土司改流。鄂爾泰又委任張廣泗，把貴州的苗疆打定。此等用兵，雖一時不免勞費，然在西南諸省的統治和開發上，總可算有莫大利益。惟四川西北境的大小金川，高宗用兵五年，糜餉七千萬，然後把他打下，大金川爲今四川理番縣的綏靖屯，小金川爲四川懋功縣，其地勢甚險，而又多設碉堡，所以攻之甚難。那就未免勞費太甚。亦可見清高宗的舉措，都有些好大喜功，而實際則不免貽累於民了。

第七章　清中葉的內亂

　　清朝的中衰，是起於乾隆時代的，這個讀第四章所述，已可見其大概了。清朝是以異族入主中原的，漢人的民族性雖然一時被抑壓下去，然而實未嘗不潛伏着；得着機會，自然就要起來反抗。如此，就釀成了嘉、道、咸、同四朝的內亂。

　　清中葉的內亂，是起於一七九五年的。這一年，正是高宗傳位於仁宗的一年。其初先借苗亂做一個引子。漢族的開拓西南，從大體上說，自然於文化的廣播有功。便苗族，也是受其好處的。然而就一時一地而論，該地方原有的民族，總不免受些壓迫，前章所述湖南永順、乾州一帶，當初開闢的時候，土民畏吏如官，畏官如神。官吏處此情勢之下，自不免於貪求。而漢人移居其地的又日多，苗民的土地，多爲所占。這一年，遂以"逐客民，復舊業"爲名，羣起叛亂。調本省和四川、雲南、兩廣好幾省的兵力，才算勉強打平。然而事未大定，而教匪已起於湖北了。

　　白蓮教，向來大家都說他是邪教。從他的表面看來，自然是在所不免。但是這種宗教，是起於元代的。當元末，教徒劉福通，曾經努力於光復事業。見第三編第四十章。而當清代，此教的勢力，也特別盛，在清代，起兵圖恢復的，都自託於明裔，一七二九年，清世宗曾因曾靜事降旨說："從前康熙年間，各處奸徒竊發，動輒以朱三太子爲名，如一念和尚、朱一貴者，指不勝屈。近日尚有山東人張玉，假稱朱姓，託於明之後裔⋯⋯從來異姓先後繼統，前朝之宗姓，臣服於後代者甚多；否則隱匿姓名，伏處草野；從未有如本朝奸民，假稱朱姓，搖惑人心，若此之衆者。"可見在清代，抱民族主義的人很多。即跡涉迷信之徒，實係別有深心的，亦自不乏。不過既經失敗，其真相就無傳於後罷了。而嘉慶初年的所謂川、楚教匪，其教中首領王發生，亦是詐稱明裔的。便可知其與民族主義不無關係。不過人民的程度不一，而在異族監制之下，光復的運動也極難，不能不利用迷信的心理，以資結合，到後來，遂不免有忘其本來的宗旨的罷了。然而其初意，則蛛絲馬跡，似乎是不可盡誣的。

　　所謂白蓮教，是於一七七五年被發覺的。教首劉松，遣戍甘肅。然其徒仍秘密傳播。至一七九三年，而又被發覺。其首領劉之協逃去。於是河南、湖北、安徽三省大索，騷擾不堪，反給教徒以一個機會。至一七九六年，劉之協等遂在湖北起事。同時，冷天祿、徐天德、王三槐亦起於川東。自此忽分忽合，縱橫於川東北、漢中、襄鄖之境。官軍四面圍剿，迄無寸效。你道爲什麼？原來高宗此時，雖然傳位，依舊掌握大權。如此，和珅自然也依舊重用。和珅是貪黷無厭的，帶兵的人，都不得不刻扣軍餉，去賄賂他——當時得一個軍營差使，無論怎樣赤貧的人，回來之後，沒有不買田、買地，成爲富翁的——所以軍紀極壞。而清朝當這時候，兵力本已不足用。官兵每戰，輒以鄉勇居前，勝則攘奪其功，敗亦撫卹不及。匪徒亦學了他，每戰，輒以被擄的難民居前，勝則樂得再進，敗亦不甚受傷。加以匪勢飄忽，官兵常爲所敗。再加以匪和官兵，都要殺掠，人民無家可歸的，都不得不從匪。如此，自然剿辦連年，毫無寸效了。直到一七九九年，高宗死了，和珅伏誅，仁宗乃下哀痛之詔；懲辦首禍官吏，優卹鄉勇，嚴覈軍需，許匪徒投誠。又行堅壁清野之法，一面任能戰之將，往來追逐。至一八〇二年，大股總算肅清。明年，餘匪出沒山林的，也算平定。而遣散鄉勇，無家可歸的，又流而爲盜。又一年餘，然後平定。這一次亂事，前後九年，雖然勉強打平，然而清朝的政治力量，就很情見勢絀了。

　　然而同時東南還有所謂艇盜。艇盜亦是起於乾隆末年的。當新阮得國之後，因財政困難，乃招徠沿海亡命，給以器械，命其入海劫掠商船。廣東沿海，就頗受其害。後來土盜亦和他勾通。一發深入閩浙。土盜倚夷艇爲聲勢，夷艇借土盜爲耳目。夷艇既高大多炮，土盜又消息靈通。政府以教匪爲急，又無暇顧及沿海。於是其患益深。一八〇二年，安南舊阮復國。見第十四章。禁絕海盜，夷艇失勢，都並於閩盜蔡牽。後爲浙江水師提督李長庚打敗。又與粵盜朱濆相合。清朝用長庚總統閩浙水師，而前後督臣，都和他不合，遇事掣肘。一八〇七年，長庚戰死南澳洋面，朝廷繼任其部將邱良功、王得祿。至一八一〇年，才算把艇盜打平。

　　川、楚教匪定後，不滿十年，北方又有天理教匪之亂。天理教，本名八卦教——後來的義和團，也是出於八卦教的。此時的天理教，是反清的，而後來的義和團，至於以扶清滅洋爲口實，民族意識的易於消亡，真可以使人警惕了。當時天理教的首領，是大興林清和滑縣李文成。他們吸收徒衆的力量極大。教徒布滿於直隸、河南，山東、西。便是清朝的內監，也有願意做內應的。他們謀以一八一三年起事。乘清仁宗秋獮木蘭時，襲據京城。未及期而事洩。李文成被捕下獄。林清仍進行其豫定計畫。以內監爲鄉導，和內應，攻擊京城。攻入東西華門的有百餘人。文成亦被教徒劫出，攻占縣城，殺掉知縣。長垣、東明、曹縣、定陶、金鄉，都起而響應。雖然其事終於無成，亦足使清朝大吃一驚了。

　　天理教匪亂後八年，便是一八二〇年，仁宗死了，宣宗即位。這一年，回疆又有張格爾之變。天山南路的回民，信教最篤。清朝的征服回部，本來不能使他們心服的。但是清朝知道他們風氣強悍，事定之後，亦頗加意撫綏。回民喪亂之餘，驟獲休息，所以亦頗相安。日久意怠，漸用侍衛和在外駐防的滿員，去當辦事領隊等大臣。都黷貨無厭，還要廣漁回女。由是民心憤怨。這一年，大和卓木之孫張格爾，就借兵敖罕，入陷喀什噶爾、英吉沙爾、葉爾羌等城。清廷命楊遇春帶着陝甘的兵，前往剿辦，把張格爾打敗。張格爾走出邊。楊遇春又誘其入犯，把他擒殺。於是清廷命浩罕執獻張格爾家屬。這張格爾是回教教徒，認爲教主後裔的，這如何辦得到？於是清廷絕其貿易。浩罕就又把兵借給張格爾的哥哥玉普爾，使其入寇。交涉輆輵，直到一八三一年，才定議：清朝仍許浩罕通商，而浩罕允代中國監視和卓木的家族，這交涉才算了結。清朝在這時候，對外的威嚴，就也有些維持不住了。

第八章 鴉片戰爭

鴉片戰争，是打破中國幾千年來閉關獨立的迷夢的第一件大事。其禍雖若天外飛來，其實醖釀已久，不過到此始行爆發罷了。

中英通商問題，種種輮轕，已見第五章。英國在中國的貿易，自一七八一年以後，爲東印度公司所專。至一八三四年才廢。公司的代理人，中國謂之大班。公行言"散商不便制馭，請令其再派大班來粤"。粤督盧坤奏請許之。於是英人先派商務監督，後派領事前來，而中國官吏，仍只認爲大班，不肯和他平行交接。於是英領事義律，Captain Elliot，此爲甲必丹義律。上書本國，説要得中國允許平等，必須用兵；而中英之間，戰機就潛伏着了。而其時適又有一鴉片問題，爲之導火綫。

鴉片是從唐代就由阿剌伯人輸入的。但祇是作藥用。到了明代，菸草從南洋輸入，中國人開始吸食，其和以鴉片同熬的，則稱爲鴉片煙，才成爲嗜好品。罌粟之名，初見於宋朝的《開寶本草》——開寶，宋太祖年號，自公元九六九至九七五年——《本草》説一名米囊，而唐雍陶《西歸出斜谷詩》，已有"萬里客愁今日散，馬前初見米囊花"之語，可見唐時不但已經輸入，而且已有種植的。其物一名阿芙蓉，據近人説，就是阿剌伯語 Afion 的異譯，所以知其爲阿剌伯人所輸入。菸草來自呂宋，漳州莆田人種之，盛行於北邊，謂可避瘴。明末曾有禁令，然卒無效。其禁旋弛。明、清間，王肱枕的《蚓庵憶語》、張岱的《陶庵夢憶》，都説少時不識菸草爲何物，則其盛行，實在明末弛禁之後。黃玉圃《臺海使槎録》説：鴉片煙，用麻葛同鴉土切絲，於銅鐺内煎成鴉片拌煙，另用竹箇，實以棕絲，羣聚吸之，索直數倍於常煙。《雍正硃批諭旨》"七年，福建巡撫劉世明，奏漳州知府李國治，拿得行户陳遠，私販鴉片三十四斤，擬以軍罪。臣提案親訊，陳遠供稱：鴉片原係藥材，與害人之鴉片煙，並非同物。當傳藥商認驗。僉稱此係藥材，爲治痢必須之品，並不能害人。惟加入菸草同熬，始成鴉片煙。李國治妄以鴉片爲鴉片煙，甚屬乖繆，應照故人人罪例，具本題參。"這都是中國人吸食鴉片，乃由吸食菸草而引起，並且其由來不久的證據。當時鴉片由葡萄牙人輸入，每年不過二百箱。每箱一百二十斤。而吸食鴉片煙，則當一七二九年之時，已有禁例。雍正七年，販者枷杖，再犯邊遠充軍。自英國東印度公司，壟斷在中國的貿易後，在印度地方，廣加栽種，而輸入遂多。乾隆末年，粤督奏請禁止入口。嘉慶初年，又經申明禁令。鴉片自此遂成爲無稅的私運品，輸入轉見激增。其時鴉片蔓船，都停泊外洋，而其行銷之暢如故。包買的謂之"窑口"。傳遞的謂之"快蟹"。關汛都受其賄賂，爲之包庇。一八二六年，粵督李鴻賓專設水師巡緝。巡船所受規銀，日且踰萬。一八三三年，盧坤督粵，把他裁撤。至一八三七年，鄧廷楨又行恢復，則巡船受賄如故，而且更立新陋規，每煙一萬箱，須另送他們數百箱，不但置諸不問，並有代運進口的。所以後來禁煙如此之難；反對禁煙的人，如此其衆。我們觀於此，可知社會上事，無一非複雜萬端，改革真不易言，斷不容掉以輕心了。海關每年，漏銀至數千萬兩之巨。不但吸食成癮，有如劉韻珂所説："黃巖一邑，白晝無人，竟成鬼市。"林則徐所説："國日貧，民日弱，十餘年後，豈惟無可籌之餉，亦且無可用之兵。"未免不成樣子。而銀是中國的貨幣，銀價日貴，於財政、經濟關係都是很大的。黃爵滋的奏疏，説："各省州縣地丁錢糧，征錢爲多。及辦奏銷，以錢易銀。前此多有盈餘，今則無不賠墊。各省鹽商，賣鹽俱係錢文，交課盡歸銀兩。昔之爭長利藪者，今則視爲畏途。若再三數年間，銀價愈貴，奏銷如何能辦？稅課如何能清？"這亦由於幣制不立，銀錢併用，而無主輔的關係，致有此弊。所以至道光之世，而主張禁煙的空氣，驟見緊張。

當時内外的議論，都是偏向激烈的。只有太常寺卿許乃濟一奏，較爲緩和。宣宗令疆臣會議，覆奏的亦多主張激烈。而一八三八年，鴻臚寺卿黃爵滋奏請嚴禁的一疏尤甚。當時販煙一事，因其利太豐，恃以爲活的人太多，所以法令之力，亦有時而窮。究竟能否用操切的手段，一時禁絕，實屬疑問。許乃濟之奏，主張仍用舊制，照藥材納稅，但只准以貨易貨，不得用銀購買，亦未始非漸禁的一策。總而言之，當時的問題，不在乎有法無法，法之嚴與不嚴，而實在乎其法之能行與否。當時主張激烈的人，對這一點，似乎都少顧及。於是重定禁例，而派林則徐以欽差大臣，馳赴廣東，查辦海口事件。

則徐既至粵，强迫英商，交出鴉片二萬零二百八十三箱，悉數把他焚毀。又佈告各國：商船入口，都要具"夾帶鴉片，船貨充公，人即正法"的甘結，各國都願遵照。惟英領事義律不可。則徐遂命沿海斷絶英人接濟。時英國政府，尚未決定對中國用兵；而印度總督，遣軍艦兩艘至澳門。義律大喜。以索食爲名，炮擊九龍。時則徐在沿海亦已設防，英人不得逞。乃請葡萄牙人出而轉圜，請删甘結中人即正法一語，餘悉如命。則徐仍不許。時英議會中，亦分爲强硬緩和兩派。然畢竟以九票多數，通過"對中國前此的損害，要求賠償；對英人後此的安全，要求保證"。時爲一八四〇年四月。於是英人調印度、好望角的兵一萬五千人，命伯麥和加至義律伯麥（Bremea）統海軍，加至義律（George Elliot）統陸軍。統率前來，而中、英的兵釁遂啓。

英兵既至，因廣東有備，轉攻廈門。亦不克。乃北陷定海。投英國巴里滿致中國首相的書。書中要求六事：（一）償貨價。（二）開廣州、廈門、福州、定海、上海通商。（三）中、英官交際用平行禮。（四）償軍費。（五）不以英船夾帶鴉片，累及岸商。（六）盡裁經手華商浮費。後來和約之意，大抵不外乎此。浙江巡撫不受，乃轉赴天津。清宣宗是個色厲而內荏的人。遇事好貌爲嚴厲，而對於事情的本身，實在無真知灼見。又沒有知人之明。所以其主意很易搖動。當時承平久了，沿海各省都無備，疆臣怕多事，都不悅林則徐所爲，乃造蜚語以聞於上。大致謂燒煙本許價買，而後來負約，以致激變。又有說當時廈門戰事，奏報不實的——當時閩督爲鄧廷楨，本係粵督，和林則徐是取同一步調的。於是朝意中變。命江督伊里布赴浙江訪致寇之由。又諭沿海督撫：洋船投書，許即收受馳奏。時林則徐已署理粵督，旋革其職，遣戍伊犂，而命琦善以欽差大臣赴粵查辦。

琦善既至，盡撤林則徐所設守備。時加至義律有疾，甲必丹義律代當談判之任。琦善一開口，就許償煙價二百萬。義律見其易與，又要求割讓香港。琦善不敢許。義律就進兵，陷沙角、大角兩炮臺。副將許連陞戰死。琦善不得已，許開廣州，割香港。英兵乃退出炮臺。朝廷聞英人進兵，大怒。命奕山以靖逆將軍赴粵剿辦。英人遂進陷橫當、虎門兩炮臺。提督關天培又戰死，奕山既至，夜襲英軍，不克。城外諸炮臺盡陷。全城形勢，已落敵人手中。不得已，乃令廣州知府余葆純縋城出見英人。許償軍費六百萬，儘五天之內交出。而將軍率兵，退至離城六十里之處。英兵乃退出虎門。奕山乃冒奏："進剿大挫凶鋒，義律窮蹙乞撫，惟求照舊通商，永遵不敢售賣鴉片。"而將六百萬之款，改稱商欠。朝廷以爲沒事了。而英人得義律和琦善所訂的《草約》，以爲償款太少，對於英人後此之安全，更無保證，乃撤回義律，代以璞鼎查。Pottinges.續調海軍東來，於是廈門、定海，相繼陷落。王錫朋、鄭國鴻、葛雲飛三總兵，同日戰死。英兵登陸。陷鎮海。提督余步雲遁走。江督裕謙，時在浙視師，自殺。英軍遂陷寧波。清廷以奕經爲揚威將軍，進攻，不克。而英人又撤兵而北。入吳淞口。陷寶山、上海。又進入長江，陷鎮江，逼江寧。清廷戰守之術俱窮，而和議以起。

先是伊里布因遣家人張喜，往來洋船，被參奏，革職遣戍。當時通知外情的人太少。伊里布此事，實在亦怪不得他。伊里布起用後，張喜仍參與交涉之事。《中西紀事》記其聞英人索賠款，拂衣而起，則亦並非壞人。至是，乃用他和耆英爲全權大臣，和璞鼎查在江寧議和。訂立條約十三款。時爲一八四二年八月二十九日。道光二十二年七月二十四日。是爲中國和外國訂立條約之始。約文重要的：

（一）中國割香港與英。

（二）開廣州、廈門、福州、寧波、上海五口，許英人攜眷居住，英國派領事駐扎。

（三）英商得任意和華人貿易，無庸拘定額設行商。

（四）進出口稅則，秉公議定，由部頒發曉示。英商按例納稅後，其貨物得由中國商人，徧運天下，除照估價則例加收若干分外，所過稅關，不得加重稅則。

（五）英國駐在中國的總管大員，與京內外大臣，文書往來稱照會，屬員稱申陳，大臣批覆稱札行。兩國屬員往來，亦用照會，惟商賈上達官憲仍稱稟。

這一次條約，和英國巴里滿所要求的，可以説是無大出入。總而言之，是所以破前此（一）口岸任意開閉，（二）英人在陸上無根據地，（三）稅額繁苛，（四）不許英官和中國平行之局的。

五口通商的條約，可説是中國人受了一個向來未有的打擊。當時的不通外情，説起來真也可笑。當時英人進犯雞籠，因觸礁，有若干人爲中國所獲。總兵達洪阿和兵備道姚瑩奏聞。廷寄乃命其將"究竟該國地方，周圍幾許？所屬之國，共有若干？其最爲强大，不受該國統束者，共有若干人？英吉利至回疆各部，有無旱路可通？平素有無往來？俄羅斯是否接壤？有無貿易相通？……"逐層密訊，譯取明確供詞，據實具奏。在今日看起來，真正可笑而又可憐了。當時英人犯臺灣，共有三次：第一次犯雞籠。第三次犯大安港，船均觸礁。中國俘獲白夷、紅夷、黑夷、漢奸，共一百六十餘人。臺灣本隸福建，此時以其隔在海外，特許達洪阿、姚瑩有專折奏事。兩人謂俘獲的人。解省既不可，久羈亦非計，奏請儻夷船大幫猝至，惟有先行正法，以除內患。報可。於是除英酋顛林等九人及漢奸黃某、張某，奉旨禁錮外，餘悉殺之。及和議成，訂明被禁的英人和因英事被禁的華人，一律釋放。於是顛林等都送廈門省釋。而英人脅江、浙、閩、粵四省大吏入奏，説臺灣所殺，都係遭風難夷。詔閩督怡良渡海查辦。怡良乃迫達洪阿、姚瑩自認冒功，革職了事。此事的處置，亦出於不得已。當時興論，很替達洪阿、姚瑩呼冤。説怡良因他二人得專折奏事，本有忌他們的心，所以趁此加以陷害，這也未必得實。達洪阿、姚瑩，濫殺俘虜，自今日觀之，自屬野蠻。但在當時，思想不同，亦不能以現在的見解，議論從前的人，姚瑩亦是當時名臣。他革職被逮後，寫給劉韻珂的信，説："鎮道天朝大臣，不能與夷對質辱國。諸文武即不以爲功，豈可更使獲咎，失忠義之心？惟有鎮道引咎而已。"這亦很有專制時代，所謂大臣的風概的。而內政的腐敗，尤可痛心。當時廣東按察使王廷蘭，寫給人家的信，説："各處調到的兵，紛擾喧呶，毫無紀律。互鬥殺人，教場中死尸，不知凡幾。"甚而至於"夷兵搶奪十三洋行，官兵雜入其中，肩挑擔負，千百成羣，竟行遁去。點兵冊中，從不聞清查一二"。又説：從林則徐查辦煙案以來，"兵怨之，夷怨之，私販怨之，莠民亦怨之，反恐逆夷不勝，則前轍不能復蹈"。而劉韻珂給人家的信，亦説："除尋常受雇，持刀放火各犯外，其爲逆主謀，以及荷戈相從者，何止萬人？"均見《中西紀事》。人必自侮而後人侮之，這真可使人悚然警懼了。然而僅此區區，何能就驚醒中國人的迷夢？

第九章　太平天國和捻黨之役

滿族佔據中國，倏忽二百年了。雖然他治理中國之法，還是取之於中國，然而在民族主義上，總欠光晶。加以他政治腐敗，國威陵替，五口通商之役，以堂堂天朝，而受辱於海外的小蠻夷，這在當日，確是個非常之變。英雄豪傑，豈得不乘時思奮？於是霹靂一聲，而太平天國以起。

太平天國天王洪秀全，是廣東花縣人。他以一八一二年誕生，恰在民國紀元之前百年。他是有志於驅除異族，光復河山的人。要做光復事業，不得不和下層民衆結合，乃不得不借助於宗教。廣東和外國交通早，西教輸入的年代亦久。所以洪秀全所創的上帝教，頗與基督教相近。以耶和華爲天父，基督爲天兄，而自稱爲基督之弟。和馮雲山等同到廣西傳佈，信他的人頗多。大多數都是貧苦的客民。一八四七、四八年間，廣西年荒盜起，居民倡團練自衛，和教中人頗有衝突。秀全乘機，以一八五〇年六月，起事於桂平的金田村。

時廣西盜賊甚多，清朝派向榮等剿辦，不利。洪秀全以起事的明年據永安。始建太平天國之號，自稱天王。又明年，突圍而出。攻桂林，不克。乃北取全州，浮湘而下。爲江忠源鄉勇所扼，改由陸道出湘東。攻長沙，亦不克，而清援軍漸集，乃舍之，北出洞庭。克岳州，遂下武、漢。沿江東下，直抵江寧，建爲天京。時爲一八五三年。

當洪秀全在永安時，有人勸他，由湘西出漢中，以圖關中。秀全不能用。及克武、漢，又有主張北上的，以琦善統大兵扼河南，不果。天京既建，清向榮以兵踵至，營於城東孝陵衞，而琦善之兵，移駐揚州，是爲江南、江北兩大營。太平軍殊不在意。當時派兵兩支：一自安徽出河南北伐，一沿江西上。後來北伐的兵，因形勢太孤，雖經河南、山西，打入直隸，畢竟爲清兵所殲滅。這個從太平軍一方面論起來，實在是件可惜的事。當時北伐的兵，由林鳳祥、吉文元統帶。文元戰死於懷慶。鳳祥走山西，旋入直隸。至深州，爲僧格林沁所敗，退據靜海。楊秀清遣兵北陷臨清，以爲之援。鳳祥欲南出與之合，然卒不克。乃據連鎮，別將李開芳據高唐。至一八五五年春，而爲清兵所滅。當太平天國初起時，清朝北方看似兵力雄厚，然都無戰鬥能力。使洪秀全得武、漢之後，即長驅北上，大事殊未可知。及既定金陵，要遣兵北伐，秦大綱力言非全軍進據汴梁，則宜先定南省；遣孤軍北伐非宜，而楊秀清不聽。南人畏寒，北上之兵，士氣不免沮喪，戰鬥力因之減少。然而林鳳祥等，猶能支持幾及兩年。這可見鳳祥之不弱，而清軍的無用，於此也可見一斑了。其西上之兵，則甚爲得勢。再破安慶、九江，佔據武、漢，並南下岳州、湘陰。

此時清朝的兵，不論綠營、八旗，都不足用，乃不得不專靠鄉勇。當時辦團練的地方很多。而湘鄉曾國藩，以在籍侍郎，主持辦團之事。國藩仿戚繼光之法，倡立營制。專用忠勇的書生，訓練誠樸的鄉農。又創立水師，以期和太平軍相角逐。遂成爲太平軍的勁敵。湘軍以一八五四年，出境作戰。初出不利。旋復戰勝，克復岳州。又會湖北兵復武、漢。然進攻九江不能克，而石達開坐鎮安慶，遣兵盡取江西州縣。國藩孤居南昌，一籌莫展，形勢甚危。長江中流，太平軍仍占優勢。而天國於是時顧起了內訌，遂授清軍以可乘之隙。

洪秀全的爲人，似長於佈教，而短於治政和用兵。既據天京之後，就深居簡出，把軍國大事，一切交給楊秀清。旋又相猜忌，乃召韋昌輝，使殺秀清。石達開聞變回京，昌輝又殺其家屬。達開縋城而遁。自此別爲一軍，不復受天京節制，秀全又使秀清餘黨，殺掉昌輝。於是太平軍初起諸人略盡，洪秀全建國後，以楊秀清爲東王，蕭朝貴爲西王，馮雲山爲南王，韋昌輝爲北王，石達開爲翼王，林鳳祥爲丞相。雲山出全州後中炮死，蕭朝貴死於攻長沙時。遂呈散漫之象。清軍乘之，以一八五七年冬克武、漢。明年春，又復九江。胡林翼居武昌，籌餉練兵，屹爲重鎮。太平軍僅據安慶和天京相犄角，形勢就很危險了。

然而太平軍中，還有後起之秀，足以支持危局的，那就是李秀成。其時清軍上流一方面，分遣陸軍攻皖北，水軍攻安慶。下流一方面，向榮的江南大營，前此被太平軍攻破，清朝用其部將張國樑，主持軍事，江南大營第一次被破，事在一八五六年。向榮走死丹陽。清廷代以和春，而命榮舊部張國樑幫辦軍務。戰鬥之事，實在都是國樑所主持。江北大營，琦善死後，代以託明阿。後又代以德興阿。因揚州爲陳玉成所破，和春劾罷德興阿，遂不復置帥，由和春兼轄。及再度被破，國樑亦走丹陽自殺。和春則死於常州。時兩江總督，亦駐常州，倚江南大營爲屛蔽。軍事上毫無預備。所以大營一潰，而蘇、松、常、太，勢如破竹，相繼俱下。於九江失陷之際，再逼天京而軍。此時捻黨已盛於江北。李秀成和其首領張洛行相聯絡，把皖北的軍事，交託悍將陳玉成，而自己入京輔政。玉成殲湘軍精銳於三河集，安慶之圍亦解。李秀成知道江南大營的餉源出於浙江。其時江北大營，已不置帥，歸江南大營兼統，汎地更廣。乃出兵陷杭州，以搖動其軍心。又分軍擾亂各處，以分其兵力。而突合各路的兵猛攻之，大營遂潰。國樑走死。蘇、松、常、太，相繼皆下，太平軍的形勢又一振。

　　然而大厦非一木所能支,單靠一個忠勇善謀戰的李秀成,到底不能挽回太平天國的末運。清朝此時,胡林翼已死,乃用曾國藩爲兩江總督。發縱指示之責,集於國藩一身。國藩使弟國荃攻圍安慶。陳玉成不能將將,諸將都不聽命,遂不能救。一九六一年,秋間,安慶陷落。玉成戰敗走合肥,爲苗沛霖所執,送於清軍,被殺。曾國藩乃薦沈葆楨撫贛,左宗棠撫浙,以敵太平軍方面李世賢、汪海洋的兵。使鮑超、多隆阿等分攻皖南、北。都興阿鎮守揚州。而使曾國荃沿江東下,楊岳斌、彭玉麟以水師爲之聲援,以逼天京。又使李鴻章募兵淮、徐,以圖蘇、松。李秀成力勸洪秀全出兵親征,不聽。請與太子俱出,又不聽。秀成曾一度出兵江北,因張洛行已被擒,亦無成功。只得守了蘇州,和天京作爲聲援。

　　借外力以平內亂是件可恥的事,亦是件可危的事。當道咸之世,清朝的昏瞶反覆,很爲外人所厭惡。太平軍在此時,很有和外人聯絡的機會,而太平軍未肯出此——或亦是未知出此——清朝則似非所郵。一八五八、六○年兩役,外人在條約上所得的權利,實在多了,乃有助清人以攻太平軍之議,清廷初亦未敢接受。然至蘇、松失陷後,江蘇巡撫薛煥和布政使吳煦,避居上海,到底藉外人所訓練統率的華兵,即所謂常勝軍者,以禦太平軍。此時中國兵弱,洋將多不聽命。蘇人避居上海的,乃自雇汽船七艘,以迎李鴻章的淮軍。太平軍既未能邀擊。蘇州諸生王畹,獻策於李秀成,請先設計封鎖或擾亂上海,俾外人避居,然後出而招撫,收爲己用,秀成又未能用。李鴻章至,淘汰前所募兵,代以淮勇,都强悍能戰;常勝軍亦隸麾下,輔以精利的器械;而上海此時,餉源又甚豐富;太平軍東路的形勢,遂亦陷於危急。清朝的借用外力,以攻太平軍,其動機實甚早。當太平軍出湖南時,就有創守江之議的,説上海、寧波,外人防海盜的水軍,可以借用。其議未見聽。江寧既陷,向榮因長江水師不備,檄蘇松太道吳健彰和外人商議,領事答以兩不相助,乃已。後匕首黨劉麗川陷上海。當其起事之前,曾託領事溫那治先容於太平軍。其書爲清軍所獲。書中有“三月間在南京,蒙相待優厚”及“我兄弟同在教中,決不幫助官兵”等語,可見當日外人和太平軍,亦有接洽。惜乎太平軍不能利用。劉麗川雖據上海,所作所爲,殊屬不成氣候。至一八五五年春間,爲英、法軍助清兵所攻滅。然外人在此時,實不可謂有助清政府之意。至一八六○年,《北京條約》既定,法使乃言“願售賣或遣匠役助造船炮”,並請在海口助剿。俄使亦言:“願派水兵數百,和清陸軍夾攻。”又言:“明年南漕,儻挂俄、美旗,便可無虞。”這可見外人的助清,確和不平等條約有關了。清廷命江浙督撫和漕督議奏。漕督袁甲三和蘇撫薛煥,都以爲不可。曾國藩則請溫詔答之,而緩其出師之期。總署亦以爲然。清廷是時,對於外人,猜忌之念正深,所以尚未敢借以爲用。及蘇州既陷,巡撫薛煥和布政使吳煦,都避居上海,始募印度人防守,以美人華爾(Ward)爲將,白齊文(Burgevine)副之。又想募呂宋人。而蘇州人王韜獻策,説募洋兵費鉅,不如募華兵而統以洋人,教練火器,從之。是爲常勝軍所自始。時吳煦所募兵甚弱,洋將都不爲用,及李鴻章的淮軍至,而情形乃一變。常勝軍嘗會同上海的英、法兵，攻破嘉定、青浦，防守松江。又隨淮軍入浙，攻陷慈谿。華爾受傷而死，代以白齊文。白齊文和李秀成交通，李鴻章言於美領事，撤其職，代以英人戈登（Gordon），又隨李鴻章破蘇州。及常州既下，乃將其兵裁撤。——當時其軍額爲三千人。上海地處海隅，以舊時用兵形勢言之，本是所謂絶地。當這時候，則因海洋交通，而其後路不斷；前多汉港，敵軍不易進犯；轉成爲形勝之地。而且稅入很多，而户部並未注意搜括到，所以餉源亦很優裕。客將訓練之精，兵器之利，上海餉源之裕，實係淮軍成功的很大原因。當時華爾、白齊文，都奉旨賞給四品銜。華爾後加至三品。死後，於松江、寧波，建立專祠。戈登則加至提督。常勝軍裁撤時，洋弁受寶星的，共六十四人。而上海的外國水陸軍隊和經理稅務的商人，亦時時傳旨嘉獎。清朝的利用外力，亦不可謂之薄了。其在太平軍方面，則白齊文撤職後，投降李秀成。勸其棄去江、浙，北據秦、晉，其地爲清水師及外人之力所不及，乃可以逞。此時太平軍的士氣，已非初起時比，所以秀成不能用。其時避難上海的人很多。蘇州諸生王畹，勸李秀成以水軍出通、泰，掠商船，使物品不入上海，則外人必懼而求和。否則以精卒數千，冒充避難的人，入租界中，夜起放火劫掠，外人必逃到海船上，我乃起而鎮定，招之使歸，外人必和我連絡了。秀成亦未能聽。這是中國内亂，最初和外力有關的一段歷史。梁啓超做《李鴻章傳》，説使太平軍當日，亦如湘、淮軍，各引外國以爲助，中國的大局，早就不堪設想了。我們現在讀起來，能無感慨。

李秀成此時，以一身負天京和蘇州兩方面守禦的重任，兼負調度諸軍之責。當一八六二年時，曾國荃已攻破沿江要隘，直逼天京。是年秋間，其軍大疫。秀成合李世賢攻浙的兵，猛攻其營。凡四十六日，卒不能破。天京之圍，自此遂不能解。至一八六三年初冬，而蘇州又失陷，秀成乃入天京死守。明年六月，天京亦陷。天王已死，秀成奉太子福瑱出走。於路相失，爲清軍所獲，死之。太子會李世賢、汪海洋之師入贛，亦爲清軍所執，殉國於南昌。海洋、世賢的兵，没於閩、粤。李世賢是李秀成入天京城守時，派他到江西去的。汪海洋則在浙江，爲左宗棠所敗，而入江西的。後來兩軍會合入福建，又入廣東。世賢爲海洋所殺。海洋戰死。石達開先别爲一軍，歷贛、閩、湘、桂而入川，欲圖割據，亦爲清兵合土司所擒。陳玉成敗後，在皖北的陳德才，北入河南，聞天京緊急，率兵還救，不及，自殺。太平天國自立凡十五年，兵鋒所至，達十六省，内地十八省中，惟陝、甘兩省未到。卒仍爲滿族所征服。

然而其餘衆合於捻黨，猶足使清廷旰食者數年。所謂捻黨，是很早就有的。捻匪的起原很早。有人説："鄉人逐疫，撚紙然脂，共爲龍戲，謂之爲捻，後遂相聚爲盗，故得此稱。"亦有人説："皖北之民，稱一聚爲一捻，所以稱股匪爲捻匪。"未知孰是。康熙時已有其名。嘉道時，漸肆劫掠。至咸豐初年乃盛。太平軍起而捻勢亦盛。蔓衍於蘇、皖、魯、豫四省之間。當時江蘇的淮、徐，安徽的潁、亳，山東的兗、沂、曹、濟，河南的光、固，爲捻衆最盛的區域。雉河集的張洛行、李兆受爲其首領。壽州練總苗沛霖，亦陰和太平軍和捻黨相通。清命袁甲三等剿之，無效。一八六〇年，英、法兵陷京城。捻衆亦乘機北略，至濟寧。英、法兵既退，乃命僧格林沁剿辦。僧格林沁攻破雉河集，張洛行、李兆受都死。苗沛霖亦被陳玉成餘衆所殺，捻勢稍衰。太平天國既亡，餘衆多合於捻，其勢復盛。僧格林沁勇而無謀。捻衆多馬隊，其勢飄忽，僧格林沁常爲所致。遂以一八六五年，敗死於曹州。清廷命曾國藩往剿。國藩首創圈制之法。練黃河水師。以濟寧、徐州、臨淮關、周家口爲四鎮，各派重兵駐扎。於運河東岸，賈魯河西岸築長墻，想把捻衆麼之一隅。

　　然而止不住捻衆的衝突，一八六六年，捻衆突圍而出，張宗禹入陝，賴文光入山東，於是罷國藩，代以李鴻章。鴻章仍守國藩遺策，倒守運河，把東捻逼到海隅。於一八六七年打定。其西捻則由左宗棠剿擊。宗棠敗之渭北。捻衆乃北犯延綏，渡河入山西。再出河南，以入直隸。宗棠率兵追擊。李鴻章亦渡河相助。命直隸之民，多築寨堡以自衛，而沿黃、運二河築長墻以守。至一八六八年，才把他逼到黃、運、徒駭之間打平。

　　捻匪不過是擾亂，説不上什麼主義的。太平天國，則當其兵出湖南時，即已發佈討胡之令。可謂堂堂之陣，正正之旗。其定都金陵後，定田制，改曆法，禁蓄妾及買賣奴婢，並禁倡伎，戒纏足，頒天條以爲法律，開科舉以取士，亦略有開創的規模，且頗富於新理想。有人説："中國當日，惡西教正甚，而太平天國，帶西教的色彩很重，這是其所以失人心的原因。"然而天王的創教，本不過是結合的一種手段，兵勢既盛之後，亦未曾盡力推行。太平天國的滅亡，其中央無真長於政治和軍事的人才，實在是其最大的原因。而其據天京之後，晏安鴆毒，始起諸人，不能和衷共濟，反而互相殘殺。又其後來，所謂老兄弟者日少，新兄弟日多，廣西初起事的兵，謂之老兄弟；後來附從的，謂之新兄弟。軍紀大壞，亦是其致亡的原因。太平天國提唱民族主義，曾國藩等則揭櫫忠君主義，以與之對抗。在當日，自然是忠君主義易得多數人的扶助，然而民族主義的源泉終不絕滅，遂潛伏着以待將來的革命。

第十章　英法聯軍之役

　　鴉片戰爭，在中國歷史上，爲從古未有的奇變，然其實不過外人强迫通商的成功而已。在實際上，關係還不算很大。其種種喪權辱國的條約，實在又是五口通商以後，陸續所造成的，至一八五八年的《天津條約》，一八六〇年的《北京條約》，而作一總匯。

　　《江寧條約》成後，伊里布以欽差大臣赴廣東辦理通商事宜。死後，耆英代之，與英另訂《五口通商章程》十五條。而法、美、瑞典，亦相繼和中國訂立條約。惟俄國仍不准在海口通商。法、美條約，均定於一八四四年，瑞典條約，定於一八四七年。都係在廣東所訂。俄事參看下章。

　　交涉的轇轕，起於廣東英人入城問題。先是一七九三年，高宗曾有"西洋各國商人，不得擅入省城"之諭。此時另訂條約，國交一新，此項上諭，自然無效，而粵民仍執之以拒各國領事入城。粵中大吏，既不能以法令效力，後勝於前的道理，曉諭人民，又不敢明拒外人；而依違其間，於是粵民遂自辦團練，欲以拒絕外人。以爲官吏軟弱，寖至官民亦生齟齬。耆英知道交涉是棘手的，乃陰謀內召。先是《江寧條約》，訂明舟山、鼓浪嶼的英兵，須俟賠款交清後，方行撤退。一八四六年，賠款清了，耆英要求英人撤兵。又另訂條約五條，申明許英人入城，而中國不得以舟山羣島，割讓他國。第三款申明中國不得以舟山羣島割讓他國。第四款說他國如犯舟山，英必出而保護，毋須中國給與兵費。後來法越之役，法兵謀占舟山，寧紹台道薛福成，在西報申明此約，英政府亦出而申明，舟山遂得不陷。然亦很可羞恥了。明年，耆英內用，英人請實行入城之約。耆英知道廣東民氣難犯，請展期兩年。英人也答應了。

　　於是徐廣縉爲總督，葉名琛爲巡撫。兩人都是有些虛怯之氣，好名而不通外情的。一八四九年，英人以入城之期已屆，又請實行。廣縉登舟止之。英人謀劫廣縉，以求入城，廣東練勇數萬人，同時聚集兩岸，呼聲震天。英人懼，乃罷入城之議。事聞於朝，封廣縉一等子，名琛一等男，都世襲。餘官均照軍功例，從優議敍。並傳旨大獎粵民。<small>上諭有"難得十萬有勇知方之衆，勢不奪而利不移，朕念其翼戴之忱，能無怦然有動於中"等語。</small>於是廣東人民，更爲得意。遂散佈流言要破壞通商之局。英人聞之，寫信給廣縉，請另定《廣東通商專約》。廣縉要求其將不入城列入《專約》之中，英人也答應了。此時廣縉、名琛，都很負時望。

　　一八五〇年，宣宗死了，文宗繼立。明年而徐廣縉移督湖廣，葉名琛代爲總督。此時太平天國正盛，清廷怕多生枝節，亦諭令交涉謹慎；而名琛以爲外國人不過虚聲恐喝，遇事多置諸不理。既不能措置妥帖，而又不設防備。這時候，沿海的中國船，頗有恃外國旗號爲護符的。<small>桂良等在上海議商約時，曾照會英、法、美三使，說"上海近有中國船户，由各國領事，發給旗號。此等船户，向係不安本分，今恃外國旗號爲護符，地方官欲加之罪，躊躇不決，遂至無所不爲，犯案纍纍。上海如此，各口諒均不免。擬請貴大臣即飭各口領事，嗣後永不准以貴國旗號，發給中國船户，從前已給者，一概撤銷"。</small>可知此時確有依靠外國旗號，爲非作歹之事。一八五六年，有在英國登記，而業經滿期的亞羅船，<small>Arrow.</small> 停泊粵河，爲水師千總捕去十三人。英領事巴夏禮，<small>H. S. Parker.</small> 要求省釋。葉名琛也把所捕的人送還了。而英人又要趁此要求入城，拒絶弗受；而提出四十八小時内無確實答覆，作爲談判破裂的警告。名琛置諸不答，英兵遂陷廣州。然既不得本國政府的允許，而兵又少，旋又退出。而粵人又盡焚英、法、美諸國商館。巴夏禮遂馳書本國政府請戰。

　　時英國議會，亦不主開釁。英相巴馬斯頓，<small>Palmerston.</small> 把他解散，另行召集。通過"要求中國改訂條約，並賠償損失，否則開戰"的議案。英國又要約俄、法、美三國。俄、美僅派使臣偕行，而法國因廣西地方，教士被殺，派兵和英國同行。<small>一八五八年，《法國補遺條約》第一款，規定西林縣知縣張鳴鳳，因法神父被害，處以革職。第二款規定革職後照會法使，並將其事由載明《京報》。是爲因教案處分官吏之始。</small>

　　一八五七年，四國使臣到廣州。英使先致書名琛，要求會議改約和賠償損失，法、美願任調停。名琛均置不答。英、法兵遂陷廣州，名琛被虜。<small>一八五九年卒於印度的加爾各答。</small>四國要求派遣全權大臣至上海議善後。由江督何桂清奏聞。朝命革名琛職，代以黄宗漢。命英、法、美三使回廣東，聽候查辦。對俄國，則申明海口不許通商之旨，令回黑龍江，和將軍會議。四使不聽，徑行北上。明年三月，至天津。四月，陷大沽炮臺。清廷乃派大學士桂良、吏部尚書花沙納赴津，和四使會議。各訂條約。其税則，命其赴滬會同何桂清，<small>是時廣州人民，在佛山設立團練局。侍郎羅惇衍等主持其事。曾襲擊廣州，不克。和議既定，英人一定要撤去黄宗漢，並懲辦主持團練的紳士。時粵人有僞造廷寄，說"英夷心存叵測，已密飭羅惇衍相機剿辦"的。乃發上諭，嚴拿僞造廷寄的人，而奪黄宗漢欽差大臣的關防，以給何桂清。</small>和各國會議。又成《通商章程》十條。英、法、美三國相同。是爲一六五八年的《天津條約》。

　其明年，英、法二使來換約。時僧格林沁在大沽設防，請其改走北塘。弗聽。强航白河。爲炮臺守兵所擊，狼狽走上海。一八六○年，英、法再派兵來。先照會何桂清，説："若守《天津原約》，仍可罷兵。"而清廷上諭，又説他"輒帶兵船，毀我海口防具。首先背約，損兵折將，實由自取，所有八年議和條款，概作罷論。若彼自知悔悟，必於前議條款內，擇道光年間曾有之事，無礙大體者，通融辦理。仍在上海定議，不得率行北來"。於是兵端之啓，遂無可避免，此時清廷亦怕啓釁，所以美使後至，遵命改走北塘，即許其在天津換約。上諭云："換約本應回至上海，念其航海遠來，特將和約用寶發交恒福，即在北塘海口與該國使臣互換。"雖封鎖大沽，然仍留北塘爲款使議和之地。而僧格林沁又惑於"縱洋人登陸，以馬隊蹂而殲之"之説，遂棄北塘不守。其所埋地雷，爲漢奸告知英人掘去。於是英、法兵從北塘登陸，攻陷大沽炮臺。僧格林沁退駐張家灣。清廷不得已，再派怡親王載垣和英、法議和。有人告載垣，説"巴夏禮衷甲將襲我"。載垣懼，以告僧格林沁。僧格林沁執巴夏禮。英、法兵進攻，僧格林沁敗績。助守的禁軍和旗兵亦都敗。文宗乃逃往熱河，而留恭親王奕訢守京城。旋以爲全權大臣。英、法兵脅開京城，又焚圓明園。奕訢懼不敢出。因俄使伊格那提業幅的保證，Ignatief. 乃出而與英、法議和，重行訂定條約，是爲《北京條約》。

　這兩約，實在是把五口通商以後，英、法兩國所訂的條約，合併整理而成的；一八四三年，英國所定的《五口通商章程》和一八四四年法美兩約，已均有領事裁判和最惠國條款。其進出口稅，著英在廣東時，亦有和英人協定的表，大致都是值百抽五。而又有新喪失的權利。論口岸，則增開牛莊、登州、臺灣、淡水、潮州、瓊州及沿江各口。因此內河航行之權，亦和外人相共。《天津英約》，沿海開牛莊、登州、臺灣、潮州、瓊州；沿江自漢口而下，開放三口——後開漢口、九江、鎮江。《法約》多淡水、江寧而無牛莊。《北京英約》又增開天津。領事裁判和關稅協定，都自此確定。內地游歷通商和傳教的條文，亦起於此兩約。前此清朝中央政府，恒不願與外人直接交涉，至此則接待駐使，亦成爲條約上的義務了。《天津美約》第五款，規定美使遇有要事，准到北京暫住，與內閣大學士或派出平行大臣酌議；但每年不得踰一次。到京後應迅速定議，不得耽延。若係小事，不得因有此條，輕請到京。《北京英約》第二款，則説"英使在何處居住，總候本國諭旨遵行"，其權全操之外人了。又《天津英約》五款，規定"特簡內閣大學士尚書中一員，與英國欽差大臣，文移會晤，商辦各事"。這是後來總理各國通商事務衙門的所以設立。而又把九龍割給英國。賠英、法軍費及商虧，各八百萬兩。《天津英約》，償英商虧一百萬，軍費二百萬。《法約》，賠款軍費共百萬。《北京英約》，改爲商欠二百萬，軍費六百萬，《法約》亦改爲軍費七百萬，賠償法人在粵損失一百萬。《美約》還是一八五八年所定的，所以和英、法兩約，又有不同。美人所擬條約，一八五八年，由直隸總督譚廷襄奏聞，時奉諭："貿易口岸，准於閩、粵兩省，酌添小口各一處。至於大臣駐扎京師，文移直達内閣、禮部，賠償焚劫船貨等條，不能准行。"桂良、花沙納至津後，美遂照此删改。所以《美約》無賠款，而於五口外僅增開臺灣、潮州兩口，而關於駐使的規定，亦如注十六所述。但既有最惠國條文，則他國以干戈得之者，美國人並不費筆舌，而坐享其成了。然各國的條約，都有最惠國條款，則此等異同，也不足計較了。至對於俄國的條約，則損失尤大，别見下章。

第十一章 《璦琿條約》和 《北京條約》

侵略國的思想，是愛好平和之國所夢想不到的。假如中國而有了西伯利亞的廣土，<small>中國當漢、唐盛時，西伯利亞南部諸國，亦都曾朝貢服屬。在唐時，並曾置羈縻府州。</small>亦不過視爲窮北苦寒之地，置諸羈縻之列——所以黑龍江兩岸，遠較西伯利亞爲膏腴，尚且不能實力經營。若說如俄國，立國本在歐洲，却越此萬里荒涼之地，以求海口於太平洋，這是萬想不到的事。然而近世的帝國主義，則竟有如此的。所以近世中國受列强的侵削，歷史上國情的不同，實在是其最重要的根原。

凡事不進則退。《尼布楚條約》，中國看似勝利，然而自此以後，對於東北方，並沒有加意經營；而俄人却步步進取，經過一世紀半之後，强弱自然要易位了。一八四七年，俄皇尼古拉一世以木喇福岳福爲東部西伯利亞總督。<small>Muravief，舊譯亦作木哩斐岳福。中國行文舊習慣，外國人地名長的，多截取其末數字，所以舊時記載，又有但稱爲岳福的。</small>木喇福岳福派員探測，始知庫頁之爲島。<small>俄人初以庫頁爲半島，則入黑龍江口，必須航行鄂霍次克海，鄂霍次克海冰期甚長，今知庫頁爲島，則可航韃靼海峽，韃靼海峽是不凍的，而且可容吃水十五英尺的汽船。</small>一八五〇年，俄遂建尼哥來伊佛斯克爲軍港。一八五二年，進占德喀斯勒灣和庫頁。東北的風雲，就日形緊急了。

這一年，俄、土開戰，英、法要援助土耳其。木喇福岳福歸見俄皇，極陳當佔據黑龍江，於是決議和中國重行議界。而俄國的外務部，不以爲然。致書中國，請協定格爾必齊河上流界標。於是吉、黑、庫倫，同時派員會勘。此時若能迅速定議，自是中國之利。而派出的人員，或以冰凍難行，或以期會相左，輾轉經年，終無成議。而俄國已和英、法開戰，尼古拉一世，已畀木喇福岳福以極東的全權，得徑和中國交涉了。

木喇福岳福致書中國政府，說爲防守太平洋起見，要從黑龍江運兵，請派員會議疆界，使者至恰克圖，中國不許其進京。木喇福岳福遂徑航黑龍江，赴尼哥來伊佛斯克布防。瑷琿副都統見其兵多，不敢抗拒。一八五五年，木喇福岳福和黑龍江委員臺恒會晤。藉口爲防英、法起見，黑龍江口和内地，必須聯絡，請畫江爲界。臺恒示以俄國外務部來文，説該文明認黑龍江左岸爲中國之地，何得翻議？ 木喇福岳福語塞，乃要求航行黑龍江，而境界置諸緩議。這時候，朝命吉、黑兩將軍和庫倫辦事大臣照會俄國，説此次畫界，只以未設界碑的地方爲限。會尼古拉一世卒，亞歷山大二世立。俄外部仍不以木喇福岳福的舉動爲然。木喇福岳福乃再西歸，覲見俄皇，自請爲中俄畫界大使。且請合堪察加半島、鄂霍次克海岸和黑龍江口之地，置東海濱省。其時江以北之地，實際上幾盡爲俄國所占，清朝不過命吉、黑兩將軍，據理折辯，而且命理藩院行文俄國，請其查辦而已。

　　然而一八五七年，普提雅廷到天津，Putiatine，亦作布恬廷。以畫界爲請，上諭仍説交界只有烏特河一處未定，飭其回黑龍江會議。及一八五八年，英、法兵陷大沽，木喇福岳福帶着兵到黑龍江口，派人約黑龍江將軍奕山，説自己要到瑷琿去，可以就便開議。於是中國派奕山爲全權大臣，和木喇福岳福定約三條：把黑龍江以北之地，都割給俄國，而以烏蘇里江以東，爲兩國共管之地。黑龍江、松花江、烏蘇里江，只准中、俄兩國行船。此約華文云："黑龍江、松花江左岸，由額爾古訥河至松花江海口，作爲俄羅斯國所屬之地。"此松花江三字，不知何指。中國人因説是指松花江口以下的黑龍江，並下文"黑龍江、松花江、烏蘇里河，此後只准中國、俄國行船"的松花江，亦要以此説解釋，謂俄人航行松花江，實與條約相背。然據錢恂《中俄界約觕注》，則説滿、蒙文、俄文及英、法文本，上句都沒有松花江字樣，而下句則都有之。是爲《瑷琿條約》。此約成後，侍講殷兆鏞，劾奕山"以黑龍江外之地，拱手讓人，寸磔不足蔽辜"。然奕山在當日，亦曾竭力爭執。而俄人以開戰相脅，這時候的情形，恰和結《尼布楚條約》時相反，儻使開戰，中國是萬無幸勝之理的，徒然弄得牽涉更廣。所以邊疆的不保，是壞在平時邊備的廢弛，並不能專怪哪一個人。

　　這時候，普提雅廷在天津，仍以添設通商海口；由陸路派員赴黑龍江，再清疆界爲請。清朝對於俄國，前此迄未許其在海路通商。俄國商船初到廣東請互市，事在一八一六年，即清仁宗嘉慶二十一年。總督那彦成不許。而粵關監督延豐，不候札覆，徑准一船進口。因此議降七品筆帖式。後任阿克唐阿，仍准後船進口；總督吳熊光，巡撫孫玉庭，未經奏明，率准三船回國；均交部議處，並諭："嗣後該國商船來粵，仍當嚴行駁回。"五口通商之後，俄船於一八四八年到上海，亦未許其貿易。這時候，仍限於各國通商，只許五口。先是一八五〇年，俄人請在伊犁、塔爾巴哈臺和喀什噶爾三處通商，清廷議許伊犁和塔爾巴哈臺，而拒絕喀什噶爾。以奕山爲伊犁將軍，和俄國訂立《通商章程》。所以這時候，清朝説俄國通商，已有三口，恰克圖及伊犁、塔爾巴哈臺。若再援五口之例，則共有八處，他國要求，無以折服，乃命於五口之中，選擇兩口，至多三口。後來因要借俄、美之力，以牽制英、法，乃先和俄、美兩國訂約，把前此所爭執，概與通融。是爲一八五七年俄國的《天津條約》。約中訂明：（一）以後行文，由俄外務部直達軍機處或特派的大學士。俄使遇有要事，得由恰克圖故道，或就近海口進京。（二）開上海、寧波、福州、廈門、廣州、臺灣、瓊州七處通商。他國再增口岸，俄亦一律照辦。（三）陸路通商，人數不加限制。（四）許在海口和內地傳教。（五）京城恰克圖公文，得由臺站行走。信函亦得附帶。其運送應用物件，則三個月一次。臺站費用，由中、俄各任其半。《北京條約》，又定恰克圖至北京書信，每月一次；物件兩月一次。商人願自雇人送書信物件的，報明該處長官允行後照辦。（六）而仍有派員查勘邊界一條。

於是俄國以伊格那替業幅爲駐華公使。一八六〇年之役，奕訢本懼不敢出，因俄使力保，和議才得成就。於是俄使自以爲功，再和中國訂立《北京條約》：就把（一）烏蘇里江以東之地，亦割屬俄國。（二）交界各處，准兩國的人，隨便貿易，並不納稅。（三）恰克圖照舊到京。所經過的庫倫、張家口，零星貨物，亦准行銷。（四）在庫倫設立領事。（五）西疆再開喀什噶爾。（六）而其未定之界，則此約第二條預行訂定大概，以俟派員測勘。這兩約，不但東北割地之廣駭人聽聞，而蒙古、新疆方面，亦幾於藩籬盡撤，就伏下將來無窮的禍根了。約既定，俄國遂將黑龍江以北之地，設立阿穆爾省，而將烏蘇里江以東，並入東海濱省並建海參崴爲軍港。

第十二章　西北事變和中俄交涉

　　西北本是興王之地，在漢、唐之世，都以此爲天下根本。當時關中的武力和文化，都爲全國之冠。涼州的風氣，尤其強悍。所以經營西域的力量，也非常之強。自宋以後，武力不競。北方迭受異族的蹂躪，國都非偏在東南，則僻在東北。西北方的實力，遂漸漸落後。而自元以後，回教盛行於西北，漢、回之間，尤其多生問題。

　　中國人是不甚迷信宗教的，所以爭教的事情很少。但是信仰回教的人民，因其習俗不同，不易和普通人民同化，而漢、回之間，遂不免留着一個界限。在平時的爭執，原不過民間的薄物細故。但是回人團結，而漢人散漫。所以論風氣，是回強而漢弱。在官吏，就不免袒漢而抑回。到回民激而生變，則又不免敷衍了事。釀成了"漢、回相猜，民怨其上"的局面。咸同大亂之時，又發生所謂回亂。

　　回亂是起於西南，而蔓延於西北的。一八五五年因臨安漢回的衝突，漸至蔓延。永昌的回民杜文秀，就起兵佔據大理。回酋馬德新，則居省城，挾巡撫徐之銘爲傀儡。之銘亦挾回以自重。清朝所派的督撫，不能到任的很多。後來布政使岑毓英，結回將馬如龍爲援。先定省城。次平迤東，誅叛酋馬連陞。清朝即用爲巡撫。直到一八七二年，才把大理克復，雲南全省打定。總計其始末，也有十八年了。但還是限於一隅的。至西北則事變更形擴大。

　　西北的回亂，是起於一八六二年的。先是陝西募回勇設防。及是年，太平天國的陳得才，合捻黨以入武關。回勇潰散。有和漢人衝突的。彼此聚衆相仇。而雲南叛回任五，此時匿居渭南，遂誘之爲亂。清朝派勝保剿辦，無功。賜自盡，改派多隆阿。回衆被驅入甘肅。於是固原、平涼和寧夏一帶，回亂大熾。回酋馬化龍，居金積堡；白彥虎居董志原，爲其首領，陝西北部的游勇、土匪，亦都由叛回接濟，到處糜爛。叛回又派遣徒黨，四出招誘。於是回酋妥得璘，以一八六四年，據烏魯木齊。旋陷吐魯番。據南路八城。至一八六六年，遂陷伊犁和塔爾巴哈臺。其時漢人亦有起兵自衛的，以徐學功爲最強。而敖罕又把兵借給張格爾的兒子布蘇格，令其入據喀什噶爾。一八六七年，布蘇格爲敖罕之將阿古柏帕夏所廢。自稱喀什噶爾汗。和徐學功連和。合攻烏魯木齊，妥得璘走死。地皆入於阿古柏。於是阿古柏想聯合回教徒，在中、英、俄三國之間，建立一國。因徐學功的內附，介之以求封冊；而通使於英、俄和土耳其。先是伊犁危急時，將軍明緒、榮全，都想借助於俄。俄人卒未之應。見清國史館《明緒、榮全傳》。及阿古柏陷北路後，俄人因與回衆衝突，於一八七一年，佔據伊犁。然仍與阿古柏訂立《商約》。英人則更想扶助之以拒俄。英國的公使，亦替他向中國代求封冊。

　　時中國以左宗棠督辦陝甘軍務。因追剿捻匪，無暇顧及回亂，所以陝、甘兩省，更形糜爛。到一八六八年，捻匪平了。宗棠乃回到西安。先出兵肅清陝西。進取甘肅。甘回分擾陝西，宗棠又回兵定之。至一八一二年，而甘肅自黃河以東皆定。馬化龍被殺，宗棠又進兵河西。一八七三年，河西亦定。白彥虎走歸阿古柏。

　　其時英人仍爲阿古柏祈請；而中國亦有因軍費浩大，主張以南路封之的，左宗棠力持不可。一八七五年，乃以宗棠督辦新疆軍務。宗棠任劉錦棠，先進兵北路，一八七六年，復烏魯木齊。明年，遂克闢展，進取吐魯番。其時敖罕已爲俄國所滅；見第二章。而南路纏回，亦和阿古柏不洽。阿古柏窮蹙，乃飲藥自殺。其子伯克胡里，仍據喀什噶爾，而白彥虎則據開都河，以拒華軍。一八七八年，劉錦棠又進兵定之。兩人都逃入俄國。於是天山南北路皆平。而伊犁仍爲俄人所據。而中、俄的交涉遂起。

　　從一七五九年，天山南北路平定以來，中國西北數千里，都和俄國接界，而地界則自一七二八年以後，迄未重定。所以中俄邊界，西方仍只規定至沙賓達巴哈爲止。一八六○年的《北京條約》，訂明“西疆未定之界，應順山嶺大河，中國常駐卡倫，自沙賓達巴哈往西至齋桑淖爾，自此西南，順天山之特穆圖淖爾，南至浩罕邊界爲界”，此約之誤，在常駐卡倫四字。其後一八六四年，明誼和俄人定立界約，就把烏里雅蘇臺以西之地，喪失一大段了。邊徼卡倫，向分三等：設有定地，歷年不移的，謂之常設卡倫。有時在此處，有時移向彼處，有春秋，或春冬兩季，或春夏秋三季遞移的，謂之移設卡倫。有一定時節，過時則撤的，謂之添撤卡倫。卡倫之設，本只禁遊牧人私行出入，和界址無關。所以常設卡倫，有距城不過數十里的。《北京條約》，指明以常駐卡倫爲界，後來明誼勘界時，再三辯論，要以最外的卡倫爲界。而邊徼規制，彼中習見習聞，竟不克挽回，而烏里雅蘇臺以西之界遂蹙。案此約立後，烏里雅蘇臺、科布多、伊犁、塔爾巴哈臺所屬卡倫和民莊，有向內遷徙的，見第四、第十條。明誼之約既定，科布多、烏里雅蘇臺、塔爾巴哈臺所屬，均由中國派員，於一八六九、七〇兩年間，與俄會立界牌鄂博，而伊犂屬境，始終未及勘定。科布多屬境，由奎昌與俄會立，定有《約誌》三條。烏里雅蘇臺屬，由榮全與俄會立，定有《約誌》兩條。均在一八六九年。塔爾巴哈臺屬，亦由奎昌與俄會立，定有《約誌》三條，事在一八七〇年。

所以中國此時，所重要的，實仍在畫界問題。畫界既定，則伊犂不索而自回；若但索一個伊犂城，就是走的下着了。而中國當日，派出一個全不懂事的崇厚，到俄國去會議。不但在地界上損失甚巨，別一方面的損失，更其不可思議。議既定，中外交章論劾。當時下崇厚於獄，擬斬監候。後來曾紀澤奉使時，請貸其死，以緩和俄人的感情。主戰之論大盛。郭嵩燾上書力爭，論乃稍戢。嵩燾時爲使英大臣，臥病於家，疏意略謂："國家用兵卅年，財殫民窮，又非道咸時比。俄環中國萬里，水陸均須設防，力實有所不及。釁端一開，後患將至無窮。"於是改派曾紀澤使俄。於一八八〇年，與俄重定條約，總算把崇厚的原約，爭回了些。然而其所損失，業已很大了。

要明白中、俄的《伊犂條約》，先得知道前此的中俄《陸路通商章程》。原來俄國人對於東北，固然要想侵略；而其對於蒙古，亦是念念不忘的。於是《北京條約》立後，俄人又要求到京城通商。《北京條約》第五條，說俄國商人"除在恰克圖貿易外，其由恰克圖照舊到京經過之庫倫，張家口地方，如有零星貨物，亦准行銷"，約文之意，本係指明路綫之詞，而俄人執照舊到京四字，遂堅求在京城通商。又要在蒙古地方，隨意通商。又要在張家口設立行棧、領事。且藉口陸路運費貴，定稅不肯照海口一律。於是於一八六二年，訂立《陸路通商章程》。一八六五、六九兩年，又兩次修改。准（一）俄人於兩國邊界百里之內，均無稅通商。這是援照一八六〇年的《北京條約》的。中俄邊界，不論吉、黑、蒙古，都是我國境內繁盛，而俄境荒涼，所以此項辦法，在稅收上，我國亦很吃虧的。（二）中國設官的蒙古地方，和該官所屬的盟、旗，亦許俄人隨意通商，不納稅。其未設官的地方，則須有俄邊界官執照，方許前往。此條一八六二年的通商章程，本有"小本營生"四字，至一八六九年之約刪除。（三）由陸路赴天津的，限由張家口、東壩、通州行走。（四）張家口不設行棧，而准酌留貨物銷售。一八六二年的章程，准留貨物十分之二。一八六九年的章程，改爲"酌留若干"，而添"不得設立領事"一語。（五）稅則許其三分減一。中國這時候，於商務的盈虧和稅收，都不甚措意。所最忌的，是外人的徧歷內地。所以所兢兢注重的，全在乎此。

崇厚原約，收回伊犂之地，僅廣二百里，長六百里，曾紀澤改訂之約，則把南境要隘，多索回了些；崇厚原約，收回伊犂之地，廣二百餘里，長六百里。此約添索南境要隘，廣二百里，長四百里。其界：自別珍島山順霍爾果斯河，至該河入伊犂河處，南至烏宗島廓里札特村之東，自此往南，依同治三年即一八六四年舊界，見第七條。同治三年《塔城界約》所定齋桑湖迤東之界，派員重定。其界，係自奎峒山過黑伊爾特什河至薩烏嶺，畫一直綫，見第八條。其費爾干與喀什噶爾之界，則照現管之界戡定，安設界牌，見第九條。後來第七條所言之界，一八八二年，由長順與俄會戡，定有《界約》三條。據原約，廓里札特村以南，應順同治三年舊界，而此約將該約改變，以致一七六〇，即乾隆二十五年奏定為伊犁鎮山的格登山，及出於此山的温都布拉克水，都割屬俄國。自格登山以西南，舊以達喇圖河為界，此次亦改以蘇木拜爾河為界。別珍島山口以北，約文雖未明定，而未別定新界，則應循舊界可知。乃舊以阿勒坦特布什山為界，此次亦改以喀爾達板為界，而塔爾巴哈臺所屬巴爾魯克山外平地，遂不能盡為我有。第八條所定之界，一八八三年，由升泰、額福與俄會勘，定有《界約》五條。一八六四年勘分界約：西北自大阿勒臺山至齋桑淖爾之北。又轉東南，沿淖爾，循喀喇額爾齊斯河。此約自大阿勒泰（即前約之大阿勒臺），即折西南，齋桑泊遂全入於俄。第九條所言之界，自伊犁西南那林哈勒山口起，至伊犁東喀爾板止，為一八八二年長順所勘。其北段，自那林哈勒噶至別牒里山豁，為沙克都林札布所勘，立有《喀什噶爾西邊界約》四條。此約北段中，木種爾特至柏斯塔格之間，未能以分水脊為界，致阿克蘇河上源，割入俄境。自別牒山豁以南，至烏自別里山豁一段，亦沙克都林札布所勘。一八八四年，立有《喀什噶爾續勘西邊界約》六條。烏自別里，在瑪里他巴山之南二百餘里，當阿古柏據新疆時，曾許俄人以瑪里他巴山為界，曾紀澤使俄時，俄人提出此議，紀澤力拒之，乃止。此約所定，較阿古柏所許，反其更形縮入了（以上都據錢恂《中俄界約斠注》）。而原約償款五百萬盧布，改至九百萬。肅州、吐魯番兩處，均許設領事。原約尚有科布多、烏里雅蘇臺、哈密、烏魯木齊、古城五處。改約訂明俟商務興旺再議。而將蒙古的貿易，擴充至不論設官未設官之處，均准前往。凡設領事之處和張家口，都准造鋪房行棧。張家口無領事，而准造鋪房行棧，他處不得援以為例，於約中訂明。而天山南北路通商，亦許暫不納稅。此約雖較原約為優，然所爭回的地界，亦屬有限；而後來定立界牌，於約文之外，又有損失。即注十一中所舉。[1]　西北的境界遂大蹙，而蒙、新兩方面，自此已後，亦就門戶洞開了。

　　當曾紀澤使俄時，俄人持原議甚堅。其艦隊又游弋遼海以示威。中國亦召回左宗棠，命劉錦棠代主軍務。李鴻章在天津設防。後來總算彼此讓步，把事情了結了。中國知道西北情勢的危急，乃於一八八二年，改新疆為行省。

---

　　① 即本冊第四一〇頁第三十一行至第四一一頁第十五行注中所舉。

第十三章　晚清的政局

中國地方大而政治疏闊，要徹底改變，是很不容易的。所以一朝中衰之後，很難於重振。何況清朝，從道光以來，所遭遇的，是千古未有的變局？然而這時候，清朝還能削平內難，號稱中興，這是什麼理由呢？這都是漢人幫他的忙。

清朝人滿、漢之見，是很深的。從道光以前，總督用漢人的很少，專征更不必論了。到咸豐初年，而局面一變。清仁宗中歲以後，是信任曹振鏞的。振鏞的爲人，瑣屑不知大體。陳康祺《燕下鄉脞錄》說：宣宗初即位，苦章奏之多，以問曹振鏞。振鏞說："皇上幾暇，但抽閱數本，摘其字跡有誤者，用硃筆乙識發出。臣下見皇上於細節尚且留心，自不敢欺罔矣。"此說未知確否。總之不知大體，不能推誠布公，而好任小數，拘末節，則是實在的。宣宗則初任曹振鏞，後相穆彰阿。穆彰阿是個柔佞之徒。鴉片戰爭之役，他竭力主持和議。舊時人的議論，有詆爲權奸的。其實他哪裏說得上權奸？不過坐視宣宗的輕躁，宣宗是性質輕躁，好貌爲嚴厲，而實無真知灼見的人。但看其鴉片戰爭時的舉動，就可知了。當時下情的不能上達，於此亦很有關係。而不能匡正罷了。宣宗死於一八五〇年，子文宗繼立。文宗在清代諸帝中，漢文的程度號稱第一。亦頗有志於圖治。這時候，正值海疆多事，太平軍又已起兵之際，時事很爲艱難。文宗乃罷斥穆彰阿、耆英，昭雪林則徐、達洪阿、姚瑩等。又下詔求直言。曾國藩、倭仁等，都應詔有所論列。海內翕然，頗有望治之意。此時因內外滿員，多屬昏瞶庸懦，不足任用。軍機大臣文慶，力言於帝，說要重用漢人。文宗頗能採納。這是咸同時代，所以能削平內亂的根本。

專制政體，把全國的事情，都交給一個人做主。於是這一個人的智愚仁暴，就能使全國的人民，大受其影響。而君位繼承之法，又和家族中的承繼，併爲一談。於是家庭間的爭奪，亦往往影響於國事。這是歷代都是如此的，到晚清仍是其適例。清文宗因時事艱難，圖治無效，意思就倦怠了。其宗室中，載垣、端華、肅順，因此導之以游戲，而暗盜政權。軍機拱手而已。一八六

○年，文宗因英、法聯軍進逼，逃到熱河。英、法兵退了，羣臣都懇請回鑾，載垣等以在熱河便於專權，暗中阻止。明年，文宗就死在熱河。文宗皇后鈕鈷禄氏無子，貴妃葉赫那拉氏，生子載淳，是爲穆宗。年方六歲。載垣等宣布遺詔，自稱贊襄政務大臣。載垣、端華、肅順外，御前大臣景壽，軍機大臣穆蔭、匡源、杜翰、焦祐瀛，共八人。葉赫那拉氏和奕訢等密謀回鑾。到京，便把載垣、端華、肅順執殺。當時肅順護送梓宮，兩宮及載垣、端華，自間道先歸。至京，猝發載垣、端華之罪，殺之。肅順則被執於途，亦被殺。於是尊鈕祜禄氏爲母后皇太后，葉赫那拉氏爲聖母皇太后，同時垂簾聽政。而實權都在那拉氏。鈕祜禄氏徽號爲慈安，謚孝貞，當時稱東宮皇太后。葉赫那拉氏號慈禧，謚孝欽，當時稱西宮皇太后。

載垣等三人之中，肅順頗有才具。重用漢人之議，肅順亦是極力主張的。那拉后、奕訢，雖和肅順是政敵，却於此點能遵循而不變。當時沈桂芬、李棠階等，盡忠於內；湘淮諸將，戮力於外；所以能把內難削平。內難既定之後，那拉后漸漸的驕侈起來。穆宗雖是那拉后所生，却和鈕祜禄后親昵。一八六九年，那拉后所寵的太監安得海，奉后命到廣東。路過山東，山東巡撫丁寶楨，把他捉起來，奏聞。清朝的祖制，太監不准外出，出宮門便要處死的。那拉后無可如何，只得許其照辦。有人說：此事實是穆宗授意的。從此母子之間，更生隔閡。一八七二年，穆宗將立皇后。鈕祜禄氏屬意於尚書崇綺之女阿魯特氏。那拉后欲立鳳秀之女富察氏，相持不能決。乃命穆宗自擇。穆宗如鈕祜禄后之意，那拉后大怒。大婚之後，禁止穆宗不得和皇后同居。穆宗鬱鬱，遂爲微行，因以致疾，於一八七四年病死。宮中讛言是出天痘死的。

清朝當高宗時，曾定立嗣不能踰越世次之例。穆宗死後無子，照清朝的家法，自應在其姪輩中選出。但如此，那拉氏便要做太皇太后，未免位高而無權。加以醇親王奕譞的福晉，是那拉氏的妹妹。所生的兒子載湉，就是那拉氏的外甥。於是決意迎立了他，是爲德宗。德宗立後，穆宗皇后飲藥死。時懿旨說以德宗嗣文宗，生子即承大行皇帝。侍讀學士廣安上疏，援宋太宗故事，請頒鐵券，奉旨申飭。及穆宗后既葬，吏部主事吳可讀自殺，遺疏請長官代奏，請事下明文，將來大統，必歸繼承大行皇帝之子。懿旨說："皇帝將來誕生皇子，自能慎選賢良，續承統緒，繼大統者即爲穆宗毅皇帝嗣子，皇帝必能善體是意也。"因清朝家法，不許建儲，所以不能說穆宗哪一個兒子繼承穆宗，而只能說續承統緒的，即爲穆宗嗣子。年方四歲，兩宮再垂簾。鈕祜禄氏雖然無用，畢竟是嫡後，那拉氏終有些礙着他。一八八一年，鈕祜禄后忽然暴死。那拉氏從此更無忌憚。寵太監李蓮英。罷奕訢，而命軍機大臣遇事和奕譞商辦。賣官鬻爵。把海軍衙門經費，移修頤和園。一八九一年，德宗大婚親政。然實權仍都在那拉后之手。因此母子之間，嫌隙更深。遂成爲戊戌政變的張本。

　　中國當道咸之世，很不願意和外人交接。被迫通商，實在是出於無奈。同治初年，還是這等見解。所以當時歐美各國來求通商，還是深閉固拒。但是到後來，迫於無可如何，也就只得一一和他們訂約了。各國立約，除英、法、俄、美外，惟瑞典在一八四七年，在《天津》、《北京》兩約之前，餘則皆在其後。當一八五八、六〇年間，清廷雖脅於兵力，和英、法、俄、美訂約，對於其餘諸國，還是深閉固拒的。所以桂良、花沙納在上海議商約時，西、葡兩國來求通商，桂良據以奏聞，上諭還是不許。後來有許多國請於薛煥奏聞，上諭仍令嚴拒，並令曉諭英、法、美三國，幫同阻止。有"如各小國不遵理諭，徑赴天津，惟薛煥是問"之語。然一八六一年，普魯士赴上海求通商，爲薛煥所拒，徑赴天津入京，由法使爲之代請，清廷卒無可如何，與之立約。於是荷蘭、丹麥，於一八六三年，西班牙於一八六四年，比利時於一八六五年，意大利於一八六六年，奧斯馬加於一八六九年，相繼與中國訂約。當其請求立約時，大率由英、法等國，爲之介紹。而所訂條約，即以介紹國之條約，爲其藍本，所以受虧益深。這都是同治一朝中之事。其中惟秘魯，因有苛待華工，葡萄牙因有澳門交涉，在同治朝商訂條約，久無成議。《秘約》直至一八七四年，即同治十三年才商定。明年，即光緒元年才互換。《葡約》則到一八八七年才訂定，事見下章。清代所訂條約，以《南京條約》爲始，至《天津》、《北京》兩條約而集其大成。同治一朝所訂條約，差不多全是抄襲成文的。至一八七四年的《秘魯條約》以後，則所訂條約，較前已略有進步了。但大體上，因爲前此的條約所束縛，所以總不能免於不平等之議。至後此所訂條約，其吃虧又出於《天津》、《北京》兩約之外的，則以一八九五年和日本所立的《馬關條約》爲始，參看第十五章。至一八六七年，總署乃奏派志剛、孫家穀及美人蒲安臣等 Hon Audon Burlingame. 出聘有約各國。在美國定約八條。在歐洲各國，則申明彼此交涉。當以和平公正爲主，不可挾持兵力，約外要求。在美所定《續約》八條，最要的，第一條申明"通商口岸及水路洋面貿易行走之處，並未將管轄地方水面之權給與。美與他國失和，不得在此爭戰，奪貨，劫人。凡中國已經及續有指准美國或別國人居住貿易之地，除約文內指明歸某國官管轄外，皆仍歸中國地方官管轄"。第二條："嗣後與美另開貿易行船利益之路，皆由中國作主，自定章程——惟不得與原約之意相背。"都與國權很有關係。第三條：中國可在美國設領。第四、五、六、七條，都是關於華人入美及入美後待遇問題，因爲當時華人往美的，已經很多了。第八條關於襄理中國製造，"美國願指派熟練工程師前往，並勸別國一體相助。惟中國內治，美國並無干預催問之意。於何時，照何法辦理，總由中國自主酌度"，並含有利用外國技術，開發中國之意。在美定約後，志剛等又歷英、法、普、俄、瑞典、丹麥、荷蘭等國。一八七〇年，蒲安臣死於俄都。志剛等又歷比、意、西三國而歸。這實在是中國外交更新的第一聲。惜乎後來未能繼續進行。至於改革，前此是說不到的。同治以後，湘淮軍中人物，主持政事。他們都是親身經歷，知道西洋各國，確有其長處，我們欲圖自強，是萬不能不仿效的。於是同文館、廣方言館、製造局、船廠、水師和船政學堂，次第設立。輪船、電報、鐵路、郵政、新法採礦等，亦次第興辦起來。一八六二年，李鴻章撫蘇，奏設廣方言館於上海——後移并製造局，譯出西書頗多——一八六四年，又在上海設製造局。一八六六年，以左宗棠請，於福建設船廠。由沈葆楨司其事。是年，又於北京設同文館。一八七一年，曾國藩、李鴻章始奏派學生，赴美留學。一八七二年，設輪船招商局。籌辦鐵甲兵船。一八七六年，設船政學堂於福州。一八八〇年，設水師學堂於天津。又設南北洋電報。一八八一年，設開平礦務局。同時創辦唐胥鐵路。但所學的，都不過軍械和技藝的末節，這斷不足以挽回國勢，而自進於世界强國之林。而且當時，還有頑固守舊之士，聽說要造鐵路，就說京津大路，從此無險可守的。聞同文館將招正途出身的人學習，就以爲於人心士氣，大有關係的。同文館設立時，御史張盛藻請毋庸招集正途。奉批：“天文算學，爲儒者所當知，不得目爲機巧。”倭仁時爲大學士，因此上疏諫静，其疏，很可以代表當時守舊者的意見。今節録如下。疏説：“天文算學，爲益甚微，西人教習正途，所損甚大。立國之道，尚禮義不尚權謀；根本之圖，在人心不在技藝，今求之一藝之末，而又奉夷人爲師。無論夷人譎詭，未必傳其精巧；即使教者誠教，學者誠學，所成就者，亦不過術數之士；古往今來，未有恃術數而能起衰弱者也。議和以來，耶穌之教盛行，無識愚民，半爲扇惑，所恃讀書之士，講明義理，或可維持人心。今復舉聰明儁秀，國家所培養而儲以有用者，變而從夷；正氣爲之不伸，邪氣因而彌熾；數年以後，不盡驅中國之衆，咸歸於夷不止。伏讀《聖祖文集》，諭大學士九卿科道云：西洋各國，千百年後，中國必受其累。仰見聖慮深遠，雖用其法，實惡其人。今天下已受其害矣，復揚其波而張其焰邪？……”又有一種不諳國際情勢，而專唱高調，自居於清流之列的。在民間，則因生産方法之不同。而在經濟上，漸漸受外國的侵削。而大多數平民，依舊是耕鑿相安，不知道今日是何世界；即讀書人亦是如此。這都是幾千年以來的積習，猝難改革，而外力却愈逼愈深，就演成晚清以後種種的事變。

第十四章 中法戰爭和西南藩屬的喪失

藩就是藩籬的意思。中國歷代，所謂藩屬，是外國仰慕中國的文明，自願來通朝貢；或者專制時代，君主好大喜功，喜歡招徠外國人來朝貢，以為名高，朝聘往來，向守厚往薄來主義。從不干涉人家的內政，或者榨取什麼經濟上的利益。在國計民生上，是無甚實益的。所以歷代的政論家，多以弊中國、事四夷為戒。然當帝國主義侵略的時代，有一藩屬，介居其間，則本國的領土不和侵略者直接，形勢要緩和許多。所以當此時代，保護藩屬，實在是國防和外交上的要義。然而中國卻不能然，藩屬逐漸淪亡，本國的邊境也就危險了。

西南的屬國，後印度半島三國最大。當十八世紀的前半，尚在五口通商之前，安南和緬甸即已和英、法有接觸。舊阮為新阮所滅後，其遺族遁入暹羅。後來借暹羅和法國的助力，於一八○二年滅新阮，仍受封於中國，為越南國王。當越南人借助於法時，曾和法國人立有草約。許事定後割化南島，租借康道耳島；並許法人自由來往居住。後因法國發生革命，此約未曾簽字。越南復國後，但許法人來往居住，而未曾割地；其歷代君主，又多仇視外人。因此，當中國訂立《天津條約》之年，法國和西班牙就聯兵入廣南。明年，陷下交阯。越南無力抗拒。於中國訂立《北京條約》之後二年，和法國立約：割邊和、嘉定、定祥三州及康道耳羣島。一八六七年，法越又因事啓釁。法人取永隆、安仁、河仙三州。下交阯遂盡為法有。這時候，馬如龍因平回亂，使法商秋畢伊購買軍械。Dupuis. 秋畢伊發見溯航紅河，可通中國，遂於一八七二年，強行通航。因此又和越南啓釁。法人佔據河內、北寧一帶。先是太平天國亡後，其將吳琨佔據越南邊境。其後分為黃旗兵和黑旗兵，而黑旗兵較強。越南人乃結其首領劉義以拒法。越南亡後，義內附，改名永福。把法國的兵打敗！法人乃和越南結約：聲明越為自主之國。割下交阯屬法。從紅河至中國雲南的蒙自，許法人自由航行。而撤河內一帶的駐兵。時為一八七四年。法人以此約

照會中國。中國不承認越南自主，提出抗議。法人置諸不理，仍和越南訂結
《通商條約》。

其緬甸和英國的衝突，則起於一八二四年。先兩年，阿薩密內亂，緬人據
其地。阿薩密求救於英。英印度總督，遂於是年出兵，據仰光。緬人連戰不
勝。乃於一八二六年，和英人議和。割阿薩密、阿剌干、地那悉林與英。許英
人訂約通商。到一八五一年，又因商人受虐起釁。緬甸再割白古以和。自此
緬人沒有南出的海口，伊洛瓦諦江流域貿易大減，國用日蹙。緬人屢圖恢復，
終無成功。

廓爾喀、不丹、哲孟雄，都是西藏南方的屏蔽，而哲孟雄尤爲自印入藏要
途。當林則徐燒煙之年，英人已向哲孟雄租得大吉嶺之地。到英法聯軍入北
京的一年，又取得哲孟雄境內鐵路敷設之權。於是西藏藩籬漸撤。緬甸和西
藏都是和雲南接界的，英人遂固求派員從印度入雲南探測，總署不能拒，於一
八七三年允許了他。明年，英國的印度總督，遂派員前往，英使威妥瑪 Sir
Tuomas Francis Wade. 又遣參贊從上海溯江往迎。又明年，至騰越廳屬的蠻允，被
殺。印度所派武員續至，亦被人持械擊阻，退入緬甸境。中國派員入滇查辦。
說英國參贊是野匪所殺，擊阻印度所派探測隊，是南甸都司李珍國主謀。而
英人定說係大員主使。威妥瑪因此出居芝罘，交涉幾至決裂。乃由李鴻章追
踪往議。於一八七六年定約：中國許滇緬通商。開宜昌、蕪湖、溫州、北海四
口。重慶許英派員駐扎，查看川省英商事宜，俟輪船能駛抵重慶時，再議英國
商民在彼居住及開設行棧之事。大通、安慶、湖口、武穴、陸溪口、沙市，均准
英商停輪，上下客商貨物。而另訂專條，許英派員由北京，或歷甘肅、青海，或
自四川入藏抵印，探訪路程；或另由藏、印交界，派員前往。這一次條約，英人
因一參贊之死，所得亦不可謂之薄了。

《芝罘條約》定後六年，即一八八二年，法人復和越南啓釁，陷河內。越南
始來求援。中國遂由雲南方面派兵入越南。這一年冬天，法國公使到天津，
李鴻章和他商議：彼此撤兵畫河內爲界，北歸中國，南歸法國保護。紅河許各
國通航，而中國在勞開設稅關。法使無異議。鴻章命駐法公使曾紀澤和法外
交部定約。因法國求償軍費，不決。明年，法兵攻順化。越南立約，許受法國
保護。時中國方面，李鴻章主和，而彭玉麟等主戰，清廷初以鴻章節制兩廣、
雲、貴軍務。旋移鴻章督直隸，代以玉麟，而命滇、粵出兵。越南亦因政變，否
認保護之約，戰端遂啓。旋雲南、廣西兵入越南的，戰皆不利。乃復由李鴻章
在天津和法使議定和約：中國許撤兵，承認法越前後條約。惟不得礙及中朝

體制,而法允不索兵費。旋因撤兵期誤會,中、法兵衝突於北黎。法人復要求賠償兵費一千萬鎊。中國已批准草約,而此議仍不能決。法人乃欲佔據一地,以利談判。命其海軍攻基隆,而致最後通牒於中國,將償金減爲三百二十萬鎊,限四十八小時答覆。中國亦停止商議。而正式的戰事以起。

時北洋方面,主持外交軍事的是李鴻章。鴻章是顧慮國力,始終不願啓釁的,所以電令在福建方面的張佩綸等,時閩浙總督爲何如璋,以船政大臣督辦沿海軍務。張佩綸以侍讀學士會辦海防。但實際由佩綸主持。勿得先行開釁。我福州的海軍,遂爲法所襲擊。兵艦十一艘沉其九,船政局和馬尾炮臺都被毀。明年,法艦又入黃海,封鎖寧波口,破鎮海炮臺。又南陷澎湖。其陸軍亦破諒山,陷鎮南關。然劉銘傳棄基隆而守淡水,法軍進攻,卒不能克。其海軍大將孤拔,Ganrde. 又因傷而死。而廣西提督馮子材,亦大破法兵於鎮南關,長驅復諒山。雲南岑毓英的兵,亦擊破法兵,進逼興化。乃由英國調停。由李鴻章在天津,再與法國立約:(一)法越條約,中國悉行承認。惟中越往來,不得有礙中國威望體面,然亦不致有違此次之約。(二)畫押後六個月,派員查勘邊界。(三)中國邊界,指定兩處通商。後來界約和商約,於一八八七年成立。廣西開龍州,雲南開蒙自和蠻耗。中國貨入越南的,照海關稅則,減十分之四。越南貨入中國的,則減十分之三。

緬甸自十八世紀以來,時有内亂。當一八八二年時,法人曾與結密約,允代監禁緬甸要爭位的王族,而緬甸人許割湄公河以東屬法。明年,此約宣露。英人大驚。乃於一八八五年,乘中法多事之秋。發兵陷蒲甘。遂陷舊都阿瓦和新都蠻得。俘其王,致諸印度。緬甸遂亡。中國和英交涉,英人說緬甸史籍,但稱餽贈中國禮物,並無入貢明文,不肯承認緬甸爲中國藩屬。後來又說緬甸曾和法國立約,儻使仍立緬王,《法約》即不能廢,欲由緬甸總督派員來華。這時候,英人將實行《芝罘條約》,派員由印入藏。中國欲杜絕此事。乃於一八八六年,和英人訂立《會議緬甸條款》:(一)中國認英在緬政權。(二)每届十年,由緬甸總督選緬人入貢。(三)彼此會勘邊界,另議通商專章。(四)而將派員入藏之事停止。至"邊界通商,由中國體察情形,設法勘道。如果可行,再行妥議章程。儻多窒礙,英國亦不催問"。

當英人初并緬甸時,因慮緬人不服,而中國從中援助,所以願允中國展拓邊界,並允將大金沙江即伊洛瓦諦江,《滇緬條約》華文作厄勒瓦諦江。作爲兩國公共河流。中國要求八莫,英人未允,而允另勘一地,由中國設官收稅。曾紀澤在英和英國外部互書節略存案,後來中國遷延未辦。到一八九二年,薛福成再向英國提起，英國人就説節略在一八八六年條約之前，不肯承認。一八九四年，福成和英國訂立《續議滇緬界務商務條款》：（一）所謂展拓邊界者，遂僅允以北丹尼、即木邦。科干之地歸我。兩屬的孟連、江洪，上邦之權，仍歸中國。惟未經與英議定，不得讓給他國。英初并緬時，其外部的聲明，願將潞江以東，自雲南南界，南抵暹羅，西濱潞江，東抵瀾滄江下游；其北有南掌，南有撣人，或留爲屬國，或收爲屬地，悉聽中國之便。至此時，則南掌盡歸暹羅；撣人各種，以康東土司爲最大，英人不肯讓出。（二）中國運貨和運礦產的船，得在大金沙江行走。税鈔和一切事例，與英船同。（三）其出入貨品，照海口減税十分之三，或十分之四，則和法、越之約一律。中國的邊界，向來是全不清楚的。當初和英國議界時，曾要求騰越所屬漢龍、天馬、虎踞、鐵壁四關。漢龍、天馬，本無問題。虎踞、鐵壁，照雲南省的地圖，亦均在中國界内。英人以爲必不致誤，遂許照原界分畫，後來實行查勘，才知道二關久爲緬占，據薛福成原奏，其時英所守界，越虎踞而東，已數十里；越鐵壁亦六七十里。英人遂不肯歸還。而漢龍、天馬，雖許歸還，漢龍又不知所在，於此約中訂明“由勘界官查勘；若勘得在英國界的，可否歸還中國，再行審量”，豈非笑柄？而此約所定之界，於北緯二十五度三十五分以北，又未能分畫，訂明俟將來再定，遂爲後來英人佔據片馬的根本。

《英約》所以訂明孟連、江洪，不得割讓他國，所防的是法國。法國既并越南之後，就想侵略暹羅。暹羅在後印度半島三國中，是最能輸入西方文化的，所以未致滅亡。然靠他獨拒英、法，自然力亦不足。一八九三年，法人以湄公河東曾屬越南爲口實，向暹羅要求割讓，暹羅不能拒。而中國車里轄境，亦大半在湄公河以東，法人以畫界爲請，遂於一八九五年，訂立《續議商務界務專條》、《商務專條》：（一）改蠻耗爲河口，添開思茅。（二）雲南、兩廣開礦，先向法人商辦。（三）越南已成或擬設鐵路，可接至中國境内。《界務專條》，法人亦多所侵占。而其中猛烏、烏得，實在江洪界内，亦割歸法國，英人乃於其明年，與法國訂立協約，放棄江洪，定以湄公河爲兩國勢力範圍界綫，湄南河流域爲中立之地。然後向中國提出違約割棄江洪交涉。於是一八九七年，中國再和英國訂立《中緬條約附款》。照一八九四年之約，地界又有變動。而（一）申明現存孟連、江洪之地，不得割讓。（二）駐蠻允領事，改駐騰越或順寧，並得在思茅設領。（三）雲南如修鐵路，即允與緬甸鐵路相接。（四）添開梧州、三水、江根墟。（五）許英人航行香港、廣州至三水、梧州。（六）江門、甘竹灘、肇慶、德慶，均准上下客商貨物。（七）北丹尼、科干，均割屬英國。（八）而將查勘漢龍關一節取消。

　　雖然如此,西藏問題,仍未得平安無事。當一八八六年條約訂定時,英國所派入藏隊伍,仍未即折回。藏人乃於邊外隆吐山,修築炮臺以禦英。英人以地屬哲孟雄,和中國交涉。總署行文駐藏大臣開導。藏人不聽。至一八八八年,遂被英兵逐回。一八九〇年,乃由駐藏大臣升泰在印度和英人訂立《藏印條約》:(一)承認哲孟雄歸英保護。(二)藏哲通商等事,於批准後六個月會商。至一八九三年,乃成《接議印藏條約》。訂開亞東關。而西藏人拒不肯行,遂爲一九〇四年英兵侵藏張本。

　　於此還有一事,也是因英法侵略西南而引起的。葡萄牙人借居澳門,本來按年納租。到一八四九年,才藉口其頭目噁嗎嘞被殺,抗不交納。一八六二年,葡人請法國介紹,和中國訂立條約。因爲澳門問題,未能互換。一八六八年,總署曾將六十二年所定草約刪改,議由中國償葡道路房屋之費一百萬兩,而將澳門收回,未能有成。法、越事起,葡人自稱係無約之國,可以不守局外中立之例。中國人怕他引法國兵船從澳門侵入,頗敷衍他。後來事情也就過去了。而鴉片從五口通商以來,就不再提禁止之事。一八五五、五六年間,東南各省,且紛紛抽厘助餉。一八五八年,桂良、花沙納在上海所議《通商章程》,訂明每百斤抽稅三十兩。並訂明運入內地,專屬華商。如何抽稅,聽憑中國辦理。《芝罘條約》,又訂定厘稅在海關併征。而所征之數,仍未能定。後來彼此爭執。直到一八八三年,才於《芝罘條約續增專條》,定爲每百斤征收厘金八十兩。而緝私問題又起。英人藉口澳門若不緝私,香港亦難會辦。中國不得已,和葡人先定《草約》四款,許其永居管理澳門。然後於一八七七年,正式訂立條約,遂成割澳門以易其緝私之局了。而澳門割讓以後,界址又未能畫定;不但陸地多所侵占,一九一〇年議界時,葡人並要求附近大小橫琴諸島嶼。我國堅持不許。迄今尚爲懸案。

第十五章　中日戰爭

使中國歷史大變局面的，前爲鴉片戰爭，後爲中日戰爭。

歡迎西學，而畏惡西教；西人挾兵力以求通商，則深閉固拒，以致危辱；到外力的壓迫深了，才幡然改圖，以求和新世界適應；這是歐人東略以後，東洋諸國所同抱的態度；而日本因緣湊合，變法維新，成功的最快，遂轉成爲東方的侵掠者。

中國在明代，受倭寇之患是很深的。所以清開海禁以後，仍只准中國人去，而不准日本人來。而且對於日本，戒備之情很深。康熙時，風聞日人將爲邊患，曾遣織造馬林達麥爾森改扮商人往探。雍正六年，即一八二七年，蘇州洋商余姓，言日本將軍，聘請中國人教演戰陳、製兵器戰船。浙督李衛，因此請嚴邊備，密飭沿海文武，各口稅關嚴查出洋包箱。水手、舵工、商人、搭客，均令具結限期回籍，於進口時點驗人數，缺少者拿究。朝命衛兼轄江南沿海。衛請密飭閩、廣、山東、天津、錦州訪察。後訪得別無狄謀，且與天主教世仇，備乃稍弛。在一八六八年以前，實無國交之可言。這一年，日本明治天皇立，和各國訂立條約。乃於其明年，遣使到中國來請立約。這時候，中國對於外國，還有深閉固拒之心。所以總署對於日本之請，是議駁的。一八七一年，日人復遣使臣前來。總署令其另派大臣再議。其時疆臣仍有以倭寇爲言，奏請拒絕的。朝命曾國藩、李鴻章籌議。二人都說不可。國藩原奏，謂"前此與西人立約，皆因戰守無功，隱忍息事。……日本與我無嫌，援例而來，其理甚順，若拒之太甚，彼或轉求西國介紹，勢難終却。且使外國前後參觀，疑我中國交際之道，逆而脅之則易，順而求之則難。既令其特派大員，豈可復加拒絕？惟約中不可載明比照泰西各國通例辦理；尤不可載恩施利益，一體均沾等語"。鴻章奏意略同。拒絕之議乃罷。由李鴻章與立《修好規條》和《通商章程》：（一）領事裁判權，彼此都有。（二）進口貨照海關稅則完納；稅則未載明的，則值百抽五；亦彼此所同。（三）內地通商，明定禁止。都和泰西各國不同。明年，日本就派人來，要想議改。鴻章說約未換而先議改，未免失信詒笑，把他拒絕。

琉球是兩屬於中日之間的。一八七一年，琉球人遭風飄至臺灣，爲生番所殺。一八七三年，日本小田縣民漂至，又被殺。這一年，日本副島種臣來換約。命其副使柳原前光詰問總署。總署説:"琉球亦我屬土。屬土之民相殺,與日本何預? 小田人遇害,則没有聽見。"又説:"生番是化外之民。"日本人説:"既如此,我們將自往問罪。"又爭琉球是日本屬國。彼此議不能決而罷。明年,日本派兵攻臺灣。又派柳原前光到中國來,説係問罪於中國化外之地。中國聲教所及,秋毫不犯。中國派沈葆楨巡視臺灣,調兵渡海。日人氣餒。其兵又遇疫。乃由英使調停,在津立專約三款:中國郵日本難民家屬銀十萬兩,償還日本修築道路房屋之費銀四十萬兩了事。一八七九年,日本竟滅琉球,以爲冲繩縣。中國和他交涉,迄無結果。琉球亡後,中國與日交涉,日本堅執前言,謂琉球係彼屬國。一八七九年,美前總統格蘭德來遊,復往日本。恭親王、李鴻章都託其從中調停。日本乃議分琉球宮古、八重山兩島歸我,而請於條約添入内地通商和最惠國條款。鴻章不許。一八八二年,日本駐津領事竹添進一謁鴻章申前論。鴻章議還中山舊都,仍以中山王之族尚氏主其祀。日本亦不允。

　　朝鮮離中國,本較日本爲近;其文化程度,實亦較日本爲高。不幸歐人東略之時,適直其國黨爭積弱之際,遂致一蹶不振。當清朝同光之際,正直朝鮮國王李熙初立之時。其父昰應攝政。朝鮮國王本生之父,稱爲大院君。昰應的爲人,頗有才氣,而智識錮蔽,持閉關主義甚堅。歐美諸國去求通商,輒遭拒絶,各國來告中國。中國輒以向不干預朝鮮内政答之。在中國的習慣,固然如此。然和國際法屬國無外交之例,却是相背的。日人乘此機會,一八七六年,用兵力强迫朝鮮立約通商,約文中竟訂明朝鮮爲獨立自主之國。這時候,李鴻章主持中國外交,主張引進各國勢力,互相牽制。乃勸朝鮮和美、英、法、德,次第立約。約文中都申明朝鮮爲中國屬邦。然和屬國無外交之例,仍屬相背。這時候,李熙已親政。其妃閔氏之族專權。昰應失職怏怏。一八八二年,朝鮮因聘日武官教練新兵,被裁的兵作亂,焚日使館,復擁昰應攝政。駐日公使黎庶昌,急電直隸總督張樹藩。樹藩立遣提督丁汝昌督兵船前往。總署又派吴長慶率兵繼往。代定其亂,執昰應以歸。把他拘留在保定,到一八八五年才釋歸。這一次,日本亦派兵前往,而較中國兵遲到,所以於事無及。事定之後,吴長慶遂留駐朝鮮。這時候,朝鮮分爲事大、獨立兩黨。在朝的事大黨,以王妃閔氏之族爲中心。一八八四年,獨立黨作亂。爲吴長慶所鎮定。日公使自焚其使館,説是我兵炮擊他的。明年,日本派伊藤博文來,和李鴻章在天津立約:(一)兩國均撤兵。(二)勿派員教練朝鮮兵士。(三)朝鮮有變亂事件,兩國派兵,均先行文知照;事定仍即撤回,中國和日本,對朝鮮遂立於同等地位了。此約論者多歸咎鴻章。然據鴻章原奏:則(一)因隔海遠役,將士苦累異常,本非久計。(二)則朝鮮通商以後,各國官商,畢集王城;又與倭軍逼處;帶兵官剛柔操縱,恐難一一合宜,最易生事。(三)則日兵駐扎漢城，用心殊爲叵測，正可趁此令其撤兵。因此鴻章謂："該使臣要求，惟撤兵一層，尚可酌量允許。惟若彼此永不派兵，無事時固可相安，萬一倭人嗾朝叛華；或朝人内亂；或俄鄰侵奪；中國即不復能過問，此又不可不審處。"旋奉電旨："撤兵可允，永不派兵不可允，萬不得已，當添敍兩國遇有朝鮮重大事變，各可派兵，互相知照等語。"鴻章乃又與博文磋議定約，則當時亦自有其不得已的苦衷；而彼此派兵，互相知照一層，並不出於鴻章的意思。鴻章又説："即西國侵奪朝鮮土地，我亦可會商派兵。"這一層，在後來固然成爲虛語。然在當時，視眈欲逐者，並不止一日本。後來的事情，此時豈能豫料？鴻章當時的用心，亦不能一筆抹殺的。其明年，出使英、法、德、俄大臣劉瑞芬建議，和英、美、俄諸國立約保護朝鮮。李鴻章頗贊成之，而總署持不可，其議遂罷。

　　一八九四年，朝鮮東學黨作亂。全羅道求救於我。李鴻章派葉志超率兵前往。未至而亂已平。日兵亦水陸大至。屯據京城。鴻章責其如約撤兵，日本不聽。而要求中國共同改革朝鮮内政。中國亦拒絶。日使大鳥圭介，遂挾衆入朝鮮王宮。誅逐閔氏之黨。復起昰應攝政。派兵屯據朝鮮要害。李鴻章知道中國兵力，是靠不住的，不欲輕於言戰。徧告英、俄、德、法、美諸國，希望他們出來調停，而事終不就。中國租英船運兵，爲日本所擊沉。中國主戰派，紛紛責備鴻章。中國乃正式宣戰。

　　時中國續派左寶貴等赴朝鮮，而前所派的葉志超等，已爲日本所襲敗，退至平壤。日兵來攻，諸軍敗績。左寶貴死之。海軍亦敗績於大東溝，自此蟄伏威海不能出。日人遂縱橫海上。宋慶總諸軍守遼東。日兵渡鴨綠江，連陷九連、安東。慶退守摩天嶺。日兵遂陷鳳凰城、寬甸、岫巖。其第二軍又從貔子窩登陸，陷金州。進陷大連灣，攻旅順。宋慶把摩天嶺的防守，交給聶士成，後來士成入衛畿輔，摩天嶺之防，改由東邊道張錫鑾接任。自統大軍往救，亦不克。旅順又陷落，於是中國僅以重兵塞山海關至錦州。此時吳大澂、魏光燾，亦率湘軍出關，與宋慶兵合。而日兵又分擾山東。自成山登陸，陷榮城。攻威海。海軍提督丁汝昌以兵艦降敵，而自仰藥死。山東巡撫李秉衡，自芝罘退守萊州。日兵復陷文登、寧海。明年二月，日兵并力攻遼東，陷營口、蓋平、海城。遼陽、瀋陽，聲援俱絶。其艦隊又南陷澎湖，逼臺灣。於是中國勢窮力竭，而和議以起。

　　當旅順危急時，中國即派德璀琳 G. Detring，津海關稅務司，德國人。赴日議和。後又改派張蔭桓、邵友濂。均給日本拒絶。德璀琳之往，日人謂其未奉敕書，且係西員，不應當交涉之任。張蔭桓、邵友濂之往，則日人謂敕書未載便宜行事，不足爲全權，被拒。乃改由李鴻章自往。日本要求駐兵大沽口、天津、山海關，方行停戰。鴻章不許。而日人持之甚堅。鴻章乃請緩停戰，先議和。議未定，鴻章爲刺客所傷，日人慚懼，乃定停戰之約。旋議定《和約》十款。其中重要的：（一）中國認朝鮮自主。（二）割讓奉天南部和臺灣、澎湖。（三）賠款二萬萬兩，分八次交清。

（四）換約後訂立《通商行船條約》、《陸路通商章程》，均以中國與泰西各國現行約章爲準。（五）添開沙市、重慶、蘇州、杭州。（六）日軍暫占威海，俟一二次賠款繳清；通商行船約章批准互換；並將通商口岸關稅，作爲餘款及利息的抵押；方行撤退。此約割地之多，賠款之巨，不待更論。通商行船。一照泰西各國條約，是日本求之多年而不得的。而（七）約中又訂明"日本臣民，得在中國通商口岸城邑，從事各項工藝製造；又得將各項機器，任便裝運進口"，則又是泰西各國，所求之而不得的。普魯士與中國議約時，嘗議及將土貨改造別貨，總署咨李鴻章拒絶。從此以後，中國新興幼稚的工業，就更受帝國資本主義的壓迫，求自振更難了。

　　約既定，臺灣人推巡撫唐景崧爲總統，總兵劉永福主軍政，謀自立。旋因撫標兵變，景崧出走，臺北失陷。永福據臺南苦戰，亦以不敵內渡，臺灣遂亡。

　　其奉天南部之地，則因俄、德、法的干涉而還我。三國當時由駐使照會日本外部，以妨礙東洋平和爲辭，勸日本將遼東歸還中國。日人得照會，急開御前會議，籌商或許，或拒，或交列國會議。多數主張第三策。而其外相大爲反對，説："列國會議，各顧其私，勢必不能以遼東問題爲限，全部條約，都要生變動了。"於是日人運用外交手腕，請美國勸俄國不必干涉。又求英國援助，願意給與報酬。英、美都不肯援助。日本再和俄國交涉，願意歸還遼東，但求割一金州，俄人亦不許。日人不得已，乃照三國的要求，徑行承諾。而要求我出償款一萬萬兩。後由三國公議，定爲三千萬兩。由李鴻章和日人另訂《交還遼東條約》，把擬訂陸路章程之事取消。

第十六章　中俄密約和沿海港灣的租借

從鴉片戰爭到中日戰爭，爲時恰好半世紀。這半世紀之中，中國藩屬的喪失和本國權利的被剝削，其情形也可謂很危急了，然而中日戰争以後，還有更緊張的局勢。

當中日戰争時，李鴻章知道兵力的不足恃，本想借別國之力牽制日本的。這時候，別國中對遠東有野心的，自然以俄國爲最。所以後來三國的干涉還遼，亦以俄國爲主動。前門拒虎，後門進狼，當帝國主義橫行之日，哪裏有仗義執言之舉？果然，遼東甫行歸還，而俄國的要索繼起，一八九六年，俄皇尼古拉二世舉行加冕禮。俄人示意總署，要派李鴻章爲賀使。鴻章到俄，俄人遂以援助中國等甘言相誘，訂立所謂《中俄密約》。此約報章所傳，凡有兩本：一爲上海《字林西報》所譯登。廣學會所纂《中東戰紀本末》，又從而譯載之。約中所載，中國斷送於俄國的權利，可謂廣大已極，然由後來之事觀之，此本殆不足信。又一本，則後來上海《中外日報》探得李鴻章和總署往來的密電六通，其中第五電，載有俄人所擬約稿，所謂密約，即係照此簽字的。當中日戰争時和李鴻章接洽的，爲駐華俄使喀希尼(Carsini)。而此次主持訂約的，實爲俄財政大臣微德(Count Sergin Witte)，出面的則爲微德和外交大臣羅拔(Prinnce Robanor-Rostovski)。外人稱此約爲《喀希尼條約》，實在是誤謬的。其條件是：

（一）日本如侵占俄國亞洲、中國、朝鮮的土地，兩國應將所能調遣的水陸各軍，盡行派出，互相援助。軍火糧食，亦盡力互相接濟。

（二）當開戰時，如遇緊要之事，中國各口岸，均准俄兵船駛入。

（三）許俄國西伯利亞鐵路，經黑、吉以達海參崴。由中國國家交華俄銀行承辦。俄國於照前款禦敵時，可由此運兵、運糧、運械；平時亦得運過境的兵糧。

此項條約，係屬攻守同盟性質，以我國兵力之弱，俄人果何所利而與我聯合呢？則其意之所在，不言可知了。李鴻章當時，亦深慮俄人藉此以行侵略。所以對於鐵路，由俄國國家承辦，竭力反對。然而後來中國和俄國訂結的《華俄道勝銀行契約》，仍給該銀行以收税、鑄幣、建築鐵路、架設電線之權。契約立後，復與該銀行訂立《東省鐵路公司契約》，又給以開礦和設警之權。其非單純承造鐵路的公司，又不言可知了。

勢力範圍這個名詞，本起於歐人分割非洲之際。儻使要實行分割，這豫定的勢力範圍，便是分割時的界綫。這真是個不祥的名詞，如何竟會使用到中國領土上來呢？列國在中國的所謂勢力範圍，以要求某某地方不割讓爲保證，而以各於其中攘奪築路開礦的權利爲第一步的侵略。其事起於一八九五年的《中法續議商務界務專條》，已見第十四章。此次《界務專條》中，把前此許英人不割讓的江洪，割讓了一部分，於是又有一八九七年的《中緬附約條款》。其事亦已見十四章。而法人遂於是年，要求我國宣言海南島不得割讓他國。至此，則干涉還遼的俄法兩國，都已得有報酬，惟德國尚抱向隅。

這一年冬天，山東鉅野縣殺掉兩個德國教士。德國遂以兵艦闖入膠州灣。明年，强迫中國立《租借膠州灣條約》：（一）以九十九年爲期。（二）膠濟、膠沂濟鐵路，由德承造。其由濟往山東邊界，與中國自辦幹路相接，則俟造至濟南後再商。（三）鐵路附近三十里内煤礦，許德開採。（四）山東各項事務，如用外國人、外國資本、物料，均先和德商辦。山東全省，儼然成爲德國的勢力範圍了。

於是俄人起而租借旅順、大連灣，其租期爲二十五年。並准東省鐵路，展築支綫。英人亦起而租借威海衛，其租期和旅、大一樣。又立《展拓香港界址專條》，租借香港後面九龍地方，亦以九十九年爲期。並要求長江流域各省，不得割讓他國。法人亦要求兩廣、雲南不割讓。日人亦要求福建省不割讓。這都是一八九八年的事。其明年，廣東遂溪縣殺害法國的武官和教士，法人又以兵船闖入廣州灣，迫我立租借之約，亦以九十九年爲期。

中國當甲午以前，築路的阻力是很大的。甲午以後，却漸漸的變了。於是有築蘆漢、津鎮兩大幹綫之議。而蘆漢一綫，遂成爲各國爭奪的起點。此時爭中國路權的，英、美、德爲一派，俄、法爲一派。蘆漢鐵路的終點，在英國勢力範圍之内。儻使由俄、法承修，一定要爲英人所反對，所以由比國出面，於一八九八年，成立契約。然而其内容是俄國，誰不知道？於是英人又要求（一）津鎮，（二）河南到山西，（三）九廣，（四）浦信，（五）蘇杭甬五路。同時俄人要求山海關以北的鐵路，全由俄國承造。英人又捷足先得，和中國訂定了從牛莊到北京的鐵路承造契約。英、俄兩國，鑒於形勢的嚴重，乃於一八九九年，在聖彼得堡換文。英國承認長城以北鐵路歸俄，俄國承認長江流域鐵路歸英。後來中俄所訂《交還東三省條約》，第四條，規定交還山海關、營口各鐵路。又説："修完並養各該鐵路各節，必確照俄國與英國一八九九年所定和約辦理。"即係强迫中國承認此項換文的。同時，英德由銀行團出面，在倫敦訂立條文。英國承認山東和黃河流域，爲德國勢力範圍。但除外：山西鐵路，可與正定以南的京漢路相接，並再展築一綫，以入於長江流域。德國承認山西省、長江流域及江以南各省爲英國勢力範圍。而津浦鐵路，遂由英、德兩國，分段承造。

如此，中國竟要成爲砧上之肉，任人宰割了。在中國，自然更無抵抗之力。然而列强的分贓，也很難得均勻。儻使因分贓不均，而引起衝突，中國固然很糟，列國亦有何利？況且其中還有在中國並無所謂勢力範圍的，豈非獨抱向隅？於是美國的國務卿海約翰，Hay. 於一八九九年，向英、俄、德、法、意、日六國通牒，要求在中國有勢力範圍之國，都承認三個條件：

（一）各國對於中國所獲利益範圍，或租借地域，或他項既得權利，彼此不相干涉。

（二）各國範圍內各港，對他國入港商品，都遵中國現行海關稅率課稅，由中國征收。

（三）各國範圍內各港，對他國船舶所課入口稅，不得較其本國船舶爲高；鐵道運費亦然。

這就是所謂門户開放主義。門户開放，無非各國維持其對中國條約上已得的權利。儻使中國的領土而有改變，條約上的權利，不能維持，自然無待於言，所以又必聯帶而及於保全領土。這就是所謂均勢。勢力範圍，固然是瓜分的代名詞，固然很危險，借均勢而偷安，亦豈是長久之道？在這種情勢之下，無怪中國人要奮起而求自己解決自己的問題了。

第十七章　維新運動和戊戌政變

中國的該變法，並不是和外國人接觸了，才有這問題的。一個社會和一個人一樣，總靠新陳代謝的作用旺盛，才得健康。但是總不能無老廢物的堆積。中國自秦漢統一之後，治法可以説是無大變更。到清末，已經二千多年了，各方面的積弊，都很深了。便是没有外人來侵略，我們種種治化，也是應當改革的。譬如君主專制，是從前視爲天經地義的，然而明末，黄宗羲著《明夷待訪録》，對於君臣之義，即已根本懷疑，便是其一例。可參看第三編第四十六章。但是物理學的定例，物體静止的，不加之以力，則不能動，社會亦是如此。所以我們近代的改革，必待外力的刺激，做一個誘因。

中國受外力刺激而起反應的第一步，便是盲目的排斥，這可謂自宋以來，尊王攘夷思想的餘波。排斥的目的，已經非是，其手段就更可笑了。海通以後，最守舊的人，屬於這一派。拳匪亂時，守舊大臣的意見，仍屬此派，可參看下章。其第二步，則是中興時代湘淮軍中一派人物。大臣如曾國藩、李鴻章，出於其幕府中的，則如薛福成、黎庶昌之類。此派知道閉關絶市是辦不到的。既已入於列國並立之世，則交際之道不可不講，内政亦不得不爲相當的改革。但是他們所想仿效他人的，根本上不離乎兵事。因爲要練兵，所以要學他們的技藝；因爲要學他們的技藝，所以要學他們的學術；因此而要學他們的語文。如此，所辦的新政雖多，總不出乎兵事和製造兩類。當這世界更新，一切治法，宜從根本上變革的時候，這種辦法，自然是無濟於事的。再進一步，便要改革及於政治了。

但是從根本上改革，這句話談何容易？ 在高位的人，何能望其有此思想？在下位的人而有此思想，談何容易能爲人所認識？而中日之戰，以偌大的中國，而敗於向所輕視的日本，這實在是一個大打擊。經這一個打擊，中國人的迷夢，該要醒了，於是維新運動以起。

當時的維新運動，可以分做兩方面：一是在朝，一是在野。在朝一方面，清德宗雖然無權但其爲人頗聰明,頗有志於變法自強,特爲太后所制,不能有爲。德宗的有志於變法,是很早的,當一八九四年,即中日開戰的一年,即擢編修文廷式爲侍讀學士。那拉后因廷式爲德宗所寵珍、瑾二妃之師,仗二妃;妃兄志銳,亦謫烏里雅蘇臺,廷式託病去。後亦革其職,至一八九五年,即和日本定和約的一年,德宗和翁同龢謀變法,那拉后知之,又撤去同龢的毓慶宮行走,戊戌政變後,又奪其前大學士之職,交地方官嚴加管束。在野一方面,則有南海康有爲。他是個深通舊學,而又講求時務,很主張變法的。清朝是禁止講學的。但到了末年,其氣焰也漸漸的衰了;其禁令,在事實上,也就漸漸的鬆弛了。有爲很早的就在各處講學,所以其門下才智之士頗多。一八八九年,有爲即以蔭生上書請變法,格未得達。中日和議將成時,又聯合各省入都會試的士子,上書請遷都續戰,陳變法之計。書未上而和約已換,事又作罷。有爲乃想從士大夫一方面提倡。立強學會於京師。爲御史楊崇伊所參,被封。而其弟子梁啓超設《時務報》於上海,極力鼓吹變法,海內聳動。一時維新的空氣,彌漫於好新的士大夫間了——雖然反對的還是多數。

公車上書之後,康有爲又兩次上書請變法。其中有一次得達,德宗深以爲然。德國佔據膠州灣時,有爲又走京師,上書陳救急之計,亦未得達。其明年,恭親王奕訢死了。朝廷之上,少了一個阻力。德宗乃和其師傅翁同龢商議,決意變法,遂下詔定國是,召用康有爲、梁啓超等。

此時所想摹仿的,是日本的睦仁、俄國的大彼得。想借專制君主的力量,把庶政改革得煥然一新。於是廢八股,設學校,獎屬著新書,製新器,裁冗兵,練新操,辦保甲,籌設銀行,造鐵路,開礦山,設農工局,立商會。大開言路,廣求人才。從戊戌四月至八月間,變法之詔,連翩而下。雖然不能盡行,然而海內的精神,確已爲之一振了。

專制君主的權力,在法律上是無制限的,在事實上則不盡然。歷代有志改革的君主,爲舊勢力所包圍,以致遭廢弒幽禁之禍的,正自不乏。這其間,由於意見的不同者半,由於保存權位之私者亦半。康有爲是深知舊勢力之不可侮的。所以他於德宗召見之時,力言請皇上勿去舊衙門,但增設新差使;擢用的小臣,賞以虛銜,許其專摺奏事;就夠了。有爲此等見解,爲其素定的宗旨,可參看其所著《官制議》"宋官制最善"篇。有爲此等見解,原以爲如此,則舊人不失祿位,可以減少其反對之力,然而權既去,祿位亦終於難保;即可保,亦屬無味。這仍不足以滿守舊阻撓者之所欲。況且亦有出於真心反對,並不爲祿位起見的。而那拉后和德宗的不和,尤其是維新的一大阻力。

那拉后是很不願意放棄權勢的,他當時見德宗變法,很不謂然。於是以其黨榮祿爲直隸總督，總統近畿諸軍，以鞏固其勢力。而使裕祿在軍機上行走，以偵察德宗的舉動。自然有不滿意於德宗的大臣，用半虛半實的詔，譖訴於那拉后。而德宗也有"不容我變法，毋寧廢死"的決心。於是帝后之間，嫌隙愈深。就有舊黨將乘德宗到天津去閱兵，實行廢立的風説；又有新黨將利用袁世凱的新兵，圍頤和園之説。而政變以起。

這一年八月，那拉氏由頤和園還宫，説德宗因病不能視事，復行垂簾聽政，而幽帝於南海的瀛臺。康有爲之弟廣仁和新黨譚嗣同、劉光第、林旭、楊鋭、楊深秀，同時被殺。時人謂之六君子。楊鋭、林旭、劉光第、譚嗣同，當時都爲軍機章京。變法諭旨，大抵出此四人之手。章奏亦都交此四人閲看，當時舊黨側目，謂之四貴。康有爲因奉德宗密詔，先期出京走香港。梁啓超則於事變後走日本。新政一切廢罷。和新政有關連的人，一切罷斥，朝右的新黨一空。

然政治雖云復舊，人心則不能復變。於是康有爲在海外立保皇黨。圖推翻那拉后，扶助德宗親政。一九〇〇年，其黨唐才常謀在武漢舉事，事洩被殺。參看第二十章。有爲等遊説當時的大臣，亦沒有敢聽他的話，實行清君側的。然而輿論的勢力，則日日增長。梁啓超走日本後，發行《清議報》，痛詆那拉后。便國內諸報，如上海的《蘇報》等，亦有明目張膽，反對舊黨的。其餘各報，雖不敢如此顯著，亦大都偏向維新。那拉后要想禁絶他，以其地在租界，未能辦到。要想照會外國，拘捕康、梁，外人又認爲國事犯，加以保護。於是守舊之念，漸變而爲仇外之念。而帝后間的嫌隙，積而愈深，那拉后想行廢立，其黨以意諷示各公使，各公使都表示反對。乃先立端郡王載漪之子溥儁爲大阿哥，以覘輿情。而海外的華僑，又時時電請聖安，以示擁戴德宗。經元善在上海，亦合紳民等電爭廢立。太后要拘捕他，又被逃到澳門。於是后黨仇外的觀念愈甚，遂成爲庚子拳亂的一因。

第十八章　八國聯軍和辛丑條約

天下事無其力則已，有其力，是總要發洩掉，才得太平的。義和團之事，亦是其一例。

中國從海通以來，所吃外國人的虧，不爲不多了。自然，朝野上下，都不免有忿之心。然而忿之而不得其道。這時候，大衆的心理，以爲：（一）外國人所强的，惟是槍炮。（二）外國人是可以拒絕，使他不來的。（三）而民間的心理，尤以爲交涉的失敗，由於官的懼怕洋人。儻使人民都能齊心，一哄而起，少數的客籍，到底敵不過多數的土著。（四）而平話、戲劇，怪誕不經的思想，又深入民間。（五）在舊時易於號召的，自然是忠君愛國之説。所以有扶清滅洋的口號；所以有練了神拳，能避槍炮之説；所以他們所崇奉的孫悟空、托塔李天王之類，無奇不有。這是義和團在民間心理上的起源。而自《天津條約》締結，教禁解除以來，基督教的傳佈，深入民間，不肖的人民，就有藉教爲護符，以魚肉良懦，横行鄉里的，尤使人民受切膚之痛。所以從教禁解除以來，教案即聯綿不絕，而拳匪的排外、鬧教，亦是其中重要的一因。參看第二十四章。

這是説民間心理。至於堂堂大臣，如何也會相信這種愚謬之説呢？這真百思而不得其解了。須知居於高位的人，並不一定是聰明才智的；而位高之後，習於驕奢怠惰，尤足使其才智減退。所以怪誕不經之事，歷代的王公大人，迷信起來，和平民初無以異，況且當時的中朝大臣，還有幾種複雜的心理。（一）端郡王載漪，是想他的兒子早正大位的。（二）其餘親貴，也有人想居翊戴之功。當時欲行廢立，既懼外人反對；國内興情，又不允洽，計惟有於亂中取事。當秩序全失之時，德宗已廢，溥儀已立；事定之後，本國人雖反對，亦無可如何。至對於外人，則無論怎樣割地、賠款，喪失國權，都非所郵。這是當時載漪等人所願出的擁立溥儀的代價。其立心之不可問如此。説他迷信拳匪，還是淺測他的。見惲毓鼎《崇陵傳信録》。（三）有一派極頑固的人，還是鴉片戰爭時代的舊思想，想把外國人一概排斥。如此，自然要以義和團爲可信；或雖明知其不可信,而亦要想利用他了。

拳匪是起於山東的,本亦無甚大勢力。而當時巡撫毓賢,加以獎厲,其勢遂漸盛。地方上教案時起。山東是德國人的勢力範圍,自然德人不能坐視,於是向總署交涉。政府無可如何,把他開缺,代以袁世凱。袁世凱知道拳匪是靠不住的,痛加剿辦,其衆遂流入直隸。直隸總督裕禄是那拉后的心腹。其人是不懂事的,只知道仰承意旨。當時中央既有此頑固複雜的心理,自然要利用拳匪,裕禄自然也要加以獎厲了。於是拳匪大盛於京、津之間。自地方紳民,以至朝貴,也有懾於勢,不得不然;也有別有用心的,到處都迎奉他們,設壇練拳。於是戕教民,殺教士;焚教堂;拆鐵路;毀電綫;見洋貨則毀;身御洋貨的人,目爲二毛子,則殺。京、津之間,交通爲之斷絶。其事在一九〇〇年夏間。

外國公使,紛紛責問。極端守舊頑固之人,固然不知所謂。略明事理而有權的人,也開不得口。別有用心的人,又説外國人要如何,藉此恐喝那拉后。遂至對各國同時宣戰。詔云:"朕今涕淚以告宗廟,慷慨以誓師徒。與其苟且圖存,貽羞萬古,孰若大張撻伐,一決雌雄? 彼尚詐謀,我恃天理。彼憑悍力,我恃人心。無論我國忠信甲冑,禮義干櫓,人人敢死;即土地廣有二十餘省,人民多至四百餘兆,何難翦彼凶焰,張國之威。"其實這時候,英、美、德、奥、意、法、俄、日八國聯軍已到,大沽已失陷四日了。宣戰上諭,在庚子五月二十五日,大沽失陷在二十一日。

其時駐守津、沽之間的爲聶士成。因拳匪淫掠,痛加剿擊。拳匪很恨他。聯軍攻其前,拳匪亦攻其後。士成戰死。天津失陷。裕禄兵潰,自殺。巡閲長江大臣李秉衡,率兵北上勤王。兵潰,亦自殺。京城之中,其初命董福祥率甘軍,合着拳匪去攻使館。因有陰令緩攻的,所以使館没有打破。而德國公使克林德、Kettlor. 日本使館書記杉山彬,都爲亂民所戕。天津失陷。聯軍進逼通州,遂逼京城。德宗及太后出居庸關,走宣、大以達太原,旋聞聯軍有西進之説,再走西安。聯軍的兵鋒,東至山海關,西南至保定而止。

這時候,兩江總督劉坤一、湖廣總督張之洞、兩廣總督李鴻章等,相約不奉僞命。派人和上海各國領事,訂結保護東南,不與戰事之約。戰禍的範圍,幸得縮小。而黑龍江將軍壽山,舉兵攻入俄境。於是俄人從阿穆爾和旅順,兩路出兵。阿穆爾的兵,分陷(一)墨爾根、齊齊哈爾;(二)哈爾濱、三姓;(三)琿春、寧古塔;合陷呼蘭、吉林。旅順的兵,(一)西陷錦州;(二)東陷牛莊、遼、瀋;新民、安東;挾奉天將軍增祺,以號令所屬。東三省不啻全入俄人的掌握。

事勢至此,無可如何。乃復派慶親王奕劻和李鴻章爲全權大臣,和各國議和。鴻章未能竣事而卒。代以王文韶。明年秋,和議成。與議的凡十一國。德、奧、比、西、美、法、英、意、日、荷、俄。其條件是:

(一)派親王大臣,赴德、日,表示愴惜之意。

(二)懲辦首禍諸臣,開復被害諸臣原官。首禍諸臣:端郡王載漪、輔國公載瀾,發往新疆,永遠監禁。莊親王載勛、都察院左都御史英年、刑部尚書趙舒翹賜自盡。山西巡撫毓賢、禮部尚書啓秀、刑部左侍郎徐承煜正法。協辦大學士禮部尚書剛毅、大學士徐桐、前四川總督李秉衡均已身故,追奪原官。被害諸臣:兵部尚書徐用儀、户部尚書立山、吏部左侍郎許景澄、内閣學士兼禮部侍郎銜聯元、太常寺卿袁昶均與各國宣戰時,爲載漪等所殺。

(三)諸國人民遇害被虐城鎮,停止考試五年。

(四)軍火暨製造軍火之物,禁止進口二年。諸國如謂應續禁,亦可展限。

(五)賠款總數,海關銀四百五十兆兩,照市價易爲金款,年息四厘,分三十九年償還。一九〇二至一九四〇年。以(一)新關;(二)通商口岸常關,均歸新關管理;(三)鹽政各進項爲擔保。

(六)畫定使館境界,界内由使館管理,亦可自行防守。中國人概不准在界内居住。諸國得常留兵隊,分保使館。

(七)大沽及有礙京師至海口通路的各炮臺,一律削平。

(八)許諸國駐兵黄村、廊坊、楊村、天津、軍糧城、塘沽、蘆臺、唐山、灤州、昌黎、秦皇島、山海關,以保京師至海口的交通。

(九)許改訂通商行船各條約。

後來通商條約改訂的,有英、美、日、葡四國。(一)因賠款重了,許我加海關進口税至值百抽一二·五,出口税至七·五,而以裁厘爲交換條件。《英約》第八款,《美約》第七款,《葡約》第十三款。(二)中國許修改礦務章程,招致外洋資財,《英約》第九款,《美約》第七款,《葡約》第十三款。及修改内河行輪章程。《英約》第十款,《美約》第十二款,《葡約》第五款。修改章程,作爲《中英商約》附件,《日約》同。(三)中國厘定國幣,外人應在中國境内遵用。《英約》第二款,《美約》第十二款,《葡約》第十一款,《日約》七款,言中國改定度量衡之事。(四)律例、審斷及一切相關事宜,均臻妥善,則外人允棄其治外法權。《英約》第十款,《美約》第十五款,《日約》第十一款,《葡約》第十六款。(五)英允除藥用外,禁煙進口。惟須有約各國,應允照行,方可照辦。中國亦禁本國鋪户製煉。見《英約》第十一款,《美約》第十六款,《葡約》第十二款。亦皆在此約中。又開商港多處。《英約》開長沙、萬縣、安慶、惠州、江門,除江門外,裁厘加税不施行,不得索開。其白土口、羅定、都城,許停輪上下客貨,容奇、馬寧、九江、古勞、永安、後瀝、禄步、悦城、陸都、封川十處,許停輪上下搭客。《美約》開奉天、安東。《日約》開北京、長沙、奉天、安東。《葡約》許自澳門往來"一八九七年《英緬約》專款,一九〇二年《中英商約》十款西江上下客貨及搭客之處"。

其俄國，當奕劻、李鴻章與各國議和時，藉口東三省事件與中國有特別關係，當另議。於是以駐俄公使楊儒爲全權大臣和俄國外交部商議。俄人要求甚烈。日、英、美、德、奧、意等，均警告中國，不得和俄人訂立密約，交涉遂停頓。各國和約大致議定後，乃由李鴻章和俄人磋議。一九〇二年，奕劻、王文韶和俄使訂立《交收東三省條約》。俄人許分三期撤兵。以六個月爲一期。第一期，自庚子年九月十五日起，撤盛京西南段至遼河之兵。第二期撤盛京其餘各段及吉林之兵。第三期撤黑龍江之兵。將軍會同俄官訂定俄兵未退前三省駐兵之數，及其駐扎之地，不得增添。撤退後如有增減，隨時知照俄人。俄人交還山海關、營口、新民屯各路，中國不許他人佔據，並不得借他國兵護路。第一期如約撤退，第二期則不但不撤，反要求別訂新約，且續調海陸軍。一九〇三年六月，俄人合阿穆爾、關東設極東大都督府，以亞歷塞夫爲總督。Alexiev.九月，俄兵復占奉天。而日、俄二國，作戰於我國境内的活劇，就不可免了。

第十九章　遠東國際形勢

　　遠東非復中國的遠東了，亦不是中國和一兩國關係簡單的遠東，而成爲世界六七強國龍争虎鬥之場。

　　在十六世紀以前，亞洲東北方還是個寂寞荒涼之境。乃自俄人東略以來，而亞洲的北部，忽而成爲歐洲斯拉夫族的殖民地。俄人因在黑海、地中海爲英、法等國所扼，轉而欲求出海之口於太平洋。於是中國黑龍江以北之地割，而尼科來伊佛斯克，而海參崴，相繼建立。再爲進一步的侵略，則西伯利亞大鐵道，橫貫黑、吉二省。而又分支南下，旅順、大連灣，亦成爲俄國遠東的軍商港。

　　此等情勢，自然和日本的北進政策是不相容的。日本是個島國，在從前舊式的世界，本可做個世外桃源。乃自帝國主義橫行以來，而此世外桃源，亦不復能守其閉關獨立之舊。不進則退，當明治維新以前，日本也是被人侵略的，這時候，就要轉而侵略他人了。日本的政策，原分南進、北進兩派。論氣候和物產，自然南進較爲相宜。但是南洋羣島，面積究竟有限，而且也早給帝國主義者所分據了，要想侵略他人，自然要伸足於大陸。如此，朝鮮半島和中國的東三省，遂成爲日、俄兩國勢力相遇之地。

　　在中、日戰前，競爭朝鮮的主角是中、日。中、日戰後，中國的勢力，完全打倒了。但是日本是戰勝國，而俄合德、法干涉還遼，是戰勝國的戰勝國。其勢焰已使人可驚，況且當時，日本在朝鮮的勢力，很爲彌漫。朝鮮人處於日本鈐制之下，自然要想反抗。想反抗，自不得不借助於外力。於是俄國的勢力，便乘機侵入了。當中日戰時，日本即強迫朝鮮訂結攻守同盟。及中、日戰後，《馬關條約》認朝鮮爲自主之國。於是朝鮮改國號爲韓，號稱獨立。然實權都在日人手中。日人所扶翼的是大院君。閔妃一派，自然要想反抗，自然要倚賴俄國。其結果，遂釀成一八九五年閔妃遇弒之變。這一次，大院君的入宮，挾着日本兵自隨。而日本公使三浦梧樓，又以日使館衛隊繼其後，各國輿論囂然,都不直日本。日本不得已,把三浦梧樓召回,禁錮在廣島,而實未嘗窮究其事,這就是所謂廣島疑獄。此等舉動,適足以形日人手段的拙劣。其結果,反益促成韓國的親俄。日人無可如何,只得吞聲忍氣,和俄國商量。一八九六年,兩國因韓事訂立協商。在韓的權利,殆處於平等的地位。到一八九八年,又訂立第二次協商。俄人亦僅承認日人在韓國工商業上,有特殊的利益而已。對於東三省的利益,則絲毫不許日人分潤。於是亞洲的東北角,潛伏着一個日俄衝突的危機。

不但如此,便中、西亞之間,也是危機潛伏。當十八世紀中葉,中國蕩平天山南北路之時,正值英人加緊侵略印度之際。而俄國的侵略中亞,亦已於此時開始進行。中國的蕩平準部,事在一七五五年。英人佔據加爾各答,事在一七五七年。俄人侵略中亞,則自一七三四年,在哈薩克地方,建築炮臺爲始。三國的勢力,恰成一三角式。不進則退,中國對於屬部,始終以羈縻視之,而英、俄兩國,却步步進取。於是巴達克山,夷爲英之保護國。乾竺特名爲兩屬,實際上我也無權過問了。巴達克山,以一八七七年,淪爲英之保護國。乾竺特當光緒初年,薛福成和英國外交部商定選立頭目之際,由中英兩國,會同派員,還是兩屬之地。後來英人藉口其本是克什米爾的屬部,時時干涉其內政,又造了一條鐵路,直貫其境,中國也就無從過問了。而俄國亦服哈薩克,慴布魯特,滅布哈爾,幷基華,幷取敖罕。哈薩克是一八四〇年,全部爲俄國所征服的。布魯特亦相繼降俄,布哈爾及基華,一八七三年均淪爲俄之保護國。浩罕則於一八七六年,爲俄所滅。三國間的隙地博羅爾,竟由英、俄兩國擅行派員,畫定界綫。事在一八九五年。我國最西的屬部阿富汗,則由兩國的爭奪,而卒入於英人的勢力範圍。阿富汗於一八七九年訂約。承認嗣後宣戰講和,須得英人認許。至一九〇七年,英俄訂結協約,而俄人承認阿富汗在俄國勢力範圍之外,其對俄政治界務等交涉,均由英國代辦。而兩國的爭點,遂集於西藏。蒙古支族布里雅特人,Buryat.是多數住居在俄國的伊爾庫次克和外貝加爾兩省的,亦信喇嘛教。俄人乃利用其人入藏,以交結喇嘛。一八九九和一九〇〇兩年,達賴和俄政府之間,竟爾互通使聘。中國還熟視無覩,英人看着,却眼中出火了。

在中國本部的利益,自然是列國所不肯放鬆的,而東北一片處女地,尤其是要想投資的人眼光之所集注。當《辛丑條約》業經訂結,而東三省尚未交還時,俄人侵略的形勢,最爲可怕,日人於此,固然視爲生死關頭;便英人也不肯落後,法國在東洋,關係較淺,而其在歐洲,頗想拉攏俄國,所以較易附和俄人的主張。德國便不然了。他從佔據膠州灣以後,對於東方,野心勃勃,斷不容俄國人獨强的,至於美國,在東方本沒有什麼深固的根柢,其利於維持均勢,自更無待於言了。

　　所以當此時，頗有英、德、日、美諸國，聯合以對付一個俄國之概。當庚子拳亂，俄人佔據東三省時，英國方有事南非，自覺獨力不足以制俄，乃和德國在倫敦訂立《協約》，申明開放門户，保全領土之旨。此約經通知各國，求其同意。日、美、法、奥、意都覆牒承認。獨俄國主張限於英德的勢力範圍，不適用於東三省。德國因關係較淺，就承認了俄國的主張，惟英、日兩國，反對最力。於是英人鑒於德國之不足恃，知道防禦俄國，非在遠東方面，有個關係較深切之國不可。而且印度和英國，關係太深了，亦非有一國助英防護，不足以壯聲勢。乃不惜破棄其名譽的孤立，而和日本訂立同盟。此事在一九〇二年。而俄國亦聯合法國。發表宣言，説："因第三國侵略，或中國騷擾，致兩國利益受侵犯時，兩國得協力防衛。"這明是把俄、法同盟的效力，推廣及於遠東，以對抗英日同盟。日、俄兩國的決裂，其形勢已在目前了。但是以這時候的日本而和俄國開戰，究竟還是件險事。所以在日人方面，還斤斤於滿、韓交換之論。至一九〇四年，日本公使和俄國交涉，卒無效果，而戰機就迫在眉睫了。

第二十章　日俄戰爭和東三省

當一九〇三年之時，日俄戰爭，業已迫於眉睫了。此時亦有主張我國應加入日本方面的。然（一）中國兵力，能幫助日本的地方很少。（二）而海陸萬里，處處可以攻擊，儻使加入，無論如何是不會全勝的。那麼，日本即獲勝利，亦變爲半勝了。而議和之際，反受牽制，所以日本是決不願意中國加入的。而且中國加入，則戰禍益形擴大，於列強經濟利益有礙。所以亦都不願我們加入。中國的外交，自動的地方很少，而這時候，確亦很難自動。於是日俄戰事，於一九〇四年之初爆發。而中國亦於其時，宣告中立，畫遼河以東爲戰區。後來俄人反攻遼陽失敗後，曾出奇兵，自遼西地方侵日。我國不能阻止。乃改以從溝幫子到新民屯的鐵路綫，爲中立地和交戰地的界限。

日本海軍，先襲敗俄艦於旅順和韓國的仁川，把旅順港封鎖了。海參崴的軍艦亦屢爲日兵所擊敗。俄國太平洋艦隊失其效力。日軍遂得縱橫海上。其陸軍：第一軍自義州渡鴨綠江，連陷九連城、鳳凰城，直迫摩天嶺。後又別組第三軍，以攻旅順。旅順天險，所以相持久之不下。這一年秋間，日本一二兩軍，合攻遼陽。再加以從大孤山登陸的第四軍，遼陽遂陷。俄國的運兵，比日本爲遲。遼陽陷後，而其西方的精銳始漸集。乃反攻遼陽，不克。這時候，天氣已漸寒冷了。兩軍乃夾渾河相持。而日人於其間，竭全力攻陷旅順。到明年，俄國西方之兵益集，日亦續調大軍。日兵三十四萬，俄兵四十三萬，開始大戰。經過兩旬，俄軍敗退。日軍遂陷奉天，北取開原。俄國波羅的海艦隊，因英日同盟，不敢航行蘇彝士運河，繞好望角東來。又爲日人邀擊於對馬海峽，大敗。於是俄國戰鬥之力窮，而朴資茅斯的和議起。

《朴資茅斯和約》，共十五條。其重要的：（一）俄承認日本對韓，有政治上、軍事上和經濟上的卓絕利益。（二）租借地外，日俄在滿洲的軍隊，盡數撤退，以其地交還中國。俄人在滿洲，不得有侵害中國主權，妨礙機會均等主義的領土上利益，暨優先及專屬的讓與權利。（三）中國因發達滿洲的工商業，

438

爲各國共同的設置時,日俄兩國,都不阻礙。(四)俄國以中國政府的承認,將旅、大租借地和長春、旅順間的鐵路,讓與日本。(五)庫頁島自北緯五十度以南,讓與日本。庫頁即明代的苦夷,本中國屬地。自黑龍江以北割棄後,日、俄兩國的人,都有僑寓其間的,而俄人是時,又有進至千島的。一八七五年,兩國乃定議,以庫頁歸俄,千島歸日。(六)日人在日本海、鄂霍次克海、白令海的俄領沿岸,有漁業權。

此時日本可調的兵,差不多都已調盡。其財政亦異常竭蹶。其急於要議和的情形,反較俄國爲切。所以賠款分文未得。而且一切條件,差不多都是照俄人的意思決定的。日本戰爭雖勝利,和議是屈辱的。所以其全國人民,大起騷擾。費了許多氣力,纔鎮壓定。然而日本雖未能大有所得於俄,而仍可以取償於我。當戰役將終時,我國輿論,有主張乘機廢棄《俄約》,並向英交涉,收回威海,而自動的和日本訂立新約的。列國的眼光,則不過要把東三省作爲共同投資之地,不欲其爲一國所把持。而又希望其地的和平秩序,可以維持,所以有主張以東三省爲一永世中立之地的。我國這時候,希望立憲之心正盛。參看第二十一章。而滿族皇室,終竟遲遲不肯放棄其權利,亦有就此議論,加以修正,主張以滿洲爲一王國,仿奧匈、瑞那之例,由中國皇帝兼其王位,而於其地試行憲政的。這許多議論,都成爲畫餅。僅於日、俄議和之時,由我國政府照會二國,說和約條件有涉及中國的,非得中國承認不生效力而已。日、俄和議既定,日本乃派小村壽太郎到中國來,和中國訂立《會議東三省事宜協約》中國政府承認《日俄和約》第五、第六兩條。而日本政府,承認遵行中俄租借地和築路諸約。別結《附約》:(一)開鳳凰城、遼陽、新民、鐵嶺、通江子、法庫門、長春、吉林、哈爾濱、寧古塔、三姓、齊齊哈爾、海拉爾、璦琿、滿洲里爲商埠。(二)安奉軍用鐵路,許日本政府接續經營,改爲商運鐵路。除運兵歸國十二個月外,以兩年爲改良竣工之期。自竣工之日起,以十五年爲限。屆期請他國人評價,售與中國。(三)許設中日合辦材木公司,採伐鴨綠江左岸森林。(四)滿韓交界陸路通商,彼此以最惠國待遇。明年五月,日人設立南滿洲鐵道株式會社。七月,又設關東都督府。於是東北一隅,成爲日、俄兩國畫定範圍,各肆攘奪的局面,不但介居兩大之間而已。

《會議東三省善後事宜協約》,立於一九〇五年十二月二十六日。照約,安奉鐵路的興工,應在一九〇六年十二月二十七日之後,而其完工,則應在一九〇八年十二月二十六日之前。乃日人至一九〇九年,纔要求派員會勘綫路。郵傳部命東三省交涉使和他會勘。會勘既竣,日人要收買土地。東三省總督錫良,忽然說路綫不能改動。日人就自由行動,逕行興工。中國人無可如何，只得同他補結《協約》，承認了他。而所謂滿洲五懸案，亦於此時解決。

（一）撫順煤礦。日人主張是東省鐵路的附屬事業。中國人説在鐵路綫三十里之外。日人則説照該《鐵路條例》，許俄人開礦，本没限定三十里。此時並煙臺煤礦，都許日人開採。

（二）間島問題。圖們江北的延吉廳，多韓民越墾。日人強名其地爲間島。於其地設立理事官。這時候，仍認爲中國之地。日所派理事官撤退。惟仍准韓民居住耕種，而中國又開龍井村、局子街、頭道溝、百草溝爲商埠。

（三）新法鐵路。中國擬借英款興造。日人指爲南滿鐵路的平行綫。這時候，許興造時先和日本商議。

（四）東省鐵路營口支路。是中俄《東省鐵路公司契約》許俄人興造的，這是爲運料起見，所以原約規定八年之内，應行拆去，而日人抗不履行。至此，准其於南滿鐵路限滿之日，一律交還。

（五）吉會鐵路。滿鐵會社要求敷設新奉、吉長兩路，業於一九〇七年訂立契約。該會社又要求將吉長路展至延吉，和朝鮮會寧府鐵路相接。至此，許由中國斟酌情形，至應開辦時和日本商議。

自日、俄戰後，各國已認朝鮮爲日本囊中之物了。所以日、俄議和的一年，英、日續訂盟約，即删去保全朝鮮領土一條。然而對於中國門户開放，領土保全的條文，依然如故，一九〇七年的《日法協約》、《日俄協約》，一九〇八年的《日美照會》，都是如此，然而日本的行動，則大有惟我獨尊，旁若無人的氣概，列國自然不肯放手。而中國也總希望引進別國的勢力，以抵制日俄兩國的。當新法鐵路照日本的意思解決時，中國要求築造錦齊鐵路時，日不反對。日人亦要求昌洮路歸其承造。彼此記入會議録中。懸案解決後，中國要借英美兩國之款，將錦齊鐵路，延長到璦琿，改稱錦璦。日人嗾使俄人，出面抗議。於是美國人提議，各國共同出資，借給中國，由中國將滿洲鐵路贖回。此項借款未還清以前，由出資各國共同管理，禁止政治上、軍事上的使用——此即所謂滿洲鐵路中立——其通牒，向中、英、德、法、俄、日六國提出。明年，日、俄二國共提抗議。這一年，日、俄兩國就訂立新協約。約中明言維持滿洲現狀；現狀被迫時，兩國得互相商議。如此，英、美的經營反促成日、俄的聯合了。而這新約，或云別有密約，俄國承認日本併吞韓國，而日本則承認俄國在蒙新方面的舉動，所以這《協約》於七月四日成立，而朝鮮即於八月三十日滅亡；而到明年，俄人對於蒙、新，就提出強硬的要求了。

第二十一章　清末的憲政運動

　　戊戌變法、庚子拳亂，清朝的失政一步步的使人民失望。而其時人民的程度亦漸高，於是從改革政治失望之餘，就要擬議及於政體了。

　　中國的民主思想，在歷史上，本是醞釀得很深厚的。不過國土大，人民多，沒有具體的辦法罷了。一旦和外國交通，看見其政體有種種的不同，而且覺得他們都比我們富強；從國勢的盛衰，推想而及於政權的運用，自然要擬議及於政體了。於是革命、立憲遂成爲當日思潮的兩流。

　　戊戌政變以後，康有爲在海外設立保皇黨。梁啓超則在日本橫濱發行《清議報》，痛詆那拉后，主張擁戴德宗，以行新政。這時候，還是維新運動的思想。但是空口說白話，要想那拉后把政權奉還之於德宗，是無此情理的，所以雖保皇黨要想奪取政權，亦不得不訴之於武力。人民哪裏來武力呢？其第一步可以利用的，自然是會黨。原來中國各種會黨，溯其原始，都是人民受異族的壓迫，爲此祕密組織，以爲光復之豫備的。參看第七章。日久事忘，固然不免漸忘其原來的宗旨，然而他們，究竟是有組織的民衆，只要有有心人，能把宗旨灌輸給他們，用以舉事，自較毫無組織的人民爲易。所以在當時，不論保皇黨、革命黨，都想利用他們。就是八國聯軍入京的這一年，康有爲之黨唐才常，在上海設立國會總會，漢口設立分會。才常居漢口；後來的革命黨人黃興居湖南，吳禄貞居安徽的大通；聯絡哥老會黨，廣發富有會票，謀以這一年七月間，在武漢同時舉事，而湖南、安徽，爲之策應。未及期而事洩。才常被殺。鄂、湘、蘇、皖四省，蒐捕黨衆，殺戮頗多。當時鄂督張之洞，有一封信，寫給上海國會總會中人，勸他們不要造反。國會中人，也有一封信覆他，署名爲是中國民。暢發國家爲人民所公有，而非君主所私有之義，爲其時之人所傳誦。保皇運動，寢寢接近於革命了。

　　但是到十九世紀的初年，而保皇黨宗旨漸變。《清議報》發刊，滿一百期而止。梁啓超改刊《新民叢報》。其初期，頗主張革命。後來康有爲鑒於法國大革命殺戮之慘及中南美諸國政權的爭奪，力主君主立憲，詒書諍之，梁啓超漸漸改從其說。於是《新民叢報》成爲鼓吹立憲的刊物，和當時革命黨所出的《民報》對峙。見第五編第二章。以立憲之說，可以在國內昌言之故，《新民叢報》在國內風行頗廣，立憲的議論漸漸得勢。到日俄戰爭以後，興論都說日以立憲而勝，俄以專制而敗，立憲派的議論，一時更爲得勢。

庚子一役，相信一班亂民，做這無意識開倒車的運動，以致喪權辱國；賠款之鉅，尤其貽累於人民；清朝自己，也覺得有些難以爲情了。於是復貌行新政，以敷衍人民。然而所行的都是有名無實，人民對於朝廷的改革，遂覺灰心絶望。除一部分從事於革命外，其較平和的，也都想自己參與政權，以圖改革，這是十九世紀初年立憲論所以興盛的原因。而其首將立憲之舉，建議於清朝的，則爲駐法公使孫寶琦。其後兩江、兩湖、兩廣諸總督，相繼奏請。當時江督爲周馥，鄂督爲張之洞，粤督爲岑春煊。到一九○五年，直督袁世凱，又奏請簡派親貴，分赴各國，考察政治。於是有派五大臣出洋考察之舉。當時所派的爲載澤、戴鴻慈、徐世昌、端方、紹英，臨發時，革命黨人吳樾炸之正陽門車站。載澤、紹英都受微傷。行期遂展緩。後來改派李盛鐸、尚其亨以代徐世昌、紹英。明年回國，一致主張立憲。於是下上諭："先將官制改革，次及其餘諸政治，使紳民明悉國政，以備立憲基礎。數年之後，查看情形，視進步之遲速，以定期限之遠近。"是爲清末的所謂豫備立憲。於是改訂内外官制。設資政院、諮議局，以爲國會及省議會的基礎，頒佈《城鎮鄉自治章程》。立審計院，頒佈《法院編制法》及《新刑律》。設省城及商埠的檢察、審判廳，又設立憲政編查館，以爲舉行憲政的總匯。看似風起雲涌，實則所辦之事，都是不倫不類的；而且或格不能行，或行之而名不副實，人民依舊覺得失望。於是即行立憲和豫備立憲，遂成爲當日朝廷和人民的爭點。

朝廷上說："人民的程度不足，是不能即行立憲的。"興論則說："程度的足不足，哪有一定標準？況且正因爲政治不良，所以要立憲。若使把件件政治都改好了，然後立憲，那倒無須乎立憲了。"當時政府和人民的爭點，大要如此。當時的政府，是個軟弱無力的。既没有直捷痛快拒絶人民的勇氣，又不肯直捷痛快實行人民的主張。一九○八年，各省主張立憲的政團和人民其時的政團，爲江蘇預備立憲公會、湖北憲政籌備會、湖南憲政公會、廣東自治會。人民參與的，有直隸、山東、山西、河南、安徽、浙江、四川、貴州各省。上書請速開國會。朝廷下詔，定以九年爲實行之期。這一年冬天，德宗死了。那拉后立醇親王載灃之子溥儀，年四歲，以載灃爲攝政王。明日，那拉后也死了。其明年，各省諮議局成立，組織國會請願同志會，於一九一○年，入都請願，亦不許。這一年，京師資政院開會，亦通過請願速開國會案上奏。清廷乃下詔，許縮短期限，於三年之後，開設國會。人民仍有不滿，請願即行開設的，遂都遭清廷驅逐。並命京內外，有唱言請願的，即行彈壓拿辦。其訑訑的聲音顏色，可謂與人以共見了。

　　當時的清廷，不但立憲並無誠意，即其政治亦很腐敗。政府中的首領，是慶親王奕劻。他是個老耄無能的人，載灃性甚昏庸。其弟載洵、載濤，亦皆欲干預政治，則又近於胡鬧。到革命這一年，責任內閣成立，仍以奕劻爲總理。閣員亦以滿族佔多數。內閣總理奕劻，協理世續、徐世昌。外務部大臣鄒嘉來，民政部大臣桂春，陸軍部大臣蔭昌，海軍部大臣載洵，軍諮府大臣載濤，度支部大臣載澤，學部大臣唐景崇，法部大臣廷杰，農工商部大臣溥倫，郵傳部大臣盛宣懷，理藩部大臣善耆。除徐世昌、鄒嘉來、唐景崇、盛宣懷之外，都係滿人。人民以皇族內閣，不合立憲公例，上書請願。諮議局亦聯合上書，不聽。到第二次上書，就遭政府的嚴斥。這時候的政治家，鑒於中國行政的無力，頗有主張中央集權之論的。政府也頗援爲口實。但政治既不清明，又不真懂得集權的意義，並不能勵精圖治，將各項政權集中，而轉指人民奔走國事的，爲有妨政府的大權，一味加以壓制。於是激而生變，醞釀多年的革命運動，就一發而不可遏了。

第二十二章　清代的制度

　　清代的制度，在大體上可以説是沿襲前朝的。至於摹仿東西洋，改革舊制，那已是末年的事了。

　　清代的宰相，亦是所謂内閣。但是只管政治，至於軍事，則是交議政王大臣議奏的。世宗時，因西北用兵，設立軍機處，後遂相沿未撤。從此以後，機要的事務，都歸軍機；惟尋常本章，乃歸内閣。軍機處之權，就超出内閣之上了。六部長官，都滿、漢並置。尚書滿、漢各一人，侍郎各二人。而吏、户、兵、刑四部，尚侍之上，又有管部大臣，以至互相牽掣，事權不一。還有理藩院，係管理蒙古的機關，雖以院名，而其設官的制度亦和六部相同。都察院，左都御史和左副都御史亦滿、漢並置，左都御史滿、漢各一人，左副都御史各二人。其右都御史和右副都御史，則爲總督、巡撫的兼銜。外官：督、撫在清代，亦成爲常設的官。而屬於布、按兩司的道，亦若自成一級。於是督、撫、司、道、府、縣，幾乎成爲五級了。壓制重而展佈難，所以民治易於荒廢；統轄廣而威權大，所以長官易於跋扈。和外國交通以後，首先設立的，爲總理各國事務衙門，後來改爲外務部。這是有條約上的關係的。參看第十章注十五。① 其改爲外務部，亦係《辛丑和約》所訂定。末年因辦新政，復增設督辦政務處等，其制度都和軍機處相像。到一九〇六年，籌備憲政，纔把新設和舊有的機關，改併而成外務、吏、民政、度支、禮、學、陸軍、農工商、郵傳、理藩、法十一部。民政部，新設之巡警部改。度支部，户部改，新設的財政處、税務處都併入。禮部，太常、光禄、鴻臚三寺併入。學部，新設的學務處改，國子監併入。陸軍部，兵部改，太僕寺和新設的練兵處併入。農工商部，工部改，新設的商部併入。理藩部，係理藩院改稱。法部，刑部改。革命的一年，設立責任内閣，並裁軍機處和吏、禮兩部，而增設海軍部和軍諮府。省的區域，本自元明兩代，相沿而來，殊嫌其過於龐大。末年議改官制時，很有主張廢之而但存道或府的，但未能實行。當時改訂外官制，仍以督

---

　　①　即本册第四〇三頁第二十八至三十二行注文。

撫爲一省的長官。但改按察司爲提法、學政爲提學，而增設交涉司；裁分巡，而增設勸業、巡警兩道。東三省和蒙、新、海、藏的官制，在清代是和內地不同的。奉天爲陪京，設立戶、禮、兵、刑、工五部，而以將軍管旗人，府尹治民事。且有奉天、錦州兩府。吉黑則只有將軍、副都統等官。後來逐漸設廳。奉天將軍，統轄旗人，惟實際只問軍事，其旗人民刑事件，多歸戶、刑二部辦理，旗人和漢人的詞訟，舊例由州縣會同將軍的屬官，如城守尉等辦理——因旗人不屬漢官——但因他們往往偏袒旗人，而又不懂得事，所以後來於知府以下，都加理事銜。令其專司審判，清代同知通判，通常冠以職名，如捕盜、撫民、江防、海防等是。其設於八旗駐防之地，以理漢人和旗人詞訟的，謂之理事同知。同知所駐之地稱廳。旗人是兵民合一的，所以將軍、副都統以下，凡帶兵的官，也都是治民的官。漢人則不能如此。所以後來允許漢人移住，設立管理的機關，都是從設廳始。直至日俄戰後，方纔改設行省。其蒙古和新疆、青海、西藏，則都治以駐防之官。新疆改設行省，在中俄伊犁交涉了結之後。青海、西藏，則始終未曾改制。

清代取士之制，大略和明代相同。惟首場試四書文，次場試五經文。明代次場所試，在清則不試。惟官缺都分滿、漢。而蒙古及漢軍、包衣，亦各有定缺，爲其特異之點。戊戌變法時，嘗廢八股文，改試論、策、經義。政變後復舊。義和團亂後，又改。至一九〇五年，纔廢科舉，專行學校教育。但學校畢業之士，仍有進士、舉、貢、生員等名目，謂之獎屬。到民國時代纔廢。當時京師立大學堂，省立高等學堂，府立中學堂，縣立高、初兩等小學堂。高等小學畢業的，爲廩、增、附生。中學畢業的，爲拔貢、優貢、歲貢。高等學堂畢業的爲舉人。大學畢業的爲進士。其實業、師範等學校，各按其程度爲比例。

兵制有八旗、綠營之分。八旗編丁，起於佐領。每佐領三百人。五佐領設一參領。五參領設一都統，兩副都統。此爲清朝初年之制。後來得蒙古人和漢人，亦都用此法編制。所以旗兵又有滿洲、蒙古、漢軍之分。入關以後，收編的中國兵，則謂之綠營，而八旗又分禁旅和駐防兩種。駐防的都統，改稱將軍。乾嘉以前，大抵出征以八旗爲主；鎮壓內亂，則用綠營。川楚教匪之亂，八旗綠營，都不足用，反靠臨時招募的鄉勇，以平亂事，於是勇營大盛。所謂湘、淮軍，在清朝兵制上，亦是勇營的一種。中、法之戰，勇營已覺其不足恃，到中、日之戰，就更形破產了。於是紛紛改練新操，是爲新軍。到末年，又要改行徵兵制，於各省設督練公所，挑選各州縣壯丁有身家的，入伍訓練，爲常備兵。三年放歸田里，爲續備兵。又三年，退爲後備兵。又三年，則脫軍籍。當時的計畫，擬練新軍三十六鎮，未及成而亡。水師之制，清初分內河、外海。太平天國起後，曾國藩首練長江水師，和他角逐，而內河水師的制度一變。至於新式的海軍，則創設於一八六二年。法、越戰後，纔立海軍衙門。以旅順和威海衛爲軍港，一時軍容頗有可觀，後來逐漸腐敗。而海軍衙門經費，又被那拉后修頤和園所移用。於是軍費亦感缺乏。中日之戰，遂至一敗涂地。戰後，海軍衙門既裁，已經營的軍港，又被列强租借，就幾於不能成軍了。

　　清朝的法律，大體是沿襲明朝的。其初以例附律。後來就將兩種合纂，稱爲《律例》。其不平等之處，則宗室、覺羅和旗人，都有換刑。而其審判機關，亦和普通人民不同。笞杖，宗室、覺羅罰養贍銀，旗人鞭責。徒流，宗室、覺羅板責圈禁，旗人枷號。死罪，宗室、覺羅，都賜自盡。凡宗室、覺羅犯罪，由宗人府審問。八旗、包衣，由内務府審問。徒以上咨刑部。旗人，在京由都統，在外由將軍，都統、副都統審問。在京者徒以上咨刑部，在外的流以上申請。盛京旗人獄訟，都由户、刑兩部審訊。徒流以上，由將軍各部，府尹會斷。流寓中國的外國人，犯了罪，由他自己的官長審訊，這是中國歷代如此。《唐律疏議》卷六名例云："諸化外人同類自犯者，各依本俗法。異類相犯者，以法律論。"《疏義》説："化外人，謂蕃夷之國別，立君長者。各有風俗，制法不同，所以須問其本國之制，依其俗法斷之。"這是各適其俗之意。惟異類相犯，若"高麗、百濟相犯之類"，則窮於措置，所以即用中國之法定罪。從前法律，以各適其俗爲原則，所以外人犯罪，多令其自行處治，如《宋史·日本傳》，倭船火兒藤太明殿鄭作死，詔械太明付其綱首，歸治以其國之法，是其一例。詳見《唐宋元時代中西通商史》本文二，考證十一、十二。在從前，原無甚關係。但是海通以後，把此項辦法，訂入條約之中，就於國權大有損害了。末年，因爲要取消領事裁判權，派沈家本、伍廷芳爲修訂法律大臣，把舊律加以修改。改笞杖爲罰金，徒流爲工作，死刑存絞斬，而廢凌遲、梟首等。曾頒行《商律》和《公司律》。其民、刑律和民、刑事訴訟律，亦都定有草案，但未及頒行，審判機關，則改大理寺爲大理院，爲最高審判，其下則分高等、地方、初等三級。但亦未能推行。

　　賦役是仍行明朝一條鞭之制的。丁税既全是徵銀，而其所謂丁，又不過按糧攤派，則已不啻加重田賦，而免其役，所以清朝的所謂編審，不過是將全縣舊有丁税若干，設法攤派之於有糧之家而已。當時之人，謂之"丁隨糧行"。和實際查驗丁數，了無干涉。即使按期舉行，所得的丁額，亦總不過如此。清聖祖明知其故，所以於一七一二年，康熙五十一年。特下"嗣後滋生人丁，永不加賦；丁賦之額，以康熙五十年册籍爲準"之詔。既然如此，自然只得將丁銀攤入地糧，而編審的手續，也當然可省，後來就但憑保甲以造户口册了。地丁而外，江蘇、安徽、江西、湖北、湖南、浙江、河南、山東八省，又有漕糧。初徵本色，末年亦改徵折色。田賦而外，以關、鹽兩税爲大宗。鹽税仍行引制。由國家售鹽於大商，而由大商各按引地，售與小民。此法本有保護商人專利之嫌。政府所以要取此制，衹是取其收税的便利。但是初定引地時，總要根據於交通的情形，而某地定額若干，亦是參照該地方消費的數量而定的。歷時既久，兩者的情形，都不能無變更，而引地和鹽額如故，於是私鹽賤而官鹽貴，國計民生，交受其弊；而商人也不免於坐困了。關有常關和新關兩種。常關沿自明代，新關則是通商之後增設於各口岸的。稅率既經協定，而總稅務司和稅務司，又因外交和債務上的關係，限用外國人。革命之後，遂至將關稅收入，存入外國銀行，非經總稅務司簽字，不能提用。甚至償還外債的餘款，就是所謂關餘的取用，亦須由其撥付，這真可謂太阿倒持了。厘金是起於太平軍興之後的。由各省布政司委員，設局徵收。其額係值百抽一，所以謂之厘金。但是到後來，稅率和應稅之品，都沒有一定，而設局過多，節節留難，所以病商最甚。《辛丑和約》，因我國的賠款負擔重了。當時議約大臣，要求增加關稅，外人乃以裁厘爲交換條件。許我裁厘後將關稅增加至值百抽五，然迄清世，兩者都未能實行。參看第五編第十六章。

第二十三章　清代的學術

清代學術的中堅，便是所謂漢學。這一派學術，以經學爲中心。專蒐輯闡發漢人之説，和宋以來人的説法相對待，所以得漢學之稱。

漢學家的考據，亦可以説是導源於宋學中之一派的。見第三編第二十五章。而其興起之初，亦並不反對宋學。祇是反對宋學末流空疏淺陋之弊罷了。所以其初期的經説，對於漢宋，還是擇善而從的。而且有一部分工作，可以説是繼續宋人的遺緒。如江永所編的《禮書綱目》，即係有志於繼續朱子的《儀禮經傳通解》的。但是到後來，其趨向漸漸的變了。其工作，專注重於考據。考據的第一個條件是真實。而中國人向來是崇古的。要講究古，則漢人的時代，當然較諸宋人去孔子爲近。所以第二期的趨勢，遂成爲專區別漢、宋，而不復以己意評論其短長。到此，纔可稱爲純正的漢學。所以也有對於這一期，而稱前一期爲漢宋兼採派的。

第一期的人物，如閻若璩、胡渭等，讀書都極博，考證都極精。在這一點，可以説是繼承明末諸儒的遺緒的。但是經世致用的精神，却漸漸的缺乏了。第二期爲清代學術的中堅。其中人物甚多，近人把他分爲皖、吳二派。皖派的開山是江永，繼之以戴震。其後繼承這一派學風的，有段玉裁、王念孫、引之父子和末期的俞樾等。此派最精於小學，而於名物制度等，蒐考亦極博。所以最長於訓釋。古義久經湮晦，經其疏解，而燦然復明的很多。吳派的開山是惠周惕、惠士奇、惠棟，父子祖孫，三世相繼。其後繼承這一派學風的，有余蕭客、王鳴盛、錢大昕、陳壽祺、喬樅父子等。這派的特長，尤在於輯佚。古説已經亡佚，經其蒐輯而大略可見的不少。

漢學家的大本營在經。但因此而旁及子、史，亦都以考證的方法行之。經其校勘、訓釋、蒐輯、考證，而發明之處也不少。其治學方法，專重證據。所研究的範圍頗狹，而其研究的工夫甚深。其人大都爲學問而學問。不攙以應用的，亦頗有科學的精神。

　　但是隨着時勢的變化，而漢學的本身，也漸漸的起變化了。這種變化，其初也可以説是起於漢學的本身，但是後來，適與時勢相迎合，於是漢學家的純正態度漸漸地改變。而這一派帶有致用色彩的新起的學派，其結果反較從前純正的漢學爲發達。這是怎樣一回事呢？原來漢學的精神，在嚴漢、宋之界。其初祇是分別漢、宋而已，到後來，考核的工夫愈深，則對於古人的學派，分別也愈細。漢、宋固然不同，而同一漢人之中，也並非不相違異。其異同最大的，便是第三篇第九章所講的今、古文之學。其初但從事於分別漢、宋，於漢人的自相歧異，不甚措意。到後來，漢、宋的分別工作，大致告成，而漢人的分別問題，便橫在眼前了。於是有分別漢人今古文之説，而專替今文説張目的。其開山，當推莊存與，而繼之以劉逢禄和宋翔鳳，再繼之以龔自珍和魏源。更後，便是現代的廖平和康有爲了。漢代今文學的宗旨，本是注重經世的。所以清代的今文學家，也帶有致用的色彩。其初期的莊、劉已然，稍後的龔、魏，正值海宇沸騰，外侮侵入之際。二人都好作政論，魏源尤其留心於時務。其著述，涉及經世問題的尤多。最後到廖平，分別今古文的方法更精了。前此分別今古文的，都不免泥定某部書爲今文，某部書爲古文，到廖平，纔知道多數古書中，都不免兩派夾雜，提出幾種重要的學説做根據，逐一細加厘剔。所以從此以後，今古文的派別，分別得更精細了。此法並可利用之以看古人各家的學説，都易於明瞭其真相，並不限於治經。至康有爲，則利用經説，自抒新解，把春秋三世之義，推而廣之。而又創託古改制之説，替思想界起一個大革命。康有爲學説的精髓，在《孔子改制考》一書。此書説古代世界，本是野蠻的；經子中所説高度文化的情形，都係孔子和其餘諸子意圖改革，怕人家不信，所以託之於古，説古人已是如此。這話在考據上很成問題。但是能引誘人向前進取，不爲已往的習俗制度所圍，在鼓舞人心、增加改革的勇氣上，實在是很有效力的。三世是《公羊春秋》之義，説孔子把春秋二百四十年之中，分爲據亂、升平、太平三種世界，表示着三種治法。也是足以導人進取，而鼓舞其改革的勇氣的。

　　清學中還有一派，是反對宋學的空談，而注意於實務的。其大師便是顏元。他主張仿效古人的六藝，留心於禮、樂、兵、刑諸實務。也很有少數人佩服他。但是中國的學者，習慣在書本上做工夫久了，而學術進步，學理上的探討和事務的執行，其勢也不得不分而爲二。所以此派學問，傳播不甚廣大。

　　還有一派，以調和漢、宋爲目的，兼想調和漢、宋二學和文士的爭執的，那便是方苞創其前，姚鼐繼其後的桐城派。當時漢、宋二學，互相菲薄。漢學家説宋學家空疏武斷，還不能明白聖人的書，何能懂得聖人的道理？宋學家又説漢學家專留意於末節，而忘却聖人的道理，未免買櫝還珠。至於文學，則宋學家帶有嚴肅的宗教精神，固然要以事華采爲戒；便是漢學家，也多自矜以樸學，而笑文學家爲華而不實的。固然，懂得文學的人，漢、宋學家中都有，然而論漢、宋學的精神，則實在如此。其實三者各有其立場，哪裏可以偏廢呢？所以桐城派所主張義理、考據、辭章三者不可缺一之說，實在是大中至正的。但是要兼採三者之長而去其偏，這是談何容易的事？所以桐城派的宗旨，雖想調和三家，而其在漢、宋二學間的立場，實稍偏於宋學，桐城派中的方東樹，著《漢學商兌》一書，攻擊漢學家最烈。而其所成就，尤以文學一方面爲大。

　　清朝還有一位學者，很值得介紹的，那便是章學誠。章學誠對於漢、宋學都有批評。其批評，都可以說是切中其得失。而其最大的功績，尤在史學上。原來中國人在章氏以前不甚知道"史"與"史材"的分別，又不甚明瞭史學的意義。於是(一) 其作史，往往照着前人的格式，有的就有，無的就無，倒像填表格一樣，很少能自立門類，或删除前人無用的門類的。（二）則去取之間，很難得當。當歷史讀，已經是汗牛充棟，讀不勝讀了；而當作保存史材看，則還是嫌其太少。章氏纔發明保存史材和作史，是要分爲兩事的。儲備史材，愈詳愈妙，作史則要斟酌一時代的情勢，以定去取的，不該死守前人的格式。這真是一個大發明。章氏雖然沒有作過史，然其借改良方志的體例，爲豫備史材的方法，則是頗有成績的。

　　理學在清朝，無甚光彩。但其末造，能建立一番事功的曾國藩却是對於理學，頗有工夫的，和國藩共事的人，如羅澤南等，於理學亦很能實踐。他們的成功，於理學可謂很有關係。這可見一派學問，只是其末流之弊，是要不得，至於真能得其精華的，其價值自在。

　　以上所說，都是清朝學術思想變遷的大概，足以代表一時代重要的思潮的。至於文學，在清朝比之前朝，可說無甚特色。梁啓超說，見所撰《清代學術概論》。稱爲古文正宗的桐城派，不過是謹守唐、宋人的義法，無甚創造。其餘模仿漢、魏、唐、宋的駢文……的人，也是如此。詩，稱爲一代正宗的王士禎，是無甚才力的。後來的袁、趙、蔣，袁枚、趙翼、蔣士銓。雖有才力，而風格不高。中葉後競尚宋詩，亦不能出江西派杵臼。詞，清初的浙派，尚沿元、明人輕佻之習。常州派繼起，頗能力追宋人的作風，但是詞曲，到清代，也漸成爲過去之物。不但詞不能歌，就是曲也多數不能協律；至其末年，則耳目的嗜好也漸變，皮黃盛而崑曲衰了。平民文學，倒也頗爲發達。用語體以作平話、彈詞的很多。在當時，雖然視爲小道，却是現在平民文學所以興起的一個原因。書法，歷代本有南北兩派。南派所傳的爲帖，北派所傳的爲碑。自清初以前，書家都取法於帖。但是屢經翻刻，神氣不免走失。所以到清中葉時，而潛心碑版之風大盛。主持此論最力，且於作書之法，闡發得最爲詳盡的，爲包世臣。而一代書家，卓然得風氣之先的，則要推鄧完白。清代學術思想，都傾向於復古，在書法上亦是如此的。這也可見一種思潮正盛之時，人人受其鼓蕩而不自知了。

第二十四章　清代的社會

　　論起清代的社會來，確乎和往古不同。因爲他是遭遇着曠古未有的變局的。這曠古未有的變局，實在當十六世紀之初——歐人東略——已開其端。但是中國人，却遲到十九世紀的中葉——五口通商——方纔感覺到。自此以前，除少數——如在海口或信教——與西人接近的人外，還是絲毫没有覺得。

　　清代是以異族入主中國的。而又承晚明之世，處士橫議，朋黨交爭之後，所以對於裁抑紳權、摧挫士氣二者，最爲注意。在明世，江南一帶，有所謂投大户的風氣。仕宦之家，僮僕之數，盈千累百。不但擾害小民，即主人亦爲其所挾制。參看第三編第四十七章。到清代，此等風氣，可謂革除了。向來各地方，有不齒的賤民，如山、陝的樂籍，紹興的惰民，徽州的伴檔，寧國的世僕，常熟、昭文的丐户，江、浙、福建的棚民，在清世宗時，亦均獲除籍。此等自然是好事。然而滿、漢之間，却又生出不平等來了。旗人在選舉、司法種種方面，所佔地位都和漢人不同，具見第二十二章所述。而其關係最大的，尤莫如摧挫士氣一事。參看第四章。宋、明兩朝，士大夫都很講究氣節。風會所趨，自然不免有沽名釣譽的人，鼓動羣衆心理，勢成一哄之市。即使動機純潔，於事亦不能無害，何況持之稍久，爲野心者所利用，雜以他種私見，馴致釀成黨争呢？參看第三編第三十六章。物極必反，在清代，本已有動極思静之勢，而清人又加之以摧挫，於是士大夫多變爲厭厭無氣之流，不問國事。高者講考據、治詞章，下者遂至於嗜利而無恥。管異之有《擬言風俗書》，最説得出明清風氣的轉變。他説：

　　　　明之時，大臣專權，今則閣、部、督、撫，率不過奉行詔命。明之時，言官争競，今則給事、御史，皆不得大有論列。明之時，士多講學，今則聚徒結社者，渺焉無聞。明之時，士持清議，今則一使事科舉，而場屋策士之文，及時政者皆不録。大抵明之爲俗，官横而士驕。國家知其敝而一切矯之，是以百數十年，天下紛紛，亦多事矣。顧其難皆起於田野之間，閭巷之俠，而朝廷學校之間，安且静也。然臣以爲明俗敝矣，其初意則主於

養士氣,蓄人才。今夫鑒前代者,鑒其末流,而要必觀其初意。是以三代
聖王相繼,其於前世,皆有革有因,不力舉而盡變之也。力舉而盡變之,
則於理不得其平,而更起他禍。

清朝當中葉以後,遇見曠古未有的變局,而其士大夫,迄無慷慨激發,與共存
亡的,即由於此。此等風氣,實在至今日,還是受其弊的。

我們今日,翻一翻較舊的書,提到當時所謂"洋務"時,率以通商、傳教兩
個名詞並舉。誠然,中西初期的交涉,不外乎此兩端。就這兩端看來,在今
日,自然是通商的關係,更爲深刻——因爲帝國主義者經濟上的剝削,都是由
此而來的——其在當初,則歐人東來,所以激起國人的反抗的,實以傳教居
先,而通商顧在其次。歐人東來後,中國反對他傳教的情形,讀第二章已可見
其大略。但這還是士大夫階級的情形。至一八六一年,《天津》、《北京》兩條
約發生效力以來。從前没收的教堂都發還。教士得在中國公然傳教。從此
以後,洋人變爲可畏之物,便有恃入教爲護符,以魚肉鄰里的。地方官遇教
案,多不能持平,小民受着切膚之痛,教案遂至聯綿不絕。一八四五,即道光二十五
年,法人赴粵,請弛教禁。總督耆英奏聞,部議准在海口設立天主堂,然内地之禁如故。至《天津條
約》,則英、法、俄、美,都有許傳教的明文,《北京條約》第六款,又規定將前此充公的天主堂均行發還。
教士得在各省租買田地,建造房屋,教禁至此,始全解除,然是年,江西、湖南兩省,即有鬧教之事。此
後教案迭起,而一八七〇年,即同治九年天津一案,尤爲嚴重。此案因謠傳教堂迷拐人口而起。法國
領事豐大業,以槍擊天津知縣劉傑,不中,爲人民所毆斃。並毁教堂、醫院,教民、洋人死者二十餘人。
法人必欲以劉傑及天津府張光藻、提督陳國瑞抵償,調軍艦至津迫脅。中國輿論,亦有主戰的。曾國
藩以署直督往查辦,力主持重。結果,將張光藻、劉傑遣戍,滋事之人,正法者十五,軍流者四,徒者十
七,國議因此,大爲清議所不直。然當時情勢,實極危急。國藩赴津之時,至於先作遺書,以誡其子。
其情勢亦可想見了。直至一九〇〇年,拳匪亂後,而其禍乃稍戢。

至於在經濟上,則通商以後,中國所受的侵削尤深。通商本是兩利之事,
歷代中外通商,所輸入的,固然也未必是必須品。如香藥、犀、象等。然中國所受
的影響有限。至於近代,則西人挾其機製之品,以與我國的手工業相競争。
手工業自然是敵不過他的。遂漸成爲洋貨灌輸,固有的商工業虧折,而推銷
洋貨的商業勃興之象。不但商工,即農村亦受其影響,因爲舊式的手工,有
一部分是農家的副業。偏僻的農村,並有許多粗製品,亦能自造,不必求之於
外的。機製品輸入而後,此等局面打破,農村也就直接間接受着外人的剝削
了。此等情勢,但看通商以後,貿易上的數字,多爲入超可見。資本總是向利
息優厚之處流入的,勞力則是向工資高昂之處移動的。遂成爲外國資本輸入
中國,而中國勞工紛紛移殖海外的現象。

外人資本的輸入，最初是商店——洋行——和金融機關。從《馬關條約》以後，外人得在我國通商口岸設廠，而輕工業以興。其後外人又競攫我的鐵路、礦山等，而重工業亦漸有興起。此等資本，或以直接投資，或以借款，或以合辦的形式輸入，而如鐵路礦山等，並含有政治上的意味。至於純粹的政治借款，則是從一八六六年，征討回亂之時起的。此後每有缺乏，亦時借洋債，以資挹注。但爲數不多。中、日戰後，因賠款數目較鉅，財政上一時應付不來，亦借外債以資應付。但至一九〇二年，亦都還清。而其前一年，因拳亂和各國訂立和約，賠款至四萬五千萬兩之鉅。截至清末，中國所欠外債，共計一萬七千六百萬，僅及庚子賠款三之一強，可見拳亂一役，貽累於國民之深了。

我國的新式工業初興起時，大抵是爲軍事起見，已見第十三章。其中僅一八七八年，左宗棠在甘肅倡辦織呢局；稍後，李鴻章在上海辦織布局；張之洞在湖北辦織布、紡紗、製麻、繰絲四局，可稱爲純粹工業上的動機。此等官辦或官商合辦的事業，都因官場氣習太深，經營不得其法，未能繼續擴充，而至於停辦。前清末造，民間輕工業，亦漸有興起的，亦因資本不足，管理不盡合宜，未能將外貨排斥。在商業上，則我國所輸出的，多係天產及粗製品。且能直接運銷外國者，幾於無之，都是坐待外商前來採運，其中損失亦頗鉅。

華人移殖海外，亦自前代即有之。但至近世，因交通的便利，海外事業的繁多，而更形興盛。其初外人是很歡迎中國人前往的。所以一八五八年的《中英條約》、一八六一年的《中俄條約》、一八六四年的《西班牙條約》、一八六八年的《中美續約》，都有許其招工的明文。今日南洋及美洲繁盛之地，原係華人所開闢者不少。到既經繁盛，卻又厭華人工價的低廉，而從事於排斥，苛待、驅逐之事，接踵而起了。外人排斥華工，起於一八七九年，美國嘉理福尼省的設立苛例，其後一八九八年，檀香山屬美，一九〇二年菲律賓屬美，都將此例推行，南洋等處，設立苛例，以待華僑者，亦屬不少。但在今日，華僑之流寓海外者還甚多。雖無國力之保護，到處受人壓迫，然各地方的事業，握於華人之手者仍不少。譬如暹羅、新加坡等，一履其地，儼然有置身閩、粵之感。我國的國際收支，靠華僑匯回之款，以資彌補者，爲數頗鉅。其人皆置身海外，深受異民族壓迫之苦，愛國之觀念尤強，對於革命事業的贊助，功績尤偉。若論民族自決，今日華僑繁殖之地，政權豈宜握在異族手中？天道好還，公理終有伸張之日，我們且靜待着罷了。

第五編 現代史

第一章 革命思想的勃興和孫中山先生

什麼叫做革命？前編第十七章，已經説過了。凡事積之久則不能無弊。這個積弊，好像人身上的老廢物一樣，非把他排除掉，則不得健康。人類覺悟了，用合理的方法，把舊時的積弊，摧陷廓清，以期達於理想的境界，這個就喚做革命。

革命不是中國一國的事。以現在的情形而論，是全世界都需要革命的。但是我們生在中國，其勢只得從中國做起。

然則中國的革命思想，又是如何産生的呢？我説其動機有三：

其（一）是民族思想。人生在世界上，最緊要的，是自由平等。但是因爲民族的差殊，彼此利害不同，而又不能互相諒解，就總不免有以此一民族，壓制彼一民族之事。

中國待異民族是最寬大的。只覺得我們是先進的民族，有誘掖啓導後進的責任。絶無憑恃武力，或者靠什麼經濟的力量，去壓迫榨取異民族之事。但是此等理想，要實現他很難。而以過尚平和故，有時反不免受異族的壓迫。中古史的後半期，遼、金、元、清，疊次侵入，便是其適例。到了近世，歐人東略，民族間利害衝突的情形，就更形顯著了。我們到此，自然覺得我們自己有團結以爭生存的必要。同時，就覺得阻礙我們民族發展，或者要壓迫榨取我們的，非加以排除抵禦不可。這是潛伏在人心上的第一種動機。

其（二）是民權思想。中國的民權思想，發達得是最早的。“民爲貴，社稷次之，君爲輕。”“賊仁者謂之賊，賊義者謂之殘，殘賊之人，謂之一夫。聞誅一夫紂矣，未聞弑君也。”在紀元前四世紀時，就有人説過了。《孟子·梁惠王下篇》和《盡心下篇》。但是因爲地大人多，一時沒有實現的方法。每到政治不良，人民困苦的時候,雖然大家也能起來把舊政府推翻,然而亂事粗定之後,就只得仍照老樣子,把事權都交給一個人。於是因專制而來的弊害,一次次的複演着,而政治遂成爲一進一退之局。這種因政體而來的禍害,我們在從前,雖然大家都認爲無可如何之事,然而從海通以來,得外國的政體,以資觀摩,少數才智之士,自然就要起疑問了。這是潛伏在人心上的第二種動機。

其(三)是民生問題。歷代的革命,從表面上看,雖然爲着政治問題。然而民窮財盡,總是其中最主要的原因,這是誰都知道的。歷代的困窮,不過是本國政治的腐敗,經濟制度的不良,其程度尚淺。到歐人東略以來,挾着帝國主義的勢力,天天向我們侵削。我們就不知不覺的,淪入次殖民地的地位。全社會的經濟,既然日益艱窘,生於其中的人民,自然要覺得不安了。這是潛伏在人心上的第三種動機。

此等現象,或非全國人民所共知,即其知之,亦或不知其原因所在。然而身受的困苦,總是覺得的,覺得困苦,而要想奮鬥以求出路,也是人人同具的心理。如此,革命思想就漸漸的興起於不知不覺之間了。"山雨欲來風滿樓",人心上雖然充滿着不安,至於有意識,有組織的行動,則仍有待於革命偉人的指導。

革命偉人孫中山先生,是生在廣東香山縣——現在的中山縣的。他從小就感覺外力的壓迫,中國政治的不良,慨然有改革中國以拯救世界之志。他雖學的是醫學,却極留心於政治問題。當公元一八八五年,就是中國因和法國交戰而失掉越南的一年,他纔決定顛覆清廷,建立民國的志願。此時他的同志,只有鄭士良、陸皓東等幾個人。一八九二年,中山先生纔在澳門創立興中會。由鄭士良結合會黨,聯絡防營,以爲實際行動的準備。中日戰後,中山先生赴檀香山,設立興中會。一八九五年,謀襲據廣州,不克,陸皓東於此役殉難。中山先生乃再赴檀島,旋赴美洲,又到歐洲。這時候,清朝已知道中山先生是革命的首領了。由其駐英公使龔照瑗,把先生誘到公使館中,拘執起來。卒因先生感動了使館的侍役,替他傳遞消息出去。英國輿論嘩然。先生乃因此得釋。此即所謂"倫敦蒙難"。這時候,先生在歐洲考察,覺得他們國勢雖號强盛,人民仍是困苦。纔知道專一仿效歐洲,也不能進世界於大同,畀生民以樂利的,纔決定民生主義與政治問題並重。

戊戌變法這一年,中山先生始抵日本——因其距中國較近,革命事業易於圖謀之故。庚子拳亂這一年,先生命史堅如入長江,鄭士良在香港,設立機關,以聯絡會黨。於是哥老、三合兩會,都決議并入興中會。鄭士良旋襲入惠

州,因接濟無着,退出。史堅如潛入廣州,謀炸粤督德壽,以圖響應,不克,亦
殉難。中山先生乃再經安南、日本、檀島,以赴美洲。所至都聯絡洪門,替他
們改訂《致公堂章程》。《中國國民黨史稿》第一篇第一章:"美洲各地華僑,多立有洪門會館。
洪門者,當清康熙時,明朝三五遺老,見大勢已去,無可挽回,乃欲以民族主義之根苗,流傳後代,故以
反清復明之宗旨,結爲團體,以待後有起者,可藉爲資助,國內會黨,常與官府衝突,故猶不忘其與清廷
立於反對地位。而海外會黨,多處他國自由政府之下,其結會之需要,不過爲手足患難之聯絡而已;政
治之意味,殆全失,反清復明之語,亦多不知其義者。鼓吹數年,乃知彼等原爲民族老革命黨也。"致公
堂係洪門堂名。其第二章,説:"本黨以驅除韃虜,恢復中華,建立民國,平均地權
爲宗旨。"革命的主義,於此確立,其氣勢也更形旁薄了。

　　這時候,中國風氣亦漸變。留學日本的人士很多。中山先生知其可以啓
導,乃於一九〇五年,赴日本。改興中會爲同盟會。其本部設於東京,支部則
分設於海內外各處。當同盟會本部的成立,加入的有中國內地十七省的人
士。除甘肅。從中山先生提唱革命以後,至此纔有中流以上的人士參加。中山
先生乃編定《革命方略》,分革命進行的次序,爲軍法、約法、憲法三時期。當
革命行動時,一切略地、因糧以及佔領地方後治理之法,也有詳細的規定,並
發表對外《宣言》。中山先生説:"到這時候,我纔相信革命的事業,可以及身
見其成功。"從此以後,革命的行動,就如懸崖轉石,愈接愈厲了。以上敍孫中山先
生事,大體根據鄒魯《中國國民黨史稿》。下章同。

第二章　清季的革命運動

清季的革命運動，有同盟會所指導的；亦有同盟會員非秉承會的計畫而自行行動的；並有並非同盟會會員懷抱政治革命或種族革命的思想而行動的。三者比較起來，自以同盟會所策畫的爲最多，而其聲勢也較壯。

一九〇三年一月，洪秀全的第三個兄弟洪福全，曾聯絡內地洪門會，謀以舊曆壬寅除夕，乘清朝官吏聚集在萬壽宮時加以襲擊，然後起事。因事洩，未成。明年，黃興組織華興會。聯絡哥老會黨，謀以秋間起事於長沙，亦不克。又明年，便是同盟會成立的一年了。

革命運動的初期，所聯絡的不過是會黨。雖亦曾運動防營，而防營武力有限，且其人見解多陳舊，不易受主義的感動。會黨雖徒衆頗多，究不能公然行動，而其組織也並不十分緊密，所以其收效頗遲。到同盟會成立的前後，則中流社會覺悟的漸多。其時在上海報館中，則有從戊戌政變以後，始終反對舊黨的《蘇報》。又有章炳麟所著的《訄書》、鄒容所著的《革命軍》等發行。在日本的留學界，定期和不定期的刊物尤多，此時各省的留學生，大概都有一種定期刊物，如江蘇人所出的名《江蘇》，浙江人所出的名《浙江潮》等，鼓吹革命的居多。大都帶有革命色彩。人心風動，而革命主義的傳播，遂一日千里。到同盟會成立後，更加以組織和策畫。於是各種革命的勢力，漸匯於一，其行動就更有力了。

此時同盟會在日本，發刊《民報》，以爲宣傳主義的機關。派遣同志入內地，聯絡各陸軍學堂的學生及新軍、工人。海外的同志，則擔任籌募軍費、接濟軍械等。一九〇六年，同盟會會員劉道一、蔡紹南等，聯絡會黨，並運動防營和工人，以初冬在萍鄉、醴陵、瀏陽三處，同時舉事。以力薄致敗。這一次，係同盟會會員個人的行動，未秉承會中計畫。事發之後，會中分籌應援，亦無所及，然而清廷合湘、鄂、蘇、贛四省的兵力，然後把他打平。可見清廷的無用，而革命黨人身殉主義的堅強了。明年，黨員許雪秋又以夏初起事於廣東饒平縣的黃岡，亦以勢弱致敗。

　　然而黃岡事定後，未幾，即有安徽候補道徐錫麟槍殺巡撫恩銘之事。徐錫麟此時，係警察學堂的提調，而恩銘則係總辦。錫麟潛以革命思想，灌輸學生。乘學堂畢業之時，把恩銘槍斃。率領學生，佔據軍械局。旋因被圍攻致敗。清人剖其心以祭恩銘。錫麟在其本籍紹興辦有大通學堂。其表妹秋瑾，在學堂中擔任教員，暗中主持革命事務。清人又加以圍捕，把秋瑾殺害。

　　這一年秋間，同盟會策畫在廣東的欽州舉事。佔據防城，旋以接濟不至，退入十萬大山。冬間，又襲據鎮南關，以百餘人守三炮臺。清兵攻擊的數千人不能進。旋亦以無接濟退出。別將入欽、廉、上思的，同時退回。此時孫中山先生，身居越南，爲之調度。清朝和法國交涉。法國強迫先生退出。先生乃和黨員徧歷南洋英、荷各屬和暹羅、緬甸。在新加坡設立同盟會南洋支部。而這一年，同盟會會員，還有擬在四川舉事的。雖然未能有成，而清廷處此，真覺得風聲鶴唳，草木皆兵了。

　　一九〇八年春，我軍復集合越邊之衆，舉義於河口。一戰而清兵大敗。我師進迫蒙自。這一役，革命軍可謂聲勢百倍。旋亦以無接濟退却。是年冬，清德宗和孝欽后都死了。適會湖北、兩江的陸軍，因秋操聚於安徽的太湖縣。安徽炮營隊官熊成基，乘機起事。攻城不克。乃整隊北行，沿途解散其衆，而自赴東三省。明年，清攝政王載灃之弟載洵赴歐洲視察海軍，路經哈爾濱，成基謀把他炸死，事洩，被執，就義。

　　這一年秋天，同盟會在香港成立支部，策畫進行。此時廣東的新軍，因黨員的運動，充滿革命空氣，乃派人和他聯絡。一九一〇年春，廣東新軍舉事，不克。事敗之後，同盟會中人因屢次舉事不成，乃有謀暗殺以搖動清廷的。於是汪兆銘隻身入北京，謀炸載灃，亦因事洩被執。

　　一九一一年，便是武昌舉義的一年了。革命黨人決意更圖大舉。乃選各路敢死之士五百人爲選鋒，以爲新軍和防營的領導。決議由黃興率之，以攻督署。擬事成之後，分爲兩軍：黃興出湖南，以攻湖北，趙聲出江西，以攻南京。乃因各路選鋒和器械，未能同時到達，而會城之內，人多口雜，風聲漏洩，未能按照預定的計畫行事，遂爾又無所成。這一役，黨人攻督署殉難，事後覓得屍體，叢葬於黃花岡的，共計七十二人，世稱爲七十二烈士。其事在三月二十九日，爲自有革命以來最壯烈的一舉。不及二百天，而武昌城頭，義旗高舉，客帝遂以退位，河山由之光復，忘身殉國的志士，也可以含笑於九原了。

第三章 辛亥革命和中華民國的成立

雄鷄一聲天下白，武昌城頭，義旗高舉。滿族佔據了中國二百五十八年，就不得不自行退讓了。

中國國土大，邊陲的舉動，不容易影響全局。要能够振動全國，必得舉事於腹心之地。但是登高一呼，亦必得四山響應，而其聲勢方壯。此種情勢，亦是逐漸造成的。革命黨的運動，固然是最大的原因，而清廷的失政，亦有以自促其滅亡。

清廷到末造，是無甚真知灼見的，祗是隨着情勢爲轉移。當時的輿論，因鑒於政府的軟弱無力，頗有主張中央集權的。政府感於中葉以後，外權漸重，亦頗想設法挽回。但不知道集權要能辦事，其舉動依然是凌亂無序，不切實際，而反以壓制之力，施之於愛國的人民，就激成川、鄂諸省的事變，而成爲革命的導火綫。

當清末，外人圖謀瓜分中國，以爭築鐵路，爲其一種手段，這是人人共知的事實。國民鑒於情勢的嚴重，於是收回外人承造的鐵路和自行籌辦鐵路之議大盛。因資力和人才的闕乏，能成功的頗少，這也是事實。清廷因此而下鐵路幹綫都歸國有的上諭。事在辛亥年四月二十二日。粵漢鐵路，初由清廷和美國合興公司訂立草約。後來合興公司踰期未辦，乃由中國廢約收回自辦。此事頗得輿論的鼓吹和人民的助力。於是清廷派張之洞督辦川漢、粵漢鐵路。之洞和英、美、德、法四國銀行，訂立借款草約。約未定而之洞死。宣統末年，盛宣懷做了郵傳部尚書，就把這一筆借款成立。川、鄂、湘、粵四省人民，爭持自辦頗烈，清廷把"業經定爲政策"六個字拒絕。川督王人文，湘撫楊文鼎，代人民奏請收回成命，都遭嚴旨申飭。又以王人文爲軟弱，派趙爾豐代之。爾豐拘捕保路同志會和股東會的會長和諮議局議長。成都停課，罷市各州縣亦有罷市的。朝命端方帶兵入川查辦。人民羣集督署，要求阻止端方的兵。爾豐縱騎兵衝殺。成都附近各縣人民，羣集省外。爾豐又縱兵屠殺，死者甚多。於是人心益憤。

其時革命黨人，雖屢舉無成，然仍進行不懈。川省事起，黨人乘機，運動湖北陸軍，約以舊曆中秋起事。旋改遲至二十五日。未及期而事洩，乃以十九夜，即新曆十月十日起事。清鄂督瑞澂統制張彪都逃走。衆推黎元洪爲中華民國軍政府鄂軍都督。元洪時爲混成協統。連克漢口、漢陽。照會各國領事。照會大旨：以前所訂條約，軍政府均承認其有效。各國既得權利，亦一律承認。人民生命、財產，在軍政府領域內的，都盡力保護。賠款、外債，仍由各省如數攤還，惟此後與清政府訂立條約，概不承認。助清戰事用品，一概沒收。有助清的，軍政府即以敵人視之。請其轉呈各國政府，恪守局外中立。領事團即宣告中立，旋都承認我爲交戰團體。

清廷聞武昌事起，即調近畿陸軍南下。派陸軍大臣蔭昌督師。並命海軍和長江水師赴鄂。旋召蔭昌回。起袁世凱爲湖廣總督。辛丑和議定後，袁世凱爲直隸總督，在任內練新兵，共成六鎮。一九〇三年，清廷設練兵處，以世凱爲會辦大臣。一九〇六年，練兵處裁撤。除第二、第四兩鎮，仍歸世凱督練外，其一、三、五、六四鎮，改歸陸軍部直轄，稱爲近畿陸軍。明年，世凱入軍機，載灃攝政，世凱以足疾罷居彰德，至是起爲湖廣總督。清兵連陷漢口、漢陽。而各省亦次第光復。唯清提督張勳，負固南京，亦爲蘇、浙兩省聯軍攻克。各省光復的事實，今列一簡表如下：

省名	光復月日	民軍都督	光　復　事　實　大　略
湖南	十月二十二日 （辛亥九月一日）	焦大章 陳作新 譚延闓	焦、陳本會黨首領，和新軍合力光復，衆推爲正、副都督，旋爲新軍所殺，推譚延闓繼任。
陝西	十月二十五日 （辛亥九月四日）	張鳳翽	新軍於二十二日起義，二十三日攻克滿城，二十五日推張爲都督。
山西	十月三十日 （辛亥九月九日）	閻錫山	錫山本新軍協統，新軍起義後推爲都督。
雲南	同上	蔡　鍔	鍔爲新軍協統，與統帶羅佩金、唐繼堯同起義。
江西	十月三十一日 （辛亥九月十日）	吳介璋 彭程萬 馬毓寶	毓寶本新軍協統，以十月二十三日起義，復九江。介璋爲新軍協統，以三十一日復南昌。後彭程萬稱奉孫中山命爲贛軍都督，介璋讓之，毓寶不服，程萬旋去，毓寶入南昌爲都督。
江蘇	十一月四日 （辛亥六月十四日）	程德全	江蘇情形最複雜。十一月三日革命黨人和商團巡警先恢復上海，推陳其美爲都督。明日蘇撫程德全反正，衆推爲都督。而清總督張人駿、將軍鐵良、提督張勳仍據南京。十一月七日鎮江新軍起義推林述慶爲都督，明日新軍統制徐紹楨起義，攻南京不克，亦退鎮江。十三日鎮江獨立，推蔣雁行爲都督，故此時江蘇共有四都督府。至三十日蘇、浙、滬、鎮聯軍乃攻克南京。

省名	光復月日	民軍都督	光 復 事 實 大 略
浙江	十一月四日 （辛亥九月十四日）	湯壽潛 蔣尊簋	革命黨人及新軍起義，推壽潛爲都督，後壽潛爲交通總長，尊簋代之。
廣西	十一月六日 （辛亥九月十六日）	沈秉堃 陸榮廷	秉堃本清巡撫，廣西由諮議局宣佈獨立，推爲都督，旋去職，由陸榮廷代之。
安徽	十一月八日 （辛亥九月十八日）	朱家寶 孫毓筠	家寶本清巡撫，安徽亦由諮議局宣佈獨立，推爲都督，旋去職，由毓筠代之。
福建	同上	孫道仁	革命黨人及新軍起義，推道仁爲都督。
廣東	十一月九日 （辛亥九月十九日）	胡漢民 陳炯明	廣東由諮議局宣佈獨立，推巡撫張鳴岐爲都督，鳴岐不受，遁去，乃舉漢民爲都督，炯明副之。
奉天	十一月十二日 （辛亥九月廿二日）	趙爾巽 吳景濂	爾巽本清東三省總督，景濂爲諮議局長，保安會立，衆推爲正、副會長。
山東	十一月十三日 （辛亥九月廿三日）	孫寶琦	寶琦本清巡撫，由保安聯合會舉爲都督，後又取消。寶琦旋去，清以胡建樞爲巡撫，至元年二月中乃降。
四川	十一月二十七日 （辛亥十月七日）	蒲殿俊 尹昌衡	四川民軍和官軍衝突最久，外縣以次先下，至是日成都乃反正。舉諮議局長蒲殿俊爲都督，旋改舉尹昌衡。趙爾豐被殺，端方亦死於資州。

以上都是辛亥年中獨立的。惟甘肅至民國元年一月七日，新疆至一月八日，方纔獨立。其直隸、河南、吉林、黑龍江四省，則未能宣佈獨立。停泊九江、鎮江的海軍，又先後反正。清以吳祿貞爲山西巡撫。祿貞頓兵石家莊，截留清軍前敵軍火，爲清廷遣人刺殺。而張紹曾駐兵灤州，亦對清廷發出強硬的電報。清廷乃罷盛宣懷，下罪己之詔。又罷奕劻，以袁世凱爲內閣總理。旋宣佈十九信條。其中第八條：“總理大臣，由國會公選。”第十九條：“國會未開會時，資政院適用之。”於是載灃退位。資政院選舉袁世凱爲內閣總理。

先是各省都督府，於上海設立代表聯合會。由蘇浙兩都督府發起，電請各省都督府各派代表到上海開會。其資格，係各省諮議局及都督府各舉一人，各省覆電，多派本在上海的人爲代表，所以齊集得很快。旋以一半赴湖北，一半留上海。赴湖北的，議決《臨時政府組織大綱》。南京光復後，又議決：“以南京爲臨時政府所在地。各省代表，限七日內齊集。有十省的人到齊，即開臨時大總統選舉會。”其時武昌民軍，以英領事介紹，自十一月三十日起，辛亥十月十日。許清軍停戰三天，旋又續停三天。期滿之後，又續停十五天。袁世凱派唐紹儀爲代表，和黎都督或其代表人討論大局。民軍以伍廷芳爲代表。旋以廷芳爲民軍外交代表，不能離滬，乃改以上海爲議和地點。其時民軍聞袁世凱亦贊成共和，乃議緩舉總統，舉黎元洪爲大元帥，黃興爲副元帥。臨時大總統未舉定前，由大元帥暫任其職權，而由副元帥代大元帥，組織臨時政府。議和代表旋在上海開議。議決開國民會議，解決國體。其會議之法：以每一省爲一處，内外蒙古爲一處，前後藏爲一處。每處各選代表三人，每人投一票，某處到會代表不及三人的，仍有投票之權。有四分三之代表到會，即可開議。

　　十二月二十五日，辛亥十一月六日。孫中山到上海。二十九日，十七省代表，江蘇、安徽、江西、浙江、福建、湖北、湖南、廣東、廣西、四川、雲南、河南、山東、山西、陝西、奉天、直隸。開臨時大總統選舉會。選舉孫中山爲臨時大總統。通電改用太陽曆。以其後三日，爲中華民國元年元月元日。孫中山即以是日就職。

　　於是唐紹儀因交涉失敗，電清廷辭職。和議停頓。其時清廷親貴中，最反對共和的，爲軍諮使良弼，被革命黨人彭家珍炸殺。段祺瑞復合北方將士，時清以馮國璋統第一軍，段祺瑞統第二軍，並受袁世凱節制。電請改建共和。並説要帶隊入京，和各親貴剖陳利害。清廷乃以決定大計之權，授之内閣總理。由袁世凱和民國議定優待滿、蒙、回、藏暨清室條件，而清帝於二月十二日退位。失陷二百五十八年的中華，至此恢復。

第四章　二次革命的經過

革命是要把一切舊勢力,從根本上打倒的,這是談何容易的事? 辛亥革命,不過四個月就告成功,自然不是真正的成功了。

當清帝尚未退位時,孫中山先生曾提出最後協議條件,由伍代表轉告袁世凱。(一)袁世凱須宣佈政見,絕對贊成共和。(二)中山辭職。(三)由參議院舉袁世凱爲大總統。參議院是根據《臨時政府組織大綱》,由各省都督府所派參議員,組織而成的。於元年一月二十八日成立。到清帝退位之後,袁世凱電參議院,表示絕對贊成共和。於是中山向參議院辭職,並薦舉袁世凱。參議院於二月十五日,選舉袁世凱爲臨時大總統。

袁世凱既當選,就發生國都在南在北的問題。當時民黨中人,多數主張在南。以爲南方空氣較爲清新,多少可以限制舊時的惡勢力——但亦有主張在北,以爲較便於統馭北方的。參議院本已議決臨時政府移設北京。後來復議,又議決仍設南京。於是派員北上,歡迎袁世凱南下就職。而北京和天津、保定,相繼兵變。乃又議決:許袁世凱在北京就職。袁世凱派唐紹儀南下,組織新內閣,辦理接收事宜。而臨時政府和參議院,遂先後北遷。孫中山先生於四月一日去職。

依據《臨時政府組織大綱》,臨時政府成立後六個月,即應召集議會。這時候,因爲來不及,由參議院將《臨時政府組織大綱》修改爲《臨時約法》。於三月十一公佈。依照《臨時約法》,本法施行後十個月內,應由臨時大總統召集國會。於是由參議院制定《國會組織法》、《參衆兩院選舉法》,據以選舉、召集。於二年四月初八日成立。

當袁世凱當選後,孫中山知道新舊勢力一時不易合作,主張革命黨人退居在野的地位,而自己願意專辦實業。但是這時候的革命黨人,步調未能一致。於是同盟會於元年八月,改組爲國民黨——從革命團體變爲政黨。此時國民黨的宗旨,近於急進,其主張偏於分權。其傾於保守,而主張擴張中央政府的權力的,則集合而爲共和黨。國會選舉,參衆兩院,都以國民黨佔多數。共和黨乃和統一黨、民主黨合併而成進步黨。在衆院中,席數差足相敵;而在參院中,則仍以國民黨佔多數。此時進步黨是接近於政府的,國民黨則與政府立於反對的地位。當國民黨未成立時,袁世凱和唐紹儀內閣的同盟會閣員,已有齟齬。唐紹儀所組織的內閣,本係混合內閣。後來唐又加入同盟會。唐氏任王芝祥督直,而袁世凱命其赴南京遣散軍隊。唐氏拒絕副署。袁乃逕以命令付王。唐氏憤而辭職。同盟會閣員,亦皆辭職,內閣遂瓦解。時爲元年六月十五日。時共和黨主張超然內閣,通過陸徵祥爲總理。陸亦稱病不出,乃由趙秉鈞暫代。後遂即眞。宋案起後,趙亦稱病,以段祺瑞代理。至國會開後,乃由熊希齡出而組閣。到國民黨改組完成,國會開幕之後,兩者間隔閡的情勢,就更形顯著了。

　　但是政治既未上軌道,則藉爲政爭武器的,自然還不是議會中的議席,而是實力。以實力論,自然北政府爲強。當孫中山辭職之後,曾在南京設留守府,以黃興爲留守,然未久即撤消。此時民黨中人爲都督的,只有安徽的柏文蔚、江西的李烈鈞、湖南的譚延闓、福建的孫道仁、廣東的胡漢民而已。

　　舊勢力既已彌漫,則二次革命已勢不可免。但是當時民黨中人,還不能一致。而其與二次革命以刺激,而爲之導火綫的,則有善後大借款、俄蒙交涉和刺宋案三事。善後大借款和俄蒙交涉,別見下章。至於刺宋案:則唐紹儀內閣的閣員宋教仁,亦係民黨中人,係主張政黨內閣的。去職之後,爲國民黨理事,游歷長江流域各省,發表其政見。二年三月二十日,在上海車站遇刺。越二日身故。政府命江蘇都督,民政長查究。據其宣佈證據,則凶手武士英,係受應桂馨主使,而應桂馨又係受國務院祕書洪述祖主使。於是輿論大嘩。後來武士英暴死獄中。應桂馨乘亂出獄,逃往北京,在京津火車中,被人暗殺。洪述祖於民國八年,在上海爲宋教仁之子所捕,乃歸案處死刑。

　　南北新舊的裂痕,既日益顯著。袁世凱乃於六月中,下令免柏文蔚、李烈鈞、胡漢民之職。於是李烈鈞以七月十二日起兵,稱討袁軍。安徽、湖南、福建、廣東相繼俱起。黃興亦入南京。陳其美又起兵於上海。時任廣東軍事者爲陳炯明。黃興去後,何海鳴入南京拒守。袁世凱早有佈置。命李純扼守九江、鄭汝成守上海製造局。這時候,又派段芝貴、馮國璋率軍南下,而以倪嗣沖都督安徽,龍濟光都督廣東,張勳爲江北宣撫使。安徽、江西、廣東、南京、上海均因兵力薄弱失敗。湖南、福建兩省則自行取消獨立。二次革命遂告失敗。

　　《臨時約法》第五十四條,以制定憲法之權,屬之國會。《大總統選舉法》本憲法的一部分,二次革命之後,乃有先舉總統,後制憲法之議。於是由憲法會議,將《大總統選舉法》,先行議決公佈。十月初六日,開總統選舉會。有自稱公民團的，包圍議院，迫令當天將總統選出。投票三次，袁世凱乃當選爲大總統。次日，又選舉黎元洪爲副總統。第一、二次，袁世凱得票雖最多，而均不滿四分之三。第三次，乃就袁世凱和得票次多的黎元洪決選。袁以過半數當選。黎自臨時政府初成，即被選爲副總統。中山去職後，黎亦辭職。後仍被選。至此又當選。袁世凱於十月十日就職。

　　袁世凱就職後，兩次通電各省都督、民政長，反對國會所定《憲法草案》。十一月四日，又稱查獲亂黨魁首和議員往來密電。遂下令解散國民黨。凡國會議員，籍隸國民黨的，一律追繳證書、徽章。旋又下令：各省省議會，也照此辦理。籍隸國民黨的候補當選人，亦一律取消。議員缺額，無從遞補，國會遂不能開會。

　　這時候，熊希齡爲內閣總理，擬定大政方針。因爲要設法實行，所以命各省行政長官，派員來京會議。適逢國會停頓，遂改組爲政治會議。加入國務總理、各部總長、蒙藏事務局所舉人員、大總統特派人員和法官兩人。各都督民政長，呈請將殘餘議員遣散。大總統據以咨詢政治會議。三年正月四日，據其呈復，停止兩院議員職務。其省議會，亦於三月二十八日解散。又令停辦地方自治，由內務部另行厘訂章程。政治會議呈請特設造法機關。乃議決《約法會議組織條例》，據以選舉議員。將《臨時約法》修改爲《中華民國約法》，於五月一日公佈，此項《約法》，亦稱爲《新約法》。改內閣制爲總統制。廢國務院，於總統府設政事堂。另設參政院，以備大總統的咨詢，審議重要政務，其組織：參政五十人至七十人，由大總統簡任。院長一人，由大總統特任。副院長一人，由大總統於參政中特任。並令其代行立法。

　　革命尚未成功，國內到處充滿着舊勢力。於是孫中山先生另行組織中華革命黨，以三年七月八日成立於日本的東京。以達到民權、民生主義，掃除專制政治，建設真正民國爲目的。時因滿清政府，業已推翻，故未提民族主義。其實行的方法，仍和從前所定相同。如分軍法、約法、憲法三時期等。因鑒於前此黨員多有自由行動的，黨的紀律未免鬆弛，所以此次組織，以服從黨魁命令爲重要條件。

第五章　民國初年的外交和
　　　　　蒙藏問題

"人必自侮，而後人侮之。"民國初年，原是一個外交更新的好機會，然而其劈頭記錄在外交史上的，却是大借款和邊疆交涉問題。

要講民國初年的借款問題，必須回溯到清末。原來當清末，日、俄兩國在東三省的勢力太膨脹了。政府乃想引進各國的資本，以爲抵制之計。於是革命這一年，有向英、美、德、法訂借改革幣制和東三省興業借款一千萬鎊之議，期限爲二十五年。以東三省煙酒、生産、消費稅及各省新課鹽稅爲抵。革命軍興，其事就擱起了。但付墊款四十萬鎊。革命軍既起，外交團協議，由銀行代表，組織委員會，監督關、鹽兩稅的收入，以爲外債的擔任。並決議，對於南北兩軍，都不借款。到唐紹儀到南京，組織新內閣時，纔以將來大借款爲條件，向四國銀行團，借到墊款三百萬元。北京政府成立後，又以善後的名義，向四國銀行團續商六億元的借款。此時四國銀行團，覺得將日、俄兩國除外，終竟不妥。於是向其勸誘加入，成爲六國銀行團。在倫敦開會。日、俄兩國，要求借款不得用之滿、蒙，四國不許。又改在巴黎開會。決議將此問題歸外交解決。又議決：關於特定問題的用途，有一國提出，即可作廢。各國的意見，既大略一致，乃向中國提出條件。其時中國，因六國團的條件過於苛刻，當時中國最反對的，爲"對於鹽稅，須設立特別稅關或類似稅關的機關，監督改良"一條。有自向他銀團借款之舉。爲外交團和銀團所阻止。時財政總長周學熙，電令駐英公使和英國克利斯浦公司，成立借款一千萬鎊。六國團電知本國各分行，不代中國匯兑。周學熙命長蘆鹽運使，於稅項下按月取出克利斯浦借款利息。與庚子賠款有關的各公使，忽又出而抗議。說鹽稅係庚子賠款的擔保，不能移作別用——其實自辛丑以後，鹽稅逐年增加，以賠款餘額爲擔保，久有其事。使團並沒反抗——中國不能已，將財部命令取消。《克利斯浦借款合同》，有"在債票全發行以前，中國政府，如欲借款，公司有優先權"的條件，亦由中國政府，予以賠償，將此條取消。而美政府亦命令其國的銀行退出。於是四國團變爲五國。卒因需款孔亟，中國政府不得已而俯就銀團的範圍。於二年四月間,以關鹽餘的全數爲擔保,向五國團借得善後借款二千五百萬鎊,期限爲四十七年。於北京鹽務署設稽核所,用洋員爲會辦。各產鹽地方設分所,用洋員爲協理。稅款盡存銀行,非總會辦會同簽字,不能提取。本利拖欠踰近情的日期,即將鹽政并入海關辦理。其用途,則於審計處設立稽核外債室,以資稽核。提起監督財政四個字來,閱者無不不寒而栗,然而這實在就是部分的監督財政了。

　　日、英、俄三國,對於東三省和蒙、新、西藏的侵略,其事是互相關聯的。當前清末年,英、俄因西藏問題,互相猜忌,已見前編第十九章。一九〇四年,英人乘日俄戰爭,中、俄兩國,都無暇顧及西藏,於是有派兵入藏之舉。達賴出奔。英人和班禪立約:(一)開江孜、噶大克爲商埠。(二)賠償英國軍費五十萬鎊。(三)藏人非經英國許可,不得將土地租賣給外國人。鐵路、道路、電綫、礦產,不得許給外國或外國人。一切入款、銀錢、貨物,不得抵押給外國或外國人。一切事情,都不受外國交涉,亦不許外國派官駐扎和駐兵。中國得報,大驚。再立交涉,到底於一九〇六年,訂立《英藏續約》。承認《英藏條約》爲附約。聲明英國不佔西藏的土地,不干涉西藏的內政。中國亦不許他國佔藏地,干藏政。並聲明《附約》中所謂外國或外國人,中國不在其內。賠款由中國代爲付清。英兵方始撤退。賠款五十萬鎊,合七百五十萬盧布。後減爲二百五十萬盧布。分二十五年還清。須前三年賠款付清,並商埠開辦,已滿三年,英兵乃撤退。此時賠款由中國代償,英兵亦即撤去。然而其前一年,日、英續盟,《條約》有日本承認英國在印度附近必要的處分一款,英人對西藏,就更覺肆無忌憚了。

　　《藏印條約》訂結後的四年,便是一九一〇年,日、俄訂立《協約》。有人說:實在另有密約,俄人承認日本吞併韓國,而日人承認俄國在蒙、新方面的舉動。果然,其明年,俄國向中國提出蒙、新方面强硬的要求。一八八一年之《中俄條約》,本訂明十年修改一次。儻或未改,便仍照行十年。第一二次都未改。此時爲第三次滿期。俄人乃向中國提出强硬要求。其條件爲:(一)國境百里以內,一切貿易都無稅。(二)俄人於蒙古、新疆,均得自由移住。且一切貿易均無稅。(三)科布多、哈密、古城三處設領。(四)伊犂、塔城、庫倫、烏里雅蘇臺、喀什噶爾、烏魯木齊等處,有設領主權。於各該處及張家口,均准俄人購買土地,建造房屋。並聲明:如不全部承認,就要自由行動。後來又提出最後通牒。中國無可如何,就只得覆牒承認了。俄人提出最後通牒,在一九一一年三月初十日。以二十八日爲最後期限。中國於二十七日承認。然而條約未及訂結。革命軍興未幾,活佛竟在庫倫宣佈獨立,並陷呼倫貝爾。亡清當這時候,固然無暇顧及蒙古。民國成立以後,亦未有何等適當的措置。於是俄人擅和蒙人立約:許代蒙古人保守自治制度。不許中國駐兵殖民。而別訂《商務專條》,以爲報酬。這《商務專條》所許與俄人的權利，真是廣大得可驚。商務專條所載，爲：（一）俄人得自由居住移轉，經理工商業及其他各事。（二）俄人通商免稅。（三）俄國銀行，得在蒙古設立分行。（四）俄人得在蒙古租地或買地，建築工廠、鋪戶、房屋、貨棧及租地耕種。（五）俄人得在蒙古經營礦業森林業、漁業。（六）設立貿易圈，以便俄人營業居住。（七）俄人得在蒙古設立郵政。（八）俄國領事，得使用蒙古臺站。私人只須付費，亦得使用。（九）蒙古河流，流入俄國的，俄人在其本支流內，均可航行。（十）俄人得在蒙古修橋，而向橋上的行人，徵收費用。（十一）由俄國領事或其代表，與蒙官組織會審委員會，審理俄蒙人民事上的爭論。中國再三交涉。至二年七月間，纔和俄國議定草約。提出於國會。衆議院通過，而參議院否決。直到國會停頓以後，纔成立所謂《聲明文件》。（一）俄人承認中國在外蒙古的宗主權。（二）而中國承認外蒙古的自治權。（三）不派兵，不設官，不殖民。惟可任命大員，偕同屬員衛隊，駐扎庫倫。此外又得酌派專員，駐扎外蒙古各地方，保護中國人民利益。俄國除領事署衛隊外，不駐兵，不干涉外蒙古內政，不殖民。另以《照會》聲明：自治區域，以前清庫倫大臣、烏里雅蘇臺將軍、科布多大臣所轄之地爲限。其隨後商訂事宜，則由三方面約定地點，派員接洽。於是三年九月，中、俄、蒙三方會商於恰克圖。至四年六月，纔訂成《中俄蒙條約》。此約訂明：（一）外蒙古無與各國訂結政治，土地國際條約主權，而有與外國訂結關於工商事宜國際條約之權。（二）中國駐庫倫大員，衛隊以二百人爲限。其佐理員分駐烏里雅蘇臺、科布多、恰克圖的，以五十人爲限。俄國庫倫領事衛隊，以五十人爲限。他處同。而呼倫貝爾，亦因俄人的要求，於是年十一月，改爲特別地域。是年十一月，中俄會訂《呼倫貝爾條件》：（一）呼倫貝爾爲特別地域，直屬中華民國政府。（二）其副都統由總統任命，與省長同等。（三）軍隊全用本地民兵組織。儻有變亂，不能自定，中國通知俄國後得派兵赴援。惟事定後即須撤退。（四）其收入，全作地方經費。（五）中國人在呼倫貝爾，僅有借地權。（六）將來築造鐵路，借款須先盡俄國。

俄、蒙的交涉未平，而英、藏的風波又起。英兵入拉薩的明年，中國因駐藏幫辦大臣鳳全，被藏番殺害，任趙爾豐爲邊務大臣。命四川提督馬維祺，出兵剿討。遂將川邊之地，改設縣治。又以聯豫爲駐藏大臣。當達賴出奔時，清政府曾革其封號。一九〇八年，達賴到北京，乃將其封號恢復，加意撫慰。乃達賴回到拉薩，邊向中國反抗。聯豫電調鍾穎，以一千五百人入藏。達賴又逃到印度。清朝就下詔把他廢掉。這是一九一〇年的事。革命消息傳至西藏，西藏人遂將中國軍隊驅逐。達賴回到拉薩，宣佈獨立。並發兵陷巴塘、裏塘，攻打箭爐。民國元年七月間，四川都督尹昌衡，出兵征討。雲南亦出兵相助，把失地恢復。而英人又提出抗議。中國不得已，改剿爲撫。並恢復達賴封號，以示羈縻，而派員和英、藏代表，共同會議。到三年四月，在印度的西摩拉，議定草約。（一）英國承認中國在西藏的宗主權，而中國承認外藏的自治權。（二）不干涉其內政。不將其地改省。（三）彼此不派官，不駐兵，不殖民。中國得派大員駐扎拉薩，衛隊以三百人爲限。英國駐扎拉薩的官的衛隊，不超過中國官衛隊的四分之三。而所謂內外藏，則將紅藍綫畫於所附的地圖上。中國政府，不承認此項附圖的界綫，英國亦不肯改變，直爭執到如今。華企雲《中國邊疆》，謂據鮑曼《新世界》(Bewman, New World)，所謂外藏，實包括昌都，而內藏則僅有巴塘、裏塘。見三〇九頁。

　　這是民國初年的蒙、藏交涉。至其後來，則因俄國的革命，俄帝遜位，在民國六年三月十二日。勞農政府成立，則在七年一月三十一日。至是年三月三日，而對德成立和約。參看第九章。頗替中國造成一個好機會。外蒙因失其援助，且受兵匪的侵掠，於八年十一月，籲請取消自治。呼倫貝爾的自治，亦隨之而取消，其時政府方任徐樹錚爲西北籌邊使，編練邊防軍。然而駐扎在外蒙古的，只有一旅一團。直皖戰後，更其無人過問。參看第八、第九章。而白俄却計畫以外蒙爲根據地，以反對赤俄。又得他國接濟軍械。至九年十一月，庫倫遂爲白俄所陷。中國不能鎮定。至十年七月，爲遠東共和國的兵所打平。其時蒙古人已在恰克圖成立政府。至此，遂移於庫倫。以活佛爲皇帝。十三年五月，活佛卒，遂將君主制取消。而唐努烏梁海，亦由俄人扶助，自立爲共和國。西藏方面，中、英的交涉，依然停頓。藏番却於六年、七年、九年、十年、十九年，迭次入犯。西康之地，多爲所陷。班禪於十二年出奔，至今滯留在內地。而達賴又於二十二年十二月圓寂。藏事的解決，就更難着手了。

　　民國初年，還有一件重要的交涉，於此也得補敍的。那就是所謂滿、蒙五路的建築權。當民國成立以後，國人頗關心於承認問題。外國中有好幾國，是在正式國會成立之後承認的。巴西、美利堅、墨西哥、秘魯。有許多國，則在正式大總統選出之後承認。日、奧、葡、荷，於十月六日承認。班、德、俄、意、法、瑞典、英、丹、比，於七日承認。而日、英、俄三國，都附有條件。俄國要求外蒙古自治。英國要求外藏自治。日本則提出所謂開海、四洮、洮熱、長洮、海吉五路的建築權。這要求的提出，還和二次革命時張勳兵入南京，殺害日本人三名有關，但其提出恰在選舉正式總統之前一日。中國政府也承認了。日本自此覬覦蒙古之心就更切。

第六章　帝制運動和護國軍

　　凡事總免不了有反動的。中國行君主制度二千餘年，突然改爲共和，自不免有帝制的回光反照，然不過八十三日而取消，這也可見民意所在了。

　　當民國四年八月間，總統府顧問美人古德諾氏，忽然著論，論君主與共和的利弊，登載在北京報紙上。旋有楊度等發起籌安會，當時列名發起者六人：楊度外，爲孫毓筠、嚴復、劉師培、李燮和、胡瑛，世稱爲籌安六君子。但這六個人，並不是都真心贊成的。説從學理上，研究君主、民主兩種制度，在中國孰爲適宜。通電各省軍民長官，上海、漢口各省城商會，請派代表來京。旋由各省旅京人士組織公民請願團。請願於參政院代行立法院，《新約法》第六十七條："立法院未成立前，以參政院代行其職權。"要求變更國體。參政院建議：召開國民會議，以謀解決。已而國民代表一千九百九十三人，所投的票，全數主張君主立憲。並委託參政院爲總代表，推戴袁世凱爲皇帝。袁氏於十二月十二日，下令允許。於是設立大典籌備處。改明年爲洪憲元年。

　　已而前雲南都督蔡鍔，祕密入滇。蔡鍔時在京任經界局督辦，祕密赴津，從日本走越南到雲南。和督理軍務唐繼堯、巡按使任可澄於二十三日發出電報，請袁氏取消帝制，限二十五日答復。屆期無復。遂宣告獨立。定軍名爲護國軍。並通電，宣佈袁氏僞造民意的證據。

　　護國軍興後，貴州首先響應。事在十二月二十七日。五年，正月一日，雲南成立都督府。推唐繼堯爲都督。以蔡鍔爲第一軍長，李烈鈞爲第二軍長。蔡鍔即率師入川。

　　袁世凱聞護國軍興，派兵分駐上海和福建。又命原駐岳州的兵，擇要進扎。而命張敬堯率師入川，龍繼光以廣東兵攻廣西。北軍在四川不利。而廣西、廣東、浙江、四川、湖南，先後獨立。陝西爲反帝制的兵所佔。山東亦有民軍起事。廣西於三月十六日獨立。廣東四月五日。浙江十一日。四川五月二十三日。湖南二十九日。陝西則陝北鎮守使陳樹藩出兵，將軍於五月十七日出走，山東則吳大周起兵佔周村，居正佔濰縣，和省軍相持。而日、英、俄、法、意諸國，又先後提出警告，勸袁氏緩行帝制。袁氏派往日本的專使，日人又請其延期啓行。日、英、俄三國，於四年十月二十八日，提出勸告。法、意兩國，於十一月初一、十二兩日，提出勸告。十五日，五國公使，又提出第二次勸告。袁氏乃於三月二十二日，下令取消帝制。恢復黎元洪的副總統。袁氏籌備帝制時，曾封黎元洪爲武義親王，黎未受。以徐世昌爲國務卿，段祺瑞爲參謀長。由黎、徐、段三人通電護國軍，請停戰商善後。

護國軍復電，要求袁氏退位。並通電，恭承黎副總統爲大總統。暫設軍務院，設撫軍若干人，以合辦制裁決庶政。《大總統選舉法》："副總統缺，由國務院攝行。"其時黎氏未能躬親職務，國務院亦無從組織，故暫設軍務院，以裁決庶政。對內命令，對外交涉，都以軍務院的名義行之。聲明俟國務院成立，即行裁撤。六月六日，袁氏因病身故。遺命命以副總統代行職權。黎氏於七日就職。黎氏就職後，下令恢復臨時約法，召集國會。國會於八月一日開會。旋重開憲法會議。並選舉馮國璋爲副總統。獨立諸省，相繼取消。軍務院亦即裁撤。

一場帝制的風波，表面上總算過去了。然而暗中隱患，還潛伏着。原來天下大事，都生於人心。當袁氏帝制自爲時，雖然佛逆民心，而中外有權力的人，却多持着觀望的態度。所以護國軍初起時，通電各省説：

> 堯等志同填海，力等戴山。力征經營，固非始願所及。以一敵八，抑亦智者不爲。麾下若忍於旁觀，堯等亦何能相强？然長此相持，稍亘歲月，則鷸蚌之利，真歸漁人，其豆相煎，空悲轢釜。言念及此，痛哭何云。而堯等與民國共存亡，麾下爲獨夫作鷹犬，科其罪責，必有攸歸矣。

這真可謂語長心重了。然而誰肯覺悟？談何容易覺悟？當南方要求袁氏退位，而袁氏尚未身故時，江蘇將軍主張聯合未獨立各省，公議辦法。通電説："四省若違衆論，固當視同公敵；政府若有異議，亦當一致争持。"正在南京開會，而袁氏病殁。長江巡閱使張勳，其時駐扎徐州，就邀各省代表到徐州開會。到會省區，爲京兆、直隸、山西、河南、安徽、熱河、察哈爾、奉天、吉林、黑龍江。後又組織各省區聯合會。於是全國的重心，既不在西南，連北政府也把握不住，而其餘各方面的人，也無甚覺悟。就近之釀成復辟之役，和護法之戰，遠之則伏下軍閥混戰的禍根了。

第七章　二十一條的交涉

城門失火，殃及池魚。這看似無妄之災，其實不然，凡事總有因果的，不過人不能知罷了。當十九世紀末業，中國的安全，久和世界大局，有複雜的關係，已見第四編第十九章。當這改革還沒有成功的時候，在中國，是利於列強的均勢的。而民國三年，即一九一四年，歐戰爆發，各國都無暇顧及東方，日本大肆其侵略的野心，中國就要受着池魚之殃了。

歐戰的爆發，事在民國三年六月間。中國於八月初六日，宣告中立。日本藉口英、日同盟，於八月十五日，對德國發出最後通牒。要求：（一）德國艦隊，在日本、中國海洋方面的，即時退去，否則解除武裝。（二）將膠州灣租借地全部，以還付中國的目的，於九月十五日以前，無償無條件，交付日本。以二十三日為最後的限期。屆期，德國無覆，日本遂對德宣戰。

膠州灣本非德國土地，日本即欲對德宣戰，亦只該攻擊膠州灣。乃日人於九月初二日，派兵由龍口登岸。中國不得已，劃萊州龍口接近膠州灣的地方為戰區。而與日本約，不得越過濰縣車站以西。其時英國兵亦從勞山灣登陸，與日軍會攻膠州灣。至十一月初七日，膠州的德人降伏。而日軍先已於九月二十六日，佔領濰縣車站。十月六日，並派兵到濟南，佔領膠濟鐵路全綫和鐵路附近的礦產。中國提出抗議。日本說："這是膠州灣租借地延長的一部。"到青島降伏後，又將中國海關人員，盡行驅逐。照一八九九年四月十七日《青島設關條約》和一九〇五年修訂條約，海關由德國管理，海關人員則由中國自派。中國據此提出抗議，日人置諸不理。中國於四年一月七日，要求英、日兩國撤兵。英國無異議，而日本公使日置益，於十八日徑向袁世凱，提出五號二十一條的要求。你道那五號二十一條：

【第一號】（一）承認日後日、德政府協定德國在山東權利，利益讓與的處分。（二）山東並其沿海土地及各島嶼，不得租借割讓與他國。（三）允許日本建造，由煙臺或龍口接連膠濟的鐵路。（四）自開山東各主要城市為商埠——應開地方，另行協定。

【第二號】（一）旅順、大連灣、南滿、安奉兩鐵路的租借期限，均展至九十九年。（二）日本人在南滿、東蒙，有土地所有權及租借權。（三）日人得在南滿、東蒙，任便居住往來，經營工商業。（四）日人得在南滿、東蒙開礦。（五）南滿、東蒙，（甲）許他國人建造鐵路，或向他國人借款建造鐵路；（乙）以各項課稅，向他國人抵借款項，均須先得日本同意。（六）南滿、東蒙，聘用政治、財政、軍事各顧問、教習，必須先向日政府商議。（七）吉長鐵路，委任日政府管理、經營。從本條約畫押日起，以九十九年爲期。

【第三號】（一）將來漢冶萍公司，作爲合辦事業。未經日政府同意，該公司一切權利產業，中國政府不得自行處分；並不得使該公司任意處分。（二）漢冶萍公司各礦附近的礦山，未經該公司同意，不得准公司以外的人開採。此外凡欲措辦，無論直接、間接，恐於該公司有影響的，必先經該公司同意。

【第四號】中國沿岸港灣及島嶼，概不租借或割讓與他國。

【第五號】（一）中國政府，聘日本人爲政治、財政、軍事等顧問。（二）日本人，在内地設立寺院、學校，許其有土地所有權。（三）必要地方的警察，作爲中、日合辦。或由地方官署，聘用多數日本人。（四）由日本採辦一定量數的軍械。或設中日合辦的軍械廠，聘用日本技師，並採買日本材料。（五）接連武昌與九江、南昌的鐵路，及南昌、杭州間，南昌、潮州間鐵路的建造權，許與日本。（六）福建籌辦路礦，整理海口——船廠在内——和需用外資，先向日本協議。（七）允許日人在中國傳教。並要求嚴守祕密。如其洩漏，日本當另索賠償。

中國以陸徵祥、曹汝霖爲全權委員。於二月初二日，和日本開始會議。日使日置益，旋因墮馬受傷，乃即在日使館中，就其牀前會議。至四月十七日，會議中止。二十六日，日使提出修正案二十四條。聲言“係最後修正。儻使中國全行承認，日本亦可交還膠澳”。五月一日，中國亦提出最後修正案，說明無可再讓。七日，日本發出《最後通牒》。“除第五號中，關於福建業經協定外，其他五項，俟日後再行協議。其餘應悉照四月二十六日修正案，不加更改，速行承諾。以五月九日午後六時爲限。否則當執必要的手段。”中國政府，於五月九日午前，答復承認。到二十五日，由陸徵祥和日使日置益，訂立條約二十一條。

其後日人又於六年十月，在青島設立行政總署。濰縣、濟南等處，都設分署。受理人民訴訟，抽收捐稅，並於署内設立鐵路科，管理膠濟鐵路及其附近礦產。中國抗議，日本置諸不理。到七年九月，才由駐日公使章宗祥和日本訂立《濟順高徐豫備借款契約》，並附以照會，許膠濟鐵路所屬確定後，由中、日合辦，而日本將膠濟路沿綫軍隊，除留一部於濟南外，餘悉調回青島，並將所施民政撤廢。中有"中國政府，欣然同意"字樣。遂爲巴黎和會我國交涉失敗之一因。見第九章。

第八章　復辟之役和護法之戰

　　袁世凱死後，北方連形式上的統馭，都失掉了。而南方的新勢力，又未能完成。就釀成復辟之役和護法之戰。

　　當民國六年之初，歐洲戰事，德、奧方面，漸已陷入困境。德國乃於二月初，宣佈無限制潛艇戰爭。我國提出抗議，無效，即提議對德絕交。參衆兩院，先後通過。於十四日宣佈，因進而謀對德宣戰。於是國務總理段祺瑞，召集各省、區督軍、都統，在京開軍事會議。革命軍興，各省主持軍務的，均稱都督。袁世凱時，改爲將軍。護國軍興，獨立省分，復稱都督。黎元洪繼任後，將軍、都督，均改稱督軍。於四月二十五日開會。一致主張對德宣戰。五月初一日，通過國務會議。提出於衆議院。初七日，衆議院開委員會籌議。有自稱公民團的，包圍議院，要求必須通過。旋外交、司法、農商、海軍四總長辭職。十九日，衆議院決議：“閣員零落不全，宣戰案應俟內閣改組後再議。”是晚，各督軍、都統，分呈總統和國務總理，反對國會所通過的憲法。説“如不能改正，即請解散，另行組織”。旋即先後出京赴徐州。二十三日，黎總統免國務總理段祺瑞職，以外交總長伍廷芳代理。二十九日，安徽宣告和中央脱離關係。於是奉天、陝西、河南、浙江、山東、黑龍江、直隸、福建、山西，紛紛繼起。並在天津設立軍務總參謀處。通電説：“出師各省，意在另訂根本大法，設立臨時政府，臨時議會。”六月初一日，黎總統令：“安徽督軍張勳來京，共商國是。”張勳帶定武軍五千，於初八日到天津。要求黎總統解散國會。十二日，伍廷芳辭職，國會解散。十四日，張勳入京。

　　七月初一日，張勳擁廢帝溥儀在京復辟。黎總統避入日本使館，電請馮副總統代行職務，以段祺瑞爲國務總理。初四日，馮、段通電出師討賊，段祺瑞在馬廠誓師。以段芝貴、曹錕爲司令，分東西兩路進討。十二日，我師復京城。張勳走入荷蘭使館。清帝仍居宮中。至十三年，馮玉祥軍隊回京，乃於十一月初五日，勒令出宮。並修改《優待條件》，取消皇帝尊號。

京師既復，黎總統通電辭職。馮代總統於八月初一日入京。十四日，佈告對德宣戰。

當國會解散後，廣東、廣西，即宣告軍民政務，暫行自主。重大政務，徑行秉承元首，不受非法內閣干涉。復辟之役，定後有人主張："民國業經中斷，可放初建時之例，召集臨時參議院。"於是海軍第一艦隊，開赴廣東。雲南亦宣言擁護約法。八月二十五日，國會開非常會議於廣州。議決《軍政府組織大綱》：在臨時約法未恢復以前，以大元帥任行政權，對外代表中華民國。選舉孫中山爲元帥。元帥二人。選唐繼堯、陸榮廷爲之。軍政府設外交、內政、財政、陸軍、海軍、交通六部。

此時兩廣、雲、貴，完全爲護法省分。四川、福建、湖南、湖北、陝西，也有一部分獨立的。南北相持於湖南。六年十一月，南軍攻入長沙、岳州。七年三月，復爲北軍所取。南方由兩院聯合會，修改《軍政府組織大綱》："以政務總裁，組織政務會議，各部長都稱政務員，由政務員組織政務院；以政務院贊襄總裁會議，行使軍政府的行政權。"若執行約法上大總統的職權，則以"代理國務院攝行大總統職務的資格"行之。旋選出孫中山等七人爲總裁。中山外爲唐紹儀、唐繼堯、伍廷芳、林葆懌、陸榮廷、岑春煊。於六月初五日，宣告成立。推岑春煊爲主席。國會於十二日在廣州開正式會，並續開憲法會議。北方則召集參議院，修改《國會組織法》和《兩院議員選舉法》，據以選舉、召集。八月十二日，選舉徐世昌爲大總統。於十月十日就職。南方不承認。由兩院聯合會委託軍政府，代行國務院職權，以攝行大總統職務。

徐世昌就職後，通電南方，停戰議和。八年二月六日，南北各派代表，在上海開議，至五月初十日而決裂。九年四五月間，北方駐扎衡陽的第三師長吳佩孚，撤防北上。七月間，在近畿和定國軍衝突。定國軍敗。於是裁督辦邊防事務處，解散安福俱樂部。邊防軍即參戰軍所改，臨時又改爲定國軍。參看下章。是爲皖直之戰。第三師撤防之後，南軍即佔領湖南。此時南北兩方，均撤換議和總代表。而國會議員，已先於四月間離粵。通電："政務會議，不足法定人數。所有違法行爲，當然不生效力。"七月初十日，國會在雲南開會。撤岑春煊總裁之職，代以劉顯世。八月十七日，議決國會，軍政府移設重慶。十月十四日，又宣言另覓地點。是時陳炯明以駐扎漳、泉的粵軍回粵。十月二十四日，岑春煊等通電解除軍政府職務。二十六日，廣東都督莫榮新，亦宣佈取消自主。三十日，徐世昌據之，下令接收。並通令依元年《國會組織法》暨《兩院議員選舉法》籌辦選舉。是爲"舊法新選"。孫中山等通電否認。回粵再開政務會議。十年一月十二日，國會再在廣州開會。四月七日，議決《中華民國政府組織大綱》。選孫中山爲大總統，於五月五日就職，軍政府即於是日撤消。中山宣言："儻徐世昌捨棄非法總統，自己亦願同時下野。"

此時北方曹錕爲直魯豫巡閱使，駐保定。吳佩孚爲副使，駐洛陽。王占元爲兩湖巡閱使，駐武昌。張作霖爲東三省巡閱使，兼蒙疆經略使，節制熱、察、綏三區，駐瀋陽。是年五月，以閻相文爲陝西督軍。命十六混成旅馮玉祥等入陝。八月，相文暴卒，以玉祥署理。七月末，在湘鄂籍軍官，組織湖北自治軍，湖南組織援鄂軍，攻入湖北。北政府免王占元，以蕭耀南爲湖北督軍，吳佩孚爲兩湖巡閱使。吳佩孚陷岳州，和湖南定約休戰。川軍入宜昌，亦被吳佩孚回軍擊退。十二月，吳佩孚電攻內閣撥借日款贖膠濟路，及發行九千六百萬元公債之事。時正值華盛頓會議開會，山東問題在會外解決之際，參看下章。奉天亦通電，"以武力促進統一"。十一年四五月間，直、奉兩軍，在近畿衝突。奉軍敗退出關。河南督軍趙倜起兵，馮玉祥出關，把他打敗。於是以馮玉祥爲河南督軍。免張作霖之職。六月初四日，東三省省議會舉張作霖爲聯省自治保安總司令，吉、黑兩督軍爲副司令。十月三十日，以馮玉祥爲陸軍檢閱使，移駐南苑。

孫中山就職後，以陳炯明爲陸軍總長，兼粵軍總司令。是年六月至九月間，陳炯明平定廣西。八月初十日，國會通過北伐請願案。孫中山在桂林，籌備北伐。十一年四月，中山將大本營移設韶關。陳炯明辭職，走惠州。中山命其辦理兩廣軍務，肅清土匪。五月，北伐軍分三路入江西。六月初二日，徐世昌辭職。曹錕等十五省督軍電請黎元洪復位。元洪復電說：

> 諸公所以推元洪者，謂其能統一也，毋亦癥結固別有在乎？癥結惟何，督軍制之召亂而已。督軍諸公，如果力求統一，即請俯聽芻言，立釋兵柄。上至巡閱，下至護軍，皆刻日解職，待元洪於都門之下，共籌國是。微特變形易貌之總司令，不能存留，即欲畫分軍區，擴充疆域，變形易貌之巡閱使，亦當杜絕。

旋以各督軍、巡閱使，先後來電，均表贊同，於十一日先行入都，十三日，撤消六年六月十二日解散國會之令。國會於八月初一日開會。宣言係繼六年第二期常會。而浙督盧永祥又通電說河間代理期滿，即係黃陂法定任期終了。馮國璋，河間人；黎元洪，黃陂人。廣州國會，亦通電否認。孫中山則宣言：

> 直軍諸將，應將所部半數，由政府改爲工兵。其餘留待與全國軍隊，

同時以次改編。如能履行此項條件，本大總統當立餘全國罷兵。若惟知假借名義，以塗飾耳目，本大總統深念以前禍亂，由於姑息養姦，決爲國民一掃凶殘，務使護法戡亂之主張，完全貫徹。

這時候，在廣西的粵軍，先後返粵。六月十五日，圍攻總統府。聲言要求孫總統實踐與徐同退的宣言，孫中山避居軍艦。旋由香港赴上海。陳炯明復出任粵軍總司令。北伐軍回攻，不克。粵軍退入福建，滇軍退入廣西。十月，徐樹錚在延平設建國軍政制置府。通電擁戴段祺瑞、孫中山爲領袖人物。粵軍退福建的，合駐延平的王永泉旅，攻入福州。徐樹錚旋出走。北政府命長江上游總司令孫傳芳入福建。是歲歲杪，在廣西的滇、桂軍聲討陳炯明。廣東軍隊，亦有響應的。陳炯明再走惠州。十二年二月，中山返粵，以大元帥名義，主持軍務。

護法的始末，大略如此，至國民政府成立，而後風雲一變。

第九章　參戰的經過和山東問題

中國和德、奧宣戰的經過，已見第八章。當這時期，中國曾設立參戰事務督辦處，並借入參戰借款二千萬，練成參戰軍，但實際都用之於內爭，對於歐戰，不過曾招募華工赴歐而已。

這時候，日本正想獨霸東洋。當中國對德提出抗議時，其公使即向我國外交部説：“日本贊成中國的抗議，然而如此大事，中國竟不通知日本，甚爲遺憾。”又向英、俄、法、意交涉，日本承認中國參戰，各國却要保證日本接收德國在山東的權利。於是英法兩國和日本都立有密約，俄、意亦經諒解。

八年一月十八日，歐洲和會在巴黎開幕，我國亦派代表參與。先是七年一月間，美總統威爾遜曾提出和平條件十四條，中有外交公開、減縮軍備、組織國際聯盟等項。各國都認爲議和的基本條件。所以我國對於和會，當時頗抱熱望。曾作成希望條件，和《取消對日二十五條條約》和《換文的陳述書》，一併提出。各國説：“這不是和會權力所及。當俟國際聯盟的行政部能行使權力時，請其注意。”

時英、美、法、意、日五國，別組所謂最高會議。一切事情，頗爲其所壟斷。關於山東問題，我國要求由德國直接交還，而日本則主張德國無條件讓與日本，相持不決。到四月二十四日，最高會議開會，招我國代表出席。威爾遜朗誦英法兩國和日本的《祕密換文》。又誦《中日條約》和《換文》的大要。問爲什麼有這條約？我國代表説：“是出於強迫。”威爾遜又問：“七年九月，歐戰將停，日本決不能再壓迫中國，爲什麼還有欣然同意的換文？”這消息傳到我國，輿情大爲激昂。於是有五月四日，北京專門以上學校學生停課，要求懲辦曹汝霖、章宗祥、陸宗輿之舉。風聲所播，到處學校罷課，商店罷市，又有鐵路工人，將聯合罷工之説。政府乃於六月初十日，將三人罷免。_{時曹爲交通部長，章爲駐日公使，陸爲造幣廠總裁。}是之謂“五四運動”。

當時山東問題，在和會中，交由英、法、美專門委員核議。卒因英法的祖

480

日，依照日本的意思，將德國在山東的權利，讓與日本。時中國代表，亦提出一讓步案。"德人在山東權利，移讓英、美、法、意、日；由英、美、法、意、日交還中國。中國償日攻青島兵費。其額，由英、美、法、意議定。"因英、法祖日，未能有效。惟美國委員，另遞一節略於威爾遜，說："實行《中日條約》；或照《中德條約》，將德國所享權利，移轉於日本；均不甚妥。不如照中國所提讓步案。"但亦未能生效。插入《對德和約》第一五六、一五七、一五八三條中，中國代表提出保留案。聲明中國可以在《和約》上簽字，但關於山東條項，須保留另題——始而要求於《和約》內山東條項之下，聲明保留，不許。繼而要求於《和約》全文之後，聲明保留，不許。改爲《和約》之外，聲明保留，不許。再改爲不用保留字樣，但聲明而止，不許。最後要求臨時分函聲明，不能因簽字有妨將來的提請重議，不許。代表電告政府，說："不料大會專橫至此，若再隱忍簽字，我國將更無外交之可言。"二十八日，《和約》簽字，我國代表就沒有出席。於是對德戰爭，由大總統以《佈告》宣佈中止。至於《奧約》，則由代表於九月初十日簽字。《國際聯盟條約》，美國提出後，經各國同意，插入《和約》中，作爲全約的一部，我國雖未簽字於《德約》，而曾簽字於《奧約》，所以仍爲會員國之一。《德奧和約》，兩國都應放棄因庚子拳匪在中國所得的權利和賠款，將專用的租界，改爲各國公用。德國並須將庚子年所掠天文儀器交還。我國雖未在《德約》簽字，德國仍照《約》履行。其後德、奧兩國，於十年、十一年，先後和我國訂立條約，亦改爲平等關係，和從前的條約不同。參看第十七章。

　　至於對俄國的問題，則最爲複雜。原來俄國從革命以後，其所採取的政體，業已和各國格不相入。而俄又於七年二月間，對德國成立和議。於是德奧武裝俘虜，在俄國大爲活動。反俄的捷克軍，爲其所制。各國乃有共同出兵之議。中國亦追隨其後，於七年三月、五月間，與日本訂立《共同防敵海陸軍協定》。所謂《軍事協定》：（一）爲七年三月二十五日，駐日公使和日外務部交換的《共同防敵公文》。（二）爲是年五月十六日，兩國陸軍委員所訂《共同防敵協約》。（三）爲是年五月十九日，兩國海軍委員所訂《海軍共同防敵協約》，後至十年一月二十八日，由外交部和日本大使互換照會廢止。而中國兵艦和英、美、法、意、日軍艦，亦先後駛入海參崴。旋又聯合俄國，組織一鐵路委員會，會設於海參崴，會長用俄人充之。將西伯利亞和中東兩鐵路，置於管理之下。此時各國的出兵，都不甚起勁。惟日本則擁立俄舊黨謝米諾夫於赤塔、卡爾米哥夫於哈巴羅甫喀。謝米諾夫，Semiounoff。卡爾米哥夫，Kalmykoff。並分兵佔據海蘭泡、阿穆爾、伊爾庫次克。直至十四年三月，方纔和俄國訂約撤兵。而當共同出兵之時，日兵由中東路運出的甚多。吉、黑兩省，大受騷擾。而鐵路委員會的技術部長，且有共管中東鐵路的提議，在華盛頓會議席上提出。

經我國代表力爭，方纔作罷。這反是中國因參戰所受的損失了。

　　《和約》既經批准，《歐戰和約》，英、意、法、日等國，均旋即批准。惟美國法律，和約須得上院三分之二同意，方能批准。後來美國上院，對於《和約》，共提出保留案十四起。聲明此項保留案，須得五強國中三國的承認和保證，作爲原約的附件，和原約有同等效力，方可批准施行。山東問題，亦是其中之一。日本遂要求中國，直接辦理交還膠澳交涉。中國輿論，都主張提出國際聯盟，經政府拒絕，到十年十一月，華盛頓會議開會。我國決將山東問題提出。乃由英、美兩國調停，在會外交涉。英、美兩國，都派員旁聽。直至十一年一月，纔訂成條約二十八條。膠濟鐵路，由我發國庫券贖回，後來議定其數，爲日金三千萬元。期限十五年。但五年之後，以先期六個月的知照，得隨時爲全部或一部的償還。在償款未清以前，用日人爲車務總管和總司計。其高徐、濟順鐵路，讓歸國際財團。見下章。煙濰鐵路，中國如用本國資本築造時，日本不要求併歸國際銀團辦理。溜川、坊子、金嶺鎮三礦，由中政府許與中、日合組的公司。膠州灣由中國宣告開放。鹽業及公產，都交還中國，其償價爲日金一千六百萬元。其中二百萬元爲現款，餘爲十五年期的國庫券。青島佐世保間海電，亦交還中國。青島一端，由中國運用，佐世保一端，由日本運用，而日兵於是年四五月之間撤退。

第十章　華盛頓會議和中國

華盛頓會議,是民國十年十一月十四日,在美國的華盛頓開會的。因爲所議的都是太平洋問題,所以一稱太平洋會議。

歐戰以前,日、俄、英、美、德、法,在太平洋上,本來都有勢力的。歐戰以後,德國在海外的屬地,業已喪失淨盡。俄國承大革命擾攘之餘,法雖戰勝而疲乏已極,亦都無力對外。在歐洲方面,只有英國向來是稱霸海上的,而和東方的關係最爲密切,所以雖當大戰之後,對於太平洋的權利,還是不肯放棄。美國和日本,則是大戰期間,都得有相當利益的。所以這時候,太平洋上,遂成爲此三國爭霸的世界。

講起地位來,則日本是立國於太平洋之中的。自中日、日俄兩戰後,南割臺灣,北有旅、大租借地和南滿、安奉等鐵路。又承俄國革命之時,加以侵略。而德屬太平洋中赤道以北的島嶼,戰後議和,又委任他統治。其在西太平洋的勢力,可謂蒸蒸日上。所以這時候,美國要召集這個會,主要的意思,就是對付他。

要講華盛頓會議,却要先明白歐戰以來中國的形勢,二十一條的交涉,已見第七章。此項交涉,雖由兵力的迫脅,訂立二十五條條約,然而未經我國國會通過,以法律論,本不能發生效力。但是雖然如此,日本在事實上,其勢力却是伸張無已的。除山東問題,已見上章外,當六七兩年,我國因忙於內戰,所借日債頗多。吉長、吉會和所謂(一)開海、海吉,(二)長洮,(三)洮熱,(四)洮熱間一地點到某海口的鐵路,均曾因此而訂有借款或借款的豫備契約。參看第五章。《吉長路借款契約》,係六年十月十三日,和滿鐵會社所訂。債額六百五十萬元。期限三十年。期內委託滿鐵會社管理。《吉會借款豫備契約》,係七年六月十八日,和日本興業銀行所訂。墊款一千萬元。其《四路借款豫備契約》,則係七年九月間所訂。墊款二千萬元。歐戰停後,英、美兩國,又提起中國鐵路統一之議。謂由中國另起新債,將舊債分別償還。此項用意,和前此提議的滿洲鐵路中立相同,都是想借此取消各國在華的特殊勢力的,不過一限於東北,一普及全國而已。參看第四編第二十章。因我國興論不一致，未有具體辦法。旋英、美、法、日四國，組織新銀行團。於民國八年五月，在巴黎開會。十一日，訂立《草合同》。規定：（一）除實業事務──鐵路在內──已得實在進步者外，現存在中國的借款合同及取捨權，均歸共同分配。（二）聯合辦理將來各種借款事務。後因日本提出滿、蒙除外停頓。至九年，美銀行團代表赴日，和日銀行團談判。日乃放棄洮熱和洮熱間到海口兩路，而承認《草合同》。新銀行團於以成立。四國公使，於九年九月二十八日，照會我國外交部。但因我國沒有統一的政府，所以借款之事，迄亦未能進行。

　　華盛頓會議開會後，分設限制軍備和遠東問題兩委員會。限制軍備委員會，由英、美、法、意、日五國組織。遠東問題委員會，則更加中、葡、荷、比四國。當開會之初，我國代表，即提出大綱十條。後由美國代表羅德氏，Elinu Root. 總括爲四原則。訂立《九國公約》。所謂《九國公約》：第（一）條，係列舉羅德氏四原則：（甲）尊重中國的主權獨立和領土及行政的完全。（乙）給中國以完全而無障礙的機會，以發展並維持穩固的政府。（丙）確立、維持工商業機會均等的原則。（丁）不得利用現狀，攫取特殊的權利；並不得獎許有害友邦安全的舉動。第（二）條説締約國不得締結違背此項原則的條約。第（三）條：不得在中國要求優先權或獨佔權。第（四）條：不得創設勢力範圍和實際排他的機會。第（五）條：中國全部鐵路，不得自行或許他國，對於各國爲差別的待遇。第（六）條：中國不參加戰争時，應尊重其中立權。此外還訂立《九國中國關稅條約》，見第十六章。其（A）撤退外國駐兵；（B）撤廢領事裁判權；（C）關於中國的條約公開；（D）撤廢在中國的外國郵政局；（E）無綫電臺；（F）中國鐵路統一；（G）交還租借地諸議案，則或有結果，或無結果。各國在中國的駐兵：有（甲）保衛北京使館及北京至山海關的通路，是義和團亂後《辛丑和約》所允許的。（乙）俄國在中東鐵路，日本在南滿鐵路的護路隊。根據於日俄戰後《朴資茅斯和約》的《附約》。該《附約》規定每基羅米突，得置護路兵十五名。但此《附約》中國並未承認。而《中日會議東三省事宜附約》，並曾規定俄兵如允撤退，或中俄商有別種辦法時，日本亦一律照辦的條款。此時俄國在東三省，已無駐兵，日本兵也應該撤退了。（三）則各國在租界内的駐兵。如英、美、法、日之在上海，日本之在漢口，更毫無條約根據。此時議決：條約所許的，當於中國要求時，由各國駐華外交代表與中政府所派代表調查後再行斟酌。其非條約所許的，各國允卽撤退。但事後，僅日本將其駐在漢口的兵撤退，此外均未照辦。撤廢領事裁判權案，見第十七章。關於中國條約公開案，議決：以前所立條約、協約、換文，及其他國際協約，及以國民爲當事者與中國所結契約，以事情所許爲限，從速提出於本會議。總事務局移牒參加各國，以後所訂，應通知署名國及加入此約之國。與中國有條約關係而未參加本會議的國，可招請其加入。各國在華設立郵政，係一八六〇年以來的事。英、美、德、法、俄、日都有。都在通商口岸、租借地和鐵路附屬地内——此時德國已無有——此時議決：除租借地和條約特定者外,限於一九二三年一月一日以前撤消。而以中國政府,不變更現行的郵務行政,和外國郵務總辦的地位爲條件——所謂外國郵務總辦,是一八九八年,法人向前清總理衙門要求："郵政雇用外人,須由法政府推薦。"而總理衙門允許他的。外國無綫電臺的設立,起於辛丑以後。始於北京使館界内,而繼之以租界等地。此時議決：使館界内的電臺,以收發官電爲限。由條約或中國政府特許的,以收發其條約或條件所規定的電爲限。在租借地,南滿鐵路附屬地和上海法租界的另商——後來在上海法租界的,商議的結果,亦以收發官電爲限——此外由中國政府買收。中國鐵路統一案,議決：於在華鐵路之擴張,與其既經適法的權利兩立的最大限度,使中國政府,得於其所管理的鐵路網,統一諸鐵路。中國政府因此需用外國財政、技術,應即許之。交還租借地案,未能議決。僅由各國聲明。法代表聲明：願與各國共同交還。英人聲明：山東問題能得解決,威海衛可以交還。而日本於旅、大,英國於九龍,均聲明不願放棄。其後僅威海衛於十九年四月二十八日交還。見第十七章。

　　山東問題,即在會外解決,已見前章。二十一條件問題,又經我國代表在遠東問題委員會中提出。日代表説："與會國要提出從前的損害,要求會議中重行研究和考慮,日本必不能贊成。但因《中日條約》和《換文》成立後,事勢已有若干變遷。所以允將南滿、東蒙的鐵路借款權及以租税爲擔保的借款權,開放於國際財團,共同經營。其南滿洲聘用顧問、教練,日本並無堅持的意思。原提案中的第五項,日亦將其保留撤回。中國代表仍聲明不能承認。因此此問題在華會中,未能得有結果。其後十一年十一月、十二年一月間,衆參兩院,先後通過請政府宣佈二十五條條約及《換文》無效案。乃由政府照會日本,聲明廢棄。

　　至於各國所訂條約,有關東方大局的,則有英、美、法、日四國《海軍協定》。訂明相互尊重在太平洋中島嶼和殖民地的權利。如或發生争議,當請其他締約國調停。此約既立,一九一一年七月十三日的《英日協約》,即因之而廢。國聯委任日本統治的德屬島嶼,中有雅浦島,爲美國和西太平洋交通孔道。當時美國即提出保留。此時亦成立《協定》,規定使用無綫電,日、美兩國,處於同等地位,美人得在雅浦島居住、置産、自由貿易。後來民國十二年,英、美、法、意、日五國,又有《海軍協定》。十九年,又有《海軍公約》。規定英、美、日三國海軍的比例爲五：五：三。雖然如此,日本在太平洋中形勢,還較英、美爲優勝。海軍協定和公約的期限,都到一九三六年爲止,所以大家都説：一九三六年是世界的危機,然而苟非中國强盛,誰能保證太平洋上風雲的穩定。

第十一章　軍閥的混戰

照第六、第八兩章所説，民國成立以後，内争之禍，也可謂很利害了。然而這還是有關大局的，其比較的限於一隅的，還不在内。現在且揀幾件重要的説説：

民國以來，最安穩的，要算山西。他從民國十四年以前，簡直沒有參加過戰争。閻錫山提唱用民政治，定出六政、三事，以爲施政的第一步。六政，謂：(一) 水利，(二) 蠶桑，(三) 種樹，(四) 禁煙，(五) 天足，(六) 剪髮。三事，謂：(一) 造林，(二) 種棉，(三) 牧畜。教育、實業，都定有逐年進行的計畫。又竭力提唱村自治。在當時，亦頗有相當的成蹟。惜乎到後來，牽入戰争漩渦，以前些微的成績，也就不可得見了。次之，倒還是新疆。從民國十七年楊增新被殺以前，大體也還算安穩。此外就很難説了。

其中分裂最甚，而争戰最烈的，要算四川。四川從袁氏帝制失敗後，北政府所任命的將軍解職。當時政府曾命蔡鍔入川。但不久，蔡鍔就病故了。代理的人，爲川軍所逐。其後滇軍又打入四川。後來又被川軍逐回。於是四川本省，分爲一、二、三軍，各有防地。北政府的勢力，常常從漢中和宜昌一帶——所謂長江上游侵入。而滇、黔兩省，亦時和四川發生關係。各省軍人，派別不一，離合無常。其失敗的，往往要借助於人，而有野心的人，亦落得利用他，收爲己助，或者借以擾亂敵方，所以其紛擾迄不能絶。西南如滇、黔，西北如甘肅，雖然因地位偏僻，對大局的關係較少，然而其内部，也都不能沒有問題。

因爲一切紛争，都起於軍隊太多和軍人擁兵自重、争奪權利之故，於是有廢督裁兵的呼聲，並有聯省自治的議論。聯省自治之説，其由來也頗早。原來行省的區畫，還沿自元朝。明、清兩代的省區，雖然逐漸縮小，然而其區域，還是很大，猶足以當聯邦國的一邦而有餘。而自清末以來，已漸成外重之局。辛亥革命，亦是由各省響應的。民國成立以來，中央事權，迄未能真正統一。

而以中國疆域的廣大、交通的不便、政務的叢脞，一個中央政府，指揮統馭，也頗覺得爲難。於是有創聯省自治之議，希望各省各自整理其內部的。當民國八、九年間，也頗成爲一部分有力的輿論。於是有起而實行的，省各自製憲法。其中以浙江省成立爲最早，於十年九月九日公佈。湖南省製憲最早，而公佈較遲，事在十一年一月一日。既已公佈省憲，自然用不着什麼督軍。於是浙江於布憲之日，即同時宣佈廢督。即未製省憲的省分，也有宣佈廢督的，如雲南省是。事在九年六月一日。然而名爲廢督，而軍隊仍未能裁，即督軍之實，亦仍舊存在，不過換一個總司令或督辦善後軍務等等的名目罷了。所以還是無濟於事。

又有想以會議之法解決國是的。當華府會議將開時，外人曾警告我速謀統一。於是有人想利用這個機會，促起國人的覺悟。主張華會開會之前，先在廬山開一個國是會議，其辦法：分爲國民會議和國軍會議。國民會議，以製定國憲解決時局。國軍會議，則議決兵額、兵制及裁兵問題。其所議決之件，再交國民會議通過。當時有力的軍人，都曾發電贊成，然而後來竟就暗葬了。而上海一方面，又有國民所發起的國是會議。其議發動於商教聯合會。全國教育會及商會聯合會在上海開會，因更組織商教聯合會。於十一年三月十五日，在上海開會。議決其組織：爲（一）各省省議會。（二）各省、區教育會。（三）各省總商會。（四）各省、區農會。（五）各省、區總工會。（六）各律師公會。（七）各銀行公會。（八）各報界公會。其中（二）、（三）、（五）三項，都包含華僑團體。各推出代表三人。定名爲中華民國八團體國是會議，於五月二十九日開會。旋組織國憲起草委員會。製成《國憲草案》，分送各方面。然後來亦未有何等影響。

此等解決時局之法，都是國民黨第一次宣言所明指爲無用的。我們且進而看國民黨改組和國民政府成立以後的事實。

第十二章　中國國民黨的改組和國民政府的成立

　　二次革命失敗以後，孫中山先生在海外組織中華革命黨，這話在第四章中已經説過了。袁世凱死後，中華革命黨的本部移於上海。八年十月十日，改稱中國國民黨。此時在國內還未明白組黨。到十二年一月，纔發表宣言，宣佈黨綱和總章，這一年十一月，中山先生鑒於蘇俄革命的成功，由於組織嚴密，決意將國民黨改組。於是月十一日，發表改組宣言。十三年一月二十日，開全國代表大會。議決將大元帥府改組爲國民政府。發表宣言，表明主義政綱和對內對外的政策。六月，又在黃埔設陸軍軍官學校。又就原有的軍隊中，設立黨代表，宣傳主義。於是南方的組織，驟見精嚴，旌旗變色了。

　　當十二年六月間，北京軍警包圍總統府索饟。旋又全體罷崗。黎總統移居私宅辦公。又被便衣隊包圍。並有人在天安門自稱開國民大會，主張驅黎的。十三日，黎總統赴津，總統印信，由其妾危氏攜帶，住居法國醫院。至天津，被邀於火車站。迫令打電話給危氏，將印信送國務院，然後放行。黎總統通電：“離京係爲自由行使職權起見，並非辭職。”並通告外國公使。北京一方面，則宣告總統辭職，由國務院攝行。議員亦分爲兩派：一部分赴上海開會，一部分留京，都不足法定人數。照《大總統選舉法》，國務院攝職，只能以三個月爲限，九月十二日，北京的國會，人數依然不足。到十月十日，就連國會也要任滿了。於是由衆議院提出延長任期案，通過。十月初五日，選舉曹錕爲大總統。初八日，通過《憲法》。初十日，曹錕就職。是日，《憲法》由衆議院公佈。曹錕既就職，以吳佩孚爲直魯豫巡閲使，蕭耀南爲兩湖巡閲使，齊燮元爲蘇皖贛巡閲使。十三日，浙江和北京政府斷絕公文往來。雲南和東三省旋都通電討曹。

　　十三年九月初旬，江蘇和浙江開戰。江蘇方面，號稱蘇、皖、贛、閩四省聯合，而浙江方面，則聯合淞滬鎮守使，組成浙滬聯軍。主力軍相持於昆山。別將則在蘇州、嘉興間，宜興、長興間作戰。至九月中旬，而奉直戰事亦作。奉軍於九月廿二陷朝陽。進攻山海關，陷九門口。吳佩孚親臨前敵指揮。自十月六日，大戰開始。江、浙方面，孫傳芳自福建入浙。九月十八日，陷杭州。盧永祥宣言：將浙江交還浙江人。把軍隊都撤至淞滬之間。十月九日，松江陷落。十三日，盧永祥下野。二十二日，馮玉祥自古北口回兵北京。和胡景翼、孫岳胡景翼係陝西第一師長，時亦自前綫撤回。孫岳係第十五混成旅長，大名鎮守使，時駐防南苑。宣言組織國民軍。馮爲第一軍，胡爲第二軍，孫爲第三軍。十一月二日，曹錕辭職。於是山東宣告中立。山西兵扼守正太路和京漢路的交點。國民一軍佔楊村，三軍入保定。奉軍陷灤州、山海關、秦皇島，抵塘沽。吳佩孚自海道南下，經南京、漢口回河南。馮玉祥、張作霖會於天津，推段祺瑞爲臨時執政。段於十一月二十四日入京。

當直奉大戰時，南方亦出兵北伐，分攻湖南、江西。北方政局既變，段祺瑞請孫中山北上。中山於十二月三十一日至北京。時孫中山主張開國民會議，以解決時局。段祺瑞就職後，亦宣言於一個月內，召集善後會議，以解決時局糾紛，三個月內，召集國民代表會議，以解決根本問題。並聲言："會議成功之日，即爲祺瑞卸職之時。"孫中山以其所謂兩會議者，人民團體，無一得與，孫中山所主張的國民會議，係：（一）現代實業團體。（二）商會。（三）教育會。（四）大學。（五）各省學生聯合會。（六）工會。（七）農會。（八）反對曹吳各軍。（九）政黨。其代表由團員選出。先開一預備會議，其代表則由團體指派，以期迅速。北方之國民會議，則兼採一般選舉及特別選舉。以省、區及大學、商業、實業所選出的代表組織。命國民黨員，勿得參與。十四年三月十二日，孫中山卒於北京。段祺瑞所召集的善後會議，於三月一日開會，僅議決軍事、財政兩善後委員會的條例而止。後來兩委員會於十月五日開會。因時局紛亂，也就無從議起了。

段祺瑞就職後，裁巡閱使、督軍。管理一省軍務的，都改稱督辦軍務善後事宜。以張作霖爲東北邊防督辦。馮玉祥爲西北邊防督辦。胡景翼督辦河南軍務善後事宜，孫岳爲省長。免齊燮元，以盧永祥爲蘇皖贛宣撫使。齊走上海，組織蘇浙聯軍。盧永祥以奉軍張宗昌的兵南下。齊走日本。浙奉軍在上海定約。浙軍退松江。奉軍退昆山以西。上海則彼此均不駐兵。時在十四年二月間。其時胡景翼的兵，自河北下河南。而鎮嵩軍的憨玉琨，已先據洛陽，東下鄭縣和開封。時政府又以孫岳爲豫陝甘剿匪總司令。即以憨爲副司令，命其退出。憨軍退至洛陽以西。二月下旬，胡、憨的兵衝突。三月八日，胡軍入洛陽。鎮嵩軍援憨，不克，退入山西邊境。四月初十日，胡景翼卒。

乃以岳維峻督豫。於是國民二軍的李雲龍師入西安。馮玉祥亦讓出南苑防地。至八月杪，遂以玉祥督甘，孫岳督陝。李雲龍爲幫辦。直隸當段祺瑞就職後，即以盧永祥爲督辦。永祥南下後，改李景林。四月間，以張宗昌督山東。至是，又以楊宇霆督江蘇，姜登選督安徽。時奉軍張學良、郭松齡駐兵於京、津、山海關之間。自五卅案起後，見下章。奉軍並駐扎到上海。

　　是年十月十五日，孫傳芳自稱浙閩蘇皖贛五省聯軍總司令。發兵入江蘇。上海的奉軍即撤防。楊宇霆、姜登選亦北走。孫軍入南京。渡江，取浦口、蚌埠。十一月十七日，入徐州。越四日，吳佩孚起兵漢口，稱討賊軍總司令。其明日，郭松齡自稱東北國民軍，率兵出關。十二月二十三日，敗死於巨流河。當郭松齡起兵時，近畿和熱河的奉軍都退出。旋直、魯組織聯軍。十二月八日，國民一軍段祺瑞就職之日，馮玉祥即通電下野，將國民軍名義取消，但是後來人家仍稱其兵爲國民軍。執政對馮，亦僅准假一個月。和直軍開戰。二十四日，陷天津。李景林走濟南。是時吳佩孚的兵，正作戰於山東，三十一日，吳通電，停止討奉軍事。十五年一月一日，馮玉祥下野。十九日，奉軍復佔山海關。二十三日，東三省各法團製定《聯省自治規約》，推張作霖維持東北治安。此時東三省復對北京獨立。二月杪，吳佩孚兵入開封。三月，鎮嵩軍入洛陽。直魯聯軍亦北上。二十三日，入天津。吳軍亦佔據保定。三十日，國民一軍退出北京。四月九日，曹錕恢復自由。曹錕辭職後，因北京地方檢察廳檢舉其賄選，執政府命監禁之以俟公判。至此乃恢復自由。段祺瑞走東交民巷。十七日，復入執政府。二十日，復走天津。通電引退。五月一日，曹錕通電引退。十七日，國民軍將領宣言：「專意開發西北。未有適合民意的政府以前，一切命令，概不承認。」於是熱河的國民一軍亦退出。奉軍以七月一日，攻佔多倫，八月十九日，佔張家口。吳軍攻南口。不克。後由奉軍會攻，於八月十四日佔領。山西軍以八月十八日佔大同，九月一日佔綏遠，十日佔包頭。而鎮嵩軍攻西安，迄未能下。此時國民政府的北伐軍，業已整隊北上了。

第十三章　五卅慘案和中國民族運動的進展

　　近代的外侮和前代不同。前代的外侮，祇是一個政治問題，近代則兼有經濟、文化諸問題。非合全民族的力量奮鬥，無以圖存。這是孫中山先生所以要提唱民族主義的理由。從中山先生提唱而後，我民族就漸漸的覺悟；而其實際的運動，也就逐步進展了。

　　講起中國民族運動的進展來，却要連帶到一件傷心的歷史。這便是民國十四年上海地方的所謂五卅慘案。原來從一八九五年，中、日訂立《馬關條約》以來，外人便有在我國設立工廠，以利用我國的原料和低廉的工價的，勞資之間，自然免不了有些糾紛。這一年五月十五日，日本人在上海所設的內外棉織會社，無故停工。工人要求上工。日人竟爾開槍。死顧正紅一人，重傷者三十七人。被捕者無數。各學校學生大憤，起而援助。因此募捐和赴追悼會的學生，爲租界捕房所拘捕者數人。三十日，學生大隊遊行講演。又有二百餘人被拘。羣衆聚觀的，羣趨捕房，要求釋放。英捕頭竟下令開槍轟擊。當場死者四人，送至醫院後因傷斃命者七人。六月一日，公共租界全體罷市。三四兩日，外人所經營的事業和有關交通事業的華人，繼之以罷工。如中國海員、碼頭小工等。英人調兵艦至滬。工部局宣佈戒嚴。調海軍陸戰隊和萬國義勇隊壓迫。續有被槍傷、拘捕的人。於是罷課、罷工、罷市的風潮蔓延各處。到處遊行講演，以促民衆的覺悟。提唱和英、日經濟絕交。民族運動的氣勢，一時異常蓬勃。而慘案亦即繼之而起。其中最爲重大的，要算廣東的沙基慘案。次之則是漢口同重慶的事件。

　　漢口事件，發生於是年六月十日。因英商太古公司的船抵岸，船員和工人衝突，工人被毆傷。明日，工人二千餘人，集隊遊行。英人調義勇隊及海軍陸戰隊，分佈租界。並於要路架設機關槍。後因羣衆擁擠，竟爾開槍掃射，死者八人，傷者數十。其時英國的兵艦，並上溯到重慶。華人聚集觀看，英人又調海軍登陸，用刺刀驅逐。死傷多人。事在七月二日。沙基慘案，則發生於六月二十三日。當五卅慘案消息達到廣東之後，廣東即起一種抵制運動。香港工人，都回内地。英租界的工人，亦都回廣州。這一天，廣東開市民大會。會後遊行。經過租界對岸的沙基。對岸外兵，突然開槍射擊。繼以機關槍掃射。華人死者五十，傷者百餘。此外九江、汕頭等處，還有較小的衝突。

當五卅慘案發生後，北京政府即行派員調查。英、美、法、意、比、日六國公使館，亦派委員團赴滬調查真相。交涉於六月十六日，在上海開始。未幾即行破裂。九月中，公使團提出司法調查之議，要求我亦派員。經我國拒絕。但彼仍自行派員。其結果，令上海總巡捕和捕頭辭職，而略給死者家屬邮金。我國否認。外人亦遂置諸不理。直到十九年二月，工部局徑將銀十五萬元交給死者家屬，這件事就算如此結局了。漢口方面，我國亦曾提出條件多款。其結果，則十四年十月間，僅將先決條件簽字。英軍艦撤退，巡捕的武裝解除，太古公司在租界外的行棧碼頭撤消。英人並允賠償損失。其餘的交涉，就未有結果。重慶交涉，亦是如此。廣東一方面對英抵制最久。華人設立罷工委員會，以謀罷工工人的善後。又設立工商檢驗處，以檢查輸入的貨物。直到十五年十月十一日。乃由英人許我在海關抽收内地税，普通貨物二·五，奢侈品加倍，以謀罷工工人的善後，而我許將工商檢查處取消。

因五卅慘案而引起的民族運動，似乎是失敗了。然而決非如此。因此慘案，而我國人的民族意識，格外發達。從此以後，民族運動就更有不斷的進展。大之則如取消不平等條約呼聲的加高，小之則如上海會審公廨的收回，會審公廨，起原於一八六八，即前清同治七年。先是一八五三年，上海縣城陷落，中國官吏盡逃。租界的華人，無人管理。英、法、美三國領事，對於輕微罪和違警罪，遂擅行處罰。至是年，乃由上海道和三國領事協議，訂定《洋涇浜設官會審章程》十條。公廨由此設立。其中條約僅許觀審的案件——如外國人爲原告，中國人爲被告時——竟許其會審；並不許觀審的——如外人所雇用的華人爲被告時——亦許其觀審；殊屬有損主權。辛亥革命，上海道和會審官都避匿。各國領事，竟將公廨接管，擅委官員，並將權限肆行擴充，更成爲毫無根據的機關。民國十五年，江蘇省政府和領事團訂立《收回上海會審公廨暫行章程》九條。於十六年一月一日，實行收回。改組爲臨時法院。並設上訴院，爲上訴機關。但觀審之制，依然存在。且上訴院即爲終審，亦與吾國司法制度不合。該項章程，原定三年期滿，惟其時國民政府，業已照會各國，聲明取消領事裁判權。乃於十九年四月，徑行改組爲上海特區法院。當五卅慘案交涉時，上海工商學聯合會提出交涉條件，由總商會删併爲十三條，其中即有收回會審公廨一款；當時政府即據以交涉。雖然未得解決，然而會審公廨的收回，實在是發動於此的。以至國民軍到達長江流域後，漢口、九江、鎮江等地租界的交還，民國十六年一月三日，中央軍事政治學校的宣傳隊，在漢口講演。英人調水兵和義勇隊干涉。追入華界，用刺刀殺死華人四人，傷

者甚多。六日，九江碼頭工人因要求輪船公司改良待遇，罷工糾察隊人員，被英人擊傷。其時民氣甚
爲激昂。英人乃將租界的管理權，交還中國。漢口由國民政府組織臨時管理會，維持治安。九江亦由
中國軍隊入駐租界。至二月十九、二十日，先後成立《協定》。漢口、九江租界，都由英國交還。鎮江則
國民軍於三月二十四日達到，英人亦即退出，租界由中國警察維持。至十八年十一月十五日，英人亦
將鎮江租界交還。**都是和五卅慘案很有關係的。**

第十四章　國民革命的經過

　　當國民黨改組後,十三年秋間,即乘北方騷亂之際,出兵北伐。旋因段祺瑞就臨時執政職,邀請孫中山先生北上,乃又罷兵,已見第十二章。自中山先生卒後,北方的局勢,騷亂更甚。北伐之舉,乃到底不能不實現。

　　中山先生北上後,國民政府以十四年四月平東江。旋滇軍回據兵工廠,桂軍亦附和,政府遷於河南。六月初,黨軍和粵軍還攻。廣州於十二日恢復。國民黨中央執行委員會,議決改組政府,廢元帥,代以委員制,於七月一日成立。軍隊都改稱國民革命軍。黨軍和粵軍回攻廣州時,東江復爲叛黨所佔。十一月,再把東江打平。十二月,平定高、雷、欽、廉和瓊崖等地。廣西亦依國民政府所定《省政府組織法》,組織政府。十五年一月,開第二次全國代表大會。六月五日,中央執行委員會召集臨時會,通過迅速北伐案。以蔣中正爲總司令。

　　先是國民革命軍分爲六軍。後來廣西歸附,編爲第七軍。是時湖南紛擾,唐生智來求援,乃編爲第八軍。派四、七軍往援。七月十二日,七、八兩軍克長沙。八月十二日,蔣中正到長沙。於是分兵爲三:右入江西,左出荆、沙,而中路直攻武、漢。二十四日,吳佩孚自至漢口督戰。國民革命軍北進,破敵於汀泗橋、賀勝橋。九月初六、初七兩日,連下漢陽、漢口,武昌亦被包圍——後來到十月初十日降伏。正面的兵進展後,左路軍亦於九月十五日達到沙市。其右路軍,與蘇、皖、贛、閩、浙五省聯軍相持於江西,爭戰最爲劇烈。至十一月七日,南昌陷落,江西平定。

　　北方的國民軍,以是年七月進甘肅。九月十五日,馮玉祥遊俄歸來,抵五原,諸將仍推爲總司令。進甘肅的兵,以十一月入陝。是月杪,遂解西安之圍。至十二月初,而到達潼關。留守東江的兵,以十月入福建。至十二月而福建平定。浙江於十月間響應國民軍,不克。十二月一日,北方推張作霖爲安國軍總司令,張宗昌、孫傳芳爲副司令。孫軍撤退江北。張宗昌軍復入滬寧綫。國民革命軍乃以湖南北的兵爲西路，進攻河南。出福建的兵爲東路，進浙江。江西的兵爲中路，復分江左、江右兩軍，沿江東下。東路軍以十六年一月入杭州。分兵爲三：一沿滬杭鐵路達上海，一出平湖抵蘇州，一自宜興進常、鎮。均於二月中到達。而江左軍亦於三月初下蕪湖，江右軍於十六日佔當涂。至二十三日，遂入南京。西路軍於五月中北上。馮玉祥亦進兵洛陽。是月末，進至鄭州、開封，兩路兵會合。

當這北伐順利時，而南方有清黨之事起。先是孫中山改組國民黨時，第三國際共產黨員，聲明以個人名義加入。中山先生許之。但其後，共產黨員，仍圖在國民黨中，擴充該黨的勢力。中山先生逝世後，第一屆執行監察委員，就有在山西開會，議決肅清共產分子的。旋在上海別組中央黨部。北伐之後，政治會議議決遷都武漢，而中央黨部，則在南昌，委員也有前赴武漢的。到三月廿八日，中央監察委員在上海開會，議決清共。四月七日，中央政治會議議決遷都南京。於是寧、漢之間，遂成對立之勢。直到七月十五日，武漢方面，亦舉行清黨，而寧、漢合作，乃漸告成。當寧漢分裂時，北軍乘機占揚州和浦口。曾渡江佔龍潭，給國民軍打退。其時蔣中正辭總司令之職。國民政府乃命何應欽定江北，馮玉祥下徐州。山西亦於九月間出兵攻奉。奉軍退守河北。

十七年一月八日，蔣中正再起爲北伐軍總司令。於是分各軍爲四集團，再行北伐。四月，北伐軍下兗州、泰安。五月一日，入濟南。至三日而慘案作。見下章。國民軍乃繞道攻德州，進下滄州。六月三日，張作霖出關。四日，至皇姑屯車站，遇炸身死。東三省人推張學良繼其任。至十二月二十九日，三省通電服從國民政府。於是國民政府的統一告成。其後雖尚不免紛擾，然真正的統一，總不難於不遠的期間達到了。

第十五章　五三慘案和對日之交涉

　　中國的統一，是帝國主義者所不利的。所以要多方阻撓。如利用我國的內爭，將借款軍械等供給一方面等都是。而其尤露骨的，則莫如十七年的五三慘案。

　　當十六年五月間，國民革命軍，奠定東南，渡江北伐。當時日本政府，便有乘機干涉的意思。乃借保護僑民爲名，運兵到山東。經我政府迭次交涉，方纔撤退。十七年四月，國民軍既克兗州。日本閣議，又通過第二次出兵案。先將駐津日軍三中隊，調赴濟南。又派第六師團，從青島登岸到濟。五月三日，在濟南的日兵和我無端啟釁。我國徒手的軍民，被殺的不計其數。甚且闖入交涉公署，把特派交涉員蔡公時和職員十人、勤務兵七名，一齊殺害。中國爲避免枝節起見，即將在濟南的兵退出，只留一團駐守。而日本於初七日，又對我提出無理的要求：（一）高級軍官，嚴行處分。（二）和日兵對抗的軍隊，解除武裝。（三）我軍離開濟南和膠濟鐵路二十里。限十二小時答覆。而又不待我答覆，於初八日，徑用大炮攻城。我守城的一團兵，奉命於十日退出。十一日，日兵入城。又大肆屠戮。並且扣留車輛，截斷津浦路，強佔膠濟沿綫二十里內的行政機關。

　　當日兵攻城之際，我政府即致電國際聯盟，請其召集理事會，籌畫處置，我願承諾國際調查或國際公斷等辦法。但是國際聯盟，並無適當的處置。日本却又徑致《覺書》於我說：“戰爭進展到京、津，其禍亂或及滿洲之時，日政府爲維持滿洲起見，或將採取適當有效的處置。”日本此時，以爲如此一來，北伐必然停頓，即使繼續，也要經過長時間的鬥爭，日本於中取利的機會甚多。尤其兵爭延及東北時，日本可以遂其所大欲。誰知國民革命軍，依舊繞道北上。而且經此事變，我國人反有相當的覺悟，東北軍也發出息爭禦侮的通電，於六月初，竟退出關。膠東的兵，於九月一日易幟。在天津以東的直魯軍，亦因關內外的夾擊，於九月中旬解決。日人無可如何。十月初，乃和我國開始交涉。

我國提出：（一）先行撤兵；（二）津浦通車；（三）交還膠濟沿綫二十里内的行政機關；（四）膠濟路沿綫土匪，由中國負責肅清等項。日人不願意，交涉停頓。後來屢經波折，到十八年三月二十八日，纔定議：日軍於兩個月内撤退。雙方損害，則設共同委員會調查。議定之後，我方派出接收委員。日兵初定四月十八至二十五之間撤退。旋又説膠東匪亂甚熾，坊子以東，要議展期。我政府不贊成分期接收，索性將全部展緩。直至六月五日，日方才開始撤兵，至十六日而接收完畢。

在山東一方面，日人雖未遂其阻撓北伐的野心。然而對於東三省，則還是野心勃勃，所以有十七年六月四日，張作霖在皇姑屯車站遇炸之事。這一次的炸彈案，佈置得很爲周密，非經多數人長時間之佈置不可。鐵路警備森嚴，其斷非張作霖的政敵或匪徒少數人所能爲，不問可知了。經這一次陰謀，更促成東北的覺悟。於是有七月一日通電服從國民政府之舉。日本又命其駐奉天的總領事勸告：易幟之事，宜觀望形勢。又派專使到奉，以吊喪爲名，勸告奉方，不宜與國民政府妥協。奉方都不聽從。三省實行易幟之後，東北一方面，收回權利的事，也逐漸進行，日人心懷忿恨，就伏下民國二十年“九一八”的禍根了。

第十六章　關稅自主的交涉經過

　　中國自海通以來，和外國所訂的不平等條約，可謂極多，而其最甚的，則無過於關稅稅率的協定。現在世界上，經濟競爭，日烈一日。貿易上的自由主義，久成過去，各國都高築關稅壁壘，以保護本國的產業。獨稅率受限制的國，則不能然。所以舊式和新興幼稚的產業，日受外力的侵略壓迫，而無以自存。中國所以淪入次殖民地的地位，這是一個最大的原因。

　　中國關稅，除（一）海關稅率，協定爲值百抽五外，（二）其內地稅，並亦協定爲直百抽二‧五。（三）而英、法、俄、日，在陸路上的通商，還有減免，見第四編第十一、第十四、第二十章。而且（四）海關稅率，名爲值百抽五，實際上，因貨價的高昂，所抽還遠不及此數。

　　改訂稅率之議，起於一九○二年。這是義和團亂後訂定和約的明年。因賠款的負擔重了，所以這一年的《中英商約》，許我於裁釐之後，把進口稅增加到百分的一二‧五，出口稅增加到百分的七‧五。其所裁的釐，則許辦出產、銷場、出廠三稅，以資抵補。一九○三年《中美》、《中日商約》，一九○四年《中葡商約》，規定大致相同。這一次的失策，在於將裁釐作爲加稅的交換條件。不但有損主權，而且裁釐在事實上猝難辦到。事後，果因中國人憚於裁釐，外人則其貨物運銷中國，本有內地半稅，以省手續，事實上釐金所病，係屬中國商人，所以也不來催問。這一次條約，就如此暗葬了。至於海關估價，則《辛丑和約》，訂定將從價改爲從量，即於一九○二年實行。然而所估的價，仍不能和實際符合。

　　還有一件事，也是很有損於主權的，那便是稅務司的聘用。當中外通商之初，海關稅本由外國領事代收。到一八五一年，才廢其制，由華官自行徵收。一八五三年，上海失陷，清朝所派官吏逃去，仍由英、美領事代課。其明年，上海道和領事商定，聘用英、美、法人各一，司理徵稅事務。是爲稅務司的起原。此時的外人，係由上海道聘用。一八五八年，《中英通商章程善後條款》規定：中國得邀請英人，幫辦稅務。然仍訂明由中國自由邀請，"毋庸英官指薦干預"。而且法、美二約，亦有同樣的條文，並非英人獨有的權利。一八六四年，總理衙門公佈《海關募用外人章程》。自此以後，各關稅務司，遂無一華人。而一八九六、九八兩年的英、德借款，《合同》均訂明："此項借款未還清時，海關章程，暫不變更。"英人又要求："英國在華商務，在各國中爲最大時，總稅務司必須任用英人。"亦於一八九八年，經總署答復允准。於是中國所用的稅務人員，其地位，就儼然發生外交上的關係了。

辛亥革命，外人怕債權無着，由公使團協議，將關稅存放外國銀行。非經總稅務司簽字，不能提用，即償付外債的餘款——所謂關餘，亦係如此。於是中國財政上，又多一重束縛。民國六年，中國因參加歐戰，要求各國修正海關稅則。經各國允許，於次年實行。這一次的修改，據專家估計，亦不過值百抽三·七而已。巴黎和會開會時，我國曾提出關稅自主案，被大會拒絕。華盛頓會議時，又經提出。其結果，乃訂成《九國中國關稅條約》。見第十章。訂明批准後三個月，中國得召集與約及加入各國，開一關稅會議，實行一九〇二年的《中英商約》。在此約未實行以前，得在海關徵收一種值百抽二·五，其奢侈品，則加至值百抽五的附加稅。至於估計物價，切實值百抽五，則不待此約的批准，即可實行。約中並訂明中國海、陸邊關的稅率，應行畫一。其後關稅會議，於民國十四年，由段政府召集。十月初二日，在北京開會。當時到會的，除原訂《九國條約》的英、美、法、意、荷、比、葡、日外，又有邀請加入的西、丹、瑞、那四國，共十二國。我國又提出關稅自主案。十一月十九日，通過：

各締約國，承認中國享受關稅自主的權利，允解除各該國與中國間各項條約中關稅的束縛。並允許中國國定關稅條例，於一九二九年一月一日，發生效力。

而中國政府，申明裁厘之舉，與國定稅率，同時施行。同時，中國擬定七級稅則，實際上得各國的承認。至於海關附加稅問題，則未能議決而段政府倒。關稅會議，於十五年七月三日，由各國代表，宣告停頓。當時中國提出的附加稅率，較華會所許百分之二·五爲高。各國不肯承認。相持未決。而段政府倒，會議停頓，至十六年，北京政府乃即照百分之二·五徵收。

國民政府定都南京後，一方面宣告取消不平等條約，見下章。並宣佈於十六年九月一日，實行關稅自主，同日裁厘。屆時未能實行。十七年七月，政府和美國先訂立《整理關稅條約》。約中訂明："前此各約中，關於關稅的條文作廢，應用自主的原則。"條文言"締約國在彼此領土內所享受的待遇，應與他國一律；所課關稅，内地税，或其他捐款，不得超過本國或他國人民所納"；是爲最惠國及國民待遇，但係相互的。自此以後，德、那、荷、英、瑞、法六國的《關税條約》，先後訂成。而比、意、丹、葡、西五國，是年亦均訂有《友好通商條約》。約文規定，大致相同。惟中日《關税協定》遲至十九年五月間，方纔訂立。並附表規定若干貨物，彼此於一定期間，不得增税。此約日本頗受實惠，但以三年爲期，現在亦已滿期了。政府乃將七級税公佈，於十八年二月一日實行。其後裁厘之舉，於二十年一月一日實現。同時廢七級税，另定新税率。關税自主，到此纔算真實現了。關税既已自主，其他一切，自然不成問題。況且陸路邊關税率中日間早於民國九年，訂立協定，申明和海關一律。中英、中法間，亦於十七年《換文》，申明舊辦法於十八年作廢。俄國則參戰後另訂新約，本係彼此平等。自更不成問題。税務司雖仍任用，而從前約束，既已失效，亦可解爲我國自由任用了。關税自主，本係國家應有的權利，而一經喪失，更圖恢復，其難如此。此可見外交之不可不慎，而民國創業的艱難，後人也不可不深念了。

第十七章　廢除不平等條約的經過

　　廢除不平等條約,可以有兩種辦法:其(一)是片面的宣告。其(二)是共同或個別的談判。中國在國際間,不平等條約的造成,全由前清政府昧於外情之故。至其末造,則外力的壓迫已深。帝國主義者,是很難望其覺悟的。無論共同或個別的談判,都很難望其有效。所以國民政府,於奠都南京後,即毅然發表廢除不平等條約的宣言。(一) 在十六年八月十三日,其主意,係申明嗣後任何條約,非國民政府所締結者,一概不認爲有效。(一) 在同年十一月三日,(一) 在十七年六月十五日,均係專對友邦而發者。十七年七月七日,更照會各國公使,請其轉達各該國政府,定爲三種辦法:(一) 舊約期滿的,當然廢除另訂。(二) 未滿期的,以相當的手續,解除重訂。(三) 已滿期而未訂新約的,另定臨時的適當辦法。旋頒佈臨時辦法七條。對於駐華的外交官領事官,予以國際公法賦予的待遇。在華外人,應受中國法律的支配,法院的管轄。關稅,在國定稅則未實行以前,照現行章程辦理。凡華人應納的稅捐,外人亦應一律繳納。未規定的事項,係國際公法及中國法律處理。此項照會,既經發出後,和我訂立條約的,十七年有比、意、丹、葡、西五國。十八年有希、波二國。十九年有捷克和法國的《越南通商專約》。至土耳其的《友好條約》,則係二十三年四月訂成的。在此諸國以外,德、奧與俄,戰後的條約,本已平等;其餘各國,雖然新約尚未訂成,然廢除不平等條約,既經我國定爲政策,此後自然要本此進行,平等條約的訂立,祇是時間和手續的問題了。

　　不平等條約,貽害最大的,要算(一)關稅協定,(二)領事裁判權,(三)租界,(四)租借地,(五)內河航行五端。《東方文庫續編·我國修改條約之運動》六七頁。關稅交涉,已見前章。取消領事裁判權的動機,也起於《辛丑條約》。見第四編第十八章。巴黎和會中,我國亦曾提出撤消領判權,給大會拒絕。華盛頓會議中,又經提出。乃議決:由各國各派代表,中國亦在其內。組織委員會,調查在中國的領判權的現狀和中國法律、司法制度、司法行政的情形後再議。並得向中國政府提出改良司法意見書。中國政府,得自由承諾或拒絕其一部或全部。此項委員會,於十五年一月,在北京開會,至九月十五日而畢。撰有《調查報告書》。到會的爲美、法、意、比、丹、英、日、荷、西、葡、挪。《報告書》分四章:(一)在中國領判權的現狀。(二)中國的法律。(三)中國的司法制度。(四)爲改良意見。於軍人干涉司法,最致不滿;而法庭太少,法官俸給太低次之。對於撤消領判權,仍主緩辦。國民政府和意、丹、葡、西所訂條約,均有於十九年一月一日,放棄領判權的條文。《比約》則規定另訂詳細辦法。如詳細辦法尚未訂定,而現有領判權諸國過半數放棄,比國亦即照辦。五約均附有(一)中國於十九年一月一日以前,頒佈民、商法。(二)放棄領判權後,外人得雜居内地,經營工商業,享有土地權——但仍得以法律或章程,加以限制。(三)彼此僑民捐稅,不得較高或有異於他國人的條件。各國與我訂約,亦有本無領判權的,亦有雖有而其條約業已滿期的。此時有領判權而條約尚未滿期的,爲英、法、美、荷、挪、巴西六國。撤廢領判權的實行,即重在與此諸國的交涉。十八年十二月,國民政府曾令主管機關,擬具實施辦法。二十年,擬成《管理在華外人實施條例》十二條。於五月四日公佈。定二十一年一月一日實行。因日人侵略東北籌備不及,暫緩。墨西哥未定新約,但該國政府,於十八年十一月,宣言將領判權放棄。

租界的設立,本不過許外人居住通商。但是因中國人的放棄和外國人的侵奪,而行政、司法、警察等權,往往受其侵害。這還是事實。到一八九六年的《中日通商口岸議定書》舊稱《公立文憑》。就索性將管理道路、稽查地面之權,明定其屬於該國領事,這更可稱爲不平等條約之尤了。而在事實上,妨害我國主權尤甚的,則要算上海的租界。上海英租界,設於一八四五年;美租界設於一八四八年;一八五四年,合併爲公共租界。但其實權仍在英人之手。上海租界的市政,屬於工部局。其根據,係一八九六年的《洋涇浜章程》。工部局譯爲《上海洋人居留地界章程》。此章程由外人納税會通過,經各國領事認可,駐扎北京的公使批准。工部局董事,係由納税人選舉,而納税人年會,則由領事團召集。是以各國的外交代表,和其照料商務的領事,而干涉起我國的市政來了。民國以來,除德、奧、俄三國在天津、漢口的租界因歐戰而取消外,其餘一切,都因仍舊貫。到國民軍到達長江流域以後,英國在九江、漢口的租界,纔和中國訂結協定交還。鎮江的英人,於當時退出,後亦申明願將租界交還中國。於十七年十一月十五日交還。參看第十三章。比國的天津租界,則於十八年八月交還。英國在廈門的租界,亦於十九年九月,以協定聲明取消。現在所有的,除日本最多外,日人所有的爲天津、營口、瀋陽、安東、廈門、杭州、蘇州、沙市、福州、重慶、漢口各租界。只英在廣州、天津、營口,法在廣州、漢口、上海、天津和鼓浪嶼,上海、芝罘,還有公共租界而已。

内河和沿海的航行權,各國通例,都是保留之於本國人的。這不但以權利論，應爲本國人民所獨享；即在國防上，亦有很重要的關係。而前清政府，不明外情，一八五八年的《天津條約》，許英人在長江航行。各國援最惠國之例，羣起攘奪，而長江航權，遂非我所獨有。一八九五年《馬關條約》，開蘇、杭爲商埠，後四年，遂頒佈《內港行輪章程》。華洋輪船，照章注册的，一律准其通航。外人在華航行權，遂愈加推廣。至於沿海，則條約未訂立以前，外人業已自由航行，更其不必説了。前清所訂的條約，只有一八九九年的《中墨條約》，申明"不得在國內各口岸間，往來貿易"，然而無補於事。民國現在，雖亦未能將已喪失的航行權，即時收回。然十八年的《中波條約》，十九年的《中捷條約》，均訂明將內河和沿海的航權保留。其餘各國，重訂條約時，亦可漸謀改正了。

租借地在法律上，本來和割讓地顯然有別。但在事實上，則外人據之，亦未免隱然若一敵國。中國的有租借地，自德人之於膠州灣始，而旅、大、威海、九龍、廣州灣，就紛紛繼起了。歐戰之際，膠州灣又爲日人所據。其後因山東問題的解決而交還。至於華盛頓會議中，中國代表要求各國交還租借地，則只有英國允將威海衛交還，其後於十九年四月實行。至英於九龍，日於旅、大，則均聲明不肯放棄。法於廣州灣，當時雖聲明願與各國同行交還，然訖今亦仍在觀望之中。

不平等條約的內容，其犖犖大端，要算前列的幾件。此外，和外人得在中國境內駐兵；又如因畫定勢力範圍，而得有築路，開礦之權；又如外人在中國游歷、傳教，中國政府，負有特別保護的義務等都是。總而言之，凡其性質超過於國際法的範圍，而又係片面性質的，都可稱爲不平等條約。一概蕩滌净盡，而達於完全平等之域，現在固尚有所未能。然既已啓其端倪，則此後的繼續進行，只看我政府和國民的努力了。

第十八章　中俄的齟齬

最近的外交，中、俄之間，關係要算最爲複雜了。俄國侵害中國的權利，中東鐵路要算是其大本營。當民國七年時，中國曾因俄國新舊黨的衝突，把中東路的護路權收回。按照《中東鐵路合同》，俄國在鐵路沿綫，本只能設警，不能駐兵，即《朴資茅斯條約》，日、俄兩國，駐兵保護鐵路，每啓羅米突，亦僅得駐二十五名。然俄人在沿路駐兵，其數常至數萬。歐戰起後，此項駐兵，大都調赴歐洲。留者分爲新舊兩黨，時起衝突。我國乃於是年一月十日，將其解除武裝，鐵路由我派兵保護。俄人曲解《中東鐵路合同》，握有哈爾濱的市政權，亦經我國於九年三月，將其廢除，改爲東省特別區。《中東鐵路合同》第六條："由該公司一手經理，建造各種房屋，設立電綫，以供鐵路之用。"經理二字，法文作 Administration，俄人曲解爲有行政權，竟在哈發佈市制，向住民收稅。一九〇九年，乃由前清外務部，和俄國所派中東鐵路總辦，訂立《鐵路界内組織自治會預定協約》。由中外居民共選議員。更由議員復選執行委員三人。交涉局總辦、鐵路總辦各派委員一名，會同議會議長，組織執行委員會。此項委員會和議會，受交涉局總辦、鐵路總辦的監督。從此以後，哈爾濱鐵路附屬地的行政權，就入於俄人之手了。九年三月十一日，爲俄國革命三周紀念，在哈俄國新舊黨，又起衝突。中國乃勒令舊俄政府所派鐵路總辦，離去哈爾濱，而將鐵路附屬地行政權收回。於其地設東省特別區市政管理局。俄國自革命以後，備受各國的封鎖，很想有一國能和他通商。曾於八年、九年，兩次宣言：願放棄舊俄帝國以侵略手段在中國取得的特權和土地，抛棄庚子賠款，無條件將中東路交還中國。此時中、俄關係，很有改善的希望。而中國因和協約國取一致的步驟，始終未能對俄開始交涉。參看第九章。直到九年九月間，纔將舊俄使，領待遇停止。此時距離俄國的革命，爲時已有三年半了。此時在蒙古一方面，既因舊俄的侵擾，而遠東軍佔據庫倫。參看第五章。而中東路則自共同出兵以來，列強頗有借端干涉的趨向。參看第九章。我國乃於九年一月間和道勝銀行代表，另訂合同。規定：鐵路人員，除督辦歸我外，餘均中、俄各半。否認中、俄以外的第三國，和鐵路有關。俄政府管理鐵路之權，由中國政府代爲執行；以正式承認俄國，商有辦法之日爲止。其對俄國通商，則僅是年四月間，新疆省政府曾和俄國訂立《局部通商條約》。十年五月間，呼倫貝爾善後督辦，亦曾和遠東共和國，訂立《境界交通協定》。此外迄無何等辦法。而十一年，遠東共和國派來中國的代表，也否認蘇俄曾有交還中東鐵路的宣言。直到十三年，遠東共和國，早已合并於蘇俄；遠東共和政府，設立於一九二一年四月二十七日。明年十一月十三日，與蘇俄合并。而英、意兩國，也都承認蘇俄了。我國和蘇俄的交涉，纔逐漸開展。於是年五月，訂定《中俄解決懸案大綱》及《暫行管理中東鐵路兩協定》。《解決懸案大綱》中：（一）俄國許拋棄帝俄時代在中國所取得的特權和特許。（二）及庚子賠款。（三）取消領事裁判權。（四）及關稅協定。（五）帝俄時代，與第三者所訂條約，有妨中國主權的，一概無效。（六）承認外蒙古爲中國領土的一部，尊重中國的主權。此係空話，參看第五章。（七）彼此不容許反對政府的機關和團體，並不爲妨礙對方公共秩序，及反於社會組織的宣傳。（八）簽字後一個月，舉行會議，解決外蒙撤兵、重行畫界、賠償損失、通商航行諸問題。（九）中東路許我出資贖回，亦於此會議中商定辦法。其後此項會議，至十四年八月始開。而其時東三省對中央獨立，三省的事，事實上和中央政府商量無效。俄人乃又於九月中，和奉天派出的人，訂立協定，是稱《奉俄協定》。

　　十六年四月，北京方面，派兵蒐查俄使館。旋又蒐查天津的駐華貿易處等。俄國召還北京的代理公使，以示抗議。是年十一月，共產黨起事於廣州。政府認蘇俄有援助的嫌疑，於十二月十四日，對蘇俄領事，撤消承認。蘇俄在中國各地方的國營商業機關，亦勒令停止營業。十八年五月二十七日，蘇俄駐哈領事館集會。我國認爲有煽動嫌疑，派員搜查逮捕。七月十日，又另派中東路督辦，撤換蘇俄正副局長，將蘇俄職員多人解雇，並查封其國營商業機關。蘇俄遂於七月十八日，對我絕交。時我國仍願和平處理，訓令駐芬蘭公使，因回任之便，赴哈調查，轉赴滿洲里和俄人商洽。而俄國無人前來。哈爾濱交涉員，雖和俄國領事接洽過幾次，亦不得要領。旋因蘇俄駐德大使，有願意交涉的表示，政府亦飭我國駐德公使，藉德人居間與俄商洽。至十月中，亦決裂。自八月中旬以後，俄兵即時侵我國境界。我國軍人防禦，很爲勇敢，但因邊備素虛，又後援不繼，同江、滿洲里，於十月、十一月中，相繼陷落。而外蒙之兵，亦陷呼倫貝爾。十二月，因英、美兩國，勸告息爭，乃派員在伯力開豫備會議。二十二日，將《草約》簽字。中東路回復七月以前的狀況。彼此恢復領事。訂於明年一月二十五日，在莫斯科開正式會議。其後此項會議，久無進步。直到日本佔據東北以後，外交上的形勢一變。二十一年十二月十三日，乃由中、俄兩國出席軍縮會議的代表，在日內瓦互換文件復交。

第十九章　日本的侵略東北

在中華民國革命造行的程途中，可謂重重魔障，然而其嚴重，要未有若民國二十年九月十八日，日人侵略東北之甚的。

日人的侵略東北，本係處心積慮之舉。近年以來，我國對於東北的開發，頗有進展。其主要的，如吉海、奉海、打通路的銜接，葫蘆島的經營是。盜憎主人，乃更引起日本的猜忌，而促成其積極侵掠之舉。是年六月間，因長春附近的朝鮮農民，強毀我國的民田築壩。該處日本駐軍，遂槍殺我無辜民眾，釀成所謂萬寶山慘案。萬寶山，在長春東北。當民國二十年間，有個喚做郝永德的，租得該處民地五百坰，轉租與韓人耕種。其契約，實未經長春縣政府批准，而該韓人等，竟導引伊通河水，攔河築壩，強掘民田，因此遂引起衝突，日人遂借此宣傳，謂系華人排斥韓人。在朝鮮境內，造成排華運動。日人又在朝鮮境內，鼓動排華風潮，華人被殺的無算。然仍未能引起我國的釁端。至九月十八日夜，日人乃將南滿鐵路，自行炸毀一段，誣爲我軍所爲，徑向我國瀋陽的駐軍進擊。我軍奉命無抵抗退出。日人乃進佔瀋陽。其在長春、安東等地的駐軍，同時發動。不數日間，而遼、吉兩省間的要地，悉爲所占。

國際公法，不必說了。華府會議《九國條約》，有保持中國領土，行政完整的義務。便是一九二八年八月二十七日在巴黎所立的《非戰公約》，日本也與我國共同簽字的。日本此舉，其爲蔑棄國際信義，自不待言。我國因國力懸殊，且爲愛護和平起見，不願訴之武力，乃訴之於國際的信義。除對日本提出抗議外，即電日內瓦代表，要求根據《盟約》第十一條，召集理事會。行政院開會後，一面通知中、日兩方，避免事態的擴大。一面通知美國。旋決議：令日兵撤回鐵路綫內，儘十月十四日撤盡。

而日本悍然不顧。一面派兵進攻黑龍江，一面要求我國在錦州所設的遼寧行署，撤退關內。我黑省的兵，奮力抵抗，日人頗受損失。旋因援絕，於十一月十八日，退出省垣。日軍犯錦，我軍亦不戰而退。至二十一年一月一日，日兵遂陷錦州。我關外僅存的行政機關，遂又被破壞。而日兵又先於二十年十一月間,勾通漢姦,擾亂天津,挾廢帝溥儀而去。

先是國聯行政院,於十月十三日開會。邀請美國列席。二十四日,以十三票對日本一票議決,令日兵於下次開會,即十一月十六日以前,全行撤退。而日軍置若罔聞。及期,行政院在巴黎開會。乃議決:由國際聯盟,派遣委員團,到東北調查。及錦州陷落,美國乃照會日本,不承認任何事實上所造成的情勢為合法。日人仍置若罔聞。時日本又派兵艦,在我沿江、沿海一帶,肆行威脅。二十一年一月十八日,藉口該國僧人被毆,要求我上海市政府:懲凶、道歉、撫卹、取締反日運動。市府業經接受,日領事亦宣稱滿意了。乃日軍於二十八夜,突然進攻。我駐滬的十九路軍,奮勇抵抗。日兵大敗。乃續調大軍,擴大戰事。延及吳淞、太倉、嘉定一帶,並派飛機,到蘇、杭等處轟炸。因我軍抵抗甚力,日軍累戰皆北,乃又續調精銳,拚命進犯。直至三月一日,我軍因人少,不敷分佈,瀏河被襲,乃自動撤至第二道防綫。這一役,我軍雖未能始終保守陣地,然以少數之兵,抗數倍之眾,使日軍累次失利;列國評論,多認戰事勝利,當屬華軍;而國民自動接濟餉需的,其數亦超過千萬,亦足以表示我國的民氣,而寒敵人之膽了。

當日兵進攻淞、滬時,我國代表,曾在國聯提出援用《盟約》第十條和第十五條,第十條:"聯合會會員,有尊重並保持各會員領土完全及現有政治上之獨立,以防禦外來侵犯之義務。如遇此種侵犯,或有任何威脅或危險之虞時,行政院應籌履行此項義務之方法。"第十五條:"如聯合會會員間,發生足以決裂之爭議,而未照第十三條規定提交公斷或法律裁判者,應將該案提交行政院。行政院應盡力使此項爭議,得以解決。如果有效,須將該爭議之事實及解釋,並解決條件,酌量公佈之。儻爭議不能如此解決,則行政院經全體或多數之表決,應繕發《報告書》,說明爭議之事實及行政院所認為公允適當之建議。如行政院《報告書》,除相爭之一造或一造以上之代表外,該院委員,一致贊成,則聯合會會員,約定彼此不得向遵從《報告書》建議之任何一造,從事戰爭。如除相爭之一造或一造以上之代表外,不能使該院會員,一致贊成其《報告書》,則聯合會會員,保留權利,施行認為維持公平與正義之必要行動。"國聯乃議決:成立上海國際調查團,以英、德、法、意、西領事為委員,並邀美國加入。三月三日,國聯大會開會,十一日,通過上海、東北問題,均適用《盟約》第十五條。限日兵於五月十日以前,恢復去年九月十八日以前的原狀。此正式決議案,如中國接受,而日本拒絕,則《盟約》第十六條第十六條:"聯合會會員,如有不顧本約第十二條、第十三條或第十五條所規定,而從事於戰爭者,則據此事實,應視為對於所有聯合會其他會員有戰爭行為。其他各會員,應即與之斷絕各種商業上或金融上之關係;禁止其人民與破壞盟約國人民之一切交通;並阻止其他任何一國,為聯合會會員或非聯合會會員之人民,與破壞盟約國之人民有金融、商業或個人之交通。"自然生效。又通過:以十九國的委員,英、法、德、意、西、那、波、捷、愛爾蘭、墨西哥、危地馬拉、巴拿馬,本係理事國。

瑞士、瑞典、荷蘭、比利時、匈牙利、南斯拉夫、哥倫比亞七國係新選。組織特別委員會，負責處理糾紛，並建議調解方案。十九國委員會於十六日開會。十九日，議決：令日兵撤退。將地方交還中國警察。在上海組織共同委員會證明。其間又屢經頓挫，直到五月五日，《上海停戰協定》方纔簽字。

日人在上海尋釁時，又派軍艦到首都附近，肆行威脅。我政府為保中樞的安全，以便長期抵抗起見，乃於一月三十日，遷都洛陽。四月七日，並在洛陽召開國難會議，至十二月一日，纔遷回南京。仍繼續長期抵抗的宗旨，努力進行。

日人為遮掩耳目起見，乃肆其掩耳盜鈴之技，於三月九日，在長春擁廢帝溥儀，建立偽滿洲國。以溥儀為終身執政。我國的稅關、郵局以及鹽務等機關，次第為所攘奪。東北稅關被奪後，我國即將各關封閉。應徵之稅，於運往時在他口岸徵收。郵局則暫行停辦。寄往歐美的郵件，由蘇彝士、太平洋運送。偽國郵票，一概無效。國聯會員國，不承認偽國的，都遵守此約。並將直屬日皇的關東軍司令，受外務、拓殖兩省監督的關東長官及派遣偽國的大使，實際上任用一人，使其監督領事。並與偽滿簽定所謂《議定書》，將前此和中國所訂的不平等條約，關涉東北的，勒令承認履行。並借口共同防衛，允許日軍駐扎偽國境內。然而東北正式軍隊和民衆，奮起抗日的，所在都是。屢次攻破城邑，擊敗日、偽軍。日人勢力所及，實在祇是鐵路沿綫罷了。

是年春間，國聯所派調查團東來。英、美、法、德、意各一人。以英李頓爵士（Lord Leytton）為主席。於四月二十一日，開始調查。至六月四日而完畢。在北平製作報告，於九月四日完成。報告書的總括是：

日本的軍事行動，不能認為合法的自衛。

偽滿洲國，並非由真正自然的民意所産生。

主張召集顧問會議，中、日政府及當地人民代表。設立特殊制度，以治理東北。我國表示不能完全接受。日人則痛詆調查團認識不足，堅持既成事實。到二十二年二月二十四日，國聯開非常大會，通過十九國委員會的報告書，決定不承認偽國，而依調查團《報告書》，覓取解決辦法，日人老羞成怒，就竟於三月二十七日，退出國際聯盟了。

其時日本又一意孤行，宣言熱河當屬滿洲國，以長城為國境。二十二年一月三日，攻陷山海關。二月二十一日，日、偽軍入寇熱河，至三月一日，而承德陷落。我軍分退多倫及長城各口。日偽軍又跟踪追擊，並進犯灤東。我軍在喜峯口等處，亦曾與敵以重創，然因軍備之懸殊，至五月間，卒將長城各口放棄，東路亦僅守灤西。至是月三十一日，乃成立《塘沽協定》。我軍退至延慶、昌平、通州、香河等地，日軍撤至長城。中間地方，定爲非武裝區域，僅由警察維持治安。熱河既陷，則東北的義軍，更陷於勢孤援絕之境。然而矢志抵抗者仍不絕。

日人既志得意滿，乃於二十三年三月一日，擁溥儀僭號於長春。議定所謂滿洲經濟計劃，把東北的利源，要想一網打盡。該計劃分做三種：（一）爲統制經濟，由關東軍自辦，如交通、通信、礦業、電氣事業等。（二）爲特許營業，須受關東軍監督。（三）爲自由企業，人民得以投資經營。吉會鐵路，既於二十二年八月完成。中東鐵路，又想用非法手段從俄國手裏奪取。日人初侵東北時，曾宣言不侵犯蘇聯的權利。廿二年，又借僞國出面，封鎖滿洲里，拘捕東路俄員。六月間，蘇俄欲將東路售與僞國，我國曾提出抗議。蘇俄和僞國談判，亦未有成。此外添築鐵路、公路，繼續經營葫蘆港等，還正在計劃進行，在日人的意思，以爲東北就是如此，算奪到手了。

第二十章　國民政府的政治

政治制度，是没有絶對的好壞的，要視乎其運用之如何。民國肇建，本係仿歐、美成例，行三權分立之制。以國會司立法，並監督政府；以大理院以下的法院掌司法；以國務院掌行政的。因國民未能行使政權，遂至爲野心家所利用。紀綱不立，政争時起。國事紊亂，外患迭乘，中山先生鑒於革命之尚未成功，乃有以國民造黨，以黨建國，以黨治國，然後還付之於國民之議。

中山先生的革命方略，是分軍政、訓政、憲政三時期的。軍政時期，由黨取得政權。訓政時期，代國民行使。經過此時期後，將政權還付國民，則入於憲政時期。在訓政時期中，代人民行使政權的是國民黨；行使治權的，則是國民政府。政綱和政策，發動於國民黨，由國民政府執行之。二者之間，則以政治會議爲連鎖。

國民黨的組織，以全國代表大會爲最高機關。在閉會期間，則其權力屬於中央執行委員會，而以中央監察委員會監察之。中央執行委員會，每半年至少應開大會一次。平時則互選常務委員若干人，以執行職務。次於全國的，爲省和特別市，未改省而與省相等的區域及海外總支部。再次則縣及重要市鎮和國外支部。更次則區與區分部及國外分部。都以其代表或全體大會爲最高機關。平時則權力屬於執行委員會，而以監察委員監察之。亦與中央黨部同。黨部不直接干與政治，然對於同級政府的施政方針或政治有疑義時，得請其改正、解釋或呈請上級執行委員會，轉請其上級政府辦理。所以黨的監督權，是兼及於行政的。

國民政府初成立時，設委員若干人，推一人爲主席，若干人爲常務委員。其下分設各部。十七年十月，公佈《組織法》。行政、立法、司法、考試、監察五院次第成立。各部均屬行政院。現設内政、外交、軍政、海軍、財政、實業、教育、交通、鐵道、司法行政十部；蒙藏、僑務、禁煙、勞工四委員會。司法則改前此的四級三審制爲三級。四級，謂初級、地方、高等審判廳及大理院。三審，謂同一案件，只能經過三級法院審判。如初審在第一級，則上訴終於第三級。現制則分地方法院、高等法院、最高法院三級，較爲名實相符。二十一年五月，國民會議開會，製定訓政時期的約法。其後又經中央執行委員修正。第三屆第五次、第四屆第一次全體大會。於是國民政府的組織，亦隨而變更。設主席一人，委員二十四至三十六人。各院皆設院長及副院長，均由中央執行委員會選任。主席不負實際政治責任。五權由各院分別行使。惟遇院與院間不能解決的事務，則由主席團解決之。主席並對外代表中華民國。此外直屬於國民政府的，還有軍事委員會、訓練總監部、參謀本部、軍事參議院、全國經濟委員會、建設委員會等。

地方制度，民國以來，還是沿襲前代的省制的。但廢去府直隸州廳，而成爲初級制。民國初元，各省的軍民長官，稱爲都督和民政長。三年，改稱將軍、巡按使。六年，又改稱督軍、省長。統轄幾省軍事的，又有巡閱使、經略使等名目。裁兵議起，則督軍改稱督理或督辦軍務善後事宜。省與縣之間，又曾設立道尹。國民政府所頒佈的《省政府組織法》，亦取委員制。以一人爲主席，其下分設民政、財政、教育、建設、實業各廳，廳長即就委員中任命。首都及人口百萬以上或政治經濟有特殊情形的爲特別市，與省同屬行政院。但係省政府所在地者，仍屬於省。其人口在三十萬以上或在二十萬以上，而營業、土地等稅佔全收入之半數以上的，則爲普通市，不屬縣而直隸於省。市設市長，縣設縣長，其下都分設各局，以理庶政。未能設縣的地方，則立設治局，置局長。其交通便利或向來自治較有成績之地，則設縣政建設實驗區。其區域或一縣或合數縣不定。得設立區公署。不設道尹，惟近年蘇、皖、贛、鄂等省，設立行政督察專員。

縣在建國大綱中，本定爲自治單位，其下分爲若干區，區之下爲鄉鎮，鎮之下爲閭，閭之下爲鄰。鄰五家，閭五鄰。鄉指村莊，鎮指街市，大約在百戶以上，不滿百戶的，可以互相聯合。而不得超過千戶。全縣分十區至五十區。區及鄉鎮，各設公所。區長、鄉長、鎮長，本應由人民選舉；但在未實行前，區長得由民政廳就考試合格人員中委任；鄉、鎮長由人民加倍選出，由縣長擇任。閭、鄰長則都由民選。市以二十閭爲坊，十坊爲區，亦有區長、坊長、閭、鄰長及區坊公所。區、坊、鄉、鎮，亦各有監察委員。到一縣的區長都由民選時，即得成立縣參議會。

以上所說，都係訓政時期的辦法。國民政府的政治，是以人民自治爲目的的。所以到一縣自治完成之後，其人民即得行使選舉、罷免、創制、復決四權，縣長由人民選舉，並得選出國民代表一人，組織代表會，參與中央政事。

一省的縣都完成自治時，即爲憲政開始。省長亦由人民選舉。全國有過半數省分，達到憲政開始時期，則開國民大會，決定憲法頒佈。憲法頒佈之後，中央統治權歸國民大會行使——即國民大會，對中央政府官吏，有選舉、罷免之權，對中央法律，有創制復決之權——是爲憲政告成。全國國民，即依憲法行大選舉。國民政府，於選舉完畢後三個月解職，授權於民選的政府，是爲建國的大功告成。

以上所説，爲國民政府施政的綱領。至於目前的政務，則最要的，自然要推軍財兩端。民國的軍制，本以師爲單位，合若干師，則稱軍。國民政府北伐時，曾合所有的軍隊，編爲四集團軍。十八年的編遣會議，全國定設六十五師。但其後編遣迄未能就緒。兵制之壞，由於召募烏合。所以軍人程度不一，而散遣之後，亦往往無家可歸。二十年六月，國民政府頒佈《兵役法》。常備兵役，分爲現役、續役、正役三種。民年二十至二十五，得爲現役兵，期限三年，退爲正役兵六年。再退則爲續役，至年四十歲止。其年自十八至四十五，不服常備兵役的，則服國民兵役。平時受規定的軍事教育。戰時由國民政府以命令徵集。海軍，當民國初年，曾按江防、海防，分爲第一、第二隊艦。護法戰起分裂。十八年編遣會議，議決海軍重行編制，乃復歸於統一。空軍起於民國以來，北京政府即設立航空署。國民政府，亦經設立，直隸於軍政部。我國陸軍，苦於兵多而不能戰；海、空軍則爲力甚微，殊不足以禦外侮，這是我國民不可不亟思努力的。

財政本苦竭蹶，而自帝制運動以後，中央威權失墜，各省多不解款，遂致專恃借債，以資彌補。歐戰以前，所舉最大的債，爲善後大借款，已見第五章。歐戰期間，各國無暇顧及東方，則專借日債。自九年以後，並日債亦不能借，則專借內債。國民政府，將中央和地方的稅款畫清。中央重要的收入，爲關稅、鹽稅、統稅、卷煙、麥粉、棉紗、火柴、水泥、薰煙、啤酒、洋酒各項，即貨物稅的改變。煙酒稅、印花稅、礦稅等。田賦畫歸地方，和契稅、營業稅等，同爲地方重要收入。病商的厘金，已於二十年裁撤。二十三年，又開財政會議。限制田賦的附捐。並通令各省，裁撤苛捐雜稅。豫算亦在屬行。但在目前，收支還未能適合。時時靠內債以資補苴，其爲數亦頗鉅。

第二十一章　現代的經濟和社會

　　講起現代的經濟和社會來，是真使我們驚心動魄的。帝國主義者的剝削我們，固然不自今日爲始，然而在現代，的確達到更嚴重的時期了。這個，只要看民國以來，貿易上入超數字的激增，便可知道。假如以民國元年的一萬零三百萬爲百分，民國三年，便超過了一倍。四年至八年，正值歐洲大戰凋敝之時，美國、日本等，都因此而大獲其利，我國却仍未能挽回入超的頹勢。九年以後，其數即又激增。此後十年之間，常在二萬萬兩左右。僅十六年不滿一萬萬。十九年增至四萬萬。二十年超過五萬萬。二十二年，又超過七萬萬。甚至合一切項目，還不能保持國際收支的平衡，而要輸出現銀了。

　　新式工業，當歐戰時期，頗有勃興之象，但因基本工業不興，又資本人才，兩俱闕乏，所以所振興的，都不過是輕工業。歐戰以後，不但外貨的輸入，回復到戰前的景象，抑且因世界不景氣之故，而羣謀對我傾銷，我國新興的工業，遂大受其壓迫。而且所輸入的，都是日用必須品。如米、麥、麵粉、砂糖、海産、卷煙、藥品、棉紗、人造絲及其織品、五金、機械、木材、紙張等。我國的天産，向稱獨佔市場的，如絲、茶等，則無一不受排擠而失敗。大豆近來稱爲出産的大宗，然而從東北淪陷後，偌大的産地，又喪失了，而且失掉了很廣大的國內市場。長此以往，我國的工商業，將何以支持呢？

　　我國是號稱以農立國的。全國之民，業農的總當在百分之八十左右。據近歲的調查，自耕農不過百分之五十二。其餘半佃農佔百分之二十二，佃農佔百分之二十六。即自耕農的土地面積，也是很小的。十九年統計月報第二卷第六期。農民的生活，本來已很困苦了。加以二十年來，內戰不息，兵燹時聞，租稅加重。微薄的資本不免喪失，或者壅塞不能流通，又或因求安全之故，而集中於都市、農村的資本，益形枯窘。穀價低落，副業喪失，而日用之品，反不免出高價以求之於外。就呈現普徧破産的現象了。

　　天災人禍，帝國主義者的剝削，農村之民，日益不能安居，紛紛流入都市。

都市中的勞動者，日漸增加，勞資問題，遂隨之而日趨嚴重。

雖然如此，總還有一部分人，度其奢侈的生活的。尤其大都市的生活程度和窮鄉僻壤，相去天淵。遂貽以舊式生產，營新式消費之譏。

經濟是社會組織的下層。其餘一切機構，都是建築在這基礎上面的。經濟組織而生變化，其他一切，自亦必隨之而生變化。況且喜新驚奇，是人們同具的心理。又且處於困苦之中，總要想奮鬥以求出路。所以近數十年來，文化變動的劇烈，亦是前此所未有。自由平等之說興，而舊日等位上下之說，不復足以維繫人心。交通便利了，人們離鄉背井的多了，而舊日居田園長子孫之念漸變；甚且家族主義，因之動搖，而父子、夫婦間的倫理，都要發生問題。新興的事業多了，成功之機會亦多，而舊日樂天安命的觀念漸變。物質的發達甚了，則享樂的欲望亦增，舊日受人稱賞的安貧樂道，或且爲人所鄙夷。凡此種種，固然是勢所必至。亦且人們能隨環境爲轉移，不爲舊習慣所囿，原是件好事。然而舊時共信的標準，既已推翻；現代必須的條件，卻又未能成立；就不免有青黃不接之感了。混亂、矛盾，這就是我們現在的社會現象。

我們的出路在哪裏呢？

好了，救星來了。救星爲誰，便是孫中山先生所提唱的民生主義。現代的經濟，維持現狀，總是不行的了，總是要革命的。革命走哪一條路呢？共產、集產，路是多着呢，卻都不是沒有流弊的。尤其是中國，情形和歐、美不同，斷不能盲從他人，削足適履。所以中山先生，提唱這大公至正的民生主義，以平均地權、節制資本爲宗旨。而節制資本之中，又包含節制私人資本，發展國家資本兩義。

要發展國家資本，總免不了利用外資的。所以中山先生，很早就訂定《實業計畫》。想利用列國的資本和技術，來開發中國。這不但有益於中國，亦且有益於世界。苦於二十年來，列強則忙於爭城奪地，競事擴張軍備。中國亦內戰不息，借入的外資，大部用諸不生產之地。到後來，就連借外債而談不到了。而我國的經濟建設，亦就更無端緒。直到民國二十年，國民政府，纔設立了一個全國經濟委員會。國府要人，都被任爲委員。所以其所計畫，容易見諸實行。設立之初，即致電國際聯盟行政院，請其爲技術上的合作。國聯亦很爲贊成。即派聯絡代表來華，並供給了許多技術人員。從全國經濟委員會設立以來，努力於經濟的建設。對於復興農村、整治水利、改進交通三端，尤其注意。現在和國聯，雖不過是技術上的合作，然進一步而謀利用外資，亦非不可能的。資力雄厚，進步就自然更快了。

　　農村的建設，最重要的是經濟的流通。現在國民政府所努力指導農民的，則是合作事業。從十七年合作運動委員會設立以來，各地方的合作事業，便日有進展，尤其是江、浙兩省，農民銀行業已成立，而其放款，是以合作社爲限的，所以尤其興盛，截至二十二年止，注册的已有二千七百餘了。勞工團體的組織，亦是近年的事，民國十一年，第一次全國勞動大會，纔開會於廣州。其後第二、第三次大會，相繼舉行。第二次大會，在十四年；第三次在十五年。工會的興盛，要算十六年爲最。十七年以後，又逐漸加以整理。《工會》、《工廠》、《工廠檢查》、《勞資爭議處理》及《團體協約》諸法，亦已次第頒佈。果能循序進行，自可達到平和革命的目的，而免却階級鬥爭的危險了。

第二十二章　現代的教育和學術

　　使社會變動的根本，到底是什麼？要問這句話，我們在現在只得回答道是文化。而教育和學術是文化變動的根原。所以這兩者和社會的關係是非常密切的。

　　中國的新式教育，雖然導源清末，然既存有獎勵章程，則仍然未脫科舉的意味。所以正式的新教育，實在要算從民國時代開始。民國的厘定學制，事在元年七月間。先是，已把清代的獎勵章程停止。又通令：凡學堂都改稱學校。至是，將舊制的初等小學，改稱國民學校。其期限爲四年，國民學校以上爲高等小學，其期限爲三年。更上爲中學，四年。大學分文、理、法、商、工、醫六科。預科二年，本科三年，相當於高等小學的，有乙種實業學校；相當於中學的，有甲種實業學校；期限均同。和高小及中學相當的補習學校，則期限均爲二年。師範較中學，多預科一年。和大學相當的高等師範，期限爲三年；專門學校爲四年；均有預科一年。十一年，又將學制改革。把教育分做三個階段。小學教育，初級四年，高級二年。中學教育，初級高級各三年。師範、職業學校同。大學六年，專門學校四年，高師改爲師範大學。十一年的學制，得設單科大學。十八年，又改大學爲文、理、法、教育、農、工、商、醫各學院。醫科年限五年，餘均四年。有三學院的，乃得稱大學，否則稱獨立學院、專門學校，期限爲二或三年。又增特別、幼稚、簡易各種師範。特別師範，招收高級中學畢業生，期限一年。幼稚師範，收初級中學畢業生，期限二年或三年。簡易師範，初級中學畢業生一年。高級小學畢業生四年。私人不准設立師範學校。自大學以上爲研究院，爲研究學術的機關。其期限無定。此外如民衆學校及各種補習學校、圖書館、博物館、美術館、講演所、體育場等，則均屬於社會教育的範圍。留學外國的，自清季即甚盛。其時因路近費省，又文字較易學，往日本的最多。民國以來，則赴歐、美者漸衆。其中公私費的都有。因庚子賠款，美國首先退還，規定作爲派遣學生赴該國留學之用，所以赴美者尤盛。

516

　　中國對於社會科學的研究，本來亦很精深。惟對於自然科學，則較諸歐、美各國，瞠乎其後。而歐美各國，對於社會科學，其研究方法，亦有取自自然科學的。中國對於自然科學，既然落後，對於社會科學的研究方法，自亦不逮他人了。這是今日急當採取他人，以補我之所不足的。西學初輸入時，中國人未能認識其真價值，祇是以應用的目的，去採取他。所以有所謂“中學爲體，西學爲用”之説。此時所得，祇是一點微末的技能罷了。戊戌以後，漸知西人政治、法律、經濟、教育諸端，都有可取之處。然仍未能認識科學的真價值。科學的認識，不過是近二十年來之事。到此，纔算能真知道西人的長處。所以中國人和西人交接雖早，而其認識西人則甚遲。知道科學方法之後，則一切學問，都可以煥然改觀。所以近來研究之家，所利用的材料，雖然有時甚舊，然其結論，亦就和前人判然不同了。這纔是中國學問真正的進步。現在還正值開始。將來研究得深了，或者突飛進步，能有所新發見，以補現今東西洋學術的不足或者竟能別辟途徑，出於現世界上所有的學術以外，都未可知的。

　　研究學術和普及教育，都要注意於其工具。工具是什麼？這是一時很難列舉的，然而語言、文字，要爲其中最重要的一種。我國的語言，實在是很統一的。但因地域廣大，各地方的方音不同，所以詞類語法，雖然相同，而出於口，入於耳，還是彼此不能相喻。又歷代的言語，不能沒有變遷，而文人下筆，向來務效古語，於是普通的文字，亦爲普通人所不能了解。雖亦有徑用口語筆之於書的，然其範圍甚狹，只有佛家及理學家不求文飾的語録、官府曉諭小民的文告、慈善家勸導愚俗的著述以及本於説書的平話用之而已。感於中國文字認識之難，而思創造音符以濟其窮者，久有其人，如清末勞乃宣所造的官話字母，便是其一例。民國以來，教育部知道漢字不能廢棄，而讀音則不可不統一。乃召集一讀音統一會，分析音素，製定符號，以供注音之用。於七年公佈。八九年間，又有人創新文學之論，謂著書宜即用現在的口語。於是白話文大爲風行。此事於教育亦是很有利的。但其功用還不止此。因爲文學思想，本是人人所同具。但是向來民衆所懷抱的感想，因限於工具，無從發表，而埋没掉的很多。從白話文風行以來，此弊亦可漸漸革除了。所以最近的文學，確亦另饒一種生趣，這都是不可否認的事實。但是舊文學亦自有其用，謂其可以廢棄，則又係一偏之論了。

第六編　結論

第一章　我國民族發展的回顧

少年人的思想，總是往前進的。只有已老衰的人，纔戀戀於已往。然則一個民族，亦當向前邁進，何必回顧已往的事呢？然而要前進，必先了解現狀；而要了解現狀，則非追溯到既往不可。現在是決不能解釋現在的。這話，在第一編第一章中，業已說過了。然則我民族已往的發展；又何能不一回顧呢？

外國有人說："中華民國，是世界上的怪物。"因爲世界非無大國，而其起源都較晚；古代亦非無大國，然而到現在，都早已滅亡了。團結數萬萬的大民族，建立一個世界上第一等的大國；而文明進步，在世界上亦稱第一等；這是地球之上，中華民國之外，再沒有第二個國家的。我國民族，能成就如此偉大的事業，這豈是偶然的事呢？我們試一回顧已往的發展：

當公元前三千年以前，我國民族，棲息於黃河流域的時代，已經有高度的文化了。這就是傳說上所謂巢、燧、羲、農之世。當這時代，我民族的疆域，還不甚大。與我同棲息於神州大陸之上的民族很多。其後黃帝起於河北。黃帝一族的武力，似乎特別強盛。東征西討，許多異民族，都爲我所懾服了，然而這一族，也不是專恃武力的，同時亦有較高度的文化。此時我國民族，行封建政體。凡封建所及之處，即是我國民族足跡所及之處。星羅棋佈於大陸之上，各據一定地點，再行向外發展。武力文化，同時併用。至於戰國之末，而神州大陸之上，可以稱爲國家的，都因競爭而卒併於一。至此，而我國爲一大國的基礎定；我民族融合神州諸民族，而形成一大民族的基礎亦定。

秦、漢以後，中國本部之地，既已統一了，乃再行向外發展。其中漢、唐時代，是我國民族，以政治之力，征服異民族的。五胡亂華，以及遼、金、元、清的時代，則不免反受異族的蹂躪。但因我國文化程度之高，異族雖一時憑藉武力,薦居吾國,卒仍不能不爲我所同化。此諸族者,當其薦居中國之時,亦能向外拓展,大耀威棱。這並非他們有此能力,實在還是利用我國的國力的。所以還只算得我民族的事業。當此時代,我國力之所至,西踰葱嶺,東窮大海,南苞後印度半島,北抵西伯利亞的南部。亞洲的地理,若依自然的形勢,分爲五區,則其中部及東部,實在是隸屬於我國的。我國今日,本部以外的疆域,都戡定於此時代之中。這是説國力所及。至於人民的足跡,則其所至較此尤遠。地球之上,幾於無一處不達到。現在南洋、美洲,都有很多的華僑。便是西伯利亞,西至歐洲,亦都有華人流寓。其形勢,亦從這時代已開其端。中國人發見西半球,見第三編第二十二章。雖然政治之力,尚未能及於此諸地方,這是我民族不尚武力的結果。最後的勝利,本未必屬於武力,我民族自然發展所及之處,真要論民族自決,恐未必終處於異族羈軛之下的。若論内部的文化,則我國當此時代,有很完密的政治制度,很精深的學術,很燦爛的文明,都爲異族所取法。不但已同化於我的民族,深受吾國文化之賜,即尚未同化於我的民族,其沐浴吾國文化的恩惠,亦自不少,如朝鮮、日本、安南等,都是其最顯著的。這實在是我民族在發展的過程中,對於世界最大的貢獻。

世界的文明,一起源於美洲,一起源於亞洲的東部,一起源於亞洲南部的大半島。而一起源於亞、歐、非三洲之交。除西半球的文明,因距舊世界太遠,爲孤立的發達,未能大發揚其光輝外,其印度半島的文化,當公元一世紀至七世紀之世,即與我國的文化相接觸、相融合的,當其接觸融合之時,彼此都保持平和的關係,絶無侵掠壓迫的事實發生。乃至最近四世紀以來,我國的文化,和西洋的文化接觸,就大不然了。他們的文化,是挾着武力而來的;而且輔之以經濟之力。我民族遂大受其壓迫。土地日蹙,生計日窘,不但無從發展,幾乎要做人家發展的犧牲了。然而這祇是一時的現象。須知一種文化的轉變,是必須要經過相當的時間的。其體段大,而其固有的文化根柢深的,其轉變自不如淺演的小民族之易。然而其變化大的,其成就亦大。我國民族,現在正當變化以求適應於新環境的時候。一旦大功造成,其能大有造於世界,是可以豫決的。到這時代,我民族的發展,就更其不可限量了。我國民族,是向不以侵略壓迫爲事的。我國而能有所貢獻於世界,一定是世界的福音。所以我國民族的發展,和我國民對於世界的使命,兩個問題,可以合而爲一。

然則我國民對於世界的使命安在呢? 請看下章。

第二章　中國對於世界的使命

羅素説："東西洋人,是各有長處的。西洋人的長處,在於科學的方法。東洋人的長處,在於合理的生活。"見所著《中國問題》。這句話,可謂一語破的,自來談東西洋異點的人,没有像這一句,能得其真際的了。

惟其有科學方法:所以對於一切事物,知之真切。然後其利用天然之力大,然後其制服天然之力強。以此種方法,施之於人事,則部勒謹嚴。佈置得當。不論如何精細的工作,偉大的計畫,都可以刻期操劵,而責其必成。西洋人近興,所以發揚光大者,其根本在此。這真是中國人所闕乏,而應當無條件接受他的。

然而人與人相處之間,其道亦不可以不講。《論語》説得好:"信如君不君,臣不臣,父不父,子不子,雖有粟,吾得而食諸?"《顔淵》。利用天然之力雖大,制服天然之力雖強,而人與人之相處,不得其道,則其所能利用的天然,往往即成爲互相殘殺之具。以近代科學之精,而多用之於軍備,即其一證——假使以現在的科學,而全用之於利用厚生方面,現在的世界,應當是何狀況呢?

若論人與人相處之道,則中國人之所發明,確有過於西洋人之處。西洋人是專想克服外物的,所以專講鬥争。中國人則是專講與外物調和的。不論對於人,對於天然,都是如此。人和物,本來没有一定界限的。把仁愛之心,擴充至極,則明明是物,亦可視之如人。近代的人,要講愛護動物,不許虐待,就是從這道理上來。把爲我之心,擴充至極,則明明是人,亦將視之如物。他雖然亦有生命,亦愛自由,到與我的權利不相容時,就將視同障礙的外物,而加以排除、殘害,當作我的犧牲品了。天然之力,實在是無知無識的,我們應得制服他,利用他,以優厚人生。而中國一味講調和,遂至任天然之力,横行肆虐,而人且無以遂其生。人和人,是應得互相仁偶的。而西洋人過講擴充自己,遂至把人當做犧牲品而不卹。這實在都有所偏。中國人的對物,允宜效法西洋,西洋人的對人,亦宜效法中國。這兩種文化,互相提攜,互相矯正,就能使世界更臻於上理，而給人類以更大的幸福。採取他人之所長，以補自己的所短；同時發揮自己的所長，以補他人之所短。這就是中國對於世界的使命。

中西文化的異點，溯其根原，怕還是從很古的時代，生活之不同來的。西洋文化的根原，發生於遊牧時代。遊牧民族，本來以掠奪爲生的，所以西洋人好講鬥爭。中國文化的根原，則是農耕社會。其生活比較平和。而人與人間，尤必互相扶助，所以中國人喜講調和。中國人最高的理想，是孔子所謂大同。這並不是一句空話，而是有歷史事實，以爲之背景的。其説，已見第一編第二章。文化不是突然發生之物。後來的文化，必以前此的文化爲其根原。出發時的性質，往往有經歷若干年代，仍不磨滅的。大同的社會，在後來雖已成過去。然而其景象，則永留於吾人腦海之中，而奉爲社會最高的典型。一切政治教化，均以此爲其最後的鵠的。這是中國人的理想，所以能和平樂利的根原。

中國人既以大同爲最高的典型，所以其治法，必以平天下爲最後的目的，而不肯限於一國。而其平天下的手段，則以治國爲之本；治國以齊家爲本，齊家以修身爲本，凡事無不反求諸己，而冀他人之自然感化；非到萬不得已，決不輕用武力。這又是中國人愛尚平和的性質的表現。其目的，既然不在發展自己，而是要求"萬物各得其所"的平，則決無以此一民族，壓迫彼一民族；以此一階級，壓迫彼一階級之理。所以中國的內部，階級比較的平等，經濟比較的平均；而其對於外國，亦恒以懷柔教化爲事，而不事征伐。既然不講壓迫，則必然崇尚自由。自由，就沒有他人來管束你了，就不得不講自治。我國政體，雖號稱專制，其實人民是極自由；而其自治之力，也是極強的。這個，只要看幾千年來政治的疏闊，就是一個很大的證據。我們既不壓迫人，人家自樂於親近我。所以不論什麼異族，都易於與我同化。我國的疆域，大於歐洲；人口亦較歐洲爲衆。他們幾千年來，爭奪相較，迄今不能統一。我國則自公元前兩世紀以來，久以統一爲常，分裂爲變。人之度量相越，真不可以道里計了。

以歐洲近世文明的發展，而弱小民族，遂大受壓迫，國破、家亡，甚而至於種族夷滅。這種文明，到底是禍是福？至少在弱小民族方面論起來，到底是禍是福？實在是很可疑惑的了。此種病態的文明，豈可以不思矯正？要矯正他，非有特殊的文化，和相當的實力，又誰能負此使命。中國人起來啊！世界上多少弱小的民族，待你而得解放呢。

本國史（元至民國）

前　　言

　　《本國史(元至民國)》原是一九四二年吕先生任教常州青雲中學(抗戰時蘇州中學常州分校)高二本國史的講課稿,由黄永年先生按當年隨堂記録整理而成,最初收入中華書局《吕思勉文史四講》(吕思勉述　黄永年記,二〇〇八年三月出版)。黄永年先生在書序中説:"我到青雲中學是上高中二年級,而當時青雲中學最高的班級就是高二,辦學的人因爲請到吕先生,就把高二文理分科,由吕先生給我們文科班學生開設'國學概論'、'中國文化史'兩門專門課程,另外班上的'國文'、'本國史'也理所當然地請吕先生擔任。四門課合起來每週有十二小時,吕先生給我們整整講了一學年。後來才知道在大學裡也很難有機會聽名教授講那麼多鐘點。""吕先生當時所講的四門課我都作了詳細的筆記,寫在黑板上的當然一字不漏地抄下來,口述的也儘量記下來,外加〔 〕號以與板書區别。"①《本國史》雖是聽課記録,但文字要言不煩,内容引人入勝,實是一本絕好的中國史教材。此次我們將《本國史(元至民國)》收入《吕思勉全集》重印出版,只訂正個别的勘誤錯字,黄永年先生的代序《回憶我的老師吕誠之(思勉)先生》,仍按原樣編在正文前,其他如行文遣句、體例格式等均照黄先生的整理本付印。

李永圻　張耕華

二〇一四年八月

---

①　吕思勉述、黄永年記:《吕思勉文史四講》,中華書局二〇〇八年三月版,《回憶我的老師吕誠之(思勉)先生》(代序)第一-二、四頁。四門課的講課記録,即國文(《〈古文觀止〉評講録》)、本國史(元至民國)、國學概論和中國文化史,其餘三種現收入《吕思勉全集》第十九册、第十六册和第十五册。

目　　録

回憶我的老師吕誠之
（思勉）先生（代序）

黄永年

　　我聽史學大師吕誠之（思勉）先生的課，做他的學生，已是四十年前的事情了。當時正是太平洋戰爭爆發的第二年，日軍進駐上海租界後光華大學停辦，吕先生回常州，應聘到離城不遠湖塘橋鎮上的私立青雲中學教書。這是一所剛開辦的"地下"學校，表面上向日僞登記，骨子里是原蘇州中學的幾個常州籍教員弄起來的蘇州中學常州分校。辦學人以請到原光華大學歷史系主任吕思勉教授任教爲號召。我也聞風而動，轉學到這所中學做了吕先生的學生。所以嚴格地講，吕先生只是我的中學老師，不是大學老師。但確是我生平第一次遇到的好老師，是把我真正引進學問之門的導師。

　　我之所以聞風而動，倒也不是徒慕大學教授系主任之虚名，而是確確實實對吕先生的學問欽佩。原來在我十四歲的時候，在已淪陷的常州的書攤上買到一本吕先生的商務印書館版《經子解題》，引起了我研讀古書的極大興趣。先母對我説："這本書的作者吕先生和我們還沾點親戚呢！"（先母姓程，是吕先生的母親程老太太同族的内侄孫女）因此當青雲中學開辦時，我雖只是個十六歲的小青年，而且先父早去世，多年來一直和教小學爲生的先母相依爲命，很少離開家，這時也下定決心，離家去做心儀已久的吕先生的學生，對此先母也給我很大的支持。

　　我到青雲中學是上高中二年級，而當時青雲中學最高的班級也就是高二，辦學的人因爲請到吕先生，就把高二文理分科，由吕先生給我們文科班學生開設"國學概論"、"中國文化史"兩門專門課程，另外班上的"國文"、"本國史"也理所當然地請吕先生擔任。四門課合起來每周有十二小時，吕先生給我們整整講了一學年。後來才知道在大學里也很難有機會聽名教授講那麽多鐘點。

　　因爲是高二,"本國史"從元代講起,基本上是象他所著商務一九二四年版《本國史》(新學制高中教科書)那樣的講法。這本書現在已經很少有人知道了,前些日子看到湯志鈞同志所寫的《現代中國史學家·吕思勉》,附有"吕思勉先生主要著作",其中就没有提到這本《本國史》,也許認爲這只是教材而非著作吧? 其實此書從遠古講到民國,只用了十二萬字左右篇幅,而政治、經濟、文化以及典章制度各個方面無不顧及,在取舍詳略之中,體現出吕先生的史學史識,實是吕先生早期精心之作。有些青年人對我講,現在流行的通史議論太多,史實太少,而且頭緒不清,實在難讀難記。我想吕先生這本要言不煩的《本國史》是否可給現在編寫通史、講義的同志們一點啓發。

　　在講授上,吕先生也有其獨特的風格。他當時已是五十八歲的老先生,但課堂里從不設坐椅,老是站着先在黑板上寫一段,然後從容不迫地邊踱方步邊講説。他没有叫我們買教科書,也没有專門印發講義,但把吕先生每次寫在黑板上的抄下來就是一部好講義。而且文字不長,要言不煩,抄起來也不吃力。他講説也同樣言詞清晰,語氣和平,而内容處處引人入勝,筆記起來也很省力。所以我感到聽吕先生的課簡直是一種學問上的享受。附帶説一下,吕先生在黑板上寫的是文言文,這種文言文既不象章太炎那麽古奧艱深,又不象梁任公那麽多水分,而是簡雅潔净,這對有志文史之學的青年人學習文言文也是一個很好的典範。

　　"國學概論"、"中國文化史"這兩門課程,今天不僅中學生,恐怕大學歷史系的學生也不很清楚是怎麽一回事了。其實,"國學概論"者,即"中國學術思想史"之謂,這比現時的"中國哲學史"的範圍似乎還要寬廣一些。"中國文化史"則包括社會等級、經濟情況、生活習慣、政治制度,以至學術宗教等各個方面,而作綜合的歷史的講述。在此以前,吕先生寫過一部《中國通史》,一九四○年開明書店出版,其上册就是文化史,這次給我們講的"中國文化史"、"國學概論"的基本内容都已見於這本上册里。這本上册是第一部真正的"中國文化史",前此日本人高桑駒吉也寫過一本《中國文化史》,但實際上和《中國通史》差不了好多。最近胡喬木同志談到要編寫"中國文化史",我建議編寫者把吕先生這册舊著找出來讀一讀,將會得到好處。

　　在這里我想着重講一些吕先生教我們"國文"課的情況。因爲一般人只知道吕先生是史學家,不知道吕先生還是一位對中國古典文學以及文學史深有研究的學者。可惜吕先生在這方面的見解除在《宋代文學》這本小册子(一九三一年商務版)里披露過一些外，從未寫成專書，不爲人所知，因此作爲當年的老學生有義務在這里向大家介紹。

我記得上第一堂“國文”課，呂先生就宣布用《古文觀止》作教本。我當時聽了大吃一驚。《古文觀止》我在十三四歲時就選讀過，不久買到姚鼐的《古文辭類纂》，又有了點文學史的知識，早薄《古文觀止》爲村塾陋籍。何以呂先生這位大學者忽然要用這種陋籍作教本呢？可是接着呂先生就作解釋了，呂先生說：所以用這部書，正是因爲它選得壞。壞在哪里呢？呂先生從“古文”這個名詞來申說，呂先生說：所謂“古文”是和駢體文相對而言的，可是這部《古文觀止》里却選了六朝隋唐的若干駢體文，如《北山移文》、《爲徐敬業討武曌檄》、《滕王閣序》之類，說明編選者根本不知“古文”爲何物！既然選得如此亂七八糟，爲什麽還要用作教本呢？呂先生說：正因爲它選得雜亂，各種文章都好壞有一點，作爲教本讓大家多了解些東西還是有好處。當然，通行易得也是用它的一個理由。

《古文觀止》雖是陋籍，其中所選的文章還應該是好的，這是我過去的認識。但呂先生不這麽看，他指出：《古文觀止》這部書是爲科舉時代學做八股文的人誦讀的，做八股文要從沒有話可說處硬找話說，因此《古文觀止》所選的有相當一部分是說空話發空論的文章。呂先生在選講唐宋八家的文章時還不止一次地說：八家是能寫好文章的，但選在這里的往往不是好文章，主要原因就是此書專要選空議論文章。再有一個原因，就是此書要選短文章，有些好文章篇幅長，就不予入選。呂先生還舉《史記》爲例，說司馬遷的《史記》是有許多好文章的，但因爲長，所以此書不予入選，盡選些短而空的文章。

呂先生所講授的文章不一定是他認爲好的，不好的也講，講它不好在哪里。我記得最清楚的，一篇是王禹偁的《黄岡竹樓記》，呂先生說它不好，不好在哪里，在不純，開頭寫古文，中間來幾段駢文，最後又是古文，不純就不美。再一篇是蘇軾的《潮州韓文公廟碑》，這更是一篇萬口傳誦的大文章，可是呂先生認爲也寫得很不好，一上來說的“申呂自岳降，傅說爲列星”和下面所講的孟子“浩然之氣”根本是兩回事，不應硬扯到一起，最後的七言歌辭又不古，古文中不宜有此。

呂先生當時所講的四門課我都作了詳細的筆記，寫在黑板上的當然一字不漏地抄下來，口述的也盡量記下來，外加〔 〕號以與板書區別。其中尤以“國文”課的筆記更詳細。呂先生逝世後，在一九六一年我曾把它整理寫成清本，可惜被友人借閱，不在手邊，所以上面所述多憑記憶，不盡原話。但意思是不會有出入的，因爲呂先生當年講課的精采之處實在給我印象太深，雖事過四十年猶有歷歷如昨之感。不僅"國文"課，其他幾門課也無不如此，譬如"國學概論"的佛學部分，本來是最難講、最不好懂的，何況聽課者還是毫無哲學常識的高中生，可是他不慌不忙，只用三小時左右就把佛教大小乘的基本教義、中國佛教主要派別法相宗、天台宗、華嚴宗、净土宗、禪宗等在理論上的異同得失講得清清楚楚，使人聽起來很有味，一點不難懂。這不是憑口才，而是真正有批判地研讀各宗重要經、論后才能做得到。我很慚愧，《大藏經》雖摸過，經、論可迄未從頭到尾讀過一種，現在有時能對付着講幾句，還是靠當年呂先生講授之賜。

同時開講四門功課應説是很繁重的，可呂先生從未因此停止撰寫"斷代的中國通史"的工作。呂先生在早年撰寫過一部在當時影響極大的通史——《白話本國史》（一九二二年商務版，四册），但他后來認爲只是"粗淺的東西"，計劃撰寫一部詳盡的斷代的中國通史，分成《先秦史》、《秦漢史》、《兩晋南北朝史》、《隋唐五代史》、《宋遼金元史》、《明清史》六部，全部完成至少有四五百萬字。《先秦史》已在一九四一年由開明出版。《秦漢史》、《兩晋南北朝史》後來在一九四七、四八年由開明出版，承呂先生各送我一部。《隋唐五代史》在解放後一九五九年由中華書局上海編輯所出版，已是呂先生身後的事，可惜出版者出於今天看來不必要的顧慮，把前言删去不印，全賴呂先生的女兒翼仁同志把被删的這部分打印出來，分贈知好，才不致失傳。我現在手頭還保存一份，將來如重印，建議能補進去。而且希望《先秦史》等三部也趕快重印，臺灣省的開明書店早已重印了，我們實在没有理由不印。至於宋以後的兩部，呂先生晚年身體不好，没有精力完成，改用札記的方式把研究成果寫出來。呂先生是一向重視寫札記的，抗戰前呂先生的部分札記就曾以《燕石札記》的名稱在一九三七年由商務出版，晚年大量的札記除一九五七年由上海人民出版社印了一册《燕石續札》外，絶大部分還未問世，聽説現在已有出版的希望，這是大好事。

我當呂先生的學生時，呂先生正在寫《兩晋南北朝史》，住在離中學不遠的一家居民樓上，單身一間房，很清静。我課余去看他，看到他寫作的實況：桌上是幾堆綫裝《二十四史》中的《宋書》、《南齊書》、《南史》之類，呂先生一邊逐卷看，一邊摘抄用得着的史料。呂先生是書法家，寫字的結構有點象顏書《多寶塔碑》，但比《多寶塔》更剛勁挺拔。摘抄的史料一筆不苟地寫在自印方格稿紙上，既清晰又好看，體現出前輩學者謹嚴的治學風度。摘抄的史料分好類,加以排比,連貫成文。這正式的文稿我也看到,字的清晰不必再説,連文句都極少改動,最後就付印出書。以《兩晋南北朝史》而言,全文一百多萬字,連抄史料恐怕至少手寫了二百萬字以上,還不算過去讀書和行文思考的功夫。我想,一個人能以畢生之力寫出百萬字的巨著,也就不容易了,而呂先生除《兩晋南北朝史》外還前有《先秦》、《秦漢》,後有《隋唐五代》,還有其他十多種著作。古人説"著作等身",如果把呂先生的全部著作象古人那樣統統刻成木板書,堆起來恐怕幾個"等身"還不止吧!

這幾部"史"現在大圖書館里總還有,我常勸有志研究我國歷史的青年認真讀一讀。以我的淺學,當然很難對這幾部巨著作出全面的確如其分的評價,我只想談兩點。一點,這幾部巨著都分上下册(只有《先秦》合一厚册),上册政治史我認爲是一部新的《通鑒紀事本末》,下册文化部分我認爲是一部新的《文獻通考》。新於《文獻通考》者,《通考》只引用紀傳體史的志和《通典》等現成的典章制度史料,而呂先生的書則除這些史料外,更多地引用了散見於列傳中的大量有關史料。這個工作前人也做,如宋人的《兩漢會要》、清人的《三國會要》、《明會要》,近人楊樹達先生也曾沿此方法撰寫過一册《漢代婚喪禮俗考》,但都比較片段,遠不如呂先生這幾部巨著之規模大而探索深。新於《通鑒紀事本末》者,《紀事本末》只本《通鑒》剪裁,這幾部巨著則以紀傳體史爲主,兼取《通鑒》,考核異同,尋求真相,對許多重大歷史事件提出精辟的看法,絕不囿於陳説,這非司馬光等舊史家之所能及(我現在研究唐代政治史,在方法上很大成分還是受呂先生這幾部書以及陳寅恪先生《唐代政治史述論稿》的啓發)。再有一點,對史學稍有修養的人都知道,寫單篇論文容易見精采,寫通史、斷代史則很難寫好。這是因爲論文總挑自己有研究的東西來寫,沒研究過的可以回避不寫,而通史、斷代史必須面面俱到,不管有沒有研究都得寫,遇到沒研究過的就只好敷衍剿襲,自然精采不起來。呂先生這幾部書則不然,幾乎每個問題每一小點都下過功夫鑽研,所以寫出來的可説有百分之九十五以上是自己的東西。如果把這幾部書拆散改寫成單篇論文,恐怕要數以千計。誰能一生寫出這麽多的論文呢?單就這點就足見呂先生之不易企及了。

呂先生所用的《二十四史》也值得談幾句。倒不是版本好,版本實在太普通,是當時比較價廉易得的圖書集成局扁鉛字有光紙印綫裝小本。但打開來一看,實在使我吃了一驚,原來全部從頭到尾都動過筆。過去學者動筆點校書雖是常事,能點校整部《二十四史》的便不多,即使有,也無非是用朱筆斷句，或對好的文句加圈點。可呂先生這部《二十四史》不一樣，是用紅筆加了各種符號，人名加[　]，有用的重要史料圈句，名物制度在詞旁加△，不僅紀、傳如此加，志也加，很少人讀的《天文志》、《律曆志》也加，連卷後所附殿本考證也加。後來我讀《二十四史》裏的《三國志》，借了呂先生的校本想過録一部，可是由於怕下苦功，過了兩個月還是一筆未下，把原書還給了呂先生。呂先生的斷代式中國通史所以寫得如此快，幾年就是一大部，其主要原因之一應該是他對《二十四史》下了如此扎實的基本功。呂先生究竟對《二十四史》通讀過幾遍，有人說三遍，我又聽人說是七遍，當年不便當面問呂先生，不知翼仁同志是否清楚。但我曾試算過一筆賬：寫斷代史時看一遍，之前朱筆校讀算一遍，而能如此作校讀事先只看一遍恐怕還不可能，則至少應有四遍或四遍以上。這種硬功夫即使畢生致力讀古籍的乾嘉學者中恐怕也是少見的。

說到這裏，可以順便講講呂先生的藏書。書都藏在常州十子街呂先生的私宅里，是祖上留下的幾進老式平房，書放滿一、兩間，滿滿幾十只書箱。這種書箱是呂先生請木工定做的，不太大，木門不鑲玻璃，可上可卸，可隨房屋高底寬窄堆叠成各種不同的形式，萬一搬動也不用把書倒出來，比現在通行的書櫥、書架似乎還合用些。箱裏的書不僅有綫裝書，還有大量的平裝新書，是商務、中華等的出版物，除歷史外，政治、經濟、哲學各個領域的新書無不應有盡有。我曾問呂先生借過幾本馮承鈞所譯的史地考證小册子，發現每一本呂先生都看過，而且對他認爲有用的史料或好的見解象《二十四史》一樣用紅筆圈句。綫裝書，没有什麽舊刻舊抄、善本秘笈，而只是通行常用的刻本或石印、排印本，但都認真看過，不象有許多人的藏書只是隨便翻翻，甚至買回來往書架上一放永遠不翻看。至於善本書，呂先生也有他的看法。我當時曾問過他商務的百衲本《二十四史》好不好（都是影印宋，元、明舊本善本）？呂先生說：有的也不見得好，有個朋友曾用宋本《晉書》和殿本對過，發現宋本反而比殿本錯得厲害。但呂先生又說：張菊生（元濟）先生把百衲本中長於殿本的重要異文寫成一部《校史隨筆》，很可以看。可見呂先生并没有否認舊本的長處，只是不以爲"凡宋刻必好"，没有某些藏書家"佞宋"之癖。

呂先生記聞之博還可舉個例子。有一天，翼仁同志問他：爸爸，元代的"知院"是什麽？這是個不常用專門名詞，呂先生可不慌不忙地馬上回答："知院"就是知樞密院（樞密院是主管軍事的機構）。我當時在旁邊聽到，後來翻過《元史·職官志》，果然如此。可是差不多同時，就有一位頗爲知名的史學家在所寫的作品裏把"知院"臆解成和尚，又不肯去查《元史》。我認爲人之高下正可從這種看似細微的地方分辨出來。吕先生盡管博學，但從不想當然，不知道就是不知道。我當時讀黄仲則的《兩當軒詩》，有一首咏歸燕的七古，典故很多，有幾處不知道出處本事，問吕先生，吕先生解釋了幾處，但對“神女釵歸錦盒空”一句也不清楚，就很和平地對我說：這是什麽典故我也想不起了。這種平易樸實的態度使我很感動。我以後也當了老師，當學生問起我不懂的問題時，我就學吕先生，老老實實對學生說：我也不懂。或者說：我記不得了，可以查查什麽書。學問如大海，而人的生命精力有局限，即使自己專攻的學問里也必然有許多自己解決不了的問題，要留待下一代來繼續解決。硬把自己假裝成無所不知，適説明其淺薄無知。

吕先生對不同學派的人是很尊重的，只要人家確有真才實學。如顧頡剛先生編著的《古史辨》，很明顯和吕先生是不同的學派，但顧先生的高足童丕繩（書業）先生抗戰初到上海，認識了吕先生，馬上被吕先生請到光華大學歷史系任教。童先生當時繼續顧先生的工作編集《古史辨》第七册，又得到吕先生很大幫助，不僅幫童先生看文章、看校樣，還允童先生之請把自己的古史論文編進去，答應和童先生共同署名作爲第七册的編著者。我過去也久知《古史辨》之名，但總認爲是史學的旁門左道，從不一看其書。這時問起吕先生，才知道吕先生和童先生合編第七册之事，從而對《古史辨》重視起來，托友人從上海買了寄來細讀。這年冬天聽説童先生有事路過常州，就請人介紹引見，以後成爲童先生的學生、女婿。又因童先生的介紹成爲顧先生的學生。使我由此在先秦古史上打了點基礎，并且懂得如何用《古史辨》的考訂方法去研究後代的歷史。這些事溯其源，還應該歸功於吕先生的不黨同伐異啊！

聽童先生説顧先生寫信給吕先生都自稱後學，但他們和吕先生畢竟只是朋友，沒有師生關係，而吕先生即使對自己真正的學生也是虛懷若谷。現在魏晉南北朝隋唐史的權威唐長孺先生當年曾聽過吕先生的課，是吕先生的學生，一九四八年在《武漢大學社會科學季刊》上發表了一篇題爲《唐代軍事制度之演變》的論文，寄給吕先生，吕先生認爲講得好，在撰寫《隋唐五代史》的兵制部分時就把這篇論文的要點全部引用進去，并且説明是“近人唐君長孺”的看法，説“府兵之廢，……近人唐君長孺言之最審”。老師對學生的學術成就如此推重，真值得我們今天身爲老師者學習。

多年來在極左思潮的影響下老是批知識分子的名利思想，其實有些知識分子專心致志於學問，名利思想實在不多。我在吕先生身上就從未發現過有什麽求名逐利的東西。在抗戰前，吕先生早已是一位在史學界負有盛名的學者了,胡適想請他到北京大學去。論理當時北大文科是全國頭塊牌子,而吕先生所在的光華大學則是排不上號的私立學校。但吕先生拒絕了,理由是:光華的文學院長錢子泉(基博)先生是我多年的老朋友,我離開光華,等於拆他的臺,我不能這麼做。爲了幫助老朋友辦好學校,甘願放棄北大的優厚條件,這不能不説是一種高尚的品德。

吕先生的修養也真好,從未見他有過疾言厲色的時候。有一次我到十子街老宅去看他,他留我便飯,他家的黄貓爬上桌子,把他筷頭上的菜打下來就吃,他也不生氣,更未叱責,笑笑就算了。對貓如此,對人可知。學問如此大了,當年的老朋友(學問成就遠不如吕先生甚至并無學問的)還是老朋友,那天一起吃飯就有他的幾位同鄉老友,大家談笑風生,在他身上絲毫看不到有所謂教授學者的氣派。當然,吕先生待人也不是無原則的,他也講到壞人,但只是心平氣和地説某人如何不成話,説過就算,從不罵。

我正式聽吕先生的課只有這一九四二年下半年到四三年上半年一年功夫。四三年暑假後吕先生没有再來青雲中學,在十子街老宅埋頭撰作,由開明書店支送稿費以維持生活。這時期我還常去看他,向他借書。《太平廣記》這一大部集自古至唐五代小説大成的古籍我久知其名,多年無法看到,就是這時候向吕先生借來看了幾遍。我後來撰寫明器論文所用的史料就大部分從這部書上看來的,以後把興趣轉到研究唐史這部書也起了一定的誘導作用(這部書里唐人小説居多)。抗戰勝利,光華大學在上海復校,吕先生回校主持歷史系。我本想跟着進光華,只因光華私立學費太貴,考進了不要學費的國立復旦大學。復旦在江灣,離在虹口的光華不算太遠,還有校車可坐,所以每學期總去光華幾次看看吕先生。當時我已開始寫學術性文章,最早一篇是《春秋末吳都江北越都江南考補》,補童丕繩先生原考之不足,寫成後請吕先生審閱,吕先生還很誠懇地給原稿親手加上一段"吳城邗"即爲遷都江北的論證:"漢初以前,長江下流之都會,實惟吳與廣陵(即今之揚州)。秦會稽郡治吳,而漢初吳王濞還都廣陵,蓋王負芻既虜之後,楚尚據江南以拒秦者一年,故秦爲深入其阻起見,置郡於江南吳之故都,漢初江南業已宴然,取與北方聲勢相接,故王濞又却居江北吳之新都耶? 此雖推測之辭,然王濞之建都,必不能於荒涼偏僻之地,廣陵若前無所因,必不能於漢初救死扶傷不給之際,建成都邑,則理無可疑。以此推之,亦足見城邗之即爲建立新邑耳。"這篇文章先後發表在當時的《益世報》"史學"副刊和《文史雜志》六卷三期上,明眼人一看就會知道這般老練的文字和精卓的見解不可能出於大學一年級生的手筆。

解放後,我將畢業前還經呂先生介紹到光華附中代過幾個月歷史課,以解決點經濟上的困難。以後,組織分配我做政治工作,工作忙,和呂先生就更少見面的機會。五六年我到西安工作,第二年呂先生就以老病逝世,享年七十四歲。千里迢迢,我也無從到他靈前去哭別。

現在,我也是五十好幾的人,已接近當年呂先生給我們講課時的年齡了,也勉強在大學裏帶着幾位唐史專業研究生。可是撫心自問,在學問上固不當呂先生的萬一,在爲人處世上也深感呂先生之不易企及。呂先生當年曾爲我寫過一副對聯:"夙夜强學以待問,疏通知遠而不誣。"因爲聯上寫明是"錄梁任公語",多年來懾於極左的壓力,一直深藏箱篋。現在想應該張之於壁,以促使我時常考慮怎樣真正做到這兩句話,真正不負呂先生當初對我的勖勉。

[附錄]《中國史研究動態》一九八〇年第二期上刊登了湯志鈞同志所寫《現代中國史學家·呂思勉》。大概是限於體例,只作了辭書式的簡要記述,而在個別記述上也還不免有差錯。如説"除'一·二八'後一度到安徽大學任教外,在家閉户著作,恃開明書店稿費自給。直到抗戰勝利,重返光華"。其實回常州老宅閉户著作是"一·二八"即太平洋戰爭爆發上海光華停辦後的事情,而且其間還在青雲中學以及性質相同的輔華中學教過一年書。到安徽大學是在"一·二八"後,但只去了三個月又回光華任教。我這篇文章當然比湯文更不全面,但因爲是回憶舊事,可以寫得比較具體,也許多少能够表達一點呂先生的治學精神和人格。表達得不够或其他失當之處,尚請呂翼仁同志批評指正。

　　　　原載《學林漫録》第四集,中華書局,一九八一年。

第一講　元　　朝

一　蒙古之興及其盛

　　元太祖(即成吉思汗)即汗位,在公元一二〇六年。此後歷太宗、定宗、憲宗,至世祖,凡五朝。定西域,平高麗,滅夏,滅金,至一二七九年滅宋。蒙古武力,至此達於最高峯。至一三六八年,元順帝棄大都(今北平),而其在中國之政府亡,據中國凡九十年。

　　元系圖

(一) 元太祖成吉思汗——术赤——拔都

　　　　　　　　　　——察合台

　　　　　　——(二) 太宗窩闊台——(三) 定宗貴由——忽察

　　　　　　　　　　——闊出——失烈門

　　　　　　　　　　——哈失——海都

　　　　　　　　　　——拖雷——(四) 憲宗蒙哥

　　　　　　　　　　　　　　——(五) 世祖忽必烈——真金——晉王甘麻剌

　　　　　　　　　　　　　　　　　　　　　　　　——答剌麻八剌

　　　　　　　　　　　　　　　　　　　　　　——(六) 成宗鐵木耳

　　　　　　　　　　　　　　　　　　　　——安西王忙哥剌阿難答

(接八剌後)

—(七) 武宗海山——(十二) 明宗和世㻋——(十五) 順帝妥懽帖木耳

　　　　　　　　　　——(十四) 寧宗懿璘質班

　　　　　——(十三) 文宗圖帖木耳——燕帖古思

—(八) 仁宗愛育黎拔力八達——(九) 英宗碩德八剌——(十) 泰定帝也先帖木耳——(十一) 天順帝阿速吉八

二　蒙古汗位之爭及大帝國之分裂

　　蒙古大汗係由宗室王、國戚、諸將、諸部族公推,〔駙馬、后妃亦在內。〕謂之"忽烈而台"。(譯言大會)〔社會學說,父母歿後不析産,則易成一子襲産,長子恒襲之,蓋總家務故也。若析産,則爲中國之衆子襲産,或蒙古之幼子襲産,蓋諸子至自立年齡,恒行分出,臨歿在侍者,恒爲幼子,是以易成幼子襲産也。蒙古前既無汗,故無所謂汗之承襲法。王家族之承繼,則爲幼子承襲。其稱幼子爲"斡赤斤",義謂"守竈",即承襲家産之意。爲私法之事,與汗位之承繼無關。夫汗既爲部長所推,而大汗又爲衆部長等所推,則蒙古本部有諸部長,而成吉思汗一部之部長,可不一定爲汗,而蒙古本部之汗,亦不一定爲大汗。惟是此等權力者之承繼,仍是長子易於被選,大約因對内統率,對外攻戰,長子都較爲有力,觀其征討西北强部,便用"長子出征"之事可知也。〕太宗之立,由成吉思汗遺命,故無異議。〔成吉思汗,公元一一五五——一二二七。大汗既當爲衆推,則成吉思汗既歿,可由諸部商討是否再有大汗之需要,若有此需要,則承繼者不必屬蒙古本部。惟事實上,成吉思汗之偉業,勢不能因無大汗而解散。既有大汗之需要,則以强弱論,非蒙古本族而誰? 非成吉思汗之子而誰? 故成吉思汗之遺命,雖無權指定某人爲承繼的大汗,而前任大汗,既有此語,忽烈而台能不依從? 從法理上説,即像前任大汗,推薦一人與忽烈而台。〕蒙古之嫡庶地位,相差甚遠。故史籍所載某人數子,皆僅指嫡出之數。此爲女權昌盛時代之遺迹。至中國爲男權社會,當無之習,而嫡庶無甚相差。然漢人尚有用母姓者,南北朝從兄弟之貴賤相埒者,因母之有尊卑,而在社會上地位亦有高下,則亦偶存古代女權社會之遺。成吉思汗妻翁吉刺氏,名字兒帖,爲蔑兒乞擄去搶回,而生术赤,故有非成吉思汗所生之嫌疑。兄弟輩中,皆外視之,故不立,而屬立太宗。於成吉思汗西征後,四子即皆得封地,蓋蒙古行封建制也。术赤得咸海、里海以北之地,即康里以西北諸部舊地。太宗得葉密立河一帶之地,葉密立河名見《元史・定宗紀》,今新疆之額米爾河,即乃蠻舊地。察合台得昔渾河一帶,昔渾河即錫爾河,乃西遼舊地。以上所載某某舊地,據日本那柯通世《成吉思汗實録》。拖雷因爲幼子,故成吉思汗以和林舊業傳之。後定宗、憲宗二朝,兩次戡定西域,戡定西北一帶,功在术赤之長子拔都。西南一帶,功在拖雷之子旭烈兀。故术赤分地,拔都之後爲共主,西史稱 Km of Kiptchak,亦稱 Golden Horde。花剌子模以南之地,歸旭烈兀後人所統轄。西史稱 Km of Iran。窩闊台之後稱 Km of Oghotai,亦稱 Naiman 乃蠻,察合台之後稱 Km of Te Haghatai。此爲四汗國之由來。故附及之。至宋、金、夏、吐蕃、大理諸國之地,及和林舊業,乃歸世祖直轄。

定宗多病短祚。〔太宗公元一二二九年立,一二四一年崩,在位十三年。

忽烈而台推戴定宗，定宗公元一二四六年立，一二四八年崩，在位三年。〕太宗後人與拖雷後人爭立，失烈門失敗。〔此時大汗之選舉，不比部落寡弱的時候，既無權利可言，而又有對外關係，能顧全大局，舉衆望允孚之人，故不免各自運動暗鬥。而太宗在日，既謂失烈門可君天下，又謂憲宗可君天下，當時大汗的話，對後任大汗之被舉，既極有效力，於是就成爲雙方之藉口。定宗既死，太宗與拖雷後人，即冀本房當選爲大汗——太宗後人中候選人爲失烈門。而定宗長子忽察，亦有冀當選之意——然因[一]太宗後人多不愜衆望。[二]成吉思汗分配部兵與諸子，拖雷爲幼子，所得獨多。——當時之觀念，以部兵，即人民，亦作爲產業——功臣宿將，大半爲其舊部。[三]拖雷歿後，憲宗等年幼，其母唆魯禾帖尼主持，頗有才智，爲部下所歸向。[四]宗王之中，最有威望之拔都，亦與唆魯禾帖尼聯絡。故拖雷後人之勢力，遠比太宗後人爲大。定宗死之明年，拔都召集忽烈而台於阿勒台忽刺兀。以會議非地，大半不到。於是約明年春，開會於客魯漣，由唆魯禾帖尼主議，太宗、定宗、察合台後人俱不到。拔都既至，即創議立憲宗。又明年，憲宗即位，太宗後人，即有反謀。於是憲宗殺定宗的可敦，及用事大臣，及失烈門黨七十人，謫失烈門爲探馬赤——忽必烈南征，仍令隨營效勞，憲宗自將伐宋，卒投之於水。——本衆建諸侯而少其力之策。以太宗分地，分封其後王。太宗舊部，另委親王統帶，蒙古之內爭，到此即不能彌縫。〕憲宗死後，世祖又與阿里不哥爭立。世祖不待忽烈而台之推戴而立。阿里不哥爲其所敗。而太宗孫海都不服，遂引起大帝國之分裂。〔憲宗公元一二五一年立，一二五九年崩，在位九年。世祖既自立於開平——世祖開府漠南，阿里不哥留守漠北，權力地位相埒。——阿里不哥亦自和林，爲所敗，公元一二六五年，乃降。而海都之變又起，海都分地在海押立——巴爾哈什湖東南。——以不得爲大汗，心不平，惟兵柄爲憲宗所奪，不得有爲。方阿里不哥與世祖相爭時，海都附阿里不哥，阿里不哥既降，海都仍自擅於遠。後得術赤、察合台後王援助，即與世祖對敵，北犯和林。太祖諸弟之後王乃顏等，與之聯合。終世祖之世，常遣成宗與伯顏戍漠北。成宗即位，武宗代之。公元一三〇一年，海都死，子察八兒立，與篤哇構釁，篤哇願與成宗夾擊。武宗立，敗察八兒，公元一三一一年，察八兒窮蹙，來降，於是太宗後王封地，全入察合台後王。積年兵爭，雖告戡定，然自海都稱兵以來，蒙古大汗與術赤、察合台、旭烈兀之後王，關係幾於斷絕。此後不能再行恢復，而蒙古大帝國，由是解紐。〕

　　世祖始立太子，〔依漢法，完全破壞忽烈而台之制度。〕而早卒。〔世祖公元一二六〇年立，一二九四年崩，在位三十五年。諸王亦有覬覦汗位者，以重臣宿將之伯顏輔立成宗，故無變故。〕成宗、武宗，都系統兵防北邊的。成宗死後，皇后欲立世祖幼子，右丞相先迎仁宗監國以待武宗，〔成宗公元一二九四年立，一三〇七年崩，在位十三年。成宗太子德壽早卒，成宗末年寢疾，事多決於皇后伯岳吾氏。既崩，后欲立安西王阿難答，召之入都，然忘在北之武宗，於是與左丞阿忽台謀，欲斷此道而立阿難答。右丞相哈喇哈孫陽附之，而陰使人迎武宗，恐道遠不及，先召其親兄弟仁宗於懷州。仁宗入，殺阿忽台，執阿難答及其黨諸王明里帖木兒。武宗至，殺二人，弒伯岳吾后而立。〕武宗立，以仁宗爲太子，〔武宗公元一三〇八年立，一三一一年崩，在位四年。〕仁宗立己子英宗爲太子，〔初欲立明宗，後從宰相鐵木迭兒立英宗爲太子。〕出武宗子明宗（和世㻋）於雲南，武宗舊臣，奉之奔阿爾泰山。〔依察合台後王。〕仁宗〔公元一三一二年立，一三二〇年崩，在位九年。〕傳英宗〔仁宗時，鐵木迭兒有寵於太后（仁宗之母，《元史·后妃表》作答吉，《傳》作答己），既貪且虐，英宗時，太后死，方罷斥之。未幾遂卒，而英宗又追舉其罪。其黨御史大夫鐵失懼，結黨弒帝，而迎立泰定帝。既立，誅鐵失及其黨。英宗公元一三二一年立，一三二三年崩，在位三年。〕至泰定帝，死於上都。（今多倫縣，元世祖稱汗之處。）〔泰定帝立於公元一三二四年，一三二七年崩，在位四年。〕子天順帝立。〔即在上都即位，年方九歲。〕在大都（北平）之燕帖木兒，〔武宗舊臣，時簽署樞密院事。〕迫脅百官，迎文宗監國，以待明宗。〔其時燕帖木兒暗結死黨，迫脅百官署盟迎立武宗之子，遣人迎明宗於漠北，又遣人迎文宗於江陵。文宗先至，攝位以待明宗。燕帖木兒舉兵陷上都，天順帝不知所終。明宗即位和林。〕明宗至漠南，〔文宗入見，明宗暴崩。〕爲文宗、燕帖木兒所弒。文宗既弒其兄，心不自安，遺命必立明宗之子。〔遺命屬皇后翁吉喇氏。文宗公元一三二八年立，一三三二年崩，在位五年。〕而燕帖木兒不肯。〔欲立文宗子燕帖古思。〕文宗之後，强迎寧宗〔時未滿十歲〕立，數月而死。〔時燕帖木兒又欲立燕帖古思，皇后仍不可。〕後又迎順帝，〔年十四。〕既至，爲燕帖木兒所阻，不得立，會燕帖木兒死，乃得即位。後流文宗后於安東州；〔今河北安東縣。〕竄燕帖古思於高麗，殺之於路。〔時燕帖木兒子唐其勢謀反伏誅，於是追舉明宗暴崩事，毀文宗廟，流竄后及燕帖古思。〕此種置君如弈棋，誠爲歷代罕見之現象，其中當注意者，即成宗、武宗，其先都戍北；成宗由伯顏輔立，伯顏正是與成宗同戍北之大將；明宗、文宗之立，猶由武宗輔臣推戴。元之君位，始終衹憑武力爭奪而已。〕

三　蒙古在中國之政府(即元朝)之腐敗

（一）蒙古在諸入據之異族中，最不了解中國情形，其君主皆不識華文，甚至不通華語，大臣亦有如此者。〔歷數異族之入據者，五胡久居中國，頗受同化，其君主多知中國國情。遼之治華亦極寬，官制分南北面。北以治部落屬國，南以治漢人州縣，多效華制。且與華人無甚接觸，民亦不甚苦之。金、清本爲小部族，得中國不能保守而退出，勢必滅亡，故竭力經營之，多承華制，較瞭解中國。蒙古地域廣闊，不患失中國而滅亡，惟知剥削之。故始終未知中國政治。且始終未知政治，觀趙翼《廿二史劄記》中摘其不解華情者極多。〕（二）其政策，乃視中國爲戰利品，純欲以民自奉。〔始終並未脱離"部族思想"，其初腴削其他部族，以自利其部族；既入中國，其政策即變爲剥削百姓以奉王室與特殊階級。〕故戶、工二部，設官最多。〔戶部專於理財籌款，損下益上；工部則大都和各路，都設諸色人匠總管府，此外又隨處設局。〕如織造、綉、染、氈、皮貨、窑、梵像、瑪瑙、玉石、油、漆等，均各設專官，目的在於供給王室，於民間並無影響。（三）世祖雖曾定法制，實多具文，而實際政治又紊亂。〔世祖用漢人、西域人頗多，皆爲才智之士，而世祖亦略知政治。《元史》曰："世祖時始定新律，號曰《至元新律》。仁宗時，又以格例條畫有關於風紀者，類集成書，號曰《風憲宏綱》。至英宗時，復……取前書而加損益焉。……號曰《大元通制》，其書之大綱有三：一曰詔制，二曰條格，三曰斷例。"亦用笞、杖、徒、流、死五刑，笞、杖皆減十爲七。又曰："……其君臣之間，惟知輕典之是尚。……然其弊也：南北異制，事類繁瑣。挾情之吏，舞弄文法，出入比例，用譎行私；而兇頑不法之徒，又數以赦宥獲免。至於西僧歲作佛事，或恣意縱囚，以售其姦宄。……識者病之。"此刑法之寬縱，而政治廢弛之結果，而世祖之政策，乃主聚斂，迭用阿合馬特、盧世榮、桑哥，皆言利之臣。後則一一除之，然蒙古人之意，祇爲其聚斂之法不善，毫不知聚斂之策，在政治上之不行。而盧世榮之策，却又頗合理，如是之政治，豈得不亂。〕（四）用人之不當，尤爲政治腐敗原因。《元史》謂其"仕進有多途，銓衡無定法"是也。〔元之用人，極爲駁雜，不問何種人，有才即用，故蒙古、漢人、南人之外色目人亦成一階級。當時回回人用者最衆，歐洲人亦不少。——馬哥博羅等，不過其最著者。——頗有立賢無方之風，然仕途過廣，於銓政上，頗爲妨礙。《元史·選舉志》又曰："吏道雜而多端。""縱情破律，以公濟私。""文繁吏敞。"大概當時最壞者，是所謂宿衛勛臣之家，及任職於宣徽中政各院之人，出身太優。至於工匠、吏書，原亦可用，然任者多未能當，又諸王公主的"投下"，得主人保任，亦可入官。誠弊制矣。〕（五）元朝分人爲蒙古、色目、漢人（滅金所得中國人）、南人（滅宋所得）四等，權利多不平等，（如機關長官必用蒙古人，科舉，漢、南人所應試驗駁難，出身反劣。〔科舉之制，始於仁宗延祐二年，分進士爲左右榜：蒙古、色目人爲右，漢人、南人爲左。蒙古人由科目出身者，授從六品官，色目人及漢人，遞降一級。——至元元年罷科舉，六年復之。——每試三場：第一場，蒙古、色目人，試經問五條；漢人、南人，試明經、經疑二問，經義一道。第二場，蒙古、色目人試策一道；漢人、南人，古賦、詔、誥、章、表內科一道。第三場，蒙古、色目人無；漢人、南人試策一道。蒙古、色目人，應漢人、南人科目中選者，注授各加一等。——此爲仁宗時制度。順帝廢而再復，小有改變。——亦有鄉會試及御試。〕刑法上亦有不平等。〔如《元史·刑法志》載："諸蒙古人因爭及醉，毆死漢人者，斷罰出征，並全征燒埋銀。"即可見一斑。〕）（色目之名，詳見陶宗儀《輟耕錄》〔色，諸色，即各種；目，名目，蓋即各種名目之人也。陶氏記有五十餘種，以西域人最多，其後西域人多有同化於中國，能詩文者。〕）〔蒙古初以降人爲"驅丁"，雖儒者亦不免。其意非以中國人全數爲奴隸不可。後雖因增進自己利益，不得不兼顧漢人利益，廢此制。然始終無平等思想，遂以人民分此四等。〕（六）元朝皇室，習於奢侈，最優待西域商人。〔如太宗崩，后乃蠻真氏稱制，——定宗未立時——信任西域商奧魯剌合蠻，命掌財賦，甚至以"御寶""宮紙"付之。聽隨意填發。復令：奧魯剌合蠻要行之事，令史不肯書寫，即斷其手。〕又迷信喇嘛，〔喇嘛教之入蒙古，《元史》不載，據《蒙古源流攷》，則其事尚在世祖前。但大尊崇之，總起於世祖之時，《元史》謂"此繫世祖統治吐蕃之政策"。未知真僞。元歷代帝王無有不崇信之者。〕在政治上頗受其害。（如驛站之騷擾。〔驛站歷代有之，可馳驛者，多尊貴之地，貧瘠之地，難於供應，而役吏需索，更爲不堪。然馳驛者極少，非尊貴者不能，故尚無大害，而元朝一代，商賈賣貨給皇室者，皆可馳驛，喇嘛教僧侶，佩"金字圓符"往來中國、西蕃，所過之處，需地方官辦差，驛舍不足，借住民家，驅迫男子，姦淫婦女，無所不爲。數十民家供應一驛，供應者無不破產。〕內廷佛事之耗費，〔延祐四年所定之額：《元史》曰："以斤數者，用面四十三萬九千五百，油七萬九千，酥二萬一千八百七十，蜜二萬七千三百。"他物亦可設想矣。〕）而西商及喇嘛，在社會上亦甚橫。（如西商之放羊羔利。——即利上起利。——喇嘛之受人饋贈，奪人田產。〔百姓不輸租稅，即投靠之，仗之包庇。又佛事之時，可因之奏釋囚徒,謂之祈福,罪人可賂之以求赦。〕其至如楊璉真伽發掘宋諸帝大臣陵墓。
〔諸陵在紹興、錢塘,共一〇一所,殺害平民四人;受人獻美女寶物無算;攘奪
盜取財物:計金一七〇〇兩,銀六八〇〇兩,玉帶九條,玉器一一一件,雜寶一
五二件,大珠五十兩,鈔一一六二〇〇錠,田二三〇〇〇畝,包庇不輸賦人民
二三〇〇〇户。誠中國歷史上所未見。〕)

四　蒙古人入中國者之腐化

　　元世祖釐定法制,所注意者兩事。(一)爲官制。〔元初起時,官制極簡
單。《元史》謂僅有萬戶以統軍旅,斷事官以治政刑(即達魯花赤),至太宗始
立十路宣課司。——因蒙古人最重理財,餘則毫無措置,——凡金人來歸者,
即以原官授之,如行省元帥等,以致錯雜不堪。至世祖,方釐定官制。以中書
省總政務,樞密院秉兵柄,御史臺司黜陟。餘亦多仿漢制。所不同者,即一
諸官或漢、蒙並置,如翰林兼國史院外,又有蒙古翰林院等。二 關於宗教上
之官,重於歷代。設宣政院,名爲統治吐蕃,實多半由己之迷信喇嘛,宣政院
之制,爲掌釋教僧徒,兼治吐蕃境,遇吐蕃有事,則設分院往鎮,其用人,別自
爲選,軍民通攝,僧俗並用。三 户工二部特詳密。〕(二)設立行省制度。
〔中國古代之省,爲中央行政機關,設宮禁中,省,察也,言出入此中,必檢察
也,唐官制有六省,而其最尊者爲尚書省、中書省。行者,言不在本處而在別
地,故省之政治機關,外設者稱行省,歷代亦有之,惟爲臨時者。如金伐宋,
設行臺尚書省等,然事畢即撤。至元即於路、府、州、縣之上,別設行省(即行
中書省),分中國本部及蒙古之地爲十三區,置行中書省十一,行御史臺二
(江南、陝西),以省統路府,以路府統州縣,而府亦有隸於路下者;州有在路
府下而統縣者;又有與路、府並列者,皆置達魯花赤,以爲正官。其目的則在
控制便利起見。蓋中國舊以縣屬郡,後改爲州,其尊者稱府,唐以道、宋以路
以統州,道、路約當今日小省二分之一,大省三分之一,控制地方之權既小,
而中央統此多數之道、路亦不易,既立行省制,則行省長官控制地方之權大,
而中央政府亦僅需統此十三行政長官而已,一舉二得。乃世祖最留意以控
制中國者。〕各機關長官,多用蒙古人,但此僅係制度,實際運用,仍藉實力爲
後盾。故仍有賴乎工、兵制。
　　蒙古之兵制,所注意者爲兵之種類及其分配,(一)邊地,以親王鎮之。
(二)今之山東、河南,元人視爲腹心之地者,以蒙古軍、探馬赤軍(蒙古外之諸

部族)戍之。〔其最初兵制，僅此二軍，入中原後，發民爲兵，爲漢軍，平宋所得，謂之新附軍。其遼東之糺軍、契丹軍、女直軍、高麗軍，雲南之寸白軍，福建之畲軍，皆守衛本地，不調他方。《元史》謂之鄉兵，其成兵之法：蒙古軍及探馬赤軍，"家有男子，十五以上，七十以下，無衆寡，盡簽爲兵。十人爲一牌，設牌頭。上馬則備戰鬥，下馬則屯聚牧養。孩幼稍長，又籍之，曰漸丁軍。"此即行舉國皆兵之制，人民服兵役期極長。其平中原後用漢軍，則或以貧富爲甲乙，戶出一人者爲"獨軍戶"，合二三戶以出一人，則以一爲"正軍戶"，餘爲"貼軍戶"。又或以男丁論，則常以二十丁出一卒，至元七年，十丁出一卒。又或以戶論，二十戶出一卒，其富商大賈，則又取一人，謂之"餘丁軍"。皆一時之制也。而當時又有取匠爲兵，曰"匠軍"。取諸侯將校之子弟充軍，曰"質子軍"(蒙語爲"禿魯華軍")。天下既定，即將曾爲兵之人，另定兵籍。凡在籍之人，服兵役之義務，皆有一定規定，若貧不能服兵役者，以數戶併一戶，謂之"合併"，極貧者，老而無子者，除其籍，"絕戶"另用百姓補足。其募兵，則謂之答剌罕軍。又有以技名者，則爲砲軍、弩軍、水手軍。〕(三)南方則參用漢軍(滅金所得中國兵)及新附軍(滅宋所得)，其兵數及其配置情形，漢人無知之者。〔元朝兵籍，不准漢人觀看，即掌兵事之樞密院中，亦僅一二長官知其實數，故其兵數，無人知之。〕蒙古軍分萬戶、千戶、百戶三級，其長皆蒙古人，世襲，分布各處。〔初視兵數之多寡，爲爵秩崇卑。長萬夫者爲萬戶，其官府曰府；千夫爲千戶，百夫爲百戶，其官府曰所。宿衛之士曰"怯薛歹"，以四怯薛領之，皆功臣子孫，世襲。世祖定官制，於中央設前、後、左、右、中五衛，各置親軍指揮使，以總宿衛，然累代仍有怯薛，其後滋多，賞賜鈔幣，動以億萬計，頗累財政。五衛仿漢制，設以備官，四怯薛則係蒙古舊制。外則萬戶之下置總管，千戶之下置總把，百戶之下置彈壓，皆總之樞密院。有征伐則設行樞密院，事已則廢。〕此最蒙古人武力之中堅也。

　　蒙古之兵制，爲至要之關鍵，若此實力不替，政府總得安全也。然自古民族，不接觸則已，苟有接觸，則必至互相同化而後已。蒙古人入中國，不久即受中國同化。由積極方面觀之，《元史》詔禁蒙古人與漢人交關通婚，或強移其居地。消極方面，則元亡時蒙古兵毫無能爲。皆爲被中國同化之證也。蓋受同化之原則，一爲人數寡於他民族，一爲文明程度低於他民族。前者因以少數人入居他民族中，勢必改其語言、生活以適應多數人之新環境，而爲其同化。後者則悅文明較高民族之紛華靡麗，上下靡然從風，率一國之人，悉改其故有生活、風俗，而習文明民族之生活，而爲其同化。夫蒙古之人民既寡於漢人,而其入主中國,又惟以武力,經濟爲剥削,以求獲得物質增高其生活程度,莫不樂華風而習之,即上者禁之亦不可也,故卒爲中國所同化。兵制廢壞,尚武之風淪亡,而敗亡遂之矣。

五　元之滅亡

元末羣雄:

方國珍　台州(今浙江臨海縣)〔台州人,公元一三四八年起兵,入海劫掠漕運。〕

李　二　徐州(今江蘇銅山縣)〔蕭縣人,公元一三五一年起兵徐州。〕

徐壽輝　漢陽〔羅田人,公元一三五一年起兵蘄州,——今湖北蘄水縣——後破湖北、江西,遷都漢陽。〕

張士誠　高郵,後徙蘇州〔泰州人,公元一三五三年起兵高郵。〕

劉福通　安豐(今安徽壽縣)。福通係白蓮教徒,立其教主〔韓山童〕之子韓林兒。〔公元一三五一年起兵安豐。〕

郭子興　濠州(今安徽鳳陽縣)〔定遠人,公元一三五二年起兵濠州。〕

明太祖朱元璋初屬郭子興,後別爲一軍。〔破滁、和二州,自採石渡江,破太平——今安徽當涂。〕取今南京。〔當時稱集慶,公元一三五六年克之,稱吳國公。〕

徐壽輝爲其將陳友諒所殺,〔陳友諒取安慶(今安徽懷寧縣)、龍興(今江西南昌縣),殺壽輝,自稱漢帝。〕壽輝將明玉珍據四川自立。〔都重慶〕

元脱脱當國,〔爲丞相〕其弟也先帖木兒剿賊,久而無功。軍反大潰,盡失糧械。脱脱不得已,自統大軍出征,平李二,〔公元一三五二年〕圍張士誠,〔公元一三五四年,士誠時在高郵。〕未克。爲異黨譖免〔脱脱與哈麻,原同黨,後復有隙,至是乘機譖之於奇皇后,削其職,竄死雲南。〕自是中央政府,不能復出兵剿征矣。〕

劉福通分兵北伐,〔公元一三五七年〕其時察罕帖木兒〔潁州〕、李思齊〔信陽〕起兵助元。〔先時同起兵河南討賊,至是陝西行省求救於二人,遂連兵而西。〕福通出陝西之兵爲所破,〔此軍出關中,陷興元、鞏昌,還攻鳳翔。至是爲察罕、李思齊所破,二人乘勝,東定山西,進汴梁,福通挾韓林兒走回安豐。〕移攻其山東之兵,〔此軍出山東,陷濟南,北陷薊州(今河北薊縣)以逼大都。至是察罕東平山東,圍其將田豐於益都。〕福通將田豐使人刺殺察罕,其子庫庫帖木兒代總其兵,卒平之。〔破益都,殺田豐。黃河流域,幾於肅清。〕福通所遣出山西之兵,〔此軍出晉冀,破太原,出雁門。〕經上都,入遼東,亦卒消滅。此時元之兵力尚足保守北方。

但駐紮大同之孛羅帖木兒與察罕、庫庫相爭,〔山西原爲察罕平定,而孛羅欲兼得晉冀,以裕軍食,於是相爭,出兵攻擊。陝西參政張良弼亦與察罕不協,察罕復與李思齊連兵攻之。察罕死,庫庫代將,仍如是。〕李思齊恥受庫庫節制,亦合陝西之兵與庫庫相攻。〔與張良弼連兵,而庫庫將貊高、關保等,又叛庫庫。〕

順帝寵次后奇氏,〔高麗之微賤女子。當元初,高麗人至元爲奄人,頗有得法者。奇皇后微時,受樸不花之惠,至是,引樸不花入宮,爲奄人。〕生子愛猷識里達臘,立爲太子。〔奇氏欲廢順帝,立太子爲君,太子亦贊助之。哈麻、雪雪皆與聞其事。脫脫既敗,哈麻爲宰相,雪雪爲御史大夫,即欲舉事,事前泄,二人杖死,奇后、太子仍無恙。哈麻既死,太平爲相,奇后使樸不花示意太平,欲行內禪,不答,於是去太平,搠思監爲相。搠思監黨庫庫,順帝母舅御史大夫老的沙黨孛羅。〕宰相搠思監因太子言於順帝,免御史大夫老的沙之職。老的沙奔孛羅。〔搠思監等即誣孛羅謀不軌。孛羅舉兵犯闕,殺搠思監、樸不花,太子奔興州(今熱河承德),未幾孛羅兵退,太子還,命庫庫討孛羅,於是孛羅二次犯闕。〕孛羅舉兵入京城,〔太子迎戰,大敗。〕太子奔庫庫,順帝使人刺殺孛羅,〔老的沙亦旋被殺。〕庫庫奉太子還京。太子及奇后欲使庫庫以兵力脅順帝傳位於太子,庫庫不可,〔而太子與庫庫復不協。此時正當詔封庫庫爲河南王,命統諸軍,進平南方,而李思齊、張良弼攻庫庫,貊高等叛庫庫之時,於是太子讒之順帝。〕乃削庫庫官爵,使太子總統諸軍討之。〔未幾,庫庫攻殺貊高、關保。明兵又已近,乃恢復庫庫官爵,命出兵抵禦,然已無及。〕

當此相爭之時,明太祖遂得平定南方,出兵北伐。〔明太祖既據集慶,公元一三六三年,攻殺陳友諒。明年,降其子。一三六七年,執張士誠,降方國珍。韓林兒則已先爲張士誠所虜,於是自淮以南皆定。即於是年(一三六七年),命徐達、常遇春分道北伐。胡美定閩,楊曍取廣西。明年,太祖即位金陵,徐達、常遇春自開封、濟南,合兵德州(今山東德縣),北陷通州(今河北通縣)。元順帝遂以一三六八年棄大都,走上都,〔即開平,元時,在漠北則和林,在漠南則開平、應昌,並稱重鎮。一三六九年常遇春克開平,順帝奔和林。〕後又走應昌(城名,元外戚翁吉剌氏封地,在今達里泊旁)。〔時明太祖又遣兵計降據鳳翔之李思齊,據山西之庫庫走甘肅。一三七〇年,命徐達攻庫庫,庫庫奔和林，李文忠出居庸關攻應昌，值順帝死，太子亦奔和林，文忠獲其子買的八剌及后妃官屬而歸，頒《平定朔漠詔》。明年，湯和、傅友德平明玉珍之子昇於四川。一三八一年，傅友德、沐英、藍玉平元梁王於雲南。〕順帝死後，〔順帝公元一三三三年立，一三六七年退位，在位三十五年，一三七〇年崩。〕傳子愛猷識里達臘，〔一三七〇年立，一三七八年卒。〕至孫脫古思帖木兒爲明所破，被弒。〔公元一三八八年，馮勝、藍玉降元臣納哈出於遼東，即以藍玉爲大將，移軍北征，襲破脫古思帖木兒於捕魚兒海，獲其次子地保奴。脫古思與其長子天保奴走和林，依丞相咬住，至土剌河，皆爲其下所弒。〕此後五傳，皆在很短促之時間內遇弒。〔五傳之坤帖木兒被弒後，部帥鬼力赤自立，改稱韃靼可汗。〕蒙古大汗之統系遂絕。

第二講　明　朝

一　明　初　事　迹

明太祖定都應天（今南京），以開封爲北京。

太祖定法制，頗完備，惟用刑甚酷。〔以猜忌特甚，諸功臣、宿將，如藍玉、傅友德、馮勝等，皆坐謀反或株連誅死。〕

太祖行封建之制，受封建者二十五人。（一從孫，二十四子。）〔皆分封要地，各設官屬，體制甚隆，雖不預地方政事，而各設護衛兵三〇〇〇至一九〇〇人，亦頗有些勢力。〕燕王棣居北邊（今北平），得節制諸將，兵權頗重。〔此外居太原之晉王樉，亦如此。〕太祖太子早卒，〔名標。〕立其子允炆爲太孫。太祖崩，〔公元一三六八年立，一三九八年崩，在位三十一年。〕允炆立，是爲建文帝。〔年號建文，故稱建文帝。後追謚惠帝。〕以法繩諸王。〔用齊泰、黄子澄謀。〕燕王入京師，〔初舉兵陷德州，攻濟南，爲盛庸、鐵鉉所敗，進復德州，棣兵退，旋又南下，陷徐州、宿州、泗州，東至揚州。陳瑄以舟師附之，乃自瓜州渡江，陷京師。〕建文帝不知所終。〔公元一三九八年立，一四〇二年失國，在位四年。〕燕王立，是爲成祖。以北平爲北京。〔改名順天，以應天爲南京。〕還都焉。〔公元一四二一年。〕

自蒙古大汗統系絕後，有鬼力赤者，自稱韃靼可汗。後爲阿魯台（知院）所殺，迎立元裔本雅失里。〔於別失八里，今迪化之地。〕成祖親征破之。〔初於公元一四〇九年，命邱福征之，敗没，明年，親征破之。〕瓦剌即今之衛拉特，〔即元初之斡亦剌。元亡時，强臣猛可帖木兒據其部，死後，分而爲三。酋長馬哈木、太平、把秃孛羅，皆於成祖初來降，封王。〕明中葉後，乃漸徙而西北，此時尚在東方，其酋馬哈木殺本雅失里，破阿魯台，〔在公元一四一三年。〕成祖親征馬哈木，亦破之。〔在公元一四一四年，先時阿魯台來降，後復有叛意，一四二二、一四二四年，又兩次親征阿魯台，擊破之，一四三四年，阿魯台亦爲

瓦剌脱歡所襲殺。〕(以上事迹皆據《明史》,以《蒙古源流攷》相證,知《明史》大
致不誤。)成祖又嘗暫平安南,(一四〇九年置布政司〔名交阯布政司〕,一四二
七年宣宗棄之。)遣鄭和航行西洋,(自一四〇五年至一四三三年,前後七次。)
〔一四〇五年,鄭和造大船,率海軍三七〇〇〇人,多賫金帛,從蘇州劉家港出
海,——今之瀏河口,當時江蘇泛海,從此出口,——經福建達占城,遍歷南
洋,"不服者威之以兵",諸國紛紛朝貢。前後七次,三擒番長。〕國威似乎甚
振,但明朝内治之敗壞,國威之陵替,實始於成祖。〔若社會向某方向發展,然
後以政治力量加之,則或有成。若社會不向之,徒加政治力量,則未有成者
也。吾國自漢以來,即與朝鮮、安南接觸,惟拓殖者寡,不能同化之,而彼之文
化反由是日高,至是與吾之文化對抗,終至永不能同化矣。成祖之經略安南,
即徒用政治力量,而安南之文化,亦非能爲吾國同化者矣,故卒無成也。至南
洋之發展,則純賴社會向之,純賴民族力量,與政治力量無關,蓋當時大食人
(即今阿剌伯人)海上之力已衰,而歐人尚非東來。此元後半期及明前半期約
百年間,正吾國向南洋發展之良機,故即無元之擊瓜哇,明鄭和之南航,亦必
向南洋發展也。〕

　　明太祖雖居南京,而北方邊防規模頗遠,即元之上都置開平衛。〔明兵多
係屯田,《明史·兵志》:"度要害地係一郡者設所,連郡者設衛;大率五千六百
人爲衛,千一百二十人爲千户所,百十有二人爲百户所,所設總旗二,小旗十,
大小聯比以成軍。"蓋衛者,乃屯田兵最大單位也。又因元之大寧路之降,〔大
寧路,屬遼陽行省,其北境來降。〕設泰寧、朵顔、福餘三衛。〔今熱河地,朵顔
地險而兵强,當時邊外諸衛,都隸北平行都司。〕而寧王權居大寧以節制之。
〔大寧,在今熱河隆化縣境。〕地跨遼、熱、吉三省間。成祖起兵,慮寧王襲其
後,誘而執之。〔以兀良哈(今烏梁海)兵從征有功,即位後,即改北平行都司
爲大寧都司,徙治保定。以大寧地方,贈兀良哈。〕後遂徙大寧都司於保定。
於是,開平勢孤。宣宗時,徙治獨石口。北邊所守者,遂成今長城之綫。而宣
(宣化)、大(大同)爲極邊矣。〔若能始終保持太祖時之形勢,則對蒙古可取攻
勢,而至滿洲,可有自熱河趨吉林之捷徑。不單憑出山海關趨遼陽之一道也。
今既爲成祖所壞,故對蒙古始終取守勢,而趨滿洲之捷徑,亦遂斷矣。〕明初行
"中鹽"之制,一部分官賣之鹽,必輸糧於邊,而後能得之。〔宋有"入中""入糴
粟"之制。"入中"者,即"入中錢帛",商人輸錢於京師榷貨務,官給以券,至一
定地方,取一定之官賣品,簡稱"入中"。"入糴粟"者,即"入邊糴粟",商人納
糴粟於邊郡,邊郡給券,至京師或其他積錢之地取錢,或償之以官賣品。宋

初，大抵以解鹽爲陝西之備，東北的海鹽，爲河東之備，東南海鹽，爲河北之備。雍熙（太宗年號）後，茶亦爲邊糴所資；真宗時，又益之以香藥犀齒。此種辦法，是爲收財利於中央，及減免運輸煩勞起見，極爲良策。明"中鹽"制，亦猶是也。惟宋僅至陝西、河東、河北，而明需輸至開平等地。商人因運輸困難，乃自出資本招人在邊地屯墾，是爲商屯。其時開平一帶，糧食充實，不惟有益軍事，亦且有裨於殖民，自開平內移，而商屯亦撤。〔我國於秦、漢時，尚有大規模之國家移民，自後漢以來，即已未見。若明之商屯不廢，則即爲資本家之以巨資移民，而此等商人，必老於經營，極有心計，較之國家大規模之移民，定多成效，而政府僅需稍加監督，使勞工之生活安定。如何規劃，聽商人可也。惜乎不久即撤。然至今日，此種辦法，尚爲移民之一善策也。〕北方邊防之規模，壞於成祖也。

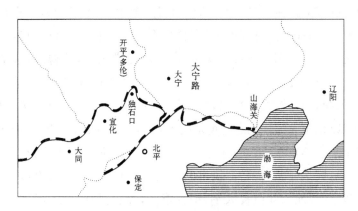

明初北方邊防圖

明系圖

（一）明太祖朱元璋——懿文太子標——（二）惠帝允炆
　　　　　　（三）成祖棣　——（四）仁宗高熾——（五）宣宗瞻基
（六）英宗祁鎮——（八）憲宗見深——（九）孝宗祐樘——（十）武宗厚照
（七）景帝祁鈺　　　　　　　　興獻王祐枟——（十一）世宗厚熜
（十二）穆宗載垕——（十三）神宗翊鈞——（十四）光宗常洛——（十五）熹宗由校
　　　　　　　　　　　　　　　　　　　　（十六）毅宗由檢
　　　　　　　　　　　（福王）常洵——（十七）由崧
　　　　　　　　　　　桂王常瀛——（十八）由榔

二　土木堡之變

明事之基礎，壞於成祖時。國威之大挫，宦官之專權，甚於英宗時。武宗最荒淫。世宗、神宗在位皆歲久而皆極昏亂。神宗末年，內憂外患，遂一發不可收拾矣。

　　成祖死後，〔公元一四〇二年立，一四二四年崩，在位二十二年。〕仁宗在位不久，〔公元一四二四年立，一四二五年崩，在位一年。〕宣宗時，南棄安南，北棄開平，國威始挫。明初定制，內侍不許讀書。〔並不准和外廷交通。〕（但太祖時，亦偶爾出使。）成祖起兵，頗得宦官內應，〔起兵時，因宦官密告京師虛實，才決意南下。南下時，宦官多逃入北軍。報告機密，成祖深以爲忠。〕始選官入內教育，使之監軍、奉使。〔命隨諸將出鎮，設京營提督，使之監軍。〕又立東廠，（偵緝機關。明初本有錦衣衛，〔禁衛軍名，本掌侍衛儀仗，後專主巡察緝捕，理詔獄，以勳戚領之，特異諸衛。〕至是，東廠所緝，皆歸錦衣衛訊治。此如漢之司隸校尉、〔《漢書・百官公卿年表上》：“司隸校尉，武帝征和四年初置，持節，從中都官，徒千二百人，捕巫蠱督大姦滑。後罷其兵，察三輔、三河、弘農。”〕曹操、孫權之校事、〔俞正燮《癸巳存稿》：“魏、吳有校事官，似北魏之候官，明之廠衛。或謂之典校（《顧雍傳》、《步騭傳》、《朱據傳》），或謂之校曹（《陸凱傳》），或謂之校官（《諸葛恪傳》）。”今之特務機關，皆在司法機關之外。〕使司偵緝，而太監之居內者亦專政。〔皇帝親筆批判奏章，明謂批紅，清謂硃批，多以秉筆太監代爲之。〕英宗初〔宣宗公元一四二五年立，一四三五年崩，在位十年。英宗立，年方九歲。〕之王振是也。〔振爲司禮太監，英宗寵之。振特好用兵，興兵征麓川，已勞民傷財。〕時瓦剌酋長脫歡〔馬哈木子〕並諸部爲一，強盛。〔殺他二部酋長太平、把禿孛羅，欲自爲汗，其下不願，乃迎立元裔脫脫不花，自爲丞相。死，子也先嗣，益盛，服朵顏三衛之地。〕一四四九年，其子也先入寇，王振奉帝親征，至大同，知不敵，旋師至土木堡（今察哈爾懷來縣西）〔振初欲班師經蔚川，邀帝臨幸其家，從紫荊關入，後又變計走居庸關，僅至土木堡，未得入。〕爲也先所追及，〔時諸軍大潰。〕英宗被執，王振死於亂軍。〔史稱“土木之變”。〕

　　英宗被虜後，侍講徐有貞等主遷都，兵部侍郎于謙等主堅守，〔蓋敵非甚強，則可守，失君而號令指揮不易，則不宜遷，故堅守爲善策，英宗時事是也。若敵勢甚銳則不能守，君在足號令指揮，則可遷，故遷都爲善策，堅守實失，毅宗時事是也。〕謙以太后命景帝〔原爲郕王〕監國，旋即位，〔遙尊英宗爲太上皇。〕也先入犯，謙督諸將力戰禦之。又以重兵守宣、大。也先屢入犯，不得志，乃奉英宗還。徐有貞內慚，總兵石亨以驕恣爲于謙所裁抑，亦怨恨。〔景帝初立，英宗子見深爲太子，後廢之而立己子見濟。見濟又死，遂久不建儲。〕

乘景帝卧疾,〔公元一四五七年〕結太監曹吉祥等以兵入宮迎英宗復位,〔廢景帝爲郕王,徙之西内,未久即卒。景帝公元一四四九年立,一四五七年廢,在位七年。〕是爲"奪門之變"。英宗復辟後,亦無善政。〔英宗公元一四三五年立,一四四九年被虜,在位十四年;一四五七年復辟,一四六四年崩,在位八年。〕傳憲宗,寵太監汪直,尤爲驕橫。〔別立西廠,直領其事,緹騎四出,屢興大獄。憲宗公元一四六四年立,一四八七年崩,在位二十三年。〕孝宗政治頗清明,〔劉健、謝遷、李東陽相繼秉政,去弊政,天下翕然。〕死後,〔孝宗公元一四八七年立,一五〇五年崩,在位十八年。〕武宗繼之,初寵太監劉瑾,〔於東、西廠外,別立内廠,瑾主之。〕瑾誅,〔公元一五一〇年安化王眞璠反於寧夏,遣都御使楊一清討之,太監張永監軍,一清游説張永,張永回,極言瑾惡,武宗悟而誅瑾。〕又寵大同游擊江彬,導之出游,〔武宗自稱鎭國公朱壽,游宣、大,又自大同渡河,幸延綏,至西安、太原。〕人心震動,遂有寧王宸濠之叛(在今江西南昌)。〔公元一五一九年,宸濠反於南昌,陷南康、九江,東攻安慶,幸王守仁起兵贛南攻其後,僅三十五日而平。武宗復借親征名,幸南京。〕河北、山東亦盜起,國事益壞矣。武宗死,〔公元一五〇五年立,一五二一年崩,在位十六年。〕無子,世宗以藩王入繼。世宗性嚴,〔初任楊廷和爲大學士,革武宗弊政,旋又任阿諛迎合之人。好以"明察自矜,果於刑戮"。〕因嚴而受蒙蔽,(嚴嵩每激怒之以"入人罪"。)中年後,又好神仙,大權遂爲嚴嵩所竊。世宗之後〔世宗公元一五二一年立,一五六六年崩,在位四十五年。傳穆宗。穆宗公元一五六六年立,一五七二年崩,在位六年。神宗立。〕神宗繼之以荒怠,政事遂大壞,而斯時外患又迭起,明事遂至不可收拾。斯時之外患爲:(一)世宗時之倭寇。(二)世宗時北族之患,(是時蒙古再興)及於神宗初年。(三)神宗時日本豐臣秀吉侵朝鮮。(四)神宗末年而滿洲興。内之則(一)宦官專權,政事敗壞如故。(二)神宗末年又益之以黨爭。(三)至毅宗初而流寇,而明之亡不可挽矣。

　　土木之役後,也先不久即爲其衆所殺。〔公元一四五一年,也先殺脱脱不花,自立爲可汗。公元一四五四年,又爲阿剌知院所殺,於是瓦剌部落分散。〕瓦剌復衰,此後漸徙而西北,不復爲中國之患矣。蒙古諸部,有根據河套者,謂之"套寇"。爲患最深,然亦小部,非大敵也。〔韃靼部長孛來殺阿剌,韃靼復盛。先是韃靼入寇,或在遼東,或在宣、大,或在寧夏、莊浪(今甘肅莊浪縣)、甘肅,去來無常,爲患不久。自孛來以後,數主皆入居河套,爲患頗深。〕一四七〇年,成吉思汗後裔達延汗立,再統一漠南北,並平套部。〔據《蒙古源流攷》,原名巴圖蒙克,年七歲,稱達顏汗(此爲繼承蒙古本部大汗統緒。至四十一歲,甲子年,即孝宗弘治十七年,又即汗位),此仍爲諸部族的大汗。又四年而歿。)達延汗四子,長子〔圖魯博啰特〕早卒。達延汗與嫡孫〔卜赤〕徙牧近長城,稱插漢兒部。插,近也,謂接近漢人。清人改譯,爲察哈爾。或云,達延實即大元。清人有意改譯爲達延,所以避免刺激漢人之民族思想也。其次子爲套寇所殺,〔名烏魯斯,爲右翼,爲滿都固勒所殺。〕第三子之後,分爲鄂爾多斯、土默特兩部,〔烏魯斯既爲滿都固勒所殺,達延汗怒,命三子巴爾蘇——左翼——攻破滿都固勒,即以巴爾蘇爲右翼濟農。巴爾蘇二子,長名哀必里克圖,嗣爲右翼濟農,其後即爲鄂爾多斯;次爲阿勒坦,即《明史》之俺答,統四衛拉特之衆,其後即爲土默特。〕土默特酋長稱俺答,當世宗時爲邊患最深,嘗三次入至京城附近,世宗爲嚴嵩所蔽,不之知也。〔哀必里克圖早卒,其衆皆歸俺答,故嘉靖時,俺答獨强,公元一五五〇年(嘉靖二十九年)、一五五九年(嘉靖三十八年)、一五六三年(嘉靖四十二年),三次剽掠京畿。〕達延汗第四子〔格埒森賚爾〕留漠北,〔仍爲蒙古傳舊業於斡赤斤(幼子)之意。〕爲喀爾喀三部之祖(車臣、土謝圖、扎薩克圖,其賽音諾顏爲清時所增。)今日蒙古之局面,大體定於達延汗時也。

俺答至明神宗時乃受撫,(封順義王)〔俺答孫把漢那吉幼孤而育於俺答之妻,後娶妻而美,俺答奪之,把漢那吉怒而降明,俺答妻恐中國殺之,日夕哭於俺答,俺答始請和。公元一五七一年,封順義王。〕初俺答二子襲據青海,因此受喇嘛教之感化,俺答晚年亦信之,自此不復好殺伐,〔俺答傳子黃台吉(改名乞慶哈),黃台吉傳子扯力克,俺答所奪把漢那吉之妻,原爲俺答之外孫女,歷配三主,掌握兵權,代中國捍邊,甚爲恭順,神宗封爲忠順夫人。扯力克卒,孫卜失免立,號令不行,套部遂衰。〕此爲漠南北局面轉變之一大關鍵。〔迄今蒙古好殺之游牧民族,遍受喇嘛教感化,而轉爲和平之民族,北方之患永息,宗教之力,亦不可謂不偉矣。〕自此爲邊患者,乃在插漢兒部,〔穆宗時張居正、高拱相繼爲相,除世宗弊政,正值倭寇初平、俺答請和之時,而插漢兒部又盛,時侵薊、遼,高拱乃任戚繼光守薊鎮,李成梁守遼東,繼光善守,成梁善戰。〕神宗初,張居正當國,任戚繼光、李成梁分守薊、遼,乃平之,〔繼光後移廣東,旋卒。〕自此東北鎮守,專恃成梁,積久腐敗,專以濫殺邀功,而於諸部之跋扈者,則實事姑息,明末蒙古之忽叛,滿洲之崛起,實亦成梁有以致之也。故兵力忌積久。

蒙古近代的歷史,須看《蒙古源流攷》(與《明史》合看)、《蒙古游牧記》兩書。

三　倭寇及豐臣秀吉侵朝鮮

日本自開國以來，世與蝦夷爲敵。唐中葉後，〔德宗時〕置征東大將軍以守東北邊，〔時拓地亦廣。〕平氏、源氏，世守其地。〔自宋後，日本天皇，皆喜傳位子弟，自爲太上皇，而後仍欲執政柄，往往數上皇並立，或上皇握權數世，屢起紛爭，皆借源、平二氏爲助，其初平氏以外戚執政，後爲源氏所滅。〕後平氏爲源氏所滅，始置武職於諸州，〔以守護封土，而總其權於征夷大將軍。〕日本政權，遂入於"幕府"之手。〔天皇徒有虛名，天皇所以能一系相傳至今者，即爲此。〕後源氏又爲其臣北條氏所滅。〔源氏自居鐮倉，命家臣北條氏守京城。數傳後爲其所滅。〕北條氏又爲其臣足利氏所滅，益以大封啖將士，〔欲借將士之力，以抗天皇。〕其將士又各以其地分封其下，遂至全國分裂。元世祖伐日本時，正北條氏執政時也。日本自此禁其民不得與中國交通，私自出海營貿易者，皆無賴邊氓，久之遂流爲海盜。日本天皇〔後醍醐天皇，當元英宗時。〕初藉足利氏以滅北條氏，後又與足利氏不合，遂分爲南北朝，〔天皇爲足利所迫，退保吉野，爲南朝；足利氏別立一君，爲北朝。〕南朝亡，〔明初。〕遺臣亦入海與倭寇合。

倭寇盛於元末，其患深中於朝鮮，在中國則不足爲道。然明太祖籌防邊之道，亦頗周密，於沿海設衛，唐、宋以來相沿之市舶司，明代亦設之。〔設於浙江。〕意不在乎財政，而在於管理外人，必藉入貢之名義，方許其附帶經營貿易，法至密也。承平日久，沿海衛所腐敗，世宗時又廢市舶使，與倭貿易者，多欺侮之，〔日本自分裂以來，積苦干戈，統一後，沿海諸國，皆欲靠海外互市，以謀進益，於是對中國、朝鮮，貿易頗盛。時明與倭商貿易者，多貴勢，欠錢不還，倭商流落海外，不能歸國，淪爲海盜。〕倭寇乃大盛。沿海各省，無一不被其患。〔衛所本備戰船，承平久，船敝伍虛，臨時募漁船征剿，毫無功效，於是倭寇縱橫千里，如入無人之境，浙東西，江南北，沿海之地，無不爲侵掠。〕甚至溯江而上，侵犯南京，然其實中國海盜加入，而冒倭寇旗幟者多也。〔沿海之民，亦多附之，以海島爲根據，飢則入掠，飽則遠颺。〕

明神宗時，又有日本豐臣秀吉侵朝鮮之役（一五九二年），〔朝鮮王室李氏，爲高麗王氏時世將，太祖成桂，以討倭著名，代王氏，累世注意文化，武備遂弛。初，半島流行佛教，元時宋學入，染其習，好立門戶，事黨爭。而豐臣秀吉既一日本，念亂源未絕，欲盡驅其衆於國外，命小西行長率二十萬攻朝鮮。

自釜山登陸,逼京城,宣祖不敵,迭奔開城、平壤、義州,告急於明。〔神宗發大兵援之,〔宋應昌經略,李如松東征提督。〕初敗日兵,〔於平壤,盡復漢江以北。〕旋以輕進中伏,敗績,(李如松)〔於碧蹄館。〕自此遂無善策,議剿議撫,遷延不定,至秀吉死,日兵乃自退還。此役明調兵運餉,騷動全國,事定未幾,而滿洲之兵起矣。

四　滿洲興起

滿洲古稱肅慎,〔虞舜時,即爲中國聲教所及(《史記·五帝本紀》)。〕據《國語》(《魯語》)、《史記》(《孔子世家》),當周初,曾以楛矢砮咨貢,此物至南北朝、隋、唐時,所謂靺鞨者,(《北史》作勿吉)仍以之爲貢,其形制歷代皆同,與古書所傳亦合,故知其決是一民族,惟靺鞨在今松花江流域(古黑水),周初居地,決不能若是其遠。《左傳》載周詹桓伯之言,"自武王克商以來,肅慎、燕、亳,吾北土也"。此燕指南燕,在今河南封邱縣,想北燕初封,當距南燕不遠,其後輾轉東北,從自易(今河北易水流域)至薊(今河北薊縣),又開拓上

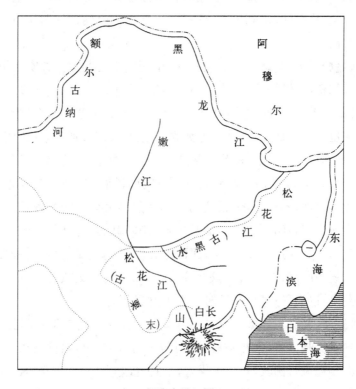

額爾古納河圖

谷、漁陽、右北平(今察哈爾、熱河及河北之東北部)、遼西、遼東(今遼寧省)五郡。緬想此時當起一民族大遷移,後世所謂東胡(烏丸、鮮卑之祖,在今熱河、吉林間)、夫餘(在今吉林西部)、靺鞨(在今松花江流域,靺鞨在漢時名挹婁,爲夫餘所隔,不與中國通,〔據《後漢書》及《晉書》。〕晉初,夫餘亡,乃復返中國,仍稱肅慎,南北朝後,乃改稱靺鞨)、朝鮮等,皆以此時隨中國境土之開拓而遁居塞外,即東胡在遼西之西北,夫餘在其北,肅慎在遼東之北,朝鮮在遼東之東也。

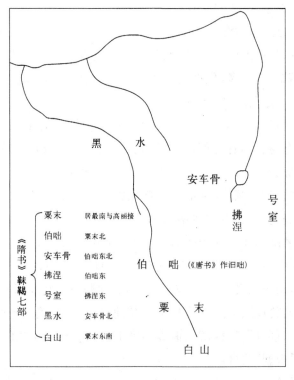

黑水圖

靺鞨之根據地,在今松花江及黑龍江流域,即古之黑水,(古黑水以松花江爲上源,非如今以額爾古納河爲上源也,額爾古納河流域,爲室韋分布之區,蒙古出焉。)其地距中國之文明中心遠,而距朝鮮近,故其開化者,恒爲接近朝鮮之部落。〔此部落即爲粟末靺鞨。〕

松花江發源於長白山,古稱速末水(亦稱粟末),會嫩江東折後稱黑水,在粟末水流域之粟末靺鞨,曾助高句麗抗唐,高句麗亡後,遷於今熱河境〔營州〕,與契丹相近。唐武后時,契丹反叛,其酋長遁歸故土自立,〔酋長大祚榮走東牟山,築忽汗城居之。傳子武藝,斥大土宇,地有五京、十五府、六十二州。〕是爲渤海，有今吉、黑兩省及俄領沿海州、朝鮮北部〔咸鏡道及平安道之大部〕之地，〔開國時，已頗知書契，後復遣人至唐留學，一切制度，模範中華，爲海東盛國。〕至五代初，乃爲遼所滅。〔公元九二八年。〕

靺鞨至此，乃入於各部分裂之狀態，史稱之曰女真，〔服屬契丹，《金史》謂"在南者係遼籍，謂之熟女真；在北者不係籍，謂之生女真"。〕朝鮮半島之北部，〔高麗。〕有人名函普者，〔年已六十餘。〕入居黑水流域之完顔部，〔解其部族之鬥，部人德之，妻以六十未嫁之女。〕子孫遂爲其部長。〔此事迹據《金史》。〕後崛起，滅遼，破北宋，即金。

長白山附近之白山靺鞨，《遼史》稱爲長白山女真，則滿洲之祖也。

滿洲民族，爲漢人同化，今將及消滅。蓋民族存在之最大標準，語言也。今滿人能用滿語、滿文者，僅百之一二，通常皆爲漢語、漢文矣，故滿洲民族，不久將成歷史上之名詞，然其往昔，固一大民族也。

滿族開化最早者爲粟末靺鞨，唐武後時據今吉、黑兩省及俄領黑龍江以南至海之地，有據有朝鮮北部，立國曰渤海。至五代初，乃爲遼所滅，靺鞨自此稱爲女真，係遼籍者爲熟女真，不係籍者爲生女真。北宋末，黑水女真之完顔部强，建國號曰金，滅遼，並北宋。渤海之先，固與高麗接近，金之始祖名函普，實亦高句麗遺民入居女真部落中者也。

清之先，蓋隋、唐時之白山靺鞨，《遼史》稱爲長白山女真者也。清人自稱其先爲天女所生，姓愛新覺羅，名布庫里雍順，此説自屬虛誣。又云：傳數世，國亂，族被戕，幼子范察〔一作樊察。〕得免，又傳數世至都督孟特穆，計誘讎人之後誅之，定居於赫圖阿拉，（清代後稱其地爲興京，今遼寧省長白縣。）則其中頗含史實。（都督孟特穆清人追尊爲肇祖。）〔此清人之自述，詳見王氏《東華録》卷一，係根據《清實録》。〕

建州衛設於一四一二年，恰在民國紀元前五百年，地在朝鮮會寧府河谷，〔建州爲渤海行政區域之名，屬率賓府，見《唐書·渤海傳》，《元一統志》謂之故建州。〕始受職者名猛哥帖木兒，〔似即孟特穆之異譯，"都督"則清人稱其酋長之名，明授以指揮使者，女真族中均謂之都督。《皇明實録》所載，不乏其例。〕後爲七姓野人所殺，〔並殺其子阿吉（《明實録》）童倉。公元一四三三年。〕弟凡察襲職，遷於遼寧東南佟家江流域，〔爲朝鮮所逼之故。〕後猛哥帖木兒之子董山，出與凡察爭襲，明乃分建州爲左右衛，以董山爲左衛、凡察爲右衛指揮使，以調停之，〔凡察死於公元一四四六至一四四八年間（據稻葉君山《清朝全史》，中華書局有譯本），右衛情形無可攷。〕董山漸桀驁，明檄致廣寧

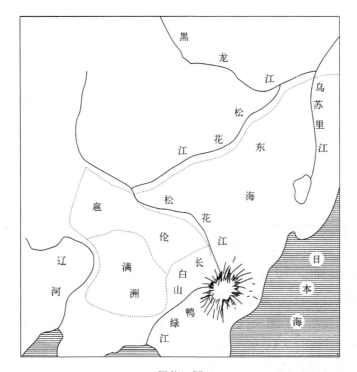

黑龍江圖

誅之，〔又出兵破其部落，公元一四六六年。〕其子脫羅犯邊，久之，漸寂，於是建州左衛衰，而右衛强，其酋長曰王杲，居寬甸附近，爲李成梁所破，奔哈達。〔公元一五七一年，成梁移險山六堡於寬甸等處（本在遼陽東二百餘里），明年，破王杲。〕

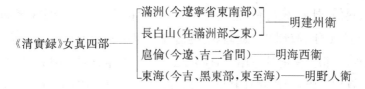

　　　　　　　　　　┌滿洲（今遼寧省東南部）┐
《清實錄》女真四部──┤長白山（在滿洲部之東）┘──明建州衛
　　　　　　　　　　│扈倫（今遼、吉二省間）──明海西衛
　　　　　　　　　　└東海（今吉、黑東部，東至海）──明野人衛

　　扈倫部〔明人稱之曰忽喇溫，清譯扈倫。本在黑龍江支流忽喇溫河流域，後南徙，據海西女真之地。〕之葉赫，在今吉林省城西南，明稱爲北關，〔酋長姓土默特，當係蒙古分支，所居城，在今吉林西南三里山上。〕哈達，在今遼寧開原縣北，明稱爲南關。〔居松花江流域，距開原四百餘里。〕〔自董山、凡察死，建州左、右衛衰，而此海西衛曾强盛，共四部，以葉赫、哈達爲强，他二部即輝發（在今輝發河流域）、烏拉（在今松花江右岸）也。後爲李成梁平，服於明，明稱之爲南、北關，賴其西捍蒙古，東拒建州，然此時二部已積

衰不振矣。〕

《清實録》〔與明人記載對照〕

顯祖即太祖弩爾哈赤之父也。王杲之奔哈達,哈達執送之,〔爲成梁所殺。〕故其子阿台(《清實録》作阿太)怨哈達,與葉赫攻之。滿洲分部,有名蘇克蘇滸河者,其城主尼堪外蘭,導李成梁以誅阿台,〔建州右衛實亡於此時。〕阿台,清景祖孫婿也。是役也,清景、顯二祖亦死焉。

後太祖攻尼堪外蘭,尼堪外蘭奔明邊,明不能保護,執付太祖。且許其互市,〔開撫順、清河、寬甸、靉陽四關互市,並許歲賜銀八百兩,蟒段十五匹。〕自是滿洲日漸富强,盡服諸女真及蒙古之科爾沁部。〔凡蠻族强盛,必自統一同族起,清太祖之興亦如此。自攻尼堪外蘭後,即努力統一同族,至公元一五八八年,滿洲五部皆服(五部爲:蘇克蘇滸河,今遼寧那河縣境。渾河,興京西北。完顏,吉林敦化縣境。棟鄂,遼寧通化縣境。哲陳,柳河之東)。公元一五九三年,扈倫四部,長白山二部,〔長白山之部爲:訥殷,遼寧長白縣境。鴨緑江,遼寧輯安縣境。珠舍哩,遼寧臨江縣境。鴨緑江先已歸服。〕與蒙古之科爾沁、錫伯、卦勒察九國,連兵三萬來伐,太祖大敗之,遂滅珠舍哩、訥殷。公元一五九七年,滅輝發。此時,哈達酋那林字羅與葉赫酋互商互攻,公元一五九九年,太祖與葉赫攻滅哈達,而公元一六〇五年,巡撫趙楫又奏棄險山六堡之地,寬甸平野,盡爲女真射獵之區,滿洲形勢,日益强盛。烏拉(扈倫四部之一)滅於公元一六一七年,東海部(東海二部爲:瓦爾喀,吉林延吉東部。虎爾哈,吉林依蘭境)至清太宗時服。〕至一六一六年,遂叛明矣。

五　明　清　戰　争

明清戰争可分數階段

一　清太祖叛明,〔陷撫順、清河,進攻葉赫,葉赫告急於明。〕明以楊鎬爲經略,發大兵二十萬,分四路攻清,其三路被清太祖各個擊破。〔惟雲南名將劉綎所率一軍,較能作戰。〕清太祖遂陷開原、鐵嶺,進滅葉赫。〕

二 明以熊廷弼爲經略,主取守勢。〔招集散亡,分布沿邊要隘;別選精鋭爲游徼。形勢漸固。〕熹宗代以袁應泰。〔熹宗立,廷臣劾廷弼不戰,代以應泰。〕遼陽、沈陽俱陷。〔應泰有吏才,無將略。時值蒙古大飢,諸部都入塞乞食。應泰謂不急招撫,定爲敵人所用。遂招降許多蒙古人,分布遼、沈。却復駕馭無方,諸蒙人無所不爲,居民大怨,多有潛通滿洲者。公元一六二一年,清人陷遼、沈,應泰死亡。遼河以東大小諸衛、城七十餘,一時俱下。遼西大震。〕清太祖先移居遼陽,又遷沈陽。〔自赫圖阿拉移居遼陽,後五年,又移都沈陽。〕

三 明再起熊廷弼。〔廷弼爲經略,建"三方布置"之策:以陸軍守廣寧,海軍駐天津、登萊,而經略居山海關節制之。〕廷弼爲廣寧巡撫王化貞掣肘。〔化貞爲大學士葉向高、兵部尚書張鶴鳴所信任,言無不聽,廷弼擁經略虛號,麾下無一兵。此時,有遼東都司毛文龍,渡海至皮島,編島民爲兵。潛通清鎮江堡(鳳城縣東南一百二十里)軍人,襲殺其守將。化貞遂張皇以奇捷入告,自八月至十一月,共出兵五次,皆無功。〕遼西城堡多陷。〔公元一六二二年,清兵陷西平堡(在廣寧縣境,東距遼河二十里),化貞遣將救亡,大敗,倉皇入關。清兵遂陷義州,城堡降者四十餘。詔逮廷弼、化貞俱論死,以王在晉爲經略。〕

四 明撤守備入山海關,〔公元一六一六年,魏忠賢之黨,排去孫承宗,代以高第。第性恇怯,盡撤守備入關。〕袁崇焕誓以死守寧遠。清太祖攻之,爲大砲所敗,受傷,不久死。〔公元一六二七年五月,清太祖大舉攻寧遠。崇焕死守,太祖亦猛攻。時值有紅夷大砲(時明已知用西洋教士等造砲,以荷蘭制者最優。時名荷蘭曰紅夷,故遂名之曰紅夷大砲,後又稱爲紅衣大將軍)一尊於寧遠城中,發之。"一發決血渠數里,再進再却,圍遂解。"《清實錄》謂:"太祖謂諸貝勒曰:予自二十五歲以來,戰無不勝,攻無不克,何獨寧遠一城不能下邪? 不懌者累日。"據朝鮮使者在城中所見:謂太祖此役,實身負重傷(見《清朝全史》第十二節)。是年七月,太祖死。〕太宗立(名皇太極),破朝鮮。〔公元一六二七年。與朝鮮以敵國禮成和,至一六三六年,朝鮮乃稱臣。〕還攻寧遠、錦州,又敗。〔公元一六二七年五月。明人稱之曰"寧錦大捷"(時錦州總兵爲趙率教)。〕

五 清太宗繞過長城口,〔公元一六二九年。不趨山海關,而自喜峯口入,陷遵化。〕入攻畿輔。袁崇焕入援。〔與清兵戰,勝負未分。而清太宗縱反間計。〕思宗信反間，殺之。〔清兵攻山海關，不克，破永平、遷安、灤州，留兵守之而還，明孫承宗踵而攻之，四城皆復。〕〔此時，明遼西兵力尚厚。太宗乃以其間征服朝鮮。公元一六三一年，毛文龍部將耿仲明、孔有德叛降清，導清陷旅順。公元一六三三年，廣鹿島（今圖作光祿島）守將尚可喜降清。公元一六三七年，清陷皮島。明海上勢力摧減。〕清陷錦州。〔公元一六四一年，太宗大舉攻錦州。明薊遼總督洪承疇率兵十三萬往援。戰於松山，大敗。明年，松山破，承疇被擒，降，錦州陷。關外重鎮，僅存寧遠。〕明自此專守山海關。（皮島，今海洋島。守將毛文龍驕恣，崇煥殺之。〔撫其兵。〕思宗以爲專擅，故入清反間之計。）

明之兵部，有干涉參謀之權，前敵將帥之行動，受其指揮；而朝中並非兵部之人員，亦得干涉兵部之行動，往往發言。兵部受其牽掣。此等非兵部之人員，其於兵略何知，其識已不如兵部；而兵部居內，其於前敵戰陣之事何知，其識復不如前敵將帥。而前敵將帥爲兵部所制，兵部爲其他無識之人員所制，此明軍事上失敗之大原因也。

六　明朝滅亡

流寇以明思宗初年，起於陝西、〔時陝西大饑。〕湖北、四川等省。李自成、張獻忠爲之魁，自成頗有才略，獻忠則虐殺而已。流入山西、河北。〔流寇實爲到處裹脅當地平民，而平民之健者因饑苦而從之，非僅一股人到處剽掠也。〕〔入山西，剿之。入河北，渡河，竄湖廣、四川、襄、鄖。〕公元一六三四年，陳奇瑜蹙之於車箱峽，賊僞降，出峽即復叛。於是賊分爲二：高迎祥、李自成及張獻忠爲之魁。其後，孫傳庭擒迎祥，自成走甘肅。張獻忠亦爲盧象昇所敗，詣湖廣降左良玉。而清兵復以是時入關，諸將皆撤兵東援，賊勢遂復熾。公元一六四一年，自成陷河南。敗孫傳庭於潼關。公元一六四四年，自山西南陷真定（今河北正定縣），北陷大同、宣府。三月，自居庸關陷京師，思宗自縊於煤山。

明之政治，大壞於神宗時，〔神宗中年後，荒怠更甚，不視朝者二十餘年。官缺不補，至於正旦朝會，朝廷之上，寥寥無幾人。一切章奏，“留中不發”，言路互相攻擊者，無是非曲直可見，攻擊益甚。且言路一攻，其人即自然引去，言路勢力反益重。〕其時無錫顧憲成講學於里中東林書院。海內景仰附從之者頗多。頗“議論時事，臧否人物”。於是黨爭復起，以言路及察典爲武器。

〔言路分齊、楚、浙三黨，朝臣有昆、宣黨。互相攻擊，又起"三案"之爭（梃擊、紅丸、移宮三案）。此時，大學士葉向高頗左袒東林黨人，吏部尚書周嘉謨又多引用東林黨，非東林黨恨之刺骨。〕東林黨人主持清議，正人較多。（雖亦有僞君子）神宗崩，〔公元一五七三年立，一六二〇年崩，在位四十八年。〕光宗短祚。〔公元一六二〇年七月立，服李可灼紅丸崩，在位三十日。〕熹宗立，宦官魏忠賢用事，權勢甚大，且非前此諸奄比。敵黨結之，將東林黨人"一網打盡"，國事益非。〔御史崔呈秀，以東林黨人名字，開一《東林點將錄》，令魏忠賢"一網打盡"。於是魏奄親提督東廠，先後殺楊漣、左光斗等前後六君子。毀天下書院，榜示黨人姓名於天下。威勢赫奕，各省督撫至爲立生祠，歌頌功德者遍海內。〕思宗立，〔熹宗公元一六二〇年立，一六二七年崩，在位七年。〕始除魏忠賢，然其求治太銳，輕進退人而無知人之明。加以海內窮困，遼餉、剿餉，加至一千六百七十萬。而滿洲外侮，流寇內訌，軍事終無轉機，明事遂不可爲。

第三講　清　　朝

一　清　軍　入　關

一六四四年，李自成陷北京，明思宗自縊。〔公元一六二七年立，一六四四年崩，在位十七年。〕時吳三桂守山海關，入援。〔至豐潤，京城已陷，李自成逼其父吳襄，命以書招降之。三桂已允。〕聞愛妾陳沅（亦作陳圓，又作陳圓圓。常州奔牛人。）被掠，走還降清。〔走還山海關，自成親攻之，降清。〕時清太宗已死，〔公元一六四三年。〕子世祖福臨年幼，〔六歲立。〕鄭親王濟爾哈朗、睿親王多爾袞攝政。多爾袞方略地關外，疾馳受其降，〔離關十里之地。〕其共擊自成，破之，〔自成奔永平，清兵追入關。〕自成走還陝西。清兵遂入關，清政府遷都北京。〔五月，多爾袞入北京，十月，世祖遷入。〕

清兵入關後，又滅明福、唐、桂三王，及清所封三降將（三藩）及臺灣鄭氏，然後中國全定。

北京亡後，明人立福王於南京。（弘光帝）〔明潞王常淓、福王由崧避難南京，思宗既殉國，太子亦無消息。立親則當屬福王，立賢則當屬潞王。史可法（兵部尚書，督兵勤王，在浦口）等主立潞王。而鳳陽總督馬士英挾兵力，送福王至儀征，衆不得已，立福王。士英旋入閣，引其黨阮大鋮，大鋮爲奄黨，爲公論不齒，久已懷恨於心，至是又翻黨案。而福王昏愚，猶以修宮室，選淑女，傳梨園爲事，不問軍國大事。〕清人下山東、河南，〔破李自成後，肅親王豪格、都統葉臣分兵下山東、河南，並下山西。〕分兵兩道攻陝西，李自成走死湖北。〔世祖入關後，命英親王阿濟格率吳三桂、尚可喜自大同邊外攻榆、延；豫親王多鐸率孔有德攻潼關。李自成自藍田走武關。清兵入西安。阿濟格追自成至湖北，自成爲通城縣鄉民所殺。〕移兵攻江南，福王被擄。〔多鐸一軍，移攻江南。時明上流依左良玉駐武昌爲捍蔽；下流則史可法爲馬士英等擠出內閣，督師江北。可法分江北爲四鎮：命劉澤清駐淮北，經理山東。高傑駐泗水,經理開(開封)、歸(歸德)。劉良佐駐臨淮(關名),經理陳、杞。黃得功駐廬州,經理光(光州)、固(固始)。諸將爭權不和,可法移高傑於瓜州,得功於儀征。公元一六四五年三月,多鐸陷歸德,進攻泗州。可法進清江,高傑亦進徐州。傑旋單騎至睢州總兵許定國營,定國殺之,降清。傑兵大亂,可法撫之。而左良玉與馬士英不協,舉兵清君側。朝命促可法入援,至燕子磯,則良玉病死,其軍已爲守蕪湖之黃得功所敗矣。可法遄返揚州,則清兵已入盱眙。檄各鎮赴援,無一至者,可法力戰七晝夜,城陷,死之。京口兵亦潰,福王奔黃得功,清兵入南京,追福王,得功中流矢,陣亡,福王被擒。〕清兵至杭州而還。〔七月〕〔至此皆爲清自己之兵力。〕

　　明魯王〔以海,太祖十四世孫。〕監國紹興。〔兵部尚書張國維奉之。六月。〕(後走舟山,又走廈門,依鄭成功。)唐王即位福州。〔聿鍵,太祖九世孫。禮部尚書黃道周奉之。閏七月。〕〔清據南京,旋下薙髮之令,江南民兵四起,有通表唐王者,有近受魯王節制者。然皆無戰鬥力,"旬日即敗"。〕一六四七年,清分兵攻四川及東南,張獻忠陣没。〔清命肅親王豪格、吳三桂定川、陝,貝勒博洛攻閩、浙。豪格入四川,與張獻忠戰於西充,獻忠中流矢没。其黨孫可望、李定國、白文選、劉文秀等潰入川南,旋入貴州。清兵至遵義,糧盡,還。博洛渡錢塘江,張國維敗死,魯王奔廈門。〕唐王因鄭芝龍(本海盜,降明。)通款,敗死。〔唐王初因何騰蛟招撫李自成餘黨,分布湖南、北;而楊廷麟亦起兵江西,恢復吉安;欲自贛入湖,爲鄭芝龍制,不能如願。及博洛破浙東,芝龍即通款,盡撤諸關守備。清兵入福建,唐王自延平奔汀洲,被執,遇害。〕

　　時江南因清人强迫薙髮,義兵蜂起,然不久皆敗。江西方面之義兵亦敗。〔楊廷麟軍。〕清兵直至廣東。〔唐王死,大學士蘇觀生立其弟聿鐭於廣州,兵部尚書瞿式耜亦奉桂王即位肇慶,博洛命李成棟攻廣東。十二月,破廣州,聿鐭、觀生自殺。成棟進陷肇慶,桂王走桂林。清又命孔有德、尚可喜、耿仲明攻湖南,金聲桓攻江西,吉安陷,廷麟殉國。何騰蛟退守全州。〕明桂王立於肇慶。因江西(金聲桓)、廣東(李成棟)反正,何騰蛟招降李自成餘黨收復湖南。〔川南、川東亦內附,清大同守將姜瓖亦叛。桂王自桂林移駐肇慶。〕曾有兩廣、雲、貴、江西、湖南、四川(東南)七省之地。

```
　　　　　　┌吳三桂攻四川〔定陝西〕
清命──┼耿仲明、尚可喜〔都統譚泰〕攻江西
　　　　　　└孔有德攻湖南〔鄭親王濟爾哈朗會之〕
```

〔金聲桓、李成棟、何騰蛟先後敗死。公元一六五〇年,清兵復陷廣州。明年,孔有德陷全州,進陷桂林,瞿式耜敗死。此時,姜瓖已死,吳三桂已陷四川。〕

桂王自桂林走南寧,藉張獻忠餘黨孫可望之力,破吳三桂,復桂林,誅孔有德。〔封可望爲秦王,乞援,可望派兵三千,護桂王,駐安隆(今廣西西隆),命劉文秀出敘州,攻重慶、成都,李定國攻全州、桂林,孔有德敗死,吳三桂奔漢中。明事又一轉機。定國旋遇襲,失桂林,退守南寧。文秀攻岳州,大敗於常德。然清以此數人百戰之餘,雲、貴地又險阻,乃命洪承疇居長沙,守湖南;尚可喜駐肇慶,守廣東;李國英駐保寧,守川北;無意進取也。〕然可望跋扈,桂王密召其黨李定國入衛,孫可望遂降清。〔定國迎桂王至雲南,會劉文秀兵。公元一六五七年,可望攻之,大敗,降清。〕清兵大舉入滇,〔公元一六五八年,洪承疇自湖南,吳三桂自四川,都統卓有泰自廣西,三道出兵。九月,會於平越,入滇。定國扼北盤河力戰,不敵,乃奉桂王居騰越,伏精兵於高黎貢山。清兵追自雲南、大理、永昌,至高黎貢山,遇伏,大敗而還。〕定國〔及白文選〕奉桂王入緬甸。〔劉文秀已死。〕

一六六一年,緬甸爲吳三桂出兵〔十萬〕所脅,執送桂王,爲吳三桂所弒,〔明年〕明亡。〔白文選爲三桂執,定國未幾病死於緬。〕

二　平定三藩

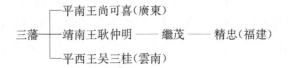

〔孔有德封定南王,死後,國除。〕

三藩中吳三桂功最高,兵亦最強。尚可喜年老,〔公元一六七三年,交兵事與之信。〕爲子之信所制,請撤藩,〔公元一六七三年,用謀士金光之計,請歸老遼東,部議許之。〕吳、耿亦請撤藩,〔不自安,藉以覘朝意。〕清聖祖獨斷許。三桂遂叛清。〔十一月。〕耿、尚亦應之。三桂初欲行至中原,突然舉事,計未能遂;〔巡撫朱國治逼之過急之故。〕舉兵後,或勸其棄滇北上,三桂年老氣衰,又不能用。〔明年,攻陷湖南。〕時貴州、湖南、四川、廣西〔湖北襄陽〕皆應三桂,三桂北取荆州,〔公元一六七五年三月,耿精忠全據福建,於是三桂親赴常、澧督戰,另一軍出江西,陷三十餘城,聯絡耿精忠。一軍自四川出陝西。

清提督王輔臣，據寧夏叛應之，甘肅州縣多陷。〕然欲出應陝西叛清之王輔臣不及。〔輔臣以公元一六七六年六月，敗降清。〕與清兵相持於湖南、湖北、江西之間，形勢日漸不利。〔清兵乘此破江西，進長沙，爲三桂擊却。〕耿、尚二藩又以與臺灣鄭氏相攻，〔耿藩。〕及苦三桂征餉，〔尚藩，公元一六七七年。〕降清。三桂乃稱帝於衡州，欲以維係人心。〔公元一六七八年八月。〕旋死。孫世璠襲，〔居貴陽。〕不能駕馭諸將，清兵乘機入滇。〔自湖南、廣西、四川三路而進，公元一六八一年，入滇。〕世璠自殺。〔先是清已殺尚之信，此時復殺耿精忠，勢力遂足駕馭全國。〕三藩之亂自一六七三至一六八一年，凡九年。

鄭成功，芝龍子。芝龍降清後，成功據金門、廈門，練水軍，以圖恢復。〔屢攻福建。〕〔先是魯王入海後，石浦守將張名振奉之居舟山。張煌言亦起兵浙東。公元一六四九年，名振、煌言攻吳淞，不克，舟山反爲清襲取，乃奉魯王依鄭氏。名振旋死，歸軍事於煌言。〕明魯王嘗走依之，魯王與唐王不睦，而成功忠於唐王，故不肯擁戴魯王，然與魯王之臣張煌言甚睦。清兵入滇攻桂王時，成功嘗大舉，〔自崇明。〕入長江，〔破鎮江。〕薄南京。煌言分兵入皖南。成功旋敗，〔爲清總兵梁化鳳所襲。〕乃還。〔煌言亦收兵自浙東出海而還。〕奪臺灣於荷蘭人之手而據之。〔務農、練兵、定法律、建學校、築館招明遺臣。渡海附之者如織。天南片土，儼若獨立。〕成功卒，〔公元一六六二年。〕子經襲。三藩叛清時，經與耿氏相攻，嘗略攻漳、泉〔並汀州、邵武。〕之地，後失之。〔精忠降清，與清合力攻得。公元一六七七年。〕並棄金、廈，〔公元一六七九年，鄭氏將劉國軒復攻漳、泉，爲清閩浙總督姚啓聖、水師提督萬正色所敗，遂棄金、廈。〕退歸臺灣。三藩平後，清人欲與鄭氏言和，聽其不薙髮，不易衣冠，如琉球例受封；而閩浙總督姚啓聖不可，水師提督施琅本鄭氏將降清，尤欲滅鄭氏以爲功。鄭經死後，〔經公元一六八一年卒。〕羣小〔侍衛馮錫範。〕構成功妻，〔董氏。〕殺其長子〔克臧。〕而立其次子，〔克塽。〕內相乖離，〔政由錫範。〕一六八三年，遂爲清〔施琅。〕所滅。

三　清　前　期

清代的歷史，可分爲前後兩期：順治（世祖）、康熙（聖祖）、雍正（世宗）、乾隆（高宗）四朝，國內大體平安，對外的用兵，亦多勝利，此時雖已與西洋交通，尚未感覺其影響，純爲閉關獨立之舊，其情形頗與漢、唐盛世相似，此時期約歷一世紀半，可稱爲前期。至嘉慶〔仁宗〕時而內亂作，道光〔宣宗〕時五口通商,漸受外力影響,而情形一變矣。

在前期一世紀半中,海內尚未大定,然政治及社會之情形,業已好轉。〔明季加派極多。清初入關,即悉除之(免"三餉"),定《賦役全書》,征收一以萬曆中葉以前爲準。〕中國社會,本來在秩序安定〔無天災、人禍。〕的情形下,數十年間,即可轉爲富庶。〔人民勤苦治生之力强之故。〕康熙中葉後,適逢其時,故國內漸見昇平氣象。〔是時官府用度,皆極節儉。故至公元一七〇九年,國庫餘蓄,已達五千萬兩。乃下詔,每三年普免天下錢糧一周。旋定滋生人丁永不加賦之例。〕雍正承之,行政稍加嚴肅,〔時內外官吏,虧空頗甚。〕整理鹽課、關稅,將火耗、〔因賦稅征銀,以民所征碎銀,融鑄大錠起解,所生之銷耗,謂之火耗。官吏藉此多取於民,爲數亦鉅。〕陋規,化私爲公,而加給官吏以養廉銀。於政治風紀及財政,均有裨益。〔時國庫餘款五六千萬兩,末年雖因用兵銷耗,高宗初立時,仍有二千四百萬兩。〕乾隆時遂臻極盛。〔公元一七八二年,國庫積至七千八百萬兩,爲清代財政極盛期。〕高宗性本奢侈,〔三次南巡,供帳不可勝計。〕中年後任用和珅,大肆貪黷,政治風紀大壞。而社會情形,亦適逢惡化之時。(人口增加,風俗漸侈,生活漸感困難,兼併漸起,貧富漸覺不均,歷代所謂盛極而衰,大抵由此。)於是衰機潛伏,至其末年,內亂爆發,轉入後期矣。

(蒙古高原)爲好侵掠之游牧民族所居。〔匈奴、柔然、突厥、回紇。〕歷代對之,軍事上之關係最巨。〔東洋史上之侵略者,在蒙古高原;西洋史上之侵略者,在裏海附近。〕

(新疆高原)中國盛時,據之以攻北族之右方,且防止其侵入。又自此通葱嶺以西,耀威國外。而西方之文化,亦自此輸入。〔此高原爲游牧(行國)、耕稼(居國,即城郭之國),民族錯居,而大部分爲城郭之國。民族爲塞種及氐、羌。〕

(青海高原)除西寧及青海附近爲敵所據,足爲邊患外,更西之零碎部落,無甚重要關係。

(西藏高原)距中國較遠,除唐時吐蕃强盛,侵掠今青海、甘肅、川、康、雲南外,無政治上之關係。〔青海、西藏高原之民族,爲氐、羌及藏族。〕(而印度阿利安人,侵入其南部之雅魯藏布江流域)

歷代對西北兩方面之情形,均係如此。清朝盛時,政治勢力係向西北二方面發展,仍與前代同;而此諸地方之情形,則與前代頗異。

喇嘛教自唐中葉後,盛行於西藏。〔喇嘛教於唐天寶六年(公元七四七年)入藏。初祖名巴特瑪撒巴斡(見《蒙古源流攷》),其教爲佛教之"密宗",講究"顯神通",與藏民迷信相合,故易於盛行,然末流甚以"吞刀吐火",誑誘流俗,別無教義,頗多流弊。〕明初,宗喀巴生於西寧。〔公元一四一七年。及長,入雪山修苦行,遂自立一派。〕別創一新派,是爲黃教。舊派則稱紅教。〔舊派衣尚紅色,新派因其黃衣冠示別。〕〔其教漸行於海、藏,紅教遂失勢。〕黃教僧徒不娶妻,高僧世以"呼畢勒罕"〔譯言轉生。〕主持教務。〔宗喀巴遺命兩大弟子達賴、班禪如此。宗喀巴第一大弟子達賴之後身,世居前藏,〔宗喀巴以公元一四七九年示寂。達賴一世敦根珠巴,本爲吐蕃王室之裔,世爲藏王;舍位出家,傳宗喀巴衣鉢;故兼有藏政教之權。二世根敦錯,始置"第巴"等官,以理政務;身專教務。三世瑣南堅錯,始得蒙古諸部尊信。〕一五五九年,蒙古俺答侵入青海,留其二子〔賓兔、奄兔。〕守之。其二子信黃教,俺答由是亦信之。嘗迎達賴〔三世。〕至漠南布教。〔其後化及漠北。〕後蒙古遂奉宗喀巴第三大弟子哲卜尊丹巴〔後身〕居庫倫。蒙古人自此性質一變,不好殺伐。明末至清三百年,北方無甚兵事由此也。〔達賴五世,始通使於清太宗,太宗亦遣使報之。及世祖入關,迎達賴至京,封爲西天大善自在佛。而清代借喇嘛教以懷柔蒙、藏之策,亦於是乎始。〕明之瓦剌,清時稱衛拉特。自明中葉後,漸徙而西,清時遂入天山北路。〔其衆日强,分四部:和碩特(太祖弟哈布圖薩爾之後),居烏魯木齊。准噶爾(額森之後),居伊犂。杜爾伯特(額森之後),居厄爾齊斯河。土爾扈特(元臣翁罕之後),居塔爾巴哈臺。〕其和碩特部酋長〔固始汗。〕以西藏第巴(達賴所屬政務官)桑結之招,入藏,擊殺紅教護法。〔時紅教法王仍居札什倫布,保有勢力於後藏。拉克達城藏巴汗,爲之護法。至是爲固始汗所破。奉宗喀巴第二大弟子班禪居後藏。〔札什倫布。〕徙牧青海,〔兼據喀木。〕遥制西藏政權。〔時准噶爾部長渾台吉,逐土爾扈特,脅杜爾伯特。渾台吉死,子僧格立,爲異母兄所殺。僧格同母弟噶爾丹,自藏歸,戡亂自立(公元一六七三年)。噶爾丹於藏,善桑結。而固始汗子達顏汗,與桑結不協。〕桑結又招其居伊犂之准噶爾酋長〔噶爾丹。〕擊殺之。〔達顏汗。〕〔准噶爾至是統一衛拉特。〕准噶爾又羈縻天山南路之回教區域,遂覬覦蒙古。

　　一六八八年,准噶爾噶爾丹攻喀爾喀,(外蒙古時分車臣、土謝圖、札薩克圖三汗,其三音諾顏汗後來所立。)喀爾喀潰走漠南,〔降清。聖祖親出塞,大閱以綏服之,命科爾沁假以牧地。〕聖祖出兵擊破噶爾丹。〔公元一六九五年。〕伊犂又爲策妄阿布坦(噶爾丹兄子。)所據,噶爾丹自殺(一六九七年)。策妄侵藏,〔襲殺固始汗曾孫拉藏汗。〕聖祖遣兵擊却之。一七二二年,聖祖死,和碩特部〔固始汗孫羅卜藏丹津。〕扇青海叛,世宗遣兵〔岳鍾琪。〕平之。一七四五年,高宗乘准部内亂,〔策妄卒,土爾扈特屬部輝特部長阿睦爾撒納來降。〕平之,〔獲羅卜藏丹津。〕遂定天山南路。葱嶺以西回部多來臣。〔浩汗、哈薩克、布魯特、乾竺特、博羅爾、巴達克山、布哈爾、阿富汗。〕清之國威,於斯爲盛。

南方安南,屬明不久自立。暹羅亦於明時建國受封。惟伊洛瓦諦江流域,明時尚盡爲土司,同於西南諸省。此區域中,平緬、麓川之思氏最强,〔在元本爲兩宣慰司。明太祖初命平緬思氏兼轄麓川之地。後又分其地,置孟養、木邦等土司。思氏欲恢復其地,屢敗。〕明英宗三出兵征之,卒僅定麓川以内,〔立麓川宣撫司。〕而思氏亦因此破敗,緬甸遂强。清高宗時,曾用兵於安南及緬甸,均不甚得志,惟二國亦皆請和受封而已。

西藏南之廓爾喀侵藏,〔公元一七九〇年。〕高宗遣兵破之,定五年一貢之例。

四　民族交通

民族交通,自古而然。文明民族遇野蠻民族,即一時釀成政治上之大故,亦未能影響於社會之改變。能有影響於社會之改變者,必文明民族互相交通接觸而後可。世界文明區域僅數處,往昔限於交通狀況,東西半球之文明,無接觸機會。至東半球之文明地點有三:(一)中國,(二)印度,(三)西亞(亞、歐、非三洲交點),而西洋文明中最主要者,即(一)希臘,(二)猶太而已。外來文明與我國接觸最早者,爲(一)西域希臘化諸國,(二)大食,(三)印度。西域包括葱嶺以西,且至今新疆省地,自亞歷山大東征後,受希臘化者甚衆。我國古席地而坐,自西域輸入"胡牀"之物,演成後日之桌椅(凡我國各物上加"胡"字者,十之八九自西域來)。而西域之鐵及蠶絲,亦由我國輸入。皆技術上之互助啓發也。此時期止乎南北朝之前。至唐而歐洲文明衰,大食起而代之。我國與歐洲海道交通路綫,爲自南洋經麻六甲海峽入印度洋經紅海而至歐洲。在大食全盛時(唐中葉後),握有此路綫,我國與西方交通,於此時最盛最久。與印度交通,其來亦久,傳入佛教,爲精神上之輸入。然以前交通,祇於(一)精神的,(二)技術的溝通。精神方面,似於社會有極大之影響,然僅及中上流而已。如佛教至我國已全變其本意,更無力量以改變社會。技術與物質方面,僅使社會緩慢的起一部分的變化。如鐵、蠶絲之輸入西方。我國之自摩揭陀取制蔗糖之術,自南洋取木棉之種,並紡織之術皆是。(木棉一事,尤可表其影響之緩慢。木棉之來,始見於南北朝。唐時及於廣東,然尚未知其可紡織。元時,有黃道婆者來自瓊州,至松江,傳其術,民間始知紡織。元設木棉提舉司,在江浙提倡之。然至明時,尚爲松江所專,漸及於蘇州,漸及於長江流域。明清之交,始及於黃河流域,棉織之自南輸北者大減,民頗受影響,吳偉業曾作七古咏及之。民國初,浙江雲和縣之下流社會,冬尚未知衣棉。一物之傳,其難如此。)且前此之與西方交通,雖維持千年,然數量有限,並處於時斷時續狀態下。蓋必雙方皆在承平之世,始得從事交通。至近代而世界文明之發達大異於前,因西方科學發達之結果,駕馭自然,力量增加,引起產業革命,使社會組織、人類生活,皆起重大變動。而交通方面之進步,百倍勝前,可使全世界皆能交通,可維持其交通不至中斷。產業發達之情形,又迫之以不得不互相交通,進而找市場及原料產地,進而輸出資本,而維持與其地方之關係,造成種種殖民地。在此種情形之下,世界即聯結爲一。任何國家民族,都成爲國際的一員,其情形與閉關時代大異。因而非有世界眼光,不能讀此時期內之歷史。許多從舊眼光來之議論,祇可置諸不論不議之列。於各種科學,——尤其是社會科學。——須要知道一個大概,始可研究歷史。

中西交通之舊路:(一)海。自中國緣海,過麻六甲海峽,入印度洋,經波斯灣或紅海入地中海。〔最主要。〕(二)陸。自中國越葱嶺,經西方亞細亞入歐洲。(三)其自蒙古高原經里海、黑海之北入歐洲,爲東方游牧民族侵略之路。(四)自西伯利亞入歐俄,則地最荒寒,行者必希,影響亦愈少矣。(五)大洋則罕通航。

十一世紀後半,〔北宋仁、英、神三朝間。〕塞而柱克突厥興,第(二)道爲所中斷。於是新航路發現:〔羅盤針爲我國發明。然昔無用之航海者,由我國昔日海運文獻上可知之。此因我國古多河運;即海運,亦僅沿海航行,以島嶼等爲目標,無賴羅盤之助。至是外國人遂用之以航海,發現新航路焉。〕(一)葡萄牙人以明憲宗成化二十二年(一四八六年)越好望角;世宗嘉靖三十五年(一五五六年)來廣東;穆宗隆慶元年得澳門爲根據地。(二)西班牙人以孝宗弘治六年(一四九三年)發現美洲。武宗正德十四年(一五一九年)據馬尼剌。其後英、荷繼之,英在印度,荷在南洋,逐漸得勢。(三)而俄人亦脫蒙古羈絆,(憲宗成化十六年,西一四八〇年。)對東方反漸成爲侵略者。

自海路來者,其關係爲(一)通商,(二)傳教兩端。(中西最初的關係,不過如此。)而自陸路來者,則自始即爲政治的關係。

通商上之癥結：（一）歷代中西通商多在嶺外。〔始在安南，後在廣東。〕其地距中央遠，宦此者皆遷謫之流；又多異物，則動於欲；而其物運至中原，則價甚貴；爲官吏者，多有轉運之便，故多貪污。〔夷商對官吏，需納極大之陋規。〕（二）商人〔華人。〕自亦多剝削。〔如對夷商欠債不還，或加重其稅以償之。〕〔如此情形，已有一二千年。綜觀正史之記載及此者，抄出可近百條，其官吏能有清廉之名者，不過十條，其能清廉者罕且可貴，正見其貪污之衆多也。〕（三）此時來者多歐洲之冒險家及水手，行爲惡劣，引起華人之畏惡。（四）西人槍砲之精，船舶之高大堅實，皆非中國所及，亦易引起中國之疑忌。〔此因火藥雖中國發明，槍砲實先制於西人；中國船舶多沿海航行，不能如西人之在海洋中航行者之堅固也。船堅砲利，實當日西人之長。昔廣東海禁早開，福建則閉，蓋朝廷謂苟華商一出海，必爲夷商脅掠爲海盜。後經藍鼎元建議，聲言華商之船遠不如夷商，絕不能航行遠洋，夷商直無所用之，始得開福建之海禁。〕故此時中央政府及人民皆不歡迎西人。官吏及商人則不肯放棄其利益，而又懼中央及輿論之督責，乃務爲種種苛例，以限制約束外人。（此時稱經營對外貿易之商人曰洋商，外國商人曰夷商。洋商限於若干家，謂之公行。管理外人及與外人交涉之事，官吏多委諸公行。）（五口通商以前，所謂洋行，皆華商所設也。）外人忿恨，欲訴諸中央政府，而不知其無益也。

傳教之情形：（一）宗教本有排外性質。（二）禁拜祖先等涉及社會組織問題。（三）此時傳教於東方者，爲舊教中之耶穌會，此派本有豪俠氣概，且教育程度頗高，故能輸入科學。然中國人對宗教之迷信本不深，又無教會之組織，故對於西人（一）傳教之熱心，（二）及其能出巨資以傳教，均不能瞭解，而疑其別有所爲。（三）科學雖精，適足以招疑忌耳。此當日一般之見解也。〔基督教當唐時已傳至中國，謂之景教。元時，其教稱也里可溫，傳布尤盛。元末中絕。航路既通，教徒復東來。〕近代西人傳教，得中國之允許，事在明神宗萬曆二十八年（一六〇〇年），由利瑪竇入朝而得許。〔朝臣如徐光啓、李之藻等，頗從之學天文曆算之學。〕利瑪竇死，教禁即起。後因召教士造槍砲而解。〔時當明末，因與滿洲有兵事之故。又以曆法疏舛，用湯若望爲欽天監官。清初仍居其職。後爲楊光先所排。聖祖親政，復用之。光先嘗著《不得已》書，久不傳，近十年來南京圖書館得之重印，由此頗可窺當日對傳教者之見解焉。〕此後禁弛，寬嚴不一。至清聖祖康熙五十六年（一七一七年）卒遭普遍禁止，教士皆勒歸澳門。事實上並不能盡禁，乃政治寬弛，非法律問題也。

俄與中國，自始即係政治關係。康熙時，因俄遠征隊〔哈薩克族（東方名，後西方名之曰哥薩克,或譯可薩克))侵掠黑龍江而啓釁。〔北方民族之視黑龍江,猶爲肥沃可侵也。〕二十七年(一六八八年)立《尼布楚條約》,西以額爾古納河,東以大興安嶺爲界,此爲東北方面之界綫。是歲,准噶爾侵喀爾喀,外蒙古始附於清。(此前雖通貢,關係甚疏)於是俄、蒙疆界問題生。至雍正五年(一七二七年)而立《恰克圖條約》,規定沙賓達巴哈(地屬烏里雅蘇台)以東之界綫,即今俄、蒙疆界也。至乾隆二十至二十四年(一七五五——一七五九年)平定天山南北路。葱嶺以西諸國,亦多通朝貢。於是西北與俄之疆界及藩國隸屬問題又生。此問題久未解決。至於商務,則《尼布楚條約》立後,聖祖許俄人三年一至北京貿易。人數及居住日期,均有限制,而免其稅。《恰克圖條約》,以尼布楚與恰克圖爲互市之地。乾隆二年,命停北京貿易,專在恰克圖。但北京之俄羅斯館仍在,俄人仍居其中,派人來習滿、漢文,每隔五年換班一次也。以上爲中、西初期之交涉。

五　鴉　片　戰　爭

至道光二十一年(一八四二年)五口通商之役,而形勢一變。此役又稱爲鴉片戰爭,以其因燒煙而引起也。案鴉片輸入,由來已久,宋《開寶本草》(太祖年號),已有其名,但祇作藥用(以其殼煎湯服)。西班牙自美洲將煙草移植於馬尼剌,流入漳、泉,又傳至東北、西北,中國人始有吸煙者。煙之以鴉片製者曰鴉片煙。但鴉片並不能吸食,雍正七年尚如此,見於《硃批諭旨》。厥後吸者日多。印度多產鴉片,輸入日盛。是時中國貿易爲入超,以銀輸出,銀價日昂,影響於財政頗巨(因賦稅收錢解銀,官吏之利益大減。且辦公費竭蹶,甚至無者),與吸者身體之疲弱,同爲禁煙之大原因也。

清知縣年俸銀二百四十兩,僅當書啓之俸。而刑名、錢穀之聘,年各在一千兩左右,他無論矣。如是開支,自不得不取之陋規,取之賦稅收錢解銀時之盈餘。——此爲中國政治上名副其實之弊。——至是銀價日昂,官吏大苦。而辦法上徹底之改革,又一時不易。宣宗乃命內外諸臣議鴉片事。檔案積至二尺左右,屠寄曾見之,大抵主張激烈而不明時勢者多,林則徐亦其一,而亦有少數較冷靜者,欲加重稅而圖禁。朝乃命林則徐查辦海口事件。至則嚴禁之,蓋欲風行雷屬於其始,圖其漸滅於後也。而實非計。卒造成戰局矣。

五口通商之役,因燒煙而引起。中國兵敗,定海、寧波皆陷。英人又自吳淞入江,封鎖鎮江(漕運之路),直逼南京。乃於南京議和。其條約重要者:

(一)開廣州、廈門、福州、寧波、上海通商,准英人携眷住居。所以破中國口岸任意開閉,外人陸上無居住地之局也。(二)税則秉公議定。〔關税協定之先聲。〕(三)英人得任意與華人交易,不拘額設行商。所以破前此官商之苛取也。(四)中、外官員平等交際。因前此英國所派領事等,中國亦認作洋行大班(東印度公司之代表人),不與接待也。(五)割香港。則英人早議在中國緣海占一據點也。(六)償煙價及商欠。商欠爲英商積年所苦之問題。惟煙價反係戰勝後臨時之要求,非其所預定者耳。此役雖因燒煙引起,實則全係多年積忿之爆發,與禁煙關係殊微。即當時之中國人,稍明於外情者,亦知之也。〔如夏燮著《中西紀事》(署名江上蹇叟),爲最早記載中、西交涉之書,即知此故。其論今日觀之自陳舊,然在當時已爲少見者矣。〕五口通商以後,法、美、瑞典相繼與中國立約。俄人要求在伊犁、塔爾巴哈台、喀什噶爾三處通商,中國許伊、塔而拒喀,亦訂立通商章程,惟俄人要求在海口通商,則被拒。

於是英人在廣東要求入城,粵民拒之。又因他種交涉齟齬,廣西殺法教士,俄、美亦欲改訂商約,於是俄、美遣使,英、法派兵至粵,而有咸豐七年(一八五七年)英、法兵攻陷廣州之役。明年,四國使臣北上,中國與定約於天津。又明年,英、法使來換約,中國請其改走北塘,不聽,闖入大沽,爲砲臺守兵擊敗。十年(一八六〇年),英、法兵陷北京,文宗先已走熱河,其弟恭親王奕訢留守,藉俄使居間,與英、法議定條約,是爲《北京條約》。除承認《津約》外,條款又有增加,凡(一)領事裁判,(二)關税協定,(三)内地 a. 游歷、b. 通商,(四)傳教,(五)遣使,(六)最惠款條款,均於此兩約中訂定。〔自道光二十一年五口通商之役至光緒二十年甲午之役前,其局面大體相沿,可自成一階段。而咸豐八年、十年兩約,最爲重要,本時期内此後之諸約,大多本此兩約也。〕

俄國《津約》亦許海口通商及傳教,又許自北京至恰克圖公文及件由臺站行走,並許查勘邊界。於是有是年之《璦琿條約》,割去黑龍江以北,而以烏蘇里江以東爲兩國共管之地。十年《北京條約》,並割烏蘇里江以東。又將西疆(沙賓達巴哈以西)規定。大概至同治三年(一八六四年),乃本此而立界約。其後科布多、烏里雅蘇台、塔爾巴哈台所屬均會勘完畢,立有界牌。惟伊犁所屬未及完成,遂開回亂及俄占伊犁之交涉。

六　清後期

清之中衰,始於乾隆時,至其末年而爆發。於是内亂迭起:有乾隆末年之湖南之苗亂,嘉慶元年至七年之川、楚教匪。〔漢中、襄陽、鄖陽與川東爲二大森林區,此時正值開發之初,教匪遂藉以出沒。〕同時,東南有艇盜。〔浙、閩、粵。〕嘉慶十八年,北京又有天理教之亂。至咸、同、光間,太平天國、捻黨、回亂,一時俱起,而達於極點。此中稍有規模者,尚推太平天國。惟其原係下流社會中人,智識不足以言政治。軍事上初極剽悍;後自廣西來之"老兄弟"少,加入被裹脅者,非良民即游民,紀律壞而戰鬥力衰。始起諸王,互相殘殺,中臣失其統馭,僅藉一後起之秀李秀成,勉力支拄,故終無救於滅亡。清朝一方面,則中樞尚算清明(較諸歷代亂時)。所謂中興將帥,如曾(國藩)、胡(林翼)、左(宗棠)、李(鴻章)等,亦確是人才。反政府軍之程度,不克吸收之,遂仍站在清朝方面,用克戡定亂事,號稱中興。

中國向有藉宗教的秘密結社與政府對抗者,早期多藉道教,其著者如漢末張角、張魯,東晉孫恩等是。時代稍後,至南北朝佛教盛,而多屬道、佛相雜。時代更後,至唐以後,則多藉諸佛教矣。白蓮教即其著者也。此等秘密社會之歷史,雖乏正式記載之材料,然亦頗可攷之。則(一)均貧富,(二)兩性交接自由,(三)接受民族主義,實其特點也。均貧富之事:近人朱希祖已攷知南宋大盜楊幺頗曾有計劃之行之。兩性交接自由之事:由近人攷知最早之賣淫,實始於宗教中,此因宗教最能保存原始之風俗,且在團體中多不能有個人自由也。故此宗教之秘密社會,遂行之而無所顧忌,此記載多謂宗教結社之多淫亂也。接受民族思想之事:章太炎謂元末首難之劉福通,係白蓮教徒,其意志之堅強不撓,實勝於明祖。清代北有白蓮教,南有三合會,皆以反清爲宗旨。《中國秘密社會史》(商務本。其中略具秘密社會之規模)中載其源流流變,頗可攷見明亡後志士在其中活動,種伏種族思想之事迹。道光時之天理教,亦即本反清思想而活動者也。故此等秘密社會,亦頗有思想宗旨,故信徒者不乏。如孫恩死,隨之投海者且數百人焉。吾人所見之歷史,多爲上流社會之記載,對彼等自多貶辭,而其實固不盡然也(歷史之記載多不足信。如西漢亡,無殉節者;王莽滅,殉之者頗有,可見莽蓋自有是多者,不盡如歷史上所言也)。

清宣宗、文宗均係舉動輕率之人。〔多血質之類。〕文宗初年頗有意於求治;後見時事艱難,因而灰心。載垣、端華、肅順等,因而導之以游戲。英、法聯軍陷京城之明年,文宗死於熱河。肅順等自稱受遺詔,引隨駕大臣,稱爲贊襄政務大臣。文宗正后鈕鈷祿氏(孝貞)〔母后皇太后,又曰東宮皇太后,簡言爲東太后。〕無子,懿貴妃葉赫那拉氏(孝欽)〔聖母皇太后,西太后。〕生穆宗。

那拉氏頗有才,與恭親王(奕訢)密定回鑾之計,至京,猝誅殺肅順等三人。穆宗時年六歲,兩宮同垂簾,〔歷史上之創見。〕實權皆在那拉氏手,其人頗聰明,能處理政務。是時滿人及舊軍隊,已不足用。所恃者湘、淮軍中人物,以其所練之鄉勇,爲清朝出境(謂鄉勇離其本鄉)作戰,肅順極左右之。那拉氏與肅順雖係政敵,於此點守其政策不變。此時之清政府雖無能力;然未嘗荒淫、暴虐,或十分紊亂,如歷代亂亡之時。湘、淮軍中之人物,則確係人才。故能戡定蔓延極廣、聲勢極盛之內亂,號稱中興焉。

清代至內亂迭起時,政府本已全無能力。苟無新勢力起而支拄,其危亡可立待。此時湘、淮軍起,得漸成一新勢力,而清政府藉以存焉。歷代新勢力之起,其人物爲武人,則必行篡弒,如宋武帝、唐高祖等是也。其人物爲文人,則不肯行悖逆,前僅一魏武帝,(《三國志注》中載《己亥令》,可見其志願。)至此則湘、淮軍之人物是矣。

然無論其爲那拉后,爲湘、淮軍中人物,以之應付舊局面則有餘,以之應付新局則不足。故在外交上情勢,極無所改進:(一)各國相繼立約,均係不平等者。(二)《芝罘條約》許英人派員入藏探察,開西南侵略之端。(三)伊犁交涉,失地不少。(四)繼以法、越之戰;英人又乘機滅緬甸,而藩屬幾盡矣。至於內政,本來號稱中興時,所改進者甚鮮。武力則湘、淮軍亦迅速腐敗、解散。〔其中人物皆以"急流勇退"爲務。〕士大夫之固弊依然,湘、淮軍中人物,經驗稍多,亦袛知注重軍事。(因此而及於製造,因製造而及於其技術。)內亂平後,終不能發憤自強,以與世界新形勢適應。此清末情勢之所以又趨逆轉也。

自五口通商以後,爲中國受外力壓迫之時代,戊戌維新以來,爲中國受外力而起反應之時代,而其轉關,則在甲午之戰。

國當浸衰之時,必需一強有力之政府,起而振之。而此強有力之政府,必經一對外大戰後可產生。中國前經甲午之戰,走上思革新之路。此後必又經一大戰,而後可以復興。昔林則徐有謂,爲華大敵者惟俄。蓋因疆土相接,勢力相衝突之故。

自元世祖伐日本後,日本久不與中國相通。明時,復有豐臣秀吉侵朝鮮之役,中國封秀吉爲日本國王,秀吉不受。此後亦無正式之國交,明治維新以後,日乃謀與中國相通,此時之日本,主持外交者,頗有與中國相聯絡之意。(武人不盡然。)但中國藉口日亦爲限制通商,拒之,所訂條約、關稅彼此皆有協定,領判權亦兩國皆有。條約不獲照泰西各國成例,爲日人最耿耿之一端。

其後有臺灣生番殺害日漂流人，日人出兵臺灣事件。又擅縣兩屬之琉球。最後，乃因朝鮮問題，而爆發爲甲午之戰。

中國兵海陸皆敗，乃有乙未年之《馬關條約》。賠款二萬萬。〔後以還遼東半島又增三千萬兩。日本幣制，由此整頓。〕割遼東半島及臺灣。許朝鮮自立。另訂商約，改照泰西各國通例；而商約中開埠及於内河（蘇、杭），許日人在通商口岸設廠製造，則又泰西各國求之多年而中國迄未允許者。遼東半島，因俄、德、法三國干涉退還。但因此又引起俄租旅大、德租膠州灣、英租威海衞、法租廣州灣之事。俄人並得在東省製造鐵路，德亦得造膠濟鐵路，鐵路兩旁之礦產隨之。〔是時正各國欲輸出資本、勢力投資之時，遂紛紛注目於鐵路、礦產。〕於是，"勢力範圍"之説興，瓜分論大熾，而中國亦警醒矣。

清朝末年之變動 ｛ 原動力出於士大夫 ｛ 開明專制——戊戌維新 / 君主立憲——日俄戰争後之君憲運動 〕 ／ 出於平民者—革命 ｛ 民族的——反清復明之舊觀念 / 民權的 / 民生的 ｝ 孫中山關於海外所得之主張 ｝——辛亥革命

中日議和時，康有爲合入京會試之舉人，上書請遷都續戰，書未得達。後立强學會於北京，被封。其弟子梁啓超，辦《時務報》於上海，〔民國以前，報紙通常無日銷至一萬份者。而此報當時竟日銷一萬數千份，合其時《申報》等諸報日銷總數，尚不逮之。〕變法維新，始成爲開通之士大夫之公論。自德租膠州灣後，德宗決意變法圖强，於是有戊戌維新。（光緒二十四年，一八九八年。）舊黨挾太后以阻之，乃有是歲之政變。於是（一）太后欲謀廢立，而内外所阻。（二）當時所立大阿哥溥儁之父端郡王載漪等，乃欲於亂中取事。（三）適人民以仇外之深，反清復明之秘密結社，一變而爲扶清滅洋——義和團。（四）當時極頑固之盲目排外者，尚未消滅。合此數者，遂成庚子（一九〇〇年）之亂。

庚子之亂之結果，爲《辛丑和約》（一九〇一年）。賠款至四萬五千萬；又畫定公使館區域；拆毀大沽砲臺；自北京到海口許外兵駐紮。當北京與外人開釁時，東南諸督撫不奉僞命，與上海領事團立互保之約。而黑龍江出兵攻俄，三省要地多爲俄占。議和時，俄人不肯將東三省並入同議；後立撤兵條約，乃不實踐。於是激成光緒三十年（一九〇四年）之日俄戰争。俄師敗績。明年，立和約於英之朴資茅斯，將旅順、大連轉租於日；東省鐵路支綫，自長春以下，亦割界焉。而俄與日訂《會議東三省事宜條約》以承認之。東北之形勢,又一變矣。

　　辛丑議和後,兩宮還北京。那拉氏貌行新政,以敷衍國民。然人民對清室已絕望。〔前此戊戌變法,令下,頗認真實行。至此,則新政令下,而上下毫無精神,即可知對清室之絕望。〕於是立憲、革命之論皆熾。清朝以光緒三十二年,下詔預備立憲(一九〇六年)。〔設憲政編查館,以留學生制定新政章程;各衙門則開新政清單。〕三十四年(一九〇八年),復定其期限爲九年。是歲,德宗死;那拉后立溥儀,命其父載灃攝政;那拉后旋亦死。人民要求速開國會。宣統二年(一九一〇年),許縮短預備之期限爲五年。然親貴專橫,〔如載洵、載濤二貝子之勢,慶親王奕劻之好利。〕政治腐敗,亦不能維係人心矣。

　　日俄戰後,東北交涉上,問題孔多。於是美人有滿鐵中立之議,(由各國銀團共同借款與中國,俾中國將東北鐵路贖回;在借款未還清之前,禁止政治上軍事上之使用。)因日、俄反對作罷。至宣統三年,乃有幣制及東三省興業借款之約,由英、美、德、法四國銀行團承受,以關、鹽稅及東三省新收之稅作抵;未及實行而清亡。當日俄戰時,英人派兵入藏;達賴喇嘛出奔;英人與班禪立約,禁止外國在西藏駐兵殖民。後由中國與英立約,認此約爲附約,而聲明所謂外國者,中國不在其內。此時英人尚以達賴拒英,又疑其親俄,而用兵力強迎之。其後清人言經營蒙、藏者,不思近代聯邦之義,妄欲強行改革,而派駐之官與兵,又不清廉。於是宣統二年,達賴出奔印度,又昵英而拒華。外蒙活佛,(庫倫之哲卜尊巴胡土克圖)亦於宣統三年受俄煽誘而獨立。於是蒙、藏離逖之局成矣。

　　庚子亂後,人民對清室絕望,漸擬議及於政體。於是立憲、革命之論皆熾。清朝雖下詔預備立憲(事在光緒三十二年,即一九〇六年,越二年,定預備之期爲九年。溥儀即位後,又經縮短三年),亦不足挽回人心矣。光緒三十四年(一九〇八年),德宗死,孝欽后立其弟載灃之子溥儀,以載灃攝政;后亦旋死。越三年(辛亥,一九一一年),而革命軍起於武昌,各省響應。溥儀以其明年即中華民國元年(一九一二年)二月十二日退位,而清亡。

七　民　國　時　期

　　清之亡也,非盡以南方之兵力,亦藉(一)袁世凱之陰謀,(二)北方將士亦有贊成共和者;而(一)之爲力尤強。故孫中山不得不讓臨時大總統之職於袁。袁凡事不能就範,遂有民國二年之二次革命。二次革命失敗後,袁遂解散國民黨,進而解散國會,圖帝制自爲矣。以護國軍起於雲南;兩廣、貴州應之;湖南、山東、陝西亦有民軍起義;而袁部下莫肯盡力;取銷帝制後,民軍仍要求其退位,遂鬱鬱而死。中國政局,則自此更生紛擾矣。

　　當清室末年,蒙、藏叛變;俄、英助之,以限制我不得駐官、駐兵、殖民爲目的;民國三年四月,與英立條約於印度之西摩拉,我許外藏以自治權;而所謂外藏界限未能畫定,遂成懸案;四年六月,立《中俄蒙條約》,許外蒙古以自治權,所謂自治權者,即不遣官、駐兵、殖民之謂也。清末我與英、美、德、法銀行團磋商東三省興業借款,即以東三省新設各稅爲抵,事未成,而清亡。民國初,四國團招誘日、俄加入,變爲六國團;後美又退出,變爲五國團;日、俄要求借款不得用諸滿、蒙,後留歸外交解決,於是本意全失矣。袁世凱顧借其善後大借款,以關、鹽稅爲抵押;及民國四年,又承認日本提出五號二十一條之要求;豈有外交失敗如此,而可帝制自爲者邪?

　　袁世凱欲圖帝制;蔡鍔因此起護國軍;袁氏自行取銷帝制;護國軍要求袁退位,後因袁死,而自然解決。

　　副總統黎元洪入京代理,與國務總理段祺瑞不合。時段謀對德宣戰,國會不肯通過;北洋系之督軍等,要求解散國會,黎持不可;因此激成許多省區之獨立。黎令安徽督軍張勳入京,欲藉其力調停。勳至津,脅黎解散國會。乃入京,又擁溥儀復辟;爲段祺瑞所討平,黎去職,由副總統馮國璋入京代理。〔北洋系中,以王士珍(龍)、段祺瑞(虎)、馮國璋(狗)三人爲最,王入民國後,未預政事。〕國會被解散時,南方宣稱不受非法內閣干涉,於是護國軍改護法。復辟事平後,北方不肯恢復;召集新國會,選徐世昌爲總統。舊國會開非常會議於廣州,設立軍政府,以七總裁主持其事。時北洋系分裂爲皖、直兩系,而奉天之張作霖,亦有奉系之稱。於是九年有皖直之戰,直勝皖敗,段祺瑞去職。曹錕(直、魯、豫巡閱使)爲直系首領,而實力則在吳佩孚(初直、魯、豫巡閱副使,後兩湖巡閱使)。十一年,有直奉之戰,奉兵又敗退出關。於是成爲皖、奉、南方,合以謀吳之局。

　　復辟事變平後,中國即對德宣戰;但除派華工赴歐外,並未參加戰爭。段祺瑞於此時期內,大借日款,以練參戰軍。(歐戰停後,改爲邊防軍;皖直戰後解散。)

　　當中國參戰時,日向英、法、俄、意秘密交涉,保證其接收德國在山東之權利。八年一月,開和會於巴黎。山東之權利,中國主張由德國直接交還;日則主張由彼接收,再行交還中國。英、法等皆受秘密交涉約束,惟美不然;而以七年九月中國與日所訂《濟順高徐借款預備契約》，附有"膠濟鐵路所屬確定後由中、日合辦"之條件，中國復文，有"欣然同意"字樣；美國因此亦無能爲力。消息傳至中國，民情大爲憤激，五四運動所由起也。中國因此，未簽字於對德和約。(對奧和約仍簽字。)

十年十一月，美國開太平洋會議於華盛頓。(亦稱華府會議。)內分限制軍備、遠東問題兩部分。前者英、美、法、日成立《海軍協定》。(英日同盟由此而廢。其後十二年，英、美、法、意、日又有協定。十九年又有《海軍公約》，英、美、日海軍，皆爲五五三之比。)後者中、美、英、法、意、葡、荷、比、日成立《九國公約》，訂明當尊重中國領土及政治權之完全；給與中國以完全無障礙之機會，以謀發展；不得利用時機，攫取權利；各國當確守機會均等之原則。而中日山東問題，亦即在會外解決。基於五號二十一條要求所立之條約，中國要求作廢，日人不肯，至十二年，乃由中國政府，照會日本，聲明廢棄。

俄國自革命後，八年、九年兩次宣言，放棄舊俄政府用侵略手段，在中國取得之權利。而中國爲協約國所牽，未能與之交涉。至十三年，乃立《解決懸案大綱》，(此爲中國與外國所訂平等條約之一。)及《暫行管理中東鐵路大綱》，約一個月後開會，解決贖回中東路及其他實際問題。會既逾期久之乃開，又因東三省對中央獨立，未能有成。俄人乃別與張作霖立《奉俄協定》。

北方自直奉戰爭後，徐世昌被逐，直系諸督軍請黎元洪入京補足任期，旋又逐之。而曹錕以賄被選爲總統。於是引起江浙之戰，及第二次直奉之戰。

南方軍政府，初因心力不齊，孫中山出走。後藉陳炯明之力，再回廣東，且平定廣西。旋陳又叛變，孫中山據廣州，陳據東江相持。十二年十一月，孫中山改組國民黨。明年，開全國代表大會，改大元帥府爲國民政府。九月，江浙戰起，直奉繼之。此時北方將領，多與南方通聲氣，於是有馮玉祥、胡景翼、孫岳之自稱國民軍，襲吳佩孚之後方，而直系遂敗。張作霖、馮玉祥共推段祺瑞爲臨時執政。祺瑞邀孫中山入京，商略時局。十四年三月，中山卒於北京。此時北方，張、馮各據地盤，而張爲强。(張東北邊防督辦，兼蒙疆及熱、察、綏，其軍隊駐及直、魯、蘇、皖。馮爲西北邊防督辦，地小而瘠。)直系孫傳芳起於浙江，占蘇、皖、贛。吳佩孚亦起於湖北，初攻奉系之山東，繼復失耳。奉攻馮。馮避其鋒，暫稱下野。而國民軍北伐，馮復自西北應之。吳佩孚、孫傳芳皆敗，蟄伏多年之閻錫山，亦起而攻奉。張作霖退出關，至皇姑屯，遇炸死。其子學良服從國民政府，而形式上統一之業告成。

八　此後之大事

軍人擁權問題。

黨的問題。$\left\{\begin{array}{l}\text{國民黨内部}\\\text{國、共}\end{array}\right.$

外交問題。

軍人擁權問題：軍隊各據地盤，各屬私人；而養無用之兵過多，財政困難。統一後，力圖善後，而編遣之問題遂起。開編遣會議謀解決之，卒以不克和衷共濟，未有結果。由是終造成十九年閻、馮與中央之戰事（亦中原大會戰），戰於豫、魯，閻、馮遂敗。然以黨與實力派複雜之糾紛，於擁兵問題，迄無解決。

黨的問題：國民黨内部：以黨治國之事，在中國可行與否，尚屬疑問。蓋中國之政治，必加督責、攷核，定其功罪，明其賞罰而後可。由是政治之系統，自必當清楚。黨之爲物，不過用以發動社會之力量而已，行政大綱，則固有正式機關在也。國民黨初起時，綱紀頗佳，然於北伐後遂漸壞，其職權與行政機關相混淆，或且掣肘；社會視之，亦無異於一類行政機關之組織。至真爲黨效忠者已寡，因黨而起之兵爭，亦不過爲地盤勢力而已。苟於實力問題解決後，此等黨之紛爭，可無問題。而黨之根本存在之需要與否，則尚待問題解決後決定；苟認爲無益，則可取消之，而代以嚴肅之官僚政治。國共：私產制度之破壞，進而達共產社會，原爲人類最後之大路。然行之則頗難，各國之政情不同，更不可一概而論。中共之人物，徒有熱心勇氣，而乏冷靜之頭腦，不擇手段而暴行。國民黨如若容之，於内將引起社會之變亂，於外將引起資本主義國之封鎖干涉；而妥協之方式，已不能引起共黨之信任；於是内戰遂起，共黨作西北長征以避之，卒無結果。總之，用實力以解決一切，實非辦法也。

外交問題：領事裁判權、關稅等，表面雖訂約屆期可望收回與自主，而實亦空文。民十九年前之狀態，大概如此也。

〔今日中國對〕現世界是如何的世界，有相當的認識。要征服我的人（一）不能征服我，（二）不可被其征服，有相當的認識。

因外患問題，而内部亦開連帶解決的路。

至於外交問題，則本須實力充足後，方有真正的解決。

本國史複習大略

前　言

　　《本國史複習大略》寫於一九四四年，系一九四四、四五年間吕先生在常州郊外湟里（今常州埠頭）博文中學給高中畢業生做中國史講座所擬的簡略講義。時值抗戰後期，學校的條件十分困難。因没有教材，先生便編寫了這份複習大略，用作教學上的提綱，也印發給學生用爲複習資料。《本國史複習大略》現存油印講義一册，三十四頁，上有了吕先生的訂正。一九九七年，《本國史複習大略》改名爲《本國史提綱》收入華東師範大學出版社的《吕思勉遺文集》（一九九七年九月出版），後又收入上海古籍出版社的"吕思勉文集"《吕著中小學教科書五種》①（二〇一一年六月出版）。本次將《本國史複習大略》收入《吕思勉全集》，我們按一九四四年油印稿重新作了校對，前二次刊印時的刊誤和個别改動處，現都按油印稿改正恢復。

李永圻　張耕華
二〇一四年八月

---

　　①　收入吕先生的《國文教科書》、《新學制高級中學本國史》、《復興高級中學本國史》、《高中複習叢書本國史》、《初中標準教本本國史》及附録：中國通史教學提綱六種。《本國史複習大略》改名爲《本國史提綱》，用作附録之一。

目　　録

上　古　史

（一）世界文明起源之地，舊説有五：（1）中國；（2）印度；（3）埃及；（4）巴比倫；（5）西半球之墨西哥、秘魯是也。西半球之文明，未曾發揚光大。印度之文化，其源亦自西方來。因其所處環境與西方不同，遂成獨特之文化。然其政治勢力太乏，故對世界大局之影響較微。真有關於世界大局者，則東半球之東西洋兩文明耳。中國爲東洋文明之主體。西洋文明起於西亞與北非，傳於希臘，沿於羅馬，衍於大食。及近世乃大盛於西歐，實環繞地中海之文化也。

（二）中國文明之緣起，今不甚明。此緣開化較晚之國，有先進國之歷史以資參證，而開化早之國則無之。中國有書籍雖早，然世界各國之有史時代多不過五千年至七千年，中國開化之早恐尚不逮北非與西亞。史家所言古史年代，當以據古書零碎材料及曆法推算者爲較確。最通行之説有二：（1）漢劉歆所推，見於《漢書·律曆志》，唐堯元年，在民國紀元前四〇五五年，西曆紀元前二一四四年。（2）宋邵雍所推，見其所著《皇極經世書》，唐堯元年則在民國紀元前四二六八年，西曆紀元前二三五七年。自此以前，年數無可推矣。假定再有千餘年，亦不過五六千年也。而地球之有人類，必已數十萬年，故欲求文化之源，必求之於考古學，而中國考古學尚未發達。據近年所發見者：民國十二、三年（一九二三、一九二四），河北房山縣周口店得古人遺骸，專家研究云在四十萬年前，然不能確言其與中國人有無關係；十年（一九二〇），河南澠池縣仰韶村發見古人遺跡，專家研究謂其種族與今華北人同。以其所製之彩色陶器，稱之曰彩陶文化。此種文化，東至遼西，西至甘肅、青海。彩陶與西亞歐俄及意大利所發見者極相似，故或因此謂中國之文化來自西方。然此種文化不能斷言其爲中國主體之文化、最古之文化也。十九年（一九三〇），山東歷城縣城子崖，二十二年（一九三三）滕縣，其後浙江杭縣亦發現古人遺跡。以其所製之黑色陶器，稱之爲黑陶文化，亦不能斷言其是否中國主體之文化、最古之文化。以大體言之，中國文化當起於江河下流濕熱之地：(1) 其食以魚與植物爲主；(2) 衣之材料爲麻絲，而裁製寬博；(3) 宮室以木爲骨幹，原於巢居；(4) 貨幣最廣用者爲貝；(5) 宗教則敬畏龍蛇。皆可爲其佐證。而埃及之文化起於尼羅河，西亞之文明原於底格利斯河、幼發臘底河，印度之文明始於印度河，而盛於恒河，亦足以資參證。故中國民族起於東方較西來之説爲可信也。

　　(三) 古代民衆之偉業，率附之於個人。而其所敬畏而神明視之者，尤莫如其羣之酋長，故古代開化之事蹟，必徵諸傳述中之古帝王。古有所謂三皇五帝者，其後則有三王五霸。三五之數，蓋後人取配三才及五行，然其所舉者亦必古代著名之酋長及國君也。三皇爲燧人、伏羲、神農，蓋古發明用火，能作網罟，事佃漁，及發明農耕之部族，不必實有其人。五帝爲黃帝、帝顓頊、帝嚳、帝堯、帝舜。始有世系可稽，則其人較確實矣。其後爲夏、殷、周三代，則並有君位傳授可徵。大抵古代部族林立，不必常有共主。而後政治漸進步，則共主漸不可缺。然不必專於一國。如五帝之相繼，乃各據其國而爲一時之共主，非謂有一天子之位而爲五帝者相繼入據之也。夏、商、西周盛時，則諸侯來朝，衰則諸侯不朝或下堂而見諸侯，即其或爲共主，或不爲共主之證。當其不爲共主時，或則時無共主，或則有代之而爲共主者，如羿代夏政是也。特其事不盡可考耳。東周以後，則其情勢又異。斯時各地方逐漸發達，蓋分爲若干區域。每區域中各有共主，爲共主者皆稱王，吳、楚、越是也。是時文明之中心點，在太行以南、泰岱以西、華山以東、淮水以北。其間大國衆多，不易服從於一國。故强國不敢稱王。周天子者，舊當稱王，而此時無實權。諸國皆其所封建，莫或及舉之。故特以王之空名奉之而已。次則以諸侯之長自居焉，是之爲霸。以此一區域爲是時文明之中心點，故强國爭以獲爲此諸國之長爲榮，而有爭霸之舉焉。凡一時爲諸侯之長者，皆可謂之霸王，數初不限於五也。至戰國時則情勢又異，斯時海内大國七，皆稱王。諸王之上，復覺有立一共主之必要，無以名之，乃假天神之名而名之爲帝。齊湣王與秦昭王嘗併稱東、西二帝。後秦圍趙都，辛垣衍又欲使趙尊秦爲帝，然皆未成。至秦併六國，始皇帝乃以皇帝自號焉。

　　(四) 以血緣結合者曰氏，亦曰氏族。以地緣結合者曰部，亦曰部落。二者兼有、抑其結合之原因不明者，則曰部族。此後世史家習用之稱號也。在古代則以血緣結合者稱爲姓。初行女系，後乃轉爲男系。男系支庶分封者則稱爲氏。其初蓋姓別、氏別，各成一部。後乃有以地域結合者焉。孔子所概想之大同之世,蓋農業共產之小社會。此等小社會蓋多自給自足,故不甚相往來。其後人口日增,占地漸廣,彼此漸相鄰接,偶遇饑荒等災禍,則掠奪等事起焉。即在平時,亦因交易漸多、日相稔熟,經濟上關係日漸密切,終至併合爲一社會焉。其建國之規模可考者,大抵有以武力征服之事。征服者擇中央山險之地,築城而居,是曰國人。古"國"字專指都城言。被征服者居於四面平夷之地,從事耕種,出賦軍用品。稅,田租。服力役,是爲野人。野人與國人,其初當有甚深之嫌恨,然書傳無可考。蓋其時代早,其時已成過去。其後,因通婚雜居等關係漸相混合也。征服之族,執政權者爲貴族;不執政權者爲平民。被征服者,蓋社會學家所謂農奴之倫。然至國人、野人漸相混合,則平民、農奴併爲一級而與貴族對立,成兩階級矣。又有奴隸,其初蓋出於俘虜,其後本族之犯罪者亦爲之,徒執賤役而已。倚爲生產主力之事,史無可徵。其初當有之,蓋亦因爲時甚早,故其材料闕如也,此古代社會之階級也。古正式之軍隊,蓋惟國人充之。故後世相沿,充兵者,仍爲居近國都之民。遠於國都者非不能充兵,然僅如後世之鄉兵,充保衛本地方之用而已。江永《羣經補義》中有八條考此甚精審也。孔子所云小康之世,其所以獲稱爲小康者,古之農業共產小社會,其内部組織本甚安和。此時,雖有征服者居於其上,不耕而食,不織而衣,如人體之寄生蟲然。然社會内部良好之組織尚未盡破壞,民生其間者,除出血汗以養活征服者外,其他尚無所苦,尚克稱爲準健康體也。此時社會情形之可考者:(1)大多數人皆以農爲業,農則行井田之制,一夫一婦佃田百畝,以九分之一或十分之一爲稅,地權平均。(2)農田以外之土地,古稱爲山澤,皆係公有。依一定之規則人人皆得使用。(3)古代生活程度低,尋常用具人人皆能自製,非有特別技術不能者,專司其事之人,其製器仍以供公用,非以謀利。此等專司製器之人,至後來則成國家所設之工官,仍非以謀利也。(4)社會内部既係公產,自無所謂交易。小商則農民於農隙爲之,得利甚少。大商則係代表本團體與他團體行交易,損益皆團體負擔之。如是,農人地權平均,商人亦不能牟利,社會無甚貧甚富之弊,此其所以獲稱爲小康也。逮此等規制日漸破壞,井田廢而阡陌開,山澤之地初爲有政權者所封管,後乃入於企業之私人之手,如《史記・貨殖列傳》所記。商業乃變爲謀利之業,執政權者亦日益淫侈暴虐,則出小康而入於亂世矣。古代社會變遷大略如此。

　　(五)古所謂封建當分爲二:(1)征服異部族,(A)使表示服從,(B)或更易其酋長;(2)則本族之拓殖於外者也。封國之地,蓋初小而後大,其後則大者方百里。此蓋當時政治上、經濟上最普通之單位。至東周之世,則大國約方五百里,更大者約方千里,此等方五百里、方千里之國,蓋内包方百里之政治經濟單位若干,非以方五百里、方千里爲一單位也。故至秦以後之世,方百里遂爲縣之區域,成爲官治之最下級。郡縣之制非始於秦,春秋戰國久有之。縣:(1)蓋滅國而爲之;(2)卿大夫之封地亦可發達而爲縣;(3)又有併鄉聚建置者。《史記·商君列傳》。郡本設於邊荒之地,與縣各別,不相統屬。然:(1)郡率有兵權,以之保護縣而以縣之財賦供給郡,最便政權易爲軍權所奪,而縣遂隸屬於郡。(2)又郡之地稍繁榮進步,則設治亦必隨之而密,因此析郡之地爲縣,其必附屬於郡者,又勢也。春秋戰國時,諸國設郡多在邊地,以腹地無須乎此也。秦始皇併六國,六國之民未必心服,到處須設郡鎮壓。故遂於全國設郡而以縣隸屬之。自此,郡縣遂成兩級之制。

(六)亞里斯多德論政制,分爲(1)君主、(2)民主、(3)貴族三者。此雖不足盡後世之變,然在古代固大致如此。中國古代亦有民主政體、貴族政體之遺跡,如《周禮》所載詢國危、詢國遷、詢立君,及周、召二公共和行政是也。但無正式之民主、貴族政體,此則書缺有間,亦且古事遺佚,不見記載者多,不能決其必無也。

(七)古代貴族多世官,大率自大夫以上。士以下,則出於鄉舉里選。《周官》所載三年大比,鄉興賢能之法是也。其後貴族腐敗,則代之以遊士。古代正式軍隊惟國都附近之人爲之,其後戰爭之規模日大,所須之人數愈多,遂將僅守衛本地方之人亦調上前綫。此二事,爲戰國之世政事變遷之最大者。

(八)古無所謂法律,約制其羣者,只有習慣而已。此即所謂禮也。法之起,蓋起於執政者之命令,今亦然。法令非如習慣爲人人之所知,故戒不教而誅。又古所謂刑者,義與後世異。專指用兵器傷害人體使喪失生命,死亦特稱爲大刑。或受不可恢復之創傷者言之,其拘禁、罰作苦工、剥奪名譽等,不稱爲刑。《周禮》司徒屬官所用懲罰止於此等,如欲以兵器傷害其身體則必歸於士。士亦曰士師,士本稱戰士,士師者,士之長,在《周官》屬於司寇,蓋本所以待異族若内奸者也。其後"刑"字之義漸變,則稱殘害身體者爲肉刑,因肉刑本不施於凡人,故儒家有古者象刑之説。

(九)社會倫理可考者,大抵係周代情形。自殷以前則頗模糊。周代宗法最爲發達,其制有國家者奉其先爲始祖,始祖之嫡長子繼體爲君,其衆子皆別爲宗,是爲大宗。宗子即爲其宗之祖。大宗宗子之嫡長子,世世繼爲大宗宗子。其衆子則別爲小宗。凡小宗宗子皆可統治其五服以内之人，而五服以内之人，亦得受其救恤，服盡則無豫焉。若大宗宗子。則同出一祖之人，永得受其救恤，亦當受其統治。故其組織甚爲嚴整悠久，周人之所以競争而獲勝利，其以此歟。古者宗與族異，族如今文家所言之九族：（1）父系五服以内，（2）父之姊妹及其子，（3）身之姊妹及其子，（4）女之子及其子，（5）母之父姓，（6）母之母姓，（7）母之姊妹及其子，（8）妻之父母姓合爲一族，（9）妻之姊妹。專以親情言之，其横的範圍固較宗法爲廣，縦的範圍，則不如宗法之久，又不必皆同一地，故其所團結或轉不如宗法之廣也。古所謂姓，即今社會學家所謂民族者，其所包人口蓋甚多。逮耕作之法漸精，則氏族析而爲家族。所謂一夫上父母下妻子，五口八口之家是也。一家之中父權頗大，父死則兄爲之繼。貴族有妾媵。妾者，家中執事之女子，得接於其主人者。媵則妻之送嫁之女子也。平民大抵行一夫一妻之制，然平民外淫當較易於貴族，貴族則淫亂於家者多，外淫者轉少也。社會倫理曰君臣，曰朋友，臣蓋受羮於君而服事之，武士則爲之效死，且保護其家族，效忠於其後嗣。君臣初義不過如此，其後進步乃以盡心力於一人一家者爲小臣；以保社稷安人民爲務者爲大臣焉。臣之當忠於其君，純以初嘗受羮焉，爲其私人，感其恩意之故。若民之於君，本無恩意。君能執行公務則戴之，不能則義可驅逐之。後世未仕之野人，亦有聞君死而殉之者，則誤合臣民之義爲一矣。朋友可通財，可相爲死，其結合極親密，非如流俗概稱所知爲朋友也。_{古稱所知若今言相識。}古人風義剛勁，又俗重長老。故教悌亦爲倫理重要條目。

　　（十）文字始於擬勢，繼以圖畫符號，本與語言併行，而非所以代表語言。其後進步，乃專以語言表意而又以文字代表語言焉。中國字書存於今最古者爲許慎《説文解字》，其書以秦時小篆爲主。在小篆以前，見於《史籀篇》者，_{史籀篇亦字書之名。}謂之籀文，亦曰大篆。又出於大篆之外者，則爲古文。古文之條例，間有不可知者，則曰奇字。文字之條例凡六：曰象形、曰指事、曰會意、曰形聲、曰轉注、曰假借。象形如"日"、"月"，蓋最初之字。指事者，古事物通訓如"上""下"二字，二字在一畫之上爲上，在一畫之下爲下。會意者，合二字之意以成一字，如人言爲"信"，止戈爲"武"。形聲如"江"從水工，"河"從水可，亦合二字成一字而一取其聲，一取其義。轉注者，一語衍爲多語，字亦隨之而增。許舉"考"、"老"二字爲例，如"枯"之於"古"，"巓"之於"夷"，亦皆此例。其義異而未造兩字者，則文字學家所謂引伸，如馬行遲爲"篤"。行遲則馬足之着地必實，因以爲篤實之稱是也。假借者，音同義異，則合用一字，或雖有兩字，亦廢其一而存其一。此可以省識字之煩，不然則單字之數將至不勝其多矣。六書蓋文字學家研究文字條例者所立之説。其説雖粗，然亦大致可用。故數千年來只有爲之彌縫補苴，而無推翻之別立新説者也。欲知中國文字條例，拙撰《字例略説》可以參證，商務印書館本。文字之始，本非所以代表語言，而剖析語言求其音素製爲字母，然後切合之以成字。則其理非初造字時所知。文字前後相承，不易徹底更易，故文字取諸他族者，可以成爲拼音字；出於本族者，則不能也。書寫之法則漸趨簡易，故篆易而爲隸。

（十一）各國文學皆先有韻文，後有散文。吾國亦然，散文蓋至東周之世乃大發達，前乎此者，皆阮元所謂寡其辭、協其音者也。見《揅經室集·文言説》。然此非即詩歌，乃今時歌謠之類耳。詩歌原於謠辭，必隨音樂而變，如後世外國音樂輸入而有詞曲。若中國今日之所謂新詩，則其性質與昔之所謂詩者，初非同物也。

（十二）古代科學與哲學不分，哲學與宗教又不分，故最古之學術思想，率存於宗教之中。古者大學與明堂合一。明堂者，物質文明簡陋之世，一國之內，只有講究之房屋一所。君主居之，百官辦理政事於是，祭祀祖宗亦於是，講學取士亦於是。故既爲宮殿，亦爲朝廷，又爲宗廟，又爲學校。其後諸事皆分析別立，然仍爲宗教之府。而古之所謂學校者亦即在是。其所謂學，則宗教與哲學及純理之科學，今散見於先秦諸子中。哲學科學之説皆出於此，學雖高深而無實用。故古無云肄業學校學得何種學識技能，出而任事者。實際應用之知識技能，皆得之於宦。宦者，實習於某機關，學與仕爲對稱，任事者爲仕，學習者爲學，一種行政機關發達而成一種專門學術，則《漢書·藝文志》所謂九流之學，出於王官者也。九流之學，各有所本。最陳舊者爲農家，蓋欲回復古共産之農業小社會，許行之説是也。次之者爲道家，老子之説，主於無爲，爲訓化，蓋物質文明進步，社會組織往往隨之變壞。而古代物質文明之進步，率有在上者之唱道，故老子以無爲戒之。此猶戒今之中國人無慕歐化，戒西南土司無效漢人耳，不悟物質文明之終不可阻也。又次之者爲墨子，墨子背周道而欲行夏政，欲回復前一時期之儉及迷信，亦勢不可行。較進步者爲儒家及陰陽家，儒家主通三統，謂有三種治法當更迭互用。陰陽家主五德終始，謂有五種治法當更迭互用。其見解皆較弘通，然亦不甚切於時務。最切於時務者惟有法家，以法訓練其民，以求富強、事兼併，以術督責其臣，以淘汰腐敗之貴族而行嚴肅之官僚政治，皆切合於時勢者，故秦用之卒併六國也。法術之別見《韓非子·定法篇》。

中　古　史

（十三）秦始皇統一後之新局勢。（1）內戰乍息，民生獲蘇。尤其交通上限制廢除，商業得以興盛。可完成廣大之分工。漢人議論每以"通關梁，一符傳"爲善政。此後國富總量之增加，殆非前此所能想像。（2）統一則國力強盛，便於對外，但中國在此時開始與騎寇相遇。古代戎狄皆居於山地，與後世西南諸部族相似，此等戎狄盤居於太行以北諸山脉中，恰爲中國與蒙古高原遊牧民族間之緩冲。

（十四）封建制度之告終。（1）秦盡廢封建。（2）秦亡後"諸侯之相王"。五字見《史記·自序》。義帝等於東周之天子，西楚霸王等於其時之霸主。其下列爵二等亦沿戰國時之成例，而此二等之爵，又爲漢代所沿。（3）封建之基礎在下而不在上，在社會而不在政治。蓋必社會尚未臻於統一之機運，然後可以各各分立。故封建之真正基礎，爲各區域內之自足經濟。《王制》之經濟計劃，即係如此。自商業興、交通便，各地方之風俗漸次相同，則分立之基礎已不存在。於是每一區域之中，先自相吞併，而東周以後之大國，陸續出現，最後乃有一大國舉，諸大國而悉滅之，是爲秦之滅六國。諸侯之相王，及漢初之封建形勢均與戰國相似，焉能久安，諸侯之相王僅五年而天下復歸於一。漢初之異姓王亦不旋踵而亡；同姓諸王則釀成吳楚七國之亂。自是以後（A）先存空名而去其政治之實權。漢景帝令諸侯不得自治民補吏。（B）次分諸大國爲小國，此即賈誼衆建諸侯而少其力之策，武帝用主父偃策，令諸侯王得國邑分封子弟。（C）更推行關內侯之制，有榮名及禄而無土地。（D）更進則禄亦不輕給，唐宋食租必待實封。而封建僅存空名矣。（4）歷代雖尚有行封建之制者。此特不勝其自私之心，而又無有效之計劃，乃行此無聊之策。即其心亦未必以爲可恃也。以實際論，晉代八王之擾亂，乃由其兼任官職；明代成祖之叛逆，則由其本掌兵權。皆與封建制度無涉。同姓如此，異族則唐太宗顯封功臣，而功臣終不敢受，封建更勢成弩末矣，故封建制度真正之反動，實至吳、楚七國亡亂而告終。

（十五）民主政治之廢墜。（1）主權在民，此爲自然之理。本無人敢加以否認，亦無人能加以否認。（A）至民意無具體表見之方法，僅藉天視自我民視，天聽自我民聽等空論，以保存告朔餼羊之民治原理，是爲君權之一進步。（B）更進而所謂天意者，遂與民意脫離關係矣，新莽之侈言符瑞是也。（2）民意之表見，最重者爲習慣，習慣即禮也。（A）禮有守舊性，漸不切於實際，則其防閑專擅之力愈弱。（B）又列國併立之世，違禮則外遭大國之討伐，内引起臣民之反抗，統一以後皆無之。

（十六）帝政之成功及政之廢墜。一區域中之公務謂之政，握政治上最高之權者謂之君。此列國時代之情形也。古之國大率方百里，此爲一自然之政治區域。其君猶後世之縣令，大夫猶鄉鎮之長，士則保甲之長耳。政治可以惡劣而不能廢弛。此等層累設治之規模，乃各部族所固有，而非自上而下加以建設。（A）舊規既壞，國破家亡之時，又未必加以恢復，而一地方之公務，遂至廢而不舉矣。世襲之君大夫，變爲任免自由之縣令，此爲以官僚政治代封建政治。（B）一階級之方興，其利害必與大多數人相一致。及其處於統治者之地位，則其利益復與大多數人相對立。此爲無可如何之事。故秦、漢以後，代表國家之主權者，所當嚴加監督者，乃在官僚。處於監督之地位者，爲數太少；而應受監督者爲數太多，其勢必不能徧。好在此時，官吏已不能不奉朝廷之法令，則莫如將所辦之事，減至最小限度。如此，則官僚無所藉以虐民，而現狀易於維持矣。此爲放任政治之真諦。秦、漢以後，值寬閑之時，而能實行此種政治者，往往可以獲小康。漢之文、景，即其代表也。秦、漢以後之政局，不容求益，只能消極的以求免害。故其設官，非爲治事起見，乃爲控制起見。故治官之官日益，治民之官日減。顧亭林譏之，而不知其時之政事固如此也。政治任一事件，固必受當時最高原理之統御也。

（十七）儒術之專行。春秋戰國之世，諸子之學同時併行。至漢武帝表彰六經、罷黜百家，而儒術遂居於正統之地位。論者謂武帝乃雄猜之主，因儒家隆君臣之義，便於專制而表彰之，此乃數十年前梁任公一派之議論，有爲言之，本非客觀真實之説，而讀史者遂奉爲定論，謬矣。漢世儒家言民貴君輕之義者甚多，眭弘至勸漢帝求索賢人，禪以帝位，而退自封百里，便於專制者安在？武帝即位，年僅十六，因非昏愚，亦未聞其早達，成童未幾，安知儒術爲何事。故武帝之崇儒，乃時勢使然，而非武帝之能造時勢也。九流之學：縱橫家僅效一節之用，雜家自無所有，名家施諸實用，則與法相附麗，有治國安民之抱負者，僅農、道、墨、儒、陰陽、法六家。農、道、墨皆大陳舊，法家之學僅其所謂術者，仍當施諸官僚，其所謂法者，則一統之後無所用之，亦不宜用，前已言之。故是時可用者實只儒、陰陽二家。而漢世二者遂相混合,學術之興替,固非偶然也。儒家及陰陽家者之見用,蓋以其詳言治制。而天下既已統一,治制固不可不興。故秦始皇帝言,吾前收天下書不中用者盡去之。悉召文學方術士甚衆,引以興太平。方士修煉以求奇藥。興太平指儒家言,因亦有意立制度興禮樂矣,特未及行耳。文、景非有爲主,故皆謙讓未遑,武帝好大喜功,則有所不讓矣,此儒術興起之真原因也。

但是時異勢殊,儒家治國安民之方案實已不可行。其説別見下節。儒家之有益於中國,不在政治而在社會倫理。此事前亦已言之。自武帝崇儒之後,歷代政府遂無復與儒反對者。故中國無如歐洲政教分裂之弊。此亦中西史事之一異點也。

(十八)自先秦相沿而來之社會問題。社會始於公產,自公產之制破壞後,人心便覺其不安。即皆視當時之社會組織爲變態。先秦諸子無不欲舉社會徹底加以改組者,而其改組社會,必藉政治之力。此固近世工業革命以前,欲改革社會之通蔽也。漢世學術皆沿自先秦,其中最有主張者爲儒、法二家。今表示前漢、新室之世重要之議論及制度如下:

學派	主 張	漢 世	新 世
儒家	平均地權	急激者主恢復井田,緩和者主限民名田,皆未實行	王田之制係行急激派主張
	節制消費	法令頗多不宜實行	同左
法家	節制工商	漢世重農抑商各法令。桑弘羊鹽鐵官賣,耿壽昌之常平倉	五均六筦
	干涉借貸	官貸糧食貸者或勿收	司市泉府

先秦諸子之主張至新莽而徹底實行,實行之而失敗,自此無復敢言徹底改革者,視社會之病態,爲無可如何之缺陷矣。此一運動之經過,讀《史》、《漢》之《平準書》、《食貨志》、《貨殖列傳》,王、貢、兩龔、鮑、眭、兩夏侯、京、翼、李及王莽傳可見其概。其失敗之原因,則由未知階級之對立性,革命之業必不能操刀代斲也。經學分今古文兩派。古文興於西漢之末,爲王莽及其徒黨劉歆等所主張,所以如此者,蓋欲兼取《周禮》。所以欲兼取《周禮》者,則以其所行節制資本之法,在《周禮》中有根據。而在今文學家説中無之也。蓋儒學分齊、魯兩派,魯國之經濟不如齊國之發達,故魯學僅有平均地權之説,而齊學則兼有節制資本之論也。

(十九)漢世學術思想之變遷。西諺云:羅馬人非思想之人,乃作事之人。此非羅馬人短於思想,學術上之風氣或重發見、或重實行,猶之飲食與消化各有其時。以漢人比之先秦,正猶以羅馬比之希臘。先秦諸子之學可用者,惟儒、法兩家。漢宣帝謂漢家自有治法,以王霸道雜之。王指儒,謂寬以牧民;霸指法,謂嚴以察吏。此其選擇,實頗合理。即王莽之變法亦然。王莽之失敗,乃先秦諸子政策之失敗。王莽選擇於先秦諸子所定之具體方案,固不可謂之不合理矣。其實施之手腕不足,此是另一問題。自王莽改革失敗,而學風一變,經世致用一派漸以消沉,王符、仲長統、崔寔、徐幹及晉世之葛洪等,均係實際之政論家,無復高遠之理想。不論今古學皆流爲煩碎之考證,直至南北朝隋唐皆然。所謂義疏之學,其泥古而無思想,遂激起玄學之反動,在長時期之中,有思想者遂皆入於佛老,而不入於儒。

(二十) 秦、漢間文字之變遷。(1) 隸書代篆書而通行,此爲便於書寫起見。(2) 其後隸書又分爲二派,有挑法者爲八分書,供美術之用;無之者爲章程書,即今之正書,供實際應用。但其後章程書亦求書寫之工,亦復爲美術品。(3) 求書寫之速,必須用草書。草書起於藁草,本爲應用起見,但至後漢之世,亦成爲美術品。中國字體本繁複,美術又貴多變化,遂使草體益趨紛歧,難供實用。行書乃起而代之,然“行草”與草書,“真行”與正書相去無幾,仍不便用,簡筆之所以興。即因中國無草體以資應用故也。

(二十一) 秦、漢間文學之變遷。東周至西漢爲散文發達極盛之時代,此時之散文與口語極爲相近。西漢末造稍開駢儷之風。自此至南北朝末,逐步順此趨向進行,遂成駢文時代。散文之變爲駢文,乃由(1) 用字及辭。漸次加選擇,取其能引起美感者。(2) 句讀求其整齊,使音調和諧,便於誦讀。(3) 多用典故,以引起豐富之想象。文字至此遂與口語漸遠:(A) 不切實用。(B) 從美的方面論,亦人工之美增加,天然之美喪失矣。統觀此時代,(1) 經學之趨於煩瑣,(2) 書法及文學皆向美術方面發展,皆時局升平,經濟寬裕,文治漸興,有閑階級爭在此一方面發展有以致之也。

(二十二) 兵制之變遷,民兵之廢,爲此時代一大事。其故由於(1) 統一之後,國力驟增,四周皆小部族,無論開拓或防禦皆用不着全國動員。(2) 古人之所憚,非當兵而爲遠役。如此,兵役之負擔,自然偏於緣邊,有失其公平之旨。(3) 加以體恤良民,遂至(A) 多用謫發及謫戍。(B) 其後乃至兼用降伏之異族。此兩種現象皆起於武帝之時。而民兵之廢,則成於後漢光武之廢郡國都尉,無復都試之役,此爲五胡亂華時代,異族橫行,漢族難於恢復之一大原因。

（二十三）刑法之變遷。秦、漢之世，司法界有三大問題：(1) 法律初病簡單，後傷錯亂。李悝爲魏文侯相，撰次諸國法爲《法經》六篇。商鞅取以相秦，此法至漢世實已不足於用，漢人乃陸續增加，更益之以"令"與"比"，無條理系統，奸吏遂得上下其手。此事漢世屢圖矯正未成，至魏世始從事於法律之編纂。晉初頒行之，是爲《晉律》。中國之法學觀念，爲法性派，法文僅規定大綱，無甚根本變動。現存之律最古者爲《唐律》，大體沿襲《晉律》。唐以後，定律者爲金與明，皆本《唐律》。《清律》又沿《明律》。故自《晉律》定後，截至採用西洋法律以前，法律實無大變更也。(2) 爲刑罰之變更。秦用刑極酷。_{實則各國多如此，但或不如秦國之甚。}漢文帝除肉刑，代以髡笞。髡法過輕，略無懲艾，笞法過重，每至死亡。刑罰之等級失其平。欲復肉刑者頗多。又無人敢任其咎。至隋，明定笞、杖、徒、流、死爲五刑，此問題乃歸消滅。此由古者但認以金屬兵器傷害人之肉體者爲刑，其觀念不能驟變，故有此轇葛也。(3) 秦時獄吏之嚴酷。漢代力加矯正。久之而其風氣始漸變。在此過程之中，儒家主義輸入法律之中，取法家之地位而代之之處不少。

（二十四）兩晉南北朝之世。兩晉南北朝之世，爲中國與西洋歷史走入相異之路之最要關鍵。西洋自蠻族侵入以後，遂非復羅馬人之世界。中國則經異族之侵入，依然爲中國人之世界也。此其故：(1) 由中國有廣大之長江流域，以資退守；而羅馬無之。(2) 由中國人之數遠較五胡爲多，與羅馬人及蠻族之比例不同。(3) 由此等異族漸染漢族之文化已久，亦非西洋淺演之蠻族所及。_{慕容氏、苻堅、北魏孝文帝等不必論，即劉曜、石虎等亦不過一淫暴之主，其立法施政，仍接受中國之文化。}(4) 由羅馬此時，官吏、軍人、土豪、教士、蠻酋等，處處造成政治之中心，層累相及，持久不敝，遂成封建之局。中國雖亦有此等端倪，然地勢平坦，風俗相同。中央之政權較強大，割據之局未能形成。此時代重要之現象爲：(A) 南方之文化及產業漸次發達，尤其荊、揚二州，即今湖南、北兩省間緣江之湖沼地帶及浙西大湖流域爲全國經濟重心，完全肩負起抵禦北族及保存南方文化之重任。(B) 南方風氣漸趨文弱，北方則漸覺奵悍。(C) 由南方僅能保存文化而未能用武力將北方克服，故政治重心未能轉移至南方。(D) 自後漢之末，中原人成羣遷徙，遂將積古以來各地方豪族之根基拔去。_{參看下節。}(E) 在此大遷移之中，貧民多入山與異族雜居，是爲北方之山胡、南方之山越，山地藉以開拓，異族藉以同化者不少。

（二十五）人民大遷徙之影響。當春秋戰國之世，貴族皆驕淫矜夸不能振，以致嬴秦之末，豪傑蠭起，出身貴族者卒敗，起於平民者卒成，遂成漢初布衣卿相之局,因此漢代之選舉,亦不論門第。然此等豪族在政治上雖無特權,在社會上之勢力仍在。至後漢之末,天下大亂,人民開始大遷移,而死灰復燃其焰。此時之勢家,其宗族、姻親團結之力及其對於地方人民統率之力,皆遠較後世爲强。觀其遷徙之時,往往成羣結黨,又能互相周恤,立綱陳紀。可知當時僑州郡縣之設置,即因屬人主義未盡化除故也。經過長時期之僑居,卒不能復我邦族,政治上不得不屬行土斷,而人事亦隨之變遷,僑寓者之間彼此漸疏,而與土著者漸稔,於是屬地主義日昌,屬人主義日澹矣,此於各地畛域之化除,所裨實大。世族遷移者,一時頗能壟斷政權,抑壓土著,又藉九品中正制度之助力,在政治上多占優越之位置。但此輩多無才略及勇氣。革易之際,立功立事,及平時綜理政事者,轉多出於庶族;又在經濟上落伍,不得不貪庶族之富,而與之通譜通婚。於是所謂門閥者本實先拔,僅藉惰力性而存在矣。至唐末,天下大亂,譜牒喪失,取士結婚,均不照成規辦理,而所謂門閥者,遂蕩焉無存,積古相傳之階級,至此鏟除净盡。

(二十六)士大夫階級性質之變遷。封建時代士大夫階級之特質:(1)自視與平民不同;(2)勇於戰鬥;(3)不好利。此由其本爲征服階級專以戰鬥爲業,而其生活亦較平民爲優裕之故。觀西漢之世,賈誼、董仲舒之議論最可見之。其時文臣如公孫弘、蓋寬饒;武臣如張騫、傅介之、常惠、陳湯、李廣、李陵、班超等,均尚屬此風氣中人。但社會之組織既已變遷,風氣終必隨環境而改變,遂至奢侈嗜利頹廢。晉初之石崇、王戎、王衍等是其代表。以一時論,無中等階級爲國之楨幹,是其弊;以永久論,特殊階級消泯,是其利。

(二十七)選舉制度之變遷。此爲破壞階級制度有力之因素,其重要之現象:(1)隋廢九品中正;(2)廢鄉官;(3)肇行科舉之制。煬帝始設進士科。至唐漸盛。科舉之制至宋漸重,明清益盛。(A)打破門閥用人,固爲優點。(B)因此而"吏道"漸輕,使有學問者駕於有經驗者之上。在理論上亦不失爲進步,但其立法不善。漢世四科取士,(甲)重德行、(乙)重學術、經中博士。(丙)重文法、文中御史。(丁)重才能。才任三輔令。在理論上原極完全。但才德無可識驗。後遂偏重學術文法。是爲唐世之明經、明法兩科。此在理論上亦無不合,惟(子)所試者偏重記憶。帖經記經文,墨義記注。(丑)又因世重文辭,試詩賦之進士科,遠較"諸科"爲重。遂至羣以進士之浮華爲患。宋王安石出,廢諸科獨存進士,改詩賦爲經義策論。明、清大略祖之。然所以責之者太多,不得不偏重經義,士又失之迂疏,遂使拔取人才之第一途,有名無實。

(二十八)自晉至唐代民生主義之政策。自新莽變法失敗後,言社會政策者,遂趨於緩和,又以儒學專行,法學消歇,遂不言節制資本,而單重平均地權。以溫和之手段平均地權,是爲晉之戶調式、北魏之均田令、唐之租庸調法。此三法:(1) 皆以無主之地授民。(2) 而於其固有者,則不奪之,但於其所有之數,立一最大之限度。(3) 至於所有之數僅是最小限度,則亦不准典賣。但(A) 無強迫遷移之法,因終必不給於授。(B) 又人民緩急無可融通,終不能禁其典賣,遂至有名無實。史稱唐開元時,法已大壞,至德宗時,楊炎爲相,卒廢租庸調法而行兩稅。但就其所有者而稅之,而人民田地之有無多少,官遂不復過問。溫和之平均地權政策,至此告終。

(二十九)自漢末至宋兵制之變遷。(1) 漢末羣雄割據,始有州郡之兵。魏晉至南北朝,以內亂及分裂,迄不能廢。(2) 五胡亂華時,北方之軍隊,訖以異族爲主力。(3) 北朝之末,異族漸與漢人同化,而戰爭甚烈,不得不用漢人爲兵。又凋敝已極,不能出養兵之費。乃有府兵之制,藉一部分之民爲兵,令其耕以自養。寬其租、調。而隋、唐因之。(4) 練兵必有目標,承平時無之,其勢不得不腐敗。(5) 藩鎮之兵遂起,以與州郡之兵,名異實同,終至分裂。(6) 宋代爲矯其弊起見,集全國之兵權於中央,加重賦、稅以養之。此爲極端兵民分工之制,與府兵之原理適相反,世多加以痛詆。其實(A) 分業於經濟爲有利;(B) 苟以財政所能負擔者爲限度;(C) 次第募天下奸悍無賴之民,加以嚴格之訓練,亦可化之爲馴良。故北宋兵制之壞,乃其行之不善,而非其原理之不能成立也。(7) 募兵之制既壞,王安石欲復民兵,乃先之以保甲之法,然此時之情勢,欲行通國皆兵之制極難,而行政上又無以善其後,遂至弊踰於利,其法卒不能立。

(三十)自漢至唐宗教之變遷。列國時代,宗教皆含地方性,統一以後,始起全國的大宗教之要求。此時各地方之宗教家,有走集中央者,《史記·封禪書》、《漢書·郊祀志》所載主於祠祭之方士是也。是時所謂方士者,實有兩派,其另一派以(A) 服食、(B) 導引、(C) 丹鼎、(D) 房中等術,求爲神仙,是爲神仙家。其後,兩派遂相混合。彼等有與上、中流社會爲緣者。秦始皇、漢武帝所信之方士及晉世行於江南之天師道是也。此派至寇謙之得北魏太武帝之尊信,遂成爲國家所承認之宗教。其在民間者,則時與政府爲難,有大規模之反叛者,如張角、孫恩是也;有僅圖割據一地方者,如張魯是也。此舉其較大者。其餘借宗教以圖鼓動者,尚不可枚舉。此等固有毫無意義者,然含有社會主義之建設性者亦不乏,如張魯及近代之太平天國是也。張魯式之僅圖割據一隅者,既因四周皆敵而不克自立;太平天國式之大規模的革命運動,亦因（甲）其知識太淺，其建設之方案無可成功之理。有建設之幻想，而無可行之方案，徒嫉舊而不能更新。（乙）其自身爲流氓，缺乏紀律，不樂勞動，故終於無成。

佛教之初期，亦與道教相近。借之以圖扇動者，亦不可枚舉。畢竟佛教之哲理較道教爲精，其得士大夫之信仰亦較道教爲深。其平和的推行於民間之力，亦遂較道教爲大。中國向以儒、釋、道三教併稱。三教併立之原理：（A）孔教專行於政治社會方面，放棄靈魂界之地盤，以讓釋、道；（B）釋、道皆專於靈魂界，而放棄政治社會方面，故不與俗界生冲突；（C）此爲中國之宗教與歐洲大異之處，故中國無争教之禍。至釋、道二教，在教旨上，實無根本之區別，所以能併立者，則因舊日迷信之對象，不易鏟除。佛教雖並不排斥中國之舊信仰，且企圖將中國之舊信仰編入彼教之中。然究爲來自國外之宗教，不能悉數網羅。道教則在教理上遠非佛教之敵。故二者亦不得不併立。此爲政治所承認者，其流行於民間者，仍時與政治革命、社會革命爲緣，而爲其扇動之工具。異族入據之時，則又含有民族主義，如元、清時白蓮教及太平天國是也。

（三十一）佛教在學術方面。（1）佛教興起之時，乃印度各種學説同時併起，使人惶惑無所適從之時，佛乃授以切實可行之道，故佛非究竟真理之發見者，而爲時代之聖者。語本日人《原始佛教概論》商務譯本。（2）佛教可分三期：佛教初興時，近人稱爲原始佛教時期，後百年而小乘興，又五、六百年而大乘興。此段歷史，詳見唐玄奘所著《異部宗輪論》。其輸入中國有先後，實緣其本身之興起有先後。（3）中國之佛教宗派甚多，其最要者（A）天台、性宗。法相、相宗。華嚴，是稱教下三家。佛教要旨，爲"萬法惟識"。天台從主觀方面證明其理由，法相從客觀方面證明其理由，華嚴則示人以"菩薩行相"，即具體的示人以一當效法之模範也。（B）佛教究係宗教，當以實行爲主，學理上之辯論不過引起人之信心，故又有"不立文字，直指心源"之禪宗出焉，是稱教外別傳。凡學術，一入有閑階級之手，往往喜爲精深之研究，而務於精深，末流必入於煩瑣，易啓人之厭倦。故其後教下三家皆衰，而禪宗獨盛。又心力薄弱者流，不耐思考，修持之方法過難，亦將望而生畏，惟以念佛一法，兼攝止、觀兩門則受持較易。又佛法説人不修到成佛，終不免於退轉，而修到成佛極難，亦使人望而生畏，而其説又無可修改。净土宗乃教人先修到净土，既到净土之後，雖成佛仍須歷劫，然净土爲極佳之環境，人既到此，即不虞退轉，可以徐徐修到成佛。歷時雖久，成功可必。此不啻與畏難者以一新刺激，一大興奮。又净土中種種美妙之境，實不啻最大之福報，亦與求福者以一大滿足。故禪宗推行於知識階級,净土則普攝利鈍,且兼行於下層社會焉。佛教之末流惟餘禪、净二宗而已。

（三十二）理學之興。佛教哲理精深,方其盛行之時,人皆以爲人生問題,可由此而解决。當時之見解,固視社會爲個人之積,個人的問題解决,即社會問題亦解决,故對佛教懷甚大之希望。然人總只是人,離生活問題而解决人生問題,固無其事,且人永遠是社會中的一個人,擱過社會問題而欲解决個人問題,更無其事。故佛教雖盛行,而社會仍是如此,人心對之遂漸覺失望,於是反動之理學起焉。佛教哲學超過中國舊哲學之處,在其認識論之發達,從認識論上駁倒佛説,勢不可能,宋儒乃抹殺認識論不説。故其口號曰：釋氏本心,吾徒本天。天即理,本天即謂承認外界法則之真實,故其學稱爲理學。此爲此種學問最正當之稱號。其徒自稱曰道學,乃自謂接孔、孟以來道統真傳。道統之説,考證上既無確實根據,其見地亦近於自夸,而並不能説出其學問之内容。故其名稱並無足取。清人稱之曰宋學,則以其朝代爲稱,與其所標榜之漢學對舉而已。王守仁一派之學,篤守程、朱之説者,稱爲心學,蓋彼特注重治心,然其承認外界法則之真實,而非如佛教謂萬法惟識,則與其餘宋儒相同也。故理學家之反佛,係以哲學中之唯物論,反對哲學中之唯心論。宋學中能建設新宇宙觀者三家：一爲周敦頤,以陰陽五行之説爲本,謂天下之正道爲仁義二者。而人稟五行之質以生,五行各有其性,人所受五行之質,不能適得其平。故其性不能無所偏,要在修省存養,其手段爲主静,即不隨環境而妄動,常立於中正之地位。説見《太極圖説》及《通書》。一爲張載,以氣爲唯一之原質,氣有兩種運動,一積極的,一消極的,是爲陰陽。故陰陽同體而異用。氣之輕清者,能自由變化。易適應環境。重濁者則不然,故易流於惡。故人有氣質之性與義理之性。修爲之要,在於變化氣質。説見《正蒙》。一爲邵雍,謂人每爲主觀所蔽,故不能知真理。故貴以物觀物,不以我觀物。三家中邵雍根據自然現象立説,中國人於此派學術,稱爲術數,或數術。視之不甚重。故邵雍之學,不被視爲正宗。人生觀既定,乃求其實行之法,其中最要之人物,爲二程顥、頤。及朱熹、陸九淵。二程之學,至小程而大成,朱熹承之,欲即物而窮其理。謂對於一切事,求其措置之方,非謂求自然界之法則。積之久則豁然貫通。陸九淵以爲支離,欲先發人本心之明。二派相對立,至明王守仁出,乃發明致良知之説,蓋即物窮理,自不免於支離,先發人本心之明,亦不免於空洞。守仁主張良知只有昏蔽,並無欠缺,一總提起,聖凡無異,故凡事當就現下良知之所能知,服從其指示。此即是在心上用功夫,至於無事之時,自可在心上磨煉,克去其私欲,然亦非與事實離開。故實行與治心並非二事。知此,則支離空洞之弊皆除。故理學自朱、陸至王,實爲辯證法之進化,世皆以王與陸爲一派,與程朱相對立,實非也。此爲理學之哲學的根據。其人事上之説(1)所重視者,仍爲教、養兩問題,此爲理論上自然之結果。但承儒家之傳統觀念,仍只注重平均地權。故純正之理學家,多欲復井田。(2)又鑒於民政之廢弛。不知古代之修舉,爲部族時代之成規,封建時代承之,而誤以爲封建制度之結果,遂至欲復封建,此其説自不可行。(3)其對於社會,則不知社會組織之變遷,而視古代之組織爲天經地義,遂欲加重君權、父權、夫權,而不知人心隨社會組織而變,已無此等心理,其所主張,遂皆失敗。又理學家雖病佛教之不切於人事,然以社會爲積個人而成,個人的問題解決,社會問題亦隨之解決之見解仍未變。如此,則不得不偏重於治心,佛教之流弊仍未除;而其人多疏於應事,並疏於學問,後引起人之攻擊,但其(A)自任以天下之重;(B)及其無所爲而爲之的精神絕無宗教家祈求福報之觀念,而其自治之嚴格、及推勘之深微,則於宗教家絕無遜色。則永留於天壤。

(三十三)唐宋時代史學之進步。(1)南北朝以前,正史皆一人所撰,唐以後搜輯之史料漸多,任何一方面,均非個人之力所及。故在原則上,變爲集衆纂修。(2)昔人所重視之史實爲(A)理亂興衰,(B)典章經制二者。説本《文獻通考·總序》,前者爲政治上隨時發生之事實,後者爲豫定之制度。前者正史中之本紀、列傳載之,後者詳於志。但(甲)前史皆斷代爲書,不便通覽。(乙)紀傳又以人爲主,將事實拆開。故宋有司馬光之《通鑒》,唐有杜佑之《通典》,宋有馬端臨之《文獻通考》,以救其弊。(3)前代無專講作史方法之書,至唐而有劉知幾之《史通》。(4)南宋鄭樵作《通志》,欲改劃代之正史爲通史,其《二十略》,又推廣門類於舊史之志以外。

(三十四)自魏晉至唐宋文學之進步。(1)自駢文興後,文字與口語日遠,誦讀之調與口語之調各不相同,乃有四聲之説,起於梁時之沈約等。而文與詩皆發生所謂律體。(2)因駢文浮靡不適用,而取法於古之散文代興,以未浮靡時之文字爲法,而説當時之話。其徒自稱爲古文。(3)駢文仍存在,而益近律體。唐初已然。至唐末,遂成所謂四六體,宋人爲之益生動,而極其變化。(4)佛家之禪宗及理學家,不求文飾,而創語録一體,即如口語書之,又説書之業盛行,筆之於書則成平話,而語體文漸興。(5)詩體至唐而大備,詩境至宋而擴充至極,後人於詩,尚未能於唐、宋兩種詩以外別開新境界,蓋其發達已轉入他途矣。(6)其途惟何,曰是爲詞。此係雜糅中國之舊樂與外國輸入之新樂而成,其後遂爲曲。曲之用代言體而可扮演者,遂成爲戲劇。

(三十五)印刷術之發達。(1)古代欲傳諸久遠之物,則刻諸金石。此乃欲以其本身供衆覽。(2) 至"響拓"之術興,乃開印刷之漸,然所刻之物大難。(3) 隋世乃有雕版,至五代、宋而大行。宋仁宗時,畢昇又倡活字,詳見孫毓修《中國雕版源流考》。_{商務本}。此事於中國學術關係甚大:(A) 學者得書易,(B) 書之傳者,亦遠較前此爲多。

(三十六)幣制重要之變遷。羅馬之亡也,交通破壞,城市頹廢,一時商業退步,有改而重農之勢。中國自後漢至南北朝,亦頗有與之類似之情形。試觀其時幣制之廢壞可知。至隋唐之世,宇内清平,交易復盛,銅錢感覺不足:(1) 國家既無此大量之經費整理,(2) 私鑄、私銷亦不能禁絕。(A) 既苦不足;(B) 又病紊亂;(C) 而交易之額日巨,銅錢運輸,又覺不便。於是唐中葉後有飛錢,宋初有交子。飛錢乃後世之匯兑,交子則兑現之紙幣也。由民間自爲,而其後皆由政府之干涉,以至失敗。貨幣爲量物價之尺,其本身之價格宜劃一而不宜紛歧。金銀銅鐵,本身同爲實物,價格自難齊一。與其以兩種以上之金屬爲主輔幣,而設法維持其比價,自不如以一種金屬爲貨幣,而以紙代表其巨數。故飛錢、交子之興,實合於貨幣進化自然之趨勢,而爲政府利用之以籌款之策所破壞。紙幣既跌價不復可用,銅錢又被驅逐幾盡而不能恢復,乃不得不代之以銀。此事起於金之末年,至明宣宗時盡廢鈔幣而大成。故中國之用銀,乃所以代銅錢供零星交易之用,非以錢質量值輕,而以銀與之相權。故對於以銀爲主幣,視銅錢爲輔幣之理,_{即視銅錢之本身無價格,而視爲銀幣之幾分之幾。}始終不能了解。至前清末年,欲行銀本位制,始終多所捍格,直至法幣行,而貨幣政策乃告成功。

(三十七)唐以後賦税之變遷。古代税法簡單,視谷物爲重要之收入,其餘需用之物,亦隨時取之於民,稱之爲賦。_{分配之義。}其後需用日繁,行政漸苛,此種賦遂成極惡之税。讀《管子·輕重》諸篇可知。別一種指田畝出軍用品之法,亦稱爲賦,所謂以田賦出兵是也。秦、漢以後,兩者併而爲一,是爲口錢,其時錢價貴,人民深以負擔之重爲苦。後漢末,錢法廢壞,布帛漸成爲代用品,於是户調之制興。國家之徵收,亦谷物與布帛併重,此等徵收皆專取於農民。此時社會經濟之情形已變,賦税宜多其途以取之,然政治家不明此理,仍止視此等專取於農民之徵收爲正當之收入。故桑弘羊之政策,受人反對。晉初定律,視酒酤等爲太平後宜廢之税,其法不以入律,而特著爲令。歷兩晉南北朝之世,因天下分裂,未能廢除。至隋文帝,乃實現此理想,將一切雜税悉數除去。此雖號爲寬仁,實於財政原理大悖。唐中葉後,因地方爲藩鎮所割據,中央經費無着,不得不别開新路,而雜税復興。其時藩鎮亦有自設苛稅,取之於民者。宋代養兵既多,僅加(1) 删除、(2) 整理,而未能盡廢。行之日久,漸覺偏於農民以外之租稅,有益於國,而並不病民,遂相沿而不廢矣。此可見政治家知識之淺短,多沿襲舊理論,而不能觀察新事實,有所發明。其實各種學術,均不免有此病也。此項賦稅發達者,爲(一) 鹽、(二) 茶、(三) 酒、有時稅曲。(四) 商稅。可分過稅、住稅二者,明以來過稅特發達,是爲關稅與厘金。對外者,唐、宋、元、明有市舶司主之,清代亦稱關稅。此時代稅法之特堪注意者,爲宋代入中錢帛、入邊芻粟之制。前者係將一部分官賣之物(一) 鹽,(二) 茶,(三) 自海外入口之香藥寶貨,在中央收取貨款,而由商人自詣各地取貨。後者則指定商人入芻粟於緣邊之地,而以貨物與之相易。亦詣各地自取。此法將漕運與官賣,併爲一談,可免政治上運輸之弊。現代以貨易貨之風漸盛,在國内亦未嘗不可仿行。現代國家,欲有大量流動資本不易,如能將一部分貨物,定爲官賣,而用以貨易貨之法行之,更師宋人入中、入邊之法,以減少運輸上之弊,實必於經濟、財政大有裨益也。明初之中鹽,以一部分之鹽與輸粟於開平衛今多倫縣。者相易,商人計運輸亦難,乃自出資本,招民在其地開墾緣邊,食糧既充,人口復增,即善用此法之一例。農民之負擔,所苦者不在(一) 田賦,而在(二) 臨時之雜派及(三) 力役。臨時之雜派惟亂世有之,無從在立法上加以矯正,役後則平世亦有。故其病民更深,其病民之根源,在其負擔兼論丁成年男子。資之多少。丁在後世,根本無負擔力。貲之厚薄,並計一切財産,甚難確實與公平。且調查時弊實極多。此法謂之差役。王安石欲令出錢而免其役,以其錢雇人充役,是爲雇役。在當時爲舊黨反對,未能久行。然其後終於走向此一路。所爭者(A) 專論丁糧,(B) 抑兼論一切"物力"以定負擔之標準耳。兼論一切物力,在理論上自較公平,然徒滋弊寶,公平之目的,仍不能達,尚不如專論丁糧之簡,故明末漸走向此一路。(C) 更進一步,則所謂專論丁糧者,實係"丁隨糧行"。即不論丁之有無而將一地方所有丁額,硬派於有田之家。至此則不啻加田賦而免其役矣。自此以後,各地方之丁額略有一定,與實際丁數全然無涉,只是一地方所負擔丁稅之數耳。清聖祖下"盛世滋生人丁永不加賦"之令,不知者頌爲仁政,其實彼正覷破此中消息也。自此以後,力役之法遂廢。直到最近始恢復。此固能免於擾累,然國家之收入所失亦不少,在建設方面尤甚。因農民有時有餘而可供徵收之勞力,無法變成金錢也。

(三十八) 金、元、清之侵入。異族之侵入中原,遼、金之間,當爲一界綫。自遼以前,侵入之異族,皆(1) 重視漢族而思依附之,觀五胡等妄托爲中國古帝王之後可知。(2) 又爭慕效漢族之文化而無意自保存其文化,如北魏孝文帝,特其一極端之例耳,金以後則無此事矣。金世宗及清聖祖、高宗,皆極欲保存本族之文化,竭力防止其人與漢族相同化,元人則蔑視中國之文化如無物。此由(A) 時代較後,彼族之民族性較發達。(B) 歷史上異族侵入中國而被同化之例足爲彼族之殷鑒。(C) 金、元、清皆遠在塞外,非如五胡之近塞或居塞内。(D) 又元之帝國太大故也。

近 代 史

(三十九) 近代思想上之大轉變有二：(一) 黃宗羲《原君》、《原臣》之論見所著《明夷待訪錄》。從根本上反對君主政體。(二) 顧炎武有亡國、謂一王朝之興亡。有亡天下謂中國爲異族占據。之論，見所著《日知錄》。不啻民族主義之晨鐘。此蓋 (A) 明代君主昏淫相繼。(B) 清人侵入中原，有以致之。然政治上壓力，社會上之惰性太深，故雖有此等議論，一時尚不能發生影響。

(四十) 近代地理形勢之轉變。自明以前，所謂南北者，皆以長江流域與黃河流域對言，南方各省幾於無人提及。(一) 自明唐、桂二王據福建、雲、貴以抗敵而形勢一變。(二) 太平天國起於廣西，震動全國，而形勢再變。(三) 近代革命起自南方，卒成北伐之功，而其形勢三變。(四) 至於今日，則其關係之大，幾非復一國之事矣。此由(A) 文化之範圍逐漸擴大，向來無足重輕之區，遂亦進而與大局有關係。(B) 而開化較晚之地，其社會之病態，亦不如早開化地方之深，民氣足資利用。(C) 近代新文化來自海外，南方受其影響較早，浸潤較深，且舊文化根柢較淺，易於接受吸受故也。

西南諸省，爲中國最不開發之區，蒙、新、海、藏則幾爲全世界最不開發之區。交通之發展，自陸路擴及水路，自內河緣海擴及遠洋，今後又將轉入大陸之腹部。故今日之開發西北、西南，在他日觀之，也將成爲世界史上之大事也。

(四十一) 中國近代之大變遷。有似因與西洋交通而起，實則不然，中國與西洋之交通，並不自近代始。(1) 前所述彩陶文化與西方相似，可見最古時代即已有之，其影響究竟如何，今尚不能斷言。(2) 亞歷山大興起，囊括葱嶺以西之地，希臘之文化遂盛行於亞洲，其部將所建之安息、大夏等國，漢通西域後，皆與之有來往。(3) 其後羅馬分裂爲東西，東部亦繼承希臘之文化，中國與之關係雖較疏，而亦不能云無有。(4) 更後則大食興，幅員廣於羅馬，文化則繼承希臘，中國與之交往尤頻。(5) 至不在西洋之文明國印度，則與中國關系尤大，然其關係止於(A) 精神的，如佛教、摩尼教、祆教、景教之輸入是也。（B）爲物質的或技術的：漢世西域從中國得製鐵之法，西域琉璃、袴褶、胡牀、南方木棉、藷糖、煙草及其他動、植物之輸入，大食天文、曆法之東來，中國造紙術、羅盤、火藥之西往皆是也。西化在東方蠻族中，亦非無勢力。魏、晉以後之所謂胡，實多非指匈奴，而指西域人，詳見拙撰《胡考》。在《燕石札記》中。其時北族開化，多由胡人，如突厥、回紇，即其著者。其實柔然亦然。胡人在中國政治上有作爲者亦不乏，如唐開元時叛亂之康待賓，後來之安禄山皆是。登庸其人歷史上更難縷指，元代尤甚。然其關係亦不外乎精神的及技術的，故終不能發生根本之影響。故中國近代之大變遷，看似由於與西洋交通而起，實則實業革命以後社會變遷爲之也。歐洲至十八世紀而紡織漸用機械，其時在康熙中葉之後至嘉慶初。一八三七年以後，農業上漸用機械，則在道光中葉矣。外患自此漸亟。此後工業資本、金融資本逐步興盛，遂成爲近代之世界，前此彼此貿易，皆以不必要之奢侈品爲主，故其關係亦時繼時續也。論者侈言中西風俗之異，一若自古如此者，實則西俗之異於中國，亦自實業革命以來。自實業革命以後，彼之教育實以個人成功、商業技術爲基本，前者爭奪之原，後者則詐欺之行耳。自此以前，彼之道德本質及條件，亦與中國無大異也。

（四十二）中國近代對待西人之態度。（一）第一期歡迎其技術而頗排斥其宗教，明末徐光啓等雖亦信其宗教，然實自科學引入，至楊光先等，則對其宗教持極端排斥之態度矣。此固由宗教有排斥性，亦由（A）西人技術之精。（B）及教士舍身之精神，非中國人所能了解，此讀楊氏之《不得已書》可見也。（二）此種精神持續至五口通商而大著，（甲）爲宋代士大夫排外心理之表見，（乙）則民族盲目自尊之心理使然。（三）此後湘、淮軍中人物積經驗稍多，乃主效法其軍事及技術。（四）戊戌維新人士，則主張全盤改革政治。（五）五四運動以後，乃漸注意於西方之文化矣。

（四十三）中國近代之學術。宋學本有改革社會之精神，然仍偏於個人修養，故馴致空談心性而於政治多疏；明末内政既壞，外寇侵陵，造成顧炎武、黄宗羲等經世致用之一派，此亦可謂宋學精神復活。然（1）積重難返。（2）受異族猜嫌，其風氣乃漸萎縮，終僅發達其矯正宋人之考證之一端，成爲清代之考證學。此派之長處，在能發見事實之真相，然並無宗旨。梁啓超謂其爲方法運動而非主義運動。見所著《清代學術概論》。其說是也。此派後因考據而發見西漢今文經說。西漢今文，本以經世致用爲主，於是此種精神漸又復活。適會其時，世變日亟，外學亦漸次輸入，逐漸與新潮流相接，如龔自珍、魏源、康有爲、梁啓超之徒是也。近來從宗旨上反對宋學者有戴震、顏元兩派；戴氏反對宋學之論理而不論情，專代上級張目而苛責下級，此乃宋學不知社會組織之變遷，欲張大君權、父權、夫權等，有以致之。然謂人人各率其情而天下遂可治，則失之淺薄。顏元反對宋學之空談專主實行，説更滅裂矣，故不能有所建樹。桐城派義理、考據、辭章三不可缺一之論，雖覺中正，實近模棱。章實齋之議論亦此派。惟其在史學上，主張歷史材料與作成歷史非一物；主張多儲史料；主張編次與著作各是一事，則爲曠古未有之卓識，去今之新史學僅一間耳。

（四十四）近代之政治改革。此可表示新局面之將開，舊勢力之必敗。（1）戊戌維新之不成，此表示中國之士大夫階級不能了今日之事也。（2）孫中山革命，初利用會黨而不成，此表示中國之舊革命團體不足了今日之事也。（3）其後利用新軍，勢力稍新矣。故能成辛亥革命之功。然新軍實非真新，故後走入軍閥專橫一路。（4）斯時所思模仿者，爲西歐之代議政體，此亦已陳舊之物，代議政體之原理，一在各階級勢力之平衡，然今世之社會，已成一階級專橫之局，以代議政體求其平衡，不可得矣；二在能自由討論，然輿論可以製造，則自由討論不可能矣；三在政府須對國會負責，而國會課政府以責任，然亦止於倒閣而已。然今世之政情，固非但求國內政潮穩靜所能有濟也。代議政體之原理，在假定人人皆能參與政治，皆願參與政治，然實際更無其事也。中國更略無基礎，無大地主及貴族，更無中等階級，只有官僚，以謀食爲宗旨，士人則官僚之預備軍也。故亦卒不能成。

現　代　史

　　（四十五）現代之真正問題。此在社會而不在政治。蓋古代部族之内部，本極安和，其後各部族併合而爲較大之團體時，未能加以理性之控制，遂變爲無組織而任其遷流之所至。團體愈大，其不可控制也亦愈甚，人類之前途，遂至專視其運命矣。以社會内部言之，則無不有階級之對立，此階級之利益，即爲彼階級之損失。統治階級中，非無胞與爲懷者，亦率爲階級意識所蔽，視其階級之利益，即爲社會全體之利益，使之謀畫，已難適當，況執行者，又皆謀食之徒，剝人自利，無所不至耶？國家之性質，在立於兩階級間而謀其平衡，然必稍偏於統治階級，其所計畫，大而不切。只顧形式上之整齊劃一，而不顧實際之需要。其本身既日益膨脹，其威權遂愈形擴大。真正忠誠之徒，非有手腕或從事結合者，其意見決不能生效。故國家已成爲發達過度、不能控制、不可利用之物。人類真正之正路，乃在乎社會力量之蘇生，此數千年來受種種惡勢力之壓迫而萎縮者也。今後真正之出路，乃在人人能自謀，各自組織其所需要之團體，然後以理性控御之，而爲較大之聯合。真正需要大團體，人人能自動而組織之，然後更以理性聯合之，世界乃能成爲康樂、和親、平夷無階級之社會，古部族内部自由博愛平等之精神，乃能以更高之形態而出現。

　　（四十六）所當由之途徑。觀古代部族内部自由博愛平等之精神，則知人類之性質，本來如此。今日之所以紊亂，乃由在物質方面，求其聯合而組織之能力，未能與之相應，遂至爲物質之利益，而犧牲其組織之健全也。故欲謀革命，必有其物質基礎。伊古以來，懷抱改革之志願者何限，皆因缺此基礎而未能有成。物質之基礎，在於集合生產工具及勞動力，消滅地方、階級之利害不同，及謀生產及消費之共同。此數端，今日皆藉資本主義而造成，或可藉資本主義而造成。無論其爲私人資本主義，或國家資本主義。所當努力者，在此最後化私爲公之一舉而已。此一舉非謂必用激烈手段，平和手段，亦未始不可漸致，謂二者必相須爲用，或尤近實情也。今日社會組織之根柢，一爲商業制度，一爲家族制度，二者如鳥之雙翼，如車之雙輪，必須改變之，社會乃得煥然改觀。

（四十七）目前之問題。但今日橫亙於眼前者，尚有民族問題。蓋今日者，人類真正之利益求其合，而特殊階級之利益與偏見求其分。民族之根柢，厥惟文化，文化相啓發矯正，本亦終趨於合。然其進行也，非循直綫，而現在民族間種種之不平等，又有以促進民族主義之更趨於發皇。聯邦及邦聯本爲徐俟民族自決最優之制，中國從前無此制之名，而對待異民族，實深得此制之意。古所謂不求變俗者，即國家僅統理其犖犖大端，而余則悉聽各民族之自由，且自保其文化也，故民族相爭之禍不烈。而其勢不能行。今日之勢，乃在壓迫弱小民族，使爲自己之貓脚爪，以與其他强大之民族相爭，爲之貓脚爪，真乃爲人作嫁，徒自犧牲矣，不可不至慎。

（四十八）中國何以應付目前之問題。（一）挽回近百年來之積弱，民族問題。（二）鏟除官僚階級，廣義的，此爲民權問題。（三）先能自立，然後進而謀全人類之利益。民生問題，此問題真正之解決，必不能以一民族一國家爲範圍。

（四十九）治史學者所當知。恒人重現實，罕求其理，學者泥於既往，不切現實，二者自均不能指示前途。歷史爲社會科學，社會科學貴實證，非希望如何，而爲能够如何之問題。須從社會本身發見其法則，此事有賴於史學，而史學最重大之任務，亦在於此。中國之哲學觀念，以一動一靜，爲一切之定律，謂社會亦不能免，故盛衰必相更迭。此乃誤用自然定律，只能適用於有機之個體，社會則爲超機體，可以此一部分動，彼一部分靜。小團體可以一人組織指揮之，而期其合理，大團體則不能，然無具此能力之一人，不能謂無具此能力之一羣人，今後社會進化之重要辦法，即在成立此首腦部，以組織指揮一切，而使受理性之支配也。

一九四四年寫於常州